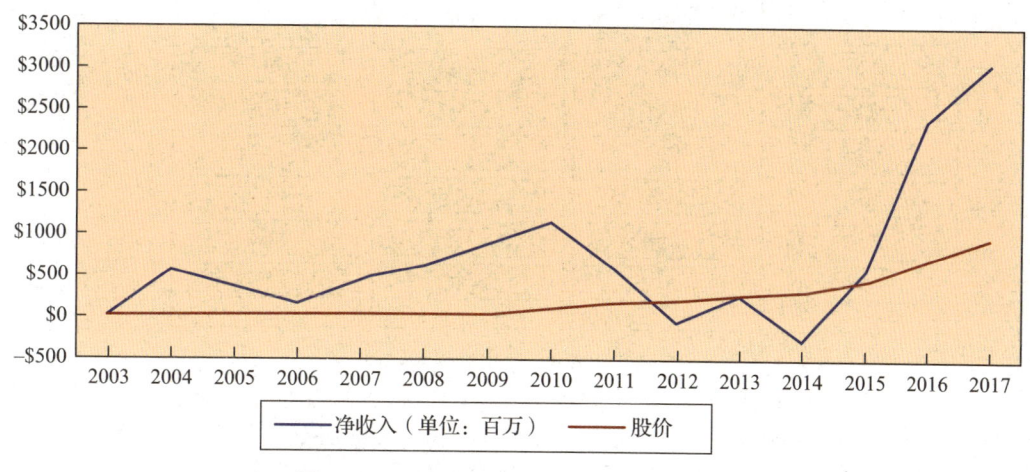

图 1-10　亚马逊的历史股价和净收入

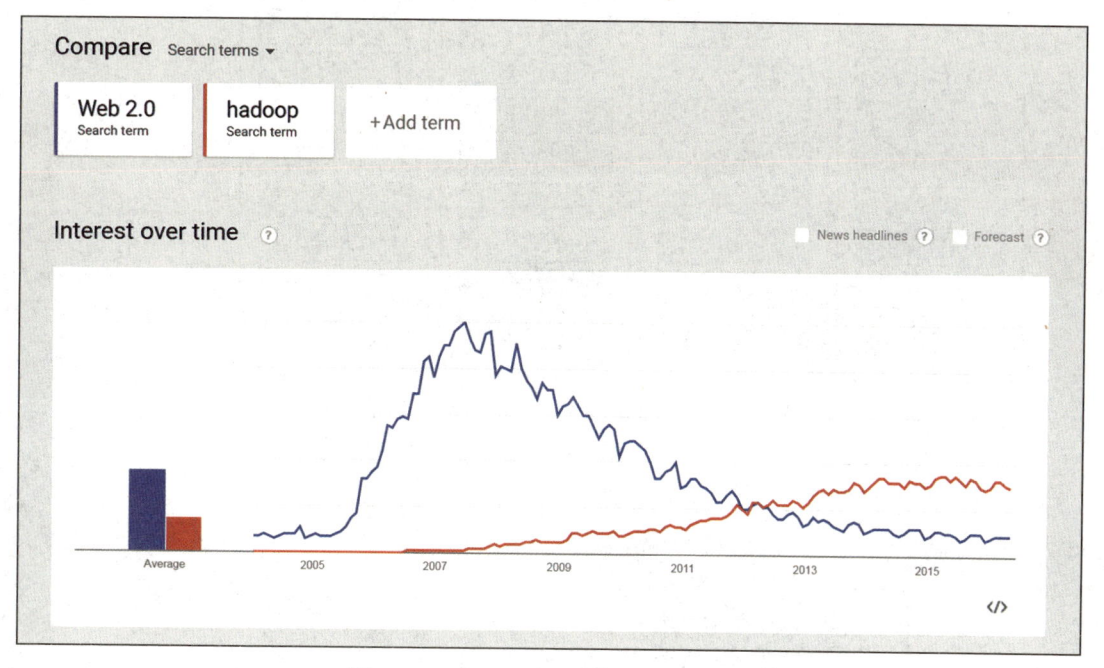

图 3-19　Web 2.0 和 Hadoop 的搜索趋势

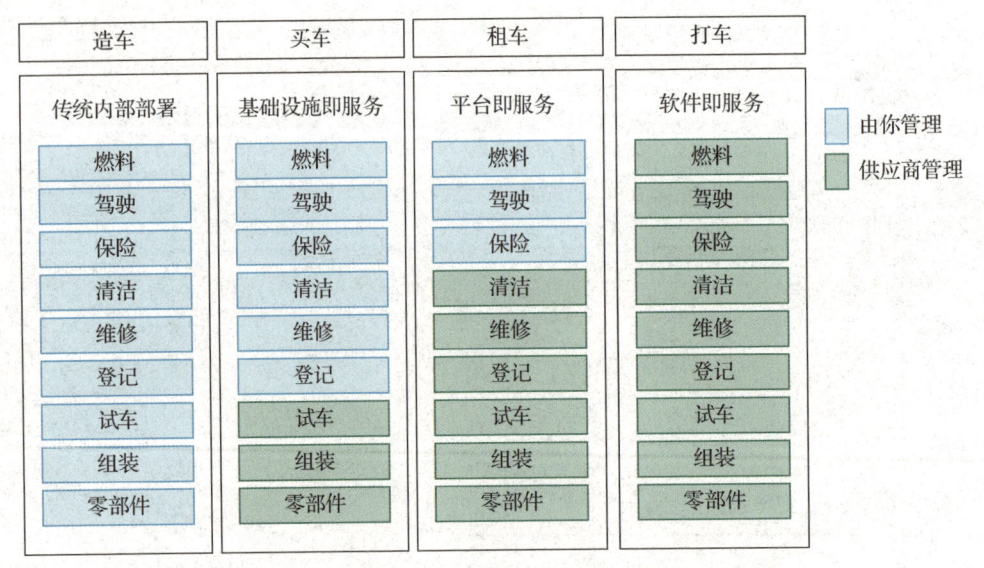

图 6-8 作为服务的交通

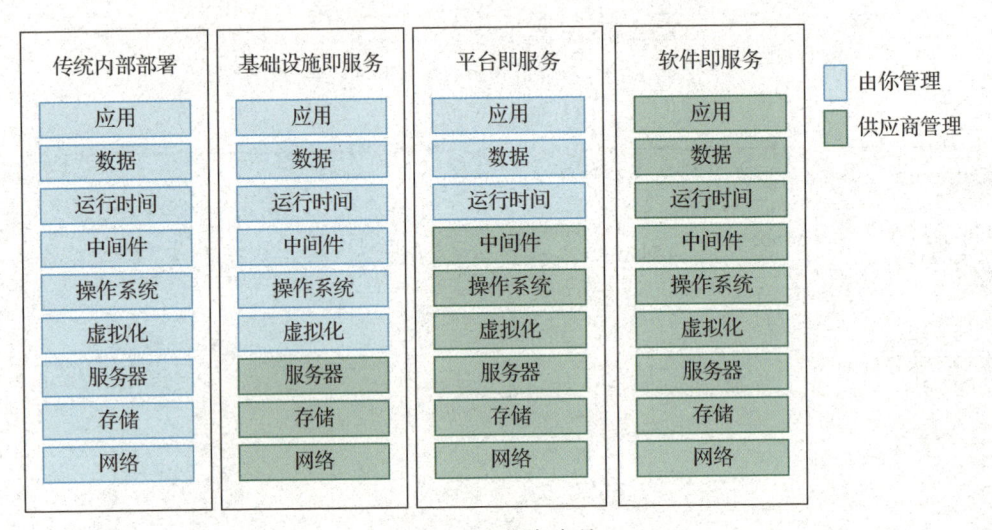

图 6-10 云服务产品

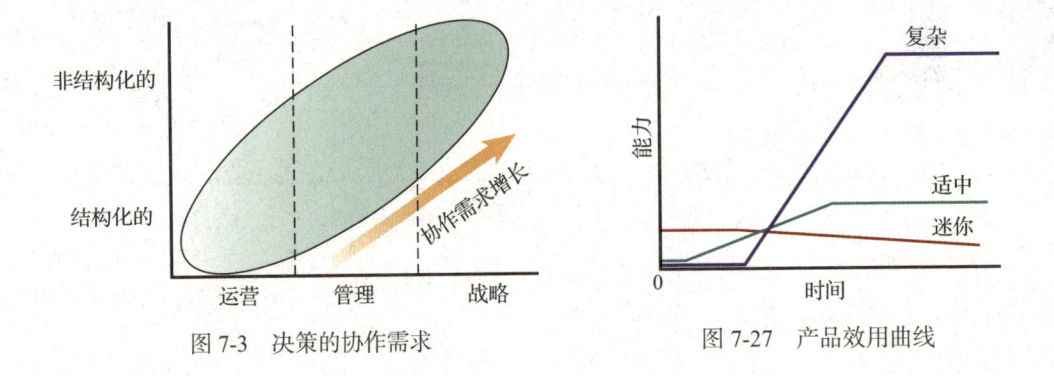

图 7-3 决策的协作需求

图 7-27 产品效用曲线

图 9-2 社交媒体活跃用户数量

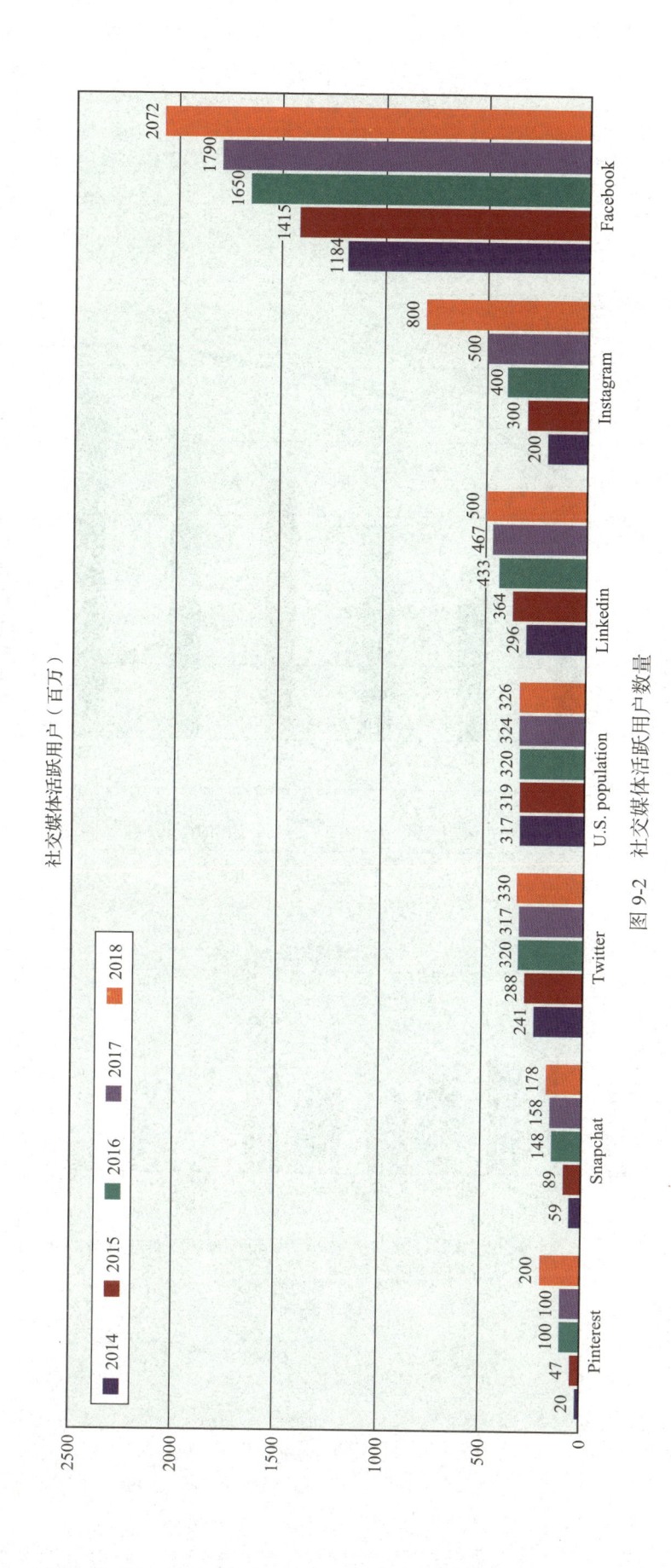

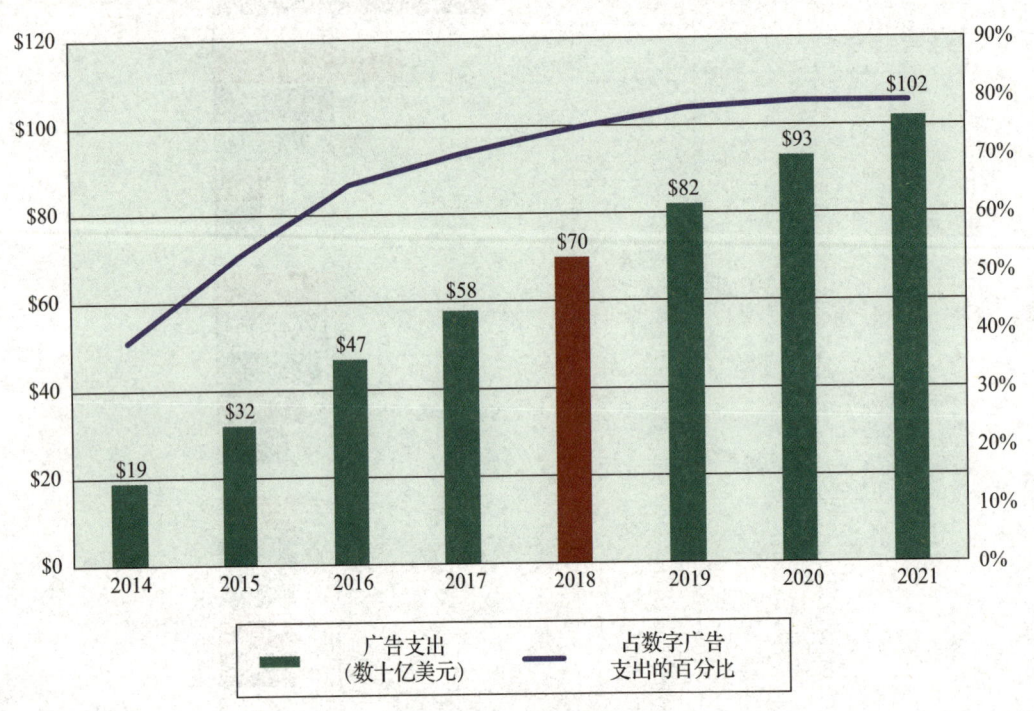

图 9-8 移动广告支出

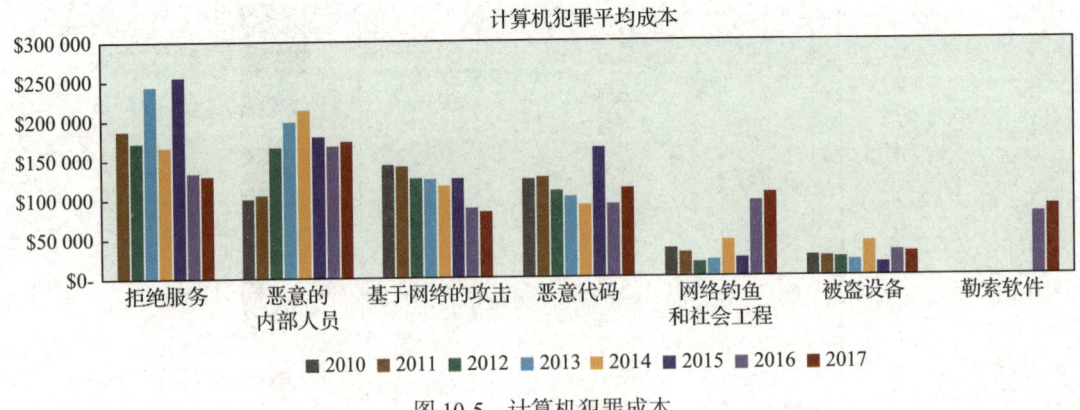

图 10-5 计算机犯罪成本

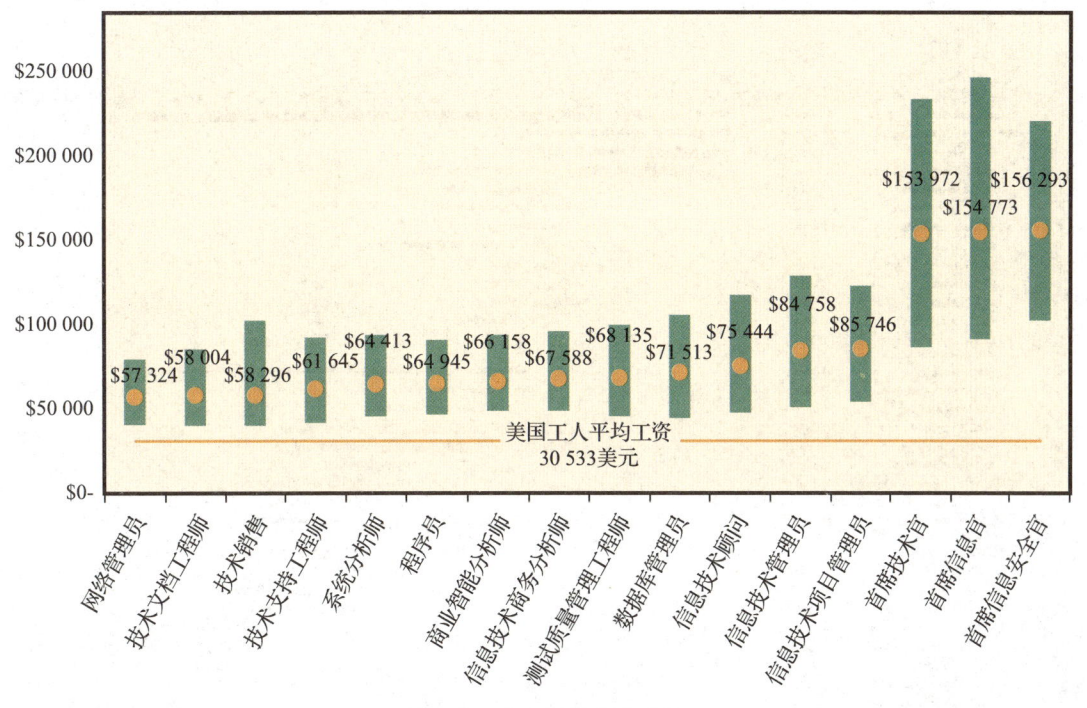

图 11-3 信息系统岗位薪资

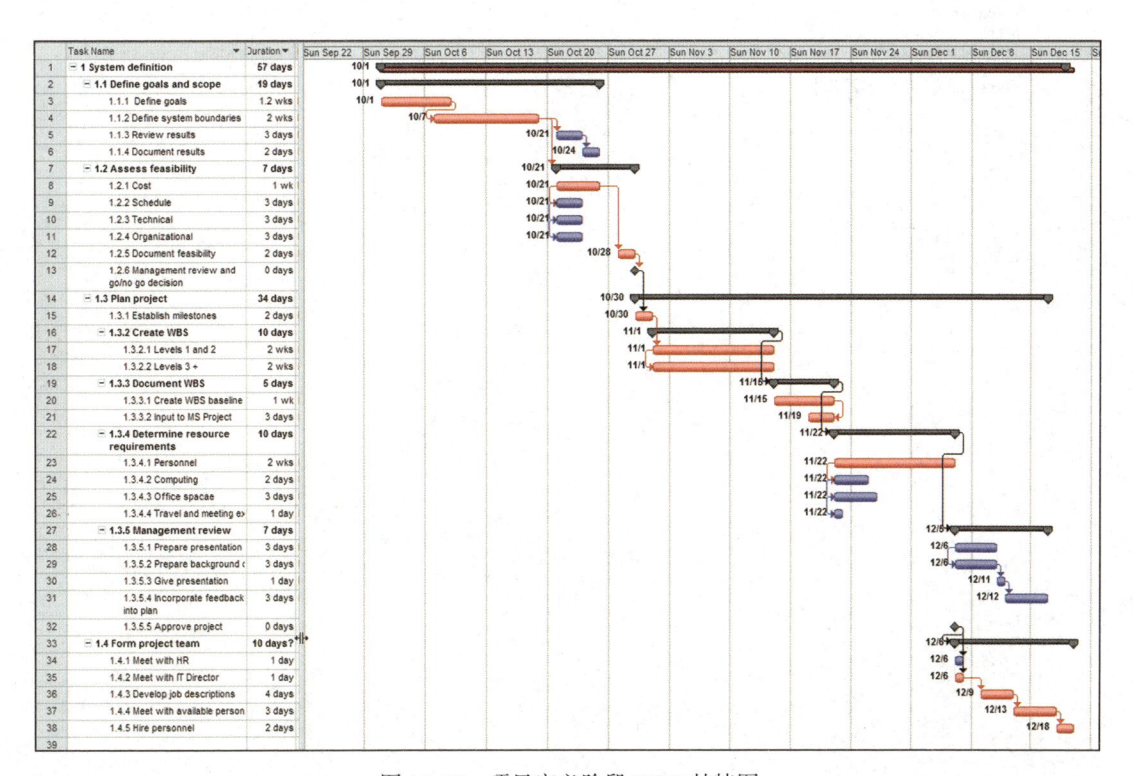

图 12-17 项目定义阶段 WBS 甘特图

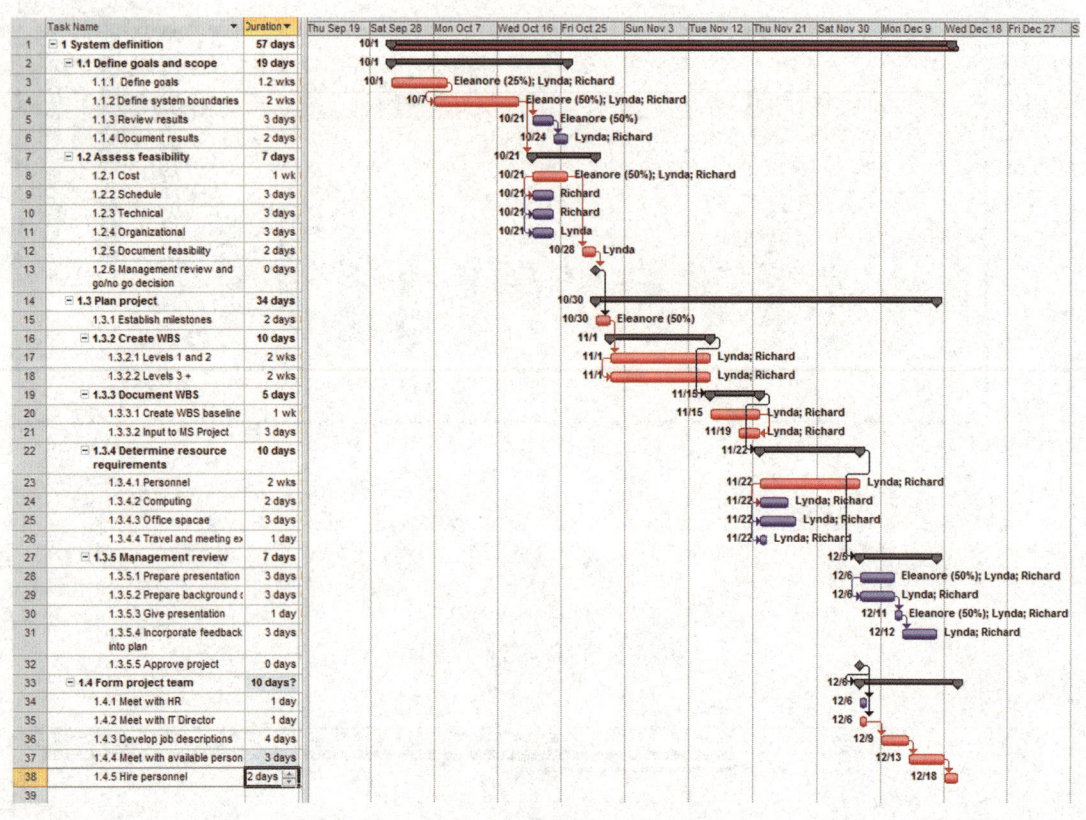

图 12-18　进行了资源（人力）分配的甘特图

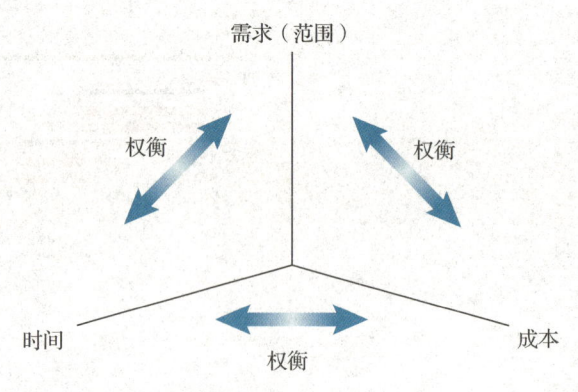

图 12-19　系统开发的主要驱动因素

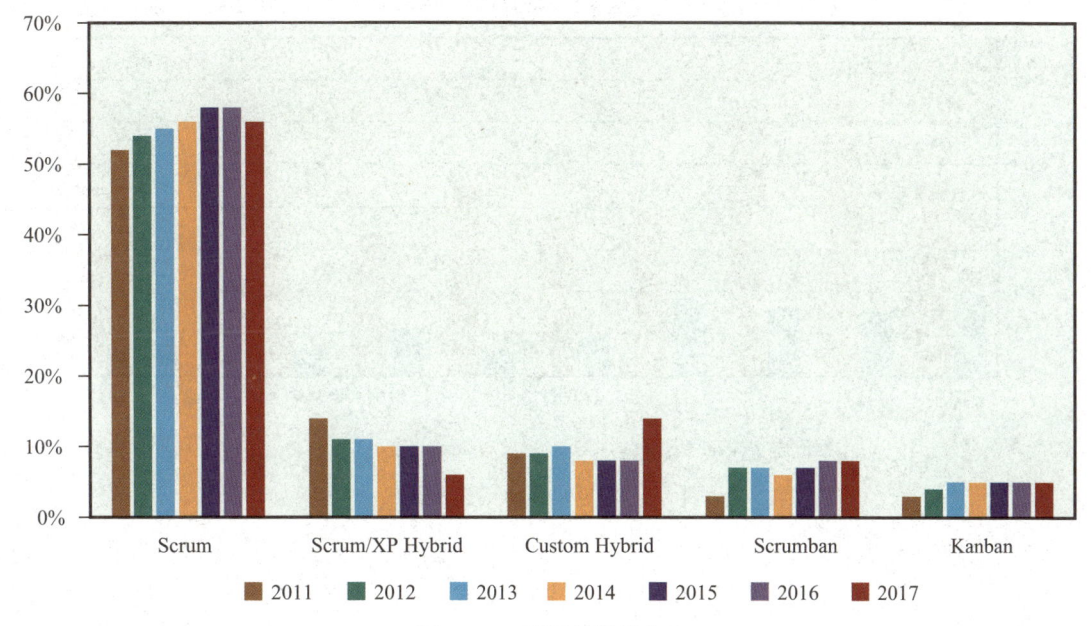

图 12-22　所用的敏捷方法

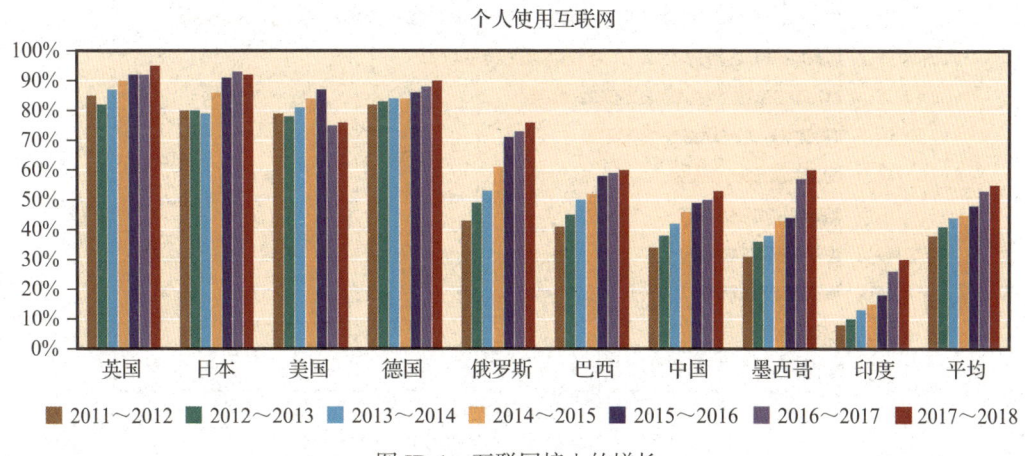

图 ID-1　互联网接入的增长

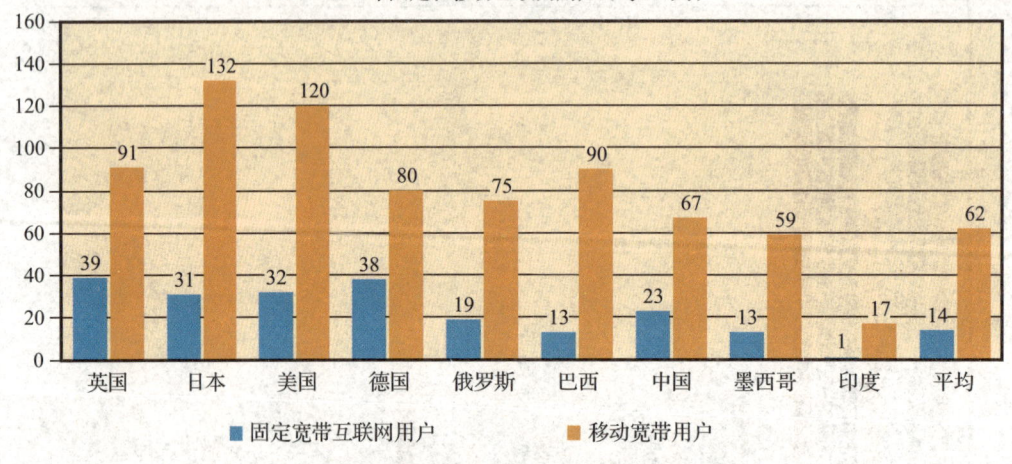

2017～2018年固定和移动互联网用户（每100人）

国家	固定宽带互联网用户	移动宽带用户
英国	39	91
日本	31	132
美国	32	120
德国	38	80
俄罗斯	19	75
巴西	13	90
中国	23	67
墨西哥	13	59
印度	1	17
平均	14	62

图 ID-3　固定及移动互联网用户

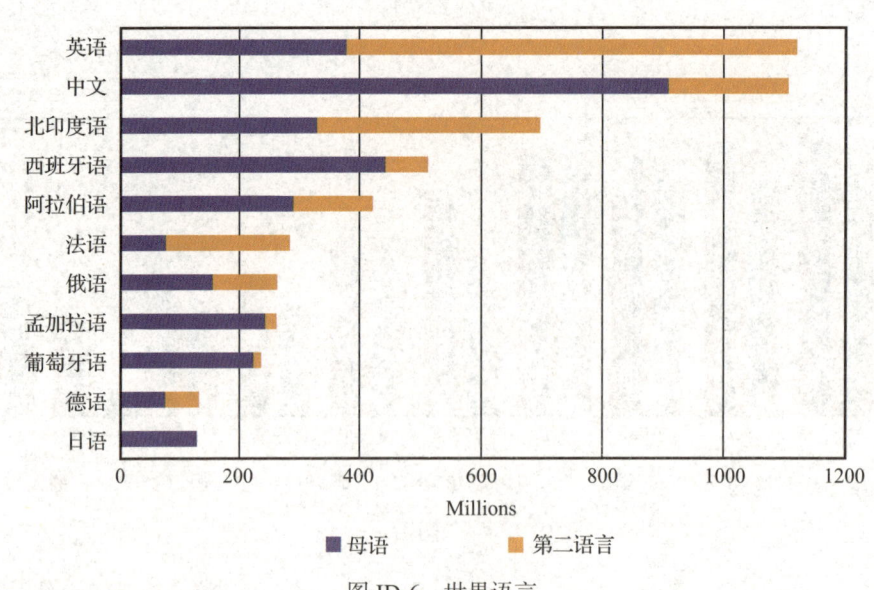

语言	母语/第二语言分布（Millions）
英语	母语约380，总计约1120
中文	母语约910，总计约1100
北印度语	母语约330，总计约700
西班牙语	母语约440，总计约510
阿拉伯语	母语约290，总计约420
法语	母语约80，总计约280
俄语	母语约150，总计约260
孟加拉语	母语约250
葡萄牙语	母语约230
德语	母语约80，总计约130
日语	约130

图 ID-6　世界语言

计算机科学丛书

原书第11版

管理信息系统
技术与应用

[美] 大卫·M. 克罗恩科（David M. Kroenke）著
兰德尔·J. 博伊尔（Randall J. Boyle）

齐志鑫 巢泽敏 王宏志 董泽蛟 译

Using MIS

Eleventh Edition

机械工业出版社
CHINA MACHINE PRESS

Authorized translation from the English language edition, entitled *Using MIS, Eleventh Edition*, ISBN: 978-0135191767, by David M. Kroenke, Randall J. Boyle, published by Pearson Education, Inc., Copyright © 2020, 2017, 2016 by Pearson Education, Inc. 221 River Street, Hoboken, NJ 07030.

All rights reserved. No part of this book may be reproduced or transmitted in any form or by any means, electronic or mechanical, including photocopying, recording or by any information storage retrieval system, without permission from Pearson Education, Inc.

Chinese simplified language edition published by China Machine Press, Copyright © 2024.

AUTHORIZED FOR SALE AND DISTRIBUTION IN CHINESE MAINLAND ONLY (EXCLUDES HONG KONG SAR, MACAU SAR AND TAIWAN).

本书中文简体字版由 Pearson Education（培生教育出版集团）授权机械工业出版社在中国大陆地区（不包括香港、澳门特别行政区及台湾地区）独家出版发行。未经出版者书面许可，不得以任何方式抄袭、复制或节录本书中的任何部分。

本书封底贴有 Pearson Education（培生教育出版集团）激光防伪标签，无标签者不得销售。

北京市版权局著作权合同登记　图字：01-2022-0856 号。

图书在版编目（CIP）数据

管理信息系统：技术与应用：原书第 11 版 /（美）大卫·M. 克罗恩科 (David M. Kroenke)，（美）兰德尔·J. 博伊尔 (Randall J. Boyle) 著；齐志鑫等译. --北京：机械工业出版社，2024.7. --（计算机科学丛书）. -- ISBN 978-7-111-76206-5

I. C931.6

中国国家版本馆 CIP 数据核字第 2024A3V548 号

机械工业出版社（北京市百万庄大街 22 号　邮政编码 100037）
策划编辑：朱　劼　　　　　　　　　责任编辑：朱　劼
责任校对：孙明慧　张慧敏　景　飞　责任印制：任维东
天津嘉恒印务有限公司印刷
2024 年 11 月第 1 版第 1 次印刷
185mm×260mm・34 印张・5 插页・861 千字
标准书号：ISBN 978-7-111-76206-5
定价：129.00 元

电话服务	网络服务
客服电话：010-88361066	机 工 官 网：www.cmpbook.com
010-88379833	机 工 官 博：weibo.com/cmp1952
010-68326294	金 书 网：www.golden-book.com
封底无防伪标均为盗版	机工教育服务网：www.cmpedu.com

译 者 序

Using MIS，Eleventh Edition

管理信息系统（MIS）作为商业领域最重要的课程之一，每年都会为商业公司或机构带来重要的新技术，许多公司与组织通过创建新应用程序来提高生产力并助力公司完成战略目标。人工智能、机器学习、云服务等新兴技术的不断发展与变革，不仅改变了个人生活和收集数据的方式，也改变了公司的工作方式。这些变化告诉我们，更成熟、要求更苛刻的用户将商业组织推向了一个快速变化的未来，即一个需要不断调整业务规划的未来。为了适应这种商业环境，如何应用新兴技术来更好地实现商业组织的战略至关重要。因此，市面上出现了许多"新兴技术服务商业领域"的参考书。和目前的参考书相比，本书不仅仅是"一本将管理信息系统应用于商业领域的参考书"，它更有着如下鲜明特征：

第一，本书的撰写有机结合了技术知识与商业案例。书中用一个个鲜活的商业案例形象化描述了什么时候需要应用什么类型的管理信息系统、如何在商业中有效应用管理信息系统、如何在应用信息系统时权衡成本与效益。针对具体真实案例进行叙述，既能让读者感到身临其境，也能加深读者的思考与理解。

第二，本书在内容上采取"广度优先"的组织思想，不仅仅介绍了信息管理系统、数据库、系统分析与设计、决策支持系统的相关知识，也讨论了商业管理信息系统中的高级部分，如网络与安全、电子商务、项目管理等，致力于让读者通过阅读本书掌握多种不同的概念、技术与实践方法。

第三，本书有机融合了商业场景与管理信息系统的知识，每章都以一个商业场景开始，这个商业场景引出了对本章内容的需求。每章都包括三个指南，着重关注信息系统领域的相关问题。因此，本书可以同时当作"商业案例讲解"和"信息系统分析"两门课程的参考书使用。

在本书英文版出版以后，译者应机械工业出版社的要求，开始了翻译工作。由于水平有限而且时间紧张，译文中一定存在许多不足，在此敬请各位同行专家学者和广大读者批评指正。欢迎大家将发现的错误或提出的意见与建议发送到邮箱 qizhx@hit.edu.cn，以改进本书的译本质量。

齐志鑫　巢泽敏
王宏志　董泽蛟
2024 年 3 月 19 日于哈尔滨

致读者的话
Using MIS, Eleventh Edition

亲爱的读者们：

坦白地讲，这是一堂有趣的课程，因为你将了解每天占据新闻头条的内容，学习诸如人工智能、自动驾驶汽车、3D 打印、社交媒体、大数据、虚拟现实、云计算和网络安全等领域的知识，在此过程中你不需要学习一堆无聊的技术术语或计算机代码。

本书的关注点是如何使用技术创造价值。例如，智能手机对你来说就是一件非常有价值的技术产品。这是一个令人惊叹的硬件设备，它包含软件、数据库和人工智能终端。你可以使用它来浏览网页、与朋友协作、拍照、使用社交媒体、进行在线支付……超过 85% 的大学生拥有智能手机，46% 的人表示他们离不开智能手机，这就是人们愿意为此付费的价值。

这就是信息系统。像史蒂夫·乔布斯（Steve Jobs）、比尔·盖茨（Bill Gates）、拉里·埃里森（Larry Ellison）、马克·扎克伯格（Mark Zuckerberg）、拉里·佩奇（Larry Page）、谢尔盖·布林（Sergey Brin）和杰夫·贝佐斯（Jeff Bezos）等创新者已经使用技术为客户创造了价值。他们彻底改变了商业模式，从中赚取了数十亿美元，并创建了高市值的公司。你也可以在你的职业生涯中做到同样的事情。

你可以利用技术找到一份好工作来增加自己的收入，并使你成为企业中不可或缺的一员。你可能不会成为像史蒂夫·乔布斯那样的超级企业家，但你可以通过应用你在本课程中学到的知识超越原本对自身的期望。今天的企业越来越依赖技术并需要了解如何使用新技术解决新型问题的人，而你就是这样的人才。

回顾过往，技术进步随着时间的推移创造了以前不存在的新工作。移动应用开发者、社交媒体分析师、信息安全专家、商业智能分析师和数据架构师在 20 年以前甚至都是不存在的职业。同样，20 年后最好的工作机会目前可能也并不存在。

利用信息系统并使之成为自身竞争优势的诀窍是懂得预测技术创新的方向并抢占先机。在你的职业生涯中，你将会发现许多在企业和政府中应用信息系统的机会，但前提是要知道如何寻找它们。

当你能够熟练、有创造力且非常规地解决问题时，这些应用新兴技术来帮助企业实现战略目标的机会也就是你自己的机会。无论你的工作是市场营销、运营、销售、会计、金融还是其他领域，都是如此。

本书可以帮助你收获有趣且回报丰厚的职业生涯并在其中茁壮成长。我们希望你不仅能够了解有关管理信息系统的术语，还能理解管理信息系统改变商业模式的方式并且发掘参与这一转型的机会。

我们预祝你作为未来的专业商务人士，取得圆满成功！

大卫·M. 克罗恩科（David M. Kroenke）和兰德尔·J. 博伊尔（Randall J. Boyle）

本书导读

Using MIS, Eleventh Edition

本书的每一章都包括三份独特的指南，这些指南聚焦于信息系统中的问题。每一章中的道德指南关注商业道德问题，安全指南关注信息安全问题，而职业指南则侧重于信息系统领域的职业问题。每份指南的内容都旨在激发读者思考，以帮助读者培养解决问题的能力并成为更好的商务专业人士。

学习本书的辅助工具

我们将本书结构化，每章都包含各种学习辅助工具，如下表所示。

资源	描述	益处	示例
指南	每一章都包括三个指南，着重关注信息系统领域的当前问题。其中一个涉及道德问题，一个涉及信息安全问题，最后一个则与信息系统职业规划相关	指南有助于激发读者思考。每章都涉及伦理和安全问题。有助于读者了解现实世界与信息系统有关的工作岗位	第5章，道德指南——工作中的挖矿行为 第8章，安全指南——不是我，是你 第9章，职业指南
章节介绍与商业案例	每一章都以一个商业场景开始。这个商业场景引出对本章内容的需求。在整本书中，我们主要关注两个商业案例：eHermes（一个自动化移动商店零售商）；ARES（一家增强现实初创公司）	通过将该章内容应用到实际的业务情境中，帮助读者理解章节内容的相关性	第9章，开篇商业场景片段：社交媒体信息系统与ARES
基于问题的章节内容组织格式	每一章的开头都会列出一系列问题，这些问题构成了章节内容的主要标题	这些问题可以帮助你进行时间管理，并为考试做准备	第1章，问题1-4：五要素模型有什么用处？ 第6章，问题6-4：互联网如何运作？
那又怎样	本书的每一章都包含一个名为"那又怎样"的练习。这个练习可督促学生实践从章节中获得的知识。其目的是让学生深刻认识到章节内容与他们未来职业生涯的相关性。这个部分会提出一个与当前章节内容相关的问题，并要求你思考为什么这个问题对你作为未来的商务专业人士而言很重要	理解章节中的内容如何应用于日常情境	第2章，那又怎样——亚马逊收购全食超市
2029年将会怎样？	每一章的结尾都会讨论在本章中描述的概念、技术和系统到2029年可能会发生怎样的变化	学会预测技术变革并认识到这些变革可能如何影响未来的商业环境	第8章，2029年将会怎样？讨论了ERP应用未来的发展前景
本章回顾	该回顾部分提供了一系列练习，以检验你能否回答章节中的主要问题	在阅读完章节内容后，使用章节回顾来检查你对内容的理解程度，还可用于课前预习和备考	第9章，本章回顾
知识运用	这些练习要求你将新知识进一步应用到实践问题上，从而深化你的理解	检验你的批判性思维能力	第4章，知识运用
协作练习	这些练习要求使用在第1章介绍的协作工具与一群同学协作完成任务	通过与同学们一起实践工作，达到既定目标	协作练习2讨论了如何根据商业竞争战略来定制高端度假村的信息系统

(续)

资源	描述	益处	示例
案例研究	每章的末尾都包含一个案例研究	将新知识应用于实际情境	案例研究6：Sales-force.com
应用练习	这些练习要求你使用电子表格（Excel）、数据库（Access）或网络应用程序来解决实际场景中的问题	提升你使用计算机软件的能力	应用练习10-2在第10章的基础上，要求你使用WOT对你访问的网站进行评分
国际管理信息系统	从国际视角上讨论了管理信息系统。它包括国际化信息系统的重要性、系统组成部分的本地化、国际应用、供应链管理以及国际系统开发的挑战	了解章节内容的国际意义和应用	国际管理信息系统问题ID-3 企业间信息系统如何促进全球供应链管理

前 言
Using MIS, Eleventh Edition

我们在第1章中声明，管理信息系统（MIS）是商业课程中最重要的课程之一。这是一个大胆的声明，每年我们都会检验这一声明是否仍然正确。有没有比管理信息系统对当代商业和政府产生更大影响的课程？答案都是否定的。因为管理信息系统每年都会为公司带来重要的新技术，许多公司与组织通过创建新应用程序来提高生产力并助力公司完成战略目标。

在过去的一年里[一]，我们看到讨论已久的创新取得了长足的进步。自动驾驶汽车取得了巨大进步。特斯拉汽车公司的自动驾驶车辆累计行驶了13亿英里[二]。谷歌公司的Waymo完全自动行驶了超过500万英里，Uber公司也报告了200万英里的自动驾驶里程。几乎所有其他汽车制造商都在全力以赴地将传统汽车转变为智能汽车。英特尔的一项研究估计，到2050年，自动驾驶汽车的产值将达到7万亿美元[三]。想想如果亚马逊开始使用自动驾驶卡车会发生什么。它可以将运输成本降低80%！

在一年一度的消费电子展（Consumer Electronics Show，CES）上，丰田宣布了一款名为e-Palette的自动驾驶概念车，该公司认为这款车将在新兴的移动即服务（Mobility as a Service，MaaS）市场中发挥作用。智能设备在CES上也再次大放异彩。智能跑步机允许用户通过直播方式在家里参加由专业教练指导的现场锻炼课程。支持Wi-Fi的智能机器狗可以识别人类、与人类互动，还能给自己充电。公司看到了此类智能设备的潜在价值，并且还认识到需要收集、存储和分析这些设备生成的数据。因此，分析、商业智能和大数据方面的工作现在大多都处于供不应求的状态。

虚拟现实应用已经取得了突破。虚拟现实设备的早期使用者对所使用的设备给出了积极的评价。这些设备展示的广阔前景将创建全新类型的公司，并可能改变人们生活、工作、购物和娱乐的方式。

最近的技术创新除了改变个人生活和收集数据的方式之外，也在改变公司的工作方式。例如，在过去一年中，亚马逊在其运营中心使用Kiva机器人取得了巨大成功。亚马逊将这些机器人的使用范围扩大到全球26个仓库，100 000台Kiva机器人将运营成本降低了20%（每个仓库2200万美元）、商品到货时间减少了75%[四]。如果亚马逊将机器人推广到其所有110个仓库，每年将节省数十亿美元。技术和自动化的劳动力正在从根本上改变公司的运作方式，使其能够提高生产力、创新性和适应性。

当然，并非所有关于科技方面的新闻都是好事。大规模数据泄露仍然是一个主要问题，事实上，雅虎（Yahoo！）不情愿地披露它在过去4年中经历了多次数据泄露，总计超过30

[一] 指2018年。——译者注

[二] 1英里≈1.609千米。——编辑注

[三] Wayne Cunningham, "Intel Finds Seven Trillion Reasons to Build Self-Driving Cars," CNET, June 1, 2017, accessed June 23, 2018, www.cnet.com/roadshow/news/intel-finds-seven-trillion-reasons-tobuild-self-driving-cars.

[四] SCDigest Editorial Staff, "Supply Chain News: The Future of Distribution Automation, It Seems, Is Here Right Now," SupplyChainDigest.com, June 20, 2018, accessed June 23, 2018, www.scdigest.com/ontarget/18-06-20-2.php?cid=14351.

亿条数据。

许多公司发现来自高度组织化的国际黑客的攻击数量激增。一种被称为 Mirai 的蠕虫病毒导致超过 100 万德国家庭断网，并且使得美国大部分地区网速变慢。该病毒衍生出的许多变种至今仍在影响物联网设备。

本书本版的内容已针对人工智能、机器学习、云服务等新兴技术的进展进行了更新和修订。

所有这些变化都凸显了这样一个事实，即更成熟、要求更苛刻的用户将商业组织推向了一个快速变化的、需要不断调整业务规划的未来。为了适应这种商业环境，我们需要知道如何应用新兴技术来更好地实现商业组织的战略。而了解关于管理信息系统（MIS）的知识对于这项工作至关重要。技术进步和商业环境变化的速度不断地提醒我们凯丽·费雪（Carrie Fisher）的名言：即时满足的问题在于它不够快。

为什么我们要升级为第 11 版？

我们认为对本书内容进行频繁的修订是极其重要的。因为教科书修订周期长会造成延误，我们在 4 月的修订文本材料要到次年的 1 月才能发布，并在 9 月首次被学生使用，这意味着从出版到使用的过程至少存在 17 个月的延迟。

对于某些变化不大的研究领域，一年半的时间可能看起来并不长。但在管理信息系统领域，一个全新的公司可以在成立短短几年之后以数十亿美元的价格出售。例如，著名的视频网站 YouTube 成立于 2005 年 2 月，然后在 2006 年 11 月（仅仅 21 个月之后）以 16.5 亿美元的价格被谷歌收购。这并不是个例。引领了社交媒体革命的脸书公司（Facebook Inc）成立于 2004 年，截至 2018 年年中已成为市值 5830 亿美元的上市公司。14 年来其市值的增长速度高达每年 410 亿美元。管理信息系统的变化非常快，因此我们希望本书的最新修订版是市面上最切合市场现状的管理信息系统教科书。

表 0-1 列出了第 11 版中修订的内容。关于商业智能系统的章节被提前到第 3 章，因为这些系统对所有的企业越来越重要。在过去 10 年中，每一家大型科技公司都花费了大量资源收购人工智能公司，包括谷歌（39 亿美元）、亚马逊（8.71 亿美元）、苹果（7.86 亿美元）、英特尔（7.76 亿美元）和微软（6.90 亿美元）[⊖]。这还不包括额外的企业内部研发投入。人工智能和机器学习正在成为这些公司竞争优势的核心部分。一些薪水最丰厚的工作出现在人工智能、业务分析、大数据和数据挖掘领域。

表 0-1 第 11 版修订的内容

章节	变化
1	新的 eHermes 介绍
	关于 CPU 和数据存储的全新图表
	新的就业部门统计数据
	关于管理信息系统技能缺口的讨论
	更新了美国劳工统计局（BLS）关于商业和管理信息系统职业的就业统计数据
	新的协作练习

[⊖] Olivia Krauth, "The 10 Tech Companies That Have Invested the Most Money in AI," *Tech Republic*, January 12, 2018 accessed June 23, 2018,*www.techrepublic.com/article/the-10-tech-companies-that-have-investedthe-most-money-in-ai*.

(续)

章节	变化
2	新的 eHermes 介绍
	新的"那又怎样——亚马逊收购全食超市"
	添加了对先发优势和后发优势的讨论
	更新了关于亚马逊公司的案例研究
3	新的 eHermes 介绍
	新的"那又怎样——地理围栏技术的商业应用"
	新的安全指南——Equihax 公司
	重新组织了问题 3-1 至问题 3-4 的章节内容
	简化了问题 3-1 中的商业智能示例
	新增问题 3-5 以讨论为什么人工智能很重要
	新增问题 3-6 以讨论人工智能将如何影响企业
	新增问题 3-7 以讨论人工智能的目标
	新增问题 3-8 介绍了人工智能如何工作
	新增问题 3-9 2029 年将会怎样？
	更新了章节回顾中的内容
4	新的 eHermes 介绍
	新的"那又怎样——2018 年消费电子展上的新品"
	新的职业指南
	增加了有关加密货币、比特币、区块链和平板手机的讨论
	在整个章节中更新了行业统计数据
	更新了案例研究和道德指南
5	新的 eHermes 介绍
	新的道德指南——工作中的挖矿行为
	新的职业指南
	新的问题 5-7 讨论 eHermes 的数据库
	在整个章节中更新了图片和统计数据
6	新的 eHermes 介绍
	新的安全指南——不堪重负的税务系统
	新的道德指南——逆向工程与隐私
	在整个章节中更新了行业统计数据
	更新了关于 ICANN、网络中立性和远程医疗的讨论
	更新了问题 6-6 关于 eHermes 使用云技术的讨论
	新的案例研究——Salesforce.com
7	新的"那又怎样——零工经济的未来"
	安全指南——共享经济中的安全问题
	新的协作练习
	新的案例研究——Airbnb
	新的问题 7-9 讨论了 2029 年共享经济和零工经济将会怎样
	更新了章节的统计数据和图片
8	新的 ARES 系统介绍
	新的"那又怎样——数字化餐饮"
	新的职业指南

(续)

章节	变化
8	扩展了关于 ERP 供应商的讨论
9	新的安全指南——社会工程与比特币
	新的职业指南——社交媒体/在线声誉经理
	新的案例研究——LinkedIn
	更新了关于地理围栏的讨论
	更新了协作练习
	在整个章节中更新了行业统计数据和图表
	新的问题 9-9 2029 年将会怎样？
10	新的"那又怎样——2017 年黑帽大会的新动态"
	新的安全指南——有史以来最大的数据泄露
	新的道德指南——网络记录着一切
	在整个章节中更新了行业统计数据和图表
	新的关于数据的法律保障讨论
11	新的"那又怎样——Facebook 糟糕的数据管理"
	新的职业指南
	在整个章节中更新了行业统计数据和图表
	新的问题 11-5 更新了关于 2029 年将会怎样的讨论
12	新的安全指南——物联网和 Mirai
	新的道德指南——工程减速
	更新了关于敏捷开发的图表和统计数据
国际管理信息系统	新的职业指南
	更新了有关国际互联网接入的统计数据
	新的关于《通用数据保护条例》(GDPR)法律的讨论
应用练习	新的应用练习 3-3 Microsoft AI 应用 Fetch! 和 How-old
	新的应用练习 6-4 网络命令 ping 和 ipconfig
	新的应用练习 10-3 Recuva 文件恢复
	更新了数据文件和图片

甚至消费者也受到管理信息系统的影响。消费者每天都在家中与 Alexa、Google 和 Siri 等人工智能进行互动。机器学习正被用于为在线购物提供个性化推荐。除此以外它还被用于创建自动 Gmail 回复、优化 Uber 到达时间以及确定你想听的歌曲。

我们对第 3 章进行了重大修改，新增了三节关于人工智能的内容，这几节侧重于人工智能对商业组织和员工的影响。我们在这几节讨论了为什么人工智能在过去几年变得如此重要，以及这项技术可能实现的长期目标。我们增加了一个专注于垃圾邮件过滤的简单机器学习示例，以及对人工智能 IBM 沃森在宏观层面上的介绍。

关于信息协作系统的章节（现在的第 7 章）被移回第三部分，因为它与第 8 章和第 9 章一样，侧重于商业组织中的信息系统。我们希望新的组织方式能让章节的呈现更加顺畅。

第 1~6 章从对 eHermes 的讨论开始，它是一家使用自动驾驶技术提供移动购物体验的初创公司。第 7~12 章通过对 ARES Systems 的讨论引入，它是一家基于云服务的增强现实健身初创公司。这两个案例为读者提供了大量机会来练习第 1 章的一项关键技能——评估新兴技术并将其应用于业务。本版修订延续了我们对伦理道德教育的关注。本书中的每个道德指南都要求读者将康德的定言令式（Immanuel Kant's categorical imperative）、边沁和密尔的功利主义（Bentham and Mill's utilitarianism）应用于指南中描述的商业情况。我们希望你能从这些练习中了解到丰富而深刻的伦理考虑。定言令式在第 1 章的道德指南中介绍，功利主义在第 2 章的道德指南中介绍。

如表 0-1 所示，我们对每一章都进行了其他更改，同时为了使本书更易于理解，我们还添加了许多图片，例如第 3 章中显示机器学习如何工作的图片。管理信息系统发展迅速，为了使本书的内容与时俱进，我们检查了每个事实、数据、段落和行业现状是否过时，并根据需要进行了替换。

管理信息系统的重要性

如前所述，我们相信本书正在教授商学院中最重要的一门课程。第 1 章从开始就介绍了这一大胆声明的合理性。简而言之，该论点依赖于两个观察结果。

首先，信息系统的处理能力、存储容量和网络带宽都在快速增长，以至于从根本上改变了我们使用数字设备的方式。企业越来越多地寻求并越来越需要创新性地应用信息系统。将 Facebook 和 Twitter 纳入营销系统是一个典型的例子，但这只是冰山一角。接下来的 10 年里，每个专业商务人士至少都需要能够评估应用信息系统带来的效益，并且要想出类拔萃，他们还需要创造新的信息系统应用程序。

此外，想要从中级管理层脱颖而出的商务专业人士，在某个时候需要具备管理这些创新性信息系统项目的能力。这些技能不是可有可无的，未能利用技术变化的商务人士和企业将成为信息化时代市场竞争中的牺牲品。

管理信息系统独特重要性的第二个前提来自比尔·克林顿政府前劳工部长罗伯特·赖克（Robert Reich）的工作。在著作《国家的作用》(*The Work of Nations*)[一]中，赖克指出了 21 世纪脑力工作者的四项基本技能：

- 抽象推理
- 系统思考
- 协作
- 实操能力

出于第 1 章所述的原因，我们认为管理信息系统课程是培养这四种关键技能的最佳课程。

教师们的角色

作为教授管理信息系统课程的教师，应当扮演的角色是什么？学生能够从网络获取知识，因此不需要我们给出定义；学生有 PowerPoint，因此也不需要我们提供详细的注释。当我们的讲座冗长而过于注重细节时，学生在课堂的参与度就会下降。对于网课来说，这种情况则更加严重。

我们需要为学生提供更加实用且有趣的体验，以便令学生能够将管理信息系统应用于实现他们的目标。在这种模式下我们更像是田径教练而不是过去的传统的大学教师，我们的教

[一] Robert B. Reich, *The Work of Nations* (New York: Alfred A. Knopf, 1991), p. 229.

室更像是体育练习场,而不是常规意义上的课堂[⊖]。

当然,每个人转向这种新模式的程度取决于我们的目标、学生和我们个人的教学风格。本修订版没有假定任何内容将以这种非传统方式被教授。但如果需要,每一章都包含适合用于教练式教学的材料。

除了标题为"那又怎样"的章节外,所有章节都包含一个团队项目作为练习内容。与早期版本一样,每章都包含描述章节内容的指南,可用于小型课堂练习。此外,每一章都以一个案例研究作为结尾,其可作为组织教学活动的基础材料。这一版共包括 42 个实践练习。

两个案例,eHermes 与 ARES

每一章都以一个场景开头,旨在让学生在情感上参与其中。我们希望学生将自己置身于这种情景,并意识到这种情况可能会发生在他们身上。每个场景都包含了该章涉及的内容,并提供了一个明显的例子来说明为什么该章与学生息息相关。这些场景有助于激发学生的主动性和举一反三的能力。

此外,这两个介绍性案例都涉及将新技术应用于现有业务。我们的目标是为学生提供机会,让他们了解和理解企业如何受到新技术的影响,同时我们也希望提供多种途径使你与你的学生一起探索如何适应这一变革。

在设计这些场景时,我们努力创造足够丰富的商业情景以尽可能真实地进行关于信息系统的讨论,同时这些场景又不过分复杂,以便让那些商务知识和商务经验较少的学生也能理解。我们还尝试创建有趣的教学场景。本版推出全新 eHermes 案例并保留了上一版的 ARES 案例。

eHermes

第一部分和第二部分包含的章节由在 eHermes 公司中的对话展开,eHermes 是一家私营公司,它使用自动驾驶车辆提供移动购物体验。我们希望围绕学生感兴趣的商业模式来展开案例。自动驾驶汽车在媒体上引起了很多关注,但学生们可能不太了解它们在商业中的应用。自动驾驶车辆很有可能在未来几年内被广泛采用。在不久的将来,学生们很可能会拥有一辆自动驾驶汽车。

eHermes 正在考虑通过使用某种类型的人工智能来提高车队效率,从而增强其竞争力。然而,这将需要大量的资本投资。除此以外,公司还需要聘请人工智能专家团队,开发新的业务流程,并重构其内部的管理信息系统。这说明了管理信息系统在支持公司商业战略方面的重要性。最终,eHermes 决定不投资人工智能方面。因为这样做成本太高,它想利用资金来发展其业务的其他部分。除此以外该公司没有足够的可靠数据来训练人工智能,因为这需要在额外的基础设施上投入更多资金。最后,eHermes 决定专注于通过其移动店面销售商品而获得的核心优势而放弃了引入人工智能。

在 eHermes 的案例中,他们看似将大量时间花在了一个最终没有产生商业意义的决策上。但实际上,这个失败的结果和成功的结果一样具有经济效益。这一案例展示了如何应用商业情报来避免犯下严重的错误和浪费大量的资金。eHermes 不会在聘请十几个 AI 专家、

[⊖] See the article titled "How the Flipped Classroom Is Radically Transforming Learning" on www.thedailyriff.com for more about this technique.

购买新的基础设施，并构建一个复杂的人工智能模型之后才发现这一切都是一个错误。公司可以先尝试做一个原型系统，并通过衡量成本和收益，在第一时间避免犯下更大的错误。在这个案例中，解决问题的最好方法就是不要使用人工智能系统！

ARES

增强现实健身系统（Augmented Reality Exercise System，ARES）是一个处于萌芽阶段的创业机会，它使用数字现实设备（Microsoft HoloLens）、能够收集数据的健身器材，以及能够在用户、健身俱乐部和雇主之间共享数据的云系统。ARES允许它的用户与朋友、著名的自行车手，甚至是模仿他们以前表现的"虚拟模仿者"一起进行虚拟骑行。

ARES来自现实世界中为一家健身俱乐部的老板开发的信息系统原型，该老板希望将其俱乐部会员的健身数据、他们在家中的锻炼数据与会员们的雇主、保险公司和医疗专业人员建立起联系。原型系统使用C#语言编写，并应用云端的Azure数据库作为后台。

正如ARES案例表明，开发人员意识到这套系统不太可能取得商业上的成功，因为弗洛雷斯博士作为心脏外科医生过于忙碌以至于无暇顾及推广这套系统。因此，这套系统被卖给了一位成功的商人，这位商人变更了经营策略，并对软件系统进行了调整以利用新的数字现实硬件。我们在第7章的开头对这些细节进行了描述。

道德指南中对定言令式和功利主义观点的应用

自从将道德指南引入本书的第1版以来，我们观察到现在的学生对商业道德的态度似乎已经发生了转变。因此，从本书的第7版开始引入康德的定言令式和边沁和密尔的功利主义来教育学生。我们要求学生们"尝试"采纳这些道德标准。并且我们希望当学生们在他们的个人偏见影响自己的判断之前，能深入地思考道德原则。

第1章的道德指南介绍了定言令式，第2章的指南介绍了功利主义。如果你选择采纳这些道德标准，你需要为两个指南分配相应的课程。

2029年将会怎样

本书的每章都以一个标有"2029年将会怎样？"的问题作为结尾。在那一小节中，我们将介绍我们对于该章涉及内容从现在到2029年可能发生的变化的猜想。当然，仅仅是猜想而已，如果我们有一个水晶球可以准确地回答这个问题，我们就不会写教科书了。

但是我们认为这些猜想在很大程度上仍然是合理的。你可能会有不同的想法，而这正是我们所希望的。这些内容的目标是促使学生思考、评估和规划未来技术的发展，并且通常会引起非常活跃的课堂讨论。

为什么希望学生使用SharePoint

协作教学的难点是知道如何评估它的效果。为学生打分不仅要求找出哪些学生完成了大部分工作，它还涉及评估反馈和迭代。也就是说，确定在团队协作过程中谁提供了反馈、谁从反馈中受益，以及成果如何随着时间的推移而演变。

Microsoft SharePoint是一种可以帮助教师评估协作过程的工具。它自动维护SharePoint网站所有更改的详细记录，并能够跟踪文档版本，以及修改时间和版本作者。除此之外，它还维护用户活动的记录，即谁访问了该站点、访问频率是多长时间一次、他们使用了哪些站点功能、他们做了什么工作、他们做了什么贡献等。通过使用 SharePoint 可以轻松确定哪些学生在整个项目的分配过程中提供和接收关键反馈并且努力协作，而哪些学生在项目截止前 5 分钟才仅仅做出了一点微小的贡献。

此外，SharePoint 还有用于团队调研、团队 Wiki、成员博客以及文档和列表库的内置功能。所有这些功能都由丰富而灵活的安全系统提供支持。需要指出的是，本书的课程教学并不依赖于 SharePoint。但是，我们要求学生将 SharePoint 用于他们的团队协作项目。这样做带来的一个附加的好处是，学生可以在未来工作面试中声称自己具有使用 SharePoint 的经验和知识。

你可能还想在课堂教学过程中使用 Office 365，因为它涵盖了 Skype、hosted Exchange、1TB 在线存储和作为附加组件的 SharePoint Online。Microsoft 向学术机构或学生以教育优惠价格提供 Office 365。

为什么本书按问题组织章节

本书的章节是根据问题组织的。据得克萨斯大学研究学生学习的专家玛丽拉·斯维尼奇（Marilla Svinicki）所说，我们不应该给学生布置诸如"阅读第 50 ～ 70 页"之类的阅读作业[○]。原因是现在的学生在时间规划方面遇到了更多的困难。布置这样的阅读任务，他们就会在给朋友发短信、上网和听 iPod 时翻阅书本的第 50 ～ 70 页。30 ～ 45 分钟后，他们会认为自己已经做得够多了，并误以为自己已经完成了任务。

斯维尼奇表示，我们应该给学生一个问题列表，要求学生们根据第 50 ～ 70 页的内容回答这些问题。当学生们能够回答这些问题时，作业就完成了。

遵循上述方法，本书的每一章都以一系列问题开始。各章中的主要标题都是这些问题之一，每章末尾的本章回顾为学生提供了一系列问题，以帮助他们检验学习的效果。自从在斯维尼奇教授那里学习了这种方法后，我们就在课堂上使用了它，并发现这种方法非常有效。

[○] Marilla Svinicki, *Learning and Motivation in the Postsecondary Classroom* (New York: Anker Publishing), 2004.

致 谢
Using MIS, Eleventh Edition

首先，我们要感谢鲍林格林州立大学信息系统教授、《管理信息系统概论：流程、系统与信息》一书的作者 Earl McKinney，他与我们就流程在本信息管理系统课程中的作用进行了长达数小时的深入对话，并分享了深刻的见解。我们还感谢西华盛顿大学的 David Auer 在数据通信技术方面的帮助，以及本特利大学的 Jeffrey Proudfoot 对信息安全领域的见解。

非常感谢圣何塞州立大学的 Jeff Gains 对本书先前版本的有益反馈。多年来，Jeff 的评论对本系列教材的修订起到了很大的作用。此外，特别感谢詹姆斯麦迪逊大学的 Harry Reif，他对如何改进本书提出了最有洞察力的见解。

在微软公司，我们感谢 Randy Guthrie 的帮助，他以多种方式支持管理信息系统的授课，包括促进 Microsoft Imagine 的使用。此外，我们感谢 Rob Howard 与我们就 SharePoint 和 SharePoint Designer 软件的使用进行的对话和咨询，以及 Steve Fox 与我们就 SharePoint 和 Microsoft Azure 进行的有益对话。关于我们的 SharePoint 计划，特别感谢西华盛顿大学的 David Auer 和詹姆斯麦迪逊大学的 Laura Atkins，他们是我们管理信息系统 SharePoint 社区网站的社区监督员，该网站使数十名教师和数百名学生能够学习如何使用 SharePoint。我们的 SharePoint 解决方案由佐治亚州亚特兰大的 NSPI 托管。此外，我们感谢经过认证的 Scrum 大师 Don Nilson，他提供了有关敏捷开发和 Scrum 新材料的基本思想和指导。

我们还要感谢为本次修订撰写职业指南的所有专业人士，包括 Gabe Chino、Lindsey Tsuya、Marshall Pettit、Kailey Smith、Rebecca Cengiz-Robbs、Christie Wruck、Ben Peters、Adam Young、Marianne Olsen、Susan Jones 和 Christin Dunlop。我们希望他们基于真实商业场景的建议能让学生深入了解管理信息系统专业人员的日常工作。

Laura Town 和 Rachael Mann 是我们关于管理信息系统系列书籍的编辑，在此感谢他们的专业知识、敬业精神和风雨无阻的态度。教科书行业此时正在发生翻天覆地的变化，他们在本书编写过程中所展示出的知识和智慧值得赞赏。

我们感谢那些为教师资源库做出贡献的人：教师手册，Roberta M.Roth；PowerPoints，Steve Loy；测试库，Katie Trotta/ANSR Source。我们还要感谢以下作者为我们的 MyLab 提供了好的资源：北爱荷华大学的 Roberta M. Roth、犹他州立大学的 Robert J. Mills、哥伦布州立大学的 John Hupp。

培生教育是一家了不起的出版公司，充满了敬业、才华横溢、有创造力的人。我们感谢 Samantha Lewis 和 Faraz Ali，他们负责复杂的文本编辑管理工作，并且如此高效地完成了这项工作。我们还要感谢 Susan Hannahs 和 Padma Rekha Madhukannan 管理本书的编写流程。

若没有专业销售人员的努力，任何教科书都无法进入学生手中。我们感谢培生销售团队多年来的不懈努力，还要感谢我们的前任编辑 Bob Horan，感谢他对我们的支持和明智的建议，他现在已经幸福地退休了。最后，与许多作者一样，我们非常感谢现任编辑 Samantha Lewis。Samantha 持续地为我们提供专业指导。

本书的审阅者

以下人员对本版和前几版的审阅工作都值得特别表彰,因为他们仔细阅读并给出了深思熟虑和有见地的评论。我们非常感谢他们在这个项目上的合作。

Dennis Adams, 休斯敦大学主校区
Heather Adams, 科罗拉多大学
Hans-Joachim Adler, 得克萨斯大学达拉斯分校
Mark Alexander, 印第安纳卫斯理大学
Paul Ambrose, 威斯康星大学白水分校
Craig Anderson, 奥古斯塔纳学院
Michelle Ashton, 犹他大学
Laura Atkins, 詹姆斯麦迪逊大学
Cynthia Barnes, 拉玛尔大学
Reneta Barneva, 纽约州立大学弗雷多尼亚分校
Michael Bartolacci, 宾夕法尼亚州立大学利哈伊谷分校
Ozden Bayazit, 中央华盛顿大学
Jack Becker, 北得克萨斯州大学
Paula Bell, 洛克海文大学
Kristi Berg, 迈诺特州立大学
Doug Bickerstaff, 东华盛顿大学
Hossein Bidgoli, 加州州立大学贝克斯菲尔德分校
James Borden, 维拉诺瓦大学
Mari Buche, 密歇根理工大学
Sheryl Bulloch, 南哥伦比亚大学
Thomas Case, 佐治亚南方大学
Thomas Cavaiani, 博伊西州立大学
Vera Cervantez, 科林郡社区学院
Siew Chan, 马萨诸塞大学波士顿分校
Andrea Chandler, 独立顾问
Joey Cho, 犹他州立大学
Jimmy Clark, 奥斯汀社区学院
Tricia Clark, 宾夕法尼亚州立大学首都校区
Carlos Colon, 印第安纳大学伯明顿分校
Daniel Connolly, 丹佛大学
Jeff Corcoran, 拉塞尔学院
Jami Cotler, 锡耶纳大学
Stephen Crandell, 迈尔斯大学
Michael Cummins, 佐治亚理工学院

Mel Damodaran, 休斯敦大学维多利亚分校
Charles Davis, 圣托马斯大学
Roy Dejoie, 普渡大学
Charles DeSassure, 塔兰特县学院
Carol DesJardins, 圣克莱尔社区学院
Dawna Dewire, 巴布森学院
Michael Doherty, 丰迪拉克玛丽安学院
Mike Doherty, 怀俄明大学
Richard Dowell, 赛特德尔学院
Chuck Downing, 北伊利诺伊大学
Dave Dulany, 奥罗拉大学
Charlene Dykman, 圣托马斯大学
William Eddins, 约克学院
Lauren Eder, 莱德大学
Kevin Elder, 佐治亚南方大学
Kevin Lee Elder, 佐治亚南方大学
Sean Eom, 东南密苏里州立大学
Patrick Fan, 弗吉尼亚理工学院暨州立大学
Badie Farah, 东密歇根大学
M. Farkas, 费尔菲尔德大学
Lawrence Feidelman, 佛罗里达大西洋大学
Daniel Fischmar, 西敏斯特学院
Robert W. Folden, 得克萨斯农工大学
Charles Bryan Foltz, 田纳西大学马丁分校
Jonathan Frank, 萨福克大学
Jonathan Frankel, 马萨诸塞大学波士顿港分校
Linda Fried, 科罗拉多大学丹佛分校
William H. Friedman, 中阿肯色大学
Sharyn Gallagher, 马萨诸塞大学洛厄尔分校
Gary Garrison, 贝尔蒙特大学
Beena George, 圣托马斯大学
Biswadip Ghosh, 丹佛都市州立学院
Dawn Giannoni, 诺瓦东南大学
Ernest Gines, 塔兰特县学院
Steven Gordon, 巴布森学院
Donald Gray, 独立顾问

George Griffin, 瑞吉斯大学
Randy Guthrie, 加州州立理工大学波莫纳分校
Tom Hankins, 马歇尔大学
Bassam Hasan, 托力多大学
Richard Herschel, 圣约瑟夫大学
Vicki Hightower, 依隆大学
Bogdan Hoanca, 阿拉斯加大学安克雷奇分校
Richard Holowczak, 纽约市立大学巴鲁克学院
Walter Horn, 韦伯斯特大学
Dennis Howard, 阿拉斯加大学安克雷奇分校
James Hu, 圣克拉拉大学
Adam Huarng, 加州州立大学洛杉矶分校
John Hupp, 哥伦布州立大学
Brent Hussin, 威斯康星大学
Mark Hwang, 中央密歇根大学
James Isaak, 南新罕布什尔大学
Wade Jackson, 孟菲斯大学
Thaddeus Janicki, 橄榄山学院
Chuck Johnston, 中西部州立大学
Susan Jones, 犹他州立大学
Iris Junglas, 休斯敦大学主校区
George Kelley, 伊利社区学院城市校区
Richard Kesner, 东北大学
Jadon Klopson, 美国海岸警卫队学院
Brian Kovar, 堪萨斯州立大学
Andreas Knoefels, 圣克拉拉大学
Chetan Kumar, 加州州立大学圣马科斯分校
Subodha Kumar, 华盛顿大学
Stephen Kwan, 圣何塞州立大学
Jackie Lamoureux, 新墨西哥中部社区学院
Yvonne Lederer-Antonucci, 威得恩大学
Joo Eng Lee-Partridge, 中康涅狄格州立大学
Diane Lending, 詹姆斯麦迪逊大学
David Lewis, 马萨诸塞大学洛厄尔分校
Keith Lindsey, 三一大学
Stephen Loy, 东肯塔基大学
Steven Lunce, 中西部州立大学
Efrem Mallach, 马萨诸塞大学
Purnendu Mandal, 马歇尔大学
Ronald Mashburn, 西得克萨斯农工大学

Richard Mathieu, 詹姆斯麦迪逊大学
Sathasivam Mathiyalakan, 马萨诸塞大学波士顿分校
Dan Matthews, 特里尼大学
Ron McFarland, 西新墨西哥大学
Patricia McQuaid, 加州州立理工大学圣路易斯奥比斯波分校
Stephanie Miserlis, 希腊学院
Wai Mok, 亚拉巴马大学亨茨维尔分校
Janette Moody, 赛特德尔学院
Ata Nahouraii, 宾夕法尼亚印第安纳大学
Adriene Nawrocki, 约翰肯尼迪大学
Anne Nelson, 诺瓦东南大学
Irina Neuman, 麦肯德里大学
Donald Norris, 南新罕布什尔大学
Margaret O'Hara, 东卡罗来纳州立大学
Ravi Patnayakuni, 亚拉巴马大学亨茨维尔分校
Ravi Paul, 东卡罗来纳州立大学
Lowell Peck, 中康涅狄格州立大学
Richard Peschke, 明尼苏达州立大学曼卡托分校
Doncho Petkov, 东康涅狄格州立大学
Olga Petkova, 中康涅狄格州立大学
Leonard Presby, 威廉帕特森大学
Terry Province, 中北得克萨斯学院
Uzma Raja, 阿拉巴马大学
Adriane Randolph, 肯尼索州立大学
Harry Reif, 詹姆斯麦迪逊大学
Karl Reimers, 橄榄山学院
Wes Rhea, 肯尼索州立大学
Frances Roebuck, 威尔逊技术社区学院
Richard Roncone, 美国海岸警卫队学院
Roberta Roth, 北爱荷华大学
Cynthia Ruppel, 诺瓦东南大学
Bruce Russell, 东北大学
Ramesh Sankaranarayanan, 康涅狄格大学
Eric Santanen, 巴克内尔大学
Atul Saxena, 摩斯大学
Charles Saxon, 东密歇根大学
David Scanlan, 加州州立大学萨克拉门托分校

Herb Schuette, 依隆大学
Ken Sears, 得克萨斯大学阿灵顿分校
Robert Seidman, 南新罕布什尔大学
Tom Seymour, 迈诺特州立大学
Sherri Shade, 肯尼索州立大学
Ganesan Shankar, 波士顿大学
Emily Shepard, 中卡罗莱纳社区学院
Lakisha Simmons, 贝尔蒙特大学
David Smith, 卡梅隆大学
Glenn Smith, 詹姆斯麦迪逊大学
Stephen Solosky, 纳苏社区学院
Howard Sparks, 阿拉斯加大学费尔班克斯分校
George Strouse, 约克学院
Gladys Swindler, 海斯堡州立大学
Arta Szathmary, 巴克斯县社区学院
Robert Szymanski, 南卡罗来纳大学
Albert Tay, 爱达荷州立大学
Winston Tellis, 费尔菲尔德大学
Asela Thomason, 加州州立大学长滩分校
Lou Thompson, 得克萨斯大学达拉斯分校

Anthony Townsend, 爱荷华州立大学
Goran Trajkovski, 西部州长大学
Kim Troboy, 阿肯色技术大学
Jonathan Trower, 贝勒大学
Ronald Trugman, 加拿大学院
Nancy Tsai, 加州州立大学萨克拉门托分校
Betty Tucker, 韦伯州立大学
William Tucker, 奥斯汀社区学院
David VanOver, 萨姆休斯敦州立大学
Therese Viscelli, 佐治亚州立大学
William Wagner, 维拉诺瓦大学
Rick Weible, 马歇尔大学
Melody White, 北得克萨斯州大学
Robert Wilson, 加州州立大学圣伯纳迪诺分校
Elaine Winston, 霍夫斯特拉大学
Joe Wood, 韦伯斯特大学
Michael Workman, 佛罗里达理工学院
Kathie Wright, 索尔兹伯里大学
James Yao, 蒙特克莱尔州立大学
Don Yates, 路易斯安那州立大学

作者简介

Using MIS, Eleventh Edition

大卫·M. 克罗恩科（David M. Kroenke） 在科罗拉多州立大学、西雅图大学和华盛顿大学拥有多年的教学经验。他曾为大学教师组织过数十场关于信息系统和技术教学的研讨会。1991年，国际信息系统协会将他评为年度计算机教育家。2009年，信息技术专业协会－教育特别兴趣小组（AITP-EDSIG）将他评为年度教育家。

大卫曾在美国空军和波音计算机服务公司工作。他还是3家初创公司的负责人，曾担任Microrim公司的产品营销和开发副总裁以及Wall Data的数据库技术主管。他是语义对象数据模型之父。向大卫咨询的客户包括IBM、Microsoft和Computer Sciences Corporations等。最近，大卫致力于将信息系统应用于教学协作和团队合作中。

他的著作《数据库原理》于1977年首次出版，现在已经发行了15版。他独立撰写并与他人合著了许多教科书，包括《数据库概念》（2017，第8版）、《体验管理信息系统》（2018，第8版）、《面向学生的SharePoint》（2012）、《商业中的Office 365》（2012）和《管理信息系统概论：流程、系统与信息》（2018，第3版）。

兰德尔·J. 博伊尔（Randall J. Boyle） 于2003年在佛罗里达州立大学获得博士学位，拥有公共管理硕士学位和理学学士学位。他曾在朗沃德大学、犹他大学和阿拉巴马大学汉茨维尔分校获得大学教学奖。他教授过多门课程，包括管理信息系统简介、网络安全、网络与服务器、系统分析与设计、电子通信、决策支持系统和Web服务器。

他的研究领域包括基于计算机的欺诈检测、安全信息系统、信息技术对认知偏差的影响、信息技术对知识工作者以及电子商务的影响。他在多个学术期刊上发表过文章，并撰写了多本教科书，包括《体验管理信息系统》（第8版）、《企业计算机与网络安全》（第4版）、《应用信息安全》（第2版）和《应用网络实验室》（第2版）。

目录
Using MIS，Eleventh Edition

译者序
致读者的话
本书导读
前言
致谢
作者简介

第一部分　为什么需要管理信息系统?

第1章　管理信息系统的重要性 …… 3
问题1-1　为什么管理信息系统导论是商学院最重要的课程? ………… 5
　　数字革命 …………………… 5
　　进化的动力 ………………… 6
　　摩尔定律 …………………… 6
　　梅特卡夫定律 ……………… 7
　　推动数字化变革的其他力量 … 7
　　这是商学院最重要的课程 …… 9
问题1-2　MIS将如何影响我们? ……… 9
　　我如何获得就业保障? ……… 9
　　MIS导论如何帮助你学习非常规技能? ………………………… 10
　　结论是什么? ……………… 13
问题1-3　什么是MIS? ……………… 13
　　信息系统的组成部分 ……… 13
　　信息系统的管理和使用 …… 14
　　实现战略 …………………… 15
问题1-4　五要素模型有什么用处? …… 15
　　最重要的组成部分——你 … 16
　　所有部件应当正常工作 …… 16
　　高技术含量信息系统VS低技术含量信息系统 …………… 16
　　那又怎样——Alphabet公司 ………………………… 16
　　理解新信息系统的范畴 …… 18
　　按照难易和带来的混乱程度排序要素 …………………… 18
问题1-5　什么是信息? ……………… 18
　　各种各样的定义 …………… 18
　　信息在哪里? ……………… 19
问题1-6　什么是高质量信息的必要特征? …………………… 20
　　准确性 ……………………… 20
　　时效性 ……………………… 20
　　相关性 ……………………… 20
　　刚好够用 …………………… 21
　　物有所值 …………………… 21
问题1-7　2029年将会怎样? ………… 21
　　道德指南——道德与职业责任 ………………………… 22
　　安全指南——密码及其规范 ………………………… 24
　　职业指南——职业的五要素 ………………………… 26
【案例研究1——Pluralsight】 …………………… 30

第2章　企业战略及信息系统 …… 33
问题2-1　企业战略如何决定信息系统结构? ………………………… 35
问题2-2　决定行业结构的波特"五力"模型是什么? …………………… 36
问题2-3　如何通过行业结构分析确定竞争战略? …………………… 37
　　道德指南——约会机器人的诱惑 ………………………… 37
问题2-4　如何通过竞争战略确定价值链结构? …………………… 39

	价值链中的基本活动 ……… 39	
	价值链中的支持活动 …… 40	
	价值链联结 …………… 41	
问题 2-5	如何在业务流程中创造价值？………………… 41	
问题 2-6	通过竞争战略如何确定业务流程和信息系统结构？…… 43	
问题 2-7	信息系统如何提供竞争优势？………………… 44	
	产品竞争优势 ………… 44	
	通过业务流程获得竞争优势 …………………… 45	
	一家实体公司如何利用信息系统来建立竞争优势？……… 46	
	这个系统如何建立竞争优势？………………… 46	
	那又怎样——亚马逊收购全食超市 …………… 47	
问题 2-8	2029年将会怎样？……… 48	
	安全指南——破解智能设备 …………………… 49	
	职业指南 ……………… 51	
	【案例研究 2——亚马逊公司的创新】…………… 55	

第 3 章　商业智能系统 ……………… 59

问题 3-1	企业如何使用商业智能系统？………………… 61
	企业如何使用商业智能？…… 62
	商业智能流程中的三个主要活动是什么？………… 63
	使用商业智能寻找候选零件 …………………… 63
问题 3-2	企业如何通过数据仓库和数据集市获取数据？……… 66
	运营数据的问题 ……… 67
	数据仓库与数据集市 …… 68

	道德指南——管理信息系统用于医疗诊断 ………… 69	
问题 3-3	处理商业智能系统数据的三种技术是什么？………… 71	
	报表分析 ……………… 71	
	数据挖掘分析 ………… 74	
	那又怎样——地理围栏技术的商业应用 ………… 75	
	大数据 ………………… 76	
问题 3-4	商业智能的发布方案？…… 78	
	商业智能的发布方案的特点 …………………… 78	
	商业智能服务器的两大功能是什么？…………… 79	
	知识管理系统的角色是什么？………………… 80	
	对知识共享的抵抗 …… 81	
	什么是内容管理系统？…… 81	
	内容管理的挑战是什么？…… 81	
问题 3-5	为什么人工智能很重要？…… 81	
	人工智能的研究进展 …… 82	
问题 3-6	人工智能和自动化将如何影响企业？…………… 83	
	自动化劳动力的优点 …… 84	
	人工智能将如何影响我们？…… 86	
	不受欢迎的脏活 ……… 86	
	再培训和重组 ………… 86	
	在不断变化的工作中生存 …… 87	
问题 3-7	人工智能的目标是什么？…… 87	
	其他技术进步的推动器 …… 88	
问题 3-8	人工智能如何工作？……… 89	
	机器学习 ……………… 89	
	IBM 的智能机器人沃森 …… 91	
问题 3-9	2029年将会怎样？……… 92	
	安全指南——Equifax 公司 …… 93	
	职业指南 ……………… 94	
	【案例研究 3——分发 cookie 的 Hadoop】…………… 98	

第二部分 信息技术

第 4 章 软硬件与移动系统 ………… 105

问题 4-1 关于硬件，商务人士需要知道什么? …………………… 107
　　　　硬件组件 …………………… 107
　　　　硬件类型 …………………… 107
　　　　计算机数据 ………………… 108

问题 4-2 新的硬件如何影响竞争战略? …………………………… 110
　　　　物联网 ……………………… 110
　　　　数字现实设备 ……………… 111
　　　　自动驾驶汽车 ……………… 113
　　　　3D 打印技术 ……………… 114
　　　　加密数字货币 ……………… 114

问题 4-3 关于软件，商务人士需要知道什么? …………………… 115
　　　　主流操作系统有哪些? …… 116
　　　　虚拟化 ……………………… 118
　　　　所有权与许可证 …………… 120
　　　　存在哪些类型的应用程序?
　　　　企业该如何获取? ………… 120
　　　　什么是固件? ……………… 121

问题 4-4 开源软件是可行的替代品吗? …………………………… 122
　　　　为什么程序员自愿提供服务? ……………………… 122
　　　　开源是如何实现的? ……… 122
　　　　开源可行吗? ……………… 123
　　　　那又怎样——2018 年消费电子展上的新品 …………… 124

问题 4-5 本地应用程序和 Web 应用程序之间有什么区别? …… 125
　　　　开发本地应用程序 ………… 125
　　　　开发 Web 应用程序 ……… 126
　　　　哪个更好? ………………… 127

问题 4-6 为什么移动系统越来越重要? …………………………… 127
　　　　硬件 ………………………… 128
　　　　软件 ………………………… 129
　　　　数据 ………………………… 129
　　　　流程 ………………………… 129
　　　　人员 ………………………… 130
　　　　道德指南——获取数据的免费应用 ………………… 130

问题 4-7 个人移动设备在工作中的挑战是什么? ………………… 133
　　　　员工工作时使用移动系统的利与弊 …………………… 133
　　　　企业自带设备政策调查 …… 134

问题 4-8 2029 年将会怎样? ………… 135
　　　　安全指南——恶意软件 …… 136
　　　　职业指南 …………………… 138
【案例研究 4——你的苹果】 ……………………… 142

第 5 章 数据库 ……………………… 148

问题 5-1 使用数据库的目的是什么? …………………………… 150

问题 5-2 数据库是什么? …………… 151
　　　　行间关系 …………………… 152
　　　　元数据 ……………………… 154
　　　　道德指南——工作中的挖矿行为 ……………………… 155

问题 5-3 数据库管理系统是什么? … 156
　　　　创建数据库及其结构 ……… 157
　　　　数据库处理 ………………… 157
　　　　管理数据库 ………………… 158
　　　　那又怎样——丝滑的分析 ………………………… 159

问题 5-4 数据库应用如何使数据库更有用? ……………………… 160
　　　　传统的表单、查询、报表和应用程序 ………………… 160
　　　　浏览器表单、报表、查询和应用程序 ………………… 162
　　　　多用户处理 ………………… 163

问题 5-5 数据库用到的数据模型是怎样建立的? ………………… 164
　　　　什么是实体关系模型? …… 165

问题5-6 如何将数据模型转换为数据库设计？ ····· 167
规范化 ····· 167
关系的表示 ····· 169
用户在数据库开发中的角色 ····· 171
问题5-7 eHermes怎样通过数据库系统获利？ ····· 172
问题5-8 2029年将会怎样？ ····· 173
安全指南——大数据的潜在问题 ····· 175
职业指南 ····· 176
【案例研究5——寻找钢琴】 ····· 180

第6章 云 ····· 184

问题6-1 为什么企业要向云端转移？ ····· 186
云计算 ····· 187
为什么企业更喜欢云？ ····· 188
云计算什么时候没有意义？ ····· 189
问题6-2 企业如何使用云？ ····· 190
资源弹性 ····· 190
资源池 ····· 191
基于互联网 ····· 191
来自云供应商的云服务 ····· 192
内容分发网络 ····· 194
内部使用Web服务 ····· 195
问题6-3 支持云的网络技术是什么？ ····· 196
局域网有哪些组成部分？ ····· 197
道德指南——逆向工程与隐私 ····· 198
将局域网连接到互联网 ····· 200
问题6-4 互联网如何运作？ ····· 201
互联网和美国邮政系统 ····· 201
第一步：打包 ····· 202
第二步：在包裹上写名字（域名） ····· 202

第三步：查找地址（IP地址） ····· 202
第四步：在包裹上注明地址（IP地址） ····· 203
第五步：在包裹上贴挂号信标签（TCP） ····· 204
第六步：运输包裹（由运营商运输的数据包） ····· 204
问题6-5 网络服务器如何支持云？ ····· 205
三层体系架构 ····· 206
三层体系架构是如何运行的？ ····· 206
面向服务架构 ····· 207
一种对于SOA的类比 ····· 207
面向三层体系架构的SOA ····· 208
互联网协议 ····· 209
TCP/IP架构 ····· 209
问题6-6 eHermes如何使用云？ ····· 211
eHermes使用的SaaS服务 ····· 211
eHermes安全使用的PaaS服务 ····· 212
eHermes使用的IaaS服务 ····· 212
问题6-7 企业如何安全地使用云服务？ ····· 213
虚拟专用网络 ····· 213
使用私有云 ····· 214
使用虚拟私有云 ····· 215
那又怎样——量子计算机 ····· 215
安全指南——不堪重负的税务系统 ····· 217
问题6-8 2029年将会怎样？ ····· 218
职业指南 ····· 220
【案例研究6——Salesforce.com】 ····· 224

第三部分 使用信息系统获得竞争优势

第 7 章 信息协作系统 ………………… 231

问题 7-1 协作的两个关键特征是什么？……………………… 233
  建设性批评的重要性 …… 234
  给予和接受建设性批评的指导方针 ………………… 235
  提示！ …………………… 235

问题 7-2 衡量成功协作的三个标准是什么？……………………… 236
  成功的结果 ……………… 236
  团队能力的增长 ………… 236
  有意义和令人满意的体验 ·· 237

问题 7-3 协作的四个主要目的是什么？……………………… 237
  获取信息 ………………… 237
  做出决策 ………………… 238
  解决问题 ………………… 239
  项目管理 ………………… 239

问题 7-4 协作信息系统的需求是什么？……………………… 241
  协作信息系统的五个组成部分 ………………………… 241
  主要功能：交流和内容共享 ………………………… 241

问题 7-5 如何使用协作工具来改善团队沟通？………………… 242

问题 7-6 如何使用协作工具来管理共享内容？………………… 245
  不受控制的内容共享 …… 246
  基于 Google Drive 的版本管理内容共享 ……………… 247
  使用版本控制共享内容 … 249
  道德指南——"老大哥"和可穿戴式设备 …………… 251

问题 7-7 如何使用协作工具来管理任务？…………………… 253
  在 Google Drive 上共享任务列表 …………………… 253
  使用 Microsoft SharePoint 共享任务列表 …………… 254
  那又怎样——零工经济的未来 …………………… 255

问题 7-8 哪种协作信息系统适合你的团队？……………………… 257
  三组协作工具 …………… 257
  为你的团队选择工具组 …… 258
  不要忘记流程和人员！ …… 259

问题 7-9 2029 年将会怎样？……… 259
  安全指南——共享经济中的安全问题 ………………… 260
  职业指南 ………………… 262
  【案例研究 7——Airbnb】 … 265

第 8 章 流程、商业组织和信息系统 ……………………… 269

问题 8-1 流程的基本类型是什么？… 271
  结构化流程与动态流程有何不同？ ………………… 271
  流程如何因组织范围而变化？ ………………… 272

问题 8-2 信息系统如何提高流程质量？……………………… 274
  如何优化流程？ ………… 274
  信息系统如何提高流程质量？ ………………… 275

问题 8-3 信息系统如何消除信息孤岛的问题？……………………… 276
  信息孤岛是什么？ ……… 276
  企业如何解决信息孤岛问题？ ………………… 277
  一个用于管理患者出院的商用信息系统 …………… 278

问题 8-4 CRM、ERP 和 EAI 如何支持企业流程？……………… 278
  业务流程工程的需求 …… 278
  企业应用解决方案的出现 … 279
  客户关系管理 …………… 279
  企业资源规划 …………… 281

	企业应用集成 …… 284	社会媒体与人力资源 …… 316
	那又怎样——数字化	问题 9-3 SMIS 如何增加社会
	餐饮 …… 285	资本？…… 317
	道德指南——付费删除 …… 287	社会资本的价值是什么？… 317
问题 8-5	ERP 系统的要素是什么？… 288	社交网络如何为企业增加
	硬件 …… 289	价值？…… 318
	ERP 应用程序 …… 289	那又怎样——提升高尔夫球迷
	ERP 数据库 …… 289	的体验 …… 318
	业务流程程序 …… 290	利用社交网络增加人际关系的
	培训和咨询 …… 291	数量 …… 320
	行业特定解决方案 …… 291	利用社交网络增强人际关系的
	ERP 的主流供应商 …… 291	强度 …… 321
问题 8-6	应用和升级企业信息系统的	利用社交网络与拥有更多资源
	挑战是什么？…… 292	的人建立联系 …… 321
	协作管理 …… 292	问题 9-4 企业如何从社交媒体中获得
	需求差距 …… 292	收入？…… 323
	过渡问题 …… 293	你就是产品 …… 323
	员工抵触 …… 293	社交媒体的收益模式 …… 323
	新技术 …… 293	移动设备的出现会减少在线广
问题 8-7	企业间的信息系统如何解决	告收入吗？…… 324
	企业孤岛问题？…… 294	道德指南——人工好友 …… 326
问题 8-8	2029 年将会怎样？…… 295	问题 9-5 企业如何开发有效的
	安全指南——不是我，	SMIS？…… 327
	是你 …… 296	第一步 明确你的目标 …… 327
	职业指南 …… 298	第二步 确定成功指标 …… 328
	【案例研究 8——一个关于两个	第三步 确定目标用户 …… 328
	企业间信息系统的故事】… 303	第四步 定义自己的价值 …… 329
		第五步 建立人际关系 …… 329
第 9 章	社交媒体信息系统 …… 307	第六步 收集和分析数据 …… 329
问题 9-1	什么是社交媒体信息	问题 9-6 什么是企业社交网络？…… 330
	系统？…… 309	企业 2.0 …… 330
	SMIS 扮演的三个角色 …… 309	交流方式的变化 …… 331
	社交媒体信息系统的组成	部署成功的企业社交网络 … 331
	部分 …… 312	问题 9-7 企业如何解决 SMIS 安全
问题 9-2	SMIS 如何推进企业战略？… 314	问题？…… 332
	社交媒体与销售和营销	管理员工沟通风险 …… 332
	活动 …… 314	管理不适当内容的风险 …… 333
	社交媒体与客户服务 …… 315	问题 9-8 2029 年将会怎样？…… 335
	社交媒体与进出站物流 …… 315	安全指南——社会工程与
	社交媒体与制造和运营 …… 316	比特币 …… 336

职业指南 ·············· 338
【案例研究 9——
LinkedIn】 ············ 341

第四部分 信息系统安全、管理和开发

第 10 章 信息系统安全 ········· 348

问题 10-1 信息系统安全的目标是
什么？ ················ 350
信息系统安全威胁和造成损失的
典型场景 ············· 351
威胁的来源有哪些？ ······· 352
存在哪些类型的安全
损失？ ················ 353
信息安全的目标 ········ 354

问题 10-2 计算机安全问题有多
严重？ ················ 355

问题 10-3 你应该如何应对安全
威胁？ ················ 357

问题 10-4 企业应该如何应对安全
威胁？ ················ 358
那又怎样——2017 年黑帽大会
的新动态 ············· 359

问题 10-5 技术保障措施如何防范安全
威胁？ ················ 361
识别和认证 ············ 361
多系统单点登录 ········ 362
加密 ··················· 362
防火墙 ················ 363
恶意软件防护 ·········· 364
设计安全的应用程序 ····· 366
道德指南——网络记录着
一切 ··················· 366

问题 10-6 数据保障措施如何防范安全
威胁？ ················ 368
数据的法律保障措施 ····· 368

问题 10-7 人为保障措施如何防范安全
威胁？ ················ 369
对员工的保障措施 ······· 369
对非员工的人为保障措施 ·· 371

账户管理员 ············ 371
系统流程 ·············· 372
安全监测 ·············· 373

问题 10-8 企业应如何应对安全
事件？ ················ 374

问题 10-9 2029 年将会怎样？ ······ 374
安全指南——有史以来最大的
数据泄露 ············· 375
职业指南 ·············· 377
【案例研究 10——攻击塔吉特
公司】 ················ 381

第 11 章 信息系统管理 ········· 385

问题 11-1 信息系统部门的职能和组织结
构是什么？ ············ 387
信息系统部门是如何
组织的？ ·············· 388
信息安全官 ············ 389
哪些工作与信息系统
相关？ ················ 389

问题 11-2 企业如何规划信息系统的
使用？ ················ 391
保证信息系统与企业战略
一致 ··················· 391
向企业管理层传达信息系统 /
信息技术问题 ·········· 392
制定优先级并在信息系统部门
内部执行 ············· 392
成立指导委员会 ········ 392
那又怎样——Facebook 糟糕的
数据管理 ············· 393

问题 11-3 外包的优缺点是什么？ ····· 394
信息系统外包 ·········· 394
国际外包 ·············· 396
外包的备选方案有哪些？ ··· 397
外包的风险是什么？ ····· 398
道德指南——培训你的
替代者 ················ 400

问题 11-4 用户的权利和义务是
什么？ ················ 401

　　　　用户权利 ………………… 401
　　　　用户义务 ………………… 402
　问题 11-5　2029 年将会怎样？……… 403
　　　　安全指南——监视者 …… 404
　　　　职业指南 ………………… 405
　　　【案例研究 11——劳动力自
　　　　动化】………………………… 408

第 12 章　信息系统开发 …………… 412
　问题 12-1　业务流程、信息系统和应用程
　　　　序是如何开发的？………… 414
　　　　业务流程、信息系统和应用
　　　　程序的区别与联系 ……… 414
　　　　各自使用的开发流程是
　　　　什么？…………………… 416
　问题 12-2　企业如何使用业务流程
　　　　管理？…………………… 417
　　　　为什么需要流程管理？…… 417
　　　　业务流程管理是什么？…… 418
　问题 12-3　业务流程建模符号如何用于
　　　　流程建模？……………… 419
　　　　业务流程符号的标准化
　　　　需求 …………………… 420
　　　　记录现有业务订单流程 … 420
　问题 12-4　系统开发生命周期有哪些
　　　　阶段？…………………… 423
　　　　定义系统 ………………… 424
　　　　确定需求 ………………… 426
　　　　设计系统组件 …………… 427
　　　　应用系统 ………………… 428
　　　　道德指南——工程减速 … 429
　　　　系统维护 ………………… 431

　问题 12-5　SDLC 项目成功的关键是
　　　　什么？…………………… 432
　　　　创建工作分解结构 ……… 432
　　　　评估时间和成本 ………… 433
　　　　创建项目计划 …………… 434
　　　　通过权衡调整计划 ……… 436
　　　　应对发展挑战 …………… 437
　　　　那又怎样——物联网
　　　　银行 …………………… 438
　问题 12-6　Scrum 开发如何克服 SDLC 的
　　　　问题？…………………… 439
　　　　敏捷开发方法的原则是
　　　　什么？…………………… 440
　　　　Scrum 流程是什么？……… 442
　　　　需求如何驱动 Scrum
　　　　流程？…………………… 443
　问题 12-7　2029 年将会怎样？…… 445
　　　　Fetch! …………………… 445
　　　　用户驱动的系统 ………… 446
　　　　行业会促进改变 ………… 446
　　　　安全指南——物联网和
　　　　Mirai …………………… 446
　　　　职业指南——创建你自己的
　　　　品牌 …………………… 448
　　　【案例研究 12——我们什么时
　　　　候能够学到教训？】……… 453

国际管理信息系统 …………………… 457

应用练习 ……………………………… 478

词汇表 ………………………………… 498

| 第一部分 |
Using MIS, Eleventh Edition

为什么需要管理信息系统？

通过自动驾驶车辆提供移动购物体验的私营企业 eHermes 已经成立 5 年了。它将一个移动的店面带到了顾客家门口，扮演了一个卖二手和新物品的分类中间商。移动店面取走顾客想卖的物品，拿出顾客想买的物品。每个看上去像前卫透明船运集装箱的 eHermes 移动店面都有数百件不同的物品。

eHermes 移动店面允许顾客亲自查看数百件相似的物品，而不必亲自去见售货人。顾客喜欢移动店面的这一特点，当移动店面停在他们家门口时，他们通常会买几件需要的物品。eHermes 会对在其平台上销售的物品按照时间收取一定的费用。当物品被购买后，eHermes 会收取一部分手续费。企业也会通过其网站和手机应用赚取适度的广告收入。

eHermes 的首席执行官和联合创始人杰西卡是加利福尼亚州一个中等风险投资企业的前副总裁。杰西卡从芝加哥大学获得工商管理学硕士学位后，为风险投资企业分析高科技创业企业。她在企业内部迅速成长，并在 8 年后担任副总裁职位。这份工作经历使她拥有了包含很多高技能工程师和天使投资人的庞大社交网络。

在调研创业企业时，她遇到了维克多。那时维克多正管理一个做开创性视觉系统业务的小型人工智能初创企业。维克多富有个人魅力、聪明且富有，已经拥有了几个成功的创业企业。他有能判断哪个企业将会成功的神秘能力，并能有效地与创始人共同努力使他们的企业快速成长。

杰西卡询问维克多他企业的视觉系统的实际应用，以及他为什么一直在讲视觉系统在自动驾驶车辆上的潜在应用。维克多解释说当出现问题时，自动驾驶车辆相比驾驶员有更好的视觉能力和更快的反应速度。这次谈话在之后转向了关于自动驾驶车辆影响力的一个更深入的对话。通过这一对话，杰西卡确信自动驾驶车辆被广泛应用的必然性，并对这一现象会如何影响现有企业模型产生了兴趣。事实上，她的朋友卡玛拉·帕特尔已经开发了第一批用于车辆间发送信息的协议。卡玛拉对自动化很有兴趣，并相信自动驾驶车辆将影响几乎所有的生产制造行业。杰西卡询问维克多是否能与她和卡玛拉在下一周共进午餐，她有一个想法想与他们分享。

午饭期间，杰西卡向维克多和卡玛拉提出了关于 eHermes 的想法，几个月后，这家企业诞生了。快进到 5 年后，eHermes 现在已经有几十个移动店面，每年收益约 800 万美元。为了让企业发展得更快，首席执行官杰西卡向传统公司（如沃尔玛、当地的售货店）和电子商务零售商（如亚马逊）提供移动门店。维克多担忧企业还没有准备好，因为仅让现有的移动门店正常运营就已经很难了。

设计、建造和测试门店的代价很昂贵，而且有时结果很令人沮丧。创建库存跟踪系统比起初预想的复杂很多，门店的路径、协调和优化更是一场噩梦。低效的路径增加了耗油量，对企业的收益也产生了很大的影响。此外，一个使门店数据收集、存储和分析过程自动化的高成本系统开发项目正在进行中。目前，所有事物都由门店中的营业员手动记录，任何带回仓库的新存货都需要被拍照并输入到在线系统中。

维克多认为他们应该等一段时间再扩大企业规模，企业没有财力或人力去开展杰西卡考虑的大型扩张。但顾客喜欢从 eHermes 上购物，且销售预测数据看上去很有希望。企业最近获得了许多正面反馈，且投资者也十分乐意为公司投钱。

杰西卡还提到他们应该用一些人工智能或机器学习技术来提高团队的效率。所有步骤目前都出乎意料的复杂，例如协调所有的销售站点、库存情况、移动门店囤货、行驶路线、充电和供给燃料次数、维修计划。当前的系统能够正常运行，但它不是最优的状态，且在经济上对 eHermes 造成了很大影响，企业需要一个完整的解决方案。

第1章

Using MIS，Eleventh Edition

管理信息系统的重要性

"解雇？你要解雇我？"

"嗯，解雇这个词很难听，但是……eHermes不再需要你的服务了。"

"但是，维克多（Victor），我不明白。我真的不知道。我努力工作，你让我做的一切我都做了。"

"阿曼达（Amanda），就是这样。我让你做的你都做了。"

"我投入了很多时间。你怎么能解雇我呢？"

"你的工作是利用人工智能或机器学习找到降低成本的方法。"

"是的！我做到了。"

"不，你没有。你跟进了我给你的想法，但我们不需要有人来跟进我的计划。我们需要有人能想出我们需要做什么，制订她自己的计划，并把它们带给大家。"

"你怎么能指望我那样做呢？我才来了6个月！"

"这就是团队合作。当然，你只是在学习我们的业务，但我保证我们所有的高级职员都会随时为你服务……"

"我不想打扰他们。"

"好吧，你成功了。我问卡玛拉（Kamala）她对你正在做的计划有什么看法，她问我'阿曼达是谁？'。"

"但她不是在仓库中心工作吗？"

"没错。她负责运营……所以你值得和她谈谈。"

"我会去做的！"

"阿曼达，你看到刚才发生的事了吗？我给了你一个主意，你说你会去做，但那不是我需要的。我需要你自己找到解决办法。"

"我真的很努力,我投入了很多时间,我已经把这些报告都写好了。"

"有人看过它们吗?"

"我跟你谈过其中的一些。但我对它们还不太满意。"

"没错,但我们这里不是这么做事。我们提出想法,然后互相讨论。人无完人,当我们对计划进行建议和修改后,它会变得更好……我想我告诉过你这一点。"

"也许是吧,但我不太习惯。"

"嗯,但这是这份工作的关键。"

"我知道我能胜任这份工作。"

"阿曼达,你来这里快6个月了,你有商学和信息系统学位。几周前,我第一次问你关于一个流程的想法,用来确定哪些人工智能或机器学习方法可以降低成本和提高效率。你还记得你说的话吗?"

"我记得,我不知道该怎么做,我不想只是舍弃一些可能不起作用的东西。"

"但是你怎么知道它是否有效呢?"

"我不想浪费钱……"

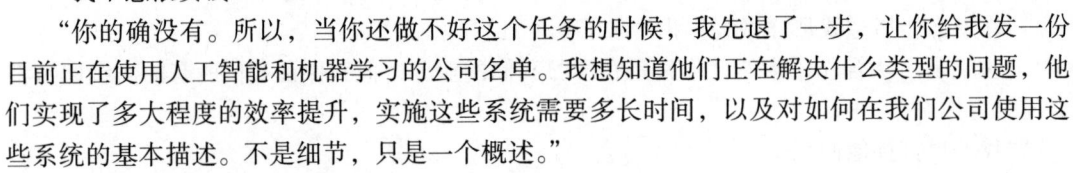

"你的确没有。所以,当你还做不好这个任务的时候,我先退了一步,让你给我发一份目前正在使用人工智能和机器学习的公司名单。我想知道他们正在解决什么类型的问题,他们实现了多大程度的效率提升,实施这些系统需要多长时间,以及对如何在我们公司使用这些系统的基本描述。不是细节,只是一个概述。"

"是的,我把那些发给你了。"

"阿曼达,那没有意义。你的名单包括使用人工智能视觉系统和自然语言处理系统的公司,而你对人工智能如何应用于 eHermes 的描述主要集中在机器人技术上。"

"我也知道它们可以用于计划和优化,只是我没有把它放在我发给你的材料中。但我会再做一次!"

"嗯,我很欣赏这种态度,但我们是一家小公司,在很多方面仍然是初创。在这里,每个人都要更加努力。如果我们是大公司,也许我能给你留个位置,看看能不能带着你。但我们现在负担不起。"

"那我的推荐信呢?"

"我很乐意告诉任何人,你很可靠,你每周工作40到45个小时,而且诚实正直。"

"这些很重要!"

"是的,很重要。但今天,这些还不够。"

研究问题

问题 1-1　为什么管理信息系统导论是商学院最重要的课程?

问题 1-2　MIS 将如何影响我们?

问题 1-3　什么是 MIS?

问题 1-4　五要素模型有什么用处?

问题 1-5　什么是信息?

问题 1-6　什么是高质量信息的必要特征？
问题 1-7　2029 年将会怎样？

章节预览

"但今天，这些还不够。"

你觉得这句话发人深省吗？如果努力工作还不够，那么怎样才够呢？这本书的开始，我们将讨论阿曼达（和你）需要的关键技能，并解释为什么这门课程是商学院教你这些关键技能的最佳课程。

你可能会对最后这句话感到惊讶。如果你像大多数学生一样，可能还不清楚你的 MIS 课程是关于什么的。如果有人问你："你在那门课上学什么？"你可能会回答这门课与计算机有关，或者与计算机编程有关。除此之外，你可能很难再说更多了。你也许会补充说，"嗯，它与商业中的计算机应用有关。"或者"我们将学习用计算机的电子表格和其他程序解决商业问题。"那么，这门课怎么会是商学院最重要的一门呢？

我们从这个问题开始。在你了解这门课程对你的职业生涯有多重要之后，我们将讨论基本概念。我们将以一些你需要学习的关键技能的练习来结束课程。

问题 1-1　为什么管理信息系统导论是商学院最重要的课程？

管理信息系统概论是商学院最重要的课程，但并非从一开始便如此。几十年前，主修"计算机"被认为是一件很书呆子的事情。但是现在情况已经发生了很大的变化。现在最热门的工作出现在科技公司。人们以在科技初创公司工作为荣。苹果公司是世界上最大的公司，市值达到 9190 亿美元。2014 年，在线电子商务巨头阿里巴巴（阿里巴巴控股集团）进行了史上最大的 IPO（250 亿美元）。但是为什么呢？为什么信息技术从一个次要的企业支持功能，转变为企业盈利的主要驱动力？为什么科技行业的薪酬最高？为什么在这些科技公司工作被认为很酷？答案与技术从根本上改变商业的方式有关。

数字革命

你可能听说过我们生活在信息时代，或者说在这个历史时期，信息的生产、分发和控制是经济的主要驱动力。信息时代始于 20 世纪 70 年代的数字革命，即从机械和模拟器件到数字设备的转换。这种向数字设备的转变对个人、公司和整个社会都意味着巨大的变化。

问题是，人们无法真正理解这种转变如何，甚至为什么会影响他们。就像今天的人一样，他们基于过去的事来预测未来。他们了解工厂、官僚机构、大规模生产和运营效率，但这些知识并没有让他们为即将到来的变化做好准备。

数字革命并不仅仅意味着新的"数字"设备正在取代旧的机械设备或模拟设备。这些新的数字设备现在可以连接到其他数字设备，并在它们之间共享数据。随着处理器速度的提高，它们的工作速度也会更快，这是开创性的。1972 年，计算机科学家戈登·贝尔（Gordon Bell）认识到，随着这些数字设备的发展和广泛使用，它们将改变世界。他提出了贝尔定律，该定律指出，"大约每十年就会形成一个新的计算机行业。"[1] 换句话说，数字设备的发展将如此之快，以至于每 10 年就会出现新的平台、编程环境、行业、网络和信息系统。

正如贝尔所预测的那样。自 1970 年以来，大约每 10 年就会出现一种全新的数字设备。它们创造了全新的行业、公司和平台。在20世纪80年代，我们看到了个人计算机（PC）和小型局域网的兴起。在20世纪90年代，我们见证了互联网的兴起和手机的广泛使用。在21世纪初，我们看到了一股推动所有"事物"网络化的潮流。社交网络和基于云的服务真的"起飞"了，并且创造了一大批新公司。在21世纪10年代，我们已经见证了人工智能、3D打印、数字现实设备（例如微软Hololens）、自动驾驶汽车和加密货币的巨大进步。

数字技术的发展已经从根本上改变了企业，并成为企业盈利能力的主要驱动力。至少在未来几十年里，这种情况可能还会持续下去。要了解企业将如何受到这种数字进化的影响，关键是要了解推动这些新数字设备进化的力量。

进化的动力

为了理解推动数字设备进化根本的动力，让我们想象你的身体正在以与数字设备相同的速度进化。假设你今天每小时能跑8英里[①]，这是平均水平。现在假设，你的身体变化如此之快，以至于每18个月你的平均速度就能提升为原来的2倍。18个月后，你每小时可以跑16英里。再过18个月，你的速度将达到每小时32英里。以此类推，经过10年半的成长，你将以每小时1024英里的速度跑步。这将如何改变你的生活？

你肯定会抛弃你的车，它太慢了。航空旅行也可能成为过去式。你可以开启快递业务，然后赚得盆满钵满，并迅速垄断市场。你可以住在城外，因为你的通勤时间短一些。你还需要新衣服和结实的鞋子。这就是关键所在——改变的不仅是你，还有你要做什么和怎么做。这就是贝尔定律。而同样的事情也发生在数字设备上。

这个例子乍一看可能有点可笑，但它可以帮助你理解指数级的变化是如何影响数字设备的。处理能力、设备的互联性、存储容量和带宽都在快速增长——如此之快，以至于改变了这些设备的使用方式。为了探索其中的动力，让我们来观察一些定律。

摩尔定律

1965年，英特尔公司的联合创始人戈登·摩尔（Gordon Moore）提出，由于电子芯片设计和制造技术的改进，"集成芯片上每平方英寸[②]的晶体管数量每18个月翻一番。"这就是著名的摩尔定律。他的这句话被普遍误解为"计算机的速度每18个月翻一番"，这句话虽然不正确，但却抓住了其中的内涵。

由于摩尔定律，计算机处理器的性价比越来越高。1996年，当互联网真正开始"起飞"的时候，标准CPU的价格是每一百万个晶体管110美元。到2018年，价格已降至每百万晶体管0.02美元[2]（见图1-1）。在过去30年里，处理能力的增强对全球经济的影响超过了其他任何单一因素。它让新的设备、应用程序、公司和平台成为可能。事实上，如果处理能力没有呈指数级的增长，大多数科技公司今天都不会存在。

然而，作为未来的商务专业人士，你不需要关心你的公司花1000美元能买到多快的计算机。这不是重点。关键是，由于摩尔定律，数据处理的成本接近于零。目前的应用，如新药开发、人工智能和分子建模，都需要大量的信息处理能力。因为处理能力的购买成本太高，领域的创新受到阻碍。但好消息是，成本正在迅速下降。

---

① 一英里≈1.6千米。——编辑注
② 1平方英寸≈6.5×10^{-4}平方米。——编辑注

英特尔处理器的性价比

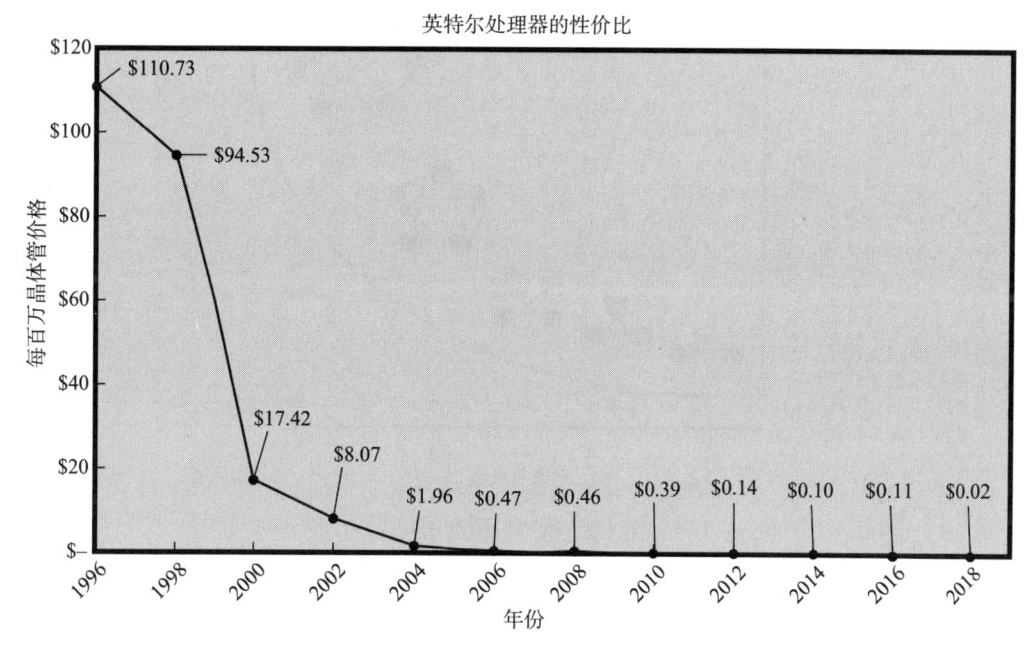

图 1-1 计算机处理器的性价比

梅特卡夫定律

另一种改变数字设备的基本动力是梅特卡夫定律，以以太网的发明者罗伯特·梅特卡夫的名字命名。梅特卡夫定律指出，网络的价值等于连接到它的用户数量的平方。换句话说，随着越来越多的数字设备连接在一起，网络的价值将会增加[3]。如图 1-2 所示，20 世纪 90 年代互联网的急剧崛起完美地印证了梅特卡夫定律。随着越来越多的用户接入互联网，互联网变得越来越有价值。互联网的繁荣催生了谷歌、亚马逊和 eBay 等科技巨头。如果没有大量的互联网用户，这些公司都不可能存在。

梅特卡夫定律也适用于科技公司。谷歌的 Project Loon 是一项重大努力，它通过在世界各地漂浮的充气气球网络，让地球上的每个人都能接入互联网。社交媒体公司的主要指标之一是使用社交网络的月活跃用户（MAU）数量。他们的用户越多，公司就越有价值。再来看看微软 Word 等产品的网络效应。当你可以使用像 LibreOffice Writer 这样的免费文字处理软件时，为什么还要为微软的 Word 付费呢？你为微软的 Word 付费，是因为其他人都在用它。

推动数字化变革的其他力量

改变我们使用数字设备方式的不仅仅有网络中用户的数量，还有网络的通信速度。以雅各布·尼尔森（Jakob Nielsen）命名的尼尔森法则称，"高端用户的网络连接速度将以每年 50% 的速度增长"。随着网络变得越来越快，新公司、新产品和新平台将会出现。

例如，YouTube 成立于 2005 年 2 月，当时互联网上分享的视频并不多。但平均网速已经达到一个典型的互联网连接可以处理 YouTube 视频流的程度。2006 年 11 月，该公司被谷歌以 16.5 亿美元收购。如果你算一算就会发现，用不到 2 年的时间就能创建一个 10 亿美元的公司，足以说明网络速度很重要。问题是，为什么谷歌、微软、IBM 或苹果没有在 YouTube 创始人之前想到视频分享？

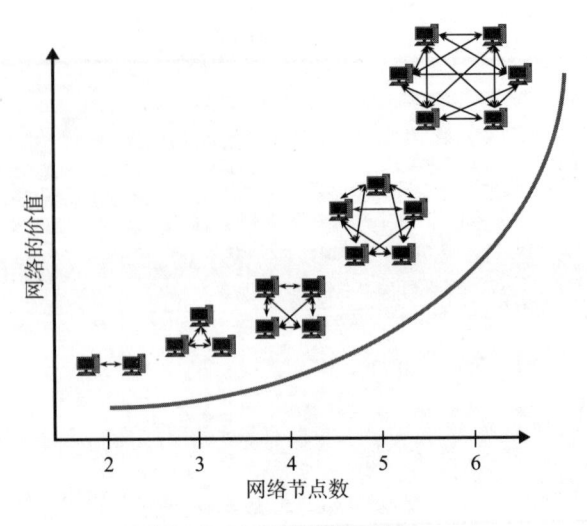

图 1-2 网络价值的增长

除了尼尔森法则、梅特卡夫定律和摩尔定律，还有其他力量在改变数字设备。克莱德定律（见图 1-3），以希捷公司（Seagate Corp.）前首席技术官马克·克莱德（Mark Kryder）的名字命名，该定律认为，磁盘的存储密度正以指数级速度增长。存储容量非常重要，这通常是你买新电子设备时间的第一个问题（见图 1-4）。此外，功耗、图像分辨率和设备之间的互联性也都在发生变化，除此之外，数字设备的其他性能指标也在不断提升。

定律	意义	影响
摩尔定律	集成芯片上每平方英寸的晶体管数量每 18 个月翻一番。	计算机的速度呈指数级增长，数据处理的成本接近于零。
梅特卡夫定律	网络的价值等于连接到它的用户数量的平方。	更多的数字设备连接在一起，数字和社交网络的价值呈指数级增长。
尼尔森法则	高端用户的网络连接速度将以每年 50% 的速度增长。	网络速度正在提高，更快的速度带来新的产品、平台和公司。
克莱德定律	磁盘上的存储密度正以指数速度增长。	存储容量呈指数级增长，存储数据的成本接近于零。

图 1-3 改变技术的根本动力

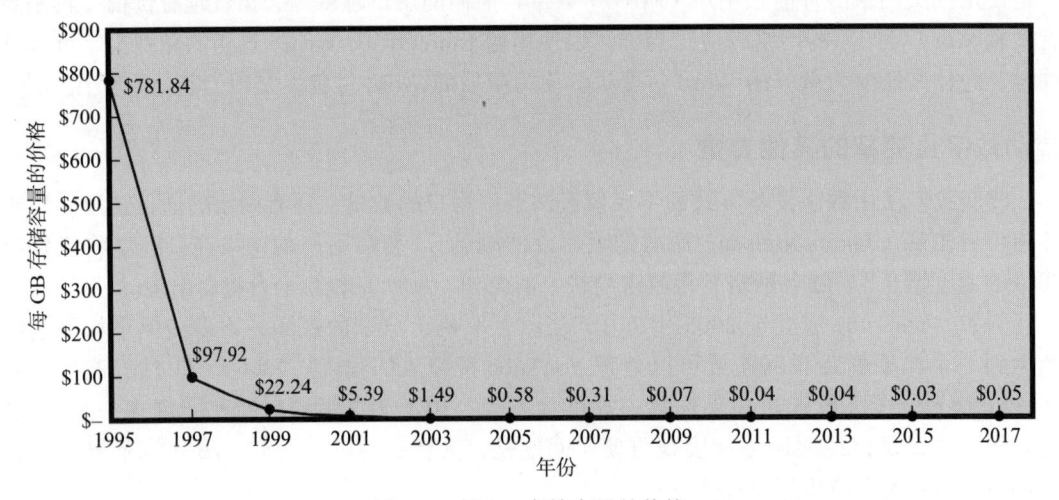

图 1-4 每 GB 存储容量的价格

这是商学院最重要的课程

这让我们回到我们最初的陈述，MIS 导论是你在商学院学习的最重要的课程。为什么？因为这门课将向你展示技术如何从根本上改变企业。你会了解到为什么高管们总是想办法利用新技术创造可持续的竞争优势。这就引出了 MIS 导论是当今商学院最重要课程的第一个原因：

> 未来的商务专业人士需要能够评价、评估新兴的信息技术，并将它们应用于业务。

你需要这门课程的知识来获得这项技能。

问题 1-2　MIS 将如何影响我们？

技术正在加速变革。这对你有什么影响？你可能认为技术的发展是伟大的。但你很难等待下一个 iGadget（iGadget：瑞典设计公司 CHN 提出的概念产品）的出现。

但请稍等片刻，想象一下你 2004 年从大学毕业，进入美国最大、最成功的家庭娱乐公司之一的百视达工作。在 2004 年，百视达拥有 6 万名员工和 9000 多家门店，年收入 59 亿美元。一切看起来都很美好。快进 6 年到 2010 年，百视达破产了。为什么？因为在网上看视频比开车去商店更容易。高速互联网连接使这一切成为可能。

关键是，你毕业后可以选择去一家成功的、有品牌的大公司工作。6 年后，它可能会破产。因为技术改变了，它却没有。

我如何获得就业保障？

很多年前，我遇见一位睿智且经验丰富的老师。有一天，我问他关于就业保障的问题，他告诉我，唯一的方法就是"具备一种有市场价值的技能和使用它的勇气"。

那么，什么是有市场价值的技能呢？在过去，人们可以说出特定的技能，比如计算机编程、税务会计或市场营销。但是现在由于摩尔定律、梅特卡夫定律和克莱德定律的存在，数据处理、存储和通信的成本基本上为零。任何常规技能都可以外包给出价最低的投标人。如果你住在美国、加拿大、澳大利亚等发达国家，出价最低的人不太可能是你自己。

许多机构和专家都研究过这样一个问题：在你的职业生涯中哪些技能是有市场价值的？我们看看其中的两个。位于加州圣莫尼卡的智库兰德公司（RAND Corporation）发表了 70 多年的创新和开创性思想，包括互联网的最初设计。2004 年，兰德公司发表了一篇关于 21 世纪的工作人员需要的技能：

> 快速的技术变革和国际竞争的加剧促使人们格外关注劳动者的技能和工作能力，特别是适应不断变化的技术和不断变化的需求的能力。机构性质的转变……注重较强的非常规认知技能[4]。

无论你的专业是会计、市场营销、金融还是信息系统，你都需要培养强大的非常规认知技能。

这些技能是什么？罗伯特·赖克（Robert Reich）列举了其中四个[5]：

- 抽象推理
- 系统思考
- 协作

- 实操能力

每一条的示例见图 1-5。重读本章开头的 eHermes 案例，你会发现阿曼达丢了工作，就是因为她没有这些关键技能。尽管赖克的书写于 20 世纪 90 年代初，但他提到的认知技能在今天仍然有意义，因为人类不像技术变化得那么快[6]。

技能	例子	阿曼达的问题
抽象推理	构造一个模型或演示。	在概念化使用人工智能和机器学习的方法时的犹豫和不确定性。
系统思考	建立系统并显示各部分的输入和输出如何关联。	无法为 eHermes 的运营需求建模。
协作	与他人一起完善想法和计划，提供并接受关键的反馈。	不愿与他人一起完成工作。
实操能力	创造和测试有前景的新产品。	恐惧失败，导致无法讨论新想法。

图 1-5 非常规认知的关键技能示例

MIS 导论如何帮助你学习非常规技能？

管理信息系统概论是商学院学习赖克四项关键技能的最佳课程，因为每个主题都需要你应用和实践它们。

抽象推理

抽象推理是建立和使用模型的能力。你将在每门课和每本书中使用一个或多个模型。例如，在本章的后面部分，你将了解一个信息系统的五要素模型。本章将描述如何使用这个模型来评估任何新的信息系统项目的应用范围，而其他章节将以这个模型为基础。

在这门课程中，你不仅要会使用已有模型，还要求构建自己的模型。

系统思考

当你在杂货店看到一罐青豆，能把它和美国的移民政策联系起来吗？你能在看见拖拉机挖生产纸浆的树木时，将这些木头碎屑与摩尔定律联系起来吗？你知道为什么思科系统是 YouTube 的主要受益者之一吗？回答这些问题需要系统思考。系统思考是一种对系统的组成部分进行建模的能力，将这些组成部分之间的输入和输出连接成一个能够反映所观察到现象的结构和动态的合理整体。

正如你将要学习的，这门课是关于信息系统的。我们将讨论和说明系统，你将被要求评价系统、比较不同的系统以及将不同的系统应用于不同的情况。所有这些任务都将为你培养专业人士的系统思考能力做准备。

协作能力

协作是两个或两个以上的人一起工作，以实现共同的目标、结果或工作产品的活动。第 7 章将教你协作技能，并举例说明几个协作信息系统。这本书的每一章都包括协作练习，你可以在课堂上完成或作为家庭作业。

有一个让很多学生惊讶的事实：有效的协作并不在于友好。事实上，调查表明，有效协作最重要的技能是给予和接受关键的反馈。在商业领域针对营销副总裁所珍视的计划提出一个具有挑战性的建议，你很快就会知道有效的协作技巧不同于邻里烧烤聚会上的礼节。那么，面对副总裁的反对，你如何在不会弄丢自己工作的同时推动自己的想法呢？在本课程中，你可以学习这种协作的技能和信息系统。更好的是，你会有很多机会练习它们。

实操能力

"我从来没做过这个。"

"我不知道该怎么做。"

"但这有用吗?"

"这对市场来说是不是太奇怪了?"

对失败的恐惧让许多优秀的人踟蹰不前,让许多奇思妙想都付之东流。

让我们来看一个将社交网络应用于换油业务的例子。社交网络是否有合法的应用?如果有,有人这样做过吗?有谁能告诉你该怎么做吗?如何进行?不,没有。正如赖克所说,21世纪的商务专业人士需要能够进行实操。

成功的实操不是对你脑子里出现的每一个疯狂的想法都砸钱。相反,实操是对机会进行合理的分析,设想潜在的解决方案,评估它们的可能性并根据你拥有的资源开发出最有前途的方案。

在本课程中,你将被要求使用你不熟悉的产品。这些产品可能是 Microsoft Excel 或 Access,也可能是你没有使用过的 Blackboard 的特性和功能。或者你可能会被要求使用 OneDrive 或 SharePoint 或 Google Drive 进行协作。你希望你的导师向你解释并展示你所需要的产品的每一个特性吗?你更希望导师让你自己去实操,自己去设想新的可能性,并在有时间的情况下去大胆创新。

就业

就业是管理信息系统至关重要的因素之一。2017年,技术咨询和外包公司埃森哲(Accenture)对大学毕业生进行了一项调查。调查发现,84%的学生希望雇主为他们提供额外的正式培训。此外,54%的应届毕业生学非所用[7]。但在与信息系统相关的工作类别中,情况并非如此。

信息系统和商业类职业需求很大,这推动了未来工资的增长。根据美国劳工统计局的数据(见图1-6),2017年工资中位数最高的前五大职业类别分别是管理、计算机和数学、法律、建筑与工程、商务与金融管理。计算机和数学工作的预计就业增长率(13.7%)几乎是所有职业平均水平(7.4%)的两倍。雇主要求的高水平技术技能与雇员拥有的低水平技术技能之间的不匹配,称为技术技能差距。

图1-7更详细地展示了2012年~2016年业务经理、计算机和信息技术以及其他商务职业等的工资增长情况。报告还显示了2016年~2026年的就业增长预测[8]。其中,所有信息系统相关工作的增长率都高于所有职业的平均水平。

信息系统和计算机技术不仅为专业人员提供的就业机会和高薪。Acemoglu 和 Autor 发表了一项令人印象深刻的实证研究,他们研究了20世纪60年代~2010年美国和欧洲部分地区的就业和工资状况。他们发现,在这一时期的早期,教育和工业是就业和工资的最强决定因素。然而,自1990年以后,决定就业和工资的最重要因素是所从事工作的性质。简而言之,随着计算机技术价格的暴跌,从中受益的工作岗位的价值急剧增加[9]。

例如,大量的高薪工作都提供给那些知道如何使用信息系统来提高业务流程质量的商业专业人士、知道如何解释数据挖掘结果以改善营销的人以及知道如何使用3D打印等新兴技术来创造新产品和开拓新市场的人。

职业	2017年工资中位数	2016年～2026年就业增长率
管理	$102 590	8.5%
计算机和数学	$84 560	13.7%
法律	$80 080	9.1%
建筑与工程	$79 180	7.5%
商务与金融管理	$67 710	9.6%
医疗保健从业人员和技术人员	$64 770	15.3%
生命、物理和社会科学	$64 510	9.6%
教育、培训和图书馆	$48 740	9.4%
艺术、设计、娱乐、体育和媒体	$48 230	6.1%
施工和开采	$44 730	11.0%
安装、维护和修理	$44 520	6.6%
社区及社会服务	$43 840	14.5%
安保服务	$39 550	4.5%
所有职业	$37 690	7.4%
办公室及行政支持	$34 740	0.6%
生产	$33 990	-4.3%
运输和物料搬运	$31 600	6.2%
医疗支持	$28 710	23.6%
销售及相关人员	$27 020	2.9%
建筑和场地清洁和维护	$25 620	9.3%
农业、渔业和林业	$24 390	-0.3%
个人护理及服务	$23 610	19.1%
食品配置和供应相关	$21 910	9.3%

图 1-6 按职业划分的工资中位数和就业增长百分比

	2012年工资中位数	2014年工资中位数	2017年工资中位数	就业增长 2016年～2026年	就业增长（N） 2016年～2026年
业务经理					
市场经理	$115 750	$123 450	$129 380	10%	23 800
信息系统经理	$120 950	$127 640	$139 220	12%	442 00
财务经理	$109 740	$115 320	$125 080	19%	108 600
人力资源经理	$99 720	$102 780	$110 120	9%	12 300
销售经理	$105 260	$110 660	$121 060	7%	28 900
计算机与信息技术					
计算机网络架构	$91 000	$98 430	$104 650	6%	10 500
计算机系统分析	$79 680	$82 710	$88 270	9%	54 400
数据库管理	$118 700	$80 280	$87 020	11%	13 700
信息安全分析	$87 170	$88 890	$95 510	28%	28 500
网络与系统管理	$72 560	$75 790	$81 100	6%	2400
软件开发	$93 350	$97 990	$103 560	24%	302 500
网页开发	$62 500	$63 490	$67 990	15%	24 400
商业					
会计及审计	$63 550	$65 940	$69 350	10%	139 900
金融分析	$76 950	$78 620	$84 300	11%	32 200
管理分析	$78 600	$80 880	$82 450	14%	115 200
市场研究分析	$60 300	$61 290	$63 230	23%	138 300
物流	$72 780	$73 870	$74 590	7%	10 300
人力资源	$55 640	$57 420	$60 350	7%	38 900

图 1-7 劳工统计局2016年～2026年职业展望

结论是什么？

结论是什么？这门课是商学院最重要的课程，因为：

> 1. 它将为你提供评价、评估所需的背景知识，并将新兴信息系统技术应用于业务。
> 2. 通过帮助你掌握抽象推理、系统思考、协作和实操能力，从而为你提供就业所需要的技能。
> 3. 与 MIS 相关的高薪工作有很大的市场需求。

问题 1-3　什么是 MIS？

我们已经多次使用 MIS 这个术语，你可能想知道它到底是什么。MIS 代表管理信息系统（management information systems），我们将其定义为帮助某个组织实现其战略的信息系统的管理和使用。MIS 经常与和它密切相关的术语（如信息技术和信息系统）相混淆。信息系统（IS）是硬件、软件、数据、流程和产生信息的人员的集合。相比之下，信息技术（IT）是指用于产生信息的产品、方法、发明和标准。

MIS、IS 和 IT 有什么不同？你买不到 IS，但你可以买 IT。你可以购买或租用硬件，可以授权程序和数据库，甚至可以获得预先设计好的流程。然而，最终是你的员工来组装你购买的 IT，并执行这些流程来将新的 IT 投入使用。信息技术推动新信息系统的发展。

对于任何新系统，你会有训练任务（和成本），你需要克服员工对变化的抗拒并且在员工使用新系统时对他们进行管理。因此，你可以买到 IT，但你不能买到 IS。一旦你的新的信息系统启动并运行，就必须对其进行有效管理和使用，以实现整体战略，这就是 MIS。

思考一个简单的例子，假设你所在的组织决定开发一个 Facebook 页面。Facebook 提供 IT 服务，包括硬件、程序、数据库结构和标准流程。但是，IS 必须由用户创建。因此，你必须提供数据来填充你的数据库，并且必须用你自己的流程扩展其标准流程以保持数据的更新。例如，这些流程需要提供定期审查页面内容的方法，以及删除被认为不适当的内容的方法。此外，你需要培训员工如何遵循这些流程，并管理这些员工以确保他们这样做。MIS 管理你的 Facebook 页面以实现组织的整体战略。管理你自己的 Facebook 页面就像管理 IS 一样。更大、更全面的信息系统可能涉及几十个部门和数千名员工，这包含巨大的工作量。

MIS 的定义有三个关键要素：管理和使用、信息系统和战略。让我们先从信息系统及其组成部分的角度思考。

信息系统的组成部分

系统的各个组成部分相互作用，以达到某种目的。正如你可能猜到的那样，信息系统（IS）各个组成部分相互作用以产生信息。这句话虽然是对的，但也提出了另一个问题：这些相互作用产生信息的组成部分是什么？

图 1-8 展示了五要素框架——信息系统组成部分的模型：计算机硬件、软件、数据、流程和人员。这五个组成部分存在于每个信息系统。例如，当你用计算机写一份课堂报告时，你是在使用硬件（计算机、存储磁盘、键盘和显示器）、软件（Word、WordPerfect 或其他文字处理程序）、数据（报告中的单词、句子和段落）、流程（你用来启动程序、输入报告、打印报告、保存和备份文件的方法）和人员（你自己）。

五要素框架				
硬件	软件	数据	流程	人员

图 1-8 信息系统的五要素框架

考虑一个更复杂的例子，比如航空公司预订系统。它也由这五个部分组成，尽管每个部分都要复杂得多。硬件由数千台计算机组成，这些计算机通过数据通信硬件连接在一起。数百个不同的程序协调计算机之间的通信，还有其他程序执行预订和相关服务。此外，系统必须存储关于航班、客户、预订以及其他情况的数百万字符的数据。航空公司工作人员、旅行社和顾客要遵循数百种不同的程序。最后，信息系统包括的人员，不仅包括系统的用户，还包括操作和维护计算机、维护数据，以及支持计算机网络的人员。

这里重要的一点是，图 1-8 中的五个组成部分对于所有信息系统都是通用的。当你考虑任何信息系统，包括像社交网络这样的新系统时，都要学会寻找这五个组成部分。还要认识到，信息系统不仅仅是一台计算机和一个程序，而是计算机、程序、数据、流程和人员的集合。

正如我们将在本章后面讨论的，这五个组成部分还意味着在构建和使用信息系统时，除了硬件技术人员或计算机程序员的技能外，还需要许多不同的技能。

请注意，我们已经定义了一个包含计算机的信息系统。有人会说这样的系统是基于计算机的信息系统，他们会注意到有些信息系统不包括计算机。比如挂在会议室外墙上的日历，被用来安排房间的使用。这样的系统已经被企业使用了几个世纪。虽然这个观点是正确的，但在本书中，我们关注的是基于计算机的信息系统，并使用"信息系统"作为基于计算机的信息系统的同义词。

信息系统的管理和使用

MIS 定义中的下一个要素是信息系统的管理和使用。这里我们将管理定义为开发、维护和调试。信息系统不会像雨后的竹笋一样自己从地里长出来，它们需要被开发出来。并且还必须得到维护。而且由于业务是动态的，它们必须得适应新的需求。

你可能会说："等一下，我学的是财务（或会计或管理）专业，不是信息系统专业。我不需要知道如何管理信息系统。"如果你这么说，你就会成为待宰的羔羊。在你的整个职业生涯中，无论你选择哪个领域，信息系统都会因为你的使用而被构建。有时它甚至是在你的指导下被构建的。为了创建满足你需求的信息系统，需要你在系统开发中扮演积极的角色。即使你不是程序员、数据库设计人员或其他 IS 专业人员，也必须在指定系统需求和管理系统开发项目中发挥积极作用。在新系统的测试中，你也将发挥重要作用。没有你的积极参与，新系统满足你的需求就只能靠运气了。

作为一名商务专业人士，你是了解业务需要和要求的人。如果你想把社交网络应用到你的产品上，你就是那个知道如何最好地获得客户反馈的人。构建网络的技术人员、创建数据库的数据库设计人员、配置计算机的 IT 人员——这些人都不知道需要什么样的系统，也不知道现有的系统是否足够，更不知道是否需要调整系统以适应新的需求。而你能做到这些！

除了管理任务，你还将在信息系统的使用中发挥重要作用。当然，你需要学习如何使用系统来完成你的工作任务。但你也将拥有重要的辅助功能。例如，在使用信息系统时，你有责任保护系统及其数据的安全。你还可能有备份数据的任务。当系统出现故障时（在某些情况下所有系统都会出现故障），你需要在系统停机时执行这样的任务，以帮助系统的正确快速恢复。

实现战略

MIS 定义的最后一部分是：信息系统的存在是为机构或组织实现战略。首先，要意识到这种说法隐藏了一个重要的事实：任何一个组织或机构本身不"做"任何事情。它是没有生命的，所以不能行动。负责销售、购买、设计、生产、财务、营销、会计和管理的是企业中的人员。因此，信息系统的存在是为了帮助在组织中工作的人实现业务的战略。

信息系统不是纯粹为了探索技术的乐趣而创建的。它们的创建不是为了让公司变得"现代化"，也不是为了让公司在社交网络上展示它的存在，更不是因为信息系统部门认为需要它或者因为公司"落后于技术曲线"。

这一点似乎很明显，你可能想知道我们为什么要提到这个问题。因为每天都有一些企业出于错误的原因开发信息系统。如果一家公司决定在 Facebook 上建立自己的网站，原因仅仅是"其他公司都有"，那么这家公司就不会问自己以下几个问题：

"我们主页的目的是什么？"
"它能给我们带来什么？"
"我们如何规划员工的任务？"
"我们该如何处理客户的批评？"
"维护页面的成本是否被收益充分抵消？"
但其实这家公司应该问这些问题。

再次强调，MIS 是通过开发和使用信息系统来帮助企业实现战略。你应该已经意识到，这门课程所讲授的内容不仅仅是购买一台计算机、使用电子表格或创建一个 Web 页面这么简单。

问题 1-4　五要素模型有什么用处？

图 1-8 中的五要素模型可以指导你对信息系统（IS）的学习和思考。为了更好地理解这个框架，首先应当注意到这五个要素是对称的（见图 1-9）。最外层的硬件和人员都是参与者，它们可以采取行动。软件和流程都是指令集：软件是硬件的指令，流程是人员的指令。最后，数据是计算机端和人工端之间的桥梁。

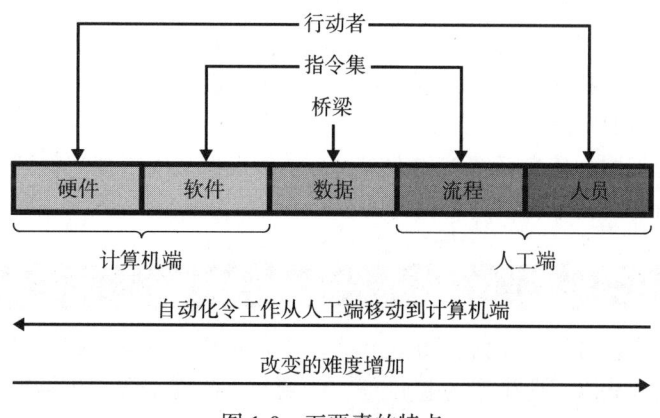

图 1-9　五要素的特点

当我们自动化一项业务时，我们把人员按照流程完成的工作转移到计算机上，让计算机按照软件中的指令来做这项工作。因此，自动化的过程就是将工作从图 1-9 的右侧移动到左侧的过程。

最重要的组成部分——你

你也是信息系统的一部分。信息系统五要素中的最后一个要素：人员，就包括你。你的头脑和思维是你所使用的信息系统的组成部分，而且是最重要的组成部分。

正如你将在本章后面学到的那样，计算机硬件和程序能够操作数据。但无论它们操作多少数据，数据仍然只是数据。只有人才能产生信息。例如，当你获得一组客户对营销活动的反响的数据时，即使该数据是使用 10 000 个服务器和 Hadoop 生成的，它仍然只是数据。在你或其他人思考数据、解释数据之前，它不会成为信息。

即使你拥有世界上最大的计算机集群，用最复杂的程序处理这些数据，如果不知道如何处理产生的数据，你就是在浪费时间和金钱。人类思考的质量决定了所产生的信息的质量。

大量的认知研究表明，人的智商虽然不能在短时间内显著提高，但思维质量可以显著提高。这就是我们强调你需要应用和发展抽象推理的原因之一。信息系统的有效性取决于使用者的抽象推理能力。

所有部件应当正常工作

信息系统经常会遇到问题——即使我们尽了最大的努力，它还是不能正常工作。在这种情况下，责任往往会被归咎于出错的部分。你经常听到人们抱怨计算机坏了，有时是硬件出了问题，有时是软件出了问题。但使用五要素模型，你可以更精准地寻找问题，也需要考虑更多可能出错的地方。有时可能是数据的格式问题，有时甚至数据本身就是错误的，还有的时候可能是流程不够清楚或者系统的使用人员对其还不熟悉。通过使用五要素模型，你可以更好地找到问题的原因并规划有效的解决方案。

高技术含量信息系统 VS 低技术含量信息系统

信息系统之间的不同之处在于工作从人工端（人员和流程）转移到计算机端（硬件和程序）。以两个不同的顾客支持信息系统为例：仅由电子邮件地址文件和电子邮件程序组成的系统是技术含量非常低的系统。因为只有一小部分工作从人工端转移到计算机端，而决定何时向哪些客户发送哪些电子邮件则需要大量的人工。

相比之下，顾客支持系统可以跟踪客户的设备和设备的维护计划，自动生成电子邮件提醒客户。这是一种更高技术的系统，意味着更多的工作已经从人工端转移到计算机端。计算机代表人员提供更多的服务。

通常，在考虑不同的信息系统替代方案时，一般根据从人工端转移到计算机端的工作量来考虑低技术含量和高技术含量的替代方案。

那又怎样——Alphabet 公司

我们生活在信息时代。在人类历史上的这个时期，经济从以工业生产为基础向以信息化和计算机化为基础转变。这种转变几乎改变了我们生活的方方面面。从我们与朋友、同事和爱人交流的方式，到我们购买商品和进行各种金融交易的方式[10]。互联网的进步使这种转变成为可能。

与大多数技术创新一样，互联网最初是一个由研究机构和政府机构共同赞助的项目。经过几十年的沉淀才为我们今天所知的互联网打下基础。而互联网广泛使用的转折点是20世纪90年代中期Netscape Navigator的推出，它是人们首选的网络浏览器。Netscape至关重要，因为它允许初出茅庐的互联网用户访问全世界各地其他用户发布的信息。当时互联网上可用的内容很少，只有精通技术的用户才能创建和管理内容。随着时间的推移，可用的信息量变得如此之大，以至于需要新的工具来搜索互联网。谷歌时代正式到来。

在Alphabet，谷歌寻找更好的未来

在今天，谷歌是占主导地位的互联网搜索引擎，也是世界上最大的上市公司之一。你可能没有意识到，谷歌的核心搜索引擎服务（谷歌搜索）只是众多投资组合中的成功产品之一。谷歌已经成功地推出了谷歌地图、YouTube、Chrome和Android。众多谷歌项目的成功和多样性让该公司于2015年8月10日宣布，成为一家名为Alphabet的大公司的子公司[11]。

谷歌的创始人拉里·佩奇（Larry Page）和谢尔盖·布林（Sergey Brin）决定，是时候减少参与谷歌项目的日常管理了。为了促进这种变化，每个项目都转型为一个独立的公司，拥有自己的首席执行官。每个独立的公司都是Alphabet的子公司。通过这种方式，佩奇和布林就可以管理子公司的整体战略目标，而不必亲自参与每个公司的日常运营。

为什么他们会选择Alphabet这个名字呢？在一篇关于公司新方向的博客中，佩奇透露这个新名字有很多含义。首先，字母表用来定义一种语言的字母集合，佩奇将其归类为人类最深刻的创造之一。其次，字母是谷歌搜索的全球基础。最后，在金融领域，alpha代表高于基准的投资回报。根据佩奇的说法，这是公司不断努力实现的目标[12]。

尽管佩奇关于公司重组的理由是合理的，但外界认为这一战略是对谷歌在竞争激烈的行业中难以留住顶尖人才的直接回应。在重组之前，谷歌在一个屋檐下容纳了各种各样的项目和研究计划。这导致了越来越官僚主义的氛围，以及对行业超级明星职业轨迹的固有限制[13]。Alphabet的诞生是为了创造一个让顶尖人才茁壮成长的新企业环境。在Alphabet的层级结构中，单个公司要灵活得多。这也能更好地提供小公司特有的自主权和效率。

当未来几代人回顾信息时代时，很可能认为Alphabet扮演着重要角色。考虑该公司正在进行的所有项目（从无人机、机器人到医学研究和人工智能）展望Alphabet将在塑造人类下一个时代中扮演什么角色，这是一件很有趣的事。

问题

1. 这篇文章认为，互联网是信息时代的催化剂。在这个前所未有的、通过计算机获取信息的时代，还有哪些创新做出了贡献？

> 2. 想想日常使用的手机、平板计算机、台式计算机和笔记本计算机。你每天会进行多少次搜索？你一般在网上搜索什么类型的信息？是否会使用谷歌进行这些搜索？如果不是，那么用的是什么搜索引擎？为什么要用那个搜索引擎？
> 3. 在互联网上搜索一个在你阅读这篇文章之前没有听说过的 Alphabet 项目或产品。你对这个公司及其项目和研究计划的多样性感到惊讶吗？
> 4. 你认为什么样的技术创新会推动人类进入下一个伟大的时代？你认为那个时代的决定性因素将是什么？

理解新信息系统的范畴

在评估新系统的应用范围时，也可以使用五要素框架。当某个供应商向你推荐新技术时，请使用这五个要素来评估新技术的投资规模。你需要什么样的新硬件？你需要授权哪些程序？必须创建哪些数据库和数据？在使用和管理信息系统方面需要制定哪些流程？最后，新技术会对人们产生什么影响？哪些工作将会改变？需要培训哪些人？新技术将如何影响士气？你需要雇佣新员工吗？你需要重新组织员工吗？

按照难易和带来的混乱程度排序要素

最后，当使用这五个要素时，按照变动难易和机构混乱程度的顺序来体现它们（见图 1-9）。由易到难分别是：订购额外的硬件、获得和开发新程序、创建新数据库或者更改现有数据库的结构、改变流程，要求人们以新的方式工作、改变人事职责和汇报关系、雇佣和解雇员工。

问题 1-5　什么是信息？

根据前面的讨论，我们现在可以将信息系统定义为硬件、软件、数据、流程和交互产生信息的人员的集合。该定义中唯一未定义的术语是信息，接下来我们将讨论它。

各种各样的定义

信息是我们每天都在使用的基本术语之一，但事实证明它很难被定义。定义信息就像定义"活着"和"真理"这样的词。我们知道这些词的意思，并且使用它们时不会感到困惑。但尽管如此，它们依然很难被定义。

在本书中，我们规避了信息定义的问题，而是使用其常见的、直观的定义。也许最常见的定义是：信息是来自数据的知识，而数据则被定义为记录的事实或数字。因此，员工詹姆斯·史密斯（James Smith）每小时挣 70 美元，玛丽·琼斯（Mary Jones）每小时挣 50 美元的事实是数据。所有平面设计师的平均时薪是每小时 60 美元的说法是信息。平均工资是根据个人工资数据得出的知识。

另一个常见的定义是：信息是在有意义的上下文中呈现的数据。杰夫·帕克斯（Jeff Parks）每小时挣 30 美元的事实是数据，然而杰夫·帕克斯（Jeff Parks）的时薪不到该公司平面设计师平均时薪的一半，这是一种信息[14]。它是在有意义的上下文中呈现的数据。

你也将知道信息的另一个定义是：信息是经过处理的数据，或者信息是通过求和、排序、平均、分组、比较或其他类似操作处理的数据。这个定义的基本思想是我们操作数据来产生信息。

信息的第四种定义是由伟大的心理学家格雷戈里·贝特森（Gregory Bateson）提出的。他将信息定义为产生影响的差异。

基于本书的写作目的，这些定义中的任何一种都是可以的。你只需要选择对你有意义的定义即可。最重要的是你能够区分数据和信息。你可能会发现，不同的定义在不同的情况下都有不错的效果。

信息在哪里？

假设你创建了一个亚马逊的历史股价和净收入图，如图 1-10 所示。这个图包含信息吗？显然它在有意义的上下文中展示了数据，因此它包含信息。

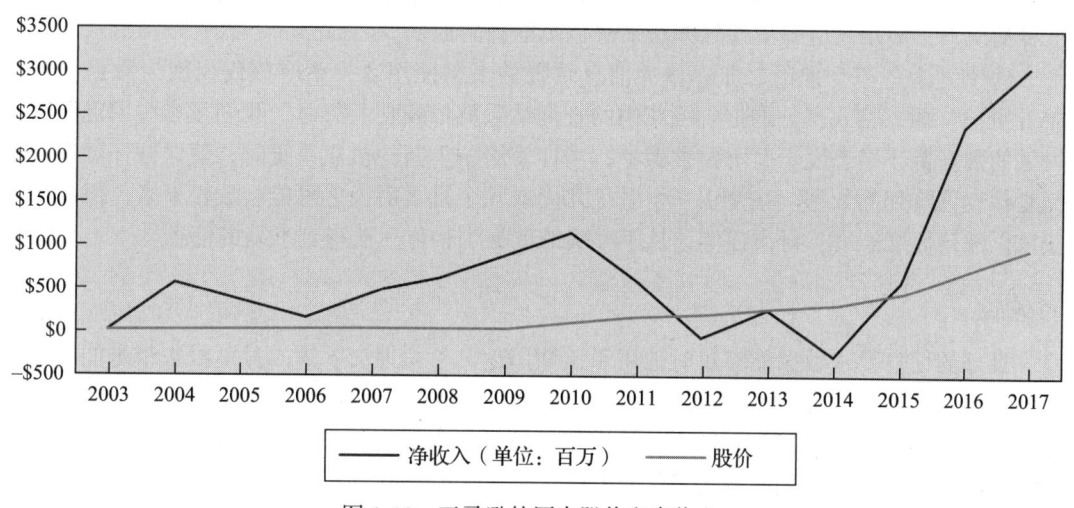

图 1-10 亚马逊的历史股价和净收入

但把这张图给你家的狗看看，你的狗能从图中找到信息吗？好吧，反正大概率和亚马逊没什么关系。这只狗可能会知道你午餐吃了什么，但它不会获得任何关于亚马逊股价的信息。

仔细思考这个实验，你会意识到图本身并不是信息。图是你和其他人察觉到的数据，从这种察觉中你可以构想出信息。简而言之，如果它是在一张纸上或在一个数字屏幕上，它就是数据。如果是人的思想，那就是信息。

你的思维质量以及从数据中构想信息的能力，是由你的认知技能决定的。数据就是数据，你从中构思的信息就是你添加到信息系统的价值。

不同的人有不同的看法和观点。人们会从相同的数据中得到不同的信息。你不能对别人说，"看，信息就在你面前的数据中。"因为它不在数据中。相反，它在你和他们的头脑中，你的工作是解释你的构想，以便其他人能够理解它。

一旦你明白了这一点，你就会明白很多常见的句子都没有意义。例如，"我把信息发给你了"，这不可能是真的。我们最多只能说，"我把数据发给了你，你从中构想出了信息"。在你的商业生涯中，如果你记得应用这一观点，将少走很多弯路。

问题 1-6　什么是高质量信息的必要特征？

刚刚你了解了人类从数据中构想信息。如前所述，你所能创造的信息的质量在某种程度上取决于你的思维能力。然而，这也取决于你得到的数据的质量。图 1-11 总结了必要的数据特征。

- 准确性
- 时效性
- 相关性
  - 与背景相关
  - 与主旨相关
- 刚好够用
- 物有所值

图 1-11　高质量信息所要求的数据特征

准确性

好的信息是从准确、正确和完整的数据中构想出来的。这些数据已经按照预期正确地处理过。准确性至关重要，业务专业人员必须依赖他们的信息系统的结果。如果系统产生不准确的数据，信息系统可能会在企业或机构内部声名狼藉。在这种情况下，使用者应开发替代方法来避免不准确的数据。

这个讨论有一个推论，即你作为信息系统的未来使用者，不应该仅仅因为数据出现在 Web 页面、拥有格式良好的报告或花哨的查询结果就依赖它。有时，我们很难对用优美图表提供的数据持怀疑态度。但不要被误导，当你使用一个新的信息系统时，请保持怀疑态度并反复检查你收到的数据。在使用一个系统几周或几个月之后，你可能会放松下来。但其实你应该仍然持怀疑态度。再次强调，从不准确的数据中，你无法得到准确的信息。

时效性

良好的信息要求数据能够及时地用于预期用途。一份迟交 6 周的月度报告很可能毫无用处。在做出需要这些信息的决策之后，数据很久才到达。一个信息系统在你发布后发送给你一个糟糕的客户信用报告，这不仅没有帮助而且令人沮丧。请注意，时效性可以根据日期（晚 6 周）或事件（在我们发布之前）来衡量。

参与 IS 的开发时，时效性将是你指定的需求的一部分。你需要给出适当和现实的时效性需求。在某些情况下，开发实时提供数据的系统比在开发几个小时后生成数据的系统要困难得多，而且成本也高得多。如果你可以接受处理几个小时前的数据，请在指定需求的阶段说明。

举一个例子，假设你在市场营销部门工作，你需要能够评估新的在线广告项目的有效性。你需要信息系统不仅能在网络上发布广告，还能让你确定客户点击这些广告的频率。获取实时点击率的花费十分昂贵，而批量保存数据并在几个小时后进行处理更容易实现、价格更便宜。如果你可以接受使用一两天前的数据，那么系统将更容易实现且成本也更低。

相关性

数据既要与背景相关，又要与主旨相关。以与背景相关为例，作为 CEO，你需要的数据应当与工作级别匹配。公司里每个员工的小时工资清单对你来说可能就不太有用。相比之下，你可能更需要的是按部门划分的平均工资。因为所有员工的工资在当前背景下是无关紧要的。

数据还应该与工作的主旨相关。如果你想了解一项信贷额度的短期利率数据，那么一份 15 年期抵押贷款利率的报告就是无关紧要的。同样，如果一份报告将你需要的数据隐藏在一页又一页的结果中，它也与你工作的主旨无关。

刚好够用

数据需要满足其生成的目的，且恰好满足即可。我们被数据淹没，每个人每天都要做的一个关键决定，就是忽略哪些数据。你在管理层的职位升得越高，你得到的数据就越多。但由于你的时间有限，所以你忽略的数据也就越多。因此，数据应该是刚好够用的。

物有所值

数据不是免费的。它有开发信息系统的成本、操作和维护系统的成本，以及读取和处理系统产生的数据的时间和工资成本。要让数据值得起它的成本，那数据的成本和价值之间必须存在适当的关系。

举一个例子，对于一个已经被填满的墓地来说，每日更新安葬人员名单毫无价值。除非发生盗墓，否则不值得花时间去读这份名单。在这个愚蠢的例子中，很容易看出经济学的重要性。然而，当有人向你提出一项新技术时，衡量其经济价值的过程将变得更加困难。你需要准备好问自己："我从这些数据中得到的信息的价值是什么？""成本是什么？""价值和成本之间是否存在适当的关系？"信息系统与其他资产一样，需要接受财务分析，以衡量成本和收益之间的平衡。

问题 1-7 2029 年将会怎样？

在本章的开头，你了解到技术是如何随着时间呈指数级发展的。信息系统的处理能力、设备连接能力、网络通信速度和数据存储能力都在快速增长，以至于每 10 年就会从根本上改变我们使用技术的方式（贝尔定律）。业务人员需要能够评价、评估和应用新兴技术，且需要知道这些变化如何影响企业。

让我们来预测一下 2029 年的信息科技发展状况。当然，我们不可能对未来有完美的洞见。事实上，对 2029 年还在阅读本书的人来说，这些猜测可能是可笑的，但让我们朝这个方向思考。

如果你的智能手机有每秒千兆字节的网络连接速度、千兆字节的数据存储能力，以及一次充电可以续航一个月的电池，你会用与现在不同的方式去使用它吗？如果你的手机可以连接到你家里、车里和办公室里的每一个设备，并远程控制它们，又会怎么样？有了这个新设备，你可以存储所有的书籍、歌曲和电影。你可以捕捉、存储和传输 8K 的超高清视频，并且没有任何延迟。

另一方面，智能手机可能会逐渐消失。大型科技公司正在大量投资 HoloLens、Meta 和 Magic Leap 等能够实现虚拟与现实交互的混合现实设备。技术的变革可能会让这些设备变得司空见惯。虽然现在几乎每个人的口袋里都有手机，但是未来的人们也许并不会总是随身携带它们。

这些新设备将如何改变日常生活？人们可能再也不用争电视遥控器了。每个戴着微软全息眼镜的人都可以同时坐在沙发上观看不同的节目。到那时可能根本就没有可以挂在墙上的二维电视了，人们将在房间的中心享受 3D 全息娱乐[15]。

混合现实设备会有手势和语音控制功能。这意味着你只需用手指一指，就可以打开或关闭智能灯泡，甚至不用离开沙发就能看到智能冰箱的情况。此外，由于连接上的便利，所有的新智能设备都可以相互通信。想象一下，早上醒来，你的智能家居会自动开灯。之后它会读出你的日程（从你的互联网日历），启动咖啡壶并告诉自动驾驶汽车检查交通延误情况。

科技的进步无疑会对个人生活产生深远的影响。但是这些进步对商业的影响是什么呢？它们将如何改变你的工作方式？会创造出哪些新的工作岗位？会形成什么样的新公司来推动这些进步？

2013年，当时的雅虎CEO玛丽莎·梅耶尔（Marissa Mayer）要求她的员工按时上班，这招致了许多人的鄙视。她认为很多重要的工作是在咖啡壶周围的非正式会议上完成的。但是，如果员工可以待在家里并使用全息界面远程工作呢？此时这些员工仍然可以与老板面对面交流，与同事在咖啡壶旁聊天[16]。但是这种情景下，你可以住在任何地方，不用通勤，还可以同时为多家公司工作。

这些改变可能会改善你的工作方式，但也会改变你的工作类型。有能力使用这些技术并且适应这些变化的人将能够适应雇主要求的技术变化，适应得更快的公司将获得竞争优势，至少暂时是这样。例如，一家创新的汽车制造商可能会从使用台式计算机和传统的CAD设计软件转向使用混合现实设备和3D打印来缩短设计时间。

因为需要预测由互联智能设备引起的变化，所以系统思考也很重要。例如，来自智能起搏器和智能手表的医疗数据（即燃烧的卡路里、心率等）可以集成到其他系统中。这些数据可以发送给你的医生、运动教练和保险公司。你的医生可能知道你心脏病发作了，在你意识到发生了什么之前，就叫来了救护车，并把你的保险信息转发给了医院。

科技的进步也有不利的一面。到2029年，保护隐私可能会越来越困难。你的数据被新型的应用程序收集，在云端不受你控制地流动，并被提供"免费"服务的公司打包出售。社会关系也会受到影响。随着我们与系统的联系越来越紧密，我们与人的联系可能会越来越少。看看在节日聚会上盯着手机屏幕的家人，如果他们可以在无人知晓的情况下观看高清3D全息足球比赛，会发生什么？

现在，只需确定一点：信息系统的知识及其在业务中的应用只会变得更加重要。

道德指南——道德与职业责任

假设你是一位年轻的市场营销专业人士，刚刚开展一场新的促销活动。此时执行委员会要对活动的销售效果进行总结，并生成如图1-12所示的图表。如图1-12所示，你们的活动来得"正是时候"，它恰好在销售额下降的时候开始，且活动开始后销量激增。

但请注意，图1-12的纵轴没有标明刻度。如果为其添加数量信息（见图1-13），那么效果就不那么令人印象深刻了。因为看起来大幅增长的销量其实才增长了不到20。尽管如此，这幅图的曲线仍然令人印象深刻。如果没有人做一个简单的算术计算，那这场促销活动看起来无疑是成功的。

然而，这种令人印象深刻的销售量曲线并不能代表实际情况，因为图1-13不是按比例绘制的。如果按比例绘制（见图1-14），那么至少对你来说所谓的成功是有问题的。

你会向委员会展示哪张图？本书的每一章都包括一份"道德指南"，探讨了在各种背景下的道德和责任。在本章中，我们将研究数据和信息的道德。

图 1-12 未标明刻度图

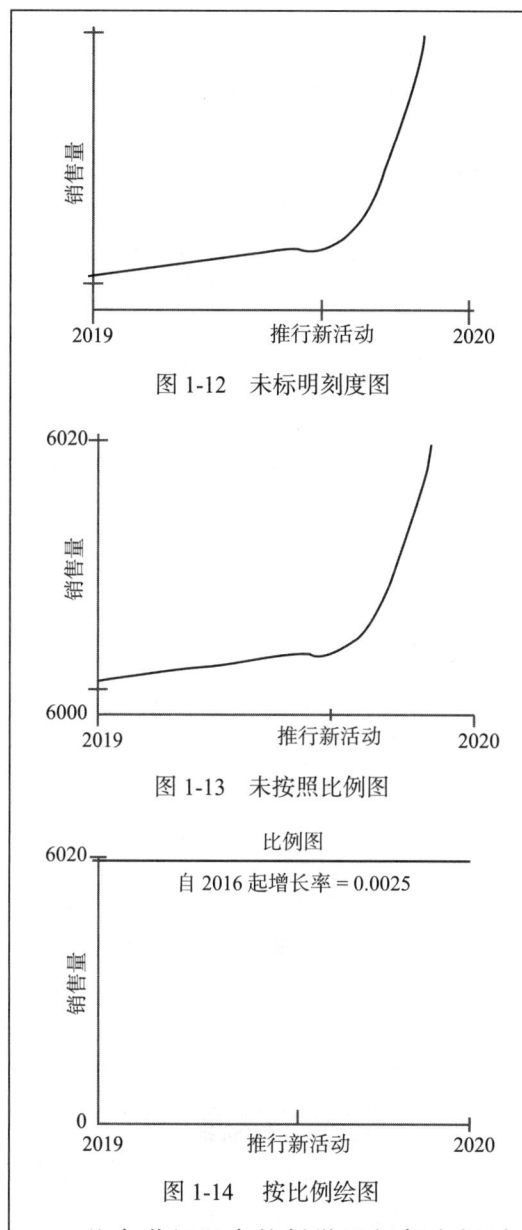

图 1-13 未按照比例图

图 1-14 按比例绘图

几个世纪以来的哲学思想都在探讨"什么是正确的行为？"。由于篇幅所限，我们不能在本书讨论所有观点。不过，在你的商业道德课上，你会学到很多。基于我们的目的，我们将谈到伦理哲学中的两个主要支柱。我们在这里介绍第一个，在第 2 章我们将介绍第二个。

德国哲学家伊曼努尔·康德（Immanuel Kant）将定言令式（即绝对命令）定义为一种原则，即一个人应该以他希望这种行为成为普遍法则的方式行事。偷窃不是这样的行为，因为如果每个人都偷窃，就没有东西可以被拥有。因此，偷窃不可能是普遍规律。同样地，说谎也不符合定言令式，因为如果每个人都说谎，言语就没有用了（某种程度上，定言令式展示出了"己所不欲，勿施于人"的道德观念，但两者并不完全等同。）

当你思考一个行为是否符合这一原则时，一个很好的试金石是"你愿意向全世界公布你的行为吗？你愿意把它放在你的 Facebook 主页上吗？你愿意说出你对所有相关人员都做了什么吗？"如果不愿意，你的行为就是不道德的，至少不符合康德的定言令式。

康德将义务定义为按照定言令式行事的必要性。完全义务是必须一直履行的行为。不说谎是一种完全义务。不完全义务是值得赞扬但不是定言令式所要求的行为，例如做慈善。

康德以培养自己的才能为例，认为这是一种不完全的义务。我们也可以用这个例子来定义职业责任。商务专业人士的一个不完全义务是获得必要的技能来完成他们的工作。我们也有不完全义务在整个职业生涯过程中继续发展我们的业务技能和能力。

我们将在接下来的章节中运用这些原则。现在，通过回答以下问题，来评估你对图 1-12 ~ 图 1-14 的看法。

讨论问题

1. 用你自己的话解释康德的定言令式并说明为什么考试作弊不符合定言令式。
2. 虽然存在一些意见分歧，但大多数学者认为黄金法则（"己所不欲，勿施于人"）并不等同于康德的定言令式。证明这一观点。
3. 运用贝特森定义：
   a. 解释图 1-12 的特征如何影响查看者的构想信息。
   b. 解释图 1-14 的特征如何影响查看者的构想信息。
   c. 这些图表中哪个图表与康德的定言令式一致？
4. 假设你使用 Microsoft Excel 创建图 1-12。为此你需要将数据输入 Excel 并绘图。现在，Excel 在没有任何标签的情况下创建了图 1-12，并绘制出如图 1-12 所示的比例。你没有进一步考虑就把结果写进了报告里。
   a. 你的行为是否符合康德的定言令式？为什么呢？
   b. 如果 Excel 自动生成如图 1-12 所示的图表，微软的行为是否符合康德的定言令式？为什么呢？
5. 角色互换。假设现在你是执行委员会的一名成员。一位初级市场营销专业人员向委员会展示了图 1-12，你指出它缺少标签和刻度。这位初级营销人员回应说："对不起，我不知道。我只是把数据输入 Excel，然后复制了结果图。"作为一名高管，你可以从这名初级营销专业人员的回答得到什么结论？
6. 问题 5 中的初级营销人员的回答是否违反了完全义务、不完全义务，或者其他的义务呢？解释你回答的原因。
7. 如果你是初级市场营销人员，你会向委员会展示哪张图表？
8. 康德认为，说谎与定言令式不一致。假设你被邀请去部门主任家参加季节烧烤。服务员给你端上一份又硬又熟、几乎不能吃的牛排，于是你只好偷偷把它喂给主任的狗吃（它似乎很喜欢吃）。主任问你："你的牛排怎么样？"你回答："非常好，谢谢。"
   a. 你的行为是否符合康德的定言令式？
   b. 这条狗觉得牛排很好吃的这个事实会改变你对 a 部分的回答吗？
   c. 你从这个例子中得出了什么结论？

安全指南——密码及其规范

密码被用于各种形式的计算机系统的安全管理，用来控制对系统和数据的访问。你肯定有一个学校的电子账户，它可以使用用户名和密码访问。当创建这个账户时，你可能被建议使用"强密码"。这是个好建议，但什么是强密码呢？肯定不是像"sesame"这样，那是什么样呢？

微软是一家有很多理由提倡有效安全的公司，因此它提供了以下创建强密码的指导方针。强密码应当：

- 至少有 12 个字符，14 个更好。
- 不包含用户名、真实姓名或公司名称。
- 不包含字典中任何语言的完整单词。
- 密码必须与之前使用的密码不同。
- 密码必须同时包含大小写字母、数字和特殊字符。

好密码的例子：
- Qw37^T1bb?at
- 3B47qq<3>5!7b

这种密码的问题在于几乎不可能记住。你一定不想把密码写在一张纸上，然后把它放在设备附近。我们建议你永远不要那样做。

有一种创建容易记忆的强密码的技

巧，就是根据短语中单词的首字母设置密码。这个短语可以是一首歌的标题或者一首诗的第一行，也可以是基于你生活中的一些事实的句子。例如，"I was born in Rome, New York, before 2000" 这个短语。使用首字母并将 before 替换为字符 <，创建密码 "IwbiR,NY<2000"。这个密码是可以接受的。如果不是所有的数字都放在末尾就更好了。所以，你可以试试 "I was born at 3:00 AM in Rome, New York" 这个短语，它产生的密码是 "Iwba3:00AMiR,NY"，这是一个很容易记住的强密码。

有了强密码后也要避免在每个网站上使用相同的密码。并非所有网站都为你的数据提供相同级别的保护。事实上，有时他们会把你的密码丢给黑客，黑客可以用这些密码访问你经常使用的其他网站。因此要保持密码的多样性，不要在不太重要的网站（如社交网站）上使用与重要网站（如网上银行）相同的密码。

你还需要保持正确的行为来保护你的密码。永远不要把你的密码写下来。不要和别人分享，也不要向别人要密码。有时网络攻击者会假装成管理员去询问用户的密码。永远不必向真正的管理员提供你的密码，因为管理员拥有公司所有计算机和系统所有的访问权限，他不需要你的密码，也不会向你索要密码。

但如果你需要别人的密码呢？假设，你请某人帮你解决计算机上的一个问题。你登录一个信息系统，出于某种原因你需要输入另一个人的密码。在这种情况下，你可以对对方说，"我需要你的密码"，并从椅子上站起来，把你的键盘交给对方，在她输入密码时把目光移开。

如果有人问你的密码，不要泄露出去。你可以走到那个人的机器前，自己输入密码。在使用自己的密码时保持在场，

并确保结束后及时注销账户。当你这样做的时候没有人会介意或觉得被冒犯，因为这是商务专业人士应有的职业素养。

讨论问题

1. 莎士比亚的《麦克白》中有这样一句话："To-morrow, and to-morrow, and to-morrow, Creeps in this petty pace from day to day."说明一下如何使用这句话来创建密码。在密码中添加什么数字和特殊字符能够帮助记忆？
2. 列出两个可以用来创建强密码的短语，并互相展示。
3. 在网络世界生活的问题之一是，我们需要拥有多个密码——一个用于工作或学校，一个用于银行账户，另一个用于 eBay 或其他拍卖网站，等等。当然，你还是使用不同的密码比较好。但在这种情况下，你必须记住三四个不同的密码。想想如何用不同的短语来为每个不同的账户创建一个难忘的强密码，并将短语与用途联系起来。互相展示每个人的密码。
4. 说明当你在使用计算机时，出于某种正当的原因需要输入别人的密码时的正确行为。
5. 说明当别人在用她的计算机时，因为某种正当的原因需要输入你的密码时的正确的行为。

职业指南——职业的五要素

在过去一些年，甚至几十年前，学生可能直到最后一个学期才开始认真考虑工作。他们选择一个专业，上必修课，准备毕业，并且在他们大四的某个时候，招聘人员会在校园里提供大量好工作。显然，今天已经不是这样的时代。

在目前的就业形势下，你需要积极主动地找工作。想想看，你醒着的时间有三分之一都用来工作。你能为自己做得最好的事情，就是从现在开始认真考虑你的职业前景。除非你打算开一家星巴克，不然你不会想在商学院读了4年之后，发现自己成了一名咖啡师。

那么从现在开始，你有兴趣从事管理信息系统工作吗？此时，你也许还在犹豫，但是图1-6和图1-7应该会引起你的兴趣。信息系统相关的职业拥有很好的就业增长，而且几乎没有外包，你至少应该考虑是否有一份适合你的工作。

这意味着什么呢？参考美国劳工统计局给出的数据，美国有100多万名计算机程序员和60多万名系统分析员。你可能对程序员的工作有一些概念，但你还不知道什么是系统分析师。看一下图1-8中的五要素，也许你将有所体会。程序员的工作主要针对软件部分，而系统分析师则负责整个系统的工作，即五个要素的全部。所以作为一个系统分析师，你先与系统使用者协作，在确定他们的需求后与技术人员（以及其他人）协作，帮助他们开发系统。你的工作像一个文化经纪人：将技术文化转化为商业文化，反之亦然。

对你来说幸运的是，统计局的数据中没有包括许多有趣的工作。为什么说这是幸运的？因为你可以用你在这门课上学到的东西，来分辨和获得其他学生可能没有想过甚至不知道的工作。如果是这样，你就获得了竞争优势。

图1-15提供了一个以非常规方式思考职业选择的框架。正如你所看到的，在管理信息系统中有技术性的工作，但也有迷人的、具有挑战性的、高薪的、非技术性的工作。以销售专业为例，假设你的工作是向梅奥诊所的专业人士销售数千万美元的企业级软件，或者假设你在梅奥诊所工作，面对这种推销，你打算怎么花掉这几千万？你需要相关的知识，并且了解足够的技术来提出明智的问题并回应。

	硬件	软件	数据	流程	人员
市场营销	供应商（IBM、Cisco等）	供应商（Microsoft、Oracle等）	供应商（Acxiom、Google等）	供应商（SAP、Infor、Oracle等）	猎头（Robert Half、Lucas Group）
支持	供应商 内部MIS	供应商 内部MIS	数据库行政管理 安全	供应商和内部客户支持	客户支持 培训
开发	计算机工程 内部MIS	应用程序 质量测试 工程师	数据建模师 数据库设计	商务流程管理 流程再设计	培训 内部MIS招聘
管理	内部MIS	内部MIS	数据行政管理	项目管理	技术管理
咨询	项目管理、开发、售前及售后支持				

图1-15 非常规方式思考职业选择的框架

> 通过回答下面的问题来思考一下这件事。
>
> **讨论问题**
>
> 1. "in a category of jobs that is net of outsourcing"这个短语是什么意思？如果你不确定，请重读图1-6的讨论。为什么这对你很重要？
> 2. 仔细检查职业图表，选择与你的兴趣和能力最相关的那一行。描述那一行每列的工作。如果你不确定，在谷歌上依次查询。
> 3. 在回答问题2时，请描述你认为该工作最重要的三项技能和能力。
> 4. 在回答问题2时，针对每个工作，描述一个你今年可以采取的、有助于就业前景的创新行动。

本章回顾

通过本章回顾来验证你是否理解了回答本章问题所需要用到的思想和概念。

问题 1-1　为什么管理信息系统导论是商学院最重要的课程？

定义贝尔定律，并解释为什么它对今天的商业专业人士很重要。描述摩尔定律、梅特卡夫定律、尼尔森法则是如何改变数字设备的使用方式的。说明商业专业人士应该如何与新兴的信息技术联系起来。

问题 1-2　MIS将如何影响我们？

给出书中对就业保障的定义，并使用赖克的四项技能来解释这门课程将如何帮助你获得这种保障。总结IS相关的工作机会。根据美国劳工统计局的数据，与IS相关的工作预期增长率与所有工作的平均增长率相比如何？

问题 1-3　什么是MIS？

解释一下为什么你能买到IT，但永远买不到IS。作为一名未来的业务经理，这对你来说意味着什么？说明MIS定义中的三个重要短语。说出信息系统的五个要素。使用五要素模型解释IT和IS之间的区别。解释为什么最终需要使用者参与信息系统的管理。解释为什么"某个机构做某事"的说法是错误的。

问题 1-4　五要素模型有什么用处？

解释五要素模型的对称性。说明自动化如何将工作从五要素结构的一边转移到另一边。说出五要素中最重要的要素，并说明为什么它是最重要的。使用五要素模型来描述高技术含量信息系统和低技术含量信息系统之间的差异。解释如何根据难易和带来的混乱程度对要素进行排序。

问题 1-5　什么是信息？

陈述四种不同的信息定义。找出你最喜欢的一个，并解释原因。说明数据和信息之间的区别。解释为什么信息不能写在纸上或展示在显示设备上。

问题 1-6　什么是高质量信息的必要特征？

思考一个记忆技巧，来记住优质数据的特征。解释数据特征与信息质量的关系。

问题 1-7　2029年将会怎样？

你预计2029年会出现什么趋势？到了2029年，你使用智能手机的方式会有什么不同？哪些日常设备可能会连接到互联网？混合现实设备将如何改变你的日常生活？这些设备会如何改变你的工作方式？为什么实操能力和系统思考在适应技术变革上很重要？总结一下如何回答这些问题有助于你成为一个非常规思考者。

将你的知识应用到 eHermes

重读本章开头的 eHermes 例子。运用你从本章（特别是问题 1-2 中学到的知识），找出阿曼达所犯的五个错误。对于每一个问题，具体解释一下你会有什么不同的做法。

关键术语和概念

抽象推理（Abstract reasoning）	信息技术（Information Technology, IT）
贝尔定律（Bell's Law）	克莱德定律（Kryder's Law）
协作（Collaboration）	管理信息系统（Management Information System, MIS）
计算机硬件（Computer hardware）	梅特卡夫法则（Metcalfe's Law）
基于计算机的信息系统（Computer-based information system）	摩尔定律（Moore's Law）
数据（Data）	尼尔森法则（Nielsen's Law）
数字革命（Digital Revolution）	人员（People）
实操（Experimentation）	流程（Procedure）
五要素框架（Five-component framework）	软件（Software）
信息（Information）	强密码（Strong password）
信息时代（Information Age）	系统（System）
信息系统（Information System, IS）	系统思考（Systems thinking）
	技术技能差距（Technology skills gap）

知识运用

1-1. 人生最宝贵的馈赠就是从事所爱的工作。花点时间思考一下，什么样的工作能够让你在周日晚上迫不及待地睡觉，然后在周一一早兴高采烈地去上班。

   a. 描述一下这样的工作。说出你想为之工作的行业名称、公司或机构类型及其提供的产品和服务，以及你的具体工作职责。

   b. 说明这份工作有什么吸引你的地方。

   c. 抽象推理、系统思考、协作和实操等技能在哪些方面有助于你在工作中取得成功？

   d. 根据你从 a 到 c 部分的答案，为这门课定下 3 到 5 个个人目标，这些目标均不涉及平均绩点，而且要尽可能具体。假设你要在本季度或学期末根据这些目标对自己进行评估，那么你制定的目标越具体，评估就越容易。

1-2. 根据以下五个要素考虑系统的成本：购买和维护硬件的成本；软件程序的开发或获得许可的成本和维护成本；设计数据库和用数据填充数据库的成本；制定流程和保持流程时效性的成本；最后，开发和使用系统的人力成本。

   a. 许多专家认为在一个系统的生命周期中，最昂贵的组成部分是人员。你认为这个观点合乎逻辑吗？解释你为什么同意或不同意。

   b. 一个设计不佳的系统不能满足其定义的需求。业务的需求不会消失，但糟糕的系统使用体验很差。因此，必须采取行动。当硬件和软件程序不能正常工作时，哪个要素承担责任？这说明了一个设计糟糕的系统的成本是多少？从直接的金钱成本和无形的人员成本两个角度思考。

   c. 作为未来的业务经理，你从 a 部分和 b 部分得到了什么启示？怎样体现你参与系统开发需求设计及其他方面的必要性？谁将最终为一个不完善的系统买单？这些费用将在哪个预算中产生？

1-3. 考虑本章中提出的四种信息定义。第一个定义"来自数据的知识"的问题在于，它只是用一个我们不知道含义的词（信息）替换了另一个我们不知道含义的词（知识）。第二个定义"在有意义的上下文中呈现的数据"的问题在于，它太主观了。什么是上下文？什么让上下文变得有意义？第三个定义"通过求和、排序、平均等方式处理的数据"的问题在于，它太过机械。它告诉我们该做什么，但却没有告诉我们信息是什么。第四个定义是"产生影响的差异",这个定义既模糊又对我们没有帮助。

而且,这些定义都不能帮助我们量化我们收到的信息量。"每个人都有肚脐"这句话的信息量是零,相比之下,某人刚刚向你的支票账户存入 5 万美元的声明就充满了信息。所以,好的信息有出其不意的成分。考虑到所有这些要点,回答以下问题:

a. 信息由什么构成?

协作练习 1

本章讨论了为什么协作是保障工作的关键技能。在练习中,你将构建一个信息系统(IS),然后使用该 IS 以协作的方式回答下面的问题。在构建 IS 之前,阅读下面的四个问题。

在你回答 1-4 之前,你只能通过电子邮件或面对面的会议来解决问题。回答了 1-4 后,用你建立的沟通方法回答 1-5。回答完 1-5 后,用你的沟通方法和内容共享方法来回答 1-6。然后基于完整的 IS 回答 1-7 和 1-8。

1-4. **建立一种沟通方法:**
   a. 与你的团队会面,并决定未来的会面方式。
   b. 从步骤 a 的讨论中,列出对通信系统的要求。
   c. 选择通信工具。它可以是 Skype、Google Hangouts 或 Skype for Business。
   d. 编写团队使用新沟通工具时的流程。

1-5. **建立一个内容共享方法:**
   a. 与你的团队会面,决定内容类型。
   b. 决定团队处理内容时,是想使用桌面应用程序还是基于云的应用程序。选择要使用的应用程序。
   c. 决定团队共享内容的服务器。可以使用 Google Drive、Microsoft OneDrive、Microsoft SharePoint,或其他服务器。
   d. 实现内容共享服务器。
   e. 编写团队共享内容时的流程。

1-6. **建立一个任务管理方法:**
   a. 与你的团队会面,决定如何管理任务,确定要存储在任务列表上的任务数据。
   b. 团队决定用于共享任务的工具和服务器。可以使用 Google Drive、Microsoft OneDrive、Microsoft SharePoint 或其他设施。

   b. 如果你有更多的信息,你的体重会增加吗?为什么呢?
   c. 当你把你的成绩单副本给你未来的雇主时,信息是如何产生的?你能控制信息生产过程的哪一部分?如果有的话,你能做些什么来提高雇主构想信息的质量?
   d. 给出你对信息的最佳定义。
   e. 解释为什么我们有信息技术产业,但却很难定义信息这个词。

   c. 实现步骤 a 中的工具和服务器。
   d. 编写团队管理任务时的流程。

1-7. **非常规技能:**
   a. 定义抽象推理,并解释为什么它对商务人士来说是一项重要的技能。给出三个在商业中常用的抽象例子。
   b. 定义系统思考,并解释为什么它对商务人士来说是一项重要的技能。举三个例子,说明系统思考在贝尔定律、摩尔定律和梅特卡夫定律中的应用。
   c. 定义协作能力,并解释为什么它对商务人士来说是一项重要的技能。你们团队的工作成果是否比你们任何一个人单独完成得都好?如果不是这样,那么你们的协作是无效的。如果是这样,请解释原因。
   d. 定义实操能力,并解释为什么它对商务人士来说是一项重要的技能。对失败的恐惧是如何影响你参与实验的意愿的?

1-8. **就业保障:**
   a. 陈述书中对就业保障的定义。
   b. 评估书中对就业保障的定义。你认为这个定义有意义吗?如果你不这么认为,那就给出一个更好的就业保障的定义。
   c. 作为一个团队,你是否同意提高你在协作练习问题中的四个方面的技能会增强你的就业保障?
   d. 你认为专业技能(熟练掌握会计、财务分析等)能提供就业保障吗?为什么呢?如果是在 2000 年,你会用不同的方式回答这个问题吗?为什么呢?

【案例研究 1——Pluralsight】

技术创新的步伐正在加快。对于招聘技术专业人士的公司来说,没有标准化的方法来了解新员工是否具备他们所需要的技术技能。即使是大学学位和专业证书也不能保证你有技能或天赋。技术会改变,知识会褪色,技能很快就会过时。企业很难知道该雇谁以及如何让现有员工掌握最新的技术技能。技术技能差距正在迅速扩大。

2004 年,亚伦·斯科纳德(Aaron Skonnard)、基恩·布朗(Keith Brown)、弗里茨·奥尼(Fritz Onion)和比尔·威廉姆斯(Bill Williams)成立了一家技术培训公司并命名为 Pluralsight,旨在提供教室环境的现场技术和业务管理培训。Pluralsight 的重点是培训人员和机构掌握最新的相关技术技能,以帮助他们跟上技术创新的步伐。

填补差距

Pluralsight 专注于填补公司所需的高水平技术技能与员工所具备的相对低水平技术技能之间的差距。它认为技术是所有现代公司不可分割的一部分,更是一种不断推动公司前进的力量。因此,公司越来越依赖于新技术,这就需要对员工进行再培训,以利用这些进步。大多数雇主和雇员都清楚地看到了持续技术技能培训的必要性。

在线学习规模飞速增长

自 2004 年 Pluralsight 成立以来,已经发展到拥有 800 多名员工和 1300 多名专业人士的规模[17]。该公司的使命是为世界各地的每个人提供一个学习平台,让他们能够获得进步所需的技术技能。2008 年,该公司将重点从现场课堂学习转向在线学习。最初,Pluralsight 在线学习图书馆只有 10 门基于微软技术的课程[18]。如今,它在 150 多个国家提供了 6000 多个课程,涵盖了各种各样的软件开发和技术技能。这些课程由经过严格审查的教师授课[19]。

2011 年,Pluralsight 对其定价策略进行了一些战略性调整,并开始为其学习平台提供每月订阅服务。此后,公司迅速发展,随后每年的订阅量几乎翻倍。它的总部位于犹他州,在 5000 家增长最快的有限公司名单中排名第九。它还被评为"2017 年最佳工作场所",在福布斯云计算 100 强榜单上排名第 20 位。

上市

2018 年 4 月,Pluralsight 上市。Pluralsight 的股价在首日交易中收于 20 美元,较该公司 15 美元的发行价上涨了 33%。以这一股价计算,Pluralsight 的市值超过 25 亿美元,远远超过其上一次 10 亿美元的估值[20]。Pluralsight 报告称它在 2017 年收入为 1.66 亿美元,同比增长 23%。在 IPO 后不久,Pluralsight 的创始人亚伦·斯科纳德接受采访时表示,该公司的主要增长领域之一是在大型企业进行培训。

最终,Pluralsight 取得了成功,因为其创始人开发了一种创新的信息系统技术应用。培训并不是什么新鲜事,互联网也不是。然而,Pluralsight 利用通用技术提供在线培训服务,并创建了一家价值 25 亿美元的公司。它成功的关键之一是找到一种方法将技术应用到商业机会中,并借助管理技能将这种想法发展成蓬勃发展的业务。

问题

1-9. 登录网址 http://pluralsight.com,搜索你可能感兴趣的课程。与传统培训相比,在线培训有什么吸引你的地方?

1-10. 如果 Pluralsight 的高管想要发展业务,你会给他们什么建议?如何增加收入?

1-11. 为什么企业客户会对内部员工的在线技术培训感兴趣?他们如何从支付 Pluralsight 培训费用中获益?

1-12. 为什么会有技术技能差距?为什么雇主需要高技能的工作人员?为什么拥有这些技能的人太少?

1-13. 传统大学如何从与 Pluralsight 的协作中获益?为什么有些大学认为这种协作关系会对他们的生存构成威胁,而另一些大学则认为这是一个很好的机会？

1-14. 假设你正在考虑购买 Pluralsight 的股票。Pluralsight 未来可能面临哪些类型的威胁？一家大型科技公司是否会模仿它的商业模式并威胁到它的盈利能力？Pluralsight 如何应对这种竞争？

完成下面的写作练习

1-15. 数据应该物有所值。成本和价值可以分为有形因素和无形因素。有形因素可以直接衡量，无形价值是间接产生的，难以衡量。例如，一台计算机显示器的成本是有形成本，员工缺乏培训导致生产力的损失是无形成本。

给出一个信息系统的五个重要的有形成本和五个重要的无形成本，并给出价值的衡量标准。如果这有助于集中你的思维的话，可以用你所在大学的课程表系统或其他大学的信息系统为例。在决定一个信息系统是否物有所值时，你认为应如何考虑有形及无形的因素？

1-16. 美国劳工部发布了工作、教育要求以及职业前景的概述。访问其网站 www.bls.gov 并回答以下问题：

a. 搜索"系统分析师"（systems analyst），描述一下这个工作是做什么的。你对这份工作感兴趣吗？为什么呢？这份工作需要什么样的教育？工资中位数和就业增长预测是多少？

b. 单击页面底部的"相似职业"链接，找到另一份你可能想要的工作。描述一下这份工作以及它的工资中位数、学历要求。

c. 劳工统计局的数据很全面，但对于一些快速变化的学科（如信息系统），这类数据没有及时更新。例如，如今一个非常有前途的职业是社交媒体营销，但这份工作并没有出现在劳工统计局的数据中。描述一种了解此类新兴工作就业前景的方式。

d. 根据你对 c 部分的回答，描述一个与你的技能和兴趣最匹配的信息技术相关的工作。说明如果这份工作存在，你将如何学习。

尾注

[1] Gordon Bell. "Bell's Law for the Birth and Death of Computer Classes: A Theory of the Computer's Evolution," November 1, 2007, *http://research.microsoft.com/pubs/64155/tr-27-146.pdf*.

[2] These figures were compiled from both Intel's specification archive (*http://ark.intel.com/*) and TechPowerUP's CPU Database (*www.techpowerup.com/cpudb/*).

[3] Zipf's Law is a more accurate, though less easily understood, way of explaining how the value of a network increases as additional network nodes are added. See Briscoe, Odlyzko, and Tilly's 2006 article "Metcalfe's Law Is Wrong" for a better explanation: *http://spectrum.ieee.org/computing/networks/metcalfes-law-is-wrong*.

[4] Lynn A. Kaoly and Constantijn W. A. Panis, *The 21st Century at Work* (Santa Monica, CA: RAND Corporation, 2004), p. xiv.

[5] Robert B. Reich, *The Work of Nations* (New York: Alfred A. Knopf, 1991), p. 229.

[6] In the 2011 book "Literacy Is NOT Enough: 21st Century Fluencies for the Digital Age," Lee Crockett, Ian Jukes, and Andrew Churches list problem solving, creativity, analytical thinking, collaboration, communication, and ethics, action, and accountability as key skills workers need for the 21st century.

[7] Accenture, "Accenture 2017 College Graduate Employment Survey," last modified April 16, 2018, *www.accenture.com/t20170901T080938Z__w__/us-en/_acnmedia/PDF-50/Accenture-Strategy-Workforce-Gen-Z-Rising-POV.pdf*.

[8] Bureau of Labor Statistics, "Computer Systems Analysts," *Occupational Outlook Handbook*, accessed May 16, 2018, *www.bls.gov/ooh*.

[9] Daron Acemoglu and David Autor, "Skills, Tasks, and Technologies: Implications for Employment

[10] Julian Birkinshaw, "Beyond the Information Age," *Wired*, June 2014, accessed May 21, 2018, *www.wired.com/insights/2014/06/beyond-information-age/*.

[11] Larry Page, "G Is for Google," *GoogleBlog*, August 10, 2015, accessed May 21, 2018, *https://googleblog.blogspot.com/2015/08/googlealphabet.html*.

[12] Ibid.

[13] Josh Constine, "Google Shreds Bureaucracy to Keep Talent Loyal to the Alphabet," *TechCrunch.com*, August 10, 2015, accessed May 21, 2018, *http://techcrunch.com/2015/08/10/google-of-thrones*.

[14] Actually, the word *data* is plural; to be correct, we should use the singular form *datum* and say, "The fact that Jeff Parks earns $30.00 per hour is a datum." The word *datum*, however, sounds pedantic and fussy, and we will avoid it in this text.

[15] James Risley, "Microsoft Shows Off HoloLens-Enabled 'Holographic Teleportation' and Predicts the Demise of 2D Technology," GeekWire, February 19, 2016, accessed May 21, 2018, *www.geekwire.com/2016/microsoft-shows-off-hololens-enabled-teleportation-and-call-for-an-end-to-2d-tech*.

[16]. Edgar Alvarez, "Microsoft Shows How NFL Fans Could Use HoloLens in the Future," Engadget, February 2, 2016, accessed May 21, 2018, *www.engadget.com/2016/02/02/microsoft-hololens-nfl-concept-video*.

[17] Pluralsight, "At a Glance," accessed June 4, 2018, *www.pluralsight.com/about*.

[18] Tim Green, "How Pluralsight Grew an Online Learning Business That Made Its Tutors Millionaires," Hottopics, May 21, 2015, accessed May 26, 2018, *www.hottopics.ht/13976/how-pluralsight-grew-anonline-learning-business-that-made-its-tutors-millionaires*.

[19] Sarah Buhr, "A Chat with Pluralsight Founder Aaron Skonnard on the Global Move to Sharpen Tech Skills Through Online Training," Techcrunch, April 20, 2017, accessed May 26, 2018, *https://techcrunch.com/2017/04/20/a-chat-with-pluralsight-founderaaron-skonnard-on-the-global-move-to-sharpen-tech-skills-through-onlinetraining*.

[20] Alex Konrad, "Utah Ed Tech Leader Pluralsight Pops 33% in First-Day Trading, Keeping Window Open for Software IPOs," Forbes, May 17, 2018, accessed May 26, 2018, *www.forbes.com/sites/alexkonrad/2018/05/17/utah-pluralsight-ipo*.

| 第 2 章 |
| Using MIS，Eleventh Edition |

企业战略及信息系统

eHermes 的穿着考究的销售副总裁苔丝（Tess）快速走进一个主要的分销仓库的会议室中说道："嘿，卡玛拉，我们去吃午饭吧。我想多了解一下我们即将开始使用的 RFID 库存系统。"

卡玛拉是一个在印度和伦敦长大的、拥有麻省理工学院硕士学位的自动化和机器人专家。她正在检查来自 eHermes 线上平台的有关自动驾驶车队的可视化数据，并在白板上对图表进行更改。

"好啊，正好我可以休息一下。"

"你们最近都在研究什么？"

"杰西卡（Jessica）想知道我们能否通过把所有的数据输入到人工智能中来提高我们的营运效率。我知道计算机视觉系统和机器学习都适用于自动驾驶车辆。但对我来说，整合这些所有不同的数据以进行规划和优化是一个全新的领域。"

"听起来很复杂的样子。还好我只是一个销售，你才是工程师。"

卡玛拉示意苔丝去到大厅。

"说实话，我们会想办法的。但这需要的时间比任何人想象的都要长。最终它也会带来销量的增长和成本的降低。但这并不是我所关心的项目。"卡玛拉翻了翻白眼，看起来非常沮丧。

"这是什么意思？"

"我们是谁？"

"你想说什么？"苔丝有点吃惊。

"作为一家公司，我们的定位是什么？我很清楚我们实际上是一家从事线上拍卖及购物的公司。但是如果我们将业务扩展到其他领域，我们可以赚很多钱。"

"你这是什么意思？其他什么领域？"

"杰西卡前几天提到，我们应该考虑与当地公司合作出售一些新产品而不仅仅是二手商品。这一点我完全同意，甚至我们还可以做得更多。如果我们也开始送包裹呢？"

"你的意思是成为一家运输公司？"

"是的……嗯，有点这个意思。我认为我们可以帮助潜在的竞争对手运送包裹，但我们也会有顾客到我们的移动店面购物。我认为如果我们不从更广泛的角度考虑问题，我们真的会错失良机。"

"你和杰西卡聊过你的想法吗？"

"我和她聊过了。她认为这都是一些不错的想法，但她想继续拓展产品服务，在我们的线上门店中销售新产品。她甚至认为我们可以与当地农民进行合作，创建线上农贸市场。"

"它的缺点是什么呢？它听起来像是唾手可得的果实。我们不需要改变我们的商业模式也会有很多新产品，并且来自企业客户的利润可能会很高。"

"是啊，但如果我们不能和他们签约怎么办？如果他们意识到我们实际上是把他们从分销链中剔除的话怎么办？我是说，我们对零售商的影响就像 Netflix 对 Blockbuster 的影响一样。实体店可能会成为累赘。或者更糟的是，如果我们变得依赖于他们，而他们开始压榨我们的利润怎么办？"

"我也不知道。但如果它真的如杰西卡所想的那样可以赚钱，也许值得一试。"

"是的，但我们可以把时间和金钱花在将 eHermes 发展壮大，让它不仅仅是一家'零售'公司。如果我们成为一家运输企业，我们就可以赚很多钱。"卡玛拉摇了摇头，显然很沮丧。

"卡玛拉，我完全赞同你的想法。毫无疑问，我们可以成为自动化运输和配送行业中的领导者。"

"所以呢？"

"嗯，关键在于专注。我们不能满足每个人的所有需求。扩大我们的现有的零售业务和发展成为运输企业有很大的不同。"

"但眼下我们能赚的钱难道不赚吗？我们不赚就会有其他人赚。如果亚马逊的无人机送货服务真的得到迅速发展了呢？"

苔丝微微一笑说："嘿，我们出去吃午饭的时候带上维克多吧。他才是真正需要听这些的人。我去买泰式炒面的时候你俩谈战略吧。"

研究问题

问题 2-1　企业战略如何决定信息系统结构？

问题2-2　决定行业结构的波特"五力"模型是什么？
问题2-3　如何通过行业结构分析确定竞争战略？
问题2-4　如何通过竞争战略确定价值链结构？
问题2-5　如何在业务流程中创造价值？
问题2-6　通过竞争战略如何确定业务流程和信息系统结构？
问题2-7　信息系统如何提供竞争优势？
问题2-8　2029年将会怎样？

章节预览

回顾第1章所学内容，管理信息系统是为帮助企业实现其战略而进行的信息系统的开发和使用。本章主要讨论信息系统如何支持竞争战略，以及如何通过信息系统创造竞争优势。正如你在组织行为学课程中所学，其知识内容的主干就是用来帮助企业分析其所在的行业、选择竞争战略和开发业务流程的。在本章的开始，我们将探索这些知识，并通过几个步骤来展示如何使用它们来构建信息系统。在本章的最后，我们将讨论企业如何通过信息系统获得竞争优势。

eHermes就是一个很好的例子。它的战略就是通过为用户提供买卖二手物品的线上门店使其做到与众不同，并且为了实现这一目的形成其相应的系统及运营流程。但是正如卡玛拉所说，如果eHermes不能与零售商店签订新的合同会怎样呢？如果无法签订新的合同，运输行业是否值得一试？即使公司真的能够签订新合同，其现有的系统和运营流程能否满足后期的需求？

问题2-1　企业战略如何决定信息系统结构？

根据管理信息系统的定义，信息系统的存在是为了帮助企业实现其战略。正如你在商业战略课中所学，企业的竞争战略决定了其目标和目的。因此，竞争战略最终决定了每个信息系统的结构、特征和功能。

图2-1对上述理论进行了汇总。简言之，企业检查其行业结构并确定竞争战略。这一战略决定了价值链，价值链又反过来决定了业务流程。业务流程的结构决定了信息支持系统的设计。

竞争分析领域的重要研究者和思想家迈克尔·波特（Micheal Porter）提出了三种不同的模型来帮助你理解图2-1中各种要素。首先我们来了解他的五力模型。

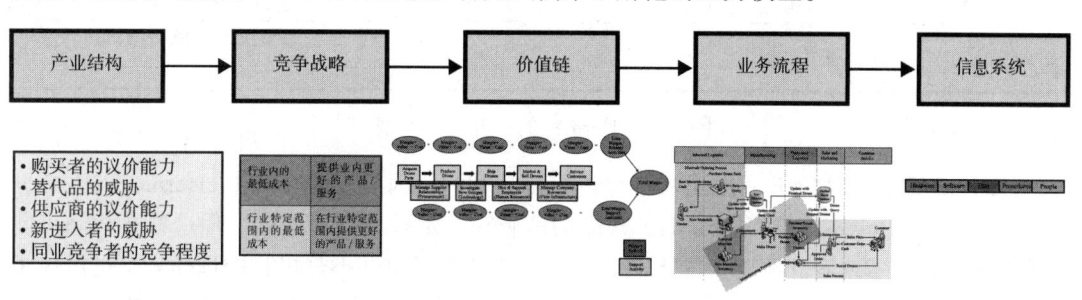

图2-1　企业战略决定信息系统

问题 2-2　决定行业结构的波特"五力"模型是什么？

企业战略始于对一个行业的基本特征和结构的评估。图 2-2 中总结的波特"五力"模型[1]就是一个用来评估行业结构的模型。该模型认为，五种竞争力量决定了行业的盈利能力：购买者的议价能力、替代品的威胁、供应商的议价能力、新进入者的威胁以及现有同业竞争者的竞争程度。"五力"的强度决定了行业的特点、盈利能力以及盈利能力的可持续性。

- 购买者的议价能力
- 替代品的威胁
- 供应商的议价能力
- 新进入者的威胁
- 同业竞争者的竞争程度

图 2-2　波特的行业结构"五力"模型

图 2-3 中列举了每个"力"的强、弱例子用以更好地理解"五力"模型。检验你理解程度的一个好方法是看你是否能想到如图 2-3 所示的不同的"力"。此外，以一个特定的行业为例，比如汽车修理，思考这五种力量是如何决定该行业的竞争格局的。

力	强力的实例	弱力的实例
购买者的议价能力	丰田汽车车漆的购买（因为丰田是大客户，会购买大量车漆）	你对你所在的大学的程序和政策的权力
替代品的威胁	经常旅行的人租车的选择	癌症患者使用的唯一的对症药物
供应商的议价能力	新车经销商（因为他们控制着汽车的"真实价格"，而客户无法验证该价格的准确性）	在丰年种粮的农民（供过于求会降低产品的价值和利润）
新进入者的威胁	街角的拿铁摊（因为这是一个容易参照的生意）	职业橄榄球队（因为球队数量被 NFL 严格控制）
同业竞争者的竞争程度	二手车经销商（因为有很多选择）	谷歌或 Bing（开发和营销搜索引擎的成本很高）

图 2-3　"五力"的实例

在本章开头所描述的场景中，卡玛拉担心只专注于产品的销售可能会使 eHermes 处于竞争劣势。她认为公司可以将业务扩展到运输行业。她还担心公司会在经济上依赖于合作的几家大公司。图 2-4 是对 eHermes 面临的竞争格局的分析。

力	eHermes 实例	力的强弱	eHermes 的应对措施
购买者的议价能力	大客户想要更多的利润	强	降低价格或进入其他市场
替代品的威胁	eBay 提供本地送货服务	中等	提供不同的服务，如运输或娱乐
供应商的议价能力	自动驾驶汽车底盘的成本在提高	弱	购进另一个制造商的产品
新进入者的威胁	优步开始提供移动零售服务	中等	提供差异化的服务并进入其他市场
同业竞争者的竞争程度	亚马逊提供无人机配送服务	弱	提供附加服务或与其他公司建立合作伙伴关系

图 2-4　eHermes 的"五力"模型

eHermes 合作的大客户可能会要求分得更多的利润，因为他们决定了 eHermes 的大部分收入。类似于 eBay 本地送货服务的替代品的威胁在一定程度上有些强。但这些替代品可能由于缺乏相关技术或者现实距离的限制，对于一些企业客户并不是可行的选择。不过像优步（Uber）这样的新进入者，它利用其自动驾驶车队提供移动零售服务，就可能会成为一个巨大的替代威胁。新的企业客户也可以建立自己的移动市场。但 eHermes 可以通过提供附加服务来应对这种情况，比如销售服装、汽车零部件、熟食，或者它也可以进入运输或娱乐等新市场。

其他力量不会让 eHermes 担忧。移动店面供应商的议价能力较弱，因为有很多公司愿意向 eHermes 出售低价的自动驾驶汽车底盘。并且汽车制造商之间对于自动驾驶市场份额的竞争非常激烈。来自竞争对手的威胁并不大，因为 eHermes 已经开发了为顾客定制的移动店面平台，并对在线零售系统进行了集成，而竞争对手想要复刻他们的系统并不容易。

类似于 eHermes 的做法，企业对这五种力量进行检查并决定他们要怎样去做回应。这样的自查会引导企业制定其竞争战略。

问题 2-3　如何通过行业结构分析确定竞争战略？

一家企业应根据其行业结构选择竞争战略。如图 2-5 所示，波特根据他的"五力"模型建立了四种竞争战略模型[2]。根据波特的理论，企业可以采取这四种战略中的某一种。一家企业可以致力于建立成本上的领先优势或者致力于提供差异化的产品和服务，以避免与其他公司的竞争。此外，企业可以在其行业中采取成本战略或差异化战略，或者它也可以制定在特定的行业领域的发展战略。

	成本战略	差异化战略
行业整体战略	行业内的最低成本	在业内提供更好的产品/服务
专一化战略	行业特定范围内的最低成本	在行业特定范围内提供更好的产品/服务

图 2-5　波特的四种竞争战略

以汽车租赁行业为例。根据图 2-5 的第一列，一家租车公司可以努力提供全行业最低成本的租车服务，也可以寻求在行业中的某一特定范围内比如面向美国国内的商务旅行者提供最低成本的租车服务。

如第二列所示，汽车租赁公司可以在竞争中试图开发差异化的产品。企业可以通过多种方式实现这一战略，如提供一系列的高质量汽车、提供最好的预订系统、提供最干净的汽车、提供最便捷的租赁服务或者一些其他的方式。例如，企业可以致力于面向美国国内的商务旅行者提供行业内或行业内特定范围内的差异化产品。

根据波特的观点，要有效地实现企业的战略，就要求企业的目标、目的、文化和活动必须与其战略相一致。换言之，在管理信息系统领域，企业中的所有信息系统必须反映企业的竞争战略，并与之相互促进。

道德指南——约会机器人的诱惑

加里·卢卡斯（Gary Lucas）的目光穿过迷宫般的小隔间，目不转睛地看着办公室另一边的会议室。他的老板理查德·马修斯（Richard Matthews）正在和加里从未见过的五个人进行看似激烈的讨论。即使加里没有参加会议，也没有足够近的距离读懂他们的唇语，他也知道会议的内容。

加里工作的公司——Why Wait, Date! 正面临着挑战。一方面线上婚介行业竞争激烈，另一方面，公司的订阅量也由于一个更具挑战性的问题而逐渐减少：最新的用户统计数据显示，所有订阅用户中女性仅占 15%，而 85% 是男性。公司如何在男性用户之间竞争如此激烈的情况下留下这些用户呢？许多男性用户即使经过数月的尝试,也没能成功匹配。对加里这个客户经理而言,没有得到满意服务的客户不会继续消费。尽管公司针对女性用户进行了各种市场营销活动,也为其订阅提供了优惠,加里还是无法实现不同性别客户之间的数量平衡。他担心自己会丢掉这份工作,而接替他工作的人此时就可能正和老板坐在一起开会。

加里回头看了看会议室,正好看到理查德打开门,挥手让他过去。加里匆忙地走向会议室。正当加里在会议桌的一端坐下时,理查德笑了笑对他说:"加里,我认为这些顾问提出了一个能够让公司起死回生的计划!"加里松了一口气,听起来他能暂时保住自己的工作。但这些顾问究竟提出了怎样的计划让理查德对公司未来的发展表现得如此乐观?

iMatch

首席顾问托马斯开始了他拯救公司的演讲。在托马斯解释他的方案时,理查德一边点头一边微笑。托马斯解释道:"这种网站保持用户订阅量的关键就是持续吸引他们的注意力。我们需要在男性用户对网站失望并取消订阅之前,让他们在网站上有一些良好的体验。我们的咨询团队根据你们所有的用户数据建立了一个模型,并且能够准确预测一位男性用户会在什么时候取消订阅。"

加里打断他说:"你有我们所有的用户数据?"他一脸焦虑地看着托马斯,但托马斯示意他冷静下来继续听。托马斯接着说:"既然我们能够预测客户什么时候会离开,就可以采取一定的措施以持续吸引其注意。我们知道顾客什么时候需要一个潜在的'匹配',才能保证他们能继续订阅付费服务。所以我们要做的就是用一个虚拟账户给他们发信息,让他们觉得有人对他们感兴趣。"

托马斯继续道:"这取决于你愿意为我们的解决方案投资多少,我们甚至可以让这些虚拟账户持续工作数周或数月的时间。几周或几个月后,虚拟账户会显示用户已经找到了其他的匹配人选。这种情况下,我们不需要进行实际上的跟进,因为用户只会认为自己没能匹配成功。其中最吸引人的部分是,你不需要再雇人与客户进行互动,这项工作完全可以由我们的人工智能平台完成。长期的互动会让顾客持续消费,也会让他们更加坚信他们能够通过你们的网站找到自己的另一半!"

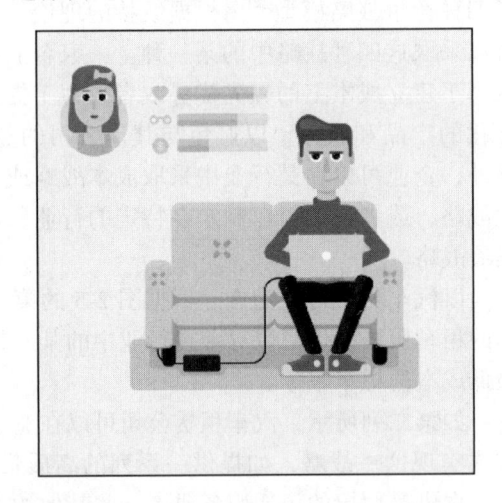

AI-Jedis

开完会后一小时,加里坐在办公桌前摇头晃脑。他仍在努力接受会议室里发生的一切。他的老板已经让他减少80%的营销工作,并着手雇佣新的员工来负责创建虚拟账户。理查德还和顾问们签订了一份为期6个月的合同。他们也将从明天开始使用这些他们的留住客户的工具。

加里低头看了看会后顾问们给他的名片,他们都在一家叫AI-Jedis的公司工作。加里知道AI代表的是"人工智能"。他不敢相信他们会使用机器人来欺骗用户,让用户相信他们能在网站上找到自己的另一半。骗人?他突然觉得脊背发凉。他开始怀疑这是否会被看作是欺诈甚至是违法的行为。要是有人发现了他们的这种做法怎么办？那样的话公司会毁掉的。加里靠在椅子上，盯着天花板，发出了一声长长的叹息。一方面，他想去跟理查德谈谈，告诉他这是个坏主意。另一方面，他觉得这可能正是能帮他润色自己简历的好机会。

第1章的"道德指南"中介绍了一种评价道德行为的方式——康德定言令式的伦理学原则。这里的"道德指南"介绍了第二种方式，也就是所谓的功利主义。根据功利主义的相关理论，行为的道德性是由其结果决定的。如果行为的结果是对大多数人都有着最大的好处或者其实现了快乐的最大化并减轻了痛苦，那该行为会被认为是道德的。

从功利主义的理论出发，如果杀戮能给大多数人带来更多的好处，那么杀戮也是道德的。如果杀死阿道夫·希特勒（Adolf Hitler）能够阻止大屠杀，那杀他也是道德的。同样，只要行为带来的结果是大多数人得到了最大的好处，功利主义也能认为说谎或其他形式的欺骗行为是道德的。对得了绝症的人说谎，说你确信他能康复。如果这样做能提升其幸福感并减轻其痛苦，那这样的撒谎行为也是道德的。

讨论问题

1. 根据本书前面所定义的道德原则，回答下面的问题。
   a. 根据定言令式的观点，你认为约会网站使用约会机器人是道德的吗？
   b. 根据功利主义的观点，你认为约会网站使用约会机器人是道德的吗？
2. 利用自动化的工具来制定决策并与用户进行互动看起来像是科幻电影的情节，但其实在现实中已经得到了普遍应用。请你进行头脑风暴，举出一些当前其他使用自动化工具的公司或服务的例子。
3. 如果你处在这种情况下，你会离开公司吗？
4. 你认为加里试着和理查德谈使用机器人的风险对他有好处吗？你认为如果这家公司利用这种技术留住客户的消息传出去，人们会作何反应？

问题 2-4　如何通过竞争战略确定价值链结构？

企业对其所处行业的结构进行分析，并通过该分析制定其竞争战略。他们需要通过企业的组织和构建来实现这一战略。例如，如果企业的竞争战略是成为成本领导者，那么其商业活动就需要以尽可能低的成本提供基本功能。

选择差异化战略的企业不一定会围绕低成本活动来进行企业构建。相反，这样的企业可能会选择更高的成本。但是这种情况只会在其收益超过成本时发生。eHermes 的杰西卡知道建设移动店面成本较高，但她认为这些成本是值得的。或许她也会同样发现 eHermes 开发其自己的人工智能也是值得的。

波特将价值定义为客户愿意为一种资源、产品或者服务所支付的金额。一项活动产生的价值与该活动的成本之间的差额称为利润。只有活动的利润为正值，采用差异化战略的企业才会增加活动成本。

价值链是一个关于价值创造活动的网络，由五项基本活动和四项支持活动所组成。

价值链中的基本活动

为了理解价值链的本质，图 2-6 列举了一家中型无人机制造商的例子。首先，制造商通过内部后勤活动获取原材料。内部后勤活动涉及原材料的接收、处理以及其他投入。材料的积累就是增加价值的过程，即使是一些没有组装的材料，对顾客来说都具有一定的价值。将制造无人机所需要的零件进行组合后，其价值会高于将零件摆放在货架上的价值。这个价值不仅是零件本身的价值，还有与零部件供应商进行联系、与供应商保持合作关系、订购零件、接收货物等的价值。

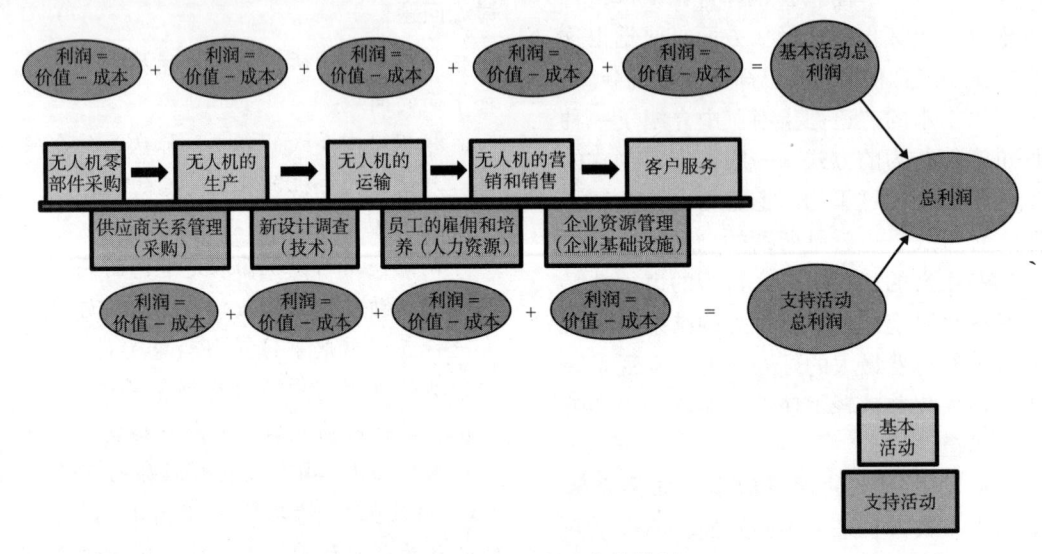

图 2-6 无人机制造商价值链

在生产活动中，无人机制造商将原材料转化为成品无人机，这是一个增值过程。接下来，公司通过外部后勤活动将成品无人机交付给客户。当然，如果没有市场营销和销售的价值活动，就没有客户。最后，服务活动为无人机用户提供客户支持。

价值链中的每一个阶段都是产品成本增加和价值提升的过程。其结果就是价值链的总利润，也就是总附加值和总成本之间的差额。图 2-7 就是对价值链基本活动的总结。

基本活动	描述
内部后勤	接收、存储、传播产品的投入
生产制造	将投入转化为产品
外部后勤	集中、存储、将产品发送给买方
市场营销和销售	引导顾客购买产品并提供购买渠道
顾客服务	帮助顾客使用产品并以此维持和提高产品价值

图 2-7 价值链中基本活动任务描述

价值链中的支持活动

价值链中的支持活动间接促进了产品的生产、销售和服务。支持活动包括了采购，也就是包括了寻找供应商、建立合同关系和谈判价格的过程。（与内部后勤活动不同的是，支持活动是在采购过程建立的合同关系基础上，按照协议所进行的货物订购和接收。）

波特从广义上定义了技术。它包括研究和开发以及企业内部为开发新技术、新方法和新程序而进行的其他活动。他将人力资源定义为招聘、薪酬、评估以及全职和兼职员工的培训。最后，企业基础设施包括了一般管理、财务、会计、法律和政府事务。

支持活动能间接提高价值，但它也有一定的成本。图2-6展示了支持活动所形成的利润。支持活动的利润值很难计算，因为很难准确地知道增值的具体值。例如，华盛顿特区制造商的工人产生的增值的具体值。但是从理论上而言，支持活动增加了价值，它既有成本也有利润。

价值链联结

波特的商业活动模型包括联结，即价值活动之间的相互作用。例如，制造系统利用联结来降低库存成本。该系统利用对销售的预测来计划生产，根据生产计划确定原材料需求，并根据需求安排原材料的购买。最终实现及时库存，以降低库存的规模和成本。

通过描述价值链及其联结，波特创建了跨部门一体化的商业系统。随着时间的推移，由波特的这一系统发展出了一种名为"业务流程设计"的新的原则。其中心思想是企业不该对现有的功能系统进行自动化或改进。相反，他们应该建立整合了价值链中所涉及的所有部门活动的新的和更高效的业务流程。

价值链分析可以直接应用于无人机制造商等制造业企业，它也存在于医疗诊所等服务型企业。它们之间的区别在于，服务型企业的大部分价值是由企业运营、市场营销和销售以及服务活动产生的。其内部和外部的后勤活动通常不那么重要。

问题 2-5　如何在业务流程中创造价值？

业务流程是一个有关价值创造活动的网络，这些活动通过将输入转化为产出从而创造价值。业务流程的成本分为投入和活动两部分。它的利润是产出的价值减去成本。

业务流程作为活动的网络，其每个活动都有着接收投入和制造产出的功能。一项活动可以由人、计算机系统或二者共同展开。投入和产出可以是物理上的，比如无人机部件，也可以是数据，比如购买订单。存储库是一些东西的集合比如，数据库是数据的存储库，原材料仓库是原材料的存储库。我们先从这些基本的术语开始。

图2-8展示了无人机制造商的三个业务流程。原材料订购过程将现金[3]转化为原材料的库存。制造过程将原材料转化为成品。销售过程将制成品转化为现金。值得注意的是，业务流程贯穿了价值链活动。销售过程包括了市场营销、销售以及外部后勤活动。并且即使这三个业务流程都不涉及顾客服务活动，顾客服务也在其他业务流程中发挥了一定的作用。

还要注意的是，各项活动都是在数据库中获取和存储数据资源。如无人机部件的采购活动需要查询原材料数据库中的数据以确定要订购的材料。接收活动在收到原材料后对原材料数据库进行更新。无人机制造活动根据原材料的消耗情况更新原材料数据库。销售过程同样也在成品数据库中进行了类似的操作。

业务流程的成本和效率各不相同。实际上，简化业务流程以增加利润（增加价值、降低成本或两者兼有）是形成竞争优势的关键。通过图2-9所展示的无人机制造商的业务流程，我们来学习流程设计的特点。这里的无人机部件采购活动不仅查询了原材料库存数据库，还查询了成品库存数据库。对两个数据库进行查询使得采购部门能够同时根据原材料的数量和顾客的需求来做出采购决定。这样就可以减少原材料存储库的规模，降低生产成本，从而增加价值链的利润。这就是一个利用业务流程之间的联结来提高流程利润的实例。

但更改业务流程并不容易。大多数的流程设计都需要人们以新的方式工作并遵循不同的流程，而员工通常会抵制这样的改变。图2-9中为了应用以顾客购买为基础的采购模式，负责无人机部件采购的员工需要调整他们的采购流程。另一个问题是，为了持续追踪顾客的需求数据，存储在成品数据库中的数据可能需要重新设计。

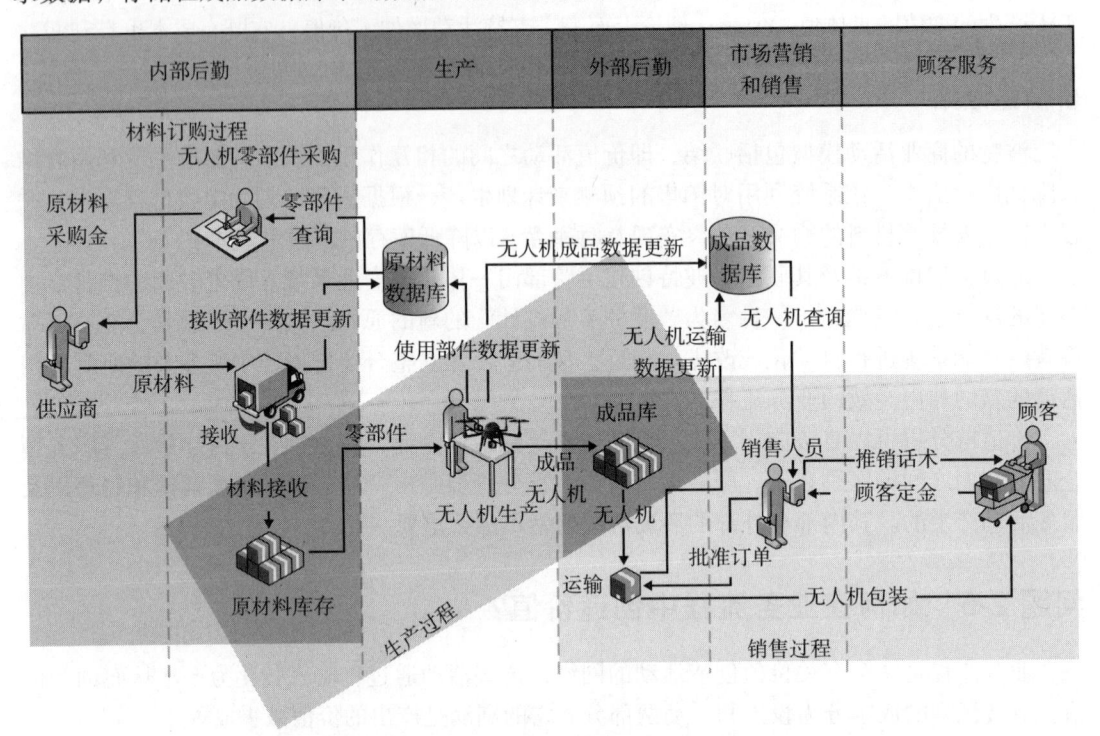

图 2-8 三个有关业务流程的实例

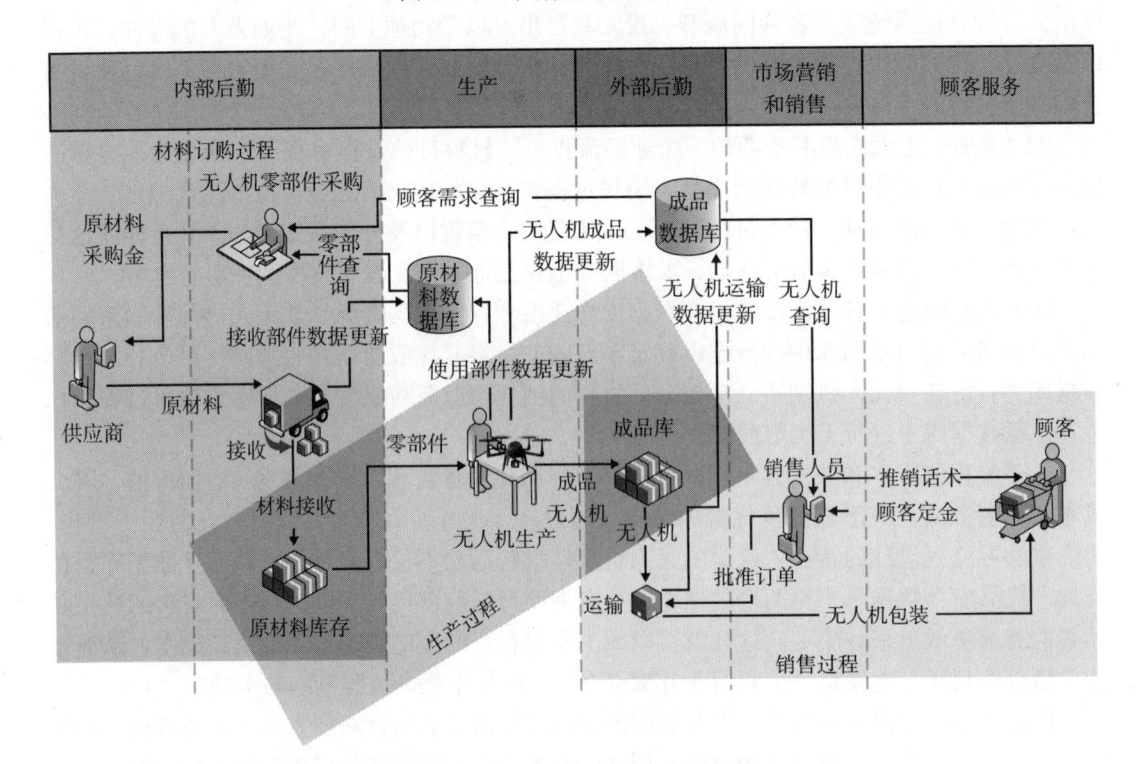

图 2-9 改进后的原材料采购过程

问题 2-6 通过竞争战略如何确定业务流程和信息系统结构？

两家有着不同竞争战略的公司对自行车租赁的业务流程中的价值创造活动的执行情况如图 2-10 所示。

第一家公司选择了面向学生低价出租的竞争战略。因此，该公司要在业务流程中实现成本的最小化。第二家公司选择了差异化战略。它在高端会议度假酒店中为高管们提供"同类最佳"的租赁服务。该公司为保证其优质的服务设计了业务流程。并且为了实现正利润，它必须确保所增加的价值会超过服务成本。

现在我们来考虑这些业务流程中所需要的信息系统。学生租赁业务所需的数据设备体积较小。所需要的设备只是银行提供的处理信用卡交易的机器。

然而，如图 2-11 所示的高端租赁业务则需要广泛地使用信息系统。它有一个销售跟踪数据库，用来追踪老客户的租赁活动。同时它还有一个库存数据库，在尽可能为高端客户提供便利的情况下，提供租赁服务并掌握自行车的库存情况。

	价值活动	迎接顾客	确定需求	租车	还车、骑行及支付
面向学生低价租赁	实施竞争战略的信息	"你想骑车吗？"	"车都在那，请自便。"	"填一下这个表格，填完给我。"	"我看下车。""好的，一共 23.5 美元，付一下钱。"
	相关业务流程	无	防止自行车被盗的防护和程序	打印表格并装进盒子	装租车表的盒子 小型刷卡和现金收据系统
会议度假酒店中面向企业高管的高品质租赁	实施竞争战略的信息	"你好，亨利女士。很高兴再次见到你。你想租上次那台 WonderBike 4.5 吗？"	"我认为 Wonder Bike Supreme 对你来说是更好的选择。它有着……"	"让我先将自行车编号录入系统，然后帮您调节座椅。"	"您的骑行体验怎么样？" "来，我来帮你。我再扫描一遍自行车的标签，很快就能拿到你的文件了。" "您需要饮料吗？" "您是想将这笔费用算在酒店费用里还是现在支付呢？"
	相关业务流程	顾客追踪以及历史租赁活动系统	偏向于"向上销售"型顾客的员工培训以及匹配顾客和车辆的信息系统	检查自行车库存的自动库存系统	归还自行车入库的自动库存系统、准备支付文件、与度假村财务系统协作

图 2-10 自行车租赁公司活动价值链

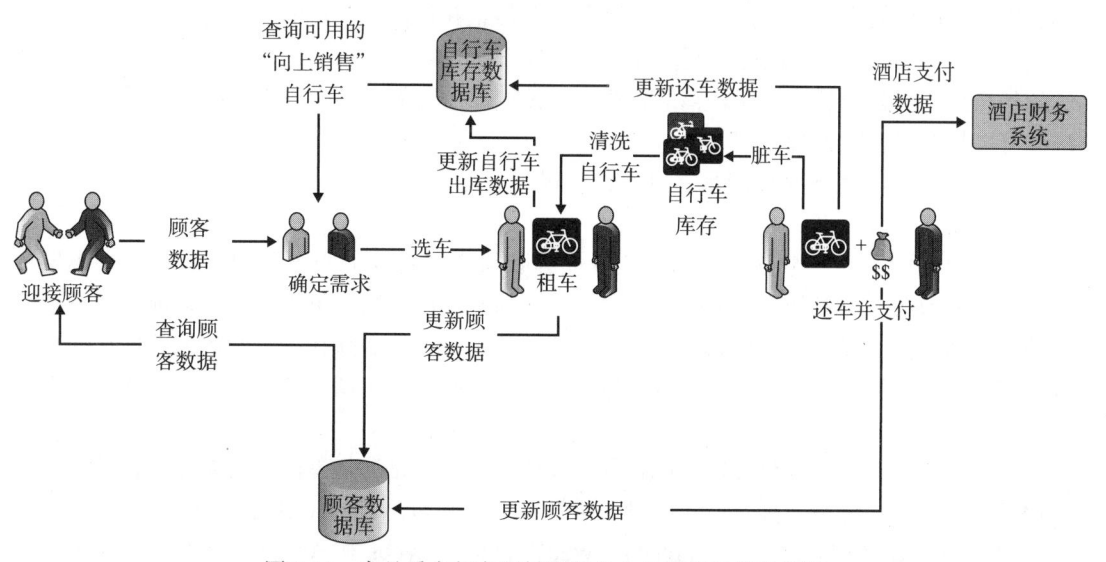

图 2-11 高品质自行车租赁服务的业务流程及信息系统

问题 2-7　信息系统如何提供竞争优势？

在商业战略课中，你将更详细地学习波特模型。那时候，你将学习企业应对五种竞争力的多种方式。这里我们将这些方法总结为如图 2-12 所示的各项原则。记住我们需要在企业竞争战略中使用这些原则。

这些有竞争力的技术中，一部分是通过产品和服务产生的，另一部分是通过改进业务流程产生的。我们进行分类讨论。

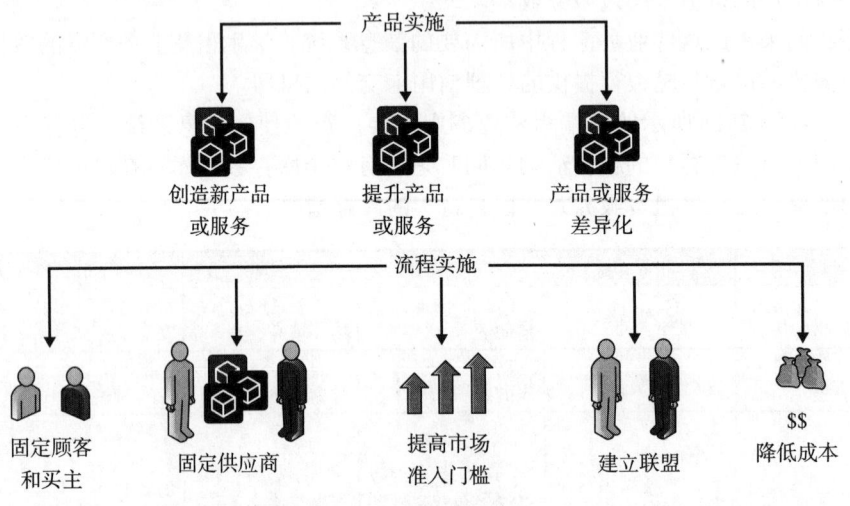

图 2-12　竞争优势原则

产品竞争优势

图 2-12 中的前三条原则涉及产品或服务。企业通过创造新产品或服务、提升现有产品或服务以及与其竞争对手形成产品或服务的差异化来获得竞争优势。

信息系统要么作为产品的一部分，要么通过为产品提供支持来创造竞争优势。例如像赫兹或安飞士这样的汽车租赁公司。生成汽车位置信息并提供前往目的地的驾驶指令的信息系统是汽车租赁的一部分，因此也是产品本身的一部分（见图 2-13a）。相比之下，安排汽车维修的信息系统不是产品的一部分，但它能支持该产品（见图 2-13b）。无论哪种方式，信息系统都可以帮助实现图 2-12 中的前三个原则。

图 2-12 中剩下的 5 个原则是通过业务流程产生竞争优势的。

先发优势

一个常见的误区是企业为了创造竞争优势必须成为新技术的先驱创造者。这种先发优势，或者说为在一个细分市场中率先开发一项新的技术以获取市场份额，并不能保证有战胜竞争对手的优势。相反，先发优势往往是有害的。先行企业必须在调查和研发（R&D）中投入一定的资源并且还要向公众宣传新产品和服务。只有这样，新发展的前沿技术才能迅速转化为企业发展动力。

如今你所知道的许多领头公司都有着后发优势，也就是通过追随先行企业并模仿其产品或服务来获得市场份额，从而降低高昂的研发支出。例如，谷歌并不是第一个搜索引擎。在 1997 年谷歌注册其域名之前，Altavista、WebCrawler、Lycos 和 Ask.com 等搜索引擎就已经存在了。但谷歌（Alphabet）却是目前占主导地位的搜索引擎。事实上，世界上一些大的科技公司（如苹果和Facebook）都是落后于早期竞争对手（如摩托罗拉和MySpace）的后起之秀。投资者经常重复一句老话，"第二只老鼠得到奶酪"，就是希望避免高昂的研发支出。

a. 作为汽车租赁产品的一部分的信息系统

b. 支持汽车租赁产品的信息系统

日常维修安排（2020年6月15日）

站点ID：22
维修类型：润滑

服务日期	服务时间	车辆编号	品牌	车型	里程	服务内容
2020年6月15日	上午12:00	155890	福特	探险者	2244	标准润滑
2020年6月15日	上午11:00	12448	丰田	塔科马	7558	标准润滑

站点ID：26
维修类型：校准

服务日期	服务时间	车辆编号	品牌	车型	里程	服务内容
2020年6月15日	上午9:00	12448	丰田	塔科马	7558	前端对准检查

站点ID：28
维修类型：发动机

服务日期	服务时间	车辆编号	品牌	车型	里程	服务内容
2020年6月15日	上午11:00	155890	福特	探险者	2244	更换机油

图2-13 产品信息系统的两种职能

通过业务流程获得竞争优势

企业可以通过提高客户转向购买其他产品的难度或成本来固定顾客。这种战略有时被称为建立高转换成本。企业可以通过提高供应商转向其他企业的难度来固定供应商，也可以理解为通过降低供应商与企业的沟通合作的难度来固定供应商。最后，可以通过建立准入门槛，也就是提高新晋竞争对手进入市场的难度和成本来获得竞争优势。

另一种获得竞争优势的方法是与其他企业一起建立联盟。通过联盟建立标准、提高产品意识和需求、扩大市场规模、降低采购成本并提供其他好处。最后，企业可以通过降低成本来获得竞争优势。成本的降低可以让企业降低产品价格或增强盈利能力。盈利能力的提高不仅意味着股东价值的提高，还意味着有更多的现金流。这也可以为企业进一步的基础设施建设提供资金，从而获得更大的竞争优势。

这些所有的竞争优势原则都有一定的道理，但你可能会问："信息系统是如何帮助企业建立竞争优势的呢？"为了回答这个问题，我们举一个信息系统的案例。

一家实体公司如何利用信息系统来建立竞争优势？

ABC是一家销售额超过10亿美元的全球性托运公司。为了建立竞争优势，公司从成立之初就在信息技术方面进行了大量的投资，并引导运输行业应用信息系统。这里我们举例说明ABC公司是如何成功地利用信息技术获得竞争优势的。

ABC公司保留的客户数据中不仅包括了客户的姓名、地址和账单信息，还包括了与客户所运物品相关的人、企业和地址的数据。ABC公司为客户提供了一个网页，该网页中有着包含客户曾用过的目的地企业名称的自动填充下拉列表。

当客户单击公司名称时，ABC公司的底层信息系统将在数据库中读取相关数据，包括从历史收件人中获取的姓名、地址和电话号码。在客户选择一位联系人后，系统会从数据库中读取联系人的地址和其他数据并自动填入表中。因此，系统为客户省去了在运单中重复填写历史收件人数据的步骤。以这种方式填写数据还可以减少数据输入错误。

使用ABC公司的系统，客户还可以要求将信息以电子邮件的形式发送给发件人（客户）、收件人或者其他人。客户可以选择在下单或者运到时让ABC公司发送电子邮件，也可以选择货物运输签收通知人，但只有发件人能收到运输通知。客户还可以添加一条私人信息并生成运输标签。在客户界面自动生成运输标签能够减少运输标签准备过程中的错误，也能一定程度上为公司降低成本。ABC公司通过在运输调度系统中添加这些功能，将其产品从包裹运输服务转变为包裹和信息的运输服务。

这个系统如何建立竞争优势？

现在我们从图2-12中所示的竞争优势因素的角度来看ABC公司的运输信息系统。这个信息系统增强了现有的服务，因为它在减少错误的同时简化了顾客创建运单的过程。信息系统也帮助ABC公司实现了与没有类似系统的竞争对手的包裹运输服务的差异化。此外，ABC公司取件和投递包裹时产生的电子邮件信息也可以被看作是一项新的服务。

该信息系统能够获取并存储收件人的有关数据，因此它也减少了顾客准备运输时的工作量。顾客会因该系统而被固定，即如果顾客想更换货物承运人，他就需要为新的承运人重新填写收件人数据。重新输入数据这一缺点可能远远超过更换承运人所带来的任何优点。

这个系统在另外两个方面也建立了竞争优势。首先，它提高了市场准入门槛。如果其他公司想要开展运输服务，那其不仅需要能够进行货物的运输，还需要有一个类似的信息系统。此外，该系统降低了成本。它减少了运输文件中的错误，并且为公司节省了纸、墨水和印刷的成本。

当然，要确定这个系统是否能实现总成本的降低，需要知道它的研发成本与所降低的错误、纸张、墨水和印刷的成本是否能够抵消。这个系统的成本可能比节省的成本要高。即便如此，如果系统所带来的无形的效益（例如固定顾客和提高准入门槛）超过了系统的成本，那它也会是一项稳健的投资。

在进行接下来的学习之前请回顾图2-12，确保你理解了每一项竞争优势原则以及信息系统是如何帮助建立这些优势的。事实上，图2-12中所列举的内容非常重要，你需要记住它们，因为你也将在非信息系统的应用中用到它们。你也可以从竞争优势的角度来分析任何商业项目或计划。

那又怎样——亚马逊收购全食超市

你上次买东西是什么时候？这笔交易是怎样进行的？在购买之前你是否货比三家了？如果你花时间做一些调查，你能否找到价格更合适的商品？在当前经济情况下，你有无数的资源来帮助你购物。通过互联网零售商，你可以便捷地进行竞争产品调查、找到最合适的价格、选择付款方式并快速交易。然而，对消费者来说货比三家和购物并没有这么简便。

想象一下一个多世纪前在美国乡村某个农场中的生活。你会怎样从农场和家庭中获取食物和生活必需品？事实上，大多数住在城市以外的美国人都依赖于一些小杂货店，而这些商店可供选择的商品却很少。并且由于附近几乎没有竞争对手，商品价格往往会被抬高。

几年前，一位年轻的创业者以很好的价格得到了一批手表并做起了邮购手表的生意。这看似微不足道的生意却发展成了一家有着数百页产品目录的大型邮购公司，它就是西尔斯·罗巴克公司（Sears, Roebuck and Company）。其商业模式就是为全国各地的消费者，特别是偏远地区的消费者，提供他们所寻求的有价格竞争力的多样化的商品。

亚马逊的优化提高

在某种程度上，亚马逊像是一个更新的数字化的西尔斯公司。即使在今天，全球仍有很多人生活在实体店购物选择有限的地区。亚马逊创建了一个提供大量产品和服务的数字化市场，并以此在以计算机和互联网为连接的世界中为所有人提供了具有竞争力的价格。尽管亚马逊产品线覆盖范围已经较为广泛，但它也还在开拓新的市场。

例如，亚马逊最近宣布它以超过 130 亿美元的价格收购了杂货零售商全食超市。其实亚马逊进行杂货销售已经有好几年了，但仍有很多人认为这一举动实际上是亚马逊的一种战略，而不仅仅是产品线的拓展。

收购全食超市被视为亚马逊对抗其主要竞争对手沃尔玛的一种战略。沃尔玛的杂货销售范围是全美最广的，而亚马逊也想分一杯羹。收购全食超市将帮助亚马逊扩大其杂货业务。沃尔玛面临着类似的困境。亚马逊作为线上电子商务巨头，对沃尔玛的实体业务造成了影响。沃尔玛希望能够加强其线上销售业务，因此它收购了 Bonobos 和 Jet.com[4] 等零售商。

值得注意的是，亚马逊收购全食超市后需要管理 450 多家实体店，和其以往的线上零售的商业模式不同，这将是一项新的业务。

亚马逊的发展壮大

自从亚马逊宣布收购全食超市以来，就有很多关于亚马逊对全食超市的改变程度的猜测。亚马逊目前在位于西雅图的全新的亚马逊无人商店中对一系列的技术进行测试。虽然亚马逊无人商店在很多方面和大多数便利店一样，但还是有一些明显的区别的，比如没有收银台和销售终端。顾客只需要穿过检测门，他们购物车中的商品就能通过他们的亚马逊账户结算[5]。这家商店能够在顾客进入商店时对顾客进行识别，并通过数百个摄像头追踪顾客的行为，包括他们从货架上取下商品并装入购物袋。即使通过以迅速从货架上取下商品并藏起来的方式进行盗窃也是徒劳的，试图行窃者将在离开商店几分钟内收到货物账单[6]。

亚马逊在杂货业务方面的长期战略仍不明确。亚马逊无人商店的模式有没有可能与全食超市协同起来以建立起一个让顾客轻松购物并且不需要排队结账的大型商店网络呢？或者，以一种更极端的方式来看，全食超市能否成为亚马逊无人机（四轴飞行器或者自动驾驶汽车）送货的网点，将货物配送给顾客，让他们在自家的沙发上就能购物呢？没有人知道确切的答案。但很明显，杂货行业正处于重大变革的边缘。一些特定商业模式的寿命可能比人们想象的要短。

问题

1. 本专题以描述西尔斯公司的商业模式作为开头，之后对西尔斯公司和亚马逊进行了比较。你能想到其他主要分布在美国偏远地区但成功实现商品销售的企业实例吗？这些公司是如何成功的？它们为什么会成功？
2. 有人说，哪怕仅仅是亚马逊即将进入一个行业的提议，都会引起该行业现有企业的恐惧。你觉得其他的杂货连锁店会对亚马逊的这一举动感到担忧吗？
3. 亚马逊无人商店是运用科学技术提高效率的又一个实例。但你认为亚马逊无人商店的模式有什么缺点吗？
4. 基于亚马逊参与杂货市场竞争的战略，你能找出亚马逊在未来5年可能会选择进入的其他行业吗？

问题 2-8　2029 年将会怎样？

商业模式、战略和竞争优势在未来10年中都不太可能改变。它们与业务流程和信息系统的关系也不太可能改变。它们可能会进化，并出现新的模型，但这些新的模型很可能是对现有的案例中的模型进行扩展。

但步伐可能会发生变化。由于网络速度的提高、新联网设备的出现以及硬件的更新，商业发展的速度在持续加快。网络和其他社交网站（如Twitter、Facebook等）使得新想法和创新得以迅速传播。它们也使得企业对于那些可能影响企业近期发展战略的变化要时刻保持警惕。

为了企业的进一步发展，有时候回顾过去是有帮助的。图2-14中展示了一些创新案例。这些是由世界上最大的五家科技公司开发的创新产品。其中很多公司在2007年还不存在。那时候，谷歌（1998年）和Facebook（2004年）才刚刚开始运营，第一部iPhone刚刚发布。智能手机的竞争对手和初代人工智能在大约5年内不会出现，智能手表在大约7年内不会出现。增强现实（AR）和虚拟现实（VR）设备也才刚刚面向消费者发布。无人机目前仅仅被业余爱好者和一些小公司使用，其大规模商业应用仍处于实验阶段。自动驾驶汽车才刚刚从后期研发转向前期应用，并得到了制造商和消费者的广泛关注。

但这也不是一个完整的列表，3D打印、云计算、软件、硬件、电子商务和社交媒体在表中都没有列出。图2-14主要是为了展示科技发展的速度。思考一下企业的战略要怎样适应如此快速的发展。并且从战略上讲，是不是每个公司都应该像Alphabet那样在每一个类别中都有其产品呢？还是说致力于少量产品是更明智的？

公司	市值/ 十亿美元	搜索引擎	智能手机	人工智能	智能手表	AR/VR	无人机	自动驾驶 汽车
苹果	$898		iPhone (2007)	Siri(2011)	Apple Watch (2015)	? (开发中)		? (开发中)
Alphabet	$711	谷歌 (1998)	Nexus (2013)	Assistant (2016)	Wear(os) (2014)	Magic Leap (2018)	Wing (设备)	Waymo
微软	$723	Bing (2009)	Lumia (2011)	Cortana (2014)	Band(2014)	HoloLens (2016)		
Facebook	$504		Facebook (2004)		FAIR (设备)	Oculus Rift (2016)	Ascenta (设备)	
三星	$295		Galaxy S (2010)	S Voice (2012)	Gear S2 (2013)	Gear VR (2015)		

图 2-14 科技公司的创新

到 2029 年，AR 或 VR 很可能会普及，并且也会开发出新的 3D 应用程序、游戏和用户界面。因此，企业可能需要重新设计他们的业务流程。无人机和自动驾驶汽车将得到广泛应用，并对竞争战略产生重大影响。现在很多产品的运输都是一项主要的成本支出。但随着运输和配送的成本大幅降低，这个价值链也会被打乱。

机器人可能会成为技术拓展的又一重大领域。即使是现在，企业也正逐步将机器人引入到制造业以外的领域。将机器人作为劳动力的战略意义不容小觑。机器人不需要医疗保健，不需要假期、休息和病假，也不需要对其进行补偿。它们不需要加入工会，不会生气、不会起诉老板、不会骚扰同事，也不会上班喝酒。它们一天工作 24 小时还不用发工资。综上看来，如果有像 IBM 公司的沃森一样的优秀的人工智能，你将会有完全不同的员工队伍。到 2029 年，我们可能会用完全不同的方式来理解"劳动力"。

因此，我们可以合理地假设技术革新和新技术整合的速度在未来 10 年是快速且逐步提升的，甚至可能会加速发展。我们对此无能为力，但对你来说，需要把这种逐渐加速的步伐视为不断涌现出的能让你脱颖而出的机会。你知道它即将到来。你也知道对你以后入职的企业来说，就算没有自动驾驶汽车，在如今某个车库中正在制造的基于其他新技术的产品也会改变企业的竞争格局。既然知道这一点，你应该怎样利用它呢？

也许你想成为一名创新人才，利用技术创造出像自动驾驶汽车、无人机或者 3D 打印这样的新产品。如果你是这么想的，那就去这么做。但也许像 eHermes 一样，你想利用别人正在制造的创新性产品，并利用新产品所创造的机会进行新战略的探索应用或开展新的业务。可以肯定的是，今后 10 年里你会有很多机会这么做。

安全指南——破解智能设备

你可能已经注意到了最近电视上汽车广告的趋势。许多汽车制造商都在关注以技术为中心的特殊功能。现在最流行的插件之一就是让汽车能够变成网络热点。当然，让你的朋友们能够用你车里的 Wi-Fi 查看社交媒体上的更新听起来很酷。但就这一点来说，将这种功能整合到你的汽车或任何设备上都存在潜在的危险。如果你的某位乘客通过 Wi-Fi 连接到了车辆的刹车怎么办？

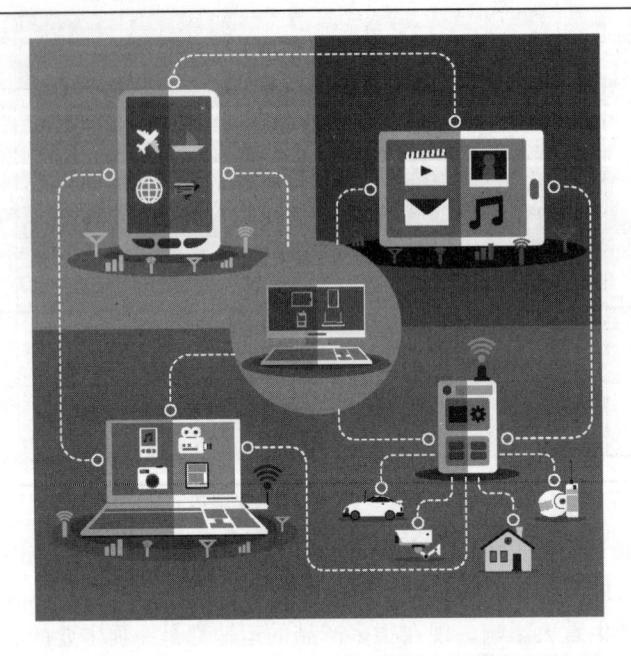

物联网

可能你早就听说过物联网（IoT），或者说将物体与互联网连接从而实现与其他设备、应用或者服务进行交互这一概念。很多公司都进行了大量的投资，想要研发出不需要人工干预或者只需要很少的人工干预就能自动与其他设备沟通并实现交互的新型智能产品。

但这些新的智能设备又能用来干什么呢？以智能家居为例，随着如恒温器、烟雾探测器、节能灯、监控摄像头以及门锁等新型互联网设备逐渐受到人们的欢迎，智能家居市场也得以迅速发展[7]。这些设备使得房主能够远程监控家里的温度、开关灯或通过连接网络摄像头来远程监视家里的狗。听起来这些所有的功能好像都很棒并且能够给日常生活带来便利，但将所有设备联网这一趋势或许会是极其危险的。

网络威胁

你或许知道一些网络安全威胁的类型。如果你在某天晚上收听晚间新闻，你都会听到类似大型企业的数据被盗、政府内部人员泄露机密或者来自全球范围内的网络攻击的新闻。

这和你有什么关系呢？你也有敏感信息。如果你过去五年的银行账单、医疗记录和电子邮件记录被窃取并发布在网上会怎么样？或许你采取了一些措施来避免这些威胁，如运行杀毒软件、启动自动更新、使用系统自带的防火墙、避免可疑邮件和远离可疑网站。

但又该怎么确保存储在这些新型联网智能设备中的数据的安全呢？考虑这种安全问题就意味着需要保护家里 10 个或者 20 个不同的联网设备。你会为冰箱安装杀毒软件或者在恒温器上配置防火墙吗？黑客会不会攻击你客厅里摄像头，或者更糟糕的是他会不会劫持你的车？

从全新的角度认识后座司机

如果你的车与互联网进行了连接，黑客或许会入侵你的车。如果黑客控制了车辆，他就可以远程操控车辆的各个功能（如刹车）、密切关注车辆位置信息、连接蓝牙麦克风监听车里发生的任何事情或者访问车辆运行和性能的数据[8]。光是想象有人监听你在车里的对话就已经很可怕了。如果黑客在你开车的时候激活刹车或者禁用刹车会怎样？当无人驾驶汽车得到广泛应用，黑客完全掌控车辆的时候会发生什么？

随着越来越多的设备能通过一定的形式进行联网，用户将不得不权衡使用这些设备的利弊。但保证这些新型智能设备的安全还需要做更多的工作。在优化设备的同时也会让这些设备变得更容易被攻击。当然，智能恒温器能帮你省钱，但如果它被病毒攻击了会发生什么呢？你还会是控制温度的那个人吗？

讨论问题

1. 你家里有多少联网设备？你每天、每周或者每个月会花多少时间来确认设备的更新和安全？维护几十个智能设备意味着什么？
2. 这篇指南讨论了黑客访问车辆并下载有关汽车性能和操作数据的潜在威胁。除了恶意的黑客单独行动之外，是否有企业或政府机构可以从访问这些数据中获利？如何从中获利？
3. 这篇指南是否改变了你对物联网的看法？智能设备带来的好处真的超过了数据丢失或者个人隐私泄露的风险吗？为什么？
4. 物联网不仅仅局限于智能家居或私人物品。企业也在利用物联网进行供应链管理和各种业务流程的简化。企业应用新型联网设备有什么好处或者风险呢？

职业指南

姓名：盖比·奇诺（Gabe Chino）
公司：Financial Services
职位名称：总架构师
教育背景：韦伯州立大学，犹他大学

1. 你是怎么得到这份工作的？

我在完成计算机科学本科学业的同时，在一家小公司实习，担任软件工程师。我在这家公司做了3年的网站开发，期间我学习了SQL、应用程序开发和前端开发。后来我为丰富在IT领域的经验离开了公司。在几家公司工作了一段时间后，我能用多种语言进行编程并学会了服务器和网络管理，甚至还做了一些技术支持。之后我继续攻读了信息系统方面的研究生学位。这些经历为我成为大型金融服务公司的董事打下了基础，并让我在公司里管理IT团队以及进行IT方面的决策时有较大的话语权。

2. 这个领域吸引你的是什么？

我一直对科技可以怎样改善我们的生活很感兴趣。在大学接触到编程之后，我就沉迷其中。我意识到在这个领域里，创新和创造都是永无止境的，所以我也从不觉得无聊。

3. 你的日常工作是怎么样的？

我提供解决方案。这要视情况而言，可能是技术解决方案，包括代码、数据和基础设施。也可能是团队解决方案，包括

人际关系、沟通交流或者工作效率。还可能是组织和业务的解决方案。当你在公司从事技术方面的工作时，你就会被认为是可以解决任何问题的那个人。

4. 你最喜欢工作的哪一点？

我喜欢对商业问题提出创造性的解决方案。我喜欢自己决定工作要怎么做。我被认为是公司里的思想领导者，并且我认为我和同事们彼此之间有着极大的尊重。

5. 想要做好你这份工作需要哪些技能？

成为 IT 架构师所需要的技能包括：（1）熟悉很多平台和系统的扎实的技术背景。（2）极强的沟通技巧。在 IT 行业，解决一个问题有很多方法。架构师的工作是为公司找到合理的解决方案。我需要时刻准备接受思考上的挑战。

6. 在你的领域里教育经历或者证书重要吗？为什么？

教育经历是这个行业中必备的。我遇到过来自各个专业的优秀的 IT 架构师。这个领域里最常见的专业是信息系统和计算机科学。作为一名架构师，证书能让你脱颖而出。网络、编程和安全方面的证书是最常见的。我最近也拿到了我的 TOGAF 证书，它是一个架构师认证。

7. 你会给那些考虑在你所在领域工作的人什么建议？

我的建议是要时刻注意技术领域的发展方向。如果你真的想要在这个领域里做出成绩，那就紧跟 IT 领域的最新趋势。

8. 你认为在未来 10 年什么技术工作会成为热门工作？

随着企业在互联网中越来越多的投入，对信息技术安全方面的专业人员将会有非常高的需求。由于企业想要用合理的方式找到目标客户，数据科学方面的人才也会越来越重要。

本章回顾

通过本章回顾来验证你是否理解了回答本章学习问题所需要用到的思想和概念。

问题 2-1　企业战略如何决定信息系统结构？

画图说明并解释行业结构、竞争战略、价值链、业务流程和信息系统之间的关系。从行业结构到信息系统，说明你在前两章中所学的知识和图 2-1 有怎样的联系。

问题 2-2　决定行业结构的波特"五力"模型是什么？

对"五力"进行命名并做简要描述。像图 2-3 那样，举出自己的每种力的强力和弱力的例子。

问题 2-3　如何通过行业结构分析确定竞争战略？

描述波特定义的四种不同的战略。分别举出采用这四种战略的企业的例子。

问题 2-4　如何通过竞争战略确定价值链结构？

定义价值、利润和价值链。解释为什么选择差异化战略的企业可以利用价值来确定为实现差异化而产生的额外成本的限额。说出价值链中的基本活动和支持活动，并解释每个活动的目的。解释联结的概念。

问题 2-5　如何在业务流程中创造价值？

定义业务流程以及业务流程中的成本和利润。解释一项活动的目的并描述其存储库类型。解释业务流程重新设计的重要性，描述图 2-8 和图 2-9 中的业务流程之间的差异。

问题 2-6　通过竞争战略如何确定业务流程和信息系统结构？

用你自己的话解释竞争战略是如何确定业务流程的结构的。举两个例子，一家是面向困难学生的服装，另一家是面向高端社区的专业商务人员的服装店。列出这两家公司业务流程中的活动，并创建类似于图 2-9 的图。说明这两家商店的信息系统需求有何不同。

问题 2-7　信息系统如何提供竞争优势？

列出竞争优势的八项原则并进行简要描述。想想你大学里的书店，列出每项原则对应的一个应用实例，实例中尽量涉及信息系统。

问题 2-8　2029 年将会怎样？

描述过去 10 年里科技创新是如何发展的。目前正在开发的创新产品里有哪些可能会在未来 10 年里被采用？说明由于新的创新，企业战略可能会发生怎样的变化。描述自动驾驶汽车或机器人技术对传统企业的战略影响。

将你的知识应用到 eHermes

用你自己的话解释为什么 eHermes 的竞争战略可能会因为依赖大公司客户而受到威胁。描述 eHermes 预计的应对措施并总结卡玛拉从这些应对措施中察觉到的问题。为 eHermes 推荐一个行动方针。运用卡玛拉企业服务类型多样化的理念来说明你推荐的行动方针。

关键术语和概念

活动（Activity）
业务流程（Business process）
业务流程管理（Business process management）
竞争战略（Competitive strategy）
成本（Cost）
先发优势（First mover advantage）
"五力"模型（Five forces model）
联结（Linkage）

利润（Margin）
基本活动（Primary activity）
存储库（Repository）
后发优势（Second mover advantage）
支持活动（Support activity）
转换成本（Switching cost）
价值（Value）
价值链（Value chain）

知识运用

2-1. 对像 L.L.Bean（www.llbean.com）这样的邮购公司进行价值链模型的应用。其竞争战略是什么？请描述 L.L.Bean 公司在每个价值链基本活动中必须要完成的任务。L.L.Bean 的竞争战略和业务性质将如何影响其信息系统的主要特征？

2-2. 假设你要创办一家招聘暑期学生工的企业，为学生匹配合适的工作。你需要知道有哪些空缺岗位以及有哪些可用的学生。在你创业初期，你知道你要和当地的报纸、Craigslist（www.craigslist.org）以及你的大学进行竞争。你也许还会有其他当地的竞争对手。

　　a. 根据波特的"五力"模型分析该行业的结构。

　　b. 根据你在 a 部分的分析，推荐一个竞争战略。

　　c. 描述这个行业中的价值链基本活动。

　　d. 描述招聘学生的业务流程。

　　e. 描述可用于支持 d 部分中的业务流程的信息系统。

　　f. 解释你在 d 部分所描述的业务流程和你在 e 部分所描述的信息系统如何反映你的竞争战略。

2-3. 考虑问题 2-6 中两家不同的自行车租赁公司。想想他们出租的自行车。很明显，学生自行车可以是商店中出售的任何一款自行车，但企业高管租赁的自行车必须是崭新的、一尘不染且车况良好的。

　　a. 比较这两家公司在进行自行车管理时的价值链活动。

　　b. 描述两家公司维护自行车的业务流程。

　　c. 描述两家公司获取自行车的业务流程。

　　d. 描述两家公司处理自行车的业务流程。

e. 你认为在你对上述问题的回答中，信息系统扮演着怎样的角色？这些信息系统可以是你公司内部自己开发的，也可以是Craigslist或其他企业开发的。

协作练习2

使用你在第1章的协作练习中建立的协作信息系统，团队协作回答下面的问题。

位于科罗拉多山脉上的歌唱谷度假村是一个拥有50个房间的高端度假村。根据季节和住宿类型的不同，客房租金的价格在400～4500美元。歌唱谷的顾客都很富裕，很多都是著名的艺人、运动员和商业主管，他们都习惯并要求优质的服务。

歌唱谷坐落在美丽的山谷中，与宁静的山间湖泊也只有几百码㊀的距离。它自诩有着优越的住宿条件、顶尖的服务、美味健康的有机食物以及出色的葡萄酒。歌唱谷做得很成功，除了在淡季（落叶后初雪前的十一月和冬季运动结束但地面仍有积雪的四月末）外，歌唱谷的入住率都会达到90%。

歌唱谷的所有者想要增加收入，但由于度假村总是处于几乎满员的状态而且其价格已经处于业内的高点，因此无法通过提高入住率来实现这一目标。因此，在过去的几年里，它一直专注于向上销售，为客户提供飞钓、漂流、越野滑雪、雪鞋漫步、艺术课程、瑜伽和水疗服务等。

为了增加这些可选活动的销量，唱歌谷准备了室内营销材料来宣传这些活动。此外，它还对所有前台人员进行了培训，让他们能在客人刚到的时候随意而恰当地向客人推荐这些活动。

这些促销活动收效不佳，所以歌唱谷的管理层决定加大促销力度。第一步就是给客户发送电子邮件，宣传其在入住期间可以参加的活动。自动邮件系统能够生成带有客户姓名和个人数据的个性化电子邮件。

不幸的是，自动邮件系统的效果适得其反。在执行后，歌唱谷的管理部门就收到很多抱怨。一位长期客户不满道，她已经来歌唱谷7年了，他们还没有注意到她一直坐在轮椅上。她说，如果他们注意到了，为什么要给她发个性化的徒步旅行邀请。另一位著名客户的经纪人不满道，这封个性化邮件发给了她的客户和客户的丈夫，而过去半年俩人的离婚事件已经闹得人尽皆知了。还有一位顾客抱怨说，自他和他妻子三年前在歌唱谷度假后就再也没有去过歌唱谷了，并且据他所知，他的妻子也没有去过歌唱谷。所以他不明白为什么邮件提到他去年冬天的到访。他想知道他的妻子是不是真的瞒着他去了度假村。当然，歌唱谷没有办法得知那些没有抱怨的客户是否有被冒犯到。

在自动化邮件系统运行期间，额外活动的销售额增长了15%。但客户强烈的投诉与歌唱谷的竞争战略相冲突。因此，即使自动邮件系统为歌唱谷带来了额外的收入，但它还是停止了系统的使用、解雇了系统开发人员，并对作为系统的中间人的歌唱谷员工做了降职处理。留给歌唱谷的问题还是如何增加收入。

你们团队的任务是针对歌唱谷的问题提出两个创新的想法。在你们的回答中至少需要包括以下内容：

a. 对歌唱谷市场进行"五力"分析，对其市场做出必要的假设并进行说明。
b. 对歌唱谷的竞争战略进行陈述。
c. 对歌唱谷的问题进行陈述。如果小组成员对这个问题有不同的看法更好。通过小组讨论，得出所有人都认可的最佳问题描述。
d. 用图2-10中最上面一行的格式汇总一项活动向上销售的流程。
e. 为解决歌唱谷的问题提出两个创新想法。每个想法都需要包括：
- 对想法的简要描述。
- 类似图2-11的想法流程图。图2-11是使用Microsoft Visio制作的，使它会帮你节省时间并得到好的成果。
- 对实现这个想法所需的信息系统进行描述。

f. 比较e部分中备选方案的优缺点，并推荐其中一个来实施。

㊀ 1码 = 0.9144米。——编辑注

【案例研究 2——亚马逊公司的创新】

2017 年 11 月 27 日"网络星期一",亚马逊的客户每秒通过移动设备下单的单子设备超过了 1400 台[9]。亚马逊应用上的购物量与前一年相比增长了 70%。在最忙的那天,亚马逊包装并运送了 100 多万件商品。平安夜时它迎来了假期购物季的最后一个当日达订单,并用 58 分钟完成了运输,在晚上 11 点 58 分于圣诞前夕将商品送到了客户手中。(图 2-15 中列举了一些亚马逊的重大创新。)

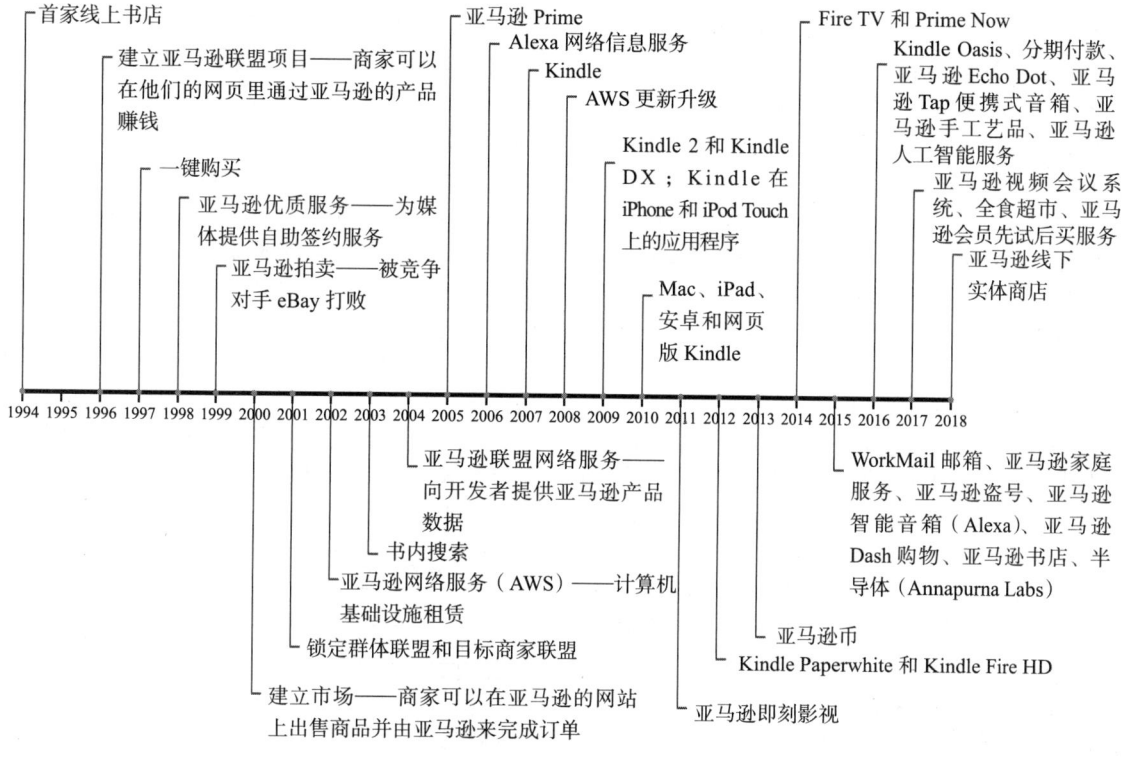

图 2-15 亚马逊的创新

你可能只是简单地认为亚马逊是一家在线零售商店,这确实是该公司取得最大成功的地方。为了做在线零售,亚马逊必须进行大量的基础设施建设,想象一下运输以每秒 1400 单的速度下单的电子产品需要的信息系统和实体设备。但只是在最繁忙的假期购物季才需要这么多基础设施。一年中的大部分时间,亚马逊面临产能过剩的问题。2000 年起亚马逊就开始将其部分产能出租给其他企业。在这个过程中,它在所谓的云服务的创建中发挥了关键作用,后面会对云服务进行介绍。现在你只需要把云服务看作一种可以灵活出租的互联网上的计算机资源。

如今,亚马逊的业务线可以分为三个主要类别:

- 在线零售
- 完成订单
- 云服务

我们依次进行分析。

亚马逊开创了在线零售的商业模式。它最初是一家在线书店,但自 1998 年以来,亚马逊每年都会增加新的产品类别。公司涉足了网上零售的各个方面。它销售自己的库存商品,并通过联盟项目鼓励你出售商品,或者它也会帮助你在它的产品页面上或者其某个寄售场所中销售你的商品。网上拍卖是亚马逊没有涉及的一个在线销售的重要方向。1999 年亚马逊尝试过拍卖,但没能击败 eBay[10]。

如今,我们很难想起我们到底理所当然地

使用了多少由亚马逊开创的东西。"顾客买了这个还会买那个"、在线客户评价、顾客对于顾客评论的排行、图书列表、试读、特定订单或老顾客免运费以及Kindle书籍和设备，这些在亚马逊推出时都是创新的概念。

亚马逊零售业务的利润非常微薄。商品往往是在规定零售价的基础上打折出售的，并为亚马逊Prime会员（会员年费为119美元）提供免费的次日达服务。亚马逊是怎么做到的呢？一方面亚马逊要求其员工努力工作。前雇员表示亚马逊工作时间长、压力大、工作量大。但除此之外呢？归根结底是摩尔定律和对几乎免费的数据处理、存储和通信的创新使用。

除了在线零售，亚马逊还经营订单配送业务。你可以把你的商品存储在亚马逊的仓库里，并像访问自己的信息系统那样访问亚马逊的信息系统。利用一种称为网络服务的技术，你的订单处理信息系统可以直接通过网络与亚马逊的库存、订单和配送服务进行整合。你的顾客不需要知道亚马逊在其中到底发挥了什么作用。你也可以利用亚马逊的零售应用程序出售相同的产品。

亚马逊网络服务（AWS）使得企业能够灵活租用使用计算机设备的时间。亚马逊EC2云服务器使得企业能够在几分钟内解压和压缩他们需要的计算机资源。亚马逊有各种各样的收费模式，或许可以以每小时不到1便士的价格购买计算机时间。开展这项服务的关键是要实现顾客公司的计算机程序与亚马逊计算机程序的对接，从而实现自动解压和压缩租用的资源。例如，如果一个新闻网站发布一个能引起流量迅速上升的故事，那么该网站就可以以小时、天或者月的形式用编程方式请求、配置和使用更多的计算机资源。

凭借Kindle设备，亚马逊不仅成为平板计算机的供应商，更重要的是从长远来看，他们将成为在线音乐和影视的供应商。亚马逊Echo（支持Ale指令系统）和亚马逊Dash（一键式重复订购设备）已成为亚马逊最畅销的两款产品。

2016年底，杰夫·贝佐斯（Jeff Bezos）宣布，亚马逊Prime Air无人机运送项目的第一个包裹在英国送达[11]。但相关政策减慢了它在美国的普及。虽然无人机送货是未来才会发生的事情，但亚马逊现在就已经提供了这样的服务。

2017年年中，亚马逊因收购杂货巨头全食超市而上了新闻。2018年，亚马逊开设了名为Amazon Go的无人商店，店里不使用收银员和销售终端。亚马逊向传统零售领域的进军引发了人们对其服务能延伸多广的猜测。

亚马逊配送（FBA）

FBA是亚马逊的一项服务，其他卖家可以通过这项服务将货物运送到亚马逊仓库进行存储、订单包装和运输。FBA客户需要支付服务费和仓储费。亚马逊使用自己的库存管理和订单配送业务流程信息系统来完成FBA客户的订单。

FBA的客户可以通过亚马逊或者他们自己的销售渠道来销售他们的商品，也可同时使用二者来销售他们的商品。如果FBA客户在亚马逊上进行销售，亚马逊将为客户提供订单处理服务（处理退货、修复订单错误包装、查询回复客户订单等）。

亚马逊配送服务的成本由所运送的货物的类型和大小决定。2018年5月FBA标准大小商品费用如下表所示。

标准大小	FBA成本[12]
小型货物（1磅㊀及以内）	2.41美元
大型货物（1磅及以内）	3.19美元
大型货物（1磅~2磅）	4.71美元
大型货物（超过2磅）	4.71美元 +0.38美元/磅（超出2磅的部分）
存储（每立方英尺㊁每月）	0.69美元

如果货物通过亚马逊销售，亚马逊会在订单配送的过程中使用自己的信息系统。但如果货物通过FBA客户的销售渠道销售，客户须将自己的信息系统与亚马逊的信息系统进行连接。亚马逊提供了实现这一功能的标准化的接口，称为亚马逊市场网络服务（MWS）。利用网络标准技术，FBA客户的订单和支付数据将直接与亚马逊的信息系统连接。

FBA使得企业能够将其订单的配送外包给亚马逊，从而节省了为此而建立自己的业务流程、设施设备和信息系统的成本。

㊀ 1磅 ≈ 0.454千克。——编辑注

㊁ 1立方英尺 ≈ 0.028立方米。——编辑注

问题

2-4. 基于该案例，你认为亚马逊的竞争战略是什么？对你的答案进行解释说明。

2-5. 亚马逊首席执行官杰夫·贝佐斯表示，最好的客户支持就是不支持。这是什么意思？

2-6. 假设你在亚马逊或其他和亚马逊一样重视创新的公司工作。你认为该如何回应对老板说"但我不知道那要怎么做？"的员工？

2-7. 运用你自己的话和经验，你认为为了能够在像亚马逊这样的企业中发展，你需要哪些技能和能力？

2-8. 联合包裹和联邦快递应该如何应对亚马逊对亚马逊 Prime Air 项目进行无人机配送的兴趣？

2-9. 总结实体零售商通过亚马逊进行销售的优点和缺点。你会建议他们这样做吗？

2-10. 如果实体零售商使用 FBA，那它不需要开发什么业务流程？它能节省什么成本？

2-11. 如果实体零售商使用 FBA，那它不需要开发什么信息系统？它能节省什么成本？

2-12. 如果一家实体零售商使用 FBA，它该如何把它的信息系统与亚马逊的信息系统进行整合？（为了让你的回答更有深度，用谷歌搜索关键词 Amazon MWS。）

完成下面的写作练习

2-13. 萨曼莎·格林（Samatha Green）拥有并经营着树枝修剪服务公司。萨曼莎毕业于附近一所大学的林业专业，并曾在一家大型景观设计公司从事树木修剪和移植工作。在积累了六年的经验后，她买了自己的卡车、树桩研磨机和其他设备，并在密苏里州圣路易斯市开了自己的公司。尽管她有很多是一次性拆除一棵树或者树桩移除的工作，但也有一些周期性的工作，例如每年或每隔一年修剪一棵树或几组树。生意冷淡时，她就给以前的客户打电话，让他们想起自己的服务，并提醒他们定期修剪树木。萨曼莎从没听过迈克尔·波特或任何他的理论。她自行摸索着经营她的生意。

   a. 解释对五种竞争力的分析如何能帮助萨曼莎。

   b. 你认为萨曼莎有竞争战略吗？什么样的竞争战略对她来说是有意义的？

   c. 她有关竞争战略的知识对她的销售和营销工作有什么帮助？

   d. 概括描述她需要哪种信息系统来支持她的销售和市场营销工作。

2-14. Your Fire 公司是柯特（Curt）和朱莉·罗伯兹（Julie Robards）所有的一家小公司，其总部位于澳大利亚布里斯班。Your Fire 生产和销售了一款名为 Your Fire 的轻型露营火炉。柯特以前是一名航空航天工程师，他发明了一种燃烧喷嘴，并申请了专利。这种喷嘴可以让炉子在风速高达每小时 90 英里⊖的强风中保持燃烧。朱莉是一名受过培训的工业设计师，她开发出了一种小巧轻便、易安装且稳定的巧妙的折叠设计。柯特和朱莉在他们的车库里制造这种火炉，并通过互联网和手机直接卖给顾客。

   a. 解释对五种竞争力的分析如何帮助 Your Fire。

   b. Your Fire 的竞争战略是什么？

   c. 简要总结 Your Fire 所涉及的价值链基本活动。该公司应该如何设计与其竞争战略相适应的价值链？

   d. 描述为了实现 Your Fire 公司的市场营销和销售以及其价值链中的服务活动，该公司需要的业务流程。

   e. 总体描述支撑你 d 部分回答的信息系统。

2-15. 你一个三年没联系的大学朋友，给你发邮件邀请你和他共进午餐。他说他有个生意上的好想法，想由你来经营。一开始你很犹豫，因为你的朋友虽然很聪明，但并不怎么思考问题。你同意一起吃午饭并谈谈这个想法。午餐时，他解释说他一直在为他的老板研发新型柔性屏

⊖ 1 英里 = 1609.344 米。——编辑注

幕，这种屏幕非常坚硬、防水并且耗能少。他的想法是利用这些新型柔性屏幕来制造可穿戴的计算机服饰。它们可直接连接手机，推送广告、促销和视频。唯一的问题就是他对经商一窍不通，他不确定从哪里开始。

a. 解释你如何利用"五力"模型来帮助你的朋友理解可穿戴柔性屏幕的潜力。

b. 怎么理解影响这个行业的特有的力量会决定你朋友新公司的竞争优势。

尾注

[1] Michael Porter, *Competitive Strategy: Techniques for Analyzing Industries and Competitors* (New York: Free Press, 1980).

[2] Based on Michael Porter, *Competitive Strategy* (New York: Free Press, 1985).

[3] For simplicity, the flow of cash is abbreviated in Figure 2-8. Business processes for authorizing, controlling, making payments, and receiving revenue are, of course, vital.

[4] Nick Wingfield, " Amazon to Buy Whole Foods for $13.4 Billion, " *The New York Times*, April 7, 2018, *www.nytimes.com/2017/06/16/ business/ dealbook/amazon-whole-foods.html.*

[5] Nick Wingfield, " Inside Amazon Go, a Store of the Future, " *The New York Times*, April 7, 2018, *www.nytimes.com/2018/01/21/technology/inside-amazon-go-a-store-of-the-future.html.*

[6] Ibid.

[7] *https://nest.com/works-with-nest/*

[8] Michael Miller, " ' Car Hacking ' Just Got Real: In Experiment, Hackers Disable SUV on Busy Highway, " *Washington Post*, July 22, 2015, accessed April 24, 2016, *www. washingtonpost.com/news/morning-mix/wp/2015/07/22/car-hacking-just-got-real-hackers-disable-suv-on-busy-highway.*

[9] Amazon.com Inc., " Amazon Celebrates Biggest Holiday; More Than Four Million People Trialed Prime in One Week Alone This Season, " Press release, December, 26, 2017, accessed May 22, 2018, *http:// phx.corporate-ir.net/phoenix. zhtml?c=176060&p= irol-newsArticle&ID=2324045.*

[10] For a fascinating glimpse of this story from someone inside the company, see " Early Amazon: Auctions " at *http://glinden.blogspot.com/2006/04/early-amazon-auctions.html*, accessed April 28, 2016.

[11] Frederic Lardinois, " Amazon Starts Prime Air Drone Delivery Trial in the UK—but Only with Two Beta Users, " TechCrunch, December 14, 2016, accessed May 22, 2018, *https:// techcrunch.com/2016/12/14/ amazons-prime-air-delivery-uk/.*

[12] " Fulfillment by Amazon (FBA) Fees and Rate Structure, " *Amazon. com*, accessed June 6, 2018, *https://services.amazon.com/fulfillment-byamazon/ pricing.htm.*

第 3 章

Using MIS，Eleventh Edition

商业智能系统

"公司的新客户有什么进展吗？他们对 eHermes 感兴趣吗？" eHermes 的 IT 服务总监塞思·威尔逊（Seth Wilson）在放下午餐时问道。

"非常棒。"销售副总裁苔丝打开三明治并微微点了点头。"我决定把重心放在杂货店上。他们很担心来自沃尔玛、亚马逊那些线上杂货销售的竞争，所以让他们尝试新东西并不难。"

"然后呢？"

"一家大型区域性食品杂货连锁店有兴趣尝试一下。该公司领导喜欢这样的想法，即顾客刚走出家门，就可以直接从移动 eHermes 店面上挑选他们的产品。并且说了一些他们的顾客在网上购买食品杂货时由于担心杂货店员工挑选产品的质量而产生的顾虑。eHermes 可能会解决这个问题，以促进他们的在线销售。"

塞思看起来很惊讶。"有趣，我没想过这个原因。那么和 eHermes 的合作呢？他们是否担心我们会将他们排除在外，直接与他们的分销商合作？"

"没有。实际上，他们认为这是一种与沃尔玛、亚马逊的在线销售进行战略竞争的方式。他们认为自己是屠夫、面包师、药剂师和新鲜农产品的收购者，并将我们视为一种新型的配送服务和在线销售渠道，认为我们不会威胁到他们的核心业务。"

"他们可能是对的。嗯，至少对他们的大部分产品来说是这样。"

"是的，这对每个人来说都是双赢的。"苔丝点点头说，"他们增加了在线销售和自动化配送，而无须开发任何底层技术。我们则可以拓展产品线，更频繁地接触到客户。每个人都在做自己最擅长的事，我们有能力与最大的在线零售商竞争。"

"他们愿意和我们分享多少客户数据？"

"不幸的是，并不多。"苔丝一边说着，一边做了个鬼脸。

"为什么呢？难道他们不明白与我们共享数据的好处吗？"

"不，他们明白。他们知道通过这些数据我们可以更准确定位他们的客户最常购买的产品，并在他们需要的时候提供。这将非常方便，更可能会大幅增加销量。"

"那他们在犹豫什么？"塞思摇着头说。

"他们现有的隐私政策。该公司表示，他们不能与我们这样的附属公司分享客户的个人身份信息。他们也不想修改政策。我们之间是一种新的合作关系，他们还不了解也不信任我们。"

"太扫兴了。你打算怎么办？"

"我有个主意。"苔丝笑着说，"但我需要你的帮助。"

"你需要什么？"

苔丝抓起一支马克笔，开始在白板上写写画画。"这家连锁杂货店愿意与我们分享没有客户姓名和地址的'匿名'客户数据。它本身并不是很有价值，因为我们需要个性化的客户数据。但如果把杂货店的数据和我们的数据以及一些公开的选民数据结合起来，我可能就能识别出个别顾客。通过对这些不同数据源进行定位，我应该能够识别每个客户。这样我们就能知道他们个人的购买习惯。"

"哇哦！那么你需要我做什么？"

"我认为我可以通过邮政编码、性别和出生日期来识别大多数客户记录。但说实话，我不太确定我想要什么。"

"这是典型的 BI。"

"BI 是什么？"

"商业智能。在数据分析中，除非你知道第一个问题的答案，否则你问不出第二个问题。"

"是的，就是这样。这就是我现在的处境。"

"好的，让我从我们现有的系统中收集一些数据并把它们放在电子表格中。你可以将其与其他数据集结合起来，看看效果如何。"

"应该能行。"苔丝靠在椅背上说。

"如果它能起作用且你想建立一个数据集市，那么你需要拿出一些钱来满足我的预算。"塞思转身在白板上做了一些笔记。

苔丝笑了。"如果我能把你的数据变成美元，那就不是问题。"

塞思笑着拿起三明治。"这一直是棘手的部分。"

研究问题

问题 3-1　企业如何使用商业智能系统？
问题 3-2　企业如何通过数据仓库和数据集市获取数据？
问题 3-3　处理商业智能系统数据的三种技术是什么？
问题 3-4　商业智能的发布方案？
问题 3-5　为什么人工智能很重要？
问题 3-6　人工智能和自动化将如何影响企业？
问题 3-7　人工智能的目标是什么？
问题 3-8　人工智能如何工作？
问题 3-9　2029 年将会怎样？

章节预览

信息系统产生大量的数据。这些数据可用于运营目的，例如跟踪订单、库存、应付款项等。数据隐含着财富，它们包含潜在的模式、关系和集群，可用于分类和预测预报。

本章认为的商业智能系统，是可以从企业数据（结构化和非结构化）以及外部购买数据中产生模式、关系和其他信息的信息系统。分析师可以使用商业智能系统为企业创造价值，或者指导人工智能系统实现特定的目标。

作为未来的商务专业人士，使用商业智能是一项至关重要的技能。普华永道最近的一项调查显示，50% 的美国 CEO 认为数字技术在数据分析（商业智能）方面具有很高的价值。80% 的人认为，数据挖掘和分析对他们的企业具有战略重要性[1]。2016 年，高德纳公司发现，CEO 的首要任务之一是推动其业务的数字化转型（例如物联网、自动驾驶汽车等）。超过一半的 CEO 认为，他们所在的行业将在未来 5 年经历巨大的数字化转型，以至于几乎面目全非。正如你将了解到的，商业智能是支持这种数字化转型的关键技术[2]。

本章首先总结了企业使用商业智能的方式。描述了商业智能过程中的三个主要活动，并使用零件选择问题说明了这些活动，讨论了数据仓库和数据集市所扮演的角色。接下来讨论了报表分析、数据挖掘、大数据以及商业智能的发布方案。在此之后，你将了解人工智能的重要性以及它将如何影响企业。本章将讨论人工智能的目标，并通过一个简单的示例进行演示。我们将用一个对 2029 年情景的预测来结束这一章，它让很多人觉得很可怕。

问题 3-1　企业如何使用商业智能系统？

商业智能（BI）系统是一种信息系统。它通过处理运营数据、社交数据以及其他数据，来分析出供业务专业人员和其他知识工作者使用的模式、关系和趋势。这些模式、关系、趋势和预测被称为商业智能。作为信息系统，商业智能系统有五个标准要素：硬件、软件、数据、流程和人员。商业智能系统的软件组件称为商业智能应用程序。

在日常运营中，企业会产生大量的数据。例如，电话电报公司在其数据库中处理 1.9 万亿条通话记录，谷歌存储了一个超过 33 万亿条记录的数据库[3]。商业智能隐藏在这些数据中。商业智能系统的功能是提取这些数据，并将其提供给需要的人。

商业智能系统的边界是模糊的。在本书中，我们将采用如图 3-1 所示的宽泛视图。商业智能系统的数据源可以是企业自己的运营数据、社交媒体数据、企业从数据供应商购买的数据或是员工的知识。商业智能应用程序与报表应用程序、数据挖掘应用程序和大数据应用程序一起处理数据，为知识工作者生成商业智能。

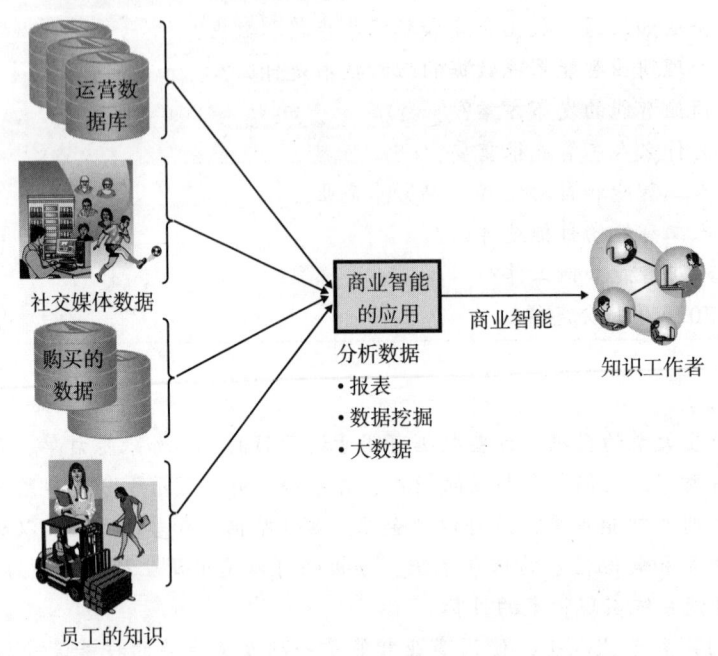

图 3-1　商业智能系统的组成

企业如何使用商业智能？

观察图 3-2 的第一行发现，商业智能可以仅用于了解情况。例如，零售杂货店经理可以使用商业智能系统查看哪些产品卖得快。在分析的时候，他们可能没有任何特定的目的，而只是浏览商业智能的预期结果。他们毫无目的，只是想知道"我们做得怎么样"。

观察图 3-2 中的第二行发现，一些经理使用商业智能系统进行决策。他们使用商业智能系统或其用户数据来确定离每个用户最近的零售店的位置。这样他们就可以针对特定客户最常购买的产品，为每家商店制订定制化的营销计划。例如，一家连锁杂货店可能会在一个地方（城镇较富裕的地方）销售昂贵的龙虾尾，而在城镇的另一个地方销售较便宜的汉堡。通过这样做利润可能会上升，浪费可能会减少。

一些作者将商业智能系统定义为仅支持决策制定。在这种情况下，他们使用旧的决策支持系统作为决策商业智能系统的同义词。我们在这里采取更广泛的观点，即商业智能系统包括图 3-2 中的所有任务，并将避免使用决策支持系统这一术语。

解决问题是商业智能应用的下一个类别。它解决的问题是现实和理想之间的差异。商业智能可以用于该定义的两个方面：确定是什么以及应该是什么。如果收入低于预期，杂货店经理可以使用商业智能来了解需要改变哪些因素以增加销售额并减少浪费。他们可以买到正确种类和数量的商品。

最后，商业智能可以在项目管理中使用。杂货店经理可以使用商业智能来支持一个项目，例如建设店内咖啡馆。如果咖啡馆项目成功了，可以使用商业智能来确定哪些地点将是未来良好的推广目标。

在学习图 3-2 时，回想一下这些任务的层次结构。决策基于对情况的了解，解决问题需要决策（并且了解情况），项目管理需要解决问题（以及决策和了解情况）。

任务	以杂货店为例
了解情况	哪些产品卖得快？哪些产品最赚钱？
决策	每个门店在哪？为每个门店制订定制化的营销计划。
解决问题	怎样才能增加销售量？如何减少食物浪费？
项目管理	建设室内咖啡馆。推广到其他地点。

图 3-2　商业智能系统的种类

商业智能流程中的三个主要活动是什么？

图 3-3 展示了商业智能流程中的三个主要活动：采集数据、执行分析和呈现结果。这些活动直接对应图 3-1 中的商业智能元素。数据采集是对数据源进行获取、清洗、组织、关联和编目的过程。我们将在本问题后面说明一个简单的数据采集示例，并在问题 3-2 中更详细地讨论数据采集。

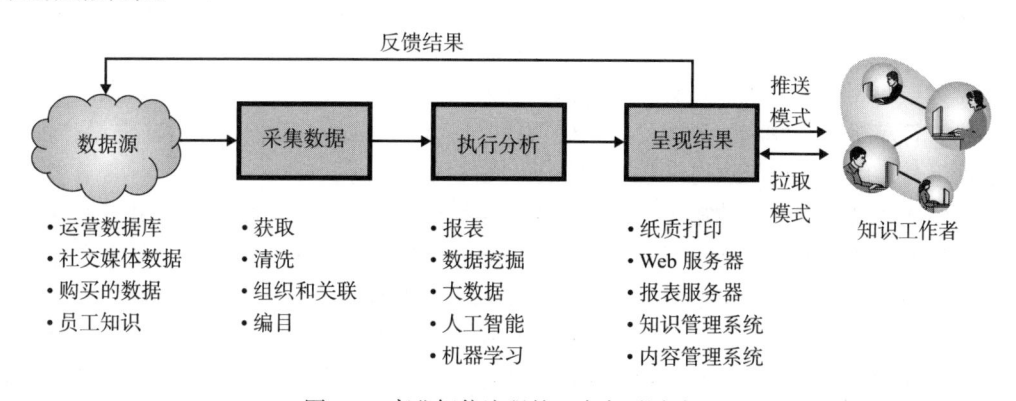

图 3-3　商业智能流程的三个主要活动

商业智能分析是创建商业智能的过程。商业智能分析的三个基本类别是报表分析、数据挖掘和大数据。我们将在本问题的后面描述商业智能分析的每个类别，并以一个简单的报表系统作为示例。我们还将在问题 3-3 和问题 3-4 中更详细地说明，并在问题 3-5 和问题 3-8 中介绍使用人工智能和机器学习的自动化分析方法。

结果呈现，是将商业智能交付给需要它的知识工作者的过程。推送模式不需要用户提出请求即可向用户提供商业智能。商业智能结果的呈现，一般依据事先的计划、事件的触发或特定数据条件。拉取模式则需要用户请求商业智能结果。结果呈现的方式包括通过 Web 服务器、被称为报表服务器的特殊 Web 服务器、自动化应用程序、知识管理系统和内容管理系统所呈现的印刷和网络内容。我们将在问题 3-4 进一步讨论这些呈现的方式。现在，考虑一个使用商业智能的简单示例。

使用商业智能寻找候选零件

3D 打印为客户提供了打印他们需要的零件的可能性，而不是从零售商或分销商那里订购。一家大型自行车零件分销商想要掌握这种潜在的需求变化，于是决定研究直接销售零件的 3D 打印资料，而不是零件本身的可能性。因此，它成立了一个团队来检查过去的销售数据，以确定可能出售的零件设计。为此，该公司需要确定符合条件的零件，并计算这些零件代表多少潜在收入。

为了解决这个问题，该团队从其IS部门获取了销售数据的摘录，并将其存储在Microsoft Access中。然后，它为可能符合这个新项目的零件创建了五个标准。具体来说，该团队所寻找的零件应当是：

1. 由特定供应商提供（从少数已经同意提供零件设计文件的供应商开始）。
2. 由大客户购买（个人和小公司不太可能拥有3D打印机和使用它们所需的专业知识）。
3. 经常订购（热门产品）。
4. 少量订购（3D打印不适合批量生产）。
5. 设计简单（更容易3D打印）。

该团队知道，第五项标准将很难评估，因为公司本身并没有存储零件复杂性的数据。经过一番讨论，团队决定使用零件重量和价格作为简单性的替代品，在“如果它不是很重或成本不是很高，那么它可能并不复杂”的假设下运行。研究小组决定以这种方式开始并找出答案。因此，研究小组要求IS部门在提取的数据中加入零件的重量。

采集数据

如图3-3所示，采集数据是商业智能流程的第一步。IS部门根据团队的数据要求，提取了运营数据并制作了如图3-4所示的表格。此表是来自销售表（客户名、联系人、职位、账单年份、订单数量、单位、收入、来源、零件号）和零件表（零件号、运输重量、供应商）的数据组合，用于筛选愿意提供3D零件设计文件的供应商。

当团队成员检查这些数据时，他们得出已经得到了所需的数据的结论，并且实际上不需要表中的所有数据列。值得一提的是，数据中有一些缺失的和有问题的值。许多行缺少联系人和职位的值，有些行的单位值为零。缺少联系人数据和职位数据都不是问题，但单位值为零的数据可能会有问题。在某些时候，团队可能需要调查这些值的含义，从而更正数据或从分析中删除这些行。然而，在短期内，团队决定继续使用这些不正确的值。因为这种有问题的数据在数据提取中很常见。

Orders and Parts View

CustomerName	Contact	Title	Bill Year	Number Orders	Units	Revenue	Source	PartNumber	Shipping Weight	Vendor
Gordos Dirt Bikes	Sergio Gutiérrez	Sales Repres	2020	43	107	$26,234.12	Internet	100-108	3.32	Riley Manufacturing
Island Biking			2021	59	135	$25,890.62	Phone	500-2035	9.66	ExtremeGear
Big Bikes			2019	29	77	$25,696.00	AWS	700-1680	6.06	HyperTech Manufacturing
Lazy B Bikes			2018	19	30	$25,576.50	Internet	700-2280	2.70	HyperTech Manufacturing
Lone Pine Crafters	Carlos Hernández	Sales Repres	2021	1	0	$25,171.56	Internet	500-2030	4.71	ExtremeGear
Seven Lakes Riding	Peter Franken	Marketing Ma	2018	15	50	$25,075.00	Internet	500-2020	10.07	ExtremeGear
Big Bikes			2021	10	40	$24,888.00	Internet	500-2025	10.49	ExtremeGear
B' Bikes	Georg Pipps	Sales Manage	2021	14	23	$24,328.02	Internet	700-1680	6.06	HyperTech Manufacturing
Eastern Connection	Isabel de Castro	Sales Repres	2021	48	173	$24,296.17	AWS	100-105	10.73	Riley Manufacturing
Big Bikes	Carine Schmitt	Marketing Ma	2018	22	71	$23,877.48	AWS	500-2035	9.66	ExtremeGear
Island Biking	Manuel Pereira	Owner	2020	26	45	$23,588.86	Internet	500-2045	3.22	ExtremeGear
Mississippi Delta Riding	Rene Phillips	Sales Repres	2021	9	33	$23,550.25	Internet	700-2180	4.45	HyperTech Manufacturing
Uncle's Upgrades			2021	9	21	$22,212.54	Internet	700-1680	6.06	HyperTech Manufacturing
Big Bikes			2019	73	80	$22,063.92	Phone	700-1680	6.06	HyperTech Manufacturing
Island Biking			2021	18	59	$22,025.88	Internet	100-108	3.32	Riley Manufacturing
Uncle's Upgrades			2020	16	38	$21,802.50	Internet	500-2035	9.66	ExtremeGear
Hard Rock Machines			2021	42	57	$21,279.24	Internet	100-108	3.32	Riley Manufacturing
Kona Riders			2021	11	20	$21,154.80	Internet	700-1880	2.28	HyperTech Manufacturing
Moab Mauraders			2021	6	20	$21,154.80	Internet	700-2180	4.45	HyperTech Manufacturing
Lone Pine Crafters			2021	35	58	$21,016.59	Internet	100-106	6.23	Riley Manufacturing
Big Bikes	Carine Schmitt	Marketing Ma	2019	9	36	$20,655.00	Internet	500-2035	9.66	ExtremeGear
East/West Enterprises			2020	14	60	$20,349.00	Internet	100-104	5.80	Riley Manufacturing
Jeeps 'n More	Yvonne Moncada	Sales Agent	2021	47	50	$20,230.00	AWS	500-2030	4.71	ExtremeGear
East/West Enterprises			2018	14	60	$20,178.15	AWS	500-2035	9.66	ExtremeGear
Lone Pine Crafters			2021	20	54	$20,159.28	Internet	100-106	6.23	Riley Manufacturing
Lone Pine Crafters	Carlos Hernández	Sales Repres	2021	1	0	$20,137.27	Internet	500-2030	4.71	ExtremeGear
Lazy B Bikes			2021	21	29	$19,946.78	AWS	700-1580	7.50	HyperTech Manufacturing
Eastern Connection	Isabel de Castro	Sales Repres	2021	42	173	$19,907.06	Phone	100-105	10.73	Riley Manufacturing
Lazy B Bikes			2021	8	30	$19,724.25	AWS	700-1580	7.50	HyperTech Manufacturing
Sedona Mountain Trails			2019	12	22	$19,677.29	Internet	700-2080	8.63	HyperTech Manufacturing
Mississippi Delta Riding	Maria Larsson	Owner	2019	17	20	$19,507.50	Internet	700-1880	2.28	HyperTech Manufacturing
Seven Lakes Riding	Peter Franken	Marketing Ma	2020	39	53	$19,400.40	AWS	500-2020	10.07	ExtremeGear
Lazy B Bikes			2020	6	20	$19,218.50	Internet	700-1580	7.50	HyperTech Manufacturing
Kona Riders			2021	25	50	$19,209.69	AWS	700-2180	4.45	HyperTech Manufacturing
Gordos Dirt Bikes	Sergio Gutiérrez	Sales Repres	2019	89	164	$18,772.79	Phone	100-108	3.32	Riley Manufacturing
Moab Mauraders			2021	20	50	$18,518.10	Internet	100-108	3.32	Riley Manufacturing
Mountain Traders			2021	5	18	$18,480.11	Internet	700-1580	7.50	HyperTech Manufacturing
Mountain Traders			2019	16	20	$18,062.50	Internet	700-1480	5.12	HyperTech Manufacturing
Kona Riders	Janete Limeira	Assistant Sale	2018	10	36	$18,054.00	Internet	500-2025	10.49	ExtremeGear
Hard Rock Machines			2021	6	17	$17,981.58	Internet	700-1980	0.48	HyperTech Manufacturing

图3-4　部分提取的数据

执行分析

图 3-4 中的数据经过了该团队第一个标准的筛选，即只考虑来自特定供应商的零件。对于他们的下一个标准，团队成员需要决定如何识别大客户。为此，他们创建了一个查询，汇总每个客户的收入、单位和平均价格。查看图 3-5 中的查询结果后，团队成员决定只考虑总收益超过 $200 000 的客户。他们创建了一个只有这些客户的查询，并将其命名为"大客户"。

接下来，团队成员讨论了"经常订购"的含义，并决定将平均每周订购一次或每年大约订购 50 次的商品包括在内。他们在查询中为订单数量设置了该条件后，筛选出了少量满足要求的零件。他们创建了一个列来计算平均订单大小（单位／订单数量），并在该表达式上设置一个标准，即平均值必须小于 2.5。因为最后两个标准是零件要相对便宜而且要轻，所以他们决定选择单价（收入／单位）小于 100 并且运输重量小于 5 磅的零件。

查询结果如图 3-6 所示。在公司销售的所有零件中，这 12 个零件符合团队设计的标准。接下来的问题是，这些零件代表了多大的收入潜力。为此，该团队创建了一个查询，将所选零件与其过去的销售数据联系起来，结果如图 3-7 所示。

CustomerName	SumOfRevenue	SumOfUnits	Average Price
Great Lakes Machines	$1,760.47	142	12.3976535211268
Seven Lakes Riding	$288,570.71	5848	49.3451963919289
Around the Horn	$16,669.48	273	61.0603611721612
Dewey Riding	$36,467.90	424	86.0092018867925
Moab Mauraders	$143,409.27	1344	106.7033234375
Gordos Dirt Bikes	$113,526.88	653	173.854335068913
Mountain Traders	$687,710.99	3332	206.395855432173
Hungry Rider Off-road	$108,602.32	492	220.736416056911
Eastern Connection	$275,092.28	1241	221.669848186946
Mississippi Delta Riding	$469,932.11	1898	247.593315542676
Island Biking	$612,072.64	2341	261.457770098245
Big Bikes	$1,385,867.98	4876	284.222310233798
Hard Rock Machines	$74,853.22	241	310.594267219917
Lone Pine Crafters	$732,990.33	1816	403.629038215859
Sedona Mountain Trails	$481,073.82	1104	435.755269474638
Flat Iron Riders	$85,469.20	183	467.044808743169
Bottom-Dollar Bikes	$72,460.85	154	470.525020012987
Uncle's Upgrades	$947,477.61	1999	473.975794047023
Ernst Handel Mechanics	$740,951.15	1427	519.236962438683
Kona Riders	$511,108.05	982	520.476624439919
Lazy B Bikes	$860,950.72	1594	540.119648619824
Jeeps 'n More	$404,540.62	678	596.667583185841
French Riding Masters	$1,037,386.76	1657	626.063224984912
B' Bikes	$113,427.06	159	713.377735849057
East/West Enterprises	$2,023,402.09	2457	823.525474074074
Bon App Riding	$65,848.90	60	1097.48160833333

图 3-5　客户汇总

Number Orders	Average Order Size	Unit Price	Shipping Weight	PartNumber
275	1	9.14173854545455	4.14	300-1016
258	1.87596899224806	7.41284524793388	4.14	300-1016
110	1.18181818181818	6.46796923076923	4.11	200-205
176	1.66477272727273	12.5887211604096	4.14	300-1016
139	1.0431654676259	6.28248965517241	1.98	200-217
56	1.83928571428571	6.71141553398058	1.98	200-217
99	1.02020202020202	7.7775	3.20	200-203
76	2.17105263157895	12.0252206060606	2.66	300-1013
56	1.07142857142857	5.0575	4.57	200-211
73	1.15068493150685	5.0575	4.57	200-211
107	2.02803738317757	6.01096405529954	2.77	300-1007
111	2.07207207207207	6.01096434782609	2.77	300-1007

图 3-6　符合条件零件查询结果

Total Orders	Total Revenue	PartNumber
3987	$84,672.73	300-1016
2158	$30,912.19	200-211
1074	$23,773.53	200-217
548	$7,271.31	300-1007
375	$5,051.62	200-203
111	$3,160.86	300-1013
139	$1,204.50	200-205

图 3-7　所选零件的历史销售数据

呈现结果

结果呈现是商业智能流程中的最后一个活动，如图 3-3 所示。在某些情况下，这指的是将商业智能结果放在服务器上，以便通过互联网或其他网络发布给知识工作者。在其他情况下，这相当于通过 Web 服务将结果提供给其他应用程序使用。在另一些情况下，这意味着创建 PDF 或 PPT，以便与同事和管理层交流。

在这种情况下，团队在会议上向管理层报告了结果。仅从图 3-7 的结果来看，销售这些零件的设计似乎没有什么收入潜力。该公司从零件本身获得的收入微乎其微，这就需要大大降低设计的价格，而这将意味着几乎没有利润。

尽管收入潜力很低，但该公司仍可能决定向客户提供 3D 设计。公司可能会将这种举措作为对客户的善意姿态。因为通过刚刚的分析表明，这样做不会牺牲多少收入。或者，可能会把它当作一种公关行动，旨在表明公司掌握了最新的制造技术。或者，公司可能会决定暂且不考虑 3D 打印，因为它没有看到符合很多客户订购条件的零件。

当然，也有可能是团队成员选择了错误的标准。如果他们有时间，可能有必要改变他们的标准并重复分析。然而这样的过程是一个滑坡。他们可能会发现自己不断改变标准，直到得到他们想要的结果。这就产生了一个非常有偏见的研究。

这种可能性再次表明了信息系统中人为因素的重要性。如果团队在设置和修改标准时所做的决定很差，那么硬件、软件、数据和查询生成流程就没有什么价值。商业智能的聪明程度取决于创造它的人。

记住这个例子，我们现在将能够更好地考虑图 3-3 中每个活动的细节。

问题 3-2 企业如何通过数据仓库和数据集市获取数据？

虽然可以在运营数据的同时创建基础的报表并执行简单的分析，但通常不推荐这样做。出于安全和控制的原因，IS 专业人员不希望数据分析师处理运营数据。因为如果分析师犯了一个错误，那么可能会导致公司运营的严重中断。此外，运营数据的结构是为了实现快速可靠的交易处理，它很少以一种易于支持商业智能分析的方式创建结构。最后，商业智能分析可能需要很大的运算量，在运行的服务器上放置商业智能应用程序会极大地降低系统性能。

由于这些原因，大多数公司会提取运营数据来用于商业智能处理。对于小型公司，提取数据可能像 Access 数据库一样简单。然而较大的公司通常会雇佣一个团队来创建、管理和运行数据仓库。数据仓库是一种管理公司的商业智能数据的工具，它的功能是：

- 获得数据
- 清理数据
- 组织和关联数据
- 编目数据

数据仓库的组成如图 3-8 所示。程序读取运营数据和其他数据，并提取、清理和准备这些数据以供商业智能处理。准备好的数据存储在数据仓库的数据库中。数据仓库包括从外部来源购买的数据。从隐私的角度来看，购买有关机构的数据并不罕见，也并不特别令人担忧。然而，一些公司选择从数据供应商如 ACXM 公司中购买个人消费者数据（例如婚姻状况）。图 3-9 列出了一些可以轻易购买到的消费者数据。可获得的数据量惊人（从隐私的角度来看很可怕）。

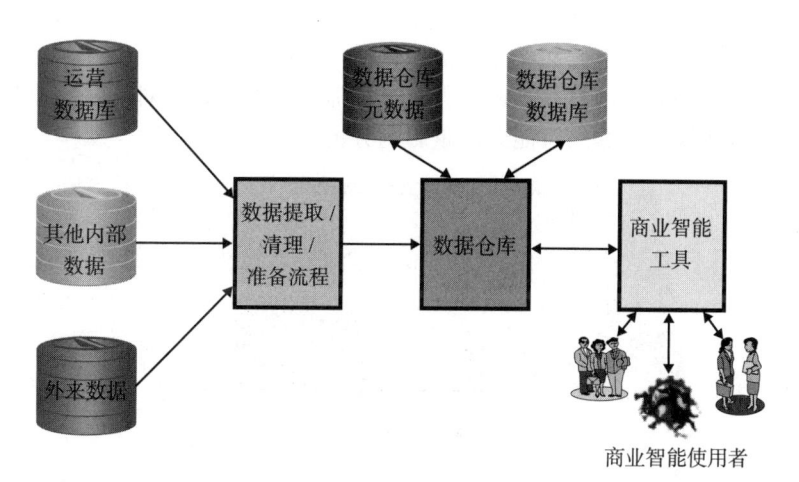

图 3-8 数据仓库的组成

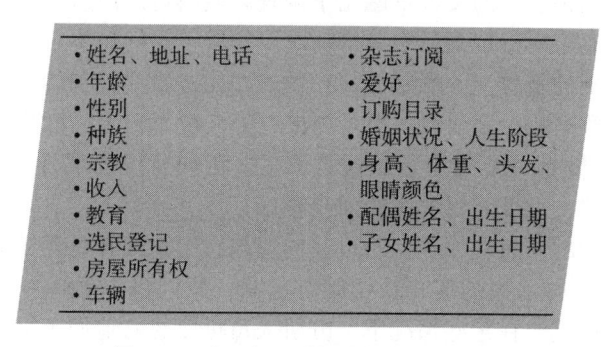

图 3-9 可以购买到的消费者数据示例

与数据有关的元数据的来源、格式、假设和约束，以及关于数据的其他事实都保存在数据仓库元数据数据库中。数据仓库提取数据并向商业智能应用程序提供数据。

商业智能使用者与图 3-1 中的知识工作者不同。商业智能使用者通常是数据分析专家，而知识工作者通常是商业智能结果的非专业使用者。例如银行的贷款审批人员是知识工作者，但不是商业智能使用者。

运营数据的问题

大多数运营数据和购买的数据都存在一些问题，这些问题抑制了它们在商业智能方面的应用，主要问题分类如图 3-10 所示。首先，虽然对成功运营至关重要的数据必须完整和准确，但不太必要的数据则不必如此。例如，一些系统在订购过程中收集人口统计数据。但是，由于这些数据不需要填写、发货和发送订单，因此其质量受到影响。

有问题的数据被称为脏数据，例如，B 表示客户性别，213 表示客户年龄。其他示例包括美国电话号码 999-999-9999、不完整的颜色"gren"，以及电子邮件地址 WhyMe@GuessWhoIAM.org。图 3-4 中单位为零的数据同样为脏数据。所有这些值对于商业智能来说都是有问题的。

购买的数据通常包含缺失的元素。图 3-4 中的联系人数据是典型示例：订单可以在没有联系人数据的情况下发货，因此其质量参差不齐并有许多缺失的值。大多数数据供应商都会说明他们出售的数据中每个属性缺失值的百分比。公司购买此类数据是为了某些用途，毕竟有数据总比没有数据好。特别是对于家庭成人人数、家庭收入、住宅类型、主要收入来源的教育程度等难以获取的数据项更是如此。但是这里需要注意的是，对一些商业智能应用程序来说，一些缺失或错误的数据点可能会严重影响分析。

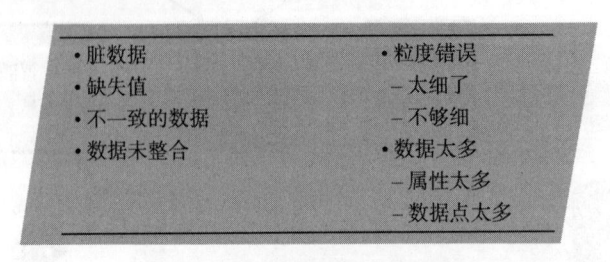

```
• 脏数据                  • 粒度错误
• 缺失值                  — 太细了
• 不一致的数据            — 不够细
• 数据未整合              • 数据太多
                          — 属性太多
                          — 数据点太多
```

图 3-10　源数据可能存在的问题

数据也可能有错误的粒度，这一术语指的是数据表示的细节级别，粒度可能太细，也可能太粗。例如，区域销售总额的文件不能用于调查区域内特定商店的销售情况，而商店的总销售额不能用于确定商店内特定商品的销售情况。相反，我们需要获得足够精细的数据来生成想要生成的最低级别的报告。一般来说，粒度过细比过粗要好。如果粒度太细，可以通过求和和组合的方式使数据的粒度变粗。但是如果粒度太粗，则无法将数据分解。

图 3-10 中列出的最后一个问题是数据点太多。正如所说的那样，我们要么属性太多，要么数据点太多。当然，也可能有太多的列或者行。

考虑其中第一个问题：属性太多。假设我们想知道影响顾客对促销活动反应的因素。如果我们将内部客户数据与购买的客户数据结合起来，我们将有 100 多个不同的属性需要考虑。我们如何从中选择呢？在某些情况下，分析人员可以忽略他们不需要的列。但在更复杂的数据挖掘分析中，过多的属性可能会产生问题。这种现象被称为维度诅咒，即属性越多，就越容易建立一个适合样本数据的模型，但它在预测上表现得并不好。

导致数据过量的第二种原因是数据点太多——太多行数据。假设我们想分析 CNN.com 上的点击流数据，或者该网站访问者的点击行为。这个网站每月有成千上万的人点击。为了有意义地分析这些数据，我们需要减少数据量。这个问题的一个很好的解决方案是统计抽样，在这种情况下公司不会不愿意对数据进行抽样。

数据仓库与数据集市

为了理解数据仓库和数据集市之间的区别，可以把数据仓库想象成供应链中的分销商。数据仓库从数据制造商（操作系统和其他来源）获取、清理和处理数据，并将数据定位在数据仓库的货架上。使用数据仓库的数据分析师是数据管理、数据清理、数据转换、数据关系等方面的专家。然而，他们通常不是特定业务功能的专家。

数据集市是比数据仓库小的数据集合，它负责满足特定部门或业务功能领域的需求。如果数据仓库是供应链中的分销商，那么数据集市就是供应链中的零售商店。数据集市中的用户从数据仓库中获得与特定业务功能相关的数据。这样的用户不具备数据仓库员工所具备的数据管理专业知识，但他们是特定业务功能的知识渊博的分析师。

这些关系如图 3-11 所示。在本例中，数据仓库从数据生产者获取数据，并将数据分发到三个数据集市。第一个数据集市用于分析点击流数据，以设计 Web 页面。第二个数据集市分析商店销售数据，并确定哪些产品倾向于一起购买，这些信息用于培训销售人员如何以最好的方式向客户追加推销。第三个数据集市用于分析客户订单数据，以减少从仓库中挑选物品的劳动。例如像亚马逊这样的公司会不遗余力地整理仓库，以减少拣货成本。

可以想象，数据仓库和数据集市的创建、人员雇用和运营的成本很高，只有财力雄厚的大型公司才能负担得起图 3-8 所示的系统。较小的公司只能操作这个系统的子集，但他们必须找到解决数据仓库解决的基本问题的方法，即使这些方法是非正式的。

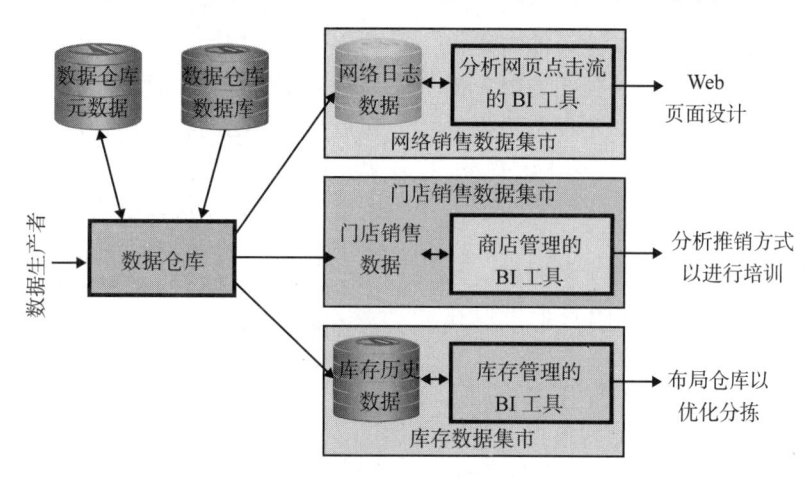

图 3-11 数据集市示例

道德指南——管理信息系统用于医疗诊断

弗雷德·波顿（Fred Bolton）目光呆滞地盯着屏幕。过去一周，他每天工作 15 个小时，试图解决一个可能对他的雇主的未来造成毁灭性影响的严重问题。弗雷德在 A+Meds 工作了近十年，他很自豪能够加入这家世界领先的制药公司。虽然他从 IT 部门的最底层开始工作，但很快就升职了。他学东西很快，有一种永不放弃的态度，但今天他几乎要放弃了。

弗雷德对制药行业在过去 10 年里发生的巨大变化感到震惊。当他刚开始在 A+Meds 工作时，公司可以直接使用营销技术来提高销售额。医生会见公司代表，公司代表说服他们 A+Meds 药物是市场上最好的药物。现在，技术已经开始渗透到医疗保健行业的各个方面。医生越来越依赖人工智能驱动的专家系统来选择最合适的药物和治疗手段。这些系统根据制药公司提交给系统的药物简介给出建议。如果

药物的任何方面发生变化，制药公司可以更新药物简介，但如果变化很小这种情况就不会经常发生。

最近，一种新药的销售表现不佳。A+Meds 公司已经投资了数千万美元来研发它，公司高管和新产品研发人员确信，该产品优于竞争对手的药物。他们认为问题在于医生使用的专家系统并没有推荐这种产品。销售受到影响，盈利能力下降，员工的薪酬也岌岌可危。

弗雷德的任务是对人工智能推荐系统进行严格的调查，并找出问题所在，看看

公司是否可以做些什么来改善系统对产品的"感知"。在测试过程中，弗雷德发现对药物简介的微小修改会产生很大的影响，但他用来修改简介的一些数字并不准确。即使这些数据是准确的，他所做的改变也需要监管部门的审查，这可能需要很长时间。在审查完成之前，公司的财务损失就已经造成了。弗雷德并不期待报告他的发现。

信息操作

　　弗雷德一直盯着显示器上的时钟。开会的时间到了，但他仍试图找个借口在办公桌前逗留一会儿。他空手向会议室走去并在长会议桌的尽头坐了下来，加入了 A+Meds 高级销售主管帕特里夏·坦纳（Patricia Tanner）的行列。"那么，弗雷德，你发现了什么？"帕特里夏问道，"我希望是好消息！"弗雷德解释说，尽管他对推荐系统进行了广泛的分析，但他无法提出一个解决方案使系统在竞争产品中选择他们的产品——除非他们调整药品的简介。

　　"但是我们的药更好更安全！"她喊道。"我曾经是我们竞争对手的销售主管，当时他们正在对一种类似的药物进行试验，我知道我们的药物是更好的选择。"

　　"也许吧。"弗雷德谨慎地回答，"但我们的简介是基于我们目前的审批指南，这种情况使我们输给了竞争对手。"

　　他们静坐了有一分钟之久，然后帕特里夏慢慢地回答说："如果我们提交一份系统认为更有利的新简介，只不过它的有些数据有点夸大呢？"

　　弗雷德不敢相信她居然问了这个问题，他不知道如何在不危及自己工作的情况下做出回应。"向系统中添加不准确的信息难道不会被视为违规吗？如果一个病人基于被篡改的信息服用了我们的药物而发生了什么事，难道我们没有责任吗？"弗雷德问。帕特丽夏回答说，制药公司一直在做这样的事情。但调查是极其罕见的，因为只有在发生大量与患者有关的严重事件时才会进行调查。

　　帕特里夏看着他，脸上带着一种有趣的表情说："你认为仅仅根据这个系统对药物简介的解释，就让人们使用我们明明知道是次等的药物，这种情况就是正确的吗？如果人们生病了，或者发生了更严重的事情，他们本应该服用我们的药物，但由于系统的原因没有服用，那该怎么办？你不觉得难过吗？"弗雷德没有这样想过，也许帕特里夏是对的。弗雷德相信他们的药是更好的选择。遵守联邦法规似乎是正确的选择，但并不是冒着让人们得不到他们应该得到的药物的风险。他叹了口气，靠在椅背上，不知道该说什么。

讨论问题

1. 根据本书前面所定义的道德原则，回答下面的问题。
   a. 根据定言令式，你认为即使新的推荐可能是更好的药物，操纵人工智能系统的推荐是否道德？
   b. 根据功利主义的观点，你认为即使新的推荐可能是更好的药物，操纵人工智能系统的推荐是否道德？
2. 如果你是弗雷德，你会作何反应？你认为因为药物可能比竞争对手更好更安全，提交不准确的数据是合适的吗？
3. 弗雷德该如何处理帕特里夏提出的篡改药物简介的建议？她愿意使用这种策略，这件事值得关注吗？
4. 你对越来越多地使用人工智能和其他技术来帮助人们做决定这件事有什么看法？你会希望医生根据自动系统的建议为你治疗吗？也可以考虑其他领域。例如，你会相信自动金融投资系统的建议，而不是人类金融顾问的建议吗？

问题 3-3 处理商业智能系统数据的三种技术是什么？

图 3-12 总结了三种基本商业智能分析方法的目标和特征。一般来说，报表分析用于创建关于过去表现的信息，而数据挖掘主要用于分类和预测。当然也有例外，但这些都是合理的经验法则。大数据分析的目标，是从社交媒体网站或 Web 服务器日志等产生的大量数据中找到模式和关系。如前所述，大数据技术还可以包括报表分析和数据挖掘。接下来，考虑每种类型技术的特点。

类型	目的	特点
报表	创建关于过去表现的信息。	对结构化数据排序、分组、求和、筛选和格式化。
数据挖掘	分类和预测。	使用复杂的统计技术来发现模式和关系。
大数据	寻找模式和关系。	体量、速度和多样性的要求带来使用分布式计算技术的必要性。一些应用程序也使用报表和数据挖掘。

图 3-12 三种基本商业智能分析方法

报表分析

报表分析是对结构化数据进行排序、分组、求和、筛选和格式化的过程。结构化数据是表现为行和列的形式的数据。大多数情况下，结构化数据指的是关系数据库中的表，但也可以指电子表格数据。报表应用程序是一个商业智能应用程序，它从一个或多个源输入数据，并对该数据应用报表流程以生成商业智能。

问题 3-1 中的团队使用 Access 应用了这五种操作来分析零件（见图 3-7）。结果按照总收入排序并筛选出特定的零件。销量按零件编号分组，计算总订单量和总收入并将总收入的计算正确地格式化为美元货币。

异常报表则是在发生超出预定义界限的情况时生成的。例如，医院可能需要一份异常报表，它显示了哪些医生开出的止痛药比平均水平多一倍以上，以帮助医院减少患者止痛药上瘾的可能性。

前面提到的简单操作可用于生成复杂且非常有用的报告。现在考虑 RFM 分析和在线分析处理这两个主要的例子。

RFM 分析

RFM 分析是一种很容易通过基本报表操作实现的技术，用于根据客户的购买模式对其进行分析和排名[4]。RFM 所考虑的是客户最近订购的时间（R，recently）、客户订购的频率（F，frequently）以及客户花费的金额（M，money）。

为了生成 RFM 评分，RFM 首先根据客户最近一次购买的日期对其购买记录进行排序。常见的分析形式是将客户分为五个组，并给每个组的客户 5 到 1 的分数。拥有最近订单的 20% 客户的 R 评分为 5，拥有次近订单的 20% 客户的 R 评分为 4。依此类推，最后 20% 客户的 R 评分为 1。

然后，该工具根据客户订购的频率（F）对客户进行重新排序，并以相同的方式赋分。最后，该工具根据客户在订单上花费的金额（M）再次对客户进行排序，并分配类似的分值。

图 3-13 显示了 Big 7 体育的 RFM 结果（R=5, F=5, M=3）。Big 7 体育近期下单频繁，但它的 M 得分为 3，这表明它不会订购最贵的商品。从这些分数中销售团队可以得出结论，Big 7 体育是一个很好的常客并且应该尝试向 Big 7 体育推销更昂贵的商品。销售团队中的任何人

都不会考虑第三个客户，即迈阿密市政。这家公司不经常下单并且已经有一段时间没有订货了。下单时买的也都是最便宜的商品，而且数量还不多。放弃迈阿密市政损失将是最小的。

客户	RFM 得分
Big 7 体育	5　5　3
圣路易斯足球俱乐部	1　5　5
迈阿密市政	1　2　1
中科罗拉多州	3　3　3

图 3-13　RFM 得分示例

在线分析处理

在线分析处理（OLAP）是第二类报表应用，它比 RFM 更通用。OLAP 提供了对数据组进行求和、计数、平均和执行其他简单算术操作的能力。OLAP 报表的特征是动态的。报表的查看者可以更改报表的格式，因此有了在线这个称呼。

OLAP 报表具有变量和维度。变量是感兴趣的数据项。它是要在 OLAP 报表中被求和、平均或以其他方式处理的项目。总销售额、平均销售额和平均成本是变量的示例。维度是变量的一个特征。购买日期、客户类型、客户位置和销售区域都是维度的示例。

OLAP 报表典型示例如图 3-14 所示。其中变量是商店净销售额，维度是产品类型和商店类型。该报表显示了不同产品类型和商店类型的净销售额的变化情况。例如超市类商店净销售价值 36 189 美元的非消耗品。

如图 3-14 所示的表示通常称为 OLAP 数据立方体（OLAP cube），有时简称为立方体。使用这个术语的原因是一些软件产品使用三个轴来显示数据，就像几何中的立方体一样。这个词的起源在这里并不重要，我们只需知道 OLAP 立方体和 OLAP 报表是相同的东西即可。

	A	B	C	D	E	F	G
1							
2							
3	商店净销售额	商店类型					
4	产品类	高档超市	优选超市	中型杂货店	小型杂货店	超市	总计
5	饮料	$8 119.05	$2 392.83	$1 409.50	$685.89	$16 751.71	$29 358.98
6	食物	$70 276.11	$20 026.18	$10 392.19	$6 109.72	$138 960.67	$245 764.87
7	非消耗品	$18 884.24	$5 064.79	$2 813.73	$1 534.90	$36 189.40	$64 487.05
8	总计	$97 279.40	$27 483.80	$14 615.42	$8 330.51	$191 901.77	$339 610.90

图 3-14　杂货店 OLAP 报表示例

如前文所述，OLAP 用户可以更改报表见图 3-15。用户添加了两个维度，即门店所在国家和门店所在州。现在产品类型的销售情况按商店位置划分。请注意，样本数据只包括在美国的商店，而且只包括加利福尼亚州、俄勒冈州和华盛顿州的西部的商店。

使用 OLAP 可以下钻数据。这个术语意味着将数据进一步划分为更详细的内容。例如在图 3-16 中，用户已经将报表细分到位于加利福尼亚的商店，即 OLAP 报表现在显示了加州四个有商店的城市的销售数据。

注意图 3-15 和图 3-16 的另一个区别。即用户不仅向下钻取数据，而且还改变了维度的顺序。图 3-15 先展示了产品类型，然后是所在位置。而图 3-16 则先展示了商店的位置，然后是该店的产品类型。

	A	B	C	D	E	F	G	H	I
1									
2									
3	店铺销售总额			列标签					
4	行标签	门店所在国家	门店所在州	高档超市	优选超市	中型杂货店	小型杂货店	超市	总计
5	饮料	美国	加利福尼亚州		$3 940.54		$373.72	$9 888.98	$14 203.24
6			俄勒冈州	$7 394.25				$4 743.04	$12 137.29
7			华盛顿州	$6 092.91		$2 348.79	$768.89	$13 285.09	$22 495.68
8		美国总计		$13 487.16	$3 940.54	$2 348.79	$1 142.61	$27 917.11	$48 836.21
9	饮料总计			$8 119.05	$2 392.83	$1 409.50	$685.89	$16 751.71	$29 358.98
10	食物	美国	加利福尼亚州		$33 424.17		$3 275.80	$78 493.20	$1 15 193.17
11			俄勒冈州	$62 945.01				$39 619.66	$1 02 564.67
12			华盛顿州	$54 143.86		$17 314.24	$6 899.50	$1 12 920.15	$1 91 277.75
13		美国总计		$1 17 088.87	$33 424.17	$17 314.24	$10 175.30	$2 31 033.01	$4 09 035.59
14	食物总计			$70 276.11	$20 026.18	$10 392.19	$6 109.72	$138 960.67	$245 764.87
15	非消耗品	美国	加利福尼亚州		$8 385.53		$791.66	$20 594.24	$29 771.43
16			俄勒冈州	$16 879.02				$10 696.09	$27 575.11
17			华盛顿州	$14 607.19		$4 666.20	$1 776.81	$28 969.59	$50 019.79
18		美国总计		$31 486.21	$8 385.53	$4 666.20	$2 568.47	$60 259.92	$1 07 366.33
19	非消耗品总计			$18 884.24	$5 064.79	$2 813.73	$1 534.90	$36 189.40	$64 487.05
20	总计			$1 62 062.24	$45 750.24	$24 329.23	$13 886.38	$3 19 210.04	$5 65 238.13

图 3-15　扩展的杂货店销售 OLAP 报表示例

	A	B	C	D	E	F	G
1	店铺销售总额	列标签					
2	行标签	高档超市	优选超市	中型杂货店	小型杂货店	超市	总计
3	美国	$162 062.24	$45 750.24	$24 329.23	$13 886.38	$319 210.04	$565 238.13
4	加利福尼亚州		$45 750.24		$4 441.18	$108 976.42	$159 167.84
5	贝弗利山		$45 750.24				$45 750.24
6	饮料		$3 940.54				$3 940.54
7	食物		$33 424.17				$33 424.17
8	非消耗品		$8 385.53				$8 385.53
9	洛杉矶					$54 545.28	$54 545.28
10	饮料					$4 823.88	$4 823.88
11	食物					$39 187.46	$39 187.46
12	非消耗品					$10 533.94	$10 533.94
13	圣地亚哥					$54 431.14	$54 431.14
14	饮料					$5 065.10	$5 065.10
15	食物					$39 305.74	$39 305.74
16	非消耗品					$10 060.30	$10 060.30
17	旧金山				$4 441.18		$4 441.18
18	饮料				$373.72		$373.72
19	食物				$3 275.80		$3 275.80
20	非消耗品				$791.66		$791.66
21	俄勒冈州	$87 218.28				$55 058.79	$142 277.07
22	波特兰					$55 058.79	$55 058.79
23	塞勒姆	$87 218.28					$87 218.28
24	华盛顿州	$74 843.96		$24 329.23	$9 445.20	$155 174.83	$263 793.22
25	贝灵翰姆				$4 739.23		$4 739.23
26	布雷默顿					$52 896.30	$52 896.30
27	西雅图					$52 644.07	$52 644.07
28	斯波坎					$49 634.46	$49 634.46
29	塔科马	$74 843.9					$74 843.96
30	沃拉沃拉				$4 705.97		$4 705.97
31	雅吉瓦			$24 329.23			$24 329.23
32	总计	$162 062.24	$45 750.24	$24 329.23	$13 886.38	$319 210.04	$565 238.13

图 3-16　下钻数据后的扩展的杂货店销售 OLAP 报表示例

这两种显示都是否有效取决于用户的视角。产品经理可能希望先查看产品类型，然后是商店位置的数据。销售经理可能希望先查看商店位置，然后查看产品类型数据。OLAP 报表提供了两种透视图，用户在查看报表时可以在这两种透视图之间切换。

数据挖掘分析

数据挖掘是应用统计技术来发现数据之间的模式和关系，以进行分类和预测。如图 3-17 所示，数据挖掘是人工智能和机器学习等学科融合的结果。

数据挖掘技术大多复杂且难以使用。然而，这些技术对企业来说是有价值的。一些商业专业人士，尤其是金融和营销方面的人，已经成为使用这些技术的专家。事实上，对于精通数据挖掘技术的专业人员来说，如今有许多有趣且有高薪的职业。数据挖掘技术可分为两大类：无监督和有监督。我们将在下面的部分解释这两种类型。

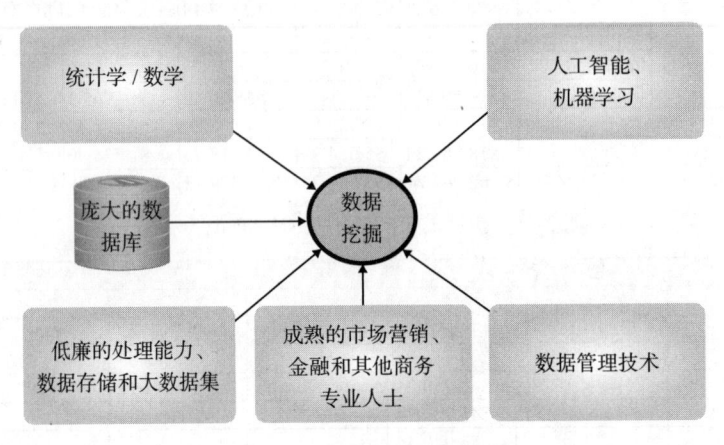

图 3-17 数据挖掘的源学科

无监督数据挖掘

使用无监督方法进行数据挖掘时，分析人员在运行分析之前不会创建模型或假设。相反，他们对数据使用数据挖掘应用并观察结果。通过这种方法，分析人员可以在分析后提出假设，以解释发现的模式。

一种常见的无监督技术是聚类分析。有了它，统计技术可以识别具有相似特征的实体组。聚类分析的一个常见用途是从客户订单和人口统计数据中找到相似的客户组。

例如，假设一个聚类分析发现了两个非常不同的客户群体。第一个群体的平均年龄为 33 岁他们都拥有 4 部 Android 手机和 3 部 iPad、拥有昂贵的家庭娱乐系统、驾驶雷克萨斯 SUV，并倾向于购买昂贵的儿童游乐设备。第二个群体的平均年龄为 64 岁，他们都在亚利桑那州拥有度假房产、喜欢打高尔夫球、喜欢买昂贵的葡萄酒。假设分析还发现，两组人都购买名牌童装。

这些发现完全是通过数据分析得到的，现有的模式和关系都没有预先的模型。在得到发现后，要由分析师来提出假设，解释为什么两个如此不同的群体都在购买名牌童装。

有监督数据挖掘

使用有监督数据挖掘时，数据挖掘者在分析之前创建一个模型，并应用数据应用统计技术来估计模型的参数。例如，假设一家通信公司的营销专家认为，周末的手机使用情况是由客户的年龄和客户拥有手机账户的月数决定的。那么数据挖掘分析师将运行一项分析，以估计客户和账户使用时间的影响。

其中一种测量一组变量对另一个变量的影响的分析，被称为回归分析。以手机为例的分析结果如下：

手机周末使用时间（分钟）= 12 +（17.5 × 用户年龄）+ 23.7 × 账户使用时间（月）

利用这个方程，分析人员可以预测周末使用手机的分钟数。

正如你将在统计学课程中学习到的那样，解释这样一个模型的质量需要相当大的技巧。回归工具将创建一个方程式，如上文所示。这个方程是否能很好地预测未来手机的使用情况取决于统计因素，比如 t 值、置信区间和相关的统计技术。

识别购买模式的变化

大多数学生都知道商业智能是用来预测购买模式的。亚马逊让"购买了……的顾客，还买了……"的表述家喻户晓。如今当我们买东西时，也希望电子商务应用能够建议我们可能还想要什么。

然而，更有趣的是识别购买模式的变化。零售商知道重要的生活事件会导致消费者改变他们的购买方式，并在短时间内对新品牌形成新的忠诚。因此，当人们开始第一份专业工作、结婚、生孩子或退休时，零售商都想知道。在商业智能之前，商店会关注当地报纸上关于毕业、结婚和生孩子的公告，并相应地发送广告。这是一个缓慢、费力且昂贵的过程。

塔吉特公司想抢在报纸前面。于是他们在 2002 年开始了一个项目，即用购买模式来判断某人是否怀孕了。通过将商业智能技术应用于其销售数据，塔吉特公司能够确定乳液、维生素和其他产品的购买模式，这些模式可以可靠地预测怀孕。当塔吉特发现这种购买模式时，它会向这些客户发送尿布和其他婴儿相关产品的广告。

对于一个没有告诉任何人自己怀孕的少女来说，这个项目很有效。当她开始收到婴儿用品的广告时，她的父亲向当地的塔吉特公司的经理投诉，经理道歉了。而当得知女儿确实怀孕时，又轮到父亲道歉了。

那又怎样——地理围栏技术的商业应用

你有没有想过，各种类型的数据都是通过你和你周围不断传输的？几十年前，这些数据传输仅限于少数几个来源，比如你所在地区的广播电台和电视台。然而现在，你的社区内和其周边的传输设备数量在不断增长（例如手机信号发射塔）。在较小的范围内，你可能已经购买了许多传输设备，并将它们安装在家里。例如 Wi-Fi 基站、智能扬声器、无线安全摄像头和流媒体娱乐设备，它们都可以广播数据流。其他传输信号的小型设备包括智能手机、平板计算机和智能手表（特别是具有手机功能的新设备）。

一个完全看不见的数据传输世界在 24 小时轰炸着我们，许多企业都在寻求新的方法来为这个看不见的世界增加新的维度，并从中创造新的利润。在这一领域，企业正在探索的一项技术是地理围栏技术。地理围栏是一种位置服务，它允许应用知道用户何时越过了虚拟围栏（特定位置），然后触发自动操作。

例如，假设用户进入一家咖啡店，她的手机自动连接到免费 Wi-Fi。她手机上的一个应用程序可以识别咖啡店的无线网络，并将店内广告推送到她的手机上，以获得一个免费的甜甜圈。她的手机也可以使用她的移动网络来确定她的位置，她可以看到街道尽头的户外购物中心在打折鞋子。

要建立地理围栏,就必须先建立边界,接着必须建立参数来跟踪一个人的位置。当一个人越过边界时,触发器可以被用于自动响应。地理围栏有可能对大量的人产生巨大的影响,因为美国 90% 以上的智能手机在技术上支持地理围栏[5]。

跨越式发展

考虑一个购物中心的例子,它开发了一个智能手机应用程序来帮助改善购物者的体验。这款应用程序不仅提供有关商场内商店优惠券和销售情况的一般提醒,还采用地理围栏技术来跟踪商场内购物者的位置信息。当一个顾客在一家大型百货商店里闲逛时,它识别商店里那些顾客访问时间较长的区域。并且因为该应用程序了解商店每个位置销售的商品类型,所以它可以在消费者离开百货店后,向他们推荐其他销售同类型产品的商店。例如,一个购物者在鞋店徘徊了 15 分钟,在离开百货公司时,他们会收到购物中心关于其他可能引起他们兴趣的鞋店的提醒。有迹象表明,这种方法是有效的。最近的一项研究发现,超过一半的购物者在收到这种提醒后会去某家零售店购物[6]。

在更广阔的领域内,地理围栏技术也开始用于员工招聘。随着过去几年经济的持续改善,失业率有所下降,雇主很难招到合格的人才,特别是在医疗行业。一家医院正在通过使用地理围栏来对抗这场就业之战。它使用地理围栏向居住在或经常来到区域的合格护士发送招聘广告[7]。虽然这两个例子都展示了地理围栏创造的价值,但也有些人会思考这一策略是否对太多隐私有侵入性。

越界

似乎任何可以追踪人们位置,并将他们的活动与个人身份信息联系起来的技术都可能引发合理的隐私担忧。事实上,马萨诸塞州颁布了一项法律,即禁止使用基于位置的广告[8]。更不用说,地理围栏提示可能会带来与网站弹出广告相同的不便——这是一个接收人可能一开始就不想接收的消息。尽管有这些因素,地理围栏的潜在应用似乎是无限的。最近的一项研究发现,80% 的受访者希望收到来自企业的基于位置的提示[9]。显然有很多人接受了这项技术可以提供的价值。

问题

1. 物联网(IoT)和智能家居消费产品已经变得非常受欢迎。如何将地理围栏与这些产品结合起来,去创造一个更高效的家庭生态系统呢?
2. 起草一个使用案例,向一家公司推销如何通过使用地理围栏来改善营销和增加销售。
3. 如果你收到一家使用地理围栏的商店或潜在雇主的提示信息,你会有什么感想?你是否认为这是一种烦恼或隐私问题?
4. 大学如何利用校园地理围栏的好处来改善学生的生活和安全?

大数据

大数据是一个用来描述数据集的术语,其特点是庞大的体量,飞快的速度和丰富的多样性。所谓体量，大数据指的是至少 1PB 大小的数据集，它们通常更大。例如包含某一天美国所有谷歌搜索的数据集在大小上是大数据。此外，大数据具有高速度，这意味着它的生成速度很快。现在某一天的谷歌搜索数据是在一天内生成的，而在过去生成这么多数据需要几个月或几年的时间。

最后，大数据是多种多样的。大数据可能有结构化数据，但也可能有自由格式的文本、数十种不同格式的 Web 服务器和数据库日志文件、用户对页面内容响应的数据流，还可能有图片、音频和视频文件。

分布式计算

由于大数据庞大、快速且多样，所以无法使用传统技术对它进行处理。分布式计算（MapReduce）是一种利用数千台计算机并行工作的能力的技术。其基本思想是，大数据集合被分解成碎片，数百或数千个独立的处理器在这些碎片中搜索感兴趣的东西。这个过程被称为 Map 阶段。以图 3-18 为例，将包含谷歌搜索日志的数据集拆分成若干块，并指示每个独立的处理器搜索和统计搜索关键字。当然，图 3-18 只显示了数据的一小部分，在这里你可以看到部分以 H 为开头的关键字。

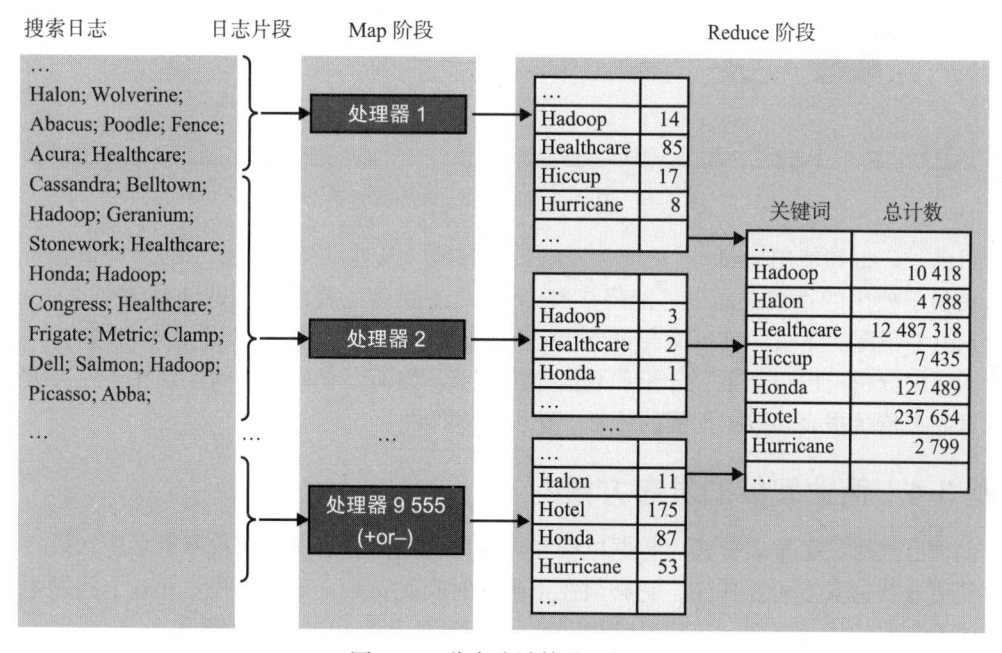

图 3-18 分布式计算处理概况

当处理器完成时，它们的结果在 Reduce 阶段进行合并。搜索结果是某一天所有搜索词的列表以及每个词的数量。这个过程比这里描述的要复杂得多，但这是概念的核心。

另外，你可以访问谷歌 Trends 网站查看分布式计算的应用。在那里，你可以获得一个或多个特定术语的搜索数量的趋势线。图 3-19 比较了 Web 2.0 和 Hadoop 的搜索趋势。登录 www.google.com/trends，输入"大数据"和"数据分析"这两个术语，看看为什么学习它们可以很好地利用你的时间。

Hadoop

Hadoop 是一个由 Apache 基金会支持的开源程序，它可以在数千台计算机上实现分布式计算[10]。Hadoop 可以驱动查找和统计谷歌搜索词的过程，但谷歌会使用自己的专有版本的分布成计算来完成这一工作。一些企业在他们自己管理的服务器场上实现 Hadoop，而其他公司在云中运行 Hadoop。亚马逊支持 Hadoop 作为其 EC3 云产品的一部分。微软在其 Azure 平台上以 HDInsight 服务的形式提供 Hadoop。Hadoop 包含一种名为 Pig 的查询语言。

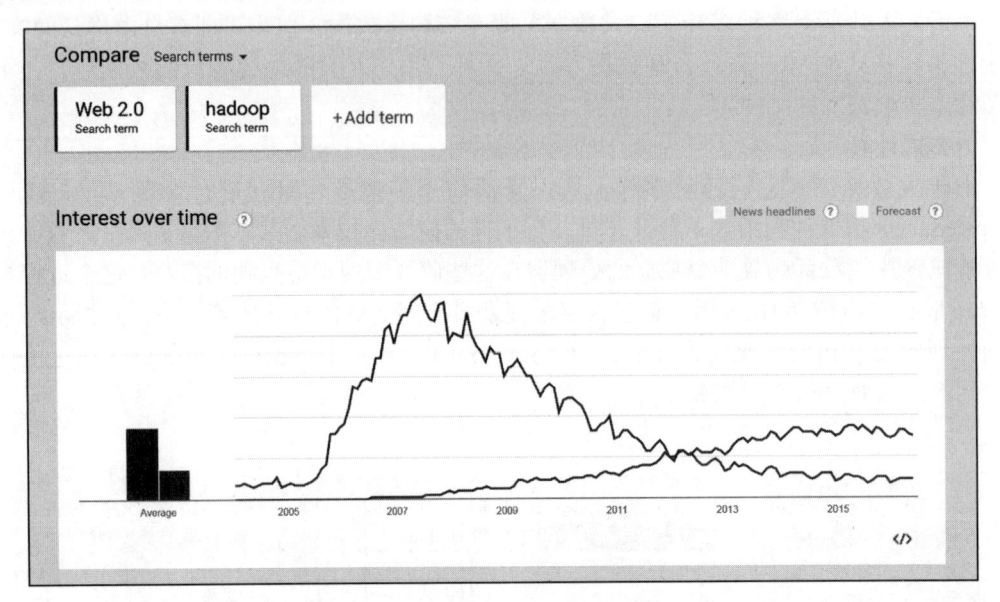

图 3-19　Web 2.0 和 Hadoop 的搜索趋势

目前，运行和使用 Hadoop 需要深厚的技术技能。从这些年其他技术的发展来看，更高级、更易于使用的查询产品很可能将在 Hadoop 之上实现。目前要理解的是使用 Hadoop 需要专家这一情况。不过，你可能会参与计划大数据研究或解释结果。

大数据分析可以包括报表分析和数据挖掘技术。然而，它们主要的区别在于，大数据具有远远超过传统报表和数据挖掘的体量、速度和多样性。

问题 3-4　商业智能的发布方案？

前面已经讨论了报表分析、数据挖掘和大数据这些商业智能应用程序的功能和效用。但是要使商业智能具有可操作性，它必须在正确的时间发布给正确的用户。在这个问题中，我们将讨论主要的发布方案，包括 BI 服务器、知识管理系统和内容管理系统。

商业智能的发布方案的特点

图 3-20 列出了 4 种 BI 发布方案。静态报表是在创建后固定不会更改的商业智能文档。纸质版的销售分析就是静态报表的一个例子。在商业智能领域，大多数静态报表都以 PDF 文档的形式发布。

动态报表是在请求时更新的商业智能文档。当用户在 Web 服务器上访问时，它显示的是当前的销售报表，这就是动态报表。几乎在所有情况下，发布动态报表都要求商业智能应用程序在将报表交付给用户时访问数据库或其他数据源。图 3-20 中每个服务器的推送选项是相同的。用户访问站点，单击链接（或打开电子邮件）并获得报表。由于这些选项在四种类型的服务器中都相同，所以没有在图 3-20 中显示。

客户	报表类型	推送选项	技能水平要求
电子邮件或协作工具	静态	人工	低
Web 服务器	静态/动态	提示/RSS	静态-低；动态-高
SharePoint	静态/动态	提示/RSS；工作流	静态-低；动态-高
BI 服务器	动态	提示/RSS；订阅	高

图 3-20　4 种 BI 发布方案

推送选项因服务器类型而异。对于电子邮件或协作工具，推送是手动的。例如，经理、专家或管理员会创建带有报表附件（或协作工具的 URL）的电子邮件，并将其发送给已知对该报表感兴趣的用户。对于 Web 服务器和 SharePoint，用户可以创建提示和 RSS 提要。在特定的时间或时间间隔内，如果有新内容或内容更改，就让服务器将内容推送给他们。SharePoint 工作流也可以推送内容。

BI 服务器扩展了提示和 RSS 功能以支持用户订阅，这是用户在特定计划或响应特定事件时对特定商业智能结果的请求。例如，用户可以订阅每日销售报告并要求每天早上交付，也可以请求在服务器上发布新结果时交付 RFM 分析，或者销售经理可以订阅该地区本周销售额超过 100 万美元时的销售报表。我们将在后面解释 BI 服务器的两个主要功能。

创建发布应用程序所需的技能水平有高有低。对于静态内容，几乎不需要什么技巧。商业智能作者创建内容，发布者（通常是同一个人）将其附加到电子邮件、Web 或 SharePoint 站点上，仅此而已。发布动态商业智能则相对较难，它要求发布者在使用文档时设置数据库访问。在使用 Web 服务器的情况下，发布者将需要为此目的开发或让程序员编写代码。在使用 SharePoint 和 BI 服务器的情况下，不一定需要程序代码，但需要创建动态数据连接，所以这项任务不适合技术上薄弱的人。开发动态商业智能解决方案需要超出本课程范围的知识。当然，如果你多学了一些 IS 课程或主修 IS，你应该能够做到这一点。

商业智能服务器的两大功能是什么？

商业智能（BI）服务器是专为发布商业智能而构建的 Web 服务器应用程序。Microsoft SQL Server 报表管理器（Microsoft SQL Server 报表服务的一部分）是目前最流行的此类产品，但也有其他产品。

BI 服务器提供两个主要功能：管理和发送。管理功能维护授权分配给用户的商业智能结果的元数据。BI 服务器跟踪哪些结果可用，哪些用户被授权查看这些结果，以及将结果提供给授权用户的时间表。它会根据可用结果的变化和用户的来来去去进行调整分配。

如图 3-21 所示，BI 服务器所需要的所有的管理数据都存储在元数据中。当然，这类数据的数量和复杂性取决于 BI 服务器的功能。

BI 服务器使用元数据来确定将什么结果发送给哪些用户，可能还包括按哪个时间表发送。在今天，人们期望商业智能结果可以传递到"任何"设备。在实践中，"任何"设备被解释为计算机、智能手机、平板计算机、应用程序（如 Microsoft Office）和标准化的 Web 应用程序。

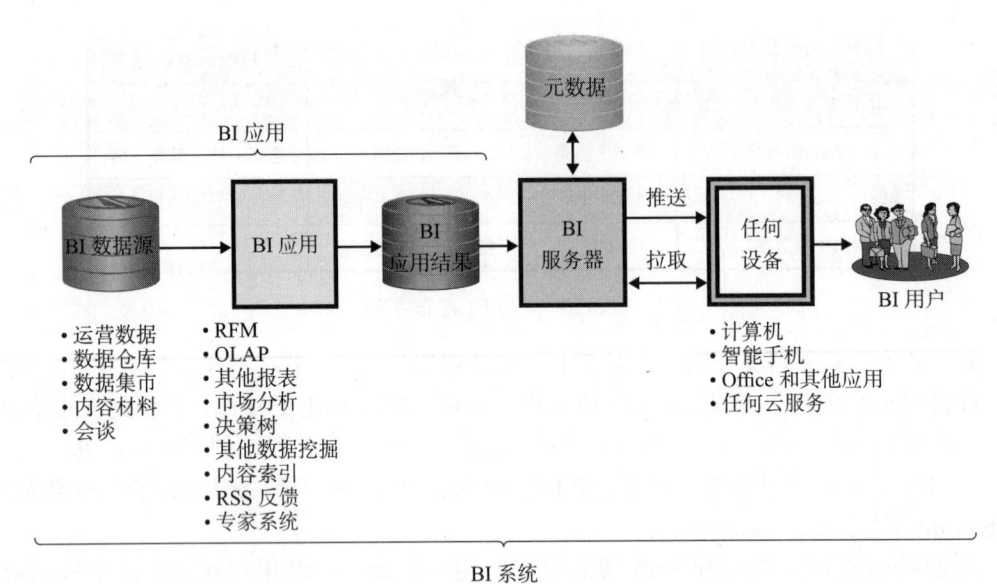

图 3-21　商业智能系统元素

知识管理系统的角色是什么？

对于经理来说，没有什么比一个员工在努力解决一个问题，而另一个员工却知道如何轻松解决该问题，更令人沮丧了。或者是了解到一个客户退回了一个大订单，因为他不能对产品进行基本操作，而许多员工（和其他客户）可以很容易地对产品进行操作。更糟糕的是，客户企业中的某些人可能知道如何使用产品，但购买产品的人却不知道。

知识管理（KM）是从智力资本中创造价值，并与员工、经理、供应商、客户和其他需要这些资本的人分享知识的过程。知识管理的目标是防止上述问题的发生。

知识管理在社交媒体出现之前就已经存在了。然而，在我们转向具体技术之前，请考虑知识管理的总体目标和好处。知识管理对企业有两个主要的好处：

- 提高了工作质量。
- 能增强团队力量。

过程质量是通过有效性和效率来衡量的，而知识管理可以提高这两者。知识管理使员工之间以及与客户和其他合作伙伴共享知识。通过这样做，员工能够更好地实现企业的战略。同时，共享知识使员工能够更快地解决问题，以更少的时间和其他资源完成工作，从而提高流程效率[11]。

此外，成功的团队不仅能完成分配的任务，而且无论是作为一个团队还是作为个人，他们的能力都得到了提高。通过共享知识，团队成员可以相互学习，避免犯重复的错误，并成长为商务专业人士。

例如，考虑一家为 iPhone 等电子元件提供支持的企业的帮助台。当用户在使用 iPhone 时遇到问题时，他可能会联系苹果支持人员寻求帮助。客户服务部门已经看到了 iPhone 可能出现的任何问题，整个公司都知道如何解决用户的问题。然而，这并不能保证特定的支持人员知道如何解决该问题。知识管理的目标是使员工能够使用组织中所有人共同拥有的知识。通过这样做，工作质量和团队能力都得到了提高。

对知识共享的抵抗

两个人为因素会抑制企业中的知识共享。首先，员工可能不愿意表现出他们的无知。由于担心显得不称职，员工可能不会向博客或讨论组提交内容。这种不情愿有时可以通过管理者的态度来减少。在这种情况下，对员工的一种策略是为他提供私人媒体，只有对特定问题感兴趣的小部分人才能访问它。这个小群体的成员可以在一个不那么拘束的论坛上讨论这个问题。

另一个人为因素是员工竞争。首席销售员说："作为最优秀的销售人员，我可以获得可观的奖金。我为什么要和别人分享我的销售技巧？这样只会增强我的竞争力。"这种可以理解的观点可能不会改变。KM 应用程序可能不适合竞争激烈的集团。或者公司可以调整奖励和激励机制，以促进员工之间的想法分享（例如给想出最好想法的团队奖金）。

如果这两个因素限制了知识共享，那么强有力的管理层认可是有效的，尤其是在这种认可之后还有积极反馈的情况下。克服员工的抵触可能很难，但请记住，"表扬或现金永远没有错，特别是现金。"

什么是内容管理系统？

知识管理的一种形式涉及编写在文档中的知识。内容管理系统（CMS）是支持管理和发送文档的信息系统，包括报表、Web 页面以及员工知识的其他表达。

内容管理系统的典型用户是那些销售复杂产品，并希望与员工和客户分享这些产品知识的企业。例如，丰田（Toyota）的某个人知道如何更换 2020 年四缸丰田凯美瑞的正时皮带，丰田希望与车主、修理工和丰田员工分享这些知识。

内容管理的挑战是什么？

内容管理系统面临着严峻的挑战。首先，大多数内容数据库都非常庞大，有些拥有数千个单独的文档、页面和图片。其次，CMS 内容是动态的。想象一下，苹果、谷歌或亚马逊的网页每天必须发生更改的频率。

内容管理系统的另一个复杂情况是，文档不是彼此独立存在的。文档是相互引用的，当一个文档更改时，其他文档也必须更改。为了管理这些连接，内容管理系统必须维护文档之间的联系，以便了解内容依赖关系并维护文档一致性。

第四个复杂的问题是，文档内容时效性很短。文档过时，需要修改、删除或替换。例如，微软新发布的微软 Office 2019 可能会影响数千个内部文档、外部页面、博客等。这一切都必须在几小时内改变。

最后，内容以多种语言提供。3M 公司有数万种产品，其中一些使用不当是有害的。3M 必须以几十种语言发布所有此类产品的安全数据。每一份文件，无论它是用什么语言撰写的，都必须被翻译成所有语言后才能在 3M 的网站上发布。当一个文档发生变化时，所有的翻译版本也必须发生变化。

问题 3-5 为什么人工智能很重要？

人工智能（AI）是机器模拟人类的能力，如视觉、沟通、识别、学习和决策，以实现目标。企业希望利用人工智能来提高通常由人类完成的日常任务的自动化程度，或让系统在没有人工干预的情况下运行的过程。例如，佐治亚理工学院的一位教授训练了 IBM 的人工智能沃森成为他班上的助教。人工智能回答了近 1 万个学生问题中的一部分。直到学期末，教授指出了他们的助教是机器人[12]，学生们才意识到"吉尔·沃森"是一台机器。

苹果公司首席执行官蒂姆·库克（Tim Cook）最近谈到了该公司正在努力制造一款代号为"泰坦计划"的自动驾驶汽车。库克表示，苹果正专注于打造"所有人工智能项目之母"，它使大脑成为一个自主系统。除了自动驾驶汽车，这种人工智能还可以用于许多不同的苹果自动驾驶系统。这些系统可能包括机器人、商用无人机、农业系统、军事平台、手术系统和其他智能设备。

人工智能的研究进展

人工智能的潜在好处令人难以置信。通过对它的研究得出了许多统计数据。例如，在 45 年内，人工智能有 50% 的可能性在所有任务上超过人类，或者有 83% 的可能性在几年内取代所有时薪低于 20 美元的工作[13]。但是这些研究正确吗？

从历史上看，诸如此类的研究都是错误的。但在不久的将来，他们可能是对的。在 20 世纪 50 年代、20 世纪 80 年代和 20 世纪 90 年代末，人工智能研究经历了几次创新浪潮。在每一波浪潮中，都有很多关于人工智能将如何彻底改变世界的讨论。也有些人对此感到兴奋，也有些人对此感到紧张。最后，它催生了一堆伟大的科幻电影。在这些时期，人工智能研究都是缓慢推进的。不幸的是，人工智能开始变得声名狼藉。事实上，人工智能在历史上有一个错误的开始，以至于当 IBM 开始开发沃森时，它使用了认知计算这个词，而不是人工智能。

但是，过去几十年的重大创新已经将人工智能发展到了开始成功的地步。图 3-22 显示了近年来推动人工智能发展的 6 股主要力量。

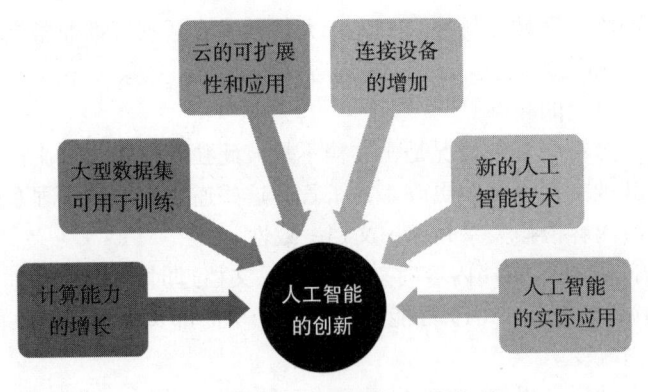

图 3-22 推动人工智能创新的力量

第一，几十年来计算能力一直呈指数级增长（摩尔定律），而早期的人工智能缺乏必要的计算能力。在那段时间里，计算机的速度不足以处理人工智能工作所需的数据。例如，IBM 的沃森的运算速度约为每秒 80 万亿次。

第二，大型数据集的可用性已经发展到人工智能是可行技术的地步。人工智能应用程序需要大量的数据来学习、表示知识和处理自然语言。例如，沃森每秒可以阅读 8 亿页。人工智能应用程序既需要大量丰富的数据，也需要相应的处理能力来筛选这些数据。

第三，云计算推动了人工智能的发展，因为它以非常低的成本提供了可扩展的资源。人工智能开发现在可以由更多的人以更低的成本完成。云允许开发人员通过在线接口访问现有的人工智能应用程序。IBM 为开发人员提供各种在线人工智能的应用程序，包括对话、搜索、文档转换、语言翻译、音调分析器、语音转文本和视觉识别。

第四，联网智能设备的快速增长为人工智能应用提供了大量数据。这些设备不仅仅是台式计算机、笔记本计算机和智能手机，它们还包括各种网络启用的光学、运动、温度、音频和磁传感器。有成千上万的物联网设备可以提供人工智能用于学习的数据。

人工智能应用程序也被这些连接的设备使用。例如，CogniToys Dino 是一个由 IBM 沃森驱动的绿色塑料恐龙玩具。它能回答问题、讲笑话、玩互动游戏，还能自动适应与它玩耍的孩子的年龄。它还会将数据发送到"家长小组"，让家长就孩子与 Dino 的互动提供详细的反馈。

第五，人工智能技术的根本性突破使它能够在各种任务中发挥作用。例如，在 2006 年，研究人员 Geoffrey Hinton 开发了一种模拟多层人工神经网络的方法，而不再仅仅是单层。神经网络是一种模仿人脑的计算系统，它被用于预测数值并进行分类[14]。这种多层神经网络技术被应用于学习任务，现在通常被称为深度学习。深度学习极大地提高了人工智能的准确性和实用性。

第六，人工智能最新的进展是由解决实际问题的应用需求推动的。图 3-23 展示了几家大型科技公司开发的人工智能的应用例子。这些应用程序专注于为企业解决实际问题。实际应用远远不止图 3-23 所示的这些。事实上，谷歌有超过 1000 个正在运行的人工智能项目，苹果和微软正在将人工智能集成到他们所有的硬件和软件中。

企业	人工智能的实际应用
亚马逊	Alexa、Echo、Amazon Rekognition、Amazon Polly、Amazon Lex、Amazon Machine Learning、Amazon EMR、Spark & Sparkml、AWS Deep Learning AMI
脸书	DeepText、DeepFace、News Feed、targeted advertising、filtering offensive content、search rankings、application design
谷歌	Google Assistant、Google Translate、Home、Google Brain、TensorFlow、Cloud ML、DeepMind Lab、Convnet.js、OpenFrameworks、Wekinator
微软	Cortana、Computer Vision、Face、Content Moderator、Translator Speech、Translator Text、Language Understanding Intelligent Service、Recommendations、QnA Maker、Bing Image Search 集成到微软套件中
苹果	集成到所有苹果产品和服务中（Siri、iPhone、HomePod、iWatch 等）

图 3-23 人工智能的实际应用实例

这 6 种力量推动了人工智能的创新，使它如今得到了广泛应用，并成为许多科技公司战略优势的核心部分。人工智能已经被所有主要的科技公司广泛采用，用户每天都在与它互动（有时是在不知不觉中）。它也被小公司用来开发创新产品。传统企业也开始看到人工智能的价值。

问题 3-6　人工智能和自动化将如何影响企业？

人工智能听起来像是一项伟大的创新。它将降低成本、提高生产力、产生新的服务、为老问题找到独特的解决方案,并为一大批智能设备提供新功能。但是,作为一名企业领导者,你需要理解使用人工智能和自动化机器的更广泛影响,更需要了解人工智能的新浪潮将如何影响你和你的企业。

例如,假设你拥有一家快餐连锁店。你正在考虑购买一台由人工智能驱动的全自动汉堡制作机。它可以在一个小时内制作 400 个汉堡,并且安全,干净,没有任何人为干预。它的效率非常高,可以取代三名全职厨师,每年可能为你节省 9 万美元。它不会休息、不会请病假、不会偷食物、也不会因为你降薪而起诉你。这个机器人快餐工可能听起来很遥远,但其实 Momentum Machines 和 Miso Robotics 都已经制造出了具有这些功能的机器人 [15]。

这款新的人工智能汉堡制作机真的能帮你省钱吗?如果能的话,可以省多少钱?你的人类员工对他们的新机器人同事会有什么反应呢?

自动化劳动力的优点

首先,让我们考虑一下使用自动化劳动力所带来的劳动力成本的降低。根据美国劳工统计局的数据,美国雇员的工资中位数为每小时 24.10 美元,但这并不是真正的成本 [16]。如图 3-24 所示,福利使每小时的实际成本增加了 46%(11.19 美元)。因此,每小时 24 美元的员工实际上每小时至少 35 美元。如果你购买了一个自动化系统,你就不必为人工劳动所需要的任何额外福利付费。你不必支付加班费、休假费、保险费或退休金。

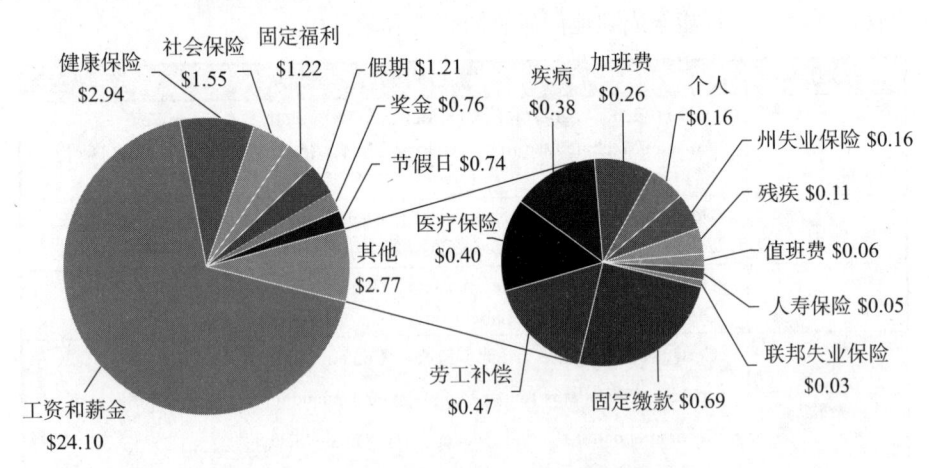

图 3-24 每小时员工成本(美国)

以你的人工智能汉堡机为例。假设你要替换三名厨师,他们每人每小时赚 15 美元,外加 6.90 美元的福利。也就是说,每名厨师每小时的成本为 21.90 美元,那么总成本为每小时 65.70 美元。以这样的速度,投资一台人工智能汉堡机很快就能回本。假设这台机器价值 10 万美元,如果它每天运行 12 小时,你将在 4.2 个月内回本。

除了工资和福利之外,还有其他生产力的提高需要考虑。图 3-25 列出了一些使用自动汉堡机而不是人类工人可以实现的生产力提高的例子。这些生产力每一项提高的收益都可以量化,但实际的收益将根据具体情况而有很大差异。例如,如果您的餐厅每天 24 小时营业,那么您将从自动汉堡机中获得相当大的生产力收益。但如果餐馆每天只营业 8 小时,收益可能会相对少一些。

自动化带来的生产力提高
能 365 天，24 小时工作
立即完成培训
工作时间不休息
无残疾
没有浪费时间的活动
无事故或伤害
不与其他员工和经理争吵
没有日程安排问题
所有节假日都能值班
更加准确、精确和一致

图 3-25　自动化带来的生产力提高

企业从自动化系统中受益的一个很好的例子是网上银行。为消费者提供网上银行服务的银行，在生产力提高的同时降低了成本。例如，通过银行柜员办理的交易每笔的成本中位数约为 4 美元，而在线交易的每笔成本中位数可降至 0.17 美元，通过手机交易的每笔成本中位数更可降至 0.08 美元[17]。消费者可以随时在线访问他们的账户，而不需要前往银行与柜员交谈。网上银行使银行降低了劳动力成本并提高了盈利能力。

除了生产力的提高和劳动力成本的降低，其他因素也可能会影响你采用自动化汉堡机的决定。其中一些因素让人不愿意去想，因为人们不希望它们发生。让我们来看看成本更高的因素之一——员工欺诈。

经理们不希望员工从公司偷东西，但员工欺诈确实会发生，而且代价极其高昂。根据美国注册舞弊审查师协会（ACFE）2016 年提交给联合国的报告估计，每起员工欺诈事件的损失中位数为 15 万美元[18]。

图 3-26 显示了按频率和每次事件的损失中位数划分了员工欺诈的类型⊖。并非所有类型的欺诈发生的频率都是相同的。有些类型的欺诈，如财务报表欺诈，就不经常发生，但它的损失中位数很大。ACFE 估计，一个典型的企业每年因员工欺诈将损失 5% 的收入。为了了解这些损失的规模，我们以美国为例。2015 年的美国生产总值（GDP）为 18 万亿美元。这意味着它每年因员工欺诈而遭受的损失估计将达到 9000 亿美元。

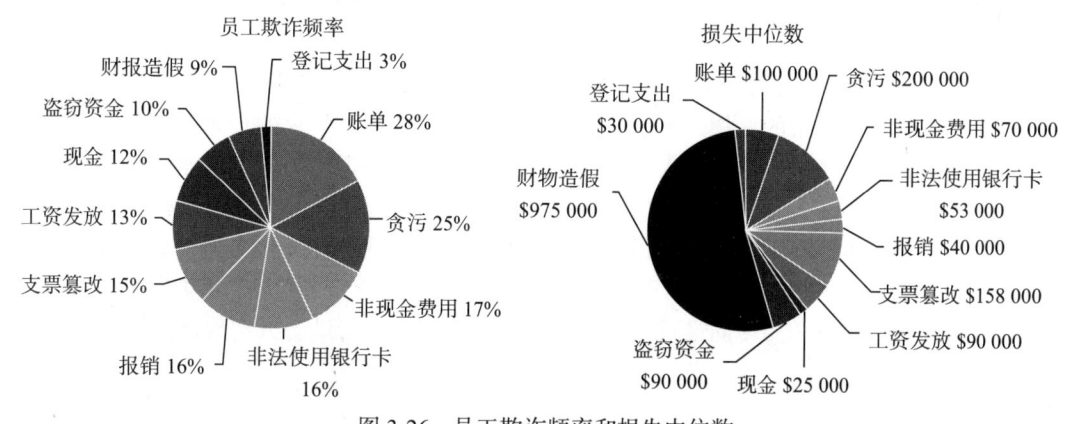

图 3-26　员工欺诈频率和损失中位数

⊖ 由于一个欺诈案件中可能同时出现不同的欺诈类型，因此图 3-26 中不同欺诈类型发生的频率之和大于 100%。——译者注

如果你买了一台自动化的机器，那么企业内的员工欺诈行为就会大大减少。自动化机器不会偷你的东西，它并不想、不需要这样。因为它不会感到经济压力，所以也不会寻找偷窃的机会。它只是在执行它的任务。通过减少员工欺诈的行为，还可以间接地为你的底线收入增加5%。

最后，自动化劳动还有一些你必须考虑的额外好处。自动化机器不需要遣散费、不需要工会管理费用、不会罢工、不会窃取知识产权、不会提起歧视诉讼，也不会骚扰同事。对于使用人工的企业来说，所有这些都增加了它的底线成本。作为管理者，这些会消耗你的时间和精力，还会影响企业保持竞争力的能力。

人工智能将如何影响我们？

每当人们开始谈论人工智能和自动化的影响时，通常会有两种截然不同的反应。第一种反应来自那些认为人工智能是一个不可思议的机会的人。他们对生产力、盈利能力和竞争优势的提高感到兴奋。他们想要走在最前沿，成为第一个在他们的行业中实施它的人。

第二种反应来自那些将人工智能视为严重威胁的人。他们担心自己的工作，担心如果他们会被机器或人工智能机器人取代，担心他们多年的教育和培训将变得毫无价值，或者可能不得不转行。这些担忧是合理的，因为全球劳动力即将发生翻天覆地的变化。

需要常规体力和脑力劳动的工作是自动化的主要候选。人工智能和自动化方面的专家估计，到2025年，美国目前的劳动力（1.46亿人）可能会减少近1亿人[19]。他们将被智商超过美国90%人口的机器人所取代。在发展中国家，劳动力替代率可能高达70%或80%[20]。作为一名管理者，你需要理解这些历史性变化对经济的影响。它们对企业和你个人都非常重要。

不受欢迎的脏活

虽然工人们可能不希望自己的收入减少，但他们也许不介意看到某些工作消失（假设他们可以转换到另一份薪水仍然不错的工作）。有些工作很脏、很臭、很无聊，甚至很危险。人工智能和自动化可以做人类不想做的工作。以废物处理为例，20年前，一辆垃圾车上有三个工人。一个人负责开车，两个人负责装满卡车。而在今天，一个人驾驶卡车并操作侧装载机臂就可以完成这项工作。再过20年，卡车将自动驾驶，垃圾收集也将完全自动。

在个人层面上，人工智能和自动机器可以做你可能不想做事情。比如房屋维修、房屋清洁、洗车、汽车维修、园艺和烹饪它都可以自主完成。多亏了你的新"园丁"，你每天都可以吃到新鲜的自家种植的食物，不用从杂货店买那么多食物了。你的个人人工智能可以为你做健康的饭菜并洗盘子。你的个人成本会下降而生产力则会提高。人工智能和自动机器还可以永不疲倦地照顾老人和残疾人、提供陪伴、训练"精力充沛"的小狗以及教育孩子。

同样，在企业中也有人们不愿意做的工作。制造业和农业工作在历史上一直被认为是单调、繁重和低薪的。在过去的40年里，美国的这些工作也一直在减少。自动化系统可以让工人从组装和制造现有产品转向设计和创造新产品，关键在于帮助工人实现这种转变。

再培训和重组

反对人工智能和自动化机器的人声称采用这些系统将导致大规模失业。类似的技术末日预测以前也有过，但没有发生过。例如，在20世纪90年代末，网上购物开始变得司空见惯，企业不确定实体行业是否会被他们的线上竞争对手接管。它们是否不得不解雇传统员工，转向在线业务？科技公司开始了一段被称为"互联网繁荣"的过度投机时期。投资者将大量资金投入科技初创企业，希望从中赚取数十亿美元。到了2001年，它们中的大多数都失败了。

这些科技公司惊人的繁荣和萧条吸引了媒体的广泛关注。但全球劳动力却发生了重要且微妙的潜在变化。工作者们有了新的工作类型。网络、数据库开发、Web 开发和编程方面的工作待遇好且需求量大。工作者为了新的数字时代接受了再培训。他们寻找那些改变战略重点的企业所需要的技能。当人工智能和自动化机器在我们的经济中发挥更重要的作用时，对现有劳动力进行类似的重组将是必要的。人们将会从事很多新型工作。

在不断变化的工作中生存

人类工人将如何在人工智能导致的工作发生转变中生存？首先，人们需要培养机器无法做到的技能。在第 1 章中，我们谈到了一些非常规认知技能，这些技能可以帮助你在不断变化的就业市场中保持竞争力。这些技能包括抽象推理、系统思考、协作能力和实操能力。这是一个好的开始，人类更擅长这些领域，并且还有一些机器不能做的事情。比如创造力、适应能力和解决新问题的能力都是人类的技能，这些技能让你比你的机器人同事更有竞争优势。

其次，新机器需要大量的人力来照顾。即使是最好的人工智能也需要训练。IBM 的沃森需要专家来训练，才能让它知道是否得到了正确的答案。人类领域的专家将一直被需要。因此，你换工作的速度会比过去快得多。人类工人需要迅速适应他们的机器人同事。

在可预见的未来，人工智能机器也需要人类，因为它们缺乏人类拥有的东西——本能。机器不具备人类所拥有的基本的内在驱动力。这些力量确保了人类的生存。没有本能，机器根本活不了多久。因为它们不需要也不渴望任何东西。本能驱使人类生存、繁殖、改善自己的地位并寻求他人的保护。如果没有这些本能，机器就不会在乎它们是否会死亡，它们也就不会复制，更不会改进。所以机器需要人类才能生存，也需要人类来帮助它们改进。人类和机器彼此需要，这就是为什么我们将在未来很长一段时间内一起工作。

问题 3-7　人工智能的目标是什么？

人工智能研究的目标是创造通用人工智能，或可以完成人类所能完成的所有相同任务的强人工智能。这包括处理自然语言的能力；感知，学习，与物质世界互动的能力；表达知识的能力；说明原因的能力还有做计划的能力。大多数人工智能研究人员认为这将在 2040 年左右实现[21]。目前，如图 3-27 所示，我们的人工智能较弱，它只能专注于完成单一的特定任务。有人猜测，有一天我们可能能够创造出一种超越强人工智能的、比人类智能更先进的超级智能。一些研究人员将超级智能视为人类的潜在威胁。其他人则不同意这种观点，因为他们认为实现这种水平的人工智能可能还需要几百年的时间[22]。

图 3-27　AI 能力的进化

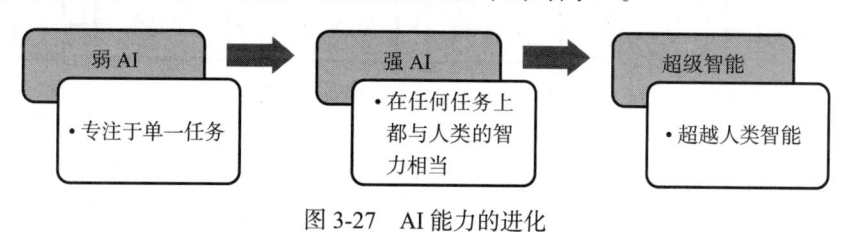

对于真正创造人工智能意味着什么，人们存在相当大的分歧。一位名叫艾伦·图灵（Alan Turing）的早期计算机科学家说过，如果人类可以与一台机器进行对话，并且无法分辨它是机器还是人，那么机器就可以被认为是智能的。如图 3-28 所示，这个标准被称为图灵测试。评判人工智能还有其他标准，但它们超出了本书的范围。人工智能的总体目标是创造一个可以完成与人类相同任务的机器。

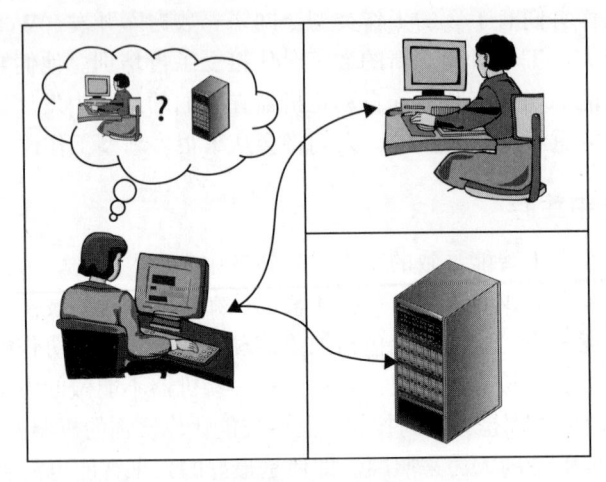

图 3-28　图灵测试

但人工智能远不只是一个聊天机器人模拟人类对话的能力，而是机器模拟人类所有能力的能力。考虑人工智能主要研究领域的范围以及一些选定的子领域，如图 3-29 所示。以下是重点领域人类能力的不同方面。事实上，人工智能作为一个研究领域，要比这里所展示的广泛得多。人工智能是一个通用术语，因为人们感兴趣的领域不同，所以它对不同的人的意义也不同。然而，将人工智能应用到现实技术中通常涉及将多个不同领域结合在一起。

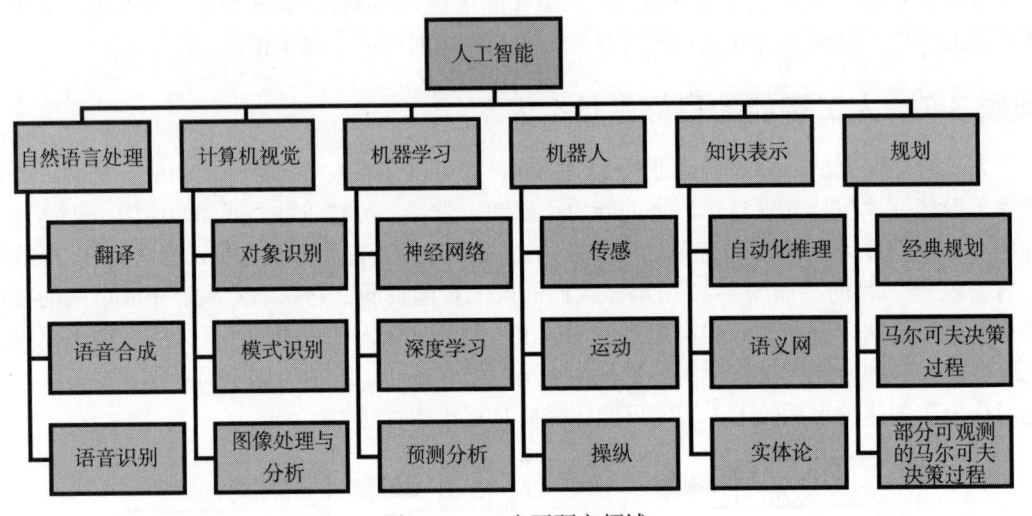

图 3-29　AI 主要研究领域

其他技术进步的推动器

企业将人工智能视为新技术的推动者。他们的目标是利用人工智能来增强他们现有的产品和服务。例如，考虑一下全自动驾驶汽车所需的人工智能数量。自动驾驶汽车将配备多个计算机视觉系统，包括 GPS、陀螺仪、加速计、激光雷达、雷达、360 度摄像头，甚至可能还有夜视功能。它还将有一个机器人组件，用于管理运动、传感和导航。未来的自动驾驶汽车将自动学习你过去的交通需求和环境偏好（机器学习），预先规划你的路线，并监控延误（计划）。你甚至可以通过与汽车正常对话（自然语言处理）来给它指令。

像苹果这样的科技公司希望将人工智能应用到更多领域，而不仅仅是自动驾驶汽车。他们的目标是将其应用到他们所有的设备和服务中。他们希望他们所有的设备不仅仅是智能的（即连接到互联网），而且是智慧的（即由人工智能后端系统驱动）。他们希望所有的物联网设备都由人工智能驱动。想想看，如果人工智能应用于制造业、金融、医药、网络安全、交通、教育、娱乐和农业等领域，可能会创造出什么样的新产品和服务。大型科技公司正在大力投资人工智能，以实现这一目标。

对 AI 说不

人工智能的广泛应用将会给企业带来很多变化。随着企业的变化，人们需要填补的工作类型也会发生变化。工人们需要不断地为新类型的工作开发新技能。他们可能会发现自己从事的工作与他们的正规教育几乎没有关系。一般来说，人们不喜欢改变。变化带来风险、不确定性和失控。人们很容易对人工智能和自动化说"不"。政府可能也会感到压力，从而对人工智能和自动化的施加限制，以保护工人。

但如果你不自动化，而你的竞争对手自动化了，会发生什么？如果你的竞争对手能以三分之一的价格生产出质量更高的产品，你可能就会失去竞争优势。想象一下，禁止网上银行是因为它可能会导致柜员失业，或者禁止 Netflix 是因为它可能会减少当地实体音像店对劳动力的需求。这对大多数人来说可能听起来很愚蠢，但创新已经导致了劳动力的重大变化。事实一直如此。有很多的工作已经不复存在了，但同时也有很多由于技术创新而产生的新工作。以适当的速度采用人工智能和自动化，可能是保持企业可行的唯一方法。

从更广泛的角度考虑人工智能的应用，它可能会解决某些世界经济体的一些金融困境。医疗保健和制造业的成本可在 10 年内减少 8 万亿美元，雇佣成本可以减少 9 万亿美元[23]。世界经济的生产力也将至少提高 30%。政府可能不希望看到他们的公民被迫从事新型工作，但他们可能需要人工智能和自动化带来的经济收益。对人工智能说"是"可能是一个痛苦但必要的决定。

问题 3-8 人工智能如何工作？

人工智能已经成为科技界和商界的一个流行语。人们谈论人工智能可以做的惊人的事情，但他们并不真正理解它是如何工作的。作为一名商务专业人士，你需要对人工智能的工作原理有一个基本的了解。你不需要成为专家，但确实需要了解如何应用它来解决企业问题。这将使你能够在你的企业中真正创造价值，而不仅仅是对人工智能在其他企业中创造的生产力收益感到敬畏。

下面的示例将介绍如何使用人工智能来解决现实世界中的问题——垃圾邮件过滤。

机器学习

人工智能的一个子集是机器学习，它基于从训练数据创建的算法中提取知识。从本质上讲，机器学习的重点是基于先前已知的训练数据预测结果。例如，机器学习可以用来教系统识别和分类狗的品种。一台机器通过分析数百万张狗的图像来学习识别每个品种的狗。事实上，微软已经开发了一款名为 Fetch! 的应用。你甚至可以提交你自己的照片，看看你最像哪个品种的狗（www.what-dog.net）。

机器学习也可以帮助你做决定。假设你在公园遇到一只第一次见到的狗，你必须决定是否要抚摸这只狗。它可能会咬你，但也可能不会。通过你的经历，你已经建立了一套标准，来帮助你决定是否应该摸狗。你可能会考虑它是否会咆哮、露出牙齿、吠叫、身体姿势或口吐白沫。其中一个因素可能不足以阻止你抚摸狗，但结合其他因素可能就足够了。机器学习的方式和你一样——通过经验。

使用机器学习自动检测垃圾邮件

现在让我们将机器学习应用到一个可以帮助企业的现实问题中。我们将使用机器学习自动将电子邮件分类为 Paul Graham 所描述的垃圾邮件或合法电子邮件[24]。为了做到这一点，我们需要选择最适合我们情况的算法或一组用于解决数学问题的流程。我们将使用一种称为朴素贝叶斯分类器的算法，该算法基于先前发生的相关事件来预测某个结果的概率。换句话说，我们将尝试根据以前垃圾邮件的属性来预测新电子邮件是否是垃圾邮件。

为此，我们首先大量收集了以前的电子邮件。然后将每封邮件分为"垃圾邮件"或"合法邮件"，如图 3-30a 所示。接下来，我们在所有电子邮件中搜索促销（promotion）一词，看看有多少匹配。如图 3-30b 所示，我们发现 5 封合法邮件和 40 封含有促销（promotion）一词的垃圾邮件。一些合法的邮件可能在工作晋升的背景下使用了 promotion 这个词。另一方面，垃圾邮件可能使用 promotion 一词来表示特别销售。

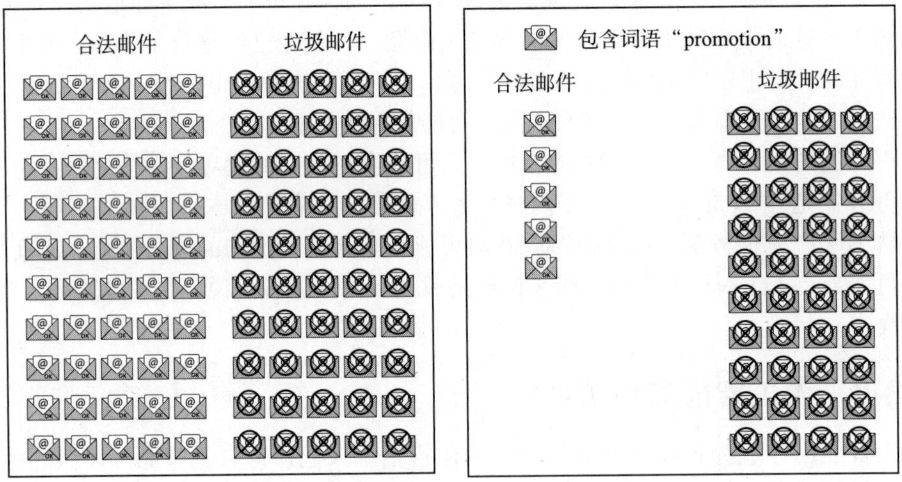

a) 将电子邮件分类为垃圾邮件或合法邮件　　b) 含有促销字样的电子邮件

图 3-30　电子邮件分类示意图

在这种情况下，以前包含 promotion 一词的电子邮件中有 88% 是垃圾邮件。所以，在未来，如果收到一封包含 promotion 这个词的新邮件，我们会说它有 88% 的可能性是垃圾邮件。这并不意味着 promotion 这个词可以用来完美地识别所有垃圾邮件，但它是一个强有力的指标。将它与其他关键字结合起来可以真正地提高垃圾邮件检测的准确性。

机器学习将这一过程自动化，并查找拼写错误、像 madam 这样的单词以及垃圾邮件中常见的其他关键术语。得到的结果是一个术语和相关概率的列表，它可用于自动评估所有新收到的电子邮件。机器学习允许自动化系统在用户将电子邮件标记为垃圾邮件时向用户学习，然后根据这些垃圾邮件的内容过滤未来的电子邮件。它不是完美的，但它有惊人的准确性。

机器学习可以用于各种各样的任务，包括大学录取决定、信贷审批、欺诈检测、搜索结果优化和约会网站匹配。它可以根据所分析的数据类型使用对应的算法（如决策树、线性回归和逻辑回归），还可以使用神经网络来预测价值，并根据一组复杂的可能非线性数据进行分类，如"前景好"或"前景差"，或者使用深度学习技术，让系统自行对数据进行分类。解释这些技术超出了本书的范围，如果你想了解更多，在 http://kdnuggets.com 搜索神经网络这个术语。

IBM 的智能机器人沃森

现在你已经看到了人工智能如何工作的简单例子，让我们来看看更复杂的人工智能。IBM 的人工智能沃森是一个问答系统，它利用了人工智能的几个领域。首先，它使用自然语言处理（NLP），即计算机系统理解人类口语的能力来回答问题。它是为了在智力竞赛节目 Jeopardy! 中与世界冠军比赛而设计的。在 2011 年，它获得了冠军。

但那又怎样？为什么要花费数百万美元去创造一个能够赢得问答游戏的优秀人工智能呢？从定义上看，这不是微不足道的吗？不。这场问答游戏旨在展示沃森以自然的方式回答人类提出的难题的能力。沃森的胜利意义深远。沃森可以为医疗保健、交通、教育、社交媒体、客户服务和安全等领域的问题提供基于证据的答案[25]。例如，H&R Block 正在使用沃森来帮助处理税务，LegalMation 正在使用沃森来帮助自动化诉讼。沃森的潜在应用还有很多。为了更好地理解沃森的能力，你需要了解沃森工作的基本原理。

沃森是如何工作的？

图 3-31 显示了沃森工作原理的简图。实际的 DeepQA 架构要比这复杂得多，但这超出了本书的范围[26]。作为一名业务经理，了解沃森的工作原理非常重要，这样你才能确定这种人工智能的潜在应用。

首先，沃森从字典、百科全书、文献、报告和数据库等来源获取内容。它从这些结构化和半结构化数据源中提取有价值的数据。然后将这些提取出来的数据片段添加到知识语料库或大量相关数据和文本中。在 Jeopardy! 挑战中，沃森在 4TB 的磁盘空间中存储了相当于 2 亿页书本所记载的内容[27]。

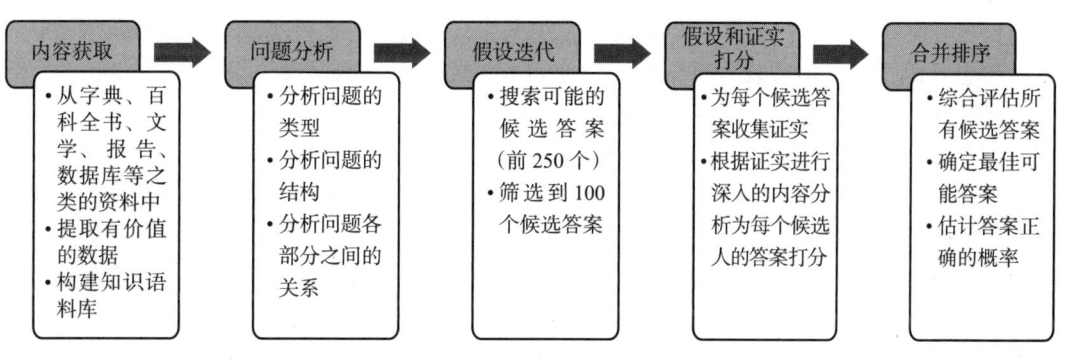

内容获取	问题分析	假设迭代	假设和证实打分	合并排序
• 从字典、百科全书、文学、报告、数据库等之类的资料中 • 提取有价值的数据 • 构建知识语料库	• 分析问题的类型 • 分析问题的结构 • 分析问题各部分之间的关系	• 搜索可能的候选答案（前 250 个） • 筛选到 100 个候选答案	• 为每个候选答案收集证实 • 根据证实进行深入的内容分析为每个候选人的答案打分	• 综合评估所有候选答案 • 确定最佳可能答案 • 估计答案正确的概率

图 3-31 IBM 的问答过程

一旦建立了语料库，它就可以开始回答问题了。每个问题都要经过问题分析。沃森能识别被问到的问题类型，并分析问题本身。虽然这听起来可能过于简单，但要记住，大多数人需要几年的时间才能学会说他们的母语。

接下来，沃森会生成关于问题正确答案的假设。它在数据中搜索可能的候选答案并获取前250个候选的答案，然后过滤出前100个答案。接着，它会回到数据中，寻找支持每个候选答案的证据。它使用许多不同的技术来根据现有的情况对每个答案打分。

最后，沃森将所有候选答案的得分合并，以确定最佳答案，并估计答案正确的概率。而最棒的是它仅在3秒内就完成从问题分析到最终答案估计的所有工作。

沃森的未来

IBM的沃森是一个惊人的系统。它每秒可以阅读数亿页、可以同时与世界各地的人互动并会说9种语言。但沃森仍然需要接受不同任务的训练，这些训练可能比我们想象的还要多。沃森花了5年时间才成为回答琐事问题的高手，但沃森做到了。请记住，沃森将比人类寿命更长，并且每18个月就可以升级一倍的处理器（摩尔定律）。20年后，沃森可能会做很多我们认为只有人类才能做的事情。

问题 3-9　2029年将会怎样？

商业智能系统如今被广泛使用。使用RFM和OLAP的简单系统易于使用，并且确实能够增加价值。像人工智能机器学习这种更复杂的系统，也开始被大公司成功使用。但是它们必须被正确地设计和实施，并适当地应用于问题。

当涉及使用商业智能来有效地定位客户可能购买的产品时，公司已经相当精明了。他们使用商业智能来知道你想买什么、什么时候买以及如何买。他们可以检测到诈骗的信用卡购买，自动锁定你的信用卡，并迅速解决未经授权的费用。但是除了零售，商业智能还可以做更多的事情。

到2029年，数据存储、处理能力和网络速度将呈指数级增长。你周围的大多数设备都将收集和传输数据。公司对你的了解将不仅限于你的购买习惯。他们知道你一整天的位置，也会知道你的睡眠模式、锻炼习惯、压力水平和食物偏好。甚至会知道你在家里说些什么。所有这些类型的数据都可以用于有益的方向来产生结果，也可能被用于不好的方向来制造恶果。随着商业智能的发展，隐私将越来越受到关注。

到2029年，许多工作也很有可能被自动化。当人工智能变得足够复杂，足以取代商业智能分析师时，会发生什么？当人工智能有能力找到自己的数据集、执行自己的分析、做出决定，然后决定下一步执行哪个分析时，会发生什么？人工智能可能会自动执行我们现在知道自己想要执行的许多常规分析任务，但它也可能发现新的模式、相关性和见解。将来，人工智能教的可能和学的一样多，甚至可能超越我们。

雷·库兹韦尔（Ray Kurzweil）提出了一个他称之为"奇点"的概念。这个概念是指当人工智能变得足够复杂的时候，可以适应并创建自己的软件，从而在没有人类帮助的情况下调整自己的行为。将这个想法应用到无监督数据挖掘，当机器可以指导它们自己的数据挖掘活动时会发生什么[28]？人工智能之间将会有一个加速的正反馈循环。单个人工智能的处理能力将超过人类所有可能的认知能力的总和。库兹韦尔预测，在2045年，我们甚至可能拥有将人类智能与人工智能结合起来的技术，并获得我们以前无法理解的知识。

到2029年，我们将开始看到这样的未来。我们将开始看到机器不仅仅是我们用来增强自己的东西（例如现在我们创造汽车，是因为我们跑得不够快或不够远）。我们可能会开始把机器视为助手、同事、顾问，甚至朋友。他们可能成为事物的创造者或者成为我们的看护人。

安全指南——Equifax 公司

当把手伸进口袋或包里去拿某样东西，却发现它不在那里的时候，我们都有过心里一沉的感觉。这种感觉很快就会伴随着肾上腺素的激增和疯狂的心理活动。我们试图回忆最后一次看到或使用该物品是什么时候。通常，我们会检查其他的口袋或包，回溯我们的脚步，甚至联系可能找到丢失物品的朋友或家人。有时这些策略被证明是成功的，其他时候则不然，这些物品永远不会被找到。

在许多情况下，丢失的物品是钱包。因此，我们为失去的现金感到惋惜，并面临联系金融机构取消借记卡和信用卡的沮丧。虽然这令人不快，但一个人丢失钱包的总体规模相对较小。然而想象一下，像这样的事情同时发生在超过 1.4 亿人身上时的焦虑和沮丧。

泄露

在晚间新闻的头条新闻中，涉及大公司的网络安全漏洞并不罕见。然而在 2017 年夏天，一个令人震惊的头条新闻是三大主要征信机构之一的 Equifax 公司被曝大规模数据泄露（另两家是 Experian 和 TransUnion）。泄露内容包括窃取高度敏感的个人身份信息（PII），与 1.43 亿人有关的名字、地址、出生日期、社会保险号[29]。后续报道称另有数百万人的数据也被泄露。

Equifax 最终成了众矢之的，因为这次入侵是利用 Apache Struts 进行的，它是一款用于创建网站的公开软件，而在今年早些时候思科就发现其存在漏洞[30]。虽然 Equifax 已经在很大程度上解决了这一漏洞，但它的一些系统仍然容易受到影响，这种脆弱性足以使其基础设施受到损害[31]。

Equifax 数据泄露尤其具有破坏性。因为它为犯罪分子提供了在单个数据库中实施大规模欺诈所需的一切，而此前的许多泄露仅包括电子邮件地址和密码或姓名和信用卡号。Equifax 和安全专家建议受影响的个人（包括近一半的美国人口）在三家征信机构冻结他们的信贷。（这意味着改变信用状态，如果没有本人直接授权"解冻"，就不能开立新账户。）

尽管有这些建议，还是有无数人的身份被盗用，成了诈骗的受害者。例如，当一名受害者在邮件中收到他们从未开立的信用卡账户的信息时，他们才意识到事情出了问题[32]。在调查这个非法账户时，他们发现他们的信息被利用开设了 15 个不同的欺诈账户。其他受害者也分享了类似的故事，诈骗活动影响了从银行账户、汽车贷款到住房抵押贷款和驾照的方方面面[33]。

雪上加霜

Equifax 因这一事件遭到了强烈反对。安全专家认为，由于 Equifax 拥有的个人信息极度敏感，它本应采取更严格的安全控制措施。也有人质疑 Equifax 和其他存储 PII 的公司是否应该使用集中式数据存储方法，因为这种类型的架构容易成为黑客的巨大目标。消费者感到沮丧的原因有很多，包括欺诈风险和他们对于自己的 PII 没有权力的事实（即信用机构收集每个人的数据，但你却没法选择"拒绝"）。

Equifax 在处理数据泄露时犯了很多错误，这让事情变得更糟。例如，在报告泄露后不久，该公司创建了一个支持网站，供人们检查他们的数据是否被泄露，但它创建的网站是在其公司域之外的（即与其主要网站无关）。这使得网络犯罪分子可以创建各种 URL 类似的虚假网站来利用粗心的人。为了说明这一点，一名 Web 开发人员创建了一个假网站，随后被几名 Equifax 员工引用。令人难以置信的是，他们在推特上错误地发布了好几次这个欺诈网站的链接。[34] 据估计，在支持网站创建的一天之内，钓鱼者就创建了近 200 个虚假网站[35]。

讨论问题

1. 你或你认识的人是否遭受过任何形式的盗窃（个人财产或身份信息）？你或这个人是如何应对的？采取了什么行动来补救这种情况？这个事件花了多长时间才得到解决？
2. 你认为这次泄密会对 Equifax 造成什么影响？消费者是否有权在任何时候要求公司删除他们的数据？政府是否应该介入并成为消费者信用报告的交换所，以提供更强大的安全保障？
3. 文章提到 Equifax 使用集中式结构存储数据，这对黑客来说是一个非常有吸引力的目标。你能想到其他使用集中式结构的企业或情况吗？鉴于 Equifax 的数据泄露，你认为这种情况应该避免吗？
4. Equifax 员工犯了一个错误，即他们在推特上发布了一个实际上与该公司的应对工作无关的网站的 URL。你如何验证一个网站是否合法？

职业指南

姓名：林赛·津亚（Lindsey Tsuya）
公司：American Express Company
职称：数据分析经理
教育经历：犹他大学

1. 你是怎么得到这份工作的？

我是被一个已经在美国运通工作的朋友推荐的。幸运的是，毕业后我做的每一份工作都获得了推荐。此外，在毕业后我参加了一个技术轮岗计划，它让我探索了不同的技术领域。这使我能够确定最适合我的技术类型，更让我明白了我对技术的热情所在。我强烈建议任何有类似机会的人都去尝试一下。

2. 这个领域吸引你的是什么？

在大学的时候，我在服务行业工作。当我选择学位的时候，我知道我想要两样东西。首先，我想要一个能赚钱的学位。其次，我想找一份不直接为公众提供服务的工作。我知道选择信息系统将做更多的幕后工作。

3. 你的日常工作是怎么样的？

我负责部门大部分的报告工作。我们有很多周报必须发出去，当然也有月报和季报。我还负责处理部门的大部分特别要求。我们是一个全球性的团队，分布在新加坡、伦敦、悉尼、纽约和盐湖城。这些报告可能是临时数据分析或在数据中查找特定内容的数据挖掘。

4. 你最喜欢工作的哪一点？

我热爱我的工作，因为我对我所做的事情充满激情。我喜欢数据，喜欢通过分析数据去确定数据在告诉我什么。因为我在一家金融服务公司工作，我必须研究很多驱动因素才能确定原因。我最喜欢我的工作的地方是它总是与众不同。没有两个特别要求是相同的。每天都不一样，我喜欢这样。

5. 想要做好你这份工作需要哪些技能？

良好的分析技巧和分析大量数据的能力是必不可少的。批判性思维能力和跳出思维定式的能力也很重要。让人与众不同的软技能是激情和积极进取的态度。这两方面结合在一起会让任何人走得更远。

6. 在你的领域里教育经历或者证书重要吗？为什么？

我想说在任何领域，教育和证书都有助于职业发展和信誉。

7. 你会给那些考虑在你所在领域工作的人什么建议？

无论你选择什么领域，确保它是你热爱的。因为如果你对它没有热情，工作就会感觉像工作。如果你对你所做的事情充满激情，那么工作就像玩乐一样。你一生中会花很多时间工作，你不应该把它们浪费在你不喜欢的事情上。

本章回顾

通过本章回顾来验证你是否理解了回答本章问题所需要用到的思想和概念。

问题 3-1　企业如何使用商业智能系统？

定义商业智能和 BI 系统。请对图 3-1 中的部件进行说明。给出本书以外的例子，说明企业如何使用商业智能来完成图 3-2 中的四个任务的任意一个。说出商业智能流程中的三个主要活动的名称并描述。以图 3-3 为指导，描述每个活动的主要任务。总结零件分销公司的团队如何使用这些活动来产生商业智能结果。解释如图 3-4 至图 3-7 所示的流程。

问题 3-2　企业如何通过数据仓库和数据集市获取数据？

描述数据仓库和数据集市的需求和功能。说出数据仓库各部分的名称并描述它们的角色。列出用于数据挖掘和复杂报表的数据中可能存在的问题并解释。请使用供应链为例描述数据仓库和数据集市之间的区别。

问题 3-3　处理商业智能系统数据的三种技术是什么？

列出商业智能分析的三种类型，并描述每种类型的目标有何不同。列举并描述报表分析中的五种基本报表操作。定义 RFM 分析，并解释应对具有以下分数的客户应采取何种行动：[5,5,5]、[1,5,5]、[5,5,3] 和 [5,2,5]。解释 OLAP 并描述其特性。解释变量和维度在 OLAP 数据立方体中的角色。定义数据挖掘并解释它的使用与报表应用程序有何不同。描述无监督数据挖掘和有监督数据挖掘之间的区别。说出并解释大数据的 3T 特征。描述分布式计算的总体目标，并从概念层面解释它是如何工作的。解释 Hadoop 的目的和起源。描述企业部署 Hadoop 的方式。定义 Pig 语言。

问题 3-4　商业智能的发布方案？

列出用于发布商业智能的四种服务器类型。说明静态报表和动态报表的区别，解释订阅这个术语。描述为什么动态报表很难创建。定义知识管理。解释知识管理的五个主要好处。

简要描述一种 KM 系统。总结员工对超社会化的知识共享可能产生的抵触情绪，并提出两种减少这种抵触情绪的管理技巧。定义内容管理系统（CMS）。说出两个 CMS 应用程序的替代品，并解释它们的用法。描述企业在管理内容方面面临的五个挑战。

问题 3-5　为什么人工智能很重要？

定义人工智能和自动化。描述企业希望如何使用人工智能来提高自动化程度。列出图 3-22 中所示的推动人工智能最新进展的力量，解释为什么这些力量对当前人工智能的成功都很重要。定义深度学习。描述用户可能已经在使用的如图 3-23 所示的人工智能应用。

问题 3-6　人工智能和自动化将如何影响企业？

请解释如何利用人工智能和自动化来降低快餐店的成本和提高生产力。如图 3-24 所示，列出一些企业可能会从采用自动化劳动中看到的除了工资和薪金之外的成本节约。如图 3-25 所示，总结一些自动化劳动对企业生产力的潜在影响。描述采用自动化劳动如何减少员工欺诈及其对盈利能力的潜在影响。描述当他们的企业实现广泛的自动化时，人们可能会有的两种反应。列出一些人们可能不想做，但对自动化机器人来说很好完成的工作。描述一下人工智能和自动化将如何创造新型工作来取代那些将会消失的工作，以及为什么工作者必须适应这些变化。列出可以帮助你适应由人工智能和自动化引起的工作场所变化的技能。

问题 3-7　人工智能的目标是什么？

定义强 AI、弱 AI 和超级智能。描述一下图灵测试。解释为什么图 3-29 所示的主要人工智能研究领域试图模拟所有人类能力。请描述一下这些主要的人工智能研究领域将如何应用于自动驾驶汽车。描述一下对人工智能说"不"的潜在影响。

问题 3-8　人工智能如何工作？

定义机器学习、算法和朴素贝叶斯分类器。描述机器学习如何通过训练数据来预测未来的结果。如图 3-30 所示，请总结如何使用机器学习来检测垃圾邮件。定义自然语言处理。IBM 的人工智能沃森的问答过程如图 3-31 所示，请描述沃森如何被企业用来帮助回答用户问题。

问题 3-9　2029 年将会怎样？

总结零售商如何使用商业智能来锁定目标客户。解释为什么未来的公司会了解你更多的信息，而不仅仅限于购买习惯。分析这类数据有哪些优点和缺点？描述人工智能如何使某些类型商业智能分析师的工作自动化。总结一下人工智能如何会不受人类控制。在你看来，这是个问题吗？为什么呢？描述一下库兹韦尔的"奇点"会如何影响人类。

将你的知识应用到 eHermes

通过本章，你了解了商业智能分析的三个阶段，并学习了获取、处理和发布商业智能的常用技术。这些知识将使你能够想象雇主生成的数据的创新用途，并了解这种使用的一些限制。在 eHermes，本章的知识可能会帮助你了解使用客户销售数据来增加收入的方法，或者使用人工智能来帮助优化 eHermes 的运营效率。

关键术语和概念

算法（Algorithm）
人工智能（Artificial Intelligence, AI）
自动化（Automation）
商业智能分析（BI analysis）
商业智能应用（BI application）

大数据（Big Data）
商业智能服务器（BI server）
商业智能（Business Intelligence, BI）
商业智能系统（Business intelligence system）
聚类分析（Cluster analysis）

内容管理系统（Content Management System, CMS）
存储在用户本地终端的数据（cookie）
知识库（Corpus of knowledge）
数据获取（Data acquisition）
数据集市（Data mart）
数据挖掘（Data mining）
数据仓库（Data warehouse）
决策支持系统（Decision support system）
深度学习（Deep learning）
维度（Dimension）
下钻（Drill down）
动态报表（Dynamic report）
异常报表（Exception report）
地理围栏（Geofencing）
粒度（Granularity）
一个分布式系统基础架构（Hadoop）
知识管理（Knowledge Management, KM）
机器学习（Machine learning）
分布式计算（MapReduce）
变量（Measure）
朴素贝叶斯分类器（Naïve Bayes Classifier）
自然语言处理（Natural Language Processing, NLP）

神经网络（Neural network）
OLAP 数据立方体（OLAP cube）
在线分析处理（Online Analytical Processing, OLAP）
一种编程语言（Pig）
发布结果（Publish result）
拉式发布（Pull publishing）
推式发布（Push publishing）
回归分析（Regression analysis）
报表分析（Reporting analysis）
报表应用（Reporting application）
RFM 分析（RFM analysis）
静态报表（Static report）
强 AI（Strong AI）
结构化数据（Structured data）
订阅（Subscriptions）
超级智能（Superintelligence）
有监督数据挖掘（Supervised data mining）
奇点（The Singularity）
第三方 cookie（Third-party cookie）
图灵测试（Turing test）
无监督数据挖掘（Unsupervised data mining）
弱 AI（Weak AI）

知识运用

3-1. 假设一家医院采用了由一家大型制药公司交付的商业智能系统。该系统为每位患者向医生提供自动药物推荐。根据定言令式，这合乎道德吗？根据功利主义呢？你认为这合乎道德吗？

3-2. 请用你自己的话解释销售分析团队在问题 3-1 是如何实施他们制定的五个标准的。请使用问题 3-1 中所示的数据和表格作答。

3-3. 在问题 3-1 中，销售分析团队创建了一个查询，该查询将所选零件与其过去的销售数据（所选零件的历史销售记录）连接起来。解释为什么查询结果没有显示这些零件设计的销售前景。根据这些结果，该团队是否应该考虑改变其标准？如果是，怎么做？如果不是，为什么？

3-4. 给定来自"选定零件的销售历史"查询的结果，列出公司可以采取的三种行动。推荐其中一项行动，并证明你的建议是正确的。

3-5. 描述对 Costco 的 RFM 分析的使用。解释一下你会为拥有以下得分的客户做些什么：[5,5,5]、[3,5,5]、[5,2,5]、[3,3,5]、[5,5,3]。这个分析对 Costco 有用吗？解释你的回答。

3-6. 定义大数据的特征。找出并描述你所在大学符合大数据特征的三个与学生相关的应用。描述数据中可能发现的模式和关系。

3-7. CogniToys 使用 IBM 的沃森为其 Dino 玩具提供助力。Dino 以一种定制的方式回答孩子们（或成年人）提出的问题。它会记住提问的人的年龄，并对年龄较大的孩子给出更复杂的答案。它还可以玩游戏、讲笑话以及记录孩子在各种科目上的进步。家长可以通过在线报告了解孩子的进步情况。请描述一下 IBM 的沃森将如何改变正规教育。沃森将如何用于帮助发展中国家的儿童教育？

3-8. 比尔·盖茨（Bill Gates）、埃隆·马斯克（Elon Musk）和已故的斯蒂芬·霍金（Stephen Hawking）等思想领袖都对人工智能可能带来的潜在危害表示了担忧。例如，斯蒂芬·霍金警告说，人工智能可能会进化到人类无法控制的地步，从而导致人类的终结。

描述一下高级人工智能（超级智能）可能带来的一些潜在的不好的影响。如果人工智能驱动的机器人可以做人类目前95%的工作，人类会怎么样？

协作练习3

使用你在第1章的协作练习中建立的协作信息系统，团队协作回答下面的问题。

阅读案例研究3。不可否认，第三方cookie为在线卖家提供了优势。它还增加了消费者接收到他们感兴趣的在线广告的可能性。因此，第三方cookie也可以提供使用者服务。但个人隐私的代价是什么呢？我们应该怎么做呢？与你的团队一起回答以下问题：

3-9. 总结创建和处理第三方cookie的方式。尽管cookie不应该包含个人身份数据，但请解释它如何轻易获得这些数据（见3-19）。

3-10. 有许多浏览器功能、外接程序和其他工具可以阻止第三方cookie。在网络上检索如何阻止某某浏览器上第三方cookie的方法。阅读说明并总结查看给定站点发出的cookie所需的程序。

3-11. 在很大程度上，广告为免费使用网络内容甚至网站本身付费。如果出于对隐私的担忧，而导致许多人屏蔽第三方cookie，那么网站就会损失大量的广告收入。与你的团队讨论这样的做法将如何影响Facebook和其他依赖广告收入的公司的估值。讨论它将如何影响免费在线内容的交付，例如由福布斯或其他供应商提供的内容。

3-12. 许多公司在第三方cookie方面存在利益冲突。一方面，这些cookie有助于产生收入，为互联网内容付费。另一方面，侵犯用户隐私可能会成为一场公关灾难。正如你在回答3-10时所了解到的，浏览器包含阻止第三方cookie的选项。但是在大多数情况下，这些选项在浏览器安装中默认被关闭。讨论为什么会这样。如果网站在安装第三方cookie之前需要获得你的许可，你是否授予许可？列出你的团队认为会实际使用的标准（如与团队认为应该使用的方法相反），评估该政策的有效性。

3-13. 第三方cookie的处理是隐藏的。我们不知道关于自己行为的数据在幕后发生了什么。因为它涉及的内容太多，涉及的方面也太多。所以即使有描述，也很难理解其可能性。如果你的隐私被七家独立运作的不同公司的互动所损害，那么哪家公司该为此负责呢？总结这些事对消费者的影响。

3-14. 总结第三方cookie对消费者的好处。

3-15. 鉴于你对第三方cookie的了解，你的团队认为应该对它们做些什么？

　　a. 什么都不做。
　　b. 要求网站在安装第三方cookie之前询问用户。
　　c. 要求浏览器阻止第三方cookie。
　　d. 要求浏览器默认阻止第三方cookie，但由用户选择是否启用。
　　e. 其他。

在你的团队中讨论这些替代方案，并推荐一个，同时说明理由。

【案例研究3——分发cookie的Hadoop】

cookie是网站存储在计算机上的数据，用于记录与你的交互情况。cookie可能包含一些数据，比如你上次访问的日期、你当前是否登录或者关于你与该网站交互的其他数据。cookie还可以包含一个键值，它指向服务器公司维护的关于你过去交互的数据库中的一个或多个表。在这种情况下，当你访问一个网站时，服务器使用cookie的值来查找历史记录。这些数据可能包括你过去的购买记录、未完成交易的部分内容或者你希望用于Web页面的数据和外观。大多数时候，cookie使你与Web站点的交互变得轻松。

cookie数据包括cookie所有者Web站点的URL。因此，例如当你访问亚马逊时，它会要求你的浏览器在你的计算机上放置一个cookie，其中包含它的域名www.amazon.com。除非cookie已经关闭，否则你的浏览器就会这样做。

第三方cookie是由你访问过的网站以外的网站创建的cookie。生成此类cookie的方式有几种，但最常见的情况是一个 Web 页面包含来自多个来源的内容。例如，亚马逊设计其页面时，一个或多个部分都包含广告服务公司 DoubleClick 提供的广告。当浏览器构建你的亚马逊页面时，它会联系 DoubleClick 以获取这些部分的内容（在本例中是广告）。当它响应内容后，DoubleClick 指示浏览器存储 DoubleClick 的 cookie。这个 cookie 就是第三方 cookie。通常，第三方 cookie 不包含标识特定用户的名称或任何值。相反的是，它们含有发送内容的 IP 地址。

在 DoubleClick 自己的服务器上创建 cookie 时，它会在日志中记录数据。如果你点击广告，它会将点击的事实添加到日志中。每次 DoubleClick 显示广告时，都会重复此记录。cookie 是有有效期的，但这个日期是由 cookie 制作者设定的，它们通常可以保存很多年。因此，随着时间的推移，DoubleClick 和其他任何第三方 cookie 所有者都将拥有它展示的内容、被点击过的广告以及交互间隔的历史记录。

其中的机遇超乎我们的想象。DoubleClick 不仅与亚马逊签订了协议，还与许多其他公司签订了协议，比如 Facebook。如果 Facebook 在其网站上包含任何 DoubleClick 的内容，那么 DoubleClick 将在你的计算机上放置一个 cookie。这个 cookie 与它通过亚马逊放置的 cookie 不同，但两个 cookie 都有你的 IP 地址和其他数据。因为它们来自同一个来源，所以足以将它们关联起来。现在 DoubleClick 就有你在两个网站上的广告响应数据记录。随着时间的推移，cookie 日志包含的数据，不仅可以反映你对广告的态度，而且还可以显示你在所有放置广告的网站上访问网站的模式。

你可能会惊讶地发现自己到底有多少第三方 cookie。火狐浏览器有一个可选的功能叫作 Lightbeam，它可以跟踪并绘制你计算机上的所有 cookie。图 3-32 显示了我访问各种网站时放置在我计算机上的 cookie。如图 3-32a 所示，当我启动计算机和浏览器时，没有 cookie。访问 www.msn.com 后的 cookie 如图 3-32b 所示。至此，已经有八个第三方 cookie 在跟踪。在我访问 5 个网站后，我有 27 个第三方 cookie，在我访问 7 个网站后，我有 69 个第三方 cookie，分别如图 3-32c 和图 3-32d 所示。

是哪些公司在收集我的浏览器行为数据？如果你将鼠标停留在其中一个 cookie 上，Lightbeam 将在右侧的数据列中突出显示它。从图 3-32d 可以看到，在访问了 7 个站点后，DoubleClick 一共连接了 16 个站点。所以，DoubleClick 把我甚至都不知道的网站链接到我的计算机上。检查右边的链接列，我访问了 MSN、亚马逊、MyNorthwest 和 WSJ，但列中的 Bluekai 和 Rubiconproject 是谁？在看到这个显示之前，我从来没有听说过他们。不过，他们显然听说过我。

第三方 cookie 会生成大量的日志数据。例如假设有一家公司，如 DoubleClick，每天向一台给定的计算机显示 100 个广告。如果它向 1000 万台计算机（可能）显示广告，那么每天总共有 10 亿个日志记录，一年就有 3650 亿个。这就是大数据。

存储基本上是免费的，但他们怎么处理所有这些数据呢？他们如何解析日志以找到仅适用于你的计算机的记录呢？他们如何整合来自同一 IP 地址上不同 cookie 的数据呢？他们如何分析这些记录来确定你点击了哪些广告？他们如何描述广告中的差异来确定哪些特征对你最重要？正如你在问题 3-6 中所了解到的，答案是使用并行处理。使用分布式计算算法，他们将工作分配给数千个并行工作的处理器。他们聚合这些独立处理器的结果后，转移到第二阶段再次进行分析。你在问题 3-6 中了解到的开源程序 Hadoop 是这个过程的首选。

a）开始显示　　　b）访问 MSN.com 和 gmail 之后

图 3-32　第三方 cookie 的增长

c) 访问 5 个网址后产生 27 个第三方　　　d) 链接到 DoubleClick 的站点

图 3-32　第三方 cookie 的增长（续）

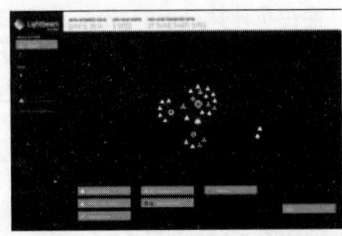

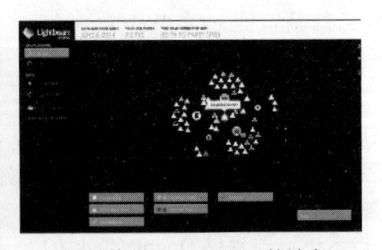

问题讨论

3-16. 请用你自己的话解释第三方 cookie 是如何创建的。

3-17. 假设你是一家广告服务公司，你负责维护特定供应商（例如亚马逊）网页广告的 cookie 数据日志。

　　a. 你如何使用这些数据来决定哪些是最好的广告？

　　b. 你如何使用这些数据来确定哪些是最好的广告格式？

　　c. 你如何使用过去的广告和广告点击记录来决定将哪些广告发送到给定的 IP 地址？

　　d. 你如何使用这些数据来确定你在回答问题 c 时使用的技术是否有效？

　　e. 你如何使用这些数据来确定一个给定的 IP 地址被多少人使用？

　　f. 拥有这些数据如何使你相对于其他广告服务公司具有竞争优势？

3-18. 假设你是一家广告服务公司，你有一个 cookie 数据日志，用于向所有客户（Amazon、Facebook 等）的网页提供广告。

　　a. 概括地描述如何处理 cookie 数据以关联特定 IP 地址的日志记录。

　　b. 解释如果你有这些额外的数据，你对 3-10 的答案是如何变化的。

　　c. 描述如何使用此日志数据来确定始终寻求最低价格的用户。

　　d. 描述如何使用这些日志数据来确定哪些用户一直在追求最新的时尚。

3-19. 如前所述，第三方 cookie 本身通常不包含将你识别为特定人员的数据。然而，亚马逊、Facebook 和其他第一方 cookie 供应商却知道你是谁，因为你登录了。只需要其中一个向广告服务器透露你的身份，它就可以与你的 IP 地址相关联。在这种情况下，广告服务器和潜在的所有客户端都知道你是谁。你是否担心第三方 cookie 会侵犯您的隐私？说明理由。

完成下面的写作练习

3-20. 反思报表系统、数据挖掘系统和大数据系统之间的差异。它们的相同点和不同点是什么？它们的成本有何不同？每一种都有什么好处？一个企业该如何从中选择呢？

3-21. 安装火狐和 Lightbeam 插件，并访问你经常访问的网站。

　　a. 你连接了多少个第三方站点？

　　b. 从 Lightbeam 显示中找到 DoubleClick。列出那些与你没有访问过的、DoubleClick 却显示的连接的企业。

　　c. 在 3-21b 的回答中选择一家公司。使用谷歌搜索它，并描述它是做什么的。

3-22. 假设你在一家在线体育用品零售商工作。你被聘为一名商务分析师，任务是增加销售额。描述你如何使用 RFM 来增加体育用品的销售。通过有效地使用，RFM 将如何影响客户满意度？

尾注

[1] PricewaterhouseCoopers. *2015 U.S. CEO Survey*, accessed May 24, 2018, www.pwc.com/us/en/ceo-survey/index.html.

[2] Clint Boulton, "Why CEOs Must Go Big in Digital (or Go Home)," *CIO.com*, May 2, 2016, accessed May 24, 2018, www.cio.com/article/3064592/cio-role/why-ceos-must-go-big-in-digital-or-gohome.html.

[3] Nipun Gupta, "Top 10 Databases in the World," May 4, 2014, accessed May 24, 2018, http://csnipuntech.blogspot.com/2014/05/top-10-largest-databases-in-world.html.

[4] Arthur Middleton Hughes, "Quick Profits with RFM Analysis," *Database Marketing Institute*, May 31, 2016, www.dbmarketing.com/articles/Art149.htm.

[5] Salesforce, "The Power of Geofencing and How to Add It to Your Marketing," *Salesforce*, April 18, 2018, www.salesforce.com/products/marketing-cloud/best-practices/geofencing-marketing/.

[6] Yuki Noguchi, "Recruiters Use 'Geofencing' to Target Potential Hires Where They Live and Work," *All Tech Considered*, July 7, 2017, www.npr.org/sections/alltechconsidered/2017/07/07/535981386/recruiters-use-geofencing-to-target-potential-hires-where-they-live-and-work.

[7] Ibid

[8] Salesforce, "The Power of Geofencing and How to Add It to Your Marketing," *Salesforce*, April 18, 2018, www.salesforce.com/products/marketing-cloud/best-practices/geofencing-marketing/.

[9] Yuki Noguchi, "Recruiters Use 'Geofencing' to Target Potential Hires Where They Live and Work," *All Tech Considered*, July 7, 2017, www.npr.org/sections/alltechconsidered/2017/07/07/535981386/recruiters-use-geofencing-to-target-potential-hires-where-they-live-and-work.

[10] A nonprofit corporation that supports open source software projects, originally those for the Apache Web server but today for a large number of additional major software projects.

[11] Meridith Levinson, "Knowledge Management Definition and Solutions," *CIO Magazine*, accessed May 29, 2016, www.cio.com/article/2439279/enterprise-software/knowledge-managementdefinitionand-solutions.html.

[12] Paul Miller, "Professor Pranksman Fools His Students with a TA Powered by IBM's Watson," *The Verge*, May 6, 2016, accessed May 26, 2018, www.theverge.com/2016/5/6/11612520/ta-powered-by-ibm-watson.

[13] Cheyenne Macdonald, "Artificial Intelligence Will Outperform Humans in All Tasks in Just 45 Years and Could Take Over EVERY Job in the Next Century, Experts Claim," *Dailymail.com*, May 31, 2017, accessed May 26, 2018, www.dailymail.co.uk/sciencetech/article-4560824/AI-outperform-humans-tasks-just-45-years.html.

[14] Robert D. Hof, "Deep Learning," *TechnologyReview.com*, April 23, 2013, accessed May 26, 2018, www.technologyreview.com/s/513696/deep-learning/.

[15] Stefanie Fogel, "Burger-Flipping Robot Has Its First Day on the Job in California," *Engadget.com*, March 8, 2017, accessed May 26, 2018, www.engadget.com/2017/03/08/burger-flipping-robot-flippy/.

[16] www.bls.gov/news.release/ecec.toc.htm.

[17] David Migoya, "More Consumers Banking by Mobile App," *DenverPost.com*, April 11, 2013, accessed May 26, 2018, www.denverpost.com/2013/04/11/more-consumers-banking-by-mobile-app.

[18] Association of Certified Fraud Examiners, "Report to the Nations on Occupational Fraud and Abuse," *ACFE.com*, March 30, 2016, accessed May 26, 2018, www.acfe.com/rttn2016.aspx.

[19] William H. Davidow and Michael S. Malone, "What Happens to Society When Robots Replace Workers?" *Harvard Business Review*, December 10, 2014, accessed May 26, 2018, https://hbr.org/2014/12/what-happens-to-society-when-robots-replace-workers.

[20] Carl Benedikt Frey and Ebrahim Rahbari,

[21] Chris Kreinczes, "Artificial Intelligence Innovation Report 2016," Deloitte and Springwise Intelligence Ltd., 2016, accessed May 26, 2018, www2.deloitte.com/content/dam/Deloitte/at/Documents/humancapital/artificial-intelligence-innovation-report.pdf.

"Technology at Work v2.0," Citi GPS, January 2016, accessed May 26, 2018, www.oxfordmartin.ox.ac.uk/downloads/reports/Citi_GPS_Technology_Work_2.pdf.

[22] Rodney Brooks, "Artificial Intelligence Is a Tool, Not a Threat," *RethinkRobotics.com*, November 10, 2014, accessed May 26, 2018, www.rethinkrobotics.com/blog/artificial-intelligence-tool-threat.

[23] Beijia Ma, Sarbjit Nahal, and Felix Tran, "Robot Revolution—Global Robot & AI Primer," Bank of America Merrill Lynch, December 16, 2015, accessed May 26, 2018, www.bofaml.com/content/dam/boamlimages/documents/PDFs/robotics_and_ai_condensed_primer.pdf.

[24] Paul Graham, "A Plan for Spam," *PaulGraham.com*, August 2002, accessed May 26, 2018, www.paulgraham.com/spam.html.

[25] Christina Mercer, "17 Innovative Businesses Using IBM Watson," *ComputerWorldUK.com*, June 29, 2017, accessed May 26, 2018, www.computerworlduk.com/galleries/it-vendors/16-innovative-wayscompanies-are-using-ibm-watson-3585847/.

[26] David Ferrucci, Eric Brown, Jennifer Chu-Carroll, James Fan, David Gondek, Aditya A. Kal-yanpur, Adam Lally, J. William Murdock, Eric Nyberg, John Prager, Nico Schlaefer, and Chris Welty, "Building Watson: An Overview of the DeepQA Project," *AI Magazine*, Fall 2010, accessed May 26, 2018, www.aaai.org/Magazine/Watson/watson.php.

[27] Ian Paul, "IBM Watson Wins Jeopardy, Humans Rally Back," *PCWorld.com*, February 17, 2011, accessed May 26, 2018, www.pcworld.com/article/219900/IBM_Watson_Wins_Jeopardy_Humans_Rally_Back.html.

[28] Ben Algaze, "The Singularity Is Near," *ExtremeTech*, March 15, 2018, accessed May 29, 2018, www.extremetech.com/extreme/265673-ai-sxsw-2018-hives-ethics-morals-singularity.

[29] AnnaMaria Andriotis, Michael Rapoport, and Robert McMillan, "'We've Been Breached': Inside the Equifax Hack," *The Wall Street Journal*, March 26, 2018, www.wsj.com/articles/weve-been-breached-inside-the-equifax-hack-1505693318.

[30] Ibid.

[31] Ibid.

[32] Anna Werner, "Months After Massive Equifax Data Breach, Victims Struggling to Recover," *CBS News*, March 26, 2018, www.cbsnews.com/news/equifax-data-breach-victims-struggling-to-recover/.

[33] Ibid.

[34] Brett Molina, "Equifax Support Team Sent Victims of Breach to Fake Site," *USA Today*, March 26, 2018, www.usatoday.com/story/tech/talkingtech/2017/09/21/equifax-support-team-sent-victimsbreach-phishing-site/688188001/.

[35] Ibid.

| 第二部分 |

Using MIS, Eleventh Edition

信息技术

接下来的三章将介绍构成信息系统的基础技术。作为商务专业人士,你可能认为这种技术对你并不重要。但你将会看到,现在的管理者和商务专业人士每时每刻都会用到信息技术,因为它与消费者息息相关。

第4章将讨论硬件、软件和开源替代品,并定义基本术语和基础计算概念;让读者了解物联网、增强现实、自动驾驶汽车、3D打印和加密数字货币的新发展,看到网络应用和移动系统的重要性。

第5章将通过描述数据库处理过程来介绍信息系统的数据组成,读者将学到基础数据库术语和数据库处理技术。由于你可能被要求评估其他人开发的数据库中的数据模型,因此本章将对数据模型进行阐述。

第6章将继续讨论第4章中提到的计算设备,描述数据通信、网络技术和云服务,让读者看到企业如何高效应用云,以及如何解决使用云可能带来的潜在安全问题。

这三章的目标是教会你作为高效信息技术消费者需要掌握的技术,就像eHermes的杰西卡、维克多、卡玛拉和塞思那样。你会学到基本术语、基础概念和有用的框架,从而有足够的知识储备向前来服务你的信息系统专家咨询，并提出恰当的要求。

　　技术更新换代很快，人们很难保持跟上最新技术的脚步。每年都会有大量的创新技术涌现，其中有一些可能会对你的企业或机构的策略造成真实威胁，其余的可能预示着企业或机构发展的潜在机遇。因此，理解这些新技术所蕴含的内容是很重要的，只有这样你才有能力提出正确的问题。

　　这几章中出现的概念和框架可能远比学习最新技术趋势对你更有用。趋势来了又走，不断迭代，你现在使用的技术在 10 年后就会过时，而理解如何获取创新技术背后所蕴含的企业策略将会对你的整个职业生涯有所助益。

| 第 4 章
Using MIS，Eleventh Edition

软硬件与移动系统

"卡姆（Kam），人工智能项目进行得怎么样了？"杰西卡微笑着问道，希望听到一些好消息。eHermes 的自动化行业专家（SME）卡玛拉·帕特尔邀请了首席执行官杰西卡·拉姆玛、首席运营官维克多·巴斯克斯和销售副总裁苔丝·维瑟到大办公室来看看人工智能项目进行得怎么样。杰西卡让卡玛拉看看她能不能将公司数据输入到人工智能里并提高运营效率。如果项目成功的话，可以为公司节省很多钱。

"一切进展顺利。但实际上它比想象中要慢得多，"卡玛拉轻轻摇了摇头，指着大屏上显示着彩色的路线、目的地和移动店面的城市地图说道，"把所有这些合在一起的工作量比我们最初设想的大得多。我的专长是自动驾驶汽车，不是人工智能。我想我已经陷入了无法应对的局面。我们真的需要一位人工智能专家来完成这项工作。"

"几个月前我们讨论这件事的时候，你说这可行。是有什么变数吗？"杰西卡带着失望的语气问道。

"没有什么变化。它还是可以运行的。它也会为我们节省很多钱，将成本至少削减 20%，并使运营效率提高一倍。但是，为了实现这一点，所花费的时间和金钱将比我们最初设想得多。"卡玛拉一边说一边点头表示鼓励。

苔丝转过身来指着其中一个屏幕。"现在我们正在每个移动门店里上架我们认为一个人可能会购买的相似类型的商品。假设一位顾客想买婴儿服装，那他可能也会对其他婴儿用品感兴趣。所以我们把一个满是婴儿用品的移动商店送到那个地方，通常顾客最终购买的都不仅仅是婴儿服装。"

"当人们在社区听到我们 eHermes 的音乐的时候，我们就会产生冰淇淋车效应。"卡玛拉补充道，"很多邻居都会到同一辆卡车上买东西，他们还会拿出自己的物品来出售。每站停留的时间不一样，销售商品和登记客户想要销售的新商品需要花费大量时间。我们很难预测一家店会在特定地点停留多久。"

杰西卡看起来有点困惑。"但我们在过去几年就已经看到了这种情况。随着人们越来越了解 eHermes，在特定地点停留的时间也随之增加。这个为什么会影响人工智能项目呢？"

"有几个原因。首先，我们没有足够的数据来训练人工智能。人工智能需要大量的数据去训练才能得出最佳解决方案。我们业务运作方式的变化不能帮到它。因为我们在快速发展，所以几年前的数据并不是很好的训练数据。其次，我一直在依靠我研究生院的一个朋友的帮助。人工智能非常复杂，并且我不是这方面的专家。我们不仅仅是在试着优化一个供应链。我们是一家结合了运输、在线零售和实体零售业的公司。我们必须优化路线、站点、可能的销售、客户购买习惯、库存管理……"

维克多一脸关切地打断了卡玛拉的话说："这个工作需要些什么？要花多少钱？"

"开销可能比我们现有资产多。我们至少得雇两个人工智能专家和一个中层团队，这是一笔不小的费用。我们还要在基础设施方面做更多的投入，以增加处理能力、数据存储和后端系统。我们的花钱速度将大幅提高。"

杰西卡看起来很失望。"如果我们多雇几个人让你来进行管理呢？这样够吗？"

卡玛拉笑道："还差得远呢。在开始这个项目之前我就已经忙得不可开交了。我一直搁置着对我们自动驾驶汽车的软件升级。更重要的是，我需要完成新系统的研发来实现店面数据的自动获取。如果我们能在收到卖家的商品之后立即更新我们的系统库存，随后立即出售，我们就能赚更多的钱。"

杰西卡看起来很失望。"好吧，也许你是对的。我真希望有想办法让它起作用。如果没有这个目前还不存在的优化系统的话，我们就无法足够快地发展。处在发展的前沿真是令人沮丧。"

"你是指发展的最前沿，对吧？"维克多假笑着说。

研究问题

问题 4-1　关于硬件，商务人士需要知道什么？
问题 4-2　新的硬件如何影响竞争战略？
问题 4-3　关于软件，商务人士需要知道什么？
问题 4-4　开源软件是可行的替代品吗？
问题 4-5　本地应用程序和 Web 应用程序之间有什么区别？
问题 4-6　为什么移动系统越来越重要？
问题 4-7　个人移动设备在工作中的挑战是什么？
问题 4-8　2029 年将会怎样？

章节预览

如果你是杰西卡你会怎么做？或者如果你是维克多你会怎么做？你会继续构建自己的人工智能吗？以后它可以帮你省钱，甚至或许可以为你提供一个应对进入你所在市场的潜在竞争者的竞争性优势。你也许可以花大价钱雇一支人工智能的团队。卡玛拉是不是太保守了？作为一个未来的商务专业人士，如果你想知道为什么，你需要了解硬件和软件，思考以下这些问题。这些问题和其他更复杂的问题是你需要面对的。

你不需要成为专家，也不需要成为硬件工程师或者计算机程序员。但你必须要对其有足够的了解才能成为一名高效的用户。你需要知识和技能来提出重要的相关问题并理解答案。

我们从基本的硬件概念以及硬件的创新会如何影响企业开始。接下来，我们将讨论软件的概念、开源软件的发展以及本地应用程序和 Web 应用程序之间的区别。之后我们将讨论移动系统的重要性以及员工带设备上班所带来的挑战。最后，我们将以预测 2029 年的软硬件趋势结束。

问题 4-1 关于硬件，商务人士需要知道什么？

大多数人认为计算机硬件是笔记本计算机、台式计算机、服务器，甚至是平板计算机。随着时间的推移，我们对计算机硬件的看法正在改变。以手机为例。25 年前手机被严格用于语音通信，没有人会把手机看作计算机硬件。

快进到今天。智能手机有强大的处理能力，能够连接网络、内部存储器和虚拟键盘，并且能够与其他设备互连。现在"手机"本质上是强大的计算机硬件。计算机硬件也逐渐发展，集成到手表、眼镜、电视、汽车甚至牙刷等其他设备中。

计算机硬件由电子元件和相关的小部件组成，它们根据计算机程序或软件中编码的指令输入、处理、输出和存储数据。今天的所有硬件或多或少都有相同的组件，至少到了对我们来说很重要的程度。我们将从这些组件开始，然后快速了解计算机的基本类型。

硬件组件

每台计算机都有一个中央处理单元（CPU），它有时被称为计算机的"大脑"。虽然 CPU 的设计与解剖学里动物的大脑没有任何共同之处，但这个描述是有帮助的，因为 CPU 确实有着机器的"智能"。CPU 选择指令、处理指令、执行算术和逻辑的比较，并将操作的结果储存到内存中。有些计算机有两个或更多的 CPU。有两个 CPU 的计算机称为双处理器计算机。四处理器计算机有四个 CPU。一些高端计算机有 16 个或更多的 CPU。

CPU 的速度、功能和成本各不相同。硬件厂商（如英特尔、美国超威半导体公司和国家半导体公司）在不断提高 CPU 的速度和能力，同时降低 CPU 的成本。你或者你的部门是否需要最新、最好的 CPU 取决于你们的工作性质。

CPU 与主存储器协同工作。CPU 从内存中读取数据和指令，然后将计算结果存储在主存储器中。有时主存储器称为 RAM，即随机存取存储器。

所有的计算机都有存储硬件，用于保存数据和程序。磁盘（也称为硬盘）是最常见的存储设备。固态硬盘（SSD）比传统的磁存储快得多，因为它使用非易失性的电子电路来存储信息。SSD 驱动器越来越受欢迎，但它比磁盘存储器贵几倍。U 盘是一种小型便携式固态存储设备，可以用来备份数据并将数据从一台计算机传输到另一台计算机。类似 CD 和 DVD 的光盘也是流行的便携式存储媒体。

硬件类型

硬件的基本类型如图 4-1 所示。个人计算机（PC）是经典的个人使用的计算机设备。在过去，个人计算机是商业活动中使用最广泛的计算机。而在今天，个人计算机正逐渐被平板计算机和其他移动设备所取代。Mac Pro 是现代个人计算机的一个例子。苹果凭借 iPad 让平板计算机大放异彩。2012年，微软发布了Surface平板计算机，谷歌发布了Nexus系列平板计算机。接着一个叫作平板手机的移动设备结合了智能手机的功能和平板计算机的大屏幕。像三星的Galaxy Note或者苹果的iPhone 8 Plus这样的设备都属于这种跨界产品。智能手机是有处理能力的手机，三星Galaxy S9和iPhone 8就是很好的例子。如今，由于很难找到一款不"智能"的手机，人们通常将其简称为"电话"。

硬件类型	例子
个人计算机（PC） 包括台式计算机和笔记本计算机	Apple Mac Pro
平板计算机 包括电子书阅读器	iPad，Microsoft Surface，Google Nexus，Kindle Fire
平板手机	Samsung Galaxy Note，iPhone 8 Plus
智能手机	Samsung Galaxy，iPhone
服务器	戴尔PowerEdge服务器
服务器群	服务器机架（见图4-2）

图4-1 硬件的基本类型

服务器是为支持处理来自多个远程计算机和用户的请求而设计的计算机。服务器本质上是个人计算机的一个极端例子。服务器与PC的不同主要在于它的作用。PC和服务器之间的关系类似于餐厅里顾客和服务员之间的关系。服务器从客户端接收请求，然后给它们传输内容。在餐馆里这就是食物和容器。在计算环境中，服务器可以向PC发送网页、电子邮件、文件或数据。访问服务器的个人计算机、平板计算机和智能手机被称为客户端。截至2018年，服务器的一个很好的例子是戴尔PowerEdge服务器。

最后，服务器群通常是数千台服务器的集合，如图4-2所示。服务器群通常放置在可以容纳5000台或更多服务器的大型卡车拖车上。典型的拖车有两条大缆绳从里面伸出来，一个用于电力，另一个用于数据通信。服务器群的操作员把拖车开到预先准备好的平板上（在仓库里或者有时露天），插上电源和通信电缆后成千上万的服务器就开始运行。

图4-2 服务器机架

越来越多的服务器基础设施被作为服务通过互联网进行交付，这里的互联网通常指云端。计算机硬件的容量是根据之后我们将讨论的数据单位来表示的。

计算机数据

计算机使用二进制数字表示数据，称为比特。它的值不是0就是1。如图4-3所示，由于比特易于物理表示，因此被用于表示计算机数据。一个开关既可以关闭又可以打开。计算机可以被设计成一个打开代表 0、闭合代表 1 的开关。磁场的方向也可以表示比特：一个方向的磁场代表 0、相反方向的磁场代表 1。或者对于光学介质，在光盘表面烧上小坑，这样它们就会反射光线。在一个特定的点，光线反射代表 1、没有反射代表 0。

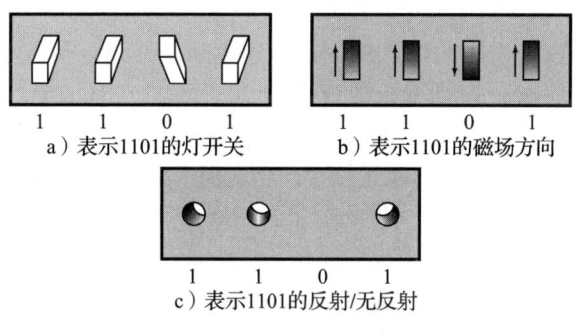

a）表示1101的灯开关　　b）表示1101的磁场方向

c）表示1101的反射/无反射

图 4-3　比特易于物理表示

计算机数据规模

所有形式的计算机数据都用比特表示。数据可以是数字、字符、货币金额、照片、录音等。它们都只是一串比特。出于一些让许多人感兴趣但又与未来的管理者无关的原因，比特被分成 8 位的块，称为字节（bytes）。对于字符数据，例如人名中的字母，一个字母会被存为一个字节。因此，当你知道一台计算机设备有 1 亿字节内存时，你就知道该设备最多可以容纳 1 亿个字符。

字节也用于测量非文本数据的大小。例如有人会说，一张图片的大小是 100 000 字节。这意味着表示该图片的字符串的长度为 100 000 字节或 800 000 比特（因为 1 字节为 8 比特）。

主存储器、磁盘和其他计算机设备的规格都用字节表示。表示数据存储容量的缩略语如图 4-4 所示。1 千字节（KB）是 1024 字节；1 兆字节（MB）是 1024 千字节；1 吉字节（GB）是 1024 兆字节；1 太字节（TB）是 1024 吉字节；1 拍字节（PB）是 1024 太字节；1 艾字节（EB）是 1024 拍字节；1 泽字节（ZB）是 1024 艾字节。有时候你会看到这些定义简化为 1KB 等于 1000 字节和 1MB 等于 1000KB 等。虽然这样的简化是不正确的，但它确实简化了计算。

术语	定义	缩写
字节	表示一个字符的比特数	
千字节	1024 字节	KB
兆字节	1024KB=1 048 576 字节	MB
吉字节	1024MB=1 073 741 824 字节	GB
太字节	1024GB=1 099 511 627 776 字节	TB
拍字节	1024TB=1 125 899 906 842 624 字节	PB
艾字节	1024PB=1 152 921 504 606 846 976 字节	EB
泽字节	1024EB=1 180 591 620 717 411 303 424 字节	ZB

图 4-4　重要的存储容量术语

为理解这些规格，试想沃尔玛每天处理约 40PB 的客户数据[1]。Facebook 每天在一个 300PB 的数据仓库中处理大约 600TB 的数据[2]。据估计，位于犹他州的美国国家安全局绝密数据中心拥有大约 12EB 的数据[3]。

用计算机数据大小表示硬件

计算机磁盘容量是根据它们所能容纳的数据量来确定的。因此，一个 5TB 的磁盘最多可以容纳 5TB 的数据和程序。由于存在一些系统开销或者换算方式上的差异，因此它可用空间的大小不完全是 5TB，但十分接近 5TB。

你可以购买 CPU 速度不同的计算机。CPU 速度用赫兹这一周期性单位表示。2018 年，一台速度较慢的多处理器个人计算机的速度为 30 亿赫兹（3GHz），一台高速的多处理器个人计算机的速度为 3.5GHz 以上。只做类似于文字处理的简单工作的员工不需要高速的 CPU，仅使用多核的 3GHz 的 CPU 就足够了。但处理大型复杂的数据表、操作大型数据库文件、编辑大的图片、音频或视频文件的员工就需要一个高速计算机，如 3.5GHz 及以上的多处理器计算机。需要同时使用许多大型应用程序的员工则需要 32GB 及以上的随机存取存储器（RAM，也就是我们常说的内存）。但其他人不需要这么大的存储器。

高速缓冲存储器和主存储器是易失性的。这意味着当关闭电源时，其内容会丢失。磁盘和光盘是非易失性的。这意味着当关闭电源时，其内容可以保存下来。如果突然断电，那么未保存的内存内容（如改动后的文档）就会丢失。因此，要养成经常（每隔几分钟）保存你正在修改的文档或文件的习惯。

问题 4-2 新的硬件如何影响竞争战略？

企业对新硬件感兴趣是因为它们代表着影响企业收入产能的潜在机会或威胁。关注新硬件很重要。你关心的是未来会怎样影响到你。

接下来，我们将学习可能颠覆现有企业的五种新硬件的发展。

物联网

第一个有能力改变企业的颠覆性力量是物联网（IoT），即将物体连接到互联网以实现与其他设备、应用程序或服务的交互。日常用品都被嵌入了能够感知、处理和传输数据的硬件。物品就可以连接到网络并与其他任何应用程序、服务或设备共享数据。

以你的手机为例。它可能是智能手机，但它并不总是"智能"。它一开始只是一个能处理语音通话的设备。随着时间的推移，通过增加更强大的处理能力、更大的内存、互联网连接、Wi-Fi 连接以及与其他设备和应用程序互相连接的能力（见图 4-5），它变成了一个智能设备。人们开始以与以往大不相同的方式使用他们的手机。它也改变了企业的运营方式。2017 年亚马逊的报告称，超过 70% 的客户使用移动设备购物[4]。

当其他设备变得智能时会发生什么呢？如果你有机会拥有智能汽车、智能家电或者整个智能建筑，你的生活会发生什么变化？在短短几十年的时间里，你或许就可以通过智能手机与周围几乎所有的物体进行交互。事实上，你的设备将能够与其他设备交流、预测你的行动、做出改变并自动进行配置。

这种从"哑巴"设备到互联智能设备的转变对企业来说并不是没有意义的。消费者中意智能设备，也愿意为此支付更高的价格。企业想要将其现有设备改进为智能设备并以两倍的价格出售。如果他们不这样做，别人也会这样做。

图 4-5 智能手机的发展

例如，iPhone 是由苹果公司推出的，它是一家计算机硬件和软件公司。彼时，移动电话市场已经成熟。行业领军企业本可以创造出一款智能手机，但它们没有这样做。苹果公司在便携式音频播放器（iPod）和移动手机（iPhone）上的成功是对其他硬件制造商的警告。智能设备的浪潮正在兴起。

物联网的影响

许多不同的高科技行业都将感受到物联网的影响。智能设备需要微处理器、内存、无线网络连接、电源和新的软件。这些设备还需要新的协议、更大的带宽和更严格的安全性，并且它们将消耗更多能量。

这种向智能设备推进的一个很好的例子就是通用电气公司的工业互联网[5]。它是一个致力于创造智能设备、分析设备数据、做出高效节能的改变并改进决策的宽泛的项目。通用电气发现了智能设备在医院、电网、铁路和制造工厂中的极大发展潜力。

通用电气估计，在喷气式飞机上使用智能设备的普通航空公司平均可以节省 2% 的燃油消耗。由此减少的燃料消耗和二氧化碳排放相当于从道路上减少 10 000 辆汽车[6]。

微软在智能设备方面也取得了巨大的进步。微软已经在华盛顿州雷德蒙德创建了占地 500 英亩⊖、包含 125 座智能建筑的网络（见图 4-6），它的运营中心每天处理 3 万台设备的 5 亿次数据传输，这些设备包括了加热器、空调、灯、风扇和门[7]。

微软的工程师们通过发现照明的浪费、加热系统和冷却系统之间的冲突竞争以及劣质风扇等问题，每年能够将能源成本降低 6% 到 10%。对微软来说，那可是几百万美元的费用。如果每幢公司大楼都是智能大楼会怎么样？当你想到世界上 40% 的能源都消耗在企业建筑上时，你就可以开始对巨大的财务成本节省有一个概念。间接地，这也会有对全球产生巨大的环境和经济影响。

图 4-6 微软位于华盛顿州雷德蒙德的园区

数字现实设备

第二种有能力改变企业的颠覆性力量是数字现实（也称为虚拟现实）设备。数字现实设备是一项新兴技术，它有着彻底改变我们的日常生活的巨大潜力。就像 20 世纪 90 年代中期互联网的出现一样，这些设备将创造出新型企业并改变人们生活、工作、购物和娱乐的方式。

从完全真实的世界到完全虚拟的世界，或者说到模拟的非物理世界，有着逐渐演变的不同级别的数字现实。在你开始思考数字现实设备将如何影响商业之前，你需要了解不同级别的数字现实有怎样的不同。首先，现实是事物实际存在的状态。如果你在用你的眼睛阅读这本纸质版教科书，那么你看到的是没有任何数字化改变的真实世界。

接下来是增强现实。增强现实（AR）是通过在真实世界的物体上叠加数字信息来改变真实世界的。AR 设备的例子包括了谷歌眼镜（1250 美元）、爱普生的 Moverio 智能眼镜（700 美元）和 Daqri 智能头盔（起价 5000 至 15000 美元）。这些设备本质上就像平视显示器一样，为用户提供有关他们正在经历的现实世界的信息。例如，AR 设备可以通过在道路上展示虚

⊖ 1 英亩 = 4046.856 平方米。——编辑注

拟的箭头为用户指示方向。用户还可以阅读显示在空中的虚拟电子邮件或者在健身时看到投影在他们面前的健康数据。

如图 4-7 所示，数字现实逐渐演变的下一步是混合现实。混合现实（MR）是真实的物理世界与交互式虚拟图像或物体的结合。微软（HoloLens，3000 美元）和 Meta（Meta 2，1495 美元）在 2016 年初发布了它们的 MR 设备。两家公司都在向有意创建数字现实应用程序的开发人员推销这些设备。由于 MR 设备能够与虚拟物体进行实时交互，因此它通常被认为比 AR 设备有更大的潜力。

	现实	增强现实	混合现实	虚拟现实
例子	眼镜	谷歌眼镜	微软 Hololens	Facebook's Oculus Rift
虚拟信息	否	是	是	是
虚拟物品	否	否	是	是
虚拟世界	否	否	否	是

图 4-7　数字现实的级别

例如，你可以使用 AR 设备看到投影在墙上的 2D 虚拟天气预报。但有了 MR，你可以在咖啡桌上看到你所在城市的实时 3D 虚拟模型（见图 4-8）。它会显示一个正向城市移动的虚拟龙卷风，你可以与 3D 天气应用程序互动，查看其预定的轨迹。这只是一个例子。想象一下在你房间中央观看以高清 3D 方式直播的体育赛事。

在讨论 AR 和 MR 设备时有一个问题。目前，对增强现实这一术语的应用并不一致。AR 经常被用来描述 AR 和 MR 设备[8]。但这对新兴技术来说很正常。随着技术的发展，术语被创建、改进和应用在日常用语中。因此，当听到 AR 被用来描述这两种类型的数字现实时，不要感到惊讶。

数字现实逐渐演变的最后一步是虚拟现实（VR），或者说一个完全由计算机生成的具有交互式数字对象的虚拟世界。在虚拟现实中，你可以找到

图 4-8　数字现实应用

类似于 Facebook 的 Oculus Rift（465 美元）、索尼 PlayStation VR（349 美元）和三星 Gear VR（129 美元）等设备。它们都能为你带来身临其境的体验，并且都试图创造一种强烈的存在感或者一种幻觉，使你认为虚拟体验是真实的。例如，你坐在即将脱轨的虚拟过山车上，你会向后靠并紧紧抓牢扶手，这便是一个设备能够创造出的强烈的现场感。

数字现实设备的影响

过去 20 年里，数字现实设备的发展与过去手机的发展大致相同。事实上，AR 市场完全有可能颠覆智能手机市场。想象一下，你不需要从包里拿出智能手机就可以接打电话、浏览网页、给朋友发信息和看电影。

数字现实设备的应用也不仅仅是个人使用。企业目前正在为教育、培训、协作、新产品设计、"全息运输"、游戏、体育、广告、旅游和购物构建数字现实应用程序。例如，劳氏公司的全新 Holoroom 允许客户在做出重大改变之前设计和想象他们理想的房间。凯斯西储大学与微软合作开发 3D 混合现实应用程序，以实现在交互式环境中进行解剖学教学[9]。

因为我们不知道如何使用，所以数字现实设备的全面影响在数年内都不会被理解。即使

是该领域的专家，也才刚刚开始理解数字现实设备会如何改变企业。从 2D 平面屏幕到 3D 虚拟世界的转变就像从画家到雕塑家的职业转变一样。它需要新的技能、流程、工具和思维方式。数字现实设备确实是过去 20 年来硬件领域最具变革性的创新之一。

自动驾驶汽车

第三种可能改变企业运营方式的颠覆性力量是自动驾驶汽车。自动驾驶汽车（也称为无人驾驶汽车）使用各种传感器来对像传统汽车一样但没有人为干预的汽车进行导航。它包含各种先进的硬件和集成软件，是移动系统的缩影。事实上，即使没有人在车里，汽车也能自主移动（见图 4-9）。

毕马威会计师事务所最近的一份报告显示，到 2050 年自动驾驶汽车几乎将实现全面普及[10]。几年来 Uber、Waymo（谷歌）和特斯拉一直在测试自动驾驶汽车，测试里程已超过 10 亿英里。丰田在 2018 年国际消费类电子产品展览会上宣布推出自动驾驶移动商店（e-Palette）。苹果公司宣布其正在与大众汽车进行的合作项目将面向其员工推出首款自动驾驶班车[11]。研发自动驾驶汽车的比赛似乎正在升温，它的竞争将是十分激烈的。

自动驾驶汽车将使事情变得更容易、更便宜、更安全。它们还会扰乱成熟的行业。

图 4-9　自动驾驶

自动驾驶汽车让事情变得更容易

想象一下自动驾驶汽车将如何改变一个普通家庭的生活。自动驾驶汽车可以让爸爸能在"开车"上班的时候查看销售报告。相较于开他的旧车通勤，他的压力要小得多，而且他的工作效率提高了。在爸爸不在车里的情况下，自动驾驶汽车可以把孩子送到学校，再回家送妈妈去上班。

下班后一家人开车去购物，只需要在商店旁的路边下车即可且不需要停车。在购物的时候，爸爸收到了他正在上大学的女儿的信息，她需要辆车去机场接她。爸爸很高兴因为他不用一路开车过去了。自动驾驶汽车还可以规划路线、自行加油、自行维修，并且如果有交通事故或堵塞，它们会自动改变路线。

自动驾驶汽车让事情变得更便宜

你已经看到了自动驾驶汽车会如何让你的生活更轻松。但是成本呢？和你现在的车相比，它会更贵还是更便宜？长期来看，自动驾驶汽车可能会比你现在的车便宜很多。在自动驾驶汽车刚投入市场时，早期的使用者会支付更高的价格，但大多数新产品都是这样的。成本节约将以几种方式呈现。在上述场景中，你或许注意到了这个家庭只有一辆汽车。使用无人驾驶汽车会比使用现有的汽车更高效。大多数汽车一天有 22 个小时处于休眠状态。共用一辆自动驾驶汽车可以消除对多辆汽车的需求。这节约了一大笔成本。

你会看到更多的成本节约，因为自动驾驶汽车驾驶效率更高（更少的制动、加速和街头竞速）。你可以避免昂贵的交通罚单、停车罚单、事故以及酒驾传票。你的汽车保险费用将大幅降低。它可能会非常低，以至于你甚至不再需要保险。在一份关于自动驾驶汽车对保险业影响的报告中，毕马威会计师事务所估计，到 2050 年事故频率将下降 90%。随后私家车产业的规模将缩减为现有规模的 22%[12]。这种分析或许是对的。自动驾驶汽车可能会使每年

1500亿美元的汽车保险费用大幅降低。

自动驾驶汽车将会让事情变得更安全

是的，你没看错是更安全。目前，90%的机动车事故是人为过错造成的[13]。车祸是导致3岁至33岁人群死亡的主要原因。驾车可能是你一天中做得最危险的事情。你的自动驾驶汽车将能够比你看得更清楚、反应更快并且有着更好的驾驶环境信息。它将能够与周围的其他车辆通信、动态分析交通模式、避开施工路段，并在需要时联系紧急服务。

自动驾驶汽车将意味着更安全的驾驶、更少的事故、更少的酒后驾车司机、更少的路怒症事故，以及更少的人车事故。汽车将能够跑得更快且更少发生事故。在未来，手动驾驶可能会成为一种冒险而昂贵的爱好。

自动驾驶汽车将颠覆行业

自动驾驶汽车有可能颠覆成熟的行业。自动驾驶汽车或许意味着道路上更少的车辆。道路上更少的车辆可能意味着更低的汽车销量（运输）、更少的汽车贷款（金融）、更少的汽车保险单（保险）、更少的由于事故而产生的汽车零部件销售（制造）、更少的停车场（房地产）。如果消费者不用开车，他们可能更多地乘坐飞机或火车旅行（交通）。

自动驾驶汽车的生产将为工程师、程序员和系统设计师提供更多的工作机会。车内将会有更多的计算机硬件、传感器和摄像头。企业或许还没有完全认识到自动驾驶汽车对现有行业的深远影响。自动驾驶汽车甚至可能从根本上改变我们的社会。如果"手动"开车变得太昂贵会怎样？未来青少年可能永远不会学习怎么开车。这就好比你不知道怎么骑马，但你的祖先知道。

3D打印技术

第四种有能力改变企业的颠覆性力量是3D打印技术。3D打印将不仅会改变竞争格局，还可能改变企业本身的性质。

想想耐克是如何利用3D打印来改进其设计和制造鞋子的方式的。最近，它使用3D打印机为其Nike Vapor Laser Talon制作了世界上第一个3D打印的钉板[14]。耐克选择使用3D打印机来生产钉板，因为它可以创造出最佳几何形状以获得最佳牵引力。使用3D打印机，它可以比以前更快地设计和生产更轻、更强的钉板。事实上，在耐克为奥运金牌获得者艾莉森·菲利克斯（Olympian Allyson）定制其在2016年里约奥运会穿的短跑鞋（Nike Zoom Superfly Flyknit）时，就使用了3D打印技术[15]。

3D打印机有可能会广泛影响运动器材以外的行业。当你意识到3D打印机不仅可以用塑料进行打印（见图4-10）时，你就可以想到它将改变的行业的范围了。它们还可以用金属、木材、陶瓷、食品和生物制品材料进行打印。

利用3D打印可以使用各种材料的能力，在航空航天、国防、汽车、娱乐和医疗保健行业中寻找机会。当3D打印能够打印像汽车、飞机、船、房屋和无人机这样的超大型的物品的时候会发生什么[16]？

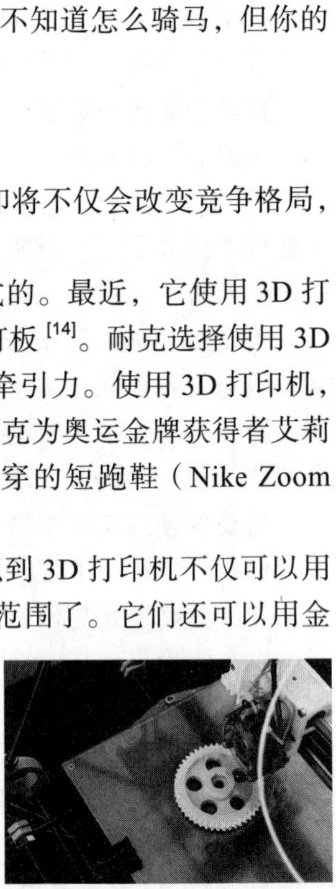

图4-10 3D打印机

加密数字货币

第五种有能力改变企业的颠覆性力量是加密货币。加密货币是利用加密保护来管理和记录安全事务的纯数字货币。比特币于2009年推出，是目前数千种加密货币中最著名的一种。

因为加密货币有改变全球经济的潜力，所以它也是一种重要的颠覆性力量。

加密货币的好处

喜欢加密货币的理由有很多。与传统的支付方式相比，加密货币交易更快、更容易，而且几乎没有费用。政府无法轻易监控、征税或没收加密货币。持有加密货币的消费者也可以免受通货膨胀的影响。

例如，现在只有2100万个比特币。每个比特币都可以被分成更小的部分，最小的单位satoshi就是1比特币的一亿分之一。但除了最初的2100万枚比特币外，不会再有更多的比特币被创造出来。然而传统的法定货币或政府批准的法定货币却不是这样。从历史上看，当政府积累了巨额债务，他们只是印刷更多的货币来偿还这些债务。这会导致通货膨胀，也就是提高价格并降低了货币的购买力。全球的消费者都喜欢加密货币，因为它们可以保护用户免受通货膨胀的影响。

加密货币的风险

加密货币也存在风险。如果持有大量加密货币的人出售其加密货币的话，加密货币的价值可以降至零。例如，比特币的价值来源于很多人都认为它很有价值。并没有像黄金这样的东西来支撑它的价值，而且它也不是政府批准的法定货币。它完全是"感性"的。这可能导致价格极度波动。事实上，比特币也面临着挑战，即接受比特币支付的企业相对较少，并且由于被犯罪组织利用，最初它的名声很差。

加密货币的未来

加密货币正慢慢被人们接受。银行甚至一些政府都在发行他们自己的加密货币。企业正在使用区块链，即用于记录加密货币交易的去中心化的公共分类账系统，来管理传统行业（如运输、房地厂、投资和股票）的交易。即使它们不取代传统的法定货币，加密货币背后的深层技术也正让各种类型的交易变得更安全、更易于管理。

问题 4-3　关于软件，商务人士需要知道什么？

作为未来的经理或商务专业人士，你需要知道一些能让你成为明智的软件消费者的基本术语和软件概念。首先来看如图4-11所示的基本软件类别。

	操作系统	应用程序
客户端	控制客户端计算机资源的程序	在客户端计算机上处理的应用程序
服务器	控制服务器计算机资源的程序	在服务器计算机上处理的应用程序

图4-11　计算机基本软件类别

每台计算机都有一个控制计算机资源的程序，它被称为操作系统（OS）。操作系统的部分功能是读取和写入数据、分配主存、执行内存交换、启动和终止程序、响应错误条件以及便捷备份和恢复。此外，它还可以创建和管理用户接口，包括显示器、键盘、鼠标等设备。

尽管操作系统使计算机变得可用，但它很少为特定的应用程序工作。如果你想查看天气或访问数据库，你需要像iPad天气应用程序或甲骨文的客户关系管理（CRM）软件这样的应用程序。

尽管客户端计算机和服务器计算机不需要同一个操作系统，但它们都是需要操作系统的。此外，客户端和服务器都可以处理应用程序。应用程序的设计决定了是客户端、服务器或两者来对其进行处理。

你需要了解两个重要的软件上的限制。首先，一个特定版本的操作系统是为特定类型的硬件编写的。例如，微软的 Windows 系统仅适用于英特尔和生产符合英特尔处理器指令集（即 CPU 可以处理的命令）的处理器。使用其他操作系统，例如 Linux，有很多不同版本的指令集。

其次，存在两种类型的应用程序。本地应用程序是指为使用特定的操作系统而编写的。例如，微软的 Access 只能在 Windows 操作系统上运行。有些应用程序有多个版本。例如，Microsoft Word 有 Windows 和 Macintosh 两个版本。但除非你被告知，否则你都会假设本地应用程序只能在一个操作系统上运行。本地应用程序有时也被叫作胖客户端应用程序。

Web 应用程序（也称瘦客户端应用程序）要在计算机浏览器中运行，如 Firefox、Chrome、Opera 或 Edge（以前的 Internet Explorer）。并且它可以在任何类型的计算机上运行。理想情况下，Web 应用程序也可以在任何浏览器中运行，但如你之后所学，这并不总是正确。

接下来考虑软件的操作系统和应用程序类别。

主流操作系统有哪些？

主要操作系统如图 4-12 所示，我们依次来看。

类型	操作系统	适用于	评价
非移动客户端	Windows	个人计算机客户端	商业中使用最广泛的操作系统 当前版本为 Windows 10 包括一个触摸界面
	macOS	苹果电脑客户端	最初由平面艺术家和艺术人士使用，现在使用更加广泛 第一个提供触控界面的台式计算机操作系统
	Unix	工作站客户端	在工程、计算机辅助设计、建筑等领域广泛应用的功能强大的客户端计算机 对于非技术用户来说使用困难 商务客户几乎从未使用过
	Linux	所有非移动客户端	Unix 的开源变体 适用于几乎所有类型的计算设备 在个人计算机上配合 Libre Office 应用软件使用 商务客户很少使用
移动客户端	塞班系统	诺基亚、三星和其他手机	除北美外，在全球都很受欢迎
	黑莓系统	RIM 黑莓	为商业用途而开发的设备和操作系统 一开始非常受欢迎，但后来市场份额被 iOS 和 Android 抢走
	iOS	iPhone、iPod Touch、iPad	随着 iPhone 和 iPad 的成功，安装量迅速增加 基于 macOS
	Android	三星、谷歌、HTC 和索尼智能手机 平板计算机	谷歌开发的基于 Linux 的手机或平板计算机的操作系统 市场份额迅速提升
	Windows 10（Mobile）	诺基亚和微软 Surface	Windows 10 专门为移动设备量身定制 Surface Pro 上有完整的 Windows 10
服务器	Windows 服务器	服务器	十分忠于微软的企业
	Unix	服务器	逐渐淡出使用 被 Linux 取代
	Linux	服务器	很受欢迎 被 IBM 大力推动

图 4-12　主要的操作系统

非移动客户端操作系统

非移动客户端操作系统被用于个人计算机。最受欢迎的是微软的 Windows 操作系统。全球 88% 以上的台式计算机都安装了各版本的 Windows 系统。如果我们只考虑商业用户，这个数字将超过 95%。Windows 的最新版本是 Windows 10。Net Applications 估计，截至 2018 年，Windows 的所有市场份额中，Windows 7 占 44%、Windows 10 占 31%、Windows XP 占 6%、Windows 8.1 占 6%、Windows 8 占 1%[17]。有趣的是，尽管微软已经在 2015 年 1 月停止了它的主流支持服务，但 Windows 7 仍然是最流行的 Windows 版本。

Windows 8 是对之前版本的重大重写。它的独特之处在于被微软公司称为现代风格的应用程序[18]。这些应用程序现在被移植到了 Windows 10 中，它们面向触摸屏，并提供上下文相关弹出式菜单。它们也可以用一个鼠标和键盘进行操作。微软表示，现代风格的应用程序在平板计算机等便携式移动设备上运行得和在台式计算机上一样好。现代风格的应用程序的一个关键特性是最小化菜单栏、状态行和其他视觉显示。图 4-13 展示了一个在 Windows Explorer 中搜索图像的现代版本的示例。

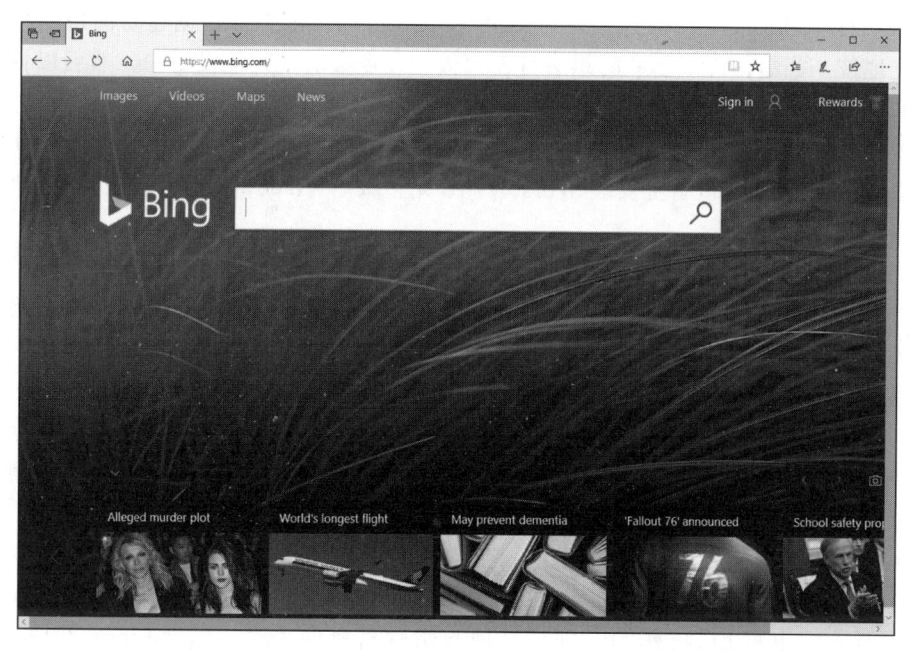

图 4-13　现代版本界面的例子

苹果电脑公司开发了自己的操作系统 macOS。

macOS 主要被图形艺术家和艺术界的工作人员使用。但出于许多原因，macOS 已经在传统的 Windows 市场上取得了进展。据 Net Applications 称，截至 2018 年，桌面操作系统的市场份额分为 Windows（88.8%）、macOS（Mac OS X）(8.6%) 和 Linux（2.3%）[19]。

macOS 最初是为运行摩托罗拉的系列 CPU 处理器而设计。但如今装有英特尔处理器的麦金塔计算机可以同时运行 Windows 和 macOS。

Unix 是贝尔实验室在 20 世纪 70 年代开发的操作系统。从那时起，它一直是科学界和工程界的重负荷机器，并且它很少用于商业。

Linux 是由开源社区开发的一个 Unix 版本。这个社区是一个松散耦合的程序员群体，他们大多自愿花时间编写代码开发和维护 Linux。这个开源社区拥有 Linux，并且使用 Linux

是免费的。Linux 可以在客户端计算机上运行，但通常只有在预算为首要因素的时候使用。到目前为止，Linux 是最流行的服务器操作系统。根据 DistroWatch.com，截至 2018 年，最受欢迎的五个 Linux 版本为 Linux Mint、Manjaro、Debian GNU/Linux、Ubuntu 和 Solus[20]。

移动客户端操作系统

图 4-12 中也列出了 5 个主要的移动操作系统。塞班系统在欧洲和远东地区的手机上很受欢迎，但在北美则不然。黑莓操作系统是早期最成功的移动操作系统之一，它主要被商业用户用在黑莓设备上。但它的市场份额已经被 iOS、Android 和 Windows 10 抢走。

iOS 是在 iPhone、iPod Touch 和 iPad 上使用的操作系统。第一次发布时，它以其易于使用和引人注目的显示开辟了新天地，这些功能现在都在被黑莓和安卓系统复制。随着 iPhone 和 iPad 的流行，苹果一直在提高 iOS 的市场份额。根据 Net Applications 的数据，它已经在 28% 的移动设备上使用[21]。

Android 是谷歌授权的移动操作系统。Android 设备拥有非常忠实的用户，特别是技术用户。Net Applications 估计 Android 的市场份额接近 69%。

大多数行业观察人士都认为，在 macOS 和 iOS 方面，苹果都在创建易使用的界面方面处于领先地位。当然，许多创新的想法首先都被用在麦金塔或其他设备中，然后以各种形式被添加到 Android 和 Windows 中。

想要在移动设备上安装 Windows 10 的用户可以选择在手机上安装 Windows 10 移动版系统或者在 Surface Pro 设备上安装 Windows 10 完整版。Windows 在移动操作系统市场中累积的市场份额不足 1%。

智能手机市场一直是庞大的，但最近，电子书阅读器和平板计算机也迅速占据了移动客户端操作系统的市场。截至 2018 年，77 人 % 的美国人都有智能手机，53% 的人除了智能手机之外还拥有一台平板计算机[22]。

服务器操作系统

图 4-12 的最后三行展示了三种最流行的服务器操作系统。Windows 服务器是专门为服务器使用而设计和配置的 Windows 版本。它有比其他版本的 Windows 更严格、限制更多的安全功能，并且在以前忠于微软系统的企业服务器中受到了欢迎。

Unix 也可以在服务器上使用，但正逐渐被 Linux 所取代。

Linux 经常被那些出于某种原因不想依赖微软服务器的企业使用。IBM 是 Linux 的主要支持者，过去它也将 Linux 作为一种更好地与微软竞争的手段。尽管 Linux 不是 IBM 的，但 IBM 用 Linux 开发了许多商业系统解决方案。通过使用 Linux，IBM 和它的用户都不必向微软支付许可费。

虚拟化

虚拟化是一个物理计算机中承载许多不同虚拟（非虚拟）计算机的过程。一个被称为主机操作系统的操作系统运行一个或者更多的操作系统作为应用程序。这些被托管的操作系统称为虚拟机。每台虚拟机都有分配给它的磁盘空间和其他资源。主机操作系统控制其托管的虚拟机的活动，以防止它们之间发生交互。有了虚拟化之后，每台虚拟机的操作方式都与它在独立的非虚拟环境中相同。

虚拟化有三种类型：
- PC 虚拟化

- 服务器虚拟化
- 桌面虚拟化

在 PC 虚拟化技术中，一台个人计算机将会拥有几种不同的操作系统。假设用户为了训练或开发一个项目需要在计算机上同时运行 Linux 和 Windows 系统。在这种情况下，用户可以在主机操作系统上安装 Oracle VirtualBox 或 VMWare Workstation 等软件，以便创建 Linux 和 Windows 虚拟机。如图 4-14 所示，如果主机操作系统有足够的资源（也就是内存和 CPU），用户就可以在同一硬件上同时运行两个系统。

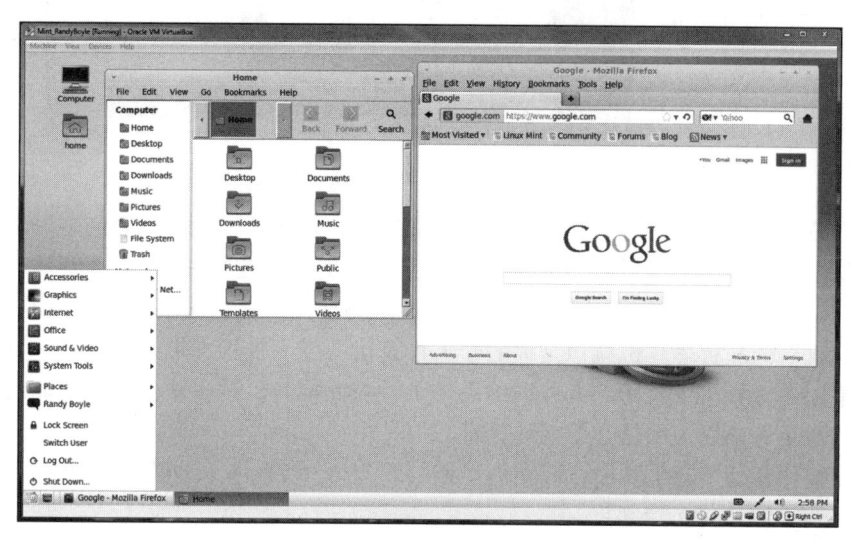

图 4-14　微软 Windows 系统中运行的 Linux Mint 虚拟机

通过服务器虚拟化，一台服务器计算机托管一台或多台其他服务器计算机。在图 4-15 中，一台 Windows 服务器计算机上有多台虚拟机。用户可以登录这些虚拟机中的任何一台，它们将显示为普通的桌面计算机。图 4-16 展示了其中一台虚拟机显示给用户的虚拟桌面。请注意如果是本地桌面，该虚拟机的用户需要运行 Web 浏览器。

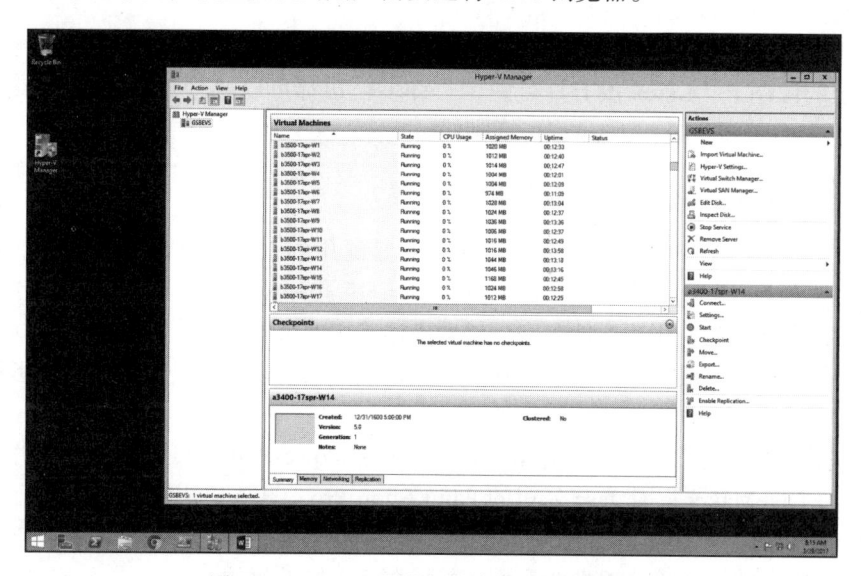

图 4-15　Windows 服务器计算机托管虚拟机

图 4-16 虚拟机实例

桌面虚拟化具有革命性的潜力。有了桌面虚拟化，服务器上就可以有许多版本的桌面操作系统。每个桌面都有完整的用户环境，展示给用户的就像是另一台 PC，但是桌面可以正常访问用户访问的任何计算机。因此，你可以在机场使用计算机终端和访问你的虚拟桌面。对你来说，机场的那台计算机就像是你的个人计算机一样。使用虚拟桌面也意味着你不必再担心公司笔记本计算机或机密内部数据的丢失了。与此同时，许多其他用户可能会访问机场的计算机，每个人都以为那是其个人计算机。

桌面虚拟化还处于起步阶段，但在你早期的职业生涯中，它可能会产生重大影响。

所有权与许可证

当你购买一个计算机程序时，你实际上并没有购买那个程序。你只是购买了使用该程序的许可证。例如，当你购买 macOS 许可证时，苹果正在向你出售的是使用 macOS 的权利。苹果公司继续拥有 macOS 程序。大型企业不会为每个计算机用户购买许可证，而是购买一个站点许可证，也就是授权该公司在公司的所有计算机或者一个特定网站中的所有计算机上安装产品（操作系统或应用程序）的固定费用。

以 Linux 为例，没有任何公司可以卖给你使用它的许可证。因为它属于开源社区，所以在一些合理的限制下，Linux 没有许可费用。许多公司都可以通过 Linux 支持服务来赚钱，但是没有公司可以通过出售 Linux 许可证赚钱。

存在哪些类型的应用程序？企业该如何获取？

应用软件是一种服务或功能。有些应用程序是通用的，比如微软的 Excel 或 Word。有些应用程序则提供特定的功能。例如 QuickBooks，它是一个提供总账和其他会计功能的应用程序。我们首先描述应用程序的类别，然后描述它们的来源。

横向市场应用软件提供了跨所有企业和行业的通用功能。文字处理程序、图形程序、电子表格和演示程序都是横向市场应用软件。

这类软件的例子有微软的 Word、Excel 和 PowerPoint，还有 Adobe 的 Acrobat、Photoshop 和 PageMaker 以及 Jasc 公司的 Paint Shop Pro。这些应用程序在所有行业的各种各样的业务中使用。它们都是现成的，几乎不必（但也有可能）进行功能定制。它们就等同于汽车行业中的轿车。每个人都购买它们，然后用于不同的目的。

纵向市场应用软件为特定行业的需求而服务。这类程序的例子包括了牙科诊所用来安排预约和病人付款的程序、汽车修理工用来跟踪客户数据和客户的汽车维修的程序，以及零件仓库用来跟踪库存、购买和销售的程序。如果横向市场应用是轿车，那么纵向市场应用就是建筑车辆，比如挖掘机。它们可以满足特定行业的需求。

纵向应用程序通常可以修改或定制。出售应用软件的公司通常会提供此类服务或转介合格的可以提供这种服务的顾问。

特殊应用软件是为特定的、独特的需求而开发的。例如，美国国防部开发这样软件是因为它有其他组织没有的特殊需求。

你可以将特殊应用软件视为汽车领域的军用坦克。坦克是为非常特殊和独特的需求而开发的。坦克的制造成本比轿车高，并且常有成本超支的情况。它们制造时间更长，并且需要独特的硬件组件。由于坦克是高度定制的，因此它能很好地满足重型战车的要求。

如果你要上战场，你肯定不想开轿车。尽管花钱定制一辆车很贵，但有时候却是合理的。这完全取决于你在做什么。例如，军队购买轿车、建筑车辆和坦克。每辆车都按需求配置。你可以用完全相同的方式购买计算机软件：现有软件、修改现有软件或开发定制软件。

企业会自己开发定制应用软件或雇佣开发商。就像购买坦克一样，这种开发是在企业有着很特殊的需求并且没有横向或纵向应用程序可用时进行的。通过开发定制软件，企业可以调整其应用程序以适应其需求。

定制开发是有困难和风险的。配备和管理软件开发的团队是具有挑战性的。管理软件项目是令人畏惧的。许多企业已经开始了应用程序开发项目，但却发现完成项目需要花费原计划的两倍或更长的时间，并且成本超支 200% 和 300% 并不罕见。

此外，每个应用程序都需要适应不断变化的需求和技术。横向和纵向软件的适应成本分摊给了所有的软件用户，那可能是成千上万的客户。但对于定制开发的软件，企业必须自己支付所有的适应成本。随着时间的推移，这种成本负担会加重。

考虑到风险和费用，定制开发是最后的选择，即只有在没有其他选择的时候才会使用。

图 4-17 汇总了软件来源和类型。

	软件来源		
软件类型	现有软件	修改现有软件	开发定制软件
横向应用程序			
纵向应用程序			
特殊应用程序			

图 4-17　软件来源及类型

什么是固件？

固件是安装在打印机、打印服务器和各种类型的通信设备等设备中的计算机软件。固件的编码和其他软件一样，但它安装在打印机或其他设备的特殊的只读存储器中。这样，程序就会成为设备内存的一部分，就好像程序的逻辑被设计进了设备的电路中。因此，用户不需要将固件加载到设备的内存中。固件是可以改变或升级的，但这通常是 IS 专业人员的任务。

问题 4-4　开源软件是可行的替代品吗？

要回答这个问题，你首先需要了解自由软件运动及其过程。大多数计算机历史学家都认为理查德·马修·斯托曼（Richard Mattew Stallman）是自由软件运动之父。1983 年，他开发了一套名为 GNU（GNU Not Unix）的工具，用于创建一个免费的类 Unix 操作系统。斯托曼对开源做出了许多其他贡献，包括 GNU 通用公共许可证（GPL）协议，这是开源软件的标准许可协议中的一种。斯托曼无法吸引足够多的开发人员来完成免费的 Unix 系统的开发，但他也持续为自由软件运动做出了其他贡献。

1991 年，在赫尔辛基工作的林纳斯·托瓦兹（Linus Torvalds）开始利用斯托曼的一些工具开发 Unix 的另一个版本。这个版本最终变成了 Linux，也就是前面讲到的非常流行的高质量操作系统。

事实证明，互联网是开源的巨大资产，许多开源项目也取得了成功，包括：
- LibreOffice（Linux 发行版中的默认办公套件）
- Firefox（浏览器）
- MySQL（数据库管理系统）
- Apache（Web 服务器）
- Ubuntu（类似 Windows 的桌面操作系统）
- Android（移动设备操作系统）
- Cassandra（NoSQL 数据库管理系统）
- Hadoop（大数据处理系统）

为什么程序员自愿提供服务？

对于一个从未喜欢过编写计算机程序的人来说，很难理解为什么有人愿意为开源项目贡献自己的时间和技能。但编程是艺术与逻辑的强烈结合，设计和编写一个复杂的计算机程序是极其愉快（且上瘾）的。许多程序员乐于日复一日地写程序。如果你有艺术和逻辑的头脑，你应该试一试。

人们致力于开源的一个原因是它非常有趣。此外，一些人致力于开源因为它给了他们选择工作项目的自由。他们的日常编程工作可能不是特别有趣，比如写管理计算机打印机的程序。虽然他们的工作可以满足开销，但并不令人满足。

在 20 世纪 50 年代，好莱坞录音室的音乐家因为一遍遍为一个又长又无趣的系列电影录制相同风格的音乐而痛苦。为了保持理智，这些音乐家会在星期天聚在一起演奏爵士乐，于是出现了许多高质量的爵士俱乐部。这就是开源对于程序员来说的意义，即这是一个他们可以在为他们觉得有趣而满足的项目工作的同时锻炼其创造力的地方。

另一个原因是为了展示自己的技能，这既是为了自豪，也是为了找一份工作或咨询工作。最后一个原因是为了销售支持开源产品的服务。

开源是如何实现的？

开源这个术语意味着公众可以获取程序的源代码。源代码是人为编写并能为人所理解的计算机代码。图 4-18 展示了部分为 ARES 项目编写的计算机代码。

```
/// <summary>
/// Allows the page to draw itself.
/// </summary>
private void OnDraw(object sender, GameTimerEventArgs e)
{
    SharedGraphicsDeviceManager.Current.GraphicsDevice.Clear(Color.CornflowerBlue);

    SharedGraphicsDeviceManager.Current.GraphicsDevice.Clear(Color.Black);

    // Render the Silverlight controls using the UIElementRenderer.
    elementRenderer.Render();

    // Draw the sprite
    spriteBatch.Begin();

    // Draw the rectangle in its new position
    for (int i = 0; i < 3; i++)
    {
        spriteBatch.Draw(texture[i], bikeSpritePosition[i], Color.White);
    }

    // Using the texture from the UIElementRenderer,
    // draw the Silverlight controls to the screen.
    spriteBatch.Draw(elementRenderer.Texture, Vector2.Zero, Color.White);

    spriteBatch.End();
}
```

图 4-18　源代码示例

源代码被编译成由计算机处理的机器码。一般来说，人类无法理解和修改机器码。当用户访问网站时，机器码版本的程序会在用户的计算机上运行。我们不展示机器码，因为它看起来是这样的：

11010010100101111100111111100100010001000001111110111011111100111……

在一个闭源项目中，比如 Microsoft Office，源代码是被高度保护的，并且只提供给受信任的员工和经过仔细审查的承包商。源代码被保护的像放在保险库里的黄金一样。只有那些受信任的程序员才能对闭源项目进行更改。

在开源情况下，任何人都可以从开放项目的网站上获得源代码。程序员根据自己的兴趣和目标修改或添加代码。在大多数情况下，程序员可以将他们找到的代码合并到自己的项目中。他们可能会根据项目使用的许可协议类型转售这些项目。

开源的成功是因为协作。程序员检查源代码并确定一个看起来有趣的需求或项目。然后他创造一个新的功能、对现有功能进行重新设计或者重新编程，或者修复已知的问题。之后该代码会被发送到开源项目中评估工作的质量和优点的人手中，如果合适的话会被添加到产品中。

通常情况下，这会有很多的迭代和反馈周期。由于这种迭代，一个由很多能力强的程序员反复查看的管理良好的项目可以产生非常高质量的代码，就像 Linux 的代码。

开源可行吗？

这个答案取决于人和目的。开源无疑已经变得合法。据《经济学人》报道，"现在人们普遍认为，未来专有软件和开源软件会同时存在[23]。"在你的职业生涯中，开源可能会在软件上发挥越来越大的作用。然而，开源是否适用于特定的情况取决于该情况的要求和约束。

在某些情况下，企业选择开源软件是因为它是"免费的"。但这一优势可能没有你想象的那么重要。因为在许多情况下，支持和操作开源软件的成本超过了最初的授权费用。

那又怎样——2018年消费电子展上的新品

硬件领域有什么新品呢？消费电子展（CES）每年一月会在拉斯维加斯举办，其响亮的音乐、滑稽的视频和让人兴奋的媒体报道吸引了4000家展商和18万名对硬件感兴趣的参观者。这是只有拉斯维加斯才能办得到的展会。

今年的热点有什么呢？比如：

- 丰田e-Palette：在2018年CES上，丰田宣布推出一款名为e-Palette的自动驾驶概念车，该公司相信它将在新兴的移动服务市场发挥作用。该车的设计很奇怪，它看起来像是一个带轮子的长方体，其透明面板可以根据车辆当前的任务进行定制数字标志展示。e-Palette车辆可以执行多种任务，包括拼车、快递、移动商店、临时住宿、美食车或大型活动的临时娱乐。

  如果考虑到这台车无人驾驶的话，那么它的影响将更为深远。移动服装店可以将产品直接送到你家门口供你试穿。你可以从数百辆不同的美食车上订餐，它们会把餐送到你所在的任何地方。笨重不便的传统城市公交车将被小型运输模块所替代，这些模块可以在任何时间、任何地点接送你，并且成本比传统公交车低得多。由于不需要司机，整个运输行业将因成本大幅降低而实现革命性变革。

  丰田的e-Palette可能引起商业上的一种根本性转变，类似于互联网兴起时所发生的变革。互联网使某些公司从传统的实体店铺转变为线上商店。同样，e-Palette也可能引起从实体店铺和线上商店向移动商店的转型。

- Peloton Tread：Peloton Tread是一款带32英寸高清触摸屏的跑步机，每天允许用户参加10次以上的直播运动课程。用户在家就可以得到专家教练的实时指导，并且可以在跑步时实时查看排行榜，以得到详细的锻炼指标。

  用户不再需要去健身房就可以得到与其训练计划相适应的指导，并获得超过1000个预录制的训练教程，也不必再担心天气、舟车劳顿或堵车。这是一个更安全便捷的锻炼方式。Peloton Tread的零售价约为4000美元。Peloton的静止健身单车（2000美元）也有同样的功能。

- 索尼的Aibo：2018年CES上最受关注的新品之一就是索尼的机器狗Aibo。Aibo的最新版本支持Wi-Fi连接并与人工智能集成。其塑料外壳上装有传感器，可以在被人抚摸时进行识别。它的鼻子内部有一个摄像头，可以用来识别家庭成员。另一个摄像头在它的背部，用于导航。事实上，Aibo会学习房间的布局，当它电量低时甚至可以自己走回充电站。它的零售价约为1800美元，并且还需要每月支付27美元的订阅费。遗憾的是，目前它仅在日本销售。

> **问题**
> 1. 你认为丰田 e-Palette 会对传统实体店铺产生什么样的影响？
> 2. 丰田 e-Palette 可能会如何影响电子商务？
> 3. 消费者为什么更喜欢 Peloton Tread 而不是传统跑步机或户外跑步？
> 4. Peloton 已经将传统跑步机和健身车转变成物联网设备。其他的健身设备哪些可能会从转变成智能物联网设备中受益？
> 5. 与生物狗相比，机器狗有哪些优势？机器狗可能有哪些缺点？

问题 4-5　本地应用程序和 Web 应用程序之间有什么区别？

应用程序可以归类为仅在操作系统上运行的本地计算机程序和在浏览器上运行的 Web 应用程序。后者中浏览器或多或少为应用程序提供了一致的环境，即操作系统和硬件的特性都由浏览器的代码处理，并对 Web 应用程序隐藏。

图 4-19 对比了本地应用程序和 Web 应用程序的重要特征。首先考虑"本地应用程序"列。

	本地应用	Web 应用
开发语言	Objective-C Java C#、C++、VB.NET、Swift （面向对象语言）	HTML 5 CSS 3 JavaScript （脚本语言）
开发者	仅限专业程序员	专业程序员、技术上面向 Web 开发人员和专业商务人士
技能要求	高	高低不等
难度	难	难易不等，取决于应用需求
开发人员的学位	计算机科学	计算机科学 信息系统 图形设计
用户体验	取决于编程质量	取决于程序质量
可能的应用	只要你付得起钱	非常复杂的应用程序会受到限制
依赖	iOS、Android、Windows	仅浏览器差异
成本	高 高薪员工的艰苦工作 需要多个版本	从低到高 低工资的员工做更轻松的工作 只需要多个浏览器文件 复杂的应用程序可能需要更高技能和薪酬
应用分布	通过应用商店（如 Apple Store）	通过网站
例子	Vanguard iPad 应用 （苹果 iTunes 商店免费）	海鲜网站：www.wildrhodyseafood.com Picozu 编辑器：www.picozu.com/editor

图 4-19　本地应用和 Web 应用的特征

开发本地应用程序

本地应用程序是使用严肃的、重载的、专业的编程语言开发的。macOS 和 iOS 应用程序是使用 Objective-C 或 Swift 编程语言构建的。Linux（Android）应用程序是用 Java 构造的，Windows 应用程序是用 C#、VB、C++ 等构建的。所有这些语言都是面向对象的，这就意味着它们可以用来创建困难而复杂的应用程序，如果使用得当的话可以写出在需求改变时易于修改的高性能代码。面向对象语言的特殊特性不在本书的讨论范围之内。

面向对象的语言只被多年学习面向对象的设计和编码技能的专业程序员使用。这样的开发人员一般在大学主修计算机科学。

这种语言的好处是，它们让程序员能够密切控制计算设备的资源配置、创建复杂的用户界面。程序写得好就会有较高的执行速度和内存使用效率。对本地应用程序的限制通常是预算上的而不是技术上的。作为一个商务人士，你可以得到任何你能负担得起的应用程序。

本地应用程序的缺点是它们是本地的。它们只在为其编程的操作系统上运行。要在 Android 和 Windows 上运行 iOS 应用程序，就必须对其完全重新编码[24]。因此，为了覆盖所有用户，企业需要支持和维护同一个应用程序的三个不同版本，并且它也必须配备和管理有三种不同的技能的三个不同的开发团队。

一般来说，本地应用程序的开发成本很高。许多企业通过外包来降低这一成本，但是本地应用程序的费用相对于 Web 应用程序仍然较贵。分配本地应用程序的标准方式是通过企业商店，如苹果拥有的 iTunes。本地应用程序的一个很好的例子是 Vanguard 的 iPad 应用程序。它易于使用、功能复杂以及高度安全。Vanguard 这样的公司也需要支付极高质量应用程序的费用。

开发 Web 应用程序

图 4-19 中的第三列总结了 Web 应用程序的特征。这样的应用程序可以在 Firefox、Chrome、Opera 或 Edge 等浏览器中运行。浏览器拥有处理操作系统和底层硬件的特征。理论上，企业应该能够开发一个单独的应用程序，并让它能在所有设备的所有浏览器上完美运行。不幸的是，浏览器实现 Web 代码的方式有一些不同。这就意味着一些应用程序在某些浏览器中无法正常运行。

如图 4-19 的第一行所示，Web 开发语言为 HTML 5、CSS 3 和 JavaScript。HTML 5 是 HTML 的最新版本。该版本的优点是支持图形、动画、2D 动画和其他复杂功能的用户体验。CSS 3 与 HTML 5 一起使用以指定显示用 HTML 编码的内容。JavaScript 是一种比本地客户端语言更容易学习的脚本编程语言。它用于提供应用程序的底层逻辑。

事实上，大多数 Web 应用程序都可以由专业程序员编写。但对于 Web 开发人员和专业商务人士来说，开发 Web 应用程序在技术上也是可行的。入门级别的技术技能要求较低，简单的应用相对容易开发。但是复杂的用户体验是很困难的。Web 应用程序开发人员可能有计算机科学、信息系统或图形设计专业的学位。

Web 应用程序提供的用户体验差异很大。有些只是很花哨网上小册子（www.wildrhodyseafood.com）。其他的则相当复杂，比如 Spiro Canvas（www.gethugames.in/）或者更令人印象深刻的 www.biodigital.com。

Web 应用程序受到浏览器功能的限制。尽管浏览器变得越来越复杂，但它们无法提供底层操作系统和硬件的全部功能。因此，尽管这种情况每年都在减少，但 Web 应用程序仍无法支持非常专业和复杂的应用程序。

如上所述，Web 应用程序相对于本地应用程序的主要优势是它们可以在任何操作系统和设备上运行。浏览器有一些差异，但这些差异与 iOS、Android 和 Windows 系统之间的差异相比是微不足道的。与本地应用程序不同的是，每个 Web 应用程序通常有一个代码库且由一个团队开发。

由于 Web 应用程序可以由技能较低、薪水较低的员工开发，而且只需要一个代码库和一个开发团队，因此其开发成本远低于本地应用程序。但这种说法对应用程序做了复杂性相同的假设。简单的本地应用程序的开发成本可能比复杂的 Web 应用程序的开发成本低。

用户通过互联网获取 Web 应用程序。例如，当你访问 www.picozu.com/editor 时，所需的 HTML 5、CSS 3 和 JavaScript 文件可以通过 Web 自动下载。应用程序的更新是自动和连续的。你不需要安装或卸载任何东西。这种差异对用户来说是一种优势，但这使得从你的应用中赚钱变得更加困难。例如，亚马逊会出售你的本地应用程序并给你支付版税。但是，除非你要求用户购买你的 Web 应用程序（可能但很少），否则你将不得不把它免费提供给人们使用。

哪个更好？

这个问题的答案只有你自己知道。因为选择取决于策略、特定目标、应用程序需求、预算、时间安排、对管理技术项目的容忍度、对应用程序收入的需求，以及其他因素。一般来说，Web 应用程序的开发和维护的成本较低，但它们可能并不惊艳。你和你的企业必须为你们自己做出决定。

问题 4-6　为什么移动系统越来越重要？

移动系统是支持移动用户的信息系统。移动系统用户可以使用任何智能设备（智能手机、平板计算机或个人计算机）在任何地方（家里、公司、车里、公交车上或在海滩上）操作该系统。

移动系统用户不仅在地理上移动，也在设备之间移动。在公交车上开始用 iPad 看书、上班继续在计算机上看书、在家里用 Kindle Fire 看完这本书的用户在地理和设备间都是可移动的。

如图 4-20 所示，移动系统中的主要元素是动态用户、移动设备、无线连接和基于云的资源。移动设备是体积小、重量轻、节能的、具有无线连接功能的计算设备。几乎所有的移动设备都有一个显示器和一些数据输入方式。移动设备包括智能手机、掌上计算机、智能手表和小巧轻便的笔记本计算机。台式计算机、Xbox 和笨重耗电的笔记本计算机都不是移动设备。

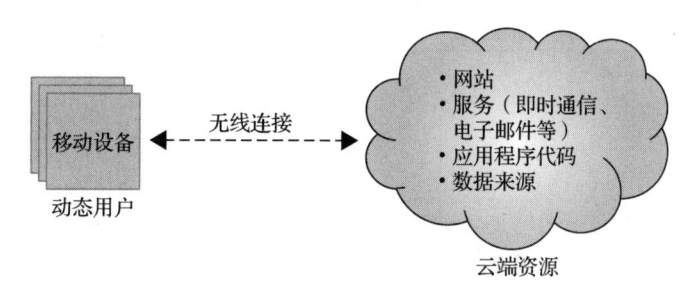

图 4-20　移动信息系统的要素

现在，我们假设云是与移动设备另一端连接的一组服务器。例如，当你为 Kindle 下载一本书时，云就是另一端的一台或多台服务器，它存储这本书并下载一份到你的设备上。

移动系统重要的主要原因是其市场的规模。思科的数据显示，2016 年底全球有 80 亿台移动设备,每个月会产生7.2艾字节(EB)的流量[25]。

第一款iPhone发布后的7年时间(2007年~2014年)里,智能手机成功占据了主流市场,在美国市场中的使用率高达70%[26]。除了与20世纪50年代初的电视的发展在使用率上情况持平以外,智能手机的发展比任何其他技术都要快。皮尤研究中心2018年2月的移动情况说明书显示,95%的美国人拥有一部电话,77%的人拥有智能手机[27]。

此外,手机受到年轻人的青睐。根据皮尤研究中心对移动设备使用的调查,年龄越小的人群拥有移动设备的比例就越大。而且年轻人人均拥有的电子设备比老年人多[28]。这些年轻人将在未来几年里进一步增加对移动系统的使用。

由于这个巨大且不断增长的市场,移动系统正在对如今的商业和社会产生重大影响,这一影响迫使行业进行变革的同时也为移动信息系统专业的人创造了新的就业机会和大量与移动信息系统相关的全新且有趣的工作。

图4-21分别总结了移动系统对信息系统五个组成部分的影响。我们将从硬件开始讨论。

	软件	硬件	数据	流程	人员
移动系统发展的影响	更多的移动设备将被销售。	紧凑的接口。面向活跃用户的新技术。应用程序扩展。	更多的数据,但会不会有更多的信息?更少的设备空间意味着更少的广告。	永远开机,永远工作。员工的生活方式变成了私生活和工作的混合。	在动态环境中不断发展的能力更重要。
行业变革	个人计算机不那么重要。对创新设备和廉价山寨品的高需求(和要求)。	HTML 5、CSS 3和JavaScript增强了瘦客户端的能力。	失去控制。广告模式岌岌可危?	工作时使用个人移动设备。	更多兼职员工和独立承包商。
职业发展机会	移动设备销售、市场营销、支持服务等岗位。	新技术为HTML 5创造了竞争环境。移动需求所需的业务专业知识。新公司。	报表和数据挖掘更加重要。设计高效的移动报告。	创新地使用即时数据。调整业务流程的需求给非常规问题解决者带来了另一个优势。	独立承包商(和一些雇员)在他们想要的时间和地点工作。这个新的社会机体是什么?

图4-21 移动系统五个组成部分的变革和机遇

硬件

显然,对移动系统需求的增加意味着销售更多的移动设备,但这常常以牺牲个人计算机的销售为代价。大型个人计算机制造商惠普(Hewlett-Packard)在2012年面对移动设备的冲击时,由于反应不够迅速而被迫削减了27 000个工作岗位,但也正是因此让它认识到了这一点。未来对于移动设备的创新需求会很高,对廉价的山寨品的需求也会很高。

如果你正在读这本书,你不太可能成为一个硬件工程师。如果你没有生活在亚洲,你也不太可能涉及硬件制造。然而,任何一个拥有39亿潜在用户的市场在营销、销售、物流、客户支持以及相关的活动中都有着大量的机会。

软件

移动设备尺寸的缩小需要创造新的创新性界面。移动用户是活跃的，他们希望有活跃的屏幕体验。移动图形、更改网页和动画都需要附加费用。应用程序将需要从最小扩展到最大，同时提供与设备大小相匹配的用户体验。

移动软件领域技术的高速变革正在创造公平的竞争环境。例如，如今的 Objective-C 的专业程序员最好警惕起来。随着 HTML 5 和 CSS 3 越来越受欢迎，使得对 Objective-C 专业知识的需求将减少。此外，正如你在问题 4-5 中所学，像 Objective-C 这样的语言学习起来既困难又耗时，但 HTML 5、CSS 3 和 JavaScript 却容易很多。随着准入门槛的降低，大量缺乏经验和受教育程度较低的新进入者将作为竞争对手出现。

此外，不断升级的软件意味着新的和令人兴奋的创业的机会。你是否后悔错过了早期在 Facebook 工作的时光？现在，在某个地方，可能已经出现了另一个马克·扎克伯格（Mark Zuckerberg）。由于不断变化的软件环境，新的机会比比皆是，并且这样的情况将持续几十年。

数据

更多的移动系统意味着大数量的新数据，专业人士可以使用的这些数据来创造更多的信息。但正如你在第 1 章中所学，更多的数据并不一定意味着更多的信息。事实上，许多商务人士认为他们想获取信息时却迷失在海量数据中。如何处理这些移动系统数据，使人们能够构思对他们更有价值的信息呢？我们在第 3 章讨论到的数据挖掘和更优质的报表就是不错的选择。

至少对于许多企业来说，并非所有的消息都是好消息。首先，更小的屏幕意味着更少的广告空间，这是限制 Facebook 在 2012 年 5 月成功上市的一个因素。移动系统也增加了企业数据失控的风险。过去，员工只使用雇主提供的计算机设备并且仅通过雇主管理的网络进行连接。在这种情况下，企业或许可以控制谁在哪里对哪些数据做了什么。现在却不然。员工们带着他们自己的移动设备工作。数据泄露是不可避免的。

随着越来越多的人转向移动设备而广告空间越来越小，在线广告的收入可能会大幅减少，这就可能会危及支撑大多数网页内容免费的企业的收入模式。如果发生这种情况，戏剧性的变化就在眼前。

流程

移动设备上的信息系统不像传统的商店一样，它们没有固定的营业时间。使用移动系统的人同样总是在线的。在移动世界里，我们永远对商务开放。不办公是不可能的。一直在线的一个后果是我们的私生活和工作交织在一起。这种混合在某种程度上意味着工作将入侵私生活，私生活也会干扰到工作。这种干扰可能会分散注意力，造成压力。它也可能导致更丰富更复杂的关系。

员工希望在工作中使用移动设备，但他们应该这样做吗？事实上，谁能阻止他们呢？如果公司阻止他们连接与工作相关的网络，他们可以通过自己付费的无线网络进行连接。这样的情况下，公司会完全不知情。员工可以通过他们的私人移动设备发送公司的机密信息吗？我们将在问题 4-7 中更详细地讨论这些问题。

移动系统发掘了即时数据的潜力，也就是在用户需要时将数据传输给用户。下面举一个用到即时数据的例子。药品销售人员会在等待她将推销的医生时，访问一个移动系统以获取新药物的最新文献。她不再需要记住药物的特性，她在走廊上就能完成销售。

此外，一些企业会被动地等待变化的发生，而另一些则会主动地重新设计他们的业务流程以结合移动系统实现流程质量的提高。不管怎样，业务流程变更的需求为创造性的、非常规的业务问题解决者创造了机会。

人员

移动系统改变了人类思维的价值。例如，即时获取数据消除了对存储大量产品数据的能力的需求，但对访问、查询和显示这些数据的能力提出了挑战。移动系统提高了业务的速度，也为那些能够灵活地应对变化的条件并收获了意想不到的成功的企业提供了优势。

有了联网和随时在线的能力，企业或许会发现雇用兼职员工和独立承包商一样有效率。不断提高的监管复杂性和全职员工的成本将激励企业这样做。

在这种情况下，能够在动态环境中不断发展而又不需要直接监督的专业人士就会发现，他们可以随时随地工作，至少有相当一部分时间可以这么做。一旦你一直在线远程办公，那么你在新泽西还是佛蒙特州的滑雪场都不重要。对于这类员工来说，他们可以选择新的生活方式。

这些流动员工可以在他们想要的地方为他们想要的人工作。不会有老板在背后盯着他们。并且还可以同时在不同的公司做多种工作。公司可能不得不改变支付员工工资的方式并且更需要按生产力付费而不是按时间付费。这种向绩效考核的转变将激励优秀员工，让偷懒的人无法在公司浑水摸鱼。公司也将从流动员工中受益，因为他们不需要那么贵的商业办公空间。

道德指南——获取数据的免费应用

你正在上管理信息系统导论课，教授开始谈论开发软件能有多赚钱。他指出像比尔·盖茨（微软）、拉里·埃里森（甲骨文）、拉里·佩奇（谷歌）和马克·扎克伯格（脸书）这样的亿万富翁，都是靠开发有用的软件赚钱。但是一位同学站出来大声地说他从没给过这些人一分钱。他使用的谷歌搜索、Gmail 和 Facebook 都是免费的。他也使用微软办公软件，但都是 OneDrive 上免费的在线版本。甚至他智能手机上的应用程序都是免费的。

接下来是一个经常发生的问题，也是科技行业最头疼的问题，即如何通过免费应用赚钱？教授说了一些关于夺取市场份额、潜在收入和未来的创新的事情。但你更感兴趣的是实际收入，而不是潜在收入。

数据经纪人尼克

坐在你旁边的尼克，笑得很开心并点了点头。他在你的班级项目小组里。他俯身低声说："如果你不付钱，你就是产品。数据才是赚钱的地方，而不是软件。给他们软件以获取数据，然后赚钱。这很简单。"

一开始你有点困惑。但你回想到上周三你第一次见到尼克的时候，他说他重回学校是为了获得管理信息系统学位，因为他在他哥哥的公司的新工作需要技术知识。他解释说他哥哥是一名数据经纪人（有时称为信息经纪人）。他从企业购买个人数据，然后卖给其他公司赚钱。听起来他们运营得很好。在你还没来得及问这是否合法或道德之前，尼克打趣道，"这当然是合法的。每个人都这么做。"很明显他以前被问到过这个问题。

但尼克是对的吗？他不是比尔·盖茨那样的亿万富翁。尼克只关心买卖数据。他对应用程序开发不感兴趣。但他确实说得有道理，也让你开始思考。如果你开始做用于收集个人数据的应用程序开发的生意会怎样？你开发很多有用的应用去收集个人数据，然后卖给尼克。

但尼克愿意为什么样的数据付费呢？你能赚多少钱？他不会关心游戏数据，但他愿意为类似于用户访问了哪些网站、用户位置、用户的朋友、用户的购物记录等有关用户行为的数据付费。

手电筒应用

你在午餐时简单了解了一下移动应用程序如何访问智能手机上的数据。事实证明，用户只需要授予应用程序权限，它就可以访问手机上的任何数据。这是真的吗？任何数据？这可能是一座金矿。你一想到收集成千上万 TB 的数据然后卖给尼克就很兴奋。也许赚到的钱可以让你在一个月内退休。

但随后你会有一种沉沦的感觉。如果你不是第一个想到这个主意的人呢？如果有人已经在投放应用程序并收集用户数据了呢？你决定检查你手机里最有用的应用程序之一——手电筒的权限。你搜索"手电筒应用权限"，会看到几十篇引用 SnoopWall 中骇人的报告的新闻报道[29]。

SnoopWall 的报告研究了安卓智能手机前十大手电筒应用所需的权限。其结果令人震惊。这些所有的应用程序都不仅仅是开灯和关灯。它们需要访问有关你的位置信息、连接网络和 USB 存储的相关数据的权限。他们还需要安装快捷方式、从互联网接收数据、修改系统设置、并关闭屏幕锁的权限。

你使用的应用程序排在这个列表中的第三位。这可不是好消息。你决定检查一下报告是否准确。这些应用程序是否收集了所有这些数据？你看着 Google Play 上显示的前六个手电筒应用程序。结果如下表所示。最下面的三行显示了 2013 年、2014 年、2016 年和 2018 年权限数量的变化。

看到这些简单的手电筒应用程序所需的所有权限是令人痛苦的。为什么你的手电筒需要你的 GPS 坐标？谁得到了这些数据？它们被用来干什么了？看来有人已经想到了你的数据收集的主意。现在想通过免费的应用程序获取个人数据的计划去赚钱可能已经太迟了。突然间，这些免费的应用程序对作为消费者的你来说并没有那么有吸引力了。

应用权限要求	SuperBright LED Flashlight	Brightest Flashlight Free	Brightest LED Flashlight	Flashlight	HighPowered Flashlight	TinyFlashlight+ LED
拍照和摄像	×	×	×	×	×	×
从网络上接收数据	×	×**	×		×	×**
控制手电筒	×	×	×	×*	×	×
更改系统显示设置	×**		×**		×**	

(续)

应用权限要求	SuperBright LED Flashlight	Brightest Flashlight Free	Brightest LED Flashlight	Flashlight	HighPowered Flashlight	TinyFlashlight+ LED
修改系统设置	×**		×**		×**	
防止设备休眠	×	×	×	×*	×	×
查看网络连接	×	×	×	×	×	×
全网访问	×	×	×	×	×	×
启动时运行			×**			×
控制振动				×**		
检索正在运行的应用程序						
修改或删除存储的内容		×				
读取存储中的内容		×		×**		
查看 Wi-Fi 连接		×				
读取手机状态和身份		×	×*			
阅读主页设置和快捷方式		×				
编写主页设置和快捷方式						
禁用屏幕锁						
安装快捷键		×				
卸载快捷方式		×				
大概的位置		×		×**		
精确的位置		×		×**		
禁用或修改状态栏		×**				
在其他应用程序上绘制			×		×**	
其他					3	
2013 年总计	20	15	13	9	15	6
2014 年总计	8	15	13	9	15	7
2016 年总计	6	14	8	5	6	7
2018 年总计	8	16	10	7	12	8
*2018 年取消 **2018 年新增						

讨论问题

1. 思考创建一个免费应用程序来收集个人数据的决定。
   a. 根据定言令式的理论，这个决定道德吗？
   b. 根据功利主义的理论，这个决定道德吗？
   c. 如果用户知道自己的数据被免费应用收集，他们会作何反应？
2. 假设谷歌意识到其应用商店中的应用

> 在收集与其功能无关的用户数据。
>   a. 它是否有法律义务找出不恰当地收集数据的应用程序？
>   b. 它是否有道德义务找出不恰当地收集数据的应用程序？
>   c. 谷歌是否提供了免费应用程序以换取个人数据？为什么？
> 3. 谷歌应该如何管理其应用商店中的应用程序，以确保程序权限设置合理？
> 4. 2014年，赛门铁克公司发现17%的安卓系统应用程序是伪装的恶意软件[30]。但是谷歌的报道却显示，只有不到1%的安卓设备安装了有潜在危害的应用程序[31]。
>   a. 从定言令式和功利主义的观点思考，谷歌删除它认为不合适的应用程序是否道德？
>   b. 从定言令式和功利主义的观点思考，谷歌限制某些应用程序的权限是否道德？

问题 4-7 个人移动设备在工作中的挑战是什么？

到目前为止，我们关注的都是企业为其客户和其他人的使用而创建的移动应用程序。在这个问题中，我们将讨论企业内部对移动系统的使用。

事实上，当下的企业对员工在工作时使用他们自己的移动设备又爱又恨。他们喜欢员工自己购买硬件所带来的成本的节省，但他们讨厌随之增加的脆弱性和失控的局面。至少到目前为止，企业有着各种各样的态度。

据 Tech Pro Research 最近的一份报告估计，74%的公司都已采用或正计划采用自带设备[32]。如果你还没有带着自己的设备去上班，你很快就得这么做了。但只有43%的企业制定了工作时设备使用的政策[33]。

员工工作时使用移动系统的利与弊

图 4-22 总结了员工工作时使用移动系统的利与弊。其优势包括了刚才提到的成本的节省，以及员工对于使用他们根据自己的喜好选择的设备而不是公司提供的计算机更满意。由于员工已经在使用这些设备做自己的事情，因此他们需要进行的培训更少，工作也可以更高效。这些都意味着支持成本的降低。

但员工使用移动设备也有很大的缺点。首先，真正的危险是数据丢失或损坏。当员工用自己的计算机设备存有企业数据时，企业对数据的去向和操作都失去了控制。比如，IBM公司因此禁止了在员工的移动设备上使用苹果的语音搜索应用 Siri[34]。此外，如果员工的设备丢失，数据也会随之丢失。当员工离职时，他们个人设备上的数据需要以某种方式删除。

企业还失去了对员工购买的软件和应用程序进行更新的控制。这种失控会引发兼容性问题，即员工可以使用与企业标准软件不兼容的软件处理数据，例如编辑文档。对企业来说，这就意味着有大量不兼容的文件。

利	弊
节约成本	数据丢失或损坏
更高的员工满意度	失控
减少培训需求	兼容性问题
更高的生产率	感染风险
降低支持成本	更大的支持成本

图 4-22 员工工作时使用移动系统的利与弊

员工使用自己的设备可能存在的最大缺点是感染风险。企业无法知道员工带着设备去过哪里，或者他们在那里做了什么。企业网络受到严重的病毒感染的可能性是真实存在的。最后，具有讽刺意味的是，所有这些缺点还会导致更大的支持成本。

综上所述，企业无法避免自带设备问题。无论成本和风险如何，员工都会带着自己的设备去上班。忽视这个问题只会让事情变得更糟。

企业自带设备政策调查

自带设备（BYOD）政策是对员工在用其自己的设备处理公务时的权利和义务的说明。图 4-23 从功能和控制方面展示了 BYOD 政策。从左下角开始，最原始的政策是忽视移动设备的使用。这种政策没有任何优势并且也不是长久之计。因为它既没有为员工提供便利，也没让企业获得对信息的控制。

	商业组织对设备的控制程度				
	弱 ←				→ 强
强 该政策对员工工作提供的支撑 弱	完全用 VPN 访问企业系统		员工要对使用设备造成的损失负责	企业检查设备，重新安装应用并进行远程管理	如果员工的设备接入网络，那么企业将拥有该设备
	使用公共网络的企业服务		提供一个受限的系统，可以从任何设备访问		
	联网设备	类似于咖啡店公共 Wi-Fi 的管理政策			
	不使用	禁止员工使用自带的移动设备访问企业应用			

图 4-23　六种常见的自带设备政策

在功能上的下一步是企业为移动设备提供其自己的无线网络，就像咖啡店的做法一样。这种政策对企业的好处是企业可以掌握员工的移动流量，从而了解员工在工作期间如何使用他们的设备（以及使用的时间）。

下一个政策提供了更多的功能和更多的控制。企业使用 HTTPS 创建需要员工登录并可以从任何设备（移动或非移动设备）访问的安全应用程序服务。员工可以在公司或其他地方使用这样的应用程序。这些服务对访问某些企业数据进行了控制。

第四种政策与其说是政策，不如说是一种策略。企业告诉员工他们可以用自己的移动设备登录到企业网络，但是员工要为其造成的任何损失承担经济责任。希望因为员工知道他们处在暴露性的环境下，所以决定不这样做。

一个更明智的政策是把员工的设备像归属于企业的设备一样进行管理。在这一政策下，员工将他们的移动设备移交给信息系统部门去清理和重新加载软件并安装程序，以实现信息系统部门对设备的远程管理。许多被称为移动设备管理（MDM）软件的供应商许可产品都支持这一功能。这些产品安装和更新软件、备份和恢复移动设备、在设备丢失或员工离职时从设备中删除雇主软件和数据、报告使用情况，并提供移动设备管理的其他数据。

这一政策对企业有利，但一些员工反对将自己的设备的管理权移交给企业。如果企业至少支付一部分设备的费用，那么情况就会有所好转。

最具控制力的政策是企业声明对员工连接到其网络的任何移动设备进行掌控。为了能够执行，这个政策必须写入员工的合同。只有有着非常安全的操作和使用环境的企业才会采用这一政策。一些军事或情报机构的政策是任何智能设备一旦进入工作场所就可能永远不会离开。图 4-24 中总结了这六种政策的优点。

BYOD 政策	描述	对企业的好处
禁止员工使用自带的移动设备访问企业应用	员工带着移动设备去工作会被公司另眼相看	无
类似于咖啡店公共 Wi-Fi 的管理政策	可以使用移动设备登录到企业的无线网络	监控员工在工作时对移动设备的使用
提供一个受限的系统，可以从任何设备访问	企业创建需要登录的 HTTPS 应用程序并提供对非关键业务系统的访问	员工可以使用公共网络，从任何设备访问企业系统而不需要使用 VPN
员工要对使用设备造成的损失负责	以威胁的姿态阻止员工在工作中使用移动设备	这种政策看似对于员工自带设备是包容的，但实际上并非如此
企业检查设备，重新安装应用并进行远程管理	员工可以像使用公司信息系统部门提供的计算机一样使用自己的移动设备	员工购买设备（可能有雇主出资）
如果员工的设备接入网络，那么企业将拥有该设备	员工在工作时不得使用移动设备。如果他们这样做，他们就会失去设备。这是雇佣协议的一部分	为了高度安全的工作环境而进行的最高级别管控（情报或军事）

图 4-24　自带设备政策示例的优点

自带设备政策正在迅速演变，许多企业还没有确定哪一个对他们来说是最好的选择。如果你的雇主有一个委员会来制定这样的政策，可以的话就加入其中。这会为你提供一个接触企业中技术想法领头人的好机会。

问题 4-8　2029 年将会怎样？

有一部很老的电影叫《电子情书》（1998），由汤姆·汉克斯（Tom Hanks）和梅格·瑞恩（Meg Ryan）主演。影片中的人物收到"邮件"时会非常兴奋。电子邮件这个词在当时还很新，甚至还没有流行。你可以在电影中看到人们在读报纸和纸质书。时代在改变。

快进到今天，发送的电子邮件在几秒钟内就能收到。你在工作间隙、看电视、开车或者上厕所时就可以查看电子邮件。你屏住呼吸地查看邮件是因为害怕发现邮箱中堆积了很多工作，或者更糟的是堆满了账单、垃圾邮件和病毒。

新的软硬件改变了人们的日常生活。人们总是在线、总是连接到网络、随时交流、随时工作和娱乐。这一趋势将继续下去。物联网将使我们能够持续连接越来越多的设备。你将能够通过智能手机控制你的家和家里的一切。你的家将十分智能，甚至还会分析你。它会看到你做什么、怎么做、什么时候做，然后预测你的需求。

想象一下，你的电视每天早上准时打开并播放开市行情（如图 4-25 所示）。你会闻到刚烤好的面包的味道、淋浴器自动启动、你的汽车也知道什么时候启动可以让你在上车的时候保证车里是温暖的，并且它还可以让你在上班路上工作。你在工作中也会遇到这些前瞻系统。

软硬件的进步将如何影响你即将从事的工作类型？今后十年最高薪的工作是现在并不存

在的。当前的热门工作有物联网架构师、营销技术专家、大数据架构师和 DevOps 经理，而这些工作 10 年前并不存在。今后十年将会有一系列全新的你闻所未闻的工作。

图 4-25 智能家居

你如何为未来的工作做准备？什么样的工作薪水高？不管你现在的大学专业是什么，你未来的工作都可能需要高水平的技术技能。为这类工作做准备的最好的方法就是培养创造力、解决新颖问题的能力以及良好的判断力，并真诚地学习新事物。

安全指南——恶意软件

你有没有在晴朗的夜晚停下来仰望星空的时候，看到一道微弱的白光缓缓划过天空？如果有，你就看到了在地球轨道上以超过每小时数千英里的速度运行的一颗卫星。令你感到惊讶的是美国国家航空航天局（NASA）早期发射的宇宙飞船的算力比你的智能手机还要小。你用来查看社交媒体和邮件以及玩游戏的小型手持设备比第一艘宇宙飞船还要强大。但是为什么你需要这么大的算力呢？打电话和发短信似乎不需要太多处理能力。欢迎来到"应用"时代！

应用程序是更快更强的智能手机发展的驱动力。苹果和其他智能手机制造商每年都会发布新版手机。为了跟上最华丽和最强大的应用程序，对于更快的处理芯片和更大的内存的需求也随之产生。这两个方面的发生进步的同时往往不会影响手机的外形，也不会缩短电池寿命。

智能手机用户对应用程序的需求似乎永远无法被满足。2017 年苹果应用商店有着超过 220 万个应用程序、1970 亿次应用程序下载以及 1200 万注册应用开发者[35]。这些应用程序可以让你做从股票交易到查看世界各地的最新天气状况等所有事情。虽然大多数应用程序都需要支付几美元，但其中很多都是免费的。你可能会想"这怎么可能？"以及"是有什么隐性成本吗？"你或许会很惊讶，免费应用可能并不是什么好事。

iOS 上出没的 XcodeGhost

通常来说，App Store 的市场监管良好。为了给用户创造安全的体验，应用程序需要进行安全漏洞和低俗内容的筛查。但由于有超过 200 万个应用程序可供用户使用，因此难免会有一些恶意应用程序通过筛查。

苹果最近披露了一款名为 XcodeGhost 的恶意应用程序组件。据报道，这款恶意软件可以访问用户凭证、劫持 URL、在设备上读取并写入数据,并危及其他 iOS 应用程序。

尽管有着软件被修改了的警告,但开发人员还是选择安装一个被破坏版本的 Xcode 开发工具包,这导致了该恶意软件被嵌入到 App Store 的应用程序中。开发人员下载被破坏的软件是因为它已经发布在了服务器上,并且能够提供比标准更快的下载速度。

这个漏洞一经发现,苹果公司就告知用户,危险的应用程序已从应用商店中移除,他们正在与开发人员合作确保此类事件不再发生。但即使识别并删除了这些应用程序,安全性的破坏仍是一个问题,"App Store 中还潜伏着其他什么漏洞?你是否已经下载了这些有潜在威胁的应用?"

安装杀毒软件

你是否曾经在使用手机时看到过一条警告信息,显示你手机上的某个应用程序正在后台访问你的位置信息?如果有,你担心吗?你是始终允许应用获取你的位置,还是把它关掉了?需要考虑的一个关键点在于应用程序不一定要被认为是恶意软件才具有危险性或侵入性。事实上,你手机里的很多应用程序都可能会访问与其特定功能无关的数据。例如,一项针对有内置网络工具的应用程序的调查显示,15 个应用程序中有 13 个会将手机上的所有联系人上传到由程序开发者管理的远程服务器上[36]。这些联系方式可以通过卖给广告商和其他第三方获利。

这种间接的信息收集就是从 App Store 下载的很多应用都是免费的原因。最终用户要用自己的隐私为这些应用付费。但是为什么用户会容忍对他们的隐私的侵犯呢?用户往往不会仔细查看每个应用程序的使用协议[37]。更惊人的是开发者可以在用户同意旧版隐私协议条款之后更改条款。

尽管手机和应用程序带来了极大的便利、生产力和娱乐,但使用它们都有着隐藏的成本。这些隐性成本可能包括下载危险软件或无意中允许应用程序访问个人数据的风险。一个小小的杀毒软件就可能帮助用户防止严重的隐私侵犯或数据盗窃。

讨论问题

1. 想想你使用的各种手机、计算机应用程序以及你在社交媒体上的互动。你的隐私或个人数据是否被入侵过?入侵的影响是什么?你是能够解决它,还是被迫承受后果?

2. 试着确定任何智能手机用户都可以遵循的三种不同策略,以实现安装和使用危险的应用程序的风险的最小化。

3. 反思免费应用程序和这些应用程序可能导致的潜在隐私风险之间的利弊。这篇文章是否改变了你对免费应用的看法?如果有的话,发生了怎样的改变?

4. 进行互联网搜索,确定应用商店(如 App Store、谷歌 Play 或 Windows 手机商店)中是否有最新安全漏洞。如果有,则进行一个简短的调查,了解涉及哪些应用程序、有多少人受影响以及漏洞是否已得到解决。

职业指南

姓名：马歇尔·佩蒂特（Marshall Pettit）

公司：Prepareis

职位：高级软件工程师

学历：犹他大学

1. 你是怎么得到这份工作的？

网络。永远不要低估工作餐和密友的价值。虽然我所受的教育和以前的经历与我现在的工作有很大的不同，但我一个非常出色的朋友鼓励我追求自己成为一名软件开发人员的梦想，并向我强力推荐了一家最近录用他的公司。我们一起开始，他也成了我重要的导师。

2. 这个领域吸引你的是什么？

自从我在大学本科学习工商管理期间选修了一门课程以来，网络软件开发就一直吸引着我。使用文本编辑器中的命令来构建复杂而巧妙的业务系统就像用原材料搭建房屋并看着它成形一样令人满足。

3. 你的日常工作是怎么样的？

每个工作日都需要自我激励和对团队的强烈责任感。我每天早上都会和团队开一个简短的会议，一起回顾我们的进展，确保它与长远目标和我们在每一阶段（2周或3周）开始时的短期目标一致。我也让自己全天都有时间检查他们的代码和工作，就像他们每天为我全天工作一样。

4. 你最喜欢工作的哪一点？

我的家就是我的办公室，我的日程安排很灵活。这也让我有机会指导孩子们的运动队、辅导他们的家庭作业并满足他们的日常需求。

5. 想要做好你这份工作需要哪些技能？

快速学习。编程语言、平台和规范不断变化。跟上这些变化对于持续做出积极的贡献是很重要的。

6. 在你的领域里教育经历或者证书重要吗？为什么？

正规教育在每个领域都很重要。虽然我所受的教育与现在的职责不同，但它让我在与业务领导讨论为我们的客户开发解决方案时变得更有深度。在这个行业里，证书不那么重要。相反，在编码挑战网站上持续的非正式学习和实践会带来更大的回报。

7. 你会给那些考虑在你所在领域工作的人什么建议？

尽管去做。实现信念的飞跃，迎接前方的挑战。勇敢地追逐你梦想的工作，尽管它周围有想象中的障碍，这将是既有趣又有回报的。

8. 你认为在未来10年什么技术工作会成为热门工作？

人工智能将在未来几年提供最吸引人的机会。机器学习、数据科学和商业智能领域的机会将大幅增长。

本章回顾

通过本章回顾来验证你是否理解了回答本章学习问题所需要用到的思想和概念。

问题 4-1　关于硬件，商务人士需要知道什么？

列出硬件类型并举例说明。定义比特和字节。解释为什么比特被用来表示计算机数据。定义用于表示内存大小的字节单位。

问题 4-2　新的硬件如何影响竞争战略？

定义物联网并描述智能设备。解释为什么智能设备是可取的。举两个例子说明企业如何从智能设备中获利。描述 AR、MR 和 VR。解释为什么存在感在虚拟环境中很重要。描述一下自动驾驶汽车如何变得更安全、更便宜并使生活更轻松。解释 3D 打印是如何工作的以及它将如何影响新产品的设计、制造、分销和消费者购买。描述一些使用比特币等加密货币的利弊。

问题 4-3　关于软件，商务人士需要知道什么？

回顾图 4-12 并解释每个单元格的含义。描述三种虚拟化并解释每一个的应用。解释软件所有权和软件许可证之间的区别。解释横向市场、纵向市场和特有应用之间的区别。描述了企业获取软件的三种方式。

问题 4-4　开源软件是可行的替代品吗？

定义 GNU 和 GPL。举出三个成功的开源项目。请描述程序员致力于开源项目的四个原因。定义开源、闭源、源代码和机器码。用你自己的话解释一下为什么开源是一种合理的选择，但它对于特定的应用程序却未必适用。

问题 4-5　本地应用程序和 Web 应用程序之间有什么区别？

用你自己的话总结本地应用程序和 Web 应用程序的区别。用专业术语解释面向对象语言和脚本语言之间的区别。解释图 4-19 中的每个单元格。说明本地应用程序和 Web 应用程序哪个更好，并做出解释。

问题 4-6　为什么移动系统越来越重要？

定义移动系统。命名并描述移动系统的四个组成部分。请描述移动市场的规模，并解释为什么会有 39 亿潜在用户。解释为什么移动市场在未来将变得更加强大。解释为什么一个企业的问题是另一个企业的机会。使用五要素模型，描述每个要素的特定机会。定义即时数据，并解释它如何改变人类思维的价值。

问题 4-7　个人移动设备在工作中的挑战是什么？

总结员工在工作时使用移动系统的优缺点。定义 BYOD 和 BYOD 政策。列出六种可能的政策，并从功能性和企业控制方面对它们进行比较。为雇主总结每个政策的优势。

问题 4-8　2029 年将会怎样？

解释过去 20 年电子邮件的使用发生了怎样的变化。描述一个前瞻系统可能会如何工作。解释软硬件的进步可能会如何改变你将来要做的工作的类型。

将你的知识应用到 eHermes

假设你是 eHermes 团队的一员。简要总结本章的知识将如何帮助你在团队做出贡献。解释为什么 eHermes 决定不开发自己的人工智能。总结如果 eHermes 决定开发自己的人工智能将会面临的挑战。

关键术语和概念

Android
应用软件（Application software）
增强现实（Augmented Reality，AR）
二进制数字（Binary digit）
比特币（Bitcoin）
字位（Bit）
黑莓系统（BlackBerry OS）
区块链（Blockchain）
自带设备政策（Bring your own device policy）
字节（Byte）
中央处理单元（Central Processing Unit，CPU）
客户端（Client）
闭源（Closed source）
计算机硬件（Computer hardware）
加密电子货币（Cryptocurrency）
定制开发软件（Custom-developed software）
桌面虚拟化（Desktop virtualization）
双处理器（Dual processor）
艾字节（Exabyte，EB）
法定货币（Fiat currency）
固件（Firmware）
吉字节（Gigabyte，GB）
GNU
GNU 通用公共许可协议（GNU general public license agreement）
HoloLens
横向市场应用（Horizontal-market application）
主机操作系统（Host operating system）
物联网（Internet of Things，IoT）
iOS
即时数据（Just-in-time data）
千字节（Kilobyte，KB）
授权（License）
Linux
机器码（Machine code）
macOS
主存储器（Main memory）
移动电子商务（M-commerce）
兆字节（Megabyte，MB）
微软 Windows 系统（Microsoft Windows）
混合现实（Mixed Reality，MR）
移动设备（Mobile device）

移动设备管理（Mobile Device Management，MDM）
软件（Software）
移动系统（Mobile system）
现代化应用程序（Modern-style application）
本地应用程序（Native application）
非易失的（Nonvolatile）
面向对象（Object-oriented）
现有软件（Off-the-shelf software）
修改现有软件（Off-the-shelf with alteration software）
特有的应用程序（One-of-a-kind application）
开源（Open source）
操作系统（Operating System，OS）
PC 虚拟化（PC virtualization）
个人计算机（Personal computer）
拍字节（Petabyte，PB）
平板手机（Phablet）
四处理器（Quad processor）
随机存取存储器（RAM）
现实世界（Reality）
虚拟货币最小单位（Satoshi）
自动驾驶汽车（Self-driving car）
存在感（Sense of presence）
服务器（Server）
服务器群（Server farm）
服务器虚拟化（Server virtualization）
站点许可证（Site license）
智能设备（Smart device）
智能手机（Smartphone）
固态硬盘（Solid-state Storage，SSD）
源代码（Source code）
存储硬件（Storage hardware）
Swift
塞班系统（Symbian）
平板计算机（Tablet）
太字节（Terabyte，TB）
胖客户端应用程序（Thick-client application）
瘦客户端应用程序（Thin-client application）
Unix
纵向市场应用（Vertical-market application）
虚拟的（Virtual）
虚拟化（Virtualization）
虚拟机（Virtual Machines，VM）

虚拟现实（Virtual Reality，VR）
易失的（Volatile）
Web 应用程序（Web application）

Windows 10（mobile）
Windows 服务器（Windows Server）
泽字节（Zettabyte，ZB）

知识运用

4-1. 微软向参与其 Microsoft Imagine 项目（前身为 Microsoft DreamSpark 项目）的高校学生免费提供某些软件产品的许可证。如果你所在的大学参与这个项目，你有机会免费获得数百美元的软件。以下是你可以获得的部分软件的列表：

- Microsoft Access 2016
- Microsoft OneNote 2016
- Microsoft Windows Server 2016
- Microsoft Project 2016
- Microsoft Visual Studio 2017
- Microsoft SQL Server 2017
- Microsoft Visio 2016

a. 搜索 www.microsoft.com、www.google.com 或 www.bing.com 并确定它们各自的功能。
b. 这软件产品中哪些是操作系统？哪些是应用程序？
c. 这软件项目中哪些是 DBMS 产品？
d. 这软件项目中你现在应该下载并安装哪些？
e. 下载并安装 d 部分回答中的项目，或者解释你为什么选择不这么做。
f. Microsoft Imagine 是否为微软提供了不公平的优势？为什么？

协作练习 4

使用你在第 1 章的协作练习中建立的协作信息系统，团队协作回答下面的问题。

2016 年 3 月，微软发布了其混合现实头戴式设备 HoloLens 的升级版。因为 HoloLens 是一个独立的、不受束缚的计算设备，所以它不同于 Meta 2 或 Oculus Rift 等数字现实设备。换句话说，它不需要插入计算机。因为它本身就是一台 Windows 10 计算机[38]。

HoloLens 有一个定制的全息 CPU、一个英特尔 32 位处理器、2GB 运行内存和 64GB 的存储空间。它可以待机使用 2～3 小时，并且可以通过蓝牙或 Wi-Fi 连接。它还配备了 200 万像素的高清相机、四个麦克风、运动传感器、光传感器、环境摄像机和深度感应摄像机。

4-2. 访问开放源代码促进会的网站 www.opensource.org。总结其使命。在网站中找到开源的定义，并用自己的话对这个定义进行总结。解释该组织在开源许可证方面扮演的角色。总结获得组织批准的许可证的过程。描述有组织认可的好处。

4-3. 假设你是 eHermes 公司的卡玛拉。列出你会用来帮助 eHermes 决定是否制造自己的人工智能的五个标准。证明你的标准。

4-4. 描述你大学的课程注册应用程序如何从使用云的移动应用程序中获利。

4-5. 根据你的个人经历，描述一下自带设备政策在你大学所在地的情况。解释这项政策对你一个学生或整个企业的利弊。你认为自带设备政策在未来五年内会发生什么改变？说明原因。

4-6. 阅读问题 4-2。批判性地评价作者的观点。你同意物联网和自动驾驶汽车的进步会让生活更轻松和更好吗？如果同意，说明原因。如果不同意，解释你认为当更多的智能设备和自动驾驶汽车被应用时会发生什么。解释你将如何为未来的高科技就业市场做准备。

因此，HoloLens 可以做一些非常惊人的事情。它可以接受语音命令和手势命令（如空中点击），可以在房间中投影空间，最重要的是，它能在空气中创建全息图像（虚拟物体）。你可以在 YouTube 频道上看 HoloLens 如何工作的视频。

在最近的一次演示中，微软展示了 HoloLens 如何让两个在不同的地方的人合作解决管道问题。管道破损一方的人戴着 HoloLens 眼镜，而一个知道怎么修理管道的人在另一个地方。那个戴着 HoloLens 眼镜的人可以看到管道上出现的指示怎样解决问题的 3D 全息箭头。箭头是在显示来自 HoloLens 的实时影像的平板计算机上手绘的。

在另一个例子中，欧特克的设计师和工程师使用 HoloLens 协作创造新产品[39]。机械工程师、工业设计师和营销经理都可以看到产品被设计出来的样子。产品不需要反复使用大量的物理原型，而他们也可以在产品制造出来之前对它进行修改。

沃尔沃也在以类似的方式使用 HoloLens。有了该设备，公司能够减少设计时间，并有可能改进制造过程。HoloLens 还有助于销售。通过该设备，客户可以一键更改他们所看车辆的颜色。销售人员也可以在 3D 全息环境中向顾客互动演示汽车内置的安全装置（如自动断裂传感器）。

HoloLens 的潜在用途是惊人的。游戏玩家再也不用窝在沙发上玩电子游戏了，他们可以在任何地方和任何人一起玩 2 小时的多人全息游戏。HoloLens 也将改变人们交流的方式。微软工程师最近演示了一种"全息传输"技术。利用这种技术，一个人的实时交互式 3D 全息影像会被全息传送到另一个房间。戴着 HoloLens 的用户可以与这个人互动，就像他们在同一个房间里一样。

在教育、娱乐、旅游、设计、工程和电影等其他领域的应用也正在发展。而且由于 HoloLens 是第一批商用的混合现实设备之一，其最佳应用可能还不为人知。我们不知道人们会用它来做什么。但可以肯定的是，像谷歌、微软和苹果这样的大公司都在像 HoloLens 这样的混合现实设备上进行了大量的投资。他们都看到了其潜力并对其投资。

回想第 1 章中引用的兰德公司的研究，其指出全球范围内对可以应用新技术的工人和以创新的方式解决商业问题的产品的需求将会增加。微软 HoloLens 就是一个创新应用新技术的很好的例子。

4-7. 思考 HoloLens 在你大学的应用。HoloLens 将如何应用于建筑、化学、法律、医学、商业、地理、政治科学、艺术、音乐或你的团队感兴趣的任何其他学科？分别在五个不同学科中描述一个 HoloLens 的潜在应用。

4-8. 列出你在 4-7 中选择的五个应用的具体特点和好处。

4-9. 概括地描述为创建你在 4-7 中所确定的应用而需要完成的工作。

4-10. 有些人会因为独家游戏而购买像索尼 PlayStation 或微软 Xbox 这样的游戏机。但并不是所有的视频游戏都可以在这些游戏机上使用。应用程序对于像 HoloLens、Meta 2 和 Oculus Rift 这样的数字现实设备的成功有多重要？

4-11. 你有时会听到这样的说法："新兴技术正在不断地创造公平的竞争环境"。换句话说，技术消除了现有企业的竞争优势，并为新企业提供了机会。这句话和 HoloLens、iPad、Windows 10、苹果和谷歌有什么关系？

【案例研究 4——你的苹果】

看一下图 4-26 中苹果的股票历史就会知道，苹果是一家非常成功和引人注目的公司，在世纪之交、2007 年～2008 年、2012 年、2015 年和 2018 年都达到了峰值。它现在是全球市值最高的上市公司。苹果公司如此成功，以至于纳斯达克证券交易所得出结论，苹果的价格扭曲了纳斯达克 100 指数的价格并将苹果在该指数中的权重从 20% 降至 12%。

但自从史蒂夫·乔布斯（Steve Job）去世（2011 年 10 月 5 日）之后，苹果就没有了像 iPod、iPhone 和 iPad 这样的开创性产品了。iWatch 于 2015 年发布，但早期的很多评论都是不温不火的[40]。当时市场上已经有好几款有类似功能的智能手表了，而且它还有着性能问题。最重要的是，iWatch 是否会比已经在用户口袋里的 iPhone 更有价值，这一点并不明确。简而言之，它并没有一炮而红。那么，苹果公司及其股东的未来会是怎样的呢？不确定，特别是当你想到苹果没有乔布斯的历史的时候。

早期的成功与失败

在个人计算机时代的初期，也就是 20 世纪 80 年代初，苹果开创了设计精良的家用计算机和创新界面，包括面向家庭的苹果 II 代家用 PC 和面向学生和知识工作者的麦金塔计算机。这期间，苹果拥有超过 20% 的个人计算机市场，超过了许多其他个人计算机供应商，其中大多数都已经不再做相关的生意（或不复存在）。

苹果收盘股价

图 4-26　苹果股价的增长

然而，苹果迷失了方向。1985 年，苹果公司的创始人史蒂夫·乔布斯在与苹果董事会的斗争中败下阵来，被迫辞职。他创办了另一家个人计算机公司 NeXT，并推出了一款开创性的个人计算机产品，由于这款产品过于创新，因此在当时销路不好。与此同时，苹果公司接连雇用了好几个 CEO，从约翰·斯卡利（John Sculley）开始，他是从百事可乐公司离职的。在那里他取得了巨大的成功。然而，斯卡利的学识和经验并没有很好地转移到个人计算机业务上，公司迅速走下坡路，以至于美国消费者新闻与商业频道将他评为美国史上第 14 位最差的 CEO[41]。之后的两个 CEO 也是如此。

在此期间，苹果犯了许多错误，包括不奖励创新工程、创造了太多针对太多细分市场的产品、失去在零售计算机商店中的威望。苹果的个人计算机市场份额也暴跌。

史蒂夫·乔布斯，第二段

1996 年，苹果收购了乔布斯的 NeXT 计算机公司，并获得了创造如今 Macintosh 操作系统 macOS 的技术。但它获得的真正的财富是史蒂夫·乔布斯。然而，即使是乔布斯也不能在一夜之间创造出奇迹。要重新夺回失去的市场份额是极其困难的，要重新获得零售渠道对苹果产品的尊重更是难上加难。即使到 2011 年，苹果的个人计算机市场份额也只是在 10% 到 12% 之间，低于 20 世纪 80 年代 20% 的高点。

为了解决这些问题，苹果公司脱离了个人计算机，并凭借 iPod、iPhone 和 iPad 开拓了新的市场。它还通过开设自己的商店来解决零售商的问题。在这个过程中，它开创了通过互联网销售音乐和应用程序的先河。

iPod，iPhone 和 iPad 设备是创造力和工程上的奇迹。它们不仅易于使用，还有极好的用户体验。通过为 iPod 销售热门音乐，苹果建立了与市场的动态联系，人们愿意花大价钱购买惊艳的产品。旋转 iPhone 以旋转图像的功能使得 iPhone 的销量比其他产品都高。有了 iPad，便携式设备变得具有可读性，这也使得苹果有了 54% 的移动市场份额[42]。

所有这些成功使得苹果商店不仅超过了像美国墨菲这样的普通零售商，更超越了蒂芙尼这样的大企业。2017 年，苹果商店每平方英尺○的销售额超过 5546 美元，而蒂芙尼为每平方英尺 2951 美元、美国墨菲为每平方英尺 3721 美元。苹果目前运营着超过 500 家这样的零售店，每天接待超过 100 万名顾客[43]。

苹果公司凭借其诱人的开放式销售大厅、天才吧服务台以及训练有素、纪律严明的销售队伍来吸引并留住顾客。销售人员不是被委托，而是被训练成为帮助客户解决问题的顾问。甚至有一些词汇也是标准化的。当员工不能解决客户的问题时，员工不能使用"不幸"一词，而是使用"事实证明"这个短语[44]。

苹果通过 iTunes 在线商店销售了超过 250 亿首歌曲、通过 iBookstore 销售了 1.3 亿册图书而通过苹果应用商店下载的应用程序仅为 750 亿次。苹果现在是最大的个人计算机软件渠道[45]。

为了鼓励 iPhone 和 iPad 应用程序的开发，苹果与应用程序开发者共享收益。这么多年来给开发者的分红超过了 700 亿美元[46]！作为回报，开发人员也创造了大约 1 000 000 个 iOS 应用程序，并且在你阅读本书时，有着大量的开发人员正在开发成千上万的产品。

另外，如果你想创建一个 iOS 应用，你要做的第一件事就是买一台苹果电脑，因为苹果禁止了其他开发方式对其的开发。Adobe Flash 呢？不

○　1 平方英尺 ≈ 0.093 平方米。——编辑注

可能。苹果称 Flash 有太多的漏洞，因此 Flash 开发人员因此被排除在外。微软 Silverlight 呢？没门。微软的开发人员也受到了排挤。非苹果开发社区非常愤怒，但苹果的回应其实是，"好吧，我们将把 700 亿美元给其他人。"

这样做的结果是什么呢？直到乔布斯去世，苹果每一次成功的销售都会促进其他销售的成功。热门音乐促进了 iPod。iPod 促进了 iTunes，并为 iPhone 创造了不断增长的用户群。iPhone 的销售推动了应用商店的发展，而应用商店的成功又带动了开发人员社区的发展，他们提供了更多的应用程序，这促进了 iPhone 的发展，并为 iPad 奠定了基础，也为应用商店提供了资金，从而吸引了更多的忠实客户和开发人员。

没有乔布斯的苹果

苹果的未来是不确定的。20 世纪 90 年代乔布斯被解雇后，苹果陷入了困境，它可能会再次陷入困境。当然，那会在很长一段时间之后，但它作为创新性领军企业的日子结束了。聪明的投资者必须考虑苹果在后乔布斯时代的创造力。苹果新任 CEO 蒂姆·库克会像史蒂夫·乔布斯一样大胆冒险吗？蒂姆接手后的这些年里，我们看到了对 iPhone、iPad、iMac 和 iPod 等现有产品的改进，但除了 Apple Watch 和 Apple Pay 之外，几乎没有什么新的创新。

苹果会像许多人希望的那样推出 iCar 和 iGoggles（混合现实的设备）吗？或者苹果的创新会局限于对现有产品的增量改进吗？这是一个价值万亿美元的问题。

问题

4-12. 苹果采用了波特的四种竞争策略中的哪一种？为什么？

4-13. 你认为苹果公司过去取得成功的最重要的三个因素是什么？为什么？

4-14. 史蒂夫·乔布斯于 2011 年 10 月去世。在他去世之前，他一直是苹果创新的核心和灵魂人物。如今没有了乔布斯，仍有 12.3 万名员工在新 CEO 蒂姆·库克带领下的苹果公司工作。对许多投资者来说，一个很大的问题是没有了乔布斯公司能否成功。你觉得呢？蒂姆·库克接管苹果以来是否足够创新？他会成为一个像史蒂夫·乔布斯那样的大胆的创新者吗？你愿意投资由蒂姆·库克掌舵的苹果公司吗？为什么？

4-15. 微软在平板计算机（如 iPad）的开发方面很早就处于领先地位，20 多年来，它拥有世界上先进的操作系统和应用程序。请给出微软没有取得和苹果一样的成功的五个原因。大多数行业分析师都认为，平均而言，微软 12.4 万名员工的技能和能力和苹果的员工一样出色。

4-16. 思考你对前面四个问题的回答，如果你想用你投资组合中的 5000 美元闲置资金买股票，你会买 Apple（苹果）吗？为什么？

完成下面的写作练习

4-17. 假设你大学毕业后的第一份工作是在一家大型保险公司工作。你的老板让你分析自动驾驶汽车对汽车保险政策的收益所产生的影响。列出自动驾驶汽车可能影响保险行业的四种方式并做出解释。

4-18. 访问 www.distrowatch.com。点击列出的前五个 Linux 发行版中的一个。点击该发行版的截图链接。列出该操作系统和你当前的操作系统之间的相似之处。总结一下从你当前的操作系统转换为 Linux 版本的操作系统的优缺点。

尾注

[1] Bernard Marr, "Really Big Data at Walmart: Real-Time Insights from Their 40+ Petabyte Data Cloud," *Forbes*, January 23, 2017, accessed May 30, 2018, www.forbes.com/sites/bernardmarr/2017/01/23/reallybig-data-at-walmart-real-time-insights-from-their-40-petabyte-data-cloud.

[2] Pamela Vagata and Kevin Wilfong, "Scaling the Facebook Data Warehouse to 300 PB," *Facebook*.

com, accessed May 30, 2018, *https://code.facebook. com/posts/229861827208629/scaling-the-facebook-data-warehouse-to-300-pb.*

[3] Kashmir Hill, "Blueprints of NSA's Ridiculously Expensive Data Center in Utah Suggest It Holds Less Info Than Thought," *Forbes.com,* accessed May 30, 2018, *www.forbes.com/sites/kashmirhill/2013/07/24/blueprints-of-nsa-data-center-in-utah-suggest-its-storage-capacity-is-lessimpressive-than-thought.*

[4] Amazon, "Amazon Celebrates Biggest Holiday; More Than Four Million People Trialed Prime in One Week Alone This Season," press release, December 26, 2017, accessed May 30, 2018, *http://phx.corporate-ir.net/phoenix.zhtml?c=176060&p=irol-newsArticle&ID=2324045.*

[5] General Electric, "Industrial Internet," accessed May 30, 2018, *www.ge.com/reports/tag/industrial-internet/.*

[6] Ibid.

[7] Jennifer Warnick, "88 Acres: How Microsoft Quietly Built the City of the Future," Microsoft Corp., accessed May 30, 2018, *www.microsoft.com/en-us/news/stories/88acres/88-acres-how-microsoft-quietlybuiltthe-city-of-the-future-chapter-1.aspx.*

[8] Eric Johnson, "Choose Your Reality: Virtual, Augmented or Mixed," *Re/code,* July 27, 2015, accessed May 30, 2018, *www.casact.org/community/affiliates/bace/0517/KPMG.pdf.*

[9] See Microsoft's site for the latest MR applications being developed for HoloLens: *www.microsoft.com/microsoft-hololens/en-us.*

[10] KPMG, "The Chaotic Middle: The Autonomous Vehicle, Insurance and Potential New Market Entrants," May 12, 2017, accessed May 30, 2018, *www.kpmg.com/US/en/IssuesAndInsights/ArticlesPublications/Documents/automobile-insurancein-the-era-of-autonomous-vehiclessurvey-results-june-2015.pdf.*

[11] Jack Nicas, "Apple, Spurned by Others, Signs Deal with Volkswagen for Driverless Cars," *The New York Times,* May 23, 2018, accessed May 30, 2018, *www.nytimes.com/2018/05/23/technology/apple-bmw-mercedesvolkswagen-driverless-cars.html.*

[12] KPMG, "The Chaotic Middle: The Autonomous Vehicle, Insurance and Potential New Market Entrants," May 12, 2017, accessed May 30, 2018, *www.kpmg.com/US/en/IssuesAndInsights/ArticlesPublications/Documents/automobile-insurancein-the-era-of-autonomous-vehiclessurvey-results-june-2015.pdf.*

[13] Network of Employers for Traffic Safety, "10 Facts Employers Must Know," accessed May 30, 2018, *http://trafficsafety.org/safety/fleet-safety/10-facts-employers-must-know.*

[14] Liz Stinson, "For Super Bowl, Nike Uses 3-D Printing to Create a Faster Football Cleat," *Wired,* January 10, 2014, accessed May 30, 2018,*www.wired.com/2014/01/nike-designed-fastest-cleat-history.*

[15] Scott Grunewald, "Nike's 3D Printed Sprinting Shoe the Zoom Superfly Flyknit Will Be Worn at the 2016 Olympic Games in Rio," *3DPrint.com,*April 27, 2016, accessed May 30, 2018, *https://3dprint.com/131549/nike-zoom-superfly-flyknit.*

[16] See EDAG's GENESIS prototype car at *www.EDAG.de.*

[17] "Net Applications," accessed May 30, 2018, *www.netapplications.com.*

[18] Previously called metro-style. Name change by Microsoft, reputedly because of a trademark lawsuit from Europe.

[19] "Net Applications," accessed May 30, 2018, *www.netapplications.com.*

[20] *DistroWatch.com,* accessed May 30, 2018, *www.distrowatch.com.*

[21] "Net Applications," accessed May 30, 2018, *www.netapplications.com.*

[22] Pew Research Center, "Device Ownership," February 1, 2018, accessed May 30, 2018, *www.pewinternet.org/fact-sheet/mobile.*

[23] "Unlocking the Cloud," *The Economist,* May 28, 2009.

[24] Not quite true. Much of the design and possibly some of the code can be reused between native applications. But, for your planning, assume that it all must be redone. Not enough will carry over to make it worth considering.

[25] Cisco Systems Inc., "Cisco Visual Networking Index: Global Mobile Data Traffic Forecast Update, 2016–2021 White Paper," *Cisco.com*, March 28, 2017, accessed May 31, 2018, www.cisco.com/c/en/us/solutions/collateral/service-provider/visual-networking-index-vni/mobile-white-paper-c11-520862.html.

[26] Horace Dediu, "Late Late Majority," *Asymco.com*, May 4, 2016, accessed May 30, 2018, www.asymco.com/2014/07/08/late-late-majority.

[27] Pew Research Center, "Device Ownership," February 1, 2018, accessed May 30, 2018, www.pewinternet.org/fact-sheet/mobile.

[28] Pew Research Center, "Device Ownership," February 1, 2018, accessed May 30, 2018, www.pewinternet.org/fact-sheet/mobile.

[29] SnoopWall, "SnoopWall Flashlight Apps Threat Assessment Report," October 1, 2014, *SnoopWall.com*, accessed May 30, 2018, www.snoopwall.com/threat-reports-10-01-2014.

[30] Symantec Corporation, "Internet Security Report," *Symantec.com*, Volume 20, April 2015, accessed May 30, 2018, www4.symantec.com/mktginfo/whitepaper/ISTR/21347932_GA-internet-securitythreatreport-volume-20-2015-social_v2.pdf.

[31] Google, "Android Security 2014 Year in Review," *GoogleUserContent.com*, accessed May 30, 2018, http://static.googleusercontent.com/media/source.android.com/en/us/devices/tech/security/reports/Google_Android_Security_2014_Report_Final.pdf.

[32] Teena Maddox, "Research: 74 Percent Using or Adopting BYOD," *ZDNet*, January 5, 2015, accessed May 30, 2018, www.zdnet.com/article/research-74-percent-using-or-adopting-byod.

[33] "CDH," accessed May 30, 2018, www.cdh.com.

[34] Robert McMillan, "IBM Worries iPhone's Siri Has Loose Lips," last modified May 24, 2012, www.cnn.com/2012/05/23/tech/mobile/ibmsiri-ban/index.html?iphoneemail.

[35] Artyom Dogtiev, "App Download and Usage Statistics," BusinessofApps, May 25, 2018, www.businessofapps.com/data/app-statistics/.

[36] Larry Magid, "App Privacy Issues Deeply Troubling," *The Huffington Post*, March 4, 2016, www.huffingtonpost.com/larry-magid/iphone-appprivacy_b_1290529.html.

[37] Terrie Morgan-Besecker, "Cellphone Apps Can Invade Your Privacy," *Government Technology*, March 4, 2016, www.govtech.com/applications/Cellphone-Apps-Can-Invade-Your-Privacy.html.

[38] Horia Ungureanu, "TAG Microsoft, HoloLens, Augmented Reality Microsoft HoloLens Full Processor, RAM and Storage Specs Revealed: All You Need to Know," *Tech Times*, May 4, 2016, accessed May 30, 2018, www.techtimes.com/articles/155683/20160504/microsofthololens-full-processor-ram-and-storage-specs-revealed-all-youneed-toknow.htm.

[39] Ken Yeung, "Microsoft Partners with Autodesk to Bring 3D Product Design to HoloLens," *VentureBeat*, November 30, 2015, accessed May 30, 2018, http://venturebeat.com/2015/11/30/microsoft-partners-with-autodesk-to-bring-3d-product-design-to-hololens.

[40] Will Shanklin, "Apple Watch Review: Elegant, Delightful . . . and Completely Optional," April 29, 2015, *Gizmag.com*, accessed May 30, 2018, www.gizmag.com/apple-watch-review-iwatch-review/37244.

[41] "Portfolio's Worst American CEOs of All Time," *CNBC.com*, accessed May 30, 2018, www.cnbc.com/id/30502091?slide=8.

[42] "Net Applications," accessed May 30, 2018, www.netapplications.com.

[43] Marketing Charts, "Apple Remains the Retail Leader in Salesper Square Foot," *Marketingcharts.com*, August 7, 2017, accessed May 30, 2018, www.marketingcharts.com/industries/retail-and-e-commerce-79421.

[44] Yukari Iwatani Kane and Ian Sherr, "Secrets from Apple's Genius Bar:Full Loyalty, No Negativity," *Wall Street Journal*, last modified June 15,2011, *http://online.wsj.com/article/SB1000142405270 2304563104576364071955678908.html.*

[45] Apple presentation at the Apple Worldwide Developers Conference,June 6, 2011.

[46] Apple Inc., " Developer Earnings from the App Store Top $70 Billion, " *Apple.com*, June 1, 2017, accessed May 30, 2018, *www.apple.com/ newsroom/2017/06/developer-earnings-from-the-app-store-top-70-billion/.*

第 5 章
Using MIS，Eleventh Edition

数 据 库

"棘手的部分是正确识别库存商品。"eHermes 的 IT 服务总监塞思·威尔逊说,"我们已经测试了数百种库存商品,识别准确率在 85% 左右。商品需要被正确放置和照明,系统才能很好地识别商品。但该系统不适合独一无二或非常老旧的物品。"

eHermes 首席运营官维克多·巴斯克斯表示:"我觉得这听起来很不错。"

"是的,它确实能帮助我们更快、更准确地将商品入库。目前,顾客必须手动上传图片并对每件商品进行简短的描述。但有时描述并不准确。这使得买家很难找到想要的商品。如果我们有更多关于每一件物品的信息,如颜色、年限、品牌名称或商品类型,顾客都会更容易找到他们真正想要的商品类型。"

塞思伸手把一个小玩具拖拉机放进便携式摄影灯箱,然后点了一下鼠标。图像出现在他的显示器上,数据开始在它下面显示。他指着屏幕说:"一旦我们正确识别出商品,我们还可以获取用户评论、产品测评视频,以及制造商网站的链接,我们还可以与过往的销售价格进行比价。"

维克多笑得很开心。"哇,这太棒了。顾客会喜欢它的。还有多久它才能投入使用?"

塞思微微一缩。"我们仍在解决一些细节问题。我们使用谷歌的图像分类器 API 来识别图像。根据我们需要的特征,每搜索 1000 张图片,我们可能要花几美元。但我们需要更多的数据存储、重新设计的数据库、新的应用程序前端,可能还需要一个新的数据库管理系统。"

"图片搜索听起来不太贵。但是数据库的重新设计和新的应用程序听起来很贵,"维克多担心地说。

"并不是的。我们可以自己重新设计数据库。我们自己设计就不会花很多钱。我认识一个优秀的本地应用程序开发人员,所以成本会很低。增加存储的成本是最小的,因为我们的数据中心有一个很大的 NSA(网络附加存储)。它可以解决我们担心的数据流、API、存储需求和安全保护等所有的问题。我们将发送和接收多个不同的数据源的数据。"

维克多理解地点点头。"我明白了。听起来数据源是向前推进主要的问题。"

"是的。我们依赖谷歌进行所有的图像识别。如果他们提高价格,我们就不得不接受。

我们会链接到 YouTube 上的视频以及制造商网站上的产品页面，也会从其他在线网站上获取评论。我们也会内部绑定过去的销售数据。这会增加我们的数据处理需求。我只是想确保一切都能顺利进行。"

"这是可以理解的。但你不认为回报大于风险吗？"维克托摇着头说。

"当然。"塞思笑着说。"这确实将会是让人惊叹的。我们可以把这些灯箱安装在每个装有内置数码相机的移动店面里。卖家将他们的物品放在灯箱中，灯箱就会自动识别物品。系统在几秒钟内就能填好相关数据字段、给出大概的建议价格并开始向潜在买家营销。因为卖家会根据过去类似商品的销售情况更准确地定价，所以商品会卖得很快。卖家也不必再写冗长的描述了。"

"听起来不错。下一步怎么做？"

"我们有一些数据库重新设计和应用程序开发的工作要做。然后我们将在移动店面中安装灯箱，并对数据传输和新系统进行测试。我们还有很多工作要做。"

研究问题

问题 5-1　使用数据库的目的是什么？
问题 5-2　数据库是什么？
问题 5-3　数据库管理系统是什么？
问题 5-4　数据库应用如何使数据库更有用？
问题 5-5　数据库用到的数据模型是怎样建立的？
问题 5-6　如何将数据模型转换为数据库设计？
问题 5-7　eHermes 怎样通过数据库系统获利？
问题 5-8　2029 年将会怎样？

章节预览

你可能没有意识到，你每天都会访问几十甚至上百个数据库。每次你打电话、上网或用信用卡在网上买东西时，后台程序都在处理大量的数据库。使用 Snapchat、Facebook、Twitter 或 LinkedIn 等应用程序是你自己在处理数据库。谷歌这类搜索引擎要处理几十个数据库以获得搜索结果。

作为用户，你不需要了解底层技术。从你的角度来看，引用已故的史蒂夫·乔布斯的话就是"它只要运行就行。"然而，作为 21 世纪的商务专业人士，情况就不一样了。你需要这章的知识主要有以下四个原因：

1. 当你参与任何新商业计划的企划时，你需要了解数据库技术是否有助于实现项目目标。如果有帮助，你要有足够的知识来评估建立该数据库是类似于搭建一个小棚子还是更接近于建造摩天大楼。在本章开篇的故事情境中,维克多需要有一些知识来评估创建新的数据库有多难(因而有多贵)。

2. 数据库在商业中无处不在,每天都会存储数十亿字节的数据。你需要知道如何将数据转换成一种你可以从中构造有用的信息的格式。为此,你可以使用多种图形工具来查询数据。或者为了真正精通,你可以学习查询数据库的国际标准语言 SQL。许多商务专业人士就是这么做的。

3. 商业是动态的,信息系统必须与之相适应。通常这种适应意味着需要更改数据库的结构。有时它也意味着必须创建全新的数据库。正如你将在本章所学,只有用户(比如你自己)知道应该存储什么细节以及如何存储。你可能被要求评估一个如问题 5-4 中描述的数据模型,以促进数据库更改和创建。

4. 最后,有一天你可能会发现自己或部门陷入了物品混乱。也许你不知道谁有哪些设备,或者某些工具放在哪里,也不知道你的储物柜里到底有什么。在这种情况下,你可以选择构建自己的数据库。除非你是一个信息系统专家,否则这个数据库将是相对简单的小型数据库,但它仍对你和你的同事非常有用。案例研究 5 就说明了一个这样的例子。

本章将介绍数据库处理的目的、内容和方式。我们以描述数据库的用途开始,然后解释数据库的重要组成部分。之后,我们将讨论数据建模并展示信息系统专业人员如何使用数据模型设计数据库结构。然后我们讨论重新设计的数据库系统会怎样被用来解决 eHermes 的商品识别和库存问题。最后,我们将思考 2029 年数据库技术的发展方向。

问题 5-1 使用数据库的目的是什么?

使用数据库的目的是追踪事物。大多数学生知道这一点时,他们想知道为什么我们需要一种特殊的技术来完成这么简单的任务。为什么不列一个清单呢?如果清单很长,就把它放入电子表格中。

事实上,许多专业人士确实使用电子表格来追踪事物。如果列表的结构足够简单,就没有必要使用数据库技术。如图 5-1 所示的学生成绩表,用电子表格就很好。

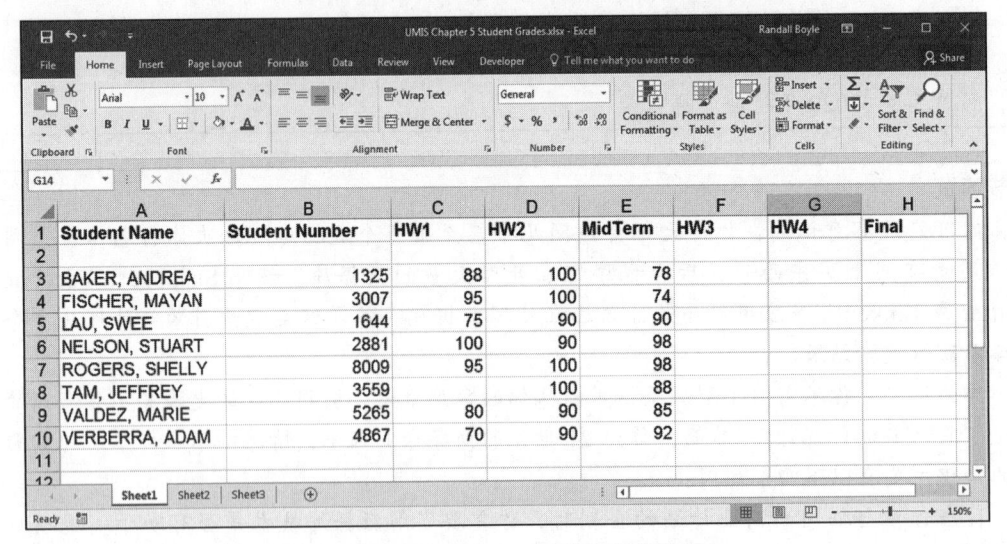

图 5-1 在电子表格中显示的学生成绩列表

但假设导师想要追踪的不仅仅是分数。他也想记录电子邮件信息或者想记录邮件信息和办公室到访情况。图 5-1 中没有记录这些额外数据的地方。当然，导师可以分别为电子邮件和办公室到访情况各自建立一个电子表格，但是这个笨拙的解决方案很难使用，因为它不能在一个地方提供所有的数据。

相反，导师想要的是一个如图 5-2 所示的表单。有了它，导师就可以在一个地方记录学生成绩、邮件信息和办公室到访情况。像图 5-2 这样的表格很难由电子表格生成，但却很容易从数据库中生成。

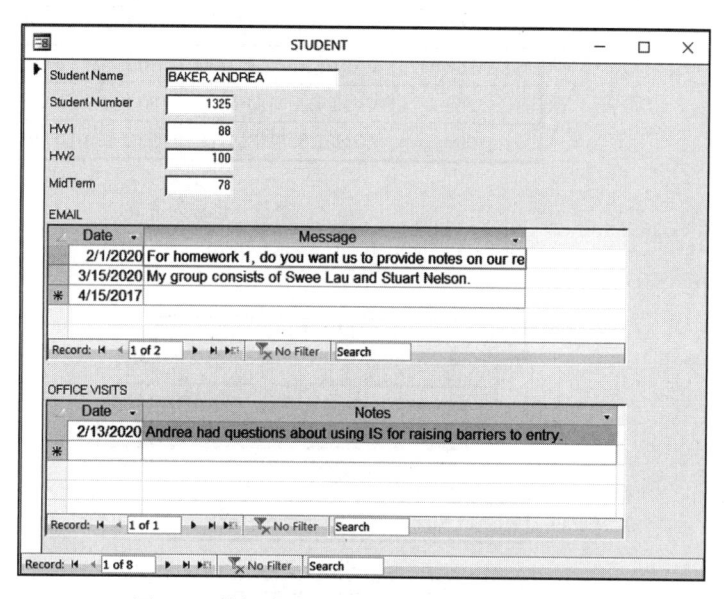

图 5-2 数据库中以表格形式显示的学生数据

图 5-1 与图 5-2 的主要区别在于图 5-1 中的数据只有单一主题或概念。它只关乎学生的成绩。图 5-2 中的数据有多个主题，它显示学生成绩、学生电子邮件和学生办公室访问情况。我们可以从这些例子总结出一般规则：涉及单一主题的数据列表可以存储在电子表格中，涉及多个主题数据的列表就需要数据库。本章后续将更多地讨论这个一般规则。

问题 5-2 数据库是什么？

数据库是集成记录的自描述集合。为了理解这个定义中的术语，你首先需要了解图 5-3 中所示的术语。正如你在第 4 章中所学，字节是数据的一个字符（在最简单的文本文件中确实如此，但也可能有其他情况）。在数据库中，字节的集合为列，例如学号（Student Number）和姓名（Student Name）。列也称为字段。列或字段的集合为行，也称为记录。在图 5-3 中，所有列的数据的集合 [学号、姓名、作业 1（HW1）、作业 2（HW2）和期中成绩（MidTerm）] 称为一行或一条记录。最后，相似的行或记录的集合称为表或文件。根据这些定义，你就可以明白图 5-4 中所示的数据组成的层次结构。

如果说数据库是表或文件的集合，那这个不断集合的过程是极具诱惑力的。这种说法虽然是正确的，但不够深入。如图 5-5 所示，数据库是表加上这些表中的行间关系再加上描述数据库结构的特殊数据（称为元数据）的集合。另外，图 5-5 中标记为"数据库"的圆柱形符号表示计算机磁盘驱动器。之所以这样使用，是因为数据库最常存储在磁盘上。

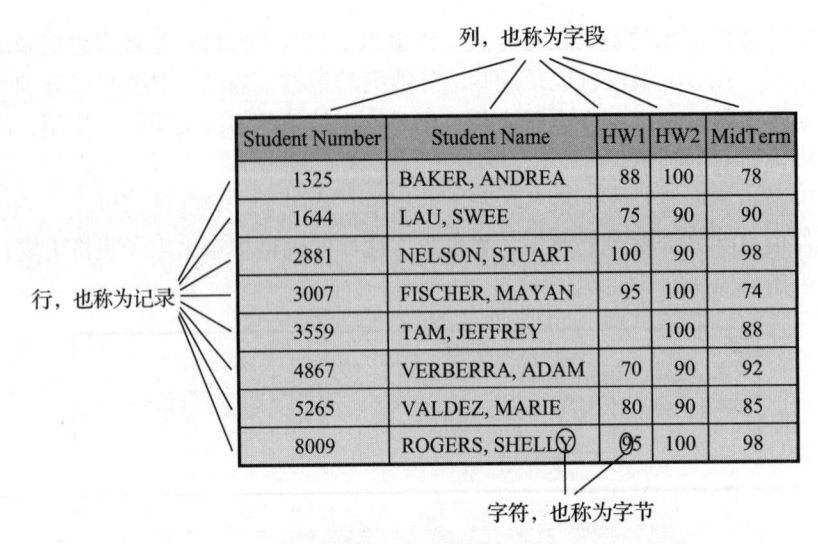

Student Number	Student Name	HW1	HW2	MidTerm
1325	BAKER, ANDREA	88	100	78
1644	LAU, SWEE	75	90	90
2881	NELSON, STUART	100	90	98
3007	FISCHER, MAYAN	95	100	74
3559	TAM, JEFFREY		100	88
4867	VERBERRA, ADAM	70	90	92
5265	VALDEZ, MARIE	80	90	85
8009	ROGERS, SHELLY	95	100	98

列，也称为字段

行，也称为记录

字符，也称为字节

图 5-3　学生表（也称为文件）

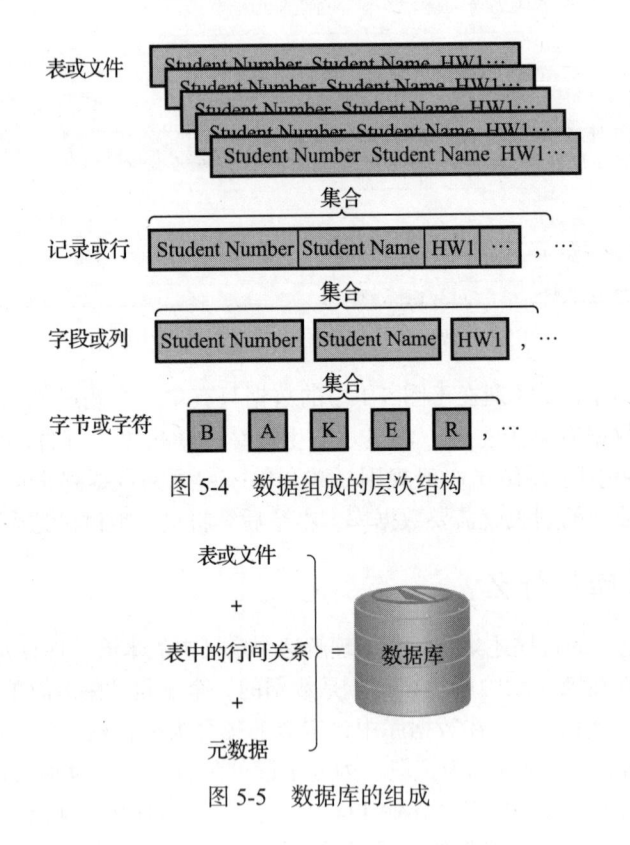

表或文件：Student Number Student Name HW1 …

记录或行：Student Number Student Name HW1 … ，…

字段或列：Student Number Student Name HW1 ，…

字节或字符：B A K E R ，…

图 5-4　数据组成的层次结构

表或文件 + 表中的行间关系 + 元数据 = 数据库

图 5-5　数据库的组成

行间关系

思考图 5-5 中左侧的术语。你知道什么是表。要理解表中的行间关系是什么意思，请看图 5-6。它展示了邮箱表（Email Table）、学生表（Student Table）和办公室到访表（Office_Visit Table）三个表中的数据样本。注意邮箱表中名为学号的列。该列表示学生表中的行与邮箱表中的行是相连的。邮箱表的第一行中，学号的值为 1325。这表明这封特定的电子邮件来自学号为 1325 的学生。如果你检查学生表，你就可以看到，Andrea Baker 所在的行有这个值。因此，邮箱表的第一行与 Andrea Baker 相关联。

Email Table

EmailNum	Date	Message	Student Number
1	2/1/2020	For homework 1, do you want us to provide notes on our references?	1325
2	3/15/2020	My group consists of Swee Lau and Stuart Nelson.	1325
3	3/15/2020	Could you please assign me to a group?	1644

Student Table

Student Number	Student Name	HW1	HW2	MidTerm
1325	BAKER, ANDREA	88	100	78
1644	LAU, SWEE	75	90	90
2881	NELSON, STUART	100	90	98
3007	FISCHER, MAYAN	95	100	74
3559	TAM, JEFFREY		100	88
4867	VERBERRA, ADAM	70	90	92
5265	VALDEZ, MARIE	80	90	85
8009	ROGERS, SHELLY	95	100	98

Office_Visit Table

VisitID	Date	Notes	Student Number
2	2/13/2020	Andrea had questions about using IS for raising barriers to entry.	1325
3	2/17/2020	Jeffrey is considering an IS major. Wanted to talk about career opportunities.	3559
4	2/17/2020	Will miss class Friday due to job conflict.	4867

图 5-6 行间关系示例

现在来看图 5-6 中办公室到访表的最后一行。该行中学号的值是 4867，它表示办公室到访中的最后一行属于 Adam Verberra。

从这些示例中你可以看到，一个表中的值将该表中的行与另一个表中的行相关联。有几个特殊的术语被用来表达这些想法。键（也称为主键）是用于标识表中唯一行的一列或一组列。学号为学生表的键。给定学号的值，你可以在学生表中确定唯一一行。例如，只有一个学生的学号是 1325。

每个表都必须有一个键。邮箱表的键为邮箱号（EmailNum），办公室到访表的键为访问编号（VisitID）。有时需要多个列来形成唯一标识符。例如，在一个名为城市的表中，键将由列的组合（市，省）表示。因为给定的城市名称可以出现在多个省。

学号不是邮箱表和办公室到访表的键。因为在邮箱表中有两行的学号的值为 1325，即值 1325 不可以标识唯一一行。所以，学号不能作为邮箱表的键。

学号也不是办公室到访表的键，尽管你无法从图 5-6 中的数据中看出这一点。但你仔细想想，学生去拜访导师的次数肯定不止一次。如果发生这种情况，那么办公室到访中将有两行有相同的学号值。只是在图 5-6 所示的有限数据中，恰好没有学生访问过两次。

在邮箱和办公室到访表中，学号都是一个键，但它是不同表中叫作学号的键。因此，邮箱表和办公室到访表中的学号列都扮演了类似的角色，称为外键。之所以使用这个术语，是因为这些列都是键，但它们是与它们所在的表不同的（外部）表的键。

在我们继续之前，以表的形式携带数据并使用外键表示关系的数据库称为关系数据库。你将在问题 5-8 和案例研究 5 中学习另一种数据库或数据存储。

元数据

回想一下数据库的定义：数据库是集成记录的自描述集合。如你刚才所学，这些记录是集成的，行可以通过键或者外键关系连接在一起。行间的关系在数据库中表示。但是自描述是什么意思呢？

它表示数据库本身包含对其内容的描述。想想图书馆。图书馆是书籍和其他资料的自描述集合。它是自描述的，因为它包含了一个描述其内容的目录。数据库也是同样的。数据库是自描述的，因为它们不仅包含数据，还包含关于的数据库中数据的数据。

元数据就是描述数据的数据。邮箱表的元数据如图 5-7 所示。元数据的格式取决于处理数据库的软件产品。如图 5-7 展示的是 Microsoft Access 中显示的元数据。这个表单顶部的一行描述了邮箱表中的每一列，即文件名、数据类型和描述。文件名包含列的名称，数据类型展示该列的数据类型，描述包含解释该列来源和用途的注释。如你所见，邮箱表的四列中的每一列都有对应的元数据，即邮箱号、日期（Date）、信息（Message）和学号。

Field Name	Data Type	Description (Optional)
EmailNum	AutoNumber	Primary key -- values provided by Access
Date	Date/Time	Date and time the message is recorded
Message	Long Text	Text of the email
Student Number	Number	Foreign key to row in the Student Table

Field Properties

General	Lookup		
Format	Short Date		
Input Mask	99/99/0000;0;#		
Caption			
Default Value	=Now()		
Validation Rule			A field name can be up to 64 characters long, including spaces. Press F1 for help on field names.
Validation Text			
Required	Yes		
Indexed	No		
IME Mode	No Control		
IME Sentence Mode	None		
Text Align	General		
Show Date Picker	For dates		

图 5-7 （Access）元数据样本

图 5-7 中表单的底部提供了每一列更多的元数据，Access 称之为字段属性（Field Properties）。图 5-7 中的焦点在日期行上。由于焦点是顶部窗格中的日期行，因此底部窗格中的详细信息属于日期行。字段属性描述格式、Access 提供的新建行默认值，以及约束此列需要一个值。记住，这些细节并不重要。相反，只需理解元数据是关于数据的数据，以及元数据也是数据库的一部分。

元数据的存在让数据库更加有用。有了元数据，人不需要再去猜测、记忆，甚至记录数据库中的内容。要了解一个数据库包含的内容，我们只需要查看数据库中的元数据。

道德指南——工作中的挖矿行为

理查德把车开进了员工停车场，并把他闪亮的新轿车停在前排。晚上的办公室看起来完全不同，空空荡荡，只有少数的办公室亮着灯。这辆新车是他几年前研究生毕业后的第一笔大花销。尽管在这个领域工作的时间相对较短，但是理查德已经在技术部门升职了，而且是公司两名关键系统管理员之一。他在门边刷卡后，听到了熟悉的开锁的咔嗒声。他沿着灯光昏暗的楼梯走到了十楼的服务器室。在理查德走向走廊尽头的时候，他闻到了汉堡和薯条的香味，这是他老板在夜间系统升级项目中的主食。他不知道对他来说，食物的油腻气味和老板史蒂夫的存在哪个更难受。

加密货币热潮

史蒂夫已经在这家公司工作几十年了。唯一能与他的专长相媲美的是他爱抱怨的毛病。史蒂夫的抱怨主要集中在公司高管的无能以及他认为他该有的加薪上。在理查德每周好几次不情愿地和史蒂夫吃午餐时，史蒂夫总会开启说不完的各种科技话题。但最近史蒂夫似乎对人气和价值飙升的加密货币感兴趣。黑客、大学生和技术创业公司不只是收购比特币这样的加密货币，而且他们正在建立计算机"钻井"来开采它们。

理查德不太理解史蒂夫长篇大论中所有技术上的细微差别，但他推测，加密货币挖矿是基于计算机编译该类型的加密货币的最新交易并执行复杂的数学计算进行的。当一个"矿工"系统成功地对数字账本进行更新时，他们就能收到以这种加密货币支付的报酬。比如，随着比特币的价值的增长，越来越多的人对顶级计算机硬件进行投资以增加其采矿系统成功打败其他矿工的机会并帮

助他们积累尽可能多的加密货币。

当得知对这些强大的采矿设备的需求正激增时，理查德变得非常感兴趣。高端图形处理卡变得越来越难找，这让游戏社区非常失望[1]。更有趣的是加密矿工们前往冰岛朝圣，由于气候寒冷，因此系统散热变得更加容易，并且地热和水力资源使电价保持在较低水平[2]。事实上，冰岛采矿所消耗的能源超过了全国人民的使用量。

比特币狂热之子

理查德同史蒂夫寒暄了几句，又回到服务器室旁边的办公室。他们将在接下来的几个小时里进行大量的系统更新，但史蒂夫坚持要吃完晚饭再开始这一工作。理查德选择从服务器室穿过去，尽管这不是去他办公室最近的路线。当他走进服务器室时，他发现服务器室比平时声音大。他打开办公室门时想着，"最好检查一下。"他调出了几个他曾经用来管理服务器的监控工具，一切似乎都很正常。然后他运行了几个自己编写的脚本，几分钟后，他震惊地盯着显示器，慢慢推开键盘，把椅子从计算机边挪开。

史蒂夫对加密货币挖矿的痴迷提升到了一个新的高度。他不只是说说而已，他是真的在这么做——在公司的计算机上！理查德发现了史蒂夫在所有服

务器上安装的流氓程序。程序被设定为会在员工回家几小时后开始运行，并且服务器的处理能力被充分利用。这解释了理查德在服务器室注意到的光线和噪音，即服务器正在运行挖矿程序。史蒂夫显然低估了理查德的技术能力，因为他几乎没有隐瞒自己的计划。

理查德不知道该如何应对这一发现。史蒂夫并没有公然伤害公司。不管怎样，系统本来在晚上都是空闲的，对吧？即使运行这个程序会对服务器造成损耗，但是服务器也会被定期更换，而且在更换周期开始之前，服务器几乎从未出现过故障。唯一可能对公司造成的损失是额外的电力消耗，但谁会知道或关心电费账单呢，尤其是在公司快速发展并且定期增加员工和办公室的情况下。

除此之外，史蒂夫是理查德最不想惹的人。他可能会严重影响理查德在公司的长期工作和他的工作前景。史蒂夫在科技领域人脉很广。另一方面，如果有人发现了正在发生的这一切，理查德会被指控为同谋吗？他叹了口气，继续思考该怎么办。

讨论问题

1. 根据本书前面所定义的道德原则，回答下面的问题。

    a. 根据定言令式的理论，你认为使用公司资源开采加密货币道德吗？
    b. 根据功利主义的理论，你认为使用公司资源开采加密货币道德吗？
2. 理查德可能是公司里唯一一个知道史蒂夫采矿计划的人。对于一般不会被审查的岗位，雇佣有道德的员工有多重要？对于这种岗位，雇佣一个行为道德但技术有限的员工和一个高技能但偶有失德的员工哪个更好？
3. 该公司不太可能有禁止过多使用 CPU 处理能力的政策，毕竟在加密挖矿开始流行之前，这甚至不是一个问题。即使理查德告发了史蒂夫，史蒂夫也可以说他没有违反公司政策？史蒂夫会如何为自己的采矿活动辩护以避免被解雇？
4. 假设史蒂夫去找他的老板，告诉她自己的想法。史蒂夫提醒她，所有的电费都是由公司总部支付的，所以他们可以把赚来的钱留在 IT 部门组。事实上，他们可以通过"有效"利用现有资源来增加他们部门的预算。史蒂夫能自己偷偷从中小赚一笔，同时保住自己的工作。他可能甚至加薪。如果你是首席执行官并且发现了这种加密挖矿活动，你会怎么想？你会如何回应 IT 团队？

问题 5-3 数据库管理系统是什么？

数据库管理系统（DBMS）是用于创建、处理和管理数据库的程序。与操作系统一样，几乎没有企业开发自己的数据库管理系统。相反，公司会从 IBM、微软、甲骨文等供应商处获得数据库管理系统产品的许可证。流行的数据库管理系统产品有 IBM 的 DB2、微软的 Access 和 SQL Server，以及甲骨文公司的 Oracle 数据库。另一个流行的数据库管理系统是 MySQL，它是一个开源数据库管理系统产品，其大多数应用程序都是免费的[3]。也有一些其他可用的数据库管理系统产品，但目前这五种产品占有大量的市场份额。

注意数据库管理系统和数据库是两个不同的东西。出于某种原因，行业媒体甚至有些书中混淆了这两者。数据库管理系统是一个软件程序，而数据库是表、关系和元数据的集合。这两者是完全不同的概念。

创建数据库及其结构

数据库开发人员使用数据库管理系统在数据库中创建表、关系和其他结构。图 5-7 中的表单可以用来定义新表或修改现有表。创建新表时，开发人员只需要将新表的元数据填充到表单中。

要修改现有表（比如添加新列），开发人员需要打开表的元数据，并添加新的元数据行。例如，在图 5-8 中，开发人员增加了名为"回复？"（Response？）的新列。这列数据的类型是"是/否"（Yes/No），这意味着该列只能包含一个值，即是或否。导师用这一列来表示他是否回复了学生的邮件。可以通过删除该表中的行来删除表中的某一列，但这么做会丢失所有的现有数据。

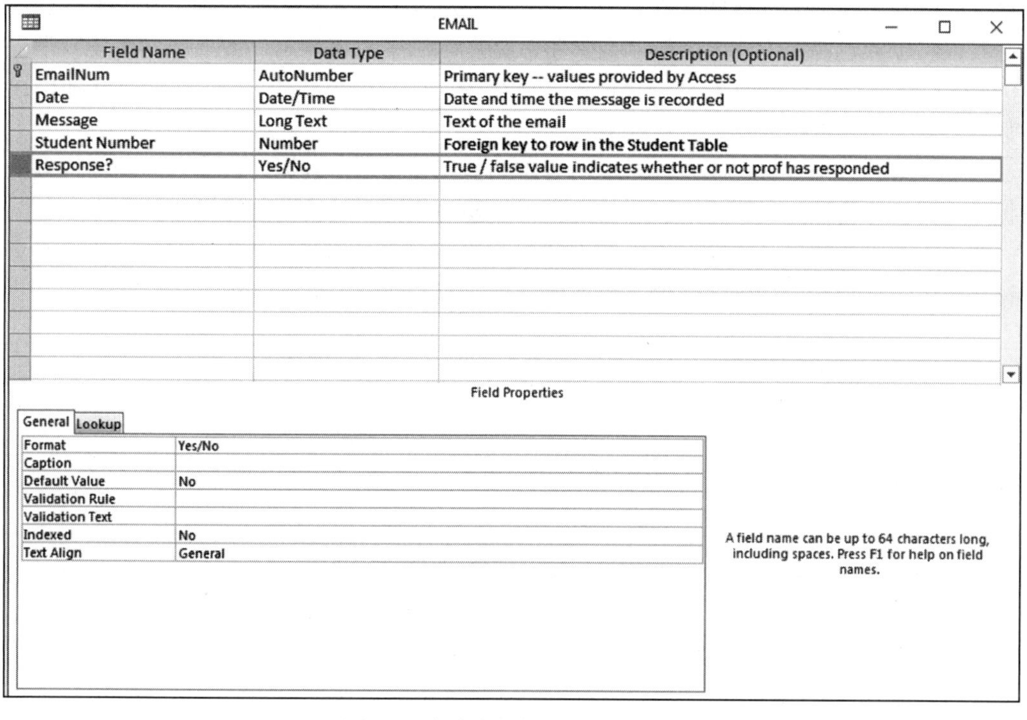

图 5-8　向表中添加新列（Access）

数据库处理

数据库管理系统的第二个功能是处理数据库。这个过程可能相当复杂，但是，从根本上说，数据库管理系统为应用程序提供了四种处理操作：读取、插入、修改、删除数据。这些操作是在调用数据库管理系统的应用程序中请求的。在一个表中，当用户输入新的数据或更改数据时，表单后的计算机程序会调用数据库管理系统进行必要的数据库更改。在 Web 应用程序中，客户机或服务器上的程序会调用数据库管理系统来进行更改。

结构化查询语言（SQL）是一种处理数据库的国际标准语言。前面提到的五种数据库管理系统产品都接收和处理 SQL 语句。例如，下面的 SQL 语句会在学生表中插入新行：

```
INSERT INTO Student
([Student Number], [Student Name], HW1, HW2, MidTerm)
VALUES
(1000, 'Franklin, Benjamin', 90, 95, 100);
```

如上所述，像这样的语句是由处理表格和报表的程序在"幕后"发表的。或者说，它们可以通过应用程序直接发给数据库管理系统。

你不需要理解或记住 SQL 语言的语法。相反，你只需要知道 SQL 是处理数据库的国际标准语言。SQL 还可以用于创建数据库和数据库结构。如果你选修了数据库管理课程，你会学到更多关于 SQL 的知识。

管理数据库

数据库管理系统的第三个功能是提供协助管理数据库的工具。数据库管理包括很多样的活动。例如，可以使用数据库管理系统来设置安全系统，包括用户账户、密码、权限和处理数据库的限制。为了保证数据库的安全，用户在处理数据库之前必须登录有效的账户。

权限可以通过特定方式来限制。在学生数据库示例中，特定用户被限制只能读取学生表中的姓名。另一个用户或许有权限读取整个学生表，但只能更新作业 1、作业 2 和期中成绩的数据。其他用户还可以获得其他权限。

除了安全性之外，数据库管理系统的管理功能还包括备份数据库数据、添加结构以提高数据库应用程序的性能、删除不再想要或不再需要的数据，以及类似的任务。

对于重要的数据库，大多数企业都会指定一名或多名员工进行数据库管理。图 5-9 总结了该岗位的主要职责。如果你选修了数据库管理课程，你将了解更多相关知识。

类别	数据库管理任务	描述
开发	创建 DBA 岗位并招聘员工	DBA 组的大小取决于数据库的大小和复杂性。可以只有一名兼职人员，也可以有一个小组。
	成立指导委员会	由所有用户组的代表组成。进行社区讨论和决议的讨论会。
	特定的要求	确保考虑了所有合理的用户输入。
	验证数据模型	检查数据模型的准确性和完整性。
	评估应用程序设计	验证所有必需的表单、报表、查询和应用程序都已开发。验证应用程序组件的设计和可用性。
操作	处理权限管理	确定每个表的处理权限或限制。
	安全管理	根据需要添加、删除用户和用户组；确保安全系统正常工作。
	跟踪问题并管理解决方案	建立记录和管理问题解决方案的系统。
	监控数据库性能	为性能改进提供专业知识或解决方案。
	管理数据库管理系统	评估新的特性和功能。
备份与恢复	监控备份过程	验证是否遵循了数据库备份过程
	进行培训	确保用户和操作人员了解并理解恢复流程。
	恢复管理	管理恢复进程。
应用	建立请求跟踪系统	开发记录变更请求并确定变更优先级的系统。
	管理配置变更	管理数据库结构更改对应用程序和用户的影响。

图 5-9 数据库管理员（DBA）任务汇总

那又怎样——丝滑的分析

为小企业设计的电子表格软件经常被误用。例如，如果你使用电子表格软件来管理一个拥有几十万行数据的数据集，你会发现，像排序和保存数据更新这样的简单操作都需要几分钟。如果把时间浪费在基本操作上，就很难高效工作。随着企业不断收集越来越大数据集，产生了对更强大的和可扩展的数据管理解决方案的需求。这些解决方案必须为重要数据的快速收集和分析提供便利。

如今，大量的数据采集、存储和分析已经转移到了云端。你可能没有意识到，但你可能正在利用某种基于云的存储解决方案。如果你使用 Dropbox、OneDrive 或者 Google Drive 这样的应用程序，你就在使用云。你不再需要使用 U 盘或其他物理存储介质来将文件从一个设备传输到另一个设备。你可以在任何设备上通过互联网连接来访问你的文件。

作为一名学生，你可能发现云存储非常方便（例如，当与同伴共享项目组的大文件时）。企业也同样在利用云提供的便利，但规模要大得多。企业不只是在寻找方便的文件访问方式；首席信息官正在试图将数据的存储和分析整合为一个协同操作。

寻找答案

拉雷多石油公司已经认识到基于云计算数据分析能为公司带来诸多好处[4]。在最近的一次访谈中，首席信息官描述了该公司为改进钻井作业而使用的烦琐的数据分析过程。该公司的旧方法需要使用大量电子表格和长时间的人工计算。当分析了这些数据并提出可操作的见解时，信息的价值早已随时间流逝而降低。

拉雷多石油公司必须回答的一个重要的问题就是什么时候该清理油井里的化学沉积物。清理这些沉积物会提高油井的效率，但派遣维修团队去清理油井的成本很高。拉雷多石油公司从使用过时的基于电子表格的方法过渡到使用基于云的分析平台。这种新方法使数据管理更具扩展性、数据分析更强大、数据可访问性更好。现在可以在任何时间、任何地点使用传统的个人计算机和移动设备访问这些数据[5]。

基于云计算数据分析提供了一个更加灵活的信息体系结构。它更易于对市场状况的变化做出反应（例如，2008 年和 2015 年石油价格的大幅下跌对拉雷多石油公司业务的影响）。人们对云分析的广泛兴趣可能源于数据存储和分析功能的改进，如增强的可扩展性、跨设备的并行性、资源池和敏捷虚拟化[6]。

大暴雨

吹捧云服务的优点很容易，但你或许想知道它是否有缺点。想想你自己对云服务的使用。将文件存储在云端有哪方面让你担心吗？有些人对将照片和财务数据（如纳税申报表）存储在云端表示担忧。他们的数据存储是否安全？让你的个人数据脱离你的掌控安全吗？

还有其他风险。你的数据是否会因为系统故障或者云服务供应商的内部恶意人员而永久丢失[7]？对云服务供应商的拒绝服务攻击是否会让你的数据在一段时间里无法访问[8]？与任何系统一样，安全性通常以牺牲便利性为代价。作为一名企业领导，你必须考虑基于云的服务所带来的好处是否大于其潜在的风险，而这些潜在的风险在某些情况下可能会变成实际的损失。

问题

1. 你是否将任何个人资料存储到了云中？如果是，你是存储了所有数据还是只存储了某些类型的数据？如果没有，是什么因素阻止了你将数据存储在云中？如果你不使用云存储，你如何备份你的数据？

2. 这篇文章讨论了石油公司使用基于云的数据分析来改进决策制定的具体例子。你还能找到其他受益于获取大量实时数据、分析数据并利用分析结果做出更好的决策的行业的例子吗？

3. 本文提到了一些用户，他们可能决定对他们的数据进行"内部"管理，而不是冒着在拒绝服务（DoS）攻击时无法访问数据的风险使用基于云的服务。花几分钟的时间去了解一下 DoS 攻击是什么以及它如何阻止用户访问数据。准备好向同学或全班解释这个概念。

4. 在商业环境中，什么类型的企业会更重视安全而不是便利？什么样的企业会优先考虑便利而不是安全？

问题 5-4　数据库应用如何使数据库更有用？

一组数据库的表单本身并不是很有用。图 5-6 所示的表格包含了导师想要的数据，但可读性差。若将这些数据放入图 5-2 所示的格式或者其他格式的表格中，则可以使数据更有用且更易获取。

数据库应用是表单、报表、查询和应用程序的集合[9]。它充当用户和数据库数据之间的中介。数据库应用将数据库表格数据进行重新格式化，使其包含更多信息并易于更新。应用程序还能够提供安全性、保持数据一致性和处理特殊情况的特性。

数据库应用中，表单、报表、查询与应用的具体用途如下所述。

- **表单**　查看数据、插入新数据、更新现有数据和删除现有数据。
- **报表**　使用排序、分组、筛选和其他操作对数据进行结构化表示。
- **查询**　根据用户提供的数据值进行搜索。
- **应用程序**　提供安全性、数据一致性和特殊用途处理（例如，处理缺货情况）。

数据库应用在 20 世纪 90 年代产生，并基于那时候可用的技术。今天的许多现有系统都是这些应用程序的长期扩展，ERP 系统 SAP 就是这个概念的很好的例子。你应该期望在你的职业生涯早期看到这类应用。

但如今的许多数据库应用都基于使用浏览器、Web 和相关标准的新技术。这些基于浏览器的应用可以做任何旧应用可以完成的事情，但它们更有活力，更适合当今世界。分类来看看这是为什么。

传统的表单、查询、报表和应用程序

在大多数情况下，传统数据库在许多用户之间共享。在这种情况下，如图 5-10 所示的

应用安装在用户的计算机上，数据库管理系统和数据库则在服务器计算机中。网络（在大多数情况下不是互联网）用于在用户计算机和数据库管理系统服务器计算机之间来回传输流量。

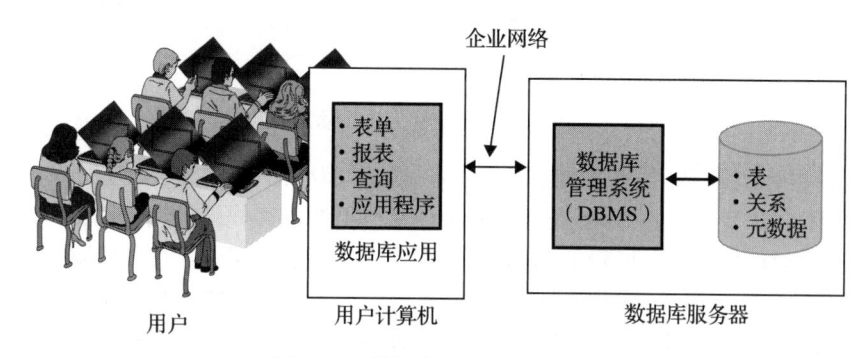

图 5-10　数据库应用系统的组成

像 Microsoft Access 这样的单用户数据库是个例外。使用此类数据库时，应用程序、数据库管理系统和数据库都在用户的计算机上。

如图 5-2 所示，传统表单以窗口形式显示。它们可以实现其功能；用户可以使用它们查询、插入、修改和删除数据，但按照今天的标准，它们看起来很笨拙。

图 5-11 展示的是传统报表，它是数据的静态显示，并以某种对用户来说有意义的形式布局。在这个报表中，给每个学生的电子邮件前都有学生的姓名和成绩数据。图 5-12 展示了传统的查询。用户在窗口框（如图 5-12a 所示）中指定查询条件，应用程序返回满足条件的数据（如图 5-12b 所示）。

图 5-11　学生报表示例

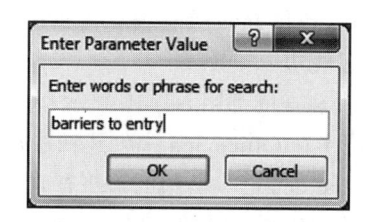

a）输入搜索短语的查询表单样例

图 5-12　传统的查询

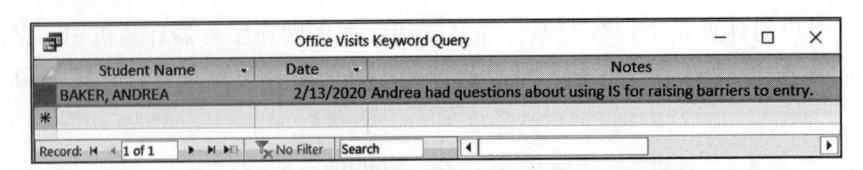

b）查询操作查询结果样例

图 5-12 传统的查询（续）

传统的数据库应用是用面向对象的语言编写的，例如 C++ 和 VisualBasic（甚至更早期的语言，如 COBOL）。它们是需要安装在用户计算机上的胖客户端应用。在某些情况下，应用的所有逻辑都包含在用户计算机的程序中，服务器只是运行数据库管理系统和提供服务。在其他情况下，一些应用代码同时放在用户计算机和数据库服务器计算机上。

如前所述，在你职业生涯的早期，你仍然会看到传统的应用，特别是企业范围内使用的应用，如 ERP 和 CRM。如果仅仅作为用户，你很可能也会关注从传统应用向基于浏览器的应用的过渡。

浏览器表单、报表、查询和应用程序

基于浏览器的应用中的数据库几乎总是在许多用户之间共享。如图 5-13 所示，用户的浏览器通过互联网连接到 Web 服务器计算机，而 Web 服务器又连接到数据库服务器计算机（通常互联网服务器端有多台计算机）。

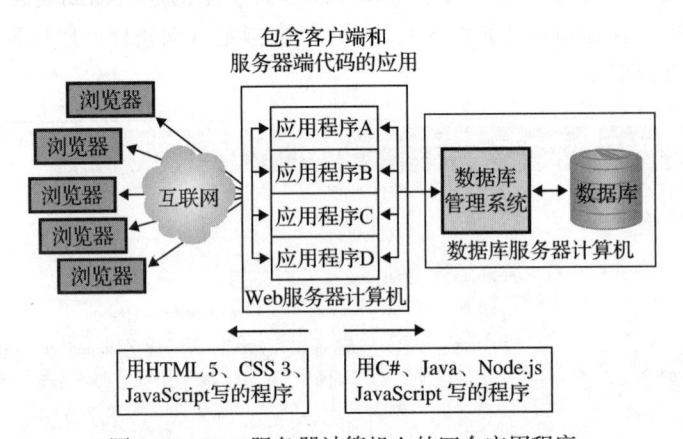

图 5-13 Web 服务器计算机上的四个应用程序

浏览器应用是瘦客户端应用，不需要预先安装在用户的计算机上。在大多数情况下，生成和处理应用组件的所有代码在用户的计算机和服务器之间共享。JavaScript 是用户端处理的标准语言。服务器端代码使用 C# 和 Java 等语言，但最初服务器端使用 JavaScript 语言，并与名为 Node.js 的开源产品一起使用。

浏览器数据库应用表单、报表和查询都用 HTML 显示和处理，最常使用到的是 HTML 5、CSS 3 和 JavaScript。图 5-14 是用于在 Office 365 中创建新账户的浏览器表单。表单的内容是动态的，用户可以单击 "Additional details" 旁边的箭头查看更多数据。同时，请注意左边的步骤，它列出了管理员在创建新账户时所遵循的流程。该表与图 5-2 中的表格相比更为简洁。

图 5-15 展示了 SharePoint 站点内容的浏览器报表。其内容是动态的，几乎所有的项目都可以单击生成其他报表或执行其他操作。用户可以在右上角的框中搜索报表以查找具体内

容。基于浏览器的应用可以支持传统的查询，但更令人兴奋的是图形化查询，即当用户单击图形时就可以创建查询条件。

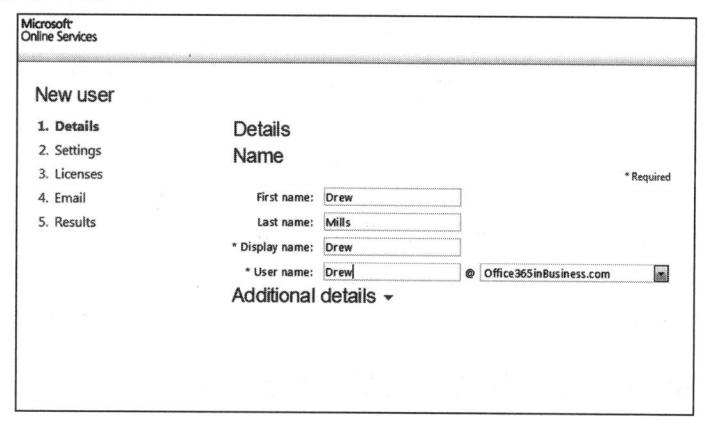

图 5-14　账户创建浏览器表单

图 5-15　浏览器报表

基于浏览器的互联网应用的安全要求比传统应用更严格。大多数传统应用都在公司网络内部运行，避免了互联网上常见的威胁。通过互联网向公众开放的基于浏览器的应用更加脆弱。因此，保护安全性是基于浏览器的互联网应用的主要功能。与传统的数据库应用一样，它们需要提供数据一致性并处理特殊情况。作为数据一致性需求的例子，考虑多用户处理而产生的问题。

多用户处理

大多数传统的和基于浏览器的应用都涉及多个用户处理同一个数据库。虽然这种多用户处理很常见，但它确实会带来一些特有的问题。作为未来的管理者，你应该知道这些问题。为了理解这些问题的性质，思考如下场景，它在传统应用和基于浏览器的应用中都可能发生。

在一个售票的网站上，安德里亚和杰弗瑞两个顾客都想买热门活动的门票。安德里亚使用她的浏览器访问网站，发现还有两张票，她把它们都放在了购物车里。她不知道在她打开订单表单时，她调用了供应商服务器上读取数据库的应用程序并发现有两张票。在她结账之前，她花了一点时间和她的朋友确认她们是不是还想去。

与此同时，杰弗瑞使用他的浏览器也发现了有两张票可用，因为他的浏览器激活了同一个读取数据库并查询到有两张票（因为安德里亚没有购买）的应用程序。他把两张票都放在购物车里并结账离开。

与此同时，安德里亚和她的朋友决定去，于是她去买票。显然，我们遇到了问题。安德里亚和杰弗瑞买了同样的两张票。他们中有一方一定会失望。

这个问题称为丢失更新问题，它说明了多用户数据库处理的一个特性。为了防止这个问题，必须进行某种类型的锁定（计算机中使用"锁"来描述这种操作）以协调不同用户的行为。但锁定也带来了它的问题，这些问题也必须得到解决。但在此我们不再深入研究。

在管理涉及多用户的业务活动时，要注意可能的数据冲突处理。如果你发现了似乎没有原因的不准确结果，那么你可能遇到了多用户数据冲突。联系你的信息系统部门寻求帮助。

问题 5-5　数据库用到的数据模型是怎样建立的？

专业商务人士在数据库应用程序的开发中起着至关重要的作用，在此我们将介绍数据建模和数据库设计。

数据库的设计完全取决于用户如何看待他们的业务环境，因此用户的参与对数据库的开发至关重要。想想学生数据库，它应该包含哪些数据？可能包括的数据有：学生、班级、年级、邮箱、办公室到访、专业、导师、学生组织等。更进一步地讲，每一个数据应该包含多少细节？数据库是否应该包括学校地址、家庭住址、账单地址？

事实上，这有无数种可能性，数据库开发人员不知道，也不可能知道数据库包括什么。但他们知道数据库必须包括所有用户完成他们的工作的必要数据。理想情况下，它只包含这些必需的数据。因此，在数据库开发的过程中，开发人员必须依靠用户告诉他们数据库中应该包含哪些数据。

数据库结构可能很复杂，在某些情况下会非常复杂。因此，在建立数据库之前，开发人员要对数据库数据进行逻辑表示，称为数据模型。它能够描述将要存储在数据库中的数据及其关系。它类似于蓝图。就像建筑师在开始建造之前绘制蓝图一样，数据库开发人员在开始设计数据库之前也要创建一个数据模型。

图5-16概括了数据库开发的流程。与用户的交流产生了数据库需求，这些需求都被总结在了数据模型中。一旦用户认可了这一数据模型，数据模型就会转换为数据库设计。该设计之后会转化为数据库结构。我们会在之后简单介绍数据建模和数据库设计。需要再次说明的是，你的学习目标是了解这一过程以便成为开发过程中高效的用户代表。

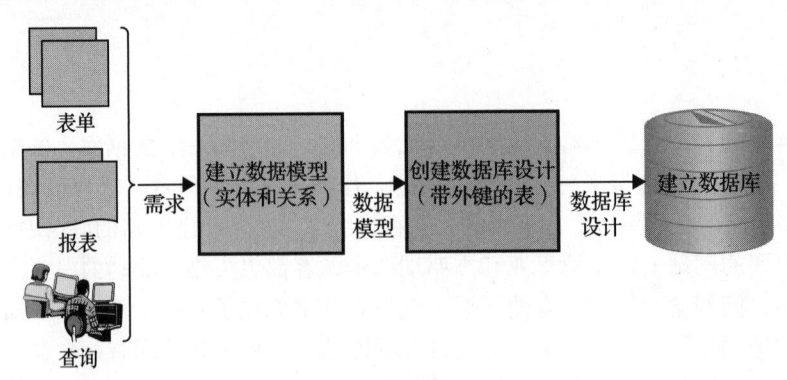

图 5-16　数据库开发流程

什么是实体关系模型？

实体关系（E-R）数据模型是构造数据模型的工具。开发人员通过定义将要被存储在数据库中的对象（实体）以及这些实体之间的关系，利用 E-R 模型对数据模型进行描述。另一个不太流行的数据建模工具是统一建模语言（UML）。在这里我们不描述这个工具。但是，如果你学习了如何解释 E-R 模型，你也可以理解 UML 模型。

实体

实体是用户想要追踪的对象。实体的例子有订单、客户、销售人员和商品。有些实体代表物理对象，如商品或销售人员；另一些实体代表逻辑结构或事务，如订单或合同。出于其他一些原因，在英文中实体的名称总是使用单词的单数形式。

实体具有描述实体特征的属性。订单的属性包括了订单号、下单时间、小计、税额、总额等。销售人员的属性包括了销售人员姓名、邮箱、电话等。

实体有一个标识符（identifier），它是一个属性（或一组属性），其值只与一个实体相关联。例如，订单号是订单的标识符，因为只有一个订单实体具有给定的订单号值。同样地，顾客号是顾客的标识符。如果每个销售人员都有唯一的名字，那销售人员姓名是销售人员的标识符。

在继续学习之前，思考上面的最后一句话。在所有的销售人员中，名字是唯一的吗？无论是现在还是将来？谁来决定这个问题的答案？只有用户知道这是否正确，数据库开发人员并不知道。这个例子强调了为什么对你来说能够解释数据模型很重要，因为只有像你这样的用户才能明确知道问题的答案。

图 5-17 展示了学生数据库的实体示例。实体用矩形表示。实体名称在矩形的上方，标识符展示在实体矩形框的顶部。实体属性展示在矩形的其余部分。图 5-17 中导师（Adviser）实体标识符为导师姓名（AdviserName），属性为电话（Phone）、学校地址（CampusAddress）和邮箱地址（Email Address）。

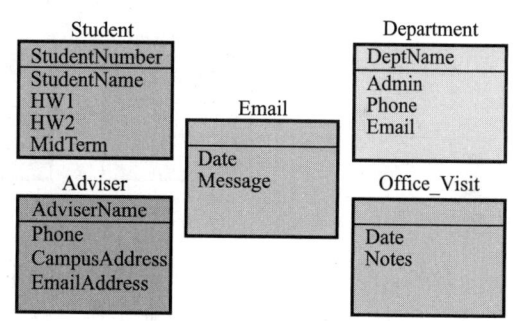

图 5-17 学生数据库实体示例

注意，与学生和导师不同，邮箱和办公室到访两个实体没有标识符。用户没有用特定的属性来标识邮箱。我们可以为其确定一个标识符。例如，我们可以说邮箱的标识符是邮箱号，但是我们这样做并不是从用户的视角来建模。相反，我们在强迫用户接受一些东西。在检查商业数据模型时就可能有这样的情况。不要让数据库开发人员在数据模型中创设一些不属于商业内容的东西。

关系

实体之间存在关系。例如，订单与顾客和销售人员之间存在关系。在学生数据库中，学生与导师有关，导师与专业有关系。

图 5-18 显示了专业、导师和学生的实体示例及其关系。为简单起见，该图仅展示了实体的标识符，而没有展示其他属性。在这个样本数据中，会计学（Accounting）有琼斯（Jones）、吴（Wu）和洛佩斯（Lopez）三名导师，金融学（Finance）有史密斯（Smith）和格林（Greene）两名导师。

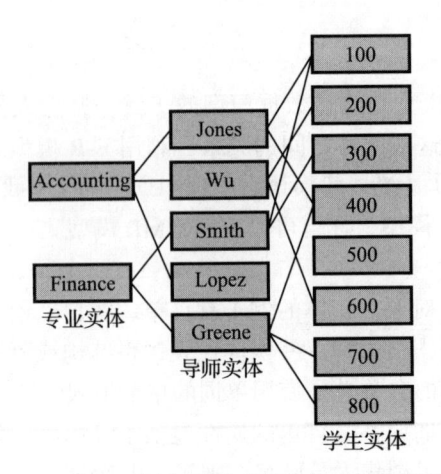

图 5-18 专业、导师和学生的实体示例及其关系

导师和学生之间的关系有点复杂，因为在这个示例中，一名导师可以指导多名学生，而一名学生可以有多名导师。发生这种情况可能是因为学生可以有多个专业。即琼斯教授可以指导学号为 100 和 400 的学生，学号为 100 的学生也可以由琼斯教授和史密斯教授共同指导。

因为图 5-18 中的图表过于烦琐，所以其在数据库设计讨论中难以应用。数据库设计人员使用的是实体关系（E-R）图。图 5-18 中的数据的 E-R 图如图 5-19 所示。在这个图中，同一类型的所有实体都用一个矩形框表示。因此这里有专业（Department）、导师（Adviser）和学生（Student）实体的三个矩形框，它们的属性已经展示在了图 5-17 中。

图 5-19 关系范例版本 1

此外，线条用来表示两个实体之间的关系。例如专业和导师之间的连线。关系左边的竖条表示一个导师只能在一个专业工作，右边的分叉线表示一个专业可能有多名导师。有角度的线，也就是所谓的鱼尾纹，是图 5-18 中"专业"和"导师"之间多条线的缩写。像这样的关系被称为 1:n 或一对多关系，因为一个专业可以有很多导师，但一名导师最多只对应一个专业。

现在来看看导师和学生之间的连线。这里鱼尾纹出现在了线条的两端，这就意味着一名导师可以指导很多学生，一名学生也可以有很多导师，也就是图 5-18 所示的情况。这种关系被称为 $n:m$ 或多对多关系，因为一名导师可以指导很多学生，一名学生也可以有很多导师。

学生有时会对 $n:m$ 的符号感到困惑。把 n 和 m 都看作能够表示关系两侧实体的变量（大于 1），而不是的特定值。这样的关系不能写成 $n:n$，因为 $n:n$ 意味着关系两侧有着相同数量的实体，这并不一定准确。$n:m$ 意味着关系每侧都可以有多个实体，并且两侧的实体数量可以不同。

图 5-20 展示了不同假设下的相同实体。这里，导师可以指导多个专业的学生，但一名学生只能有一名导师，这就代表了一名学生不能修多个专业。

```
Department              Adviser              Student
DeptName               AdviserName          StudentNumber
Admin                  Phone                StudentName
Phone                  CampusAddress        HW1
Email                  EmailAddress         HW2
                                            MidTerm
```

图 5-20　关系范例版本 2

只有用户知道哪一个版本是正确的。这些选择说明了当数据库设计人员通过询问你来检查数据模型是否正确时，你需要回答的问题类型。

图 5-19 和图 5-20 是实体关系图的典型示例。这两张图中都展示了关系中所涉及的实体的最大数量。因此，它们被称为关系的最大基数。最大基数常见的例子有 $1:n$、$n:m$ 和 $1:1$（图中未展示）。但实体关系图有几种不同的类型。如果你学习数据库管理课程的话，你可能会学到其他类型。

另一个重要的问题是"建立关系所需的实体数量的最小值是多少？"导师一定要指导学生吗？学生一定要有导师吗？对实体数量的最小约束称为最小基数。

图 5-21 给出了这个 E-R 图的第三个版本，它同时展示了最大基数和最小基数。连线上的第二个竖条表示至少要有一个该类型的实体。小椭圆表示这一实体可有可无，也就是这个关系不必有该类型的实体。两个竖条的符号表示最大基数和最小基数均为 1。如果有一个竖条和一个鱼尾纹，则最小基数为 1，最大基数可以是多个。

```
Department              Adviser              Student
DeptName               AdviserName          StudentNumber
Admin                  Phone                StudentName
Phone                  CampusAddress        HW1
Email                  EmailAddress         HW2
                                            MidTerm
```

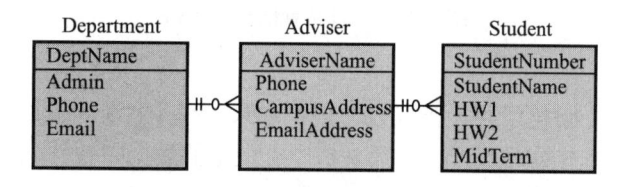

图 5-21　显示最大基数和最小基数的关系示例

因此，在图 5-21 中，不需要专业与导师必须有关系，但导师必须属于一个专业。同样地，导师也不需要必须和学生有关系，但学生必须与导师有关系。还要注意图 5-21 中的最大基数已改为 $1:n$。

图 5-21 中的模型好吗？这取决于大学的政策，只有用户知道答案。

问题 5-6　如何将数据模型转换为数据库设计？

数据库设计是将数据模型转换为表、关系和数据约束的过程。数据库设计团队将实体转换为表，并通过定义外键来表示关系。数据库设计是一门复杂的学科，与数据建模一样，它在数据库管理课程中占用数周时间。在本节中，我们将介绍两个重要的数据库设计概念：规范化和两种关系的表示。前者是数据库设计的基础，后者将帮助你理解重要的设计理念。

规范化

规范化是将一个结构不良的表转换为两个或多个结构良好的表的过程。表是一个非常简单的概念，以至于你想要知道它怎么能够结构不良。事实上，很多方式都能导致表的结构畸形。正是因为方式很多，研究人员仅仅在这一方面就发表了数百篇论文。

思考图 5-22a 中的员工表格。上面列出了员工姓名（Name）、就职时间（HireDate）、邮箱地址（Email）、员工所在部门的编号（DeptNo）和名称（DeptName）。这个表看起来没什么问题。但想想当会计部门更名为会计与财务部门时会发生什么。由于该表中部门名称有重复，每一个有"会计"（Accounting）的行都必须改为"会计与财务"（Accounting and Finance）。

假设前两行都正确修改了"会计"这一部门名称，但第三行中没有正确修改（见图 5-22b），那么这个表就存在所谓的数据完整性问题，即一些行表示编号为 100 的部门是"会计与财务"部门，而另一行却又表示编号为 100 的部门是"会计"部门。

Employee

Name	HireDate	Email	DeptNo	DeptName
Jones	Feb 1, 2018	Jones@ourcompany.com	100	Accounting
Smith	Dec 3, 2020	Smith@ourcompany.com	200	Marketing
Chau	March 7, 2020	Chau@ourcompany.com	100	Accounting
Greene	July 17, 2019	Greene@ourcompany.com	100	Accounting

a）更新前的表格

Employee

Name	HireDate	Email	DeptNo	DeptName
Jones	Feb 1, 2018	Jones@ourcompany.com	100	Accounting and Finance
Smith	Dec 3, 2020	Smith@ourcompany.com	200	Marketing
Chau	March 7, 2020	Chau@ourcompany.com	100	Accounting and Finance
Greene	July 17, 2019	Greene@ourcompany.com	100	Accounting

b）部分更新的表格

图 5-22 设计糟糕的员工表格

数据完整性问题

在这个表中，这个问题很容易被发现。但是如果是一个像亚马逊或者 eBay 数据库中的顾客表呢？这些数据库有数百万行。一旦表格中有严重的数据完整性问题，可能需要花几个月才能解决。

数据完整性问题很严重。存在数据完整性问题的表会产生不正确且不一致的结果。用户将对数据失去信心，系统也会名誉受损。使用名誉差的信息系统对企业来说是严重的负担。

数据完整性规范化

只有在数据重复时才会发生数据完整性问题。因此，一个解决该问题的简单的方法就是消除重复的数据。我们可以通过将图 5-22a 中的表格分为两个表格（见图 5-23）来实现这一点。图 5-23 中，部门名称只存储一次，也就不会出现数据不一致的情况了。

Employee

Name	HireDate	Email	DeptNo
Jones	Feb 1, 2018	Jones@ourcompany.com	100
Smith	Dec 3, 2020	Smith@ourcompany.com	200
Chau	March 7, 2020	Chau@ourcompany.com	100
Greene	July 17, 2019	Greene@ourcompany.com	100

a）表格1

Department

DeptNo	DeptName
100	Accounting
200	Marketing
100	Information Systems

b）表格2

图 5-23 两个规范化表格

当然，要生成包含部门名称的员工报表，需要合并图 5-23 中的两个表格。因为这种表格的合并很常见，所以数据库管理系统的产品已经具有高效完成这一操作的程序了，但它仍然需要完成表格合并的工作流程。从这个示例中你可以看到数据库设计中的权衡：规范化表格避免了数据重复，但它们的处理速度可能会较慢。在数据库设计中做出这样的权衡很重要。

规范化的总体目标是使构造的每个表都只有一个主题。图 5-22 中表格设计的问题是它有两个独立的主题：员工和部门。解决这个问题的方法就是将这个表分成两个有各自主题的表。在本例中，如图 5-23 所示，我们创建了一个员工表和一个部门表。

如前所述，有几十种方式都会造成表格结构不良。数据库从业者根据表格中出现的问题将这些表格划分成了各种范式。将表转换为范式以删除重复数据并解决其他问题就叫作表格规范化[10]。因此，当你听到数据库设计人员说"那些表没有规范化"时，他并不是说这些表有不规则的、不正常的数据。相反，他想表达的是这些表的格式可能会导致数据完整性问题。

规范化总结

作为未来的数据库用户，你不需要知道规范化的细节。相反，你只需要知道每个规范化的（格式良好的）表格都有且只有一个主题的一般原则。此外，没有规范化的表可能会出现数据完整性问题。

还要注意，规范化只是评估数据库设计的一个标准。由于规范化的设计处理起来可能更慢，因此数据库设计人员有时会选择使用非规范化的表。最好的设计取决于用户数据处理过程的需求。

关系的表示

将数据模型转换为关系数据库设计所涉及的步骤如图 5-24 所示。首先，数据库设计人员会为每个实体创建一个表。实体的标识符变成表的键。实体的每个属性都成为表的一列。接下来，对生成的表进行规范化，以便每个表都有一个主题。完成了这一步，下一步就是表示这些表之间的关系。

以图 5-25a 中的 E-R 图为例。导师实体与学生实体的关系为 1:n。为了创建数据库设计，我们为分别为导师和学生构建一个表格（如图 5-25b 所示）。导师表的键是导师姓名（AdviserName），学生表的键是学号（StudentNumber）。

- 用表格表示每个实体
  - 实体标识符变为表键
  - 实体属性变为表列
- 必要时进行表格规范化
- 表示关系
  - 使用外键
  - 为 n:m 关系添加额外的表

图 5-24 将数据模型转换为数据库设计

此外，邮箱地址（EmailAddress）这一导师实体的属性成了导师表中邮箱地址这一列，学生实体的姓名（StudentName）和期中成绩（MidTerm）两个属性成了学生表中姓名和期中成绩两列。

下一个任务是表示关系。因为我们使用的是关系模型，我们知道我们必须向这两个表其中一个添加外键。可能性有：（1）在导师表中增加外键学号（StudentNumber），（2）在学生表中增加外键导师姓名（AdviserName）。

正确的选择是在学生表中增加导师姓名，如图 5-25c 所示。想要知道一名学生的导师，我们只需要看该学生所在的那一行中导师姓名一列。想要知道导师指导的学生，我们需要在学生表中查看导师姓名一列，看哪些行有该导师的姓名。如果学生更换导师，我们只需要更改导师姓名列的值。例如，将第一行中的杰克逊（Jackson）改为琼斯（Jones）就会将学号为100的学生分配给琼斯教授。

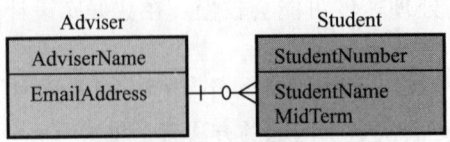

a）导师和学生之间的1:n关系

导师表（键为导师姓名）

AdviserName	EmailAddress
Jones	Jones@myuniv.edu
Choi	Choi@myuniv.edu
Jackson	Jackson@myuniv.edu

学生表（键为学号）

StudentNumber	StudentName	MidTerm
100	Lisa	90
200	Jennie	85
300	Jason	82
400	Terry	95

b）为每个实体创建一个表

导师表（键为导师姓名）

AdviserName	EmailAddress
Jones	Jones@myuniv.edu
Choi	Choi@myuniv.edu
Jackson	Jackson@myuniv.edu

外键列表示关系

学生表（键为学号）

StudentNumber	StudentName	MidTerm	AdviserName
100	Lisa	90	Jackson
200	Jennie	85	Jackson
300	Jason	82	Choi
400	Terry	95	Jackson

（c）用导师姓名（AdviserName）做外键表示1:n关系

图 5-25　1:n 关系表示

对于这个数据模型，在导师表中增加学号是不对的。那样做意味着一名学生只能分配一名导师，这样就无法给学生分配第二名导师。

但是，这种增加外键的策略不适用于 n:m 关系。考虑图 5-26a 中的数据模型，其中导师与学生是多对多关系。一名导师可以指导多名学生，一名学生也可以有（多个专业的）多名导师。

要了解为什么我们在 1:n 关系中使用的外键策略不适用于 n:m 关系，让我们看看图 5-26b。如果学号为 100 的学生有多名导师，就没有地方记录第二名或其他导师。

为了表示 n:m 关系，我们需要创建第三个表，如图 5-26c 所示。第三个表有两列，导师姓名和学号。表中的每一行都表示特定的导师会指导特定的学生。

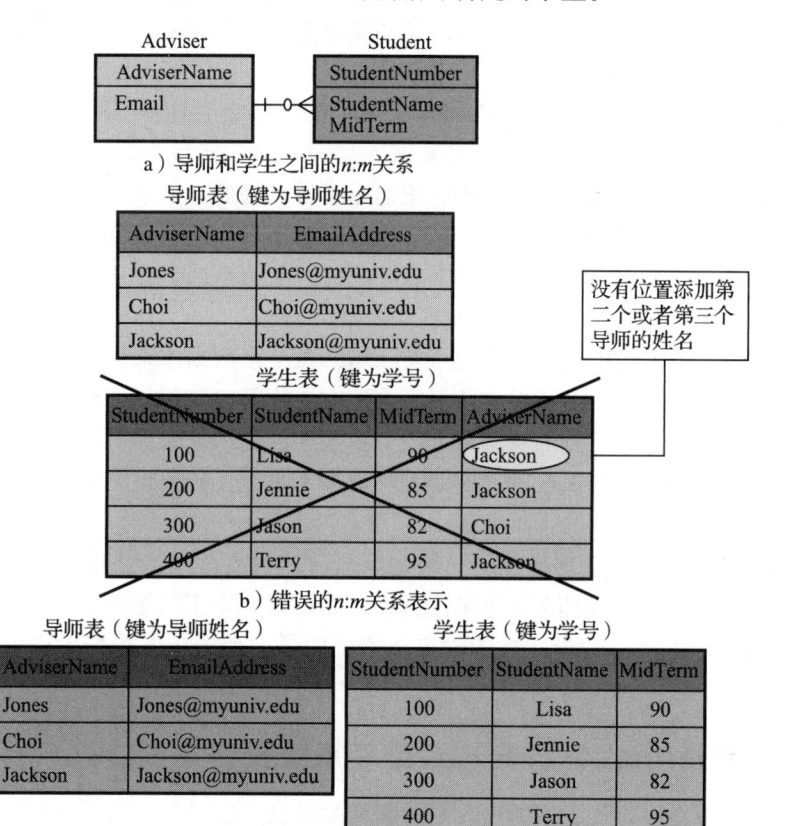

图 5-26　n:m 关系表示

正如你所想象的那样，关于数据库设计的内容比我们在这里介绍的要多得多。不过，本节应该让你了解了创建数据库需要完成的任务。你还应该认识到了数据库设计是对数据模型做出的决策的直接结果。如果数据模型是错误的，数据库设计也会是错误的。

用户在数据库开发中的角色

如前所述，数据库是用户如何看待其业务环境的模型。这意味着用户会对数据库应该包含哪些数据以及数据库中记录的这些数据该如何与另一个数据库中的数据相关联做出最终的判断。

更改数据库结构最理想的时期是在数据建模阶段。在数据模型中将关系从一对多变为多对多只须将 1:n 的表示更改为 $n:m$ 即可。但是，一旦构建了数据库，载入了数据、表格、报表、查询，并创建了应用程序，将一对多关系变为多对多的关系就意味着更改数据库需要花费数周的时间。

通过对比图 5-25c 和图 5-26c，你可以大致了解为什么会这样。假设每个表不是只有几行，而是有数千行。在这种情况下，将数据库从一种格式转换为另一种格式会涉及大量工作。但更糟糕的是，必须有人同时更改应用程序组件。例如，如果学生最多有一名导师，用一个文本框输入导师姓名就可以了。如果学生可以有多名导师，那就需要使用一个多行的表来输入导师姓名，并需要编写一个程序来将导师姓名的值存储到导师学生交叉表中。还有很多其他的后果会导致劳动力和资金的浪费。

因此，用户对数据模型的检查至关重要。当开发一个数据库来供你使用时，你必须仔细检查数据模型。如果你不明白其中的任何一个地方，你都应该问到你理解为止。实体必须包含你和你的员工开展工作所需的所有数据，关系必须准确地反映你对业务的看法。如果数据模型错误，数据库将会被错误设计，应用程序就算不是毫无价值也会很难使用。除非数据模型是准确的，否则不要继续。

因此，当被要求检查数据模型时，请认真对待该检查。投入必要的时间进行彻底的检查。你没能发现的任何错误都会反过来困扰你，到那时，修正问题的成本在时间和费用方面可能都会非常高。此处对数据建模的简要介绍说明了为什么开发数据库比开发电子表格更困难。

问题 5-7   eHermes 怎样通过数据库系统获利？

eHermes 希望加快对从卖家那里收到的新商品的盘点的过程。目前，销售人员不得不等待客户输入冗长但又常常不完整或不正确的产品描述。如果员工可以对新商品进行拍照并使用谷歌图像分类器进行自动识别，eHermes 将能够自动将其填入数据库。这些信息可能会比目前的 eHermes 得到的信息更加详细准确，商品也可以卖得更快。

这个过程需要大量的数据存储和多个数据流。图像将从移动门店发送，并存储在本地或云端。然后图像会被发送到云服务器进行处理。一旦商品被识别，eHermes 将通过其他网站查询产品信息、评价和过去的销售数据。随着 eHermes 的发展，整个过程需要快速且可扩展。

eHermes 可以从两种数据库架构中选择一种。对于第一种，它可以在文件服务器上存储图像，并将关于每个图像的元数据保存在关系数据库中以便查询。该元数据将包含图像在文件服务器中的存储地址。对于第二种，eHermes 可以利用新的 NoSQL 数据库管理系统的产品，比如面向文档的开源产品 MongoDB 来将图像存储到存储元数据的数据库中。

IT 服务总监塞思·威尔逊调查了这两种方案，并与自动化专家卡玛拉·帕特尔讨论了他的发现。他们都对使用 MongoDB 感兴趣，但他们都知道他们的兴趣一定程度上是对了解新事物的渴望。他们并不知道该产品的运行情况如何，也不知道 MongoDB 查询功能的健壮性。

另一方面，他们可以随时修改现有的 Microsoft SQL Server 数据库来存储元数据。他们可以在元数据中存储存有图片的文件服务器的 URL（如 https://abc.ehermes.com/image1）。这样，他们就可以使用 Microsoft SQL Server 来存储数据，然后使用图形查询设计器进行查询。由于 Microsoft SQL Server 也可以处理本地 SQL，如果需要的话，他们可以将其用于最复杂的查询操作。

塞思和卡玛拉讨论了这些方案，并决定使用 Microsoft SQL Server 来存储元数据。因为他们知道这种方法使用了已知的技术，所以其风险较小。同时，他们都可以熟练使用 Microsoft SQL Server，能够更快地以更低的风险开发数据库和应用程序。塞思和卡玛拉根据这个建议做了一个简短的介绍，把它交给了 eHermes 的首席执行官杰西卡·拉马，并得到他的批准。

审批通过后，塞思创建了如图 5-27 所示的 E-R 图并与卡玛拉进行了讨论，她认为他们可能想要添加一个员工实体，而不仅仅是分析实体中的员工姓名。然而他们认为，至少目前他们还没有那么多的员工，并且增加额外的实体可能会让应用程序变得难以使用。因此，根据这个决定，他们开始创建数据库和相关的应用程序。在协作练习 5 中，你将有机会与你的团队一起做同样的事情。

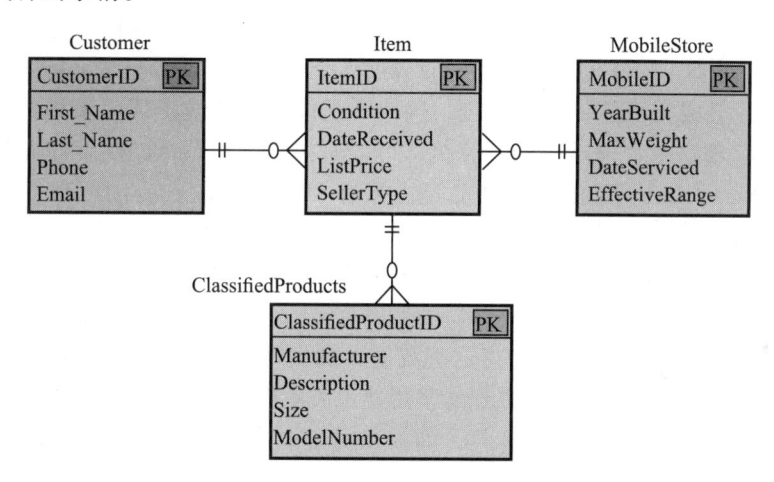

图 5-27　eHermes 数据库 E-R 图

问题 5-8　2029 年将会怎样？

随着数据存储和数据通信的成本越来越低，我们可以确定，到 2029 年，数据库的数据体量将持续增长，甚至可能是指数级的增长。所有的数据都包含了可用于提供信息的模式，以帮助企业实现其战略。此外，随着数据库逐渐壮大，它们会更有可能成为盗窃或攻击的目标。这些风险会使数据库安全性变得更重要。

此外，数据库管理系统的前景正在发生变化。虽然多年来关系数据库管理系统产品都饱受关注，但互联网提出的新的处理要求改变了这一点。与传统的数据库应用程序相比，一些互联网应用程序需要处理更多的事务，而不仅仅是更简单的数据。一条推文的数据结构要比肯沃斯卡车的配置简单得多，但推文的数量比卡车的配置多得多！

此外，传统的关系数据库管理系统产品将相当多的代码和处理能力用于支持所谓的 ACID（原子性、一致性、隔离性、持久性）事务。ACID 本质上的意思是一个事务要么全部被处理，要么全部未处理（原子性），即无论是单独处理还是在存在数百万其他事物（隔离性）的情况下，事务都以相同的方式（一致性）处理，并且即使在失败的情况下，一旦事务被存储，它就永远不会消失（持久性）。

ACID 事务对传统商业应用至关重要。即使面对机器故障，先锋领航集团（Vanguard）都必须同时处理交易的买卖双方，不能只处理事务的一部分。此外，它今天储存的东西明天还要储存。但是很多新的互联网应用程序不需要 ACID。谁会在乎 100 万条推文中，只有一半的推文被存储？或者它今天储存明天就消失？

这些新的需求产生了三个新的数据库管理系统类别：

1.NoSQL 数据库管理系统。这个缩略词具有误导性。它实际上应该是指非关系型数据库管理系统。它是指一种新的数据库管理系统产品，它们支持非常高的处理相对简单数据结构的事务率，能在云端的多个服务器上复制，也没有 ACID 事务支持。MongoDB、Cassandra、Bigtable 和 Dynamo 都是 NoSQL 的产品。

2.NewSQL 数据库管理系统。这些数据库管理系统产品和 NoSQL 数据库管理系统一样能处理非常高级别的事务，但提供 ACID 事务支持。它们可能支持关系模型，也可能不支持。这类产品是一个发展的温床，几乎每天都有新的供应商出现。其主导产品尚不清楚。

3. 内存数据库管理系统。这一类数据库管理系统产品主要在内存中处理数据库。由于现在的计算机存储器可以很庞大，能够同时容纳整个数据库，或者至少能够容纳很大的数据块，这项技术才会成为可能。通常来说，这些产品能够支持或扩展关系模型。SAP HANA 是一台具有内存数据库管理系统的计算机，可同时提供高容量 ACID 事务支持和复杂关系查询处理。Tableau Software 的报表产品是由带有 SQL 扩展的专有内存数据库管理系统支持的。

这些新产品的出现是否意味着关系数据库的衰落？这似乎不太可能，因为企业已经创建了数千个传统关系数据库，这些数据库里的数以百万行的应用程序代码都是针对关系数据结构的 SQL 语句。没有企业愿意承担将这些数据库或代码转换为其他类型的费用和劳务。在年长的技术人员群体中，还有一种强烈的坚持使用关系模型的趋势。但这些新产品正在动摇关系技术几十年来的地位，到 2029 年，商业中可能会有许多 NoSQL、NewSQL 和内存数据库。

此外，现有的数据库管理系统供应商，如甲骨文、微软和 IBM 也不会坐以待毙。他们有着大量的资金和高技能的开发人员，可能会将这些新型的数据库管理系统的特点融入其现有产品或新产品中。收购一些 NewSQL 初创企业也是极有可能的。

作为商务人士，这对你来说意味着什么？首先，这些知识都是有用的，你也要持续了解该领域的发展。当你遇到问题时，你可以选择利用这些新型数据库。但除非你是 IT 专业人士，否则你不会和它们产生正面交集。但你的优势在于你了解它们并建议能够支持你的需求的信息系统人员使用它们。

此外，从投资者的角度来看待这些发展。并非所有这些产品都是开源的，即使是开源的，也会有公司将它们集成到他们的产品或服务产品中，这些公司可能是很好的投资机会。

如果你想把信息系统作为主修专业或第二专业，请关注这些产品。你仍然需要学习关系模型和关系数据库的处理。即使到了 2029 年，它们也会是行业的支柱。但那些令人兴奋的新机会和职业道路也将围绕这些新的数据库管理系统产品发展。你也要了解它们，并在求职面试中加以利用，这些知识能让你在竞争中脱颖而出。

安全指南——大数据的潜在问题

你喜欢智力问答游戏吗？如果是的话，你可能在工作日的晚上翻看电视，然后停下来观看问答游戏节目《危险边缘》。成功的选手能够快速回答各种问题。赢家通常会在几集节目里连胜。但长期连胜并不常见，因为他们需要掌握大量主题内容。在家里看电视的人通常会使用手机或计算机查找答案。如果你用了这样的战术，你可能想知道计算机会在《危险边缘》节目中如何表现。

IBM 的研究人员在 2011 年提出了同样的问题。他们开发出了超级计算机沃森，它有着包括自然语言处理和数据处理挖掘在内的高级功能。沃森在参加《危险边缘》的比赛时所访问的数据涉及了 500GB 的字典、百科全书和其他参考资料[11]。自从沃森连续击败了两位《危险边缘》节目的前冠军，IBM 就一直利用沃森研发大量的大数据应用程序，包括医疗保健和营销分析。

其他公司也看到了沃森在《危险边缘》中令人印象深刻的表现，争先开发其自己的大数据分析工具。但仍有一些公司在尝试弄清楚如何有效地使用大数据应用。此外，在致力于完善强大的大数据工具的同时，一些企业也在考虑后续的数据安全问题。

再次丧失安全性

在几十年的技术进步的过程中，为了追求功能和便利而忽视安全是很常见的。比如，许多汽车制造商现在广告中吹嘘其联网功能，但几乎没有采取措施来保证车辆联网后的安全和隐私问题。以技术为中心的趋势展现出了对物联网和特色自动化家用设备的关注，如联网的灯、恒温器、门锁和烤面包机。不幸的是，这些设备通常缺少安全功能。

大数据运动是不考虑安全问题影响而只追求科技进步的另一个受害者。许多公司缺乏有效使用大数据工具的能力。因此他们保护这些工具及其产生的数据的安全的能力应该得到大量的关注[12]。根据最近对大数据应用程序的审查，一家瑞士安全公司进行的安全审计证实了这一怀疑。该公司的分析显示，有超过 39 000 个 NoSQL 数据库的数据是暴露在外的，其中涉及的 11PB 的数据能够在网上获取[13]。但是是什么导致了这些大数据应用程序的安全协议如此糟糕呢？

数据丰富，安全性差

事实证明，大数据应用中的安全缺陷并不是个别现象。其实可能是糟糕的数据库管理导致了更大、更专业化的大数据"传输"。最近《信息周刊》进行的一项调查显示，一些令人不安的安全性相关发现困扰着大数据。调查发现，约有 20% 的受访者在数据安全方面有着糟糕的表现。他们发现：（1）包含敏感信息的数据库不安全。（2）已经发生了数据泄露，或者无法证明数据泄露没有发生。（3）没有定期对受访者的数据库进行安全评估[14]。这些问题的产生都源于大数据工具存在的更大的问题，即优先以功能性、访问的灵活性以及便利性为目标，而不是更优先考虑安全性。

针对这些安全上的不足之处，有很

多提高大数据安全性的最佳方案被提出来，包括记录和审查所有未经授权访问而进行识别的活动，实施严格的访问管理协议，以及更好地加密保护敏感数据[15]。最终，保证由数据驱动应用程序生成和使用的数据的安全就会和应用程序的准确性和报表能力同样重要！

讨论问题

1. 想想获取和存储数据的趋势对你产生了怎样的影响。生成的与你有关的数据都是什么类型？它们在哪里？你为自己生成了什么数据？你能为管理这些数据的访问权限和安全性做些什么？
2. 在网上搜索一个IBM沃森正在使用的新的数据驱动应用程序。描述一下这个新的应用程序可能为使用它的企业提供怎样的竞争优势。
3. 该专题提到了技术上持续的安全性与便利性之间的紧张局势。这种紧张局势对你使用计算机产生了怎样的影响？这种局势是如何影响你与计算机的互动的？当你创建或管理你自己的安全"策略"时，你是否错误地站在了安全性或者便利性的一方？
4. 你或你认识的人买过自动化家用设备吗？基于许多这样的设备都缺乏安全性这一点，你愿意接受在它们提供便利的同时产生的风险吗？

职业指南

姓名：凯莉·史密斯（Kailey Smith）
公司：Artemis Health
职位名称：数据工程总监
学历：犹他大学

1. 你是怎么得到这份工作的？

由于我拥有医疗保健数据方面的经验，我被领英的一位联合创始人发现，然后开始在公司做高级数据质量工程师。我们是一家初创公司，每个人都必须身兼数职，因为我渴望把事情做完并跟进和我一起工作的人，他们就让我来管理这个团队。

2. 这个领域吸引你的是什么？

我一直很喜欢和计算机打交道并且喜欢解决问题，我在犹他大学上了第一门信息系统课程后，我被吸引了。这是一个不断发展并且会有着越来越多的新的令人兴奋的机遇的领域。它有很多不同的可以探索的领域，而且你肯定会得到很好的报酬！

3. 你的日常工作是怎么样的？

我管理ETL和SQL工程师的数据团队，因此我们与客户的数据有着紧密联系。我和我们的首席运营官一起寻找不同的方法来改进我们现有的流程，就我们如何迁移到一个不同的系统或者如何才能更好地实施我们的下一个客户做出高级决策。我也会介入客户问题来寻找错误数据的来源。

4. 你最喜欢工作的哪一点？

我喜欢每天都有各种各样的事情

做，而且我喜欢解决问题！我的公司在帮助我们的客户寻找到不同的方法以在员工福利方面节省开支，而且其中很大一部分都与医疗保健行业有关。我们甚至发现了一些客户都没有想到但又非常有趣的事情。

5. 想要做好你这份工作需要哪些技能？

与数据打交道需要有很强的分析能力并且善于观察细节。耐心也很重要。你要花一整天的时间去走错误的道路，然后在第二天继续并且在一个小时内找到答案。至于技术技能，你需要了解数据建模、SQL 和数据分析。

6. 在你的领域里教育经历或者证书重要吗？为什么？

对任何进入信息系统世界的人来说，不断地学习新技术是很重要的。如果你能表现出你愿意自学与工作有关的内容，雇主会更愿意雇佣你。微软认证只有在你就职的公司需要使用这些应用程序时才会有用。

7. 你会给那些考虑在你所在领域工作的人什么建议？

保持开放的心态。尝试新事物。我还在学校的时候，我关注的是安全问题，因为它听起来更刺激，但我最终更多地从事数据方面的工作。找出真正让你兴奋的是什么。随着你学习更多的东西，你就会有更多的机会。

8. 你认为在未来 10 年什么技术工作会成为热门工作？

大数据绝对是"下一个大事件"，但随着技术在越来越多的领域得到应用，安全问题也变得越来越重要。事物变化得太快了，这真的很难预测。

本章回顾

通过本章回顾来验证你是否理解了能够回答本章学习问题所需要用到的思想和概念。

问题 5-1　使用数据库的目的是什么？

说明数据库的用途，以及何种场景下数据库优于传统电子表格。解释数据库优于电子表格的情况。描述图 5-1 和图 5-2 之间的主要区别。

问题 5-2　数据库是什么？

定义数据库。解释数据的层次结构，为数据库的三种要素命名。定义元数据。使用学生和办公室到访表格的示例，说明数据库中行间的关系。定义主键、外键和关系数据库。

问题 5-3　数据库管理系统是什么？

解释首字母缩写 DBMS，并命名其功能。举出五种流行的数据库管理系统产品。解释数据库管理系统和数据库之间的区别。总结数据库管理系统的功能。定义 SQL。描述数据库管理的主要功能。

问题 5-4　数据库应用如何使数据库更有用？

解释为什么数据库表本身对商务用户并不是很有用。命名数据库应用程序的四个元素并描述每一个的目的。解释数据库应用和数据库应用程序之间的区别。描述传统数据库应用的性质。解释基于浏览器的应用比传统应用更好的原因。说出用于支持基于浏览器的应用的主要技术的名称。

问题 5-5　数据库用到的数据模型是怎样建立的？

解释为什么在数据库开发过程中用户的参与至关重要。描述数据模型的功能。简述数据库开发流程。定义 E-R 模型、实体、关系、属性和标识符。举出本书以外的 E-R 图的例子。定义最大基数和最小基数。给出三个最大基数和两个最小基数的例子。解释图 5-20 和图 5-21 中的符号。

问题 5-6　如何将数据模型转换为数据库设计？

命名数据库设计的三个组成部分。定义规范化并解释它的重要性。定义数据完整性问题并描述其后果。举出一个有数据完整性问题的表格的例子，并展示它如何进行规范化以变成两个或更多的不存在该问题的表。描述将数据模型转换为数据库设计的两个步骤。利用本章之外的例子，展示 1:n 和 n:m 关系如何在关系数据库中表示。描述用户在数据库开发中所扮演的角色。解释为什么更改数据模型比更改现有数据库更容易、成本更低。请在你的回答中使用图 5-25c 和图 5-26c 所给的例子。

问题 5-7　eHermes 怎样通过数据库系统获利？

总结两种 eHermes 可以在其图像数据库中使用的数据库架构。描述它使用的体系结构，并解释这样选择的根本原因。

问题 5-8　2029 年将会怎样？

请解释未来十年数据库数据的增长将如何影响商业智能和安全。总结一些互联网数据库应用带来的两大需求。解释 ACID 事务处理的特点。简要介绍 NoSQL、NewSQL 和内存数据库管理系统产品。总结你应该如何应对这些发展。

将你的知识应用到 eHermes

你可以很容易地理解为什么如果你有塞思或卡玛拉那样的工作的话这一章的知识会很有用。但如果你是杰西卡（首席执行官）或维克多（首席运营官）呢？本章的知识将帮助你做出更好的决定，就像问题 5-7 中杰西卡做的决定那样。这也将帮助维克多认识到支撑这个项目所需的预算水平。即使在你的职业生涯中你从来没有提出过问题，你也会在使用、创建和维护数据库方面做出许多决策。

关键术语和概念

Access
ACID
属性（Attribute）
字节（Byte）
列（Columns）
鱼尾纹（Crow's feet）
鱼尾纹图（Crow's-foot diagram）
数据完整性问题（Data integrity problem）
数据模型（Data model）
数据库（Database）
数据库管理（Database administration）
数据库应用（Database application）
数据库管理系统（Database Management System, DBMS）
DB2

实体（Entity）
实体关系数据模型（Entity-relationship data model）
实体关系图（Entity-relationship diagram）
字段（Field）
文件（File）
外键（Foreign key）
图形化查询（Graphical query）
标识符（Identifier）
内存数据库管理系统（In-memory DBMS）
键（Key）
丢失更新问题（Lost-update problem）
多对多关系（Many-to-many relationship）
最大基数（Maximum cardinality）
元数据（Metadata）
最小基数（Minimum cardinality）

MongoDB
多用户处理（Multi-user processing）
MySQL
NewSQL 数据库管理系统（NewSQL DBMS）
范式（Normal form）
规范化（Normalization）
NoSQL 数据库管理系统（NoSQL DBMS）
一对多关系（One-to-many relationship）
Oracle 数据库（Oracle Database）
主键（Primary key）

记录（Record）
关系（Relation）
关系数据库（Relational database）
关系（Relationship）
行（Row）
SQL server
标准查询语言（Structured Query Language，SQL）
表单（Table）
统一建模语言（Unified Modeling Language，UML）

知识运用

5-1. 绘制实体关系图，展示数据库、数据库应用和用户之间的关系。

5-2. 思考图 5-21 中导师和学生之间的关系。解释如果此关系的最大基数分别为以下值意味着什么：
   a. $n:1$
   b. $1:1$
   c. $5:1$
   d. $1:5$

5-3. 请在图 5-28 的数据输入表单中填写两个实体。每一个实体都有什么属性？其标识符是什么？

图 5-28　数据输入表格样本

协作练习 5

使用你在第 1 章的协作练习中建立的协作信息系统，团队协作回答下面的问题。

eHermes 的问题是在商业中使用数据库的一个很好的例子。你也可以把它作为练习。为此，请与你的团队一起回答以下问题：

5-5. 学习图 5-27，了解各实体及其相互关系。证明这个模型中的每个基数。

5-6. 与你的团队协作开发一个包含七个查询的列表，要求使用图 5-27 中的所有实体。

5-4. 访问 www.acxiom.com，浏览网站并回答以下问题。
   a. 根据网站内容，Acxiom 的隐私政策是什么？该政策是否让你放心？为什么？
   b. 列出 Acxiom 提供的 10 种不同产品。
   c. 描述 Acxiom 的主要客户。
   d. 检查你在 b 和 c 部分的答案，一般而言，Acxiom 必须收集哪些类型的数据才能够为其客户提供这些产品。
   e. InfoBase 的功能是什么？
   f. PersonicX 的功能是什么？
   g. 像 Acxiom 这样的公司可能需要用怎样的方式来限制营销以避免来自公众的隐私抗议？
   h. 是否应该制定法律来管理 Acxiom 这样的公司？为什么？
   i. 对于政府机构能够从 Acxiom 这样的公司购买的数据服务类型，是否应该制定法律进行管理？为什么？

5-7. 修改图 5-27 中的 E-R 模型，使之包含一个与分类实体相关的制造商实体。创建关系，指定并说明关系的基数。

5-8. 讨论你在 5-7 中创建的模型和图 5-27 中的模型的优缺点。

5-9. 将图 5-27 中的数据模型转换为关系数据库设计。提示：为每个实体创建一个表，并像 5-6 中所示的那样将这些表联系起来。

5-10. 为你在 5-9 中的设计创建 Access 数据库。

5-11. 用示例数据填充你的数据库。由于你服务器上没有文件，请将 URL 列留空。

5-12. 使用 Access 查询功能，处理你在 5-6 的回答中提出的七个查询。

【案例研究 5——寻找钢琴】

迪恩·佩特里奇（Dean Petrich）是一名经过认证的钢琴调音师和技术人员，他从 1973 年就开始修理钢琴。他也有一段作为小丑迪诺的职业生涯，并在华盛顿州西雅图市区的儿童聚会上演出（见图 5-29）。他的两项事业的日程是相互平衡的，在春末、夏天和秋天，他忙着饰演小丑，其他时间他修理钢琴。

图 5-30 仓库中的钢琴

图 5-29 小丑迪诺（迪恩的艺名）

在过去 20 年里对钢琴的需求急剧下降。当祖母去世、孩子们搬出去或发生其他生活变化时，这些家庭不再需要钢琴了。当他们发现钢琴没有市场时，他们会叫来迪恩，迪恩会以适中的价格收走那些钢琴。几年之后，迪恩修复了那些钢琴，并将其转卖或出租。但世纪之交以来，对钢琴的需求的减少也影响到了他。随着时间的推移，他积累了太多钢琴。即使剔除其中最糟糕的，他现在也有将近 100 架钢琴。

你可以想象，100 架钢琴要占据相当大的存储空间。起初，迪恩把它们存放在他的仓库里。仓库被占满后，他建了一个大金属棚子（见图 5-30），把钢琴放在这个棚子里。当棚子里满是钢琴时，他又把钢琴放进了自家牧场上的塑料帐篷里（见图 5-31）。不幸的是，塑料帐篷很容易开裂，并且因为迪恩住在太平洋西北岸，即使他在帐篷里用塑料防水布盖上了钢琴，很多钢琴也都被雨损毁了。

图 5-31 帐篷里的钢琴

两年前，由于不断增加的钢琴库存，迪恩保留质量最好的钢琴准备出售，并免费提供一些质量尚可的钢琴。然而迪恩遇到了两个问题。首先，他不知道哪些钢琴是最好的，也不知道它们在仓库里还是棚子里还是帐篷里。其次，很少有人愿意在大棚子和帐篷里爬过钢琴顶（还要穿过松鼠和老鼠产生的垃圾）来寻找最好的钢琴。

为了解决这个问题，迪恩创建了一个只有一个表（Piano）的 Microsoft Access 数据库。要填充数据库中的数据，迪恩必须先清点所有的钢琴并记录如图 5-32 所示的数据。

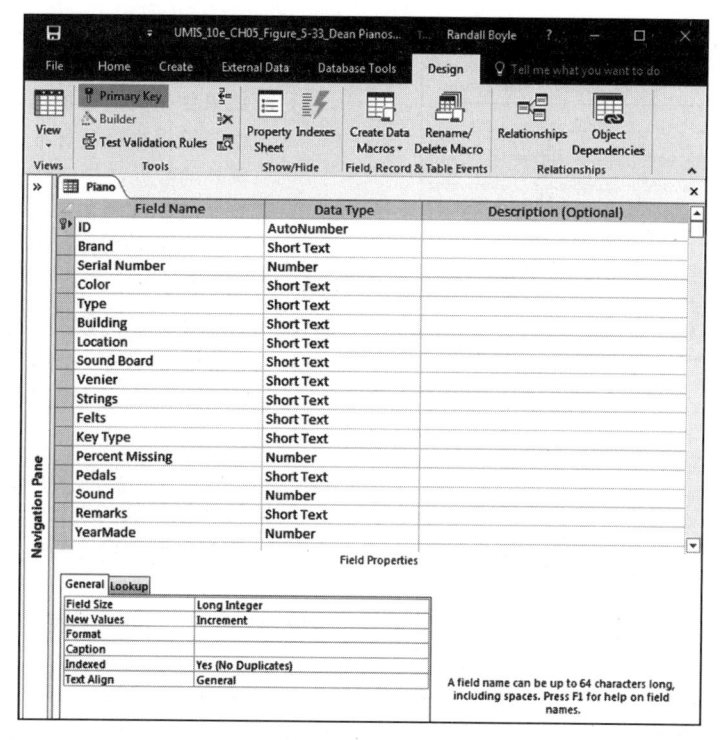

图 5-32 钢琴表中的列

如你所知，单表数据库也可以很容易地存储在 Excel 中，但之所以迪恩使用了 Access，是因为他想以各种方式查询数据。例如，他想知道帐篷里哪些钢琴音质在 4 及以上的钢琴有哪些，或者哪些钢琴音质在 1 及以下，这样他就可以处理掉这些钢琴。此外，顾客也会有特殊的需求。例如，有人可能想要一架鲍德温 spinet（一种钢琴）。没有数据库的话，他不知道他有没有这款钢琴以及它在哪里。或者，当他需要替换键顶部的时候，他可能想知道仓库里哪些钢琴有象牙键并且音质低于 2 等。

由于他的需求是动态的，因此迪恩需要使用 Access 的查询功能。如图 5-33 的查询示例展示了返回值为帐篷里所有音质高于 4 的钢琴的查询，图 5-34 展示了查询的结果。迪恩还怀疑帐篷里的质量下降得比在棚子里或仓库里更快。为了确定是否真的如此，他创建如图 5-35 所示的报表。

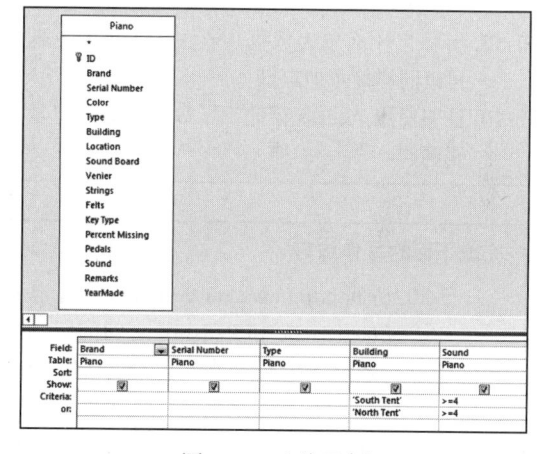

图 5-33 查询示例

图 5-34 查询结果

Piano Sound Quality by Building		
Building	Sound Quality	Number Pianos
North Tent	1	1
North Tent	3	3
North Tent	4	8
Shed	0	10
Shed	1	1
Shed	2	7
Shed	3	13
Shed	4	12
Shop	0	2
Shop	1	2
Shop	3	5
Shop	4	2
South Tent	0	6
South Tent	2	3
South Tent	3	3
South Tent	4	3
South Tent	5	1

图 5-35 按存放地点分类的钢琴音质

问题

5-13. 解释为什么单表数据库在 Excel 和 Access 可以同样简单地存储。

5-14. 证明使用 Access 存储钢琴数据库的决定是正确的。

5-15. 检查图 5-32 中的列。说出表中未展示的钢琴的三个特征。
  a. 如果你是为迪恩提供建议的顾问，你和他应该根据哪些标准来决定是否要加入额外的数据？
  b. 这个数据库是钢琴库存的模型吗？或者是迪恩的钢琴库存模型的模型吗？解释其中的区别。

5-16. 假设除了钢琴的数据，迪恩还想要存储有关制造商的数据，例如其地址（或最后的已知地址）、经营年限，以及对该制造商的总体评价。
  a. 设计一个制造商表格。
  b. 修改钢琴表的设计（见图 5-32）来表示钢琴和制造商之间的关系。陈述并证明所有假设。

5-17. 利用图 5-35 中的数据，得出关于存放位置对钢琴音质的影响的有关结论。用这些数据证明你的观点。

5-18. 解释"数据库是业务某些方面的抽象表示"这一观点。通过这个例子，解释处理这些抽象的表示比检查钢琴更有效。把你的观察结果推广到一般的业务数据库中。

5-19. 这个数据库如果不更新的话，很快就会变得毫无用处。列出迪恩为了将其数据库保持最新状态所需要创建并遵循的流程。

完成下面的写作练习

5-20. 访问 http://aws.amazon.com 并搜索 AWS 数据库产品。解释亚马逊 RDS、DynamoDB、ElastiCache 和 Redshift 之间的区别。你会推荐哪一种来存储 eHermes 的数据？（另外，不管你什么时候在网上查询任何 AWS 产品，一定要在搜索中包含关键词"AWS"。否则，你的搜索结果将是亚马逊关于你所寻找的商品的书单）。

5-21. 假设你是一家汽车零部件批发经销商的客户经理。你使用电子表格来追踪几乎所有的事情。你的员工也是如此。你有数百个不同的电子表格需要更新、备份和共享。其中一些表格会非常大。你担心表格丢失，或者更糟的情况是，有员工恶意永久破坏它们。一个刚从大学毕业的雇员说建立一个数据库可以解决你大部分的问题。你会如何确定数据库是否真的能解决你的问题？如果你选择开发一个集中式数据库，你将如何选择创建数据库的员工？你会用什么标准来选择这些员工？你如何证明分配人力和资金来开发这个数据库是合理的？

尾注

[1] Sarah Needleman, "The Computer Part People Are Hoarding: 'I Felt Like I Was Buying Drugs,'" *The Wall Street Journal*, March 27, 2018, www.wsj.com/articles/the-computer-part-people-are-hoarding-i-felt-like-i-was-buying-drugs-1518195876.

[2] William Alden, "The Bitcoin Mines of Iceland," *The New York Times*, March 27, 2018, https://dealbook.nytimes.com/2013/12/23/morning-agenda-the-bitcoin-mines-of-iceland/.

[3] MySQL was supported by the MySQL Company. In 2008, that company was acquired by Sun Microsystems, which was, in turn, acquired by Oracle later that year. However, because MySQL is open source, Oracle does not own the source code.

[4] Clint Boulton, "Oil Company Hopes to Strike Efficiency with Cloud Analytics," *CIO.com*, November 10, 2015, accessed June 2, 2018, www.cio.com/article/3003498/cloud-computing/oil-company-hopes-to-strike-efficiency-with-cloud-analytics.html.

[5] Ibid.

[6] Ibid.

[7] Ibid.

[8] Fahmida Y. Rashid, "The Dirty Dozen: 12 Cloud Security Threats," InfoWorld.com, March 11, 2016, accessed June 2, 2018, www.infoworld.com/article/3041078/security/the-dirty-dozen-12-cloudsecurity-threats.html.

[9] Watch out for confusion between a *database application and a database application program*. A database application includes forms, reports, queries, and database application programs.

[10] See David Kroenke and David Auer, *Database Concepts*, 8th ed., pp. 81–86 (Upper Saddle River, NJ: Pearson Education, 2017) for more information.

[11] Elizabeth Dwoskin, "IBM to Sell Watson as a Big-Data Tool," *Digits: Tech Tools & Analysis from the WSJ*, March 6, 2016, http://blogs.wsj.com/digits/2014/09/16/ibms-watson-computer-now-has-analytics.

[12] John Jordan, "The Risks of Big Data for Companies," *The Wall Street Journal*, March 6, 2016, www.wsj.com/articles/SB10001424052702304526204579102941708296708.

[13] John Leyden, "Misconfigured Big Data Apps Are Leaking Data Like Sieves," *The Register*, March 6, 2016, www.theregister.co.uk/2015/08/13/big_data_apps_expose_data.

[14] Lorna Garey, "Big Data Brings Big Security Problems," *InformationWeek*, March 6, 2016, www.informationweek.com/big-data/big-data-analytics/big-data-brings-big-security-problems/d/d-id/1252747.

[15] Ibid.

第 6 章

Using MIS，Eleventh Edition

云

"所以，你认为云是我们的答案？"eHermes 首席执行官杰西卡·拉曼正在与 IT 服务总监塞思·威尔逊和首席运营官维克多·巴斯克斯会面，讨论 eHermes 的数据存储成本。

"是的，没错。如果我们将数据存储转移到云端，我们可以大幅降低成本。"塞思自信地说。

"什么东西？"维克多恼火地说。

"把所有数据都转移到云端。"

杰西卡很好奇。"好吧，塞思，我有点感兴趣了。云是什么？"

"我们从第三方租用存储容量，并通过互联网访问。"

维克多很困惑，"你的意思是我们不是买硬盘，而是去租？"

"嗯，不完全是。我们不会在数据中心安装很多硬盘。云将允许我们以非常非常灵活、现收现付的方式租用在线存储空间。随着业务的增长，我们可以获得更多的存储空间，并对它进行扩展以满足我们的需求。"

"你是说每天都可以？我们可以每天改变租赁条款吗？"维克多对此表示怀疑。"好吧，那么它的价格是多少？这可不会便宜。"

"每 TB 10 美元怎么样？"

杰西卡对此感到困惑，"你说每 TB 10 美元是什么意思？"

"我的意思是，我们每月花 10 美元就能获得 1TB 的在线存储空间。"塞思笑着说。

"什么？"维克多目瞪口呆。

"是的，就是这样。我们想要多少存储空间就有多少存储空间，系统会自动上传所有来自移动端店面的数据。我们的平均每月存储成本将至少比现在低 50%，这还不包括节省的电力、备份时间，以及我们不必配置任何额外的新硬件。"塞思不太确定，但他认为实际存储成本可以更低。

"塞思，你一定是在开玩笑。我们可以节省数万美元的存储费用，这是巨大的。去年，我们花在存储上的钱增加了350%。公司发展很快，我们需要节省这些成本。此外，你还在开发的新的自动库存识别项目，这个项目的数据存储成本将相当可观。"维克多说这话的时候，心里想：如果这是真的。

"嗯，很好，我不知道会有多大。我们需要额外的开发成本来建立系统，这将花费一些时间。我也不想固定在一个供应商，我担心一些安全问题。"

"塞思，给我一个方案，我非常想要一个方案。"杰西卡一边说，一边思考这些节省下来的钱对未来两个季度甚至更长远来说意味着什么。

"下周我会给你。"

"星期五之前给我，塞思。"

研究问题

问题 6-1　为什么企业要向云端转移？
问题 6-2　企业如何使用云？
问题 6-3　支持云的网络技术是什么？
问题 6-4　互联网如何运作？
问题 6-5　网络服务器如何支持云？
问题 6-6　eHermes 如何使用云？
问题 6-7　企业如何安全地使用云服务？
问题 6-8　2029 年将会怎样？

章节预览

如果你自己创业，很有可能会遇到和 eHermes 一样的问题。支持信息系统的最佳方式是什么？你应该使用云吗？答案很可能是肯定的。那么，哪个应用程序应该使用它以及如何使用它呢？你需要掌握本章的知识才能参与到接下来的对话中。当然，你可以依靠外部专家，但这在 21 世纪行不通。许多竞争对手能够提出并理解这些问题，并将他们利用这些知识节省下来的资金用于其他目的。

或者，如果你在一家采用物联网技术（IoT）的大公司工作呢？你会制造通过互联网发送和接收数据的产品吗？你的产品将如何连接到云？云服务对你和客户有意义吗？如果不了解云，你怎么知道这些呢？

本章一开始，我们将概述云的起源、为什么企业正在向它发展以及他们如何使用它。然后，在问题 6-3 和问题 6-4 中，我们将讨论局域网和互联网的基础知识。随后，我们将了解网络服务器的功能、设置云的基本步骤和云安全。最后探讨 2029 年的云是怎样的。

问题 6-1　为什么企业要向云端转移？

我们将云定义为通过互联网弹性租用的计算机资源池。之所以使用"云"这个术语，是因为大多数早期的三层架构和其他基于互联网的系统都使用云符号来表示互联网，企业将其基础视为"在云中的某个地方"。要理解云的重要性，首先需要知道它的来源。

大约从 20 世纪 60 年代初～ 20 世纪 80 年代末，企业主要使用大型机或大型高速集中计算机来满足其内部数据处理需求（见图 6-1）。大型机体系结构支持中央大型机和众多瘦客户端（有时称为计算机终端）之间的连接，这些客户端本质上是一个屏幕、一个键盘和一个网络连接。所有应用程序、数据和处理能力都位于大型机上。当时还没有我们现在所理解的云，因为那时还没有互联网。

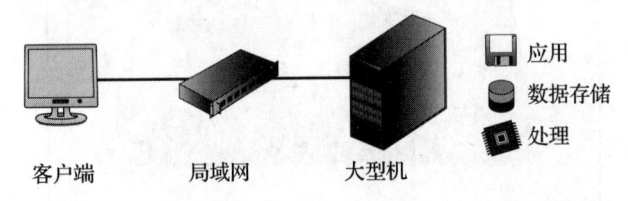

图 6-1　大型机时代（20 世纪 60 年代～ 20 世纪 80 年代）

20 世纪 90 年代初，互联网开始起飞。用户将他们的个人计算机（独立客户端）连接到互联网，企业购买服务器来托管他们的网站和数据（内部托管）。客户端－服务器架构允许客户端（用户）通过互联网向服务器发送请求。服务器响应请求，将数据发送到客户端。例如，坐在家里的用户可以单击链接，将网络请求发送到网络服务器。然后，网络服务器将网页的副本发送回用户。如图 6-2 所示，应用和数据存储可以驻留在客户端上，也可以驻留在服务器上，或者两者皆有。处理负载也可以在客户端和服务器之间共享。

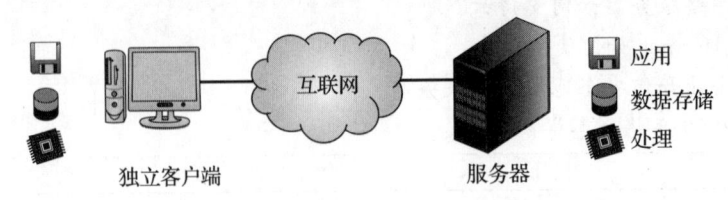

图 6-2　客户端－服务器时代（20 世纪 90 年代～ 21 世纪 00 年代）

客户端－服务器架构比大型机更受企业欢迎，因为服务器要便宜得多。大型机要花费数百万美元，但服务器只需花费数千美元。与大型机相比，因为服务器的增量成本更低，所以它们的可扩展性更强（或更容易响应需求的增量增长）。只要用户可以上网，客户端—服务器架构就允许他们从世界任何地方访问系统。我们现在所知道的云已经到来，但是大型机并没有随着客户端－服务器体系架构的出现而完全消失。事实上，仍有一些大型企业（例如大型银行）使用大型机来处理日常事务。

云计算

直到 2008 年，大多数企业都自己构建并维护计算基础设施。它们购买或租用硬件，并安装在自己的场地来支持电子邮件、网站、电子商务网站和内部应用，如会计和操作系统。然而，在 2008 年后，企业开始将他们的计算基础设施转移到云端。

云计算架构允许员工和客户访问位于云中的企业数据和应用。如图 6-3 所示，各种设备（包括 PC、瘦客户端、移动设备和物联网设备）可以远程使用应用、数据和处理能力。企业不再需要购买、配置和维护昂贵的计算基础设施。企业转向云计算的原因与转向客户端—服务器架构的原因相同，即降低成本和提高可扩展性。

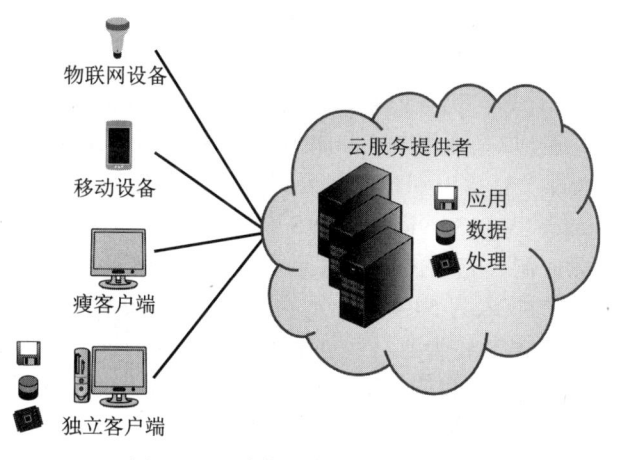

图 6-3　云计算时代（2008 年至今）

但是使用云还有其他好处。在本章开始时，我们将云定义为通过互联网弹性租用的计算机资源池。考虑"弹性""互联网""池"这些关键词，思考云的优势。

弹性

"弹性"一词最初由亚马逊使用的，意思是租用的计算资源可以在短时间内以编程方式动态地增加或减少，企业只需为他们使用的资源付费。

弹性与可扩展性不是一回事，可扩展性是对需求的缓慢增量增长做出响应的能力。系统能够在未来 10 年每年增加 1000 个新客户端，这就是可扩展性的一个例子。小型本地新闻频道能够处理来自地球上所有人的关于一次性新闻报道的网页请求（大量增加和减少）就是弹性的一个例子。

基于云的托管提供了相当大的弹性，这是传统客户端-服务器环境提供不了的。企业可以购买足够的服务器容量来应对任何需求的增长，但这将是非常昂贵的。它也可以按需从云供应商那里租用容量，价格将会低很多。

池

云定义的第二个关键是"池"。许多不同的企业使用相同的硬件，并通过虚拟化技术共享该硬件，因此云资源被池化。虚拟化技术可以快速创建新的虚拟机。客户提供（或在云中创建）机器数据和程序需要的磁盘映像。虚拟化软件从这里获取它们。

虚拟化提高了企业系统的可扩展性，因为它可以快速应对需求的增量增长。它可以在几分钟内创建新的虚拟机,而订购、运输、安装和配置物理服务器可能需要几天时间。虚拟化还可以降低成本。数百个虚拟机(虚拟服务器)可以驻留在单个物理服务器上。因此,物理服务器的成本分摊到每个单独的虚拟机中。

互联网

最后,云使得资源可以通过互联网访问,这意味着它们不存储在本地。从企业的角度来看,其办公场所中不再需要安装任何服务器、不需要支付运行服务器的电费、不需要购买备用发电机以防停电、不需要租用额外的商业空间来放置服务器、不需要加热和冷却服务器机房、不需要安装专门的灭火系统以防发生火灾,也不需要花钱雇人来更换或升级零件来维护服务器。对许多公司来说,管理其计算基础设施成本非常高。

为什么企业更喜欢云?

未来很可能几乎所有的计算基础设施都将从云中租用,但目前还没有做到这一点。并非所有企业都完全接受了云计算。仍有企业拥有内部数据中心,但采用云计算的公司正在迅速增加。网飞、威瑞森、迪士尼、通用电气和康卡斯特等知名公司都已转向云[1]。

事实上,大多数人都没有意识到企业向云转移的速度有多快。2016 年,亚马逊推出了亚马逊网络服务(Amazon Web Services,AWS)作为实验。大多数行业分析师们曾经认为,这是一个成本高昂的无底洞,它可能多年甚至永远都不会产生收入。如图 6-4 所示,截至 2018 年第一季度,AWS 的收入为 54.4 亿美元[2],当时预计全年收入为 261 亿美元[3],这是在短时间内的巨大增长。AWS 还为亚马逊创造了一半以上的营业收入,而且增长速度是电子商务同行的两倍。更令人惊讶的是,亚马逊拥有超过 100 万的活跃用户,在云计算市场上拥有 33% 的市场份额[4]。100 万消费者听起来可能不多,但这些并不是在亚马逊网站上购买商品的个人消费者,而是 Adobe 系统公司(市值 1240 亿美元)、网飞公司(市值 1570 亿美元)和辉瑞公司(市值 2130 亿美元)等大公司。拥有 100 万这种类型的客户是非常多的。

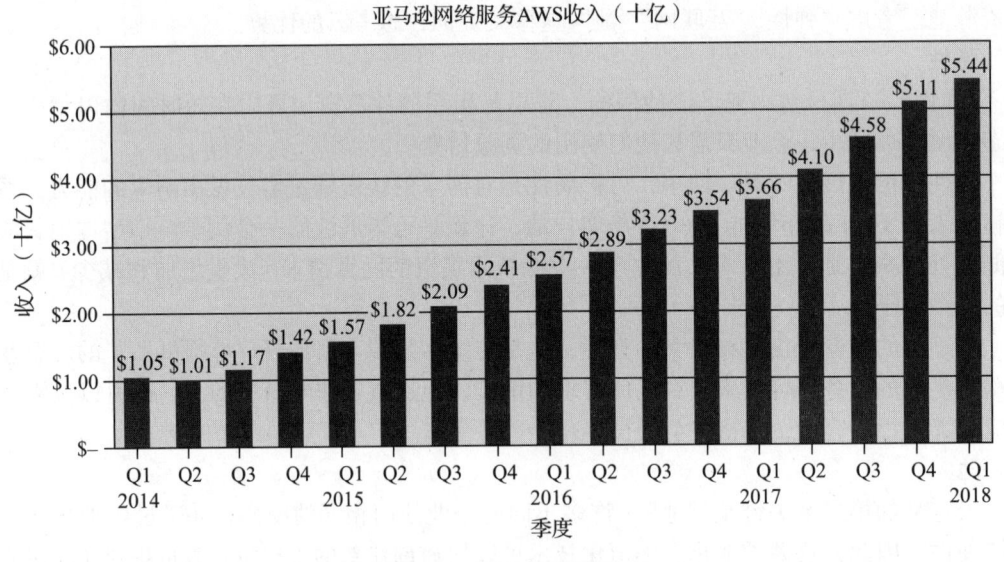

图 6-4 AWS 收入增长

有几个因素促使企业转向基于云的托管,包括更低的成本、无处不在的访问、更好的可扩展性和弹性,但也有其他原因。图 6-5 对基于云的托管和内部托管(客户端 – 服务器)进行了比较。正如你所看到的，基于云的托管在很大程度上是有优势的。云供应商 Rackspace 会以每小时不到一美分的价格租给你一台中型服务器。你今天就可以在几分钟内获得并访问该服务器。明天，如果你需要数千个服务器，你可以随时扩展并获得它们。此外，你知道成本结构。虽然你可能会对有多少客户想要访问你的网站感到惊讶，但你不会对它的成本感到惊讶。

另一个优势是，只要你与大型的、有信誉的企业打交道，你就可以获得最佳的安全保障和容灾能力。此外，你不必担心投资的信息设备很快过时，因为这种风险由云供应商承担。所有这一切都是可能的，因为云供应商通过向整个行业销售而获得规模经济，而不仅仅是向你销售。最后，云计算允许你专注于业务，而不是花费时间维护基础设施。你可以外包那些不是核心竞争力的功能，专注于那些能带来竞争优势的功能。

云计算的劣势包括失控。你依赖于供应商，而供应商的管理、政策和价格的变化是你无法控制的。此外，你不知道数据（可能是企业价值的很大一部分）位于何处，也不知道数据有多少副本，甚至不知道它们是否与你位于同一个国家。最后，你无法看到实际到位的安全和容灾准备工作。竞争对手可能正在窃取你的数据，而你却浑然不知。

图 6-5 的第二列显示了内部托管的优势和劣势。在大多数情况下，它们与基于云的托管相反。但是，请注意人事和管理的需要。使用内部托管，企业不仅需要构建自己的数据中心，还需要雇佣和培训人员来运行，并且还需要管理人员和设施。

云托管	内部托管
优势	
资本要求很小	能够控制数据位置
发展快速	深入了解安全和容灾准备情况
对不断增长或波动的需求具有卓越的可扩展性	
成本结构已知	
可能是最好的安全/容灾准备	
不会过时	
全行业的规模经济，因此更便宜	
专注于核心业务，而不是基础设施	
劣势	
依赖供应商	需要大量资金
失去对数据位置的控制	大量的开发工作
难以看见真正的安全和容灾情况	很难（或者不可能）适应波动的需求
	持续支持费用
	雇佣及培训人员
	管理需求增加
	每年维护费用
	成本的不确定性
	过时

图 6-5 云托管和内部托管的比较

云计算什么时候没有意义？

基于云的托管对大多数企业都很重要。唯一可能没有意义的是那些根据法律或行业标准实践要求，对其数据进行物理控制的企业。这样的企业可能被迫创建和维护自己的托管基础设施。例如，法律可能要求金融机构对其数据保持物理控制。然而，即使在这种情况下，使用私有云和虚拟私有云也有可能获得云计算的许多好处，我们将在问题 6-7 中考虑这些可能性。

问题 6-2　企业如何使用云？

现在你已经了解了什么是云，我们将看看企业使用云的具体示例，了解汽车制造商如何从云资源的弹性、资源池和独特的互联网连接中受益。

资源弹性

假设一家汽车制造商在奥斯卡颁奖典礼期间制作了一则广告。该公司相信，这是一个非常棒的广告，它将在网站上获得数百万次点击。然而，无法提前知道是否会有 1000、100 万、1000 万甚至更多的网站访问。此外，这则广告可能对一个国家的吸引力比对另一个国家多。70% 的访客来自美国，剩下的来自欧洲？还是会有数百万人来自日本？或者澳大利亚？鉴于这种不确定性，汽车制造商如何准备提供广告服务的服务器呢？汽车制造商知道，如果不能在非常短的响应时间（比如几分之一秒）内弹出这个广告，它将失去一个潜在的机会。另一方面，如果广告失败了，那么预先准备数千台服务器就会浪费金钱。

图 6-6 以亚马逊 CloudFront 支持的实际案例进行说明。假设图 6-6 显示了奥斯卡颁奖典礼期间汽车制造商网站上的处理过程。在一天中，这家汽车制造商向用户发送的内容不到 10Gbit/s。然而，广告一播出（数据收集地夏威夷–阿留申当地下午 2 点），需求量就增加 7 倍，并持续了半小时。在宣布最佳影片后，广告再次播放，此时每小时的访问需求再次增加到 30Gbit/s 和 40Gbit/s，然后恢复到基线水平。

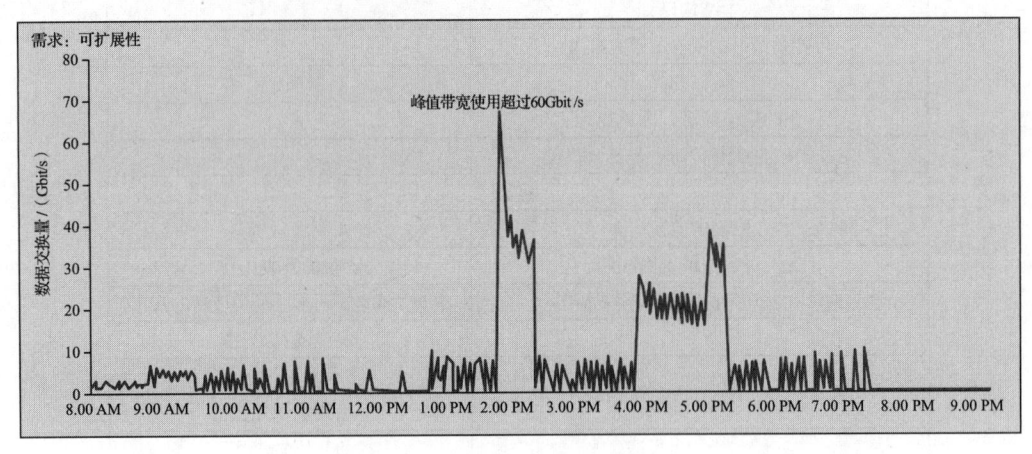

图 6-6　示例：视频广告客户

如果不增加服务器，从用户点击广告到弹出广告的响应时间将是三五秒或更长时间，这对于奥斯卡颁奖典礼观众来说，保持注意力的时间太长了。然而，这家汽车制造商已经与其云供应商签订了合同，在全球任何需要的地方增加服务器，以将响应时间控制在 0.5 秒以内。使用云技术，云供应商将以编程方式增加其服务器来控制响应时间。当广告再次播放后需求下降时，多余的服务器将被释放，并在颁奖结束时重新分配。

这样，汽车制造商就不需要建造或承包支持最大需求的基础设施。如果这样做，绝大多数服务器将在晚上大部分时间里处于闲置状态。而且，正如你将了解到的，云供应商可以使用云在全球范围内提供服务器。例如，如果大部分需求在新加坡，它可以在亚洲提供额外的服务器，并减少由于全球传输延迟造成的等待时间。

资源池

在这几个小时内，汽车制造商所需的服务器成本要低得多，因为它只需要很短的时间。用于奥斯卡颁奖典礼的服务器可以重新分配给当天晚些时候需要它们的注册会计师事务所，可以分配给周一在线学生活动需要它们的教科书出版商，也可以重新分配给下周晚些时候需要它们的酒店行业。

要理解这一发展的本质，一个简单的方法是考虑电力。在电力生产的最早期，企业自己操作发电机来为需求发电。随着时间的推移和电网的扩大，集中发电成为可能，这样企业就可以从电力公司购买他们所需的电力。

云供应商和电力公司都受益于规模经济。根据这一原理，生产的平均成本随着经营规模的增加而降低。大型云供应商经营着巨大的网络场。图 6-7 显示了苹果在 2011 年为支持其 iCloud 服务而建造的网络场中的计算机。这个价值 10 亿美元的设施占地 50.5 万平方英尺 [5]。亚马逊、IBM、谷歌、微软、Oracle 和其他大公司都在全球经营着几个类似的场。

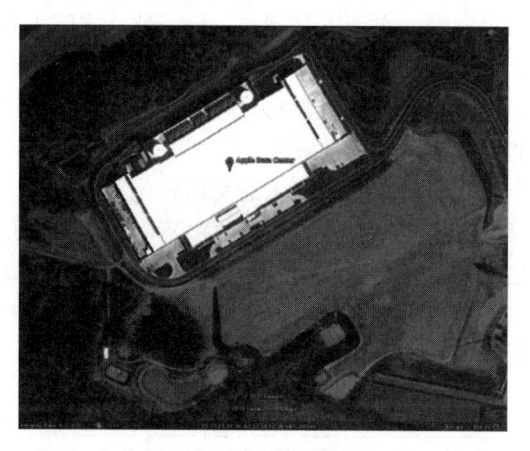

图 6-7 位于北卡罗来纳梅登的苹果数据中心

基于互联网

上一个例子中的汽车制造商与云供应商签订了最大响应时间的合同，云供应商根据需要增加服务器以满足需求。如前所述，云供应商几乎是在瞬间配置世界各地的服务器，它是怎么做到的呢？这不仅仅是针对汽车制造商这样的一个客户，而是针对数千个客户。

在过去，要进行这种跨企业处理，汽车制造商的开发人员必须与云供应商的开发人员会面，并设计一个接口。"我们的程序会这样做，提供这些数据，我们希望你们的程序这样做，作为回应，把其他数据发回给我们。"这样的会议不仅耗时数日、成本高昂，而且容易出错。设计完成后，开发人员返回家中编写代码以满足商定的界面设计，但可能不是所有方面都能以相同的方式理解的。

这是一个漫长、缓慢、昂贵且容易失败的过程。如果企业现在仍坚持这样做，云配置将是负担不起也不可行的。

与其相反的是，计算机行业确定了一套通过互联网请求和接收服务的标准方法。在问题 6-5 中，你将了解其中一些标准。至于现在，你只要意识到这些标准可以使以前从未"相遇"的计算机们建立联系，并在 0.1 秒或更短的时间内向 PC、iPad、谷歌手机、Xbox 甚至健身设备上的用户传递和处理内容。这绝对是令人着迷的技术。在问题 6-3 和问题 6-4 中，你有机会学习到一些基本术语。

来自云供应商的云服务

企业可以以几种不同的方式使用云。第一种也是最流行的方式，是从云服务供应商那里获得云服务，但并不是所有的企业都以相同的程度使用云服务。你使用云的程度由你自己决定。作为商务专业人员，你需要了解云服务级别的差异。

为了帮助你理解这些差异，我们将使用一个与交通相关的比喻，然后将其与云服务产品联系起来。

交通即服务

假设你每天都要上下班，你有四种选择来满足你的交通需求。你可以自己造一辆车、买一辆车、租一辆车或者打车。每一种都有自己的优点和缺点。如图 6-8 所示，在频谱的一端，交通完全由你自己管理（制造一辆汽车）。另一端，交通由别人（出租车服务）管理。

例如，如果你决定购买一辆汽车而不是制造一辆，那么实际上你是将你的部分交通外包给了汽车制造商。你不需要购买汽车零件、组装汽车或测试汽车以确保它正常工作。起初，自己造车似乎更便宜。但实际上，你可能没有时间、知识、技能或耐心来制造一辆可靠的汽车。最终，买一辆车可能比造一辆车更便宜。

如果你决定租一辆车，实际上你是把更多的交通外包给了别人。通过租车，你不必支付车辆登记费和税金，也不需要维修或清洁汽车。你所做的工作更少，但可能会支付更多费用。租车和打车的区别也是如此。如果你决定乘坐出租车，那么你不需要买汽车保险、不需要开车也不需要加油。事实上，你甚至不需要驾照。相比之下，同样是在上下班，你只是减少了对于自己交通方式的管理所需要付出的精力。

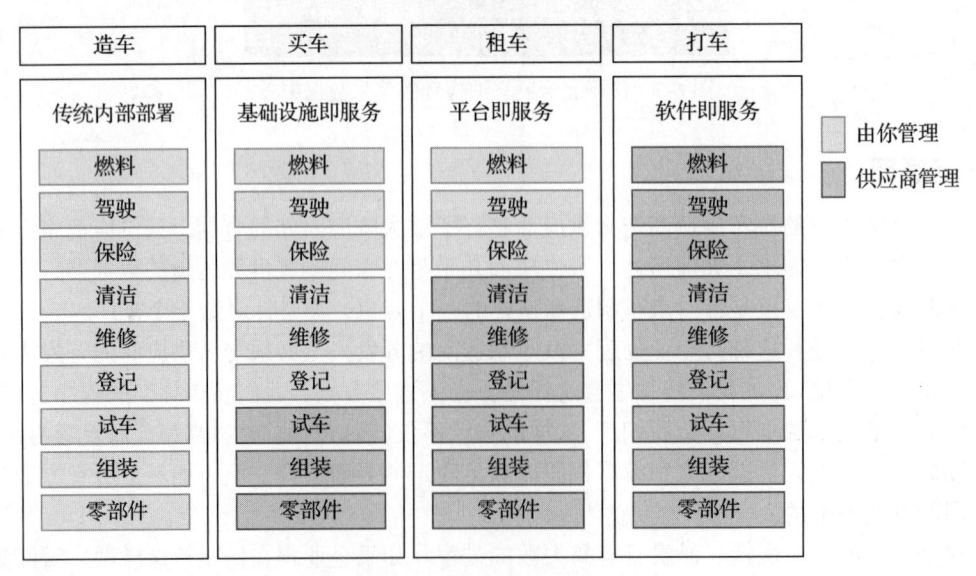

造车	买车	租车	打车
传统内部部署	基础设施即服务	平台即服务	软件即服务
燃料	燃料	燃料	燃料
驾驶	驾驶	驾驶	驾驶
保险	保险	保险	保险
清洁	清洁	清洁	清洁
维修	维修	维修	维修
登记	登记	登记	登记
试车	试车	试车	试车
组装	组装	组装	组装
零部件	零部件	零部件	零部件

由你管理 / 供应商管理

图 6-8 作为服务的交通

云服务产品的类型

"交通即服务"的比喻,有助于解释企业如何使用云服务,来摆脱必须在内部提供所有服务的传统内部部署模式。根据云服务的选择,企业可以减少对基础设施、平台和软件功能的管理。一般来说,一种类型的服务并不一定比另一种更好。什么对单个企业来说是最好的,这取决于其管理人员想要使用云的方式。基于云的服务产品可以分为图6-9所示的三类。

云服务	使用者	示例
SaaS	员工、客户	Salesforce.com、iCloud、Office 365
PaaS	应用开发人员、应用测试人员	Google App Engine、Microsoft Azure、AWS Elastic Beanstalk
IaaS	网络架构师、系统管理员	Amazon EC2 (Elastic Compute Cloud)、Amazon S3 (Simple Storage Service)

图 6-9 云的三种基本类型

如图 6-10 所示,最基本的云产品是基础设施即服务(IaaS),它是裸服务器计算机、数据存储、网络和虚拟化的云托管。Rackspace 公司为客户提供硬件,以加载他们想要的任何操作系统。亚马逊 S3(Simple Storage Service)在云中提供无限的、可靠的数据存储。与传统的本地托管相比,IaaS 可以节省大量成本。

云托管的第二类是平台即服务(PaaS),供应商为托管计算机提供操作系统、运行环境和中间件(如网络服务器或 DBMS)。例如,微软 Windows Azure 提供安装了 Windows Server 的服务器。Windows Azure 的客户在托管平台上添加他们自己的应用程序。Microsoft SQL Azure 提供了带有 Windows Server 和 SQL Server 的主机。Oracle On Demand 提供了带有 Oracle 数据库的托管服务器。同样,对于 PaaS,企业将自己的应用程序添加到主机。Amazon EC2 提供安装了 Windows Server 或 Linux 的服务器。

提供软件即服务(SaaS)的企业不仅提供硬件基础设施和操作系统,还提供应用程序和数据库。例如,Salesforce.com 为客户和销量跟踪提供硬件和程序。类似地,谷歌提供 Google Drive,微软提供 OneDrive 作为服务。在 Office 365 中,Exchange、Skype for Business 和 SharePoint 应用程序同样作为云服务提供。

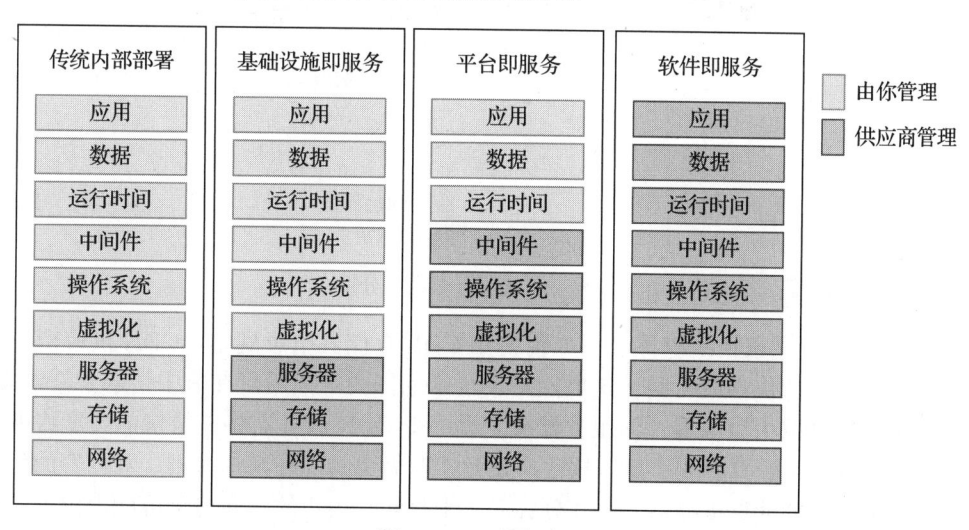

图 6-10 云服务产品

对于这些应用程序，你只需注册并学习如何使用它们，不必担心购买硬件、加载操作系统、设置数据库或安装软件。所有这些都由云服务提供商管理。

作为一名商务专业人士，你需要了解内部部署、IaaS、PaaS 和 SaaS 的优点和缺点。云服务的选择将取决于竞争环境、业务战略和技术资源。就像前面提到的"交通即服务"的比喻一样，不是每个人都应该制造、拥有甚至租一辆车。

如果你是生活在大城市的职业人士，也许乘坐出租车是你的最佳交通选择（SaaS）。如果你总是出差，那么在每个城市租车可能是正确的选择（PaaS）。如果你拥有一家大型包裹递送公司，你可能需要购买卡车车队（IaaS）。如果你是一名赛车手，你可能需要建造自己的专用赛车（内部部署）。在云服务之间做出正确的选择，实际上更多的是找到适合企业需求的云服务。

内容分发网络

云的另一个主要用途是分发来自世界各地服务器的内容。内容分发网络（CDN）是一种硬件和软件系统，它将用户数据存储在许多不同的地理位置，并根据需要提供这些数据。CDN 提供了一种特殊类型的 PaaS，但通常被认为是在它自己的类别中。为了理解 CDN 如何传递内容，让我们将其与传统服务器传递内容的方式进行比较。

如图 6-11 所示，位于加利福尼亚州的服务器向美国各地的用户发送内容。假设这家总部位于加州的传媒公司将高清电影流式传输到全国数百万家庭，那么这家公司的带宽使用量将是巨大的。为了让你了解这可能有多少，报告显示在晚间高峰时段 Netflix 流量消耗了北美所有互联网流量的 35%[6]。这种级别的带宽消耗将十分昂贵，并将减缓其他公司的内容分发速度。

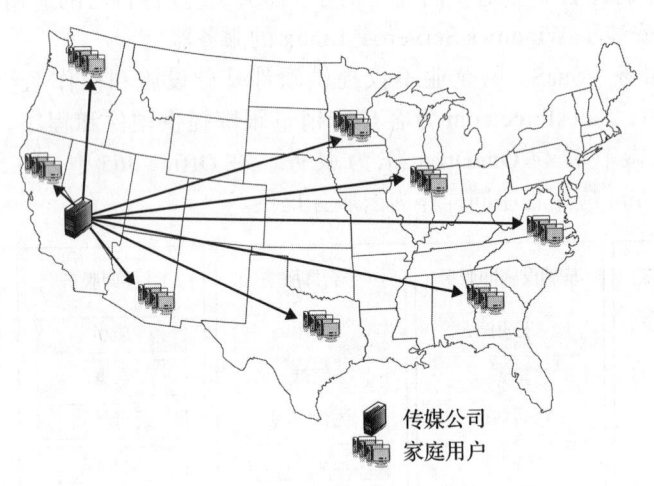

图 6-11 传统服务器内容分发

图 6-12 显示了这家在线媒体公司如何使用 CDN 存储其电影副本。CDN 供应商在服务器上复制电影，以加快响应时间，这可能是在全球范围内。当用户在家中请求观看电影时，该请求将被传输到路由服务器，该服务器决定哪一个 CDN 服务器将以最快的速度将电影分发给用户。因为流量瞬息万变，所以这些决定是实时做出的。在某一时刻，对内容的请求可能由位于圣地亚哥的计算机提供，而几分钟后，来自同一用户的相同请求可能由位于西雅图的计算机提供。

图 6-12　分布 CDN 服务器

　　除了电影，CDN 还经常用于存储和分发很少变化的内容。例如，企业的网页上的公司横幅可能存储在许多 CDN 服务器上。网页的各个部分可以从 CDN 上的不同服务器获得，所有这些决策都是实时做出的，以尽可能快地提供内容。

　　CDN 的优势总结如图 6-13 所示。前两个是不言自明的。由于数据存储在多台服务器上，因此提高了可靠性。如果一台服务器出现故障，那么其他服务器中的任何一台都可以分发内容。现在，你需要了解拒绝服务（DoS）攻击会向给定服务器发送非常多的数据，以至于服务器无法接收正常流量。通过拥有多个服务器，CDN 有助于防止此类攻击。

　　在某些情况下，CDN 会降低移动用户（数据账户有限的用户）的访问成本。通过更快地交付数据，可以降低站点连接费用。最后，许多（但不是全部）CDN 服务都是以灵活的即用即付方式提供的。客户无须签订固定服务和付款合同，他们只需要为他们所使用的服务付费。一些领先的 CDN 供应商包括 Amazon CloudFront、Akamai、CloudFlare CDN 和 MaxCDN。

CDN 的优势
- 减少，甚至保证加载时间
- 减少原始服务器的负载
- 增加可靠性
- 防范 DoS 攻击
- 降低移动用户的分发成本
- 现收现付制

图 6-13　CDN 的优势

内部使用 Web 服务

　　企业使用云技术的最后一种方式，是使用网络服务构建内部信息系统。严格地说，这不是在使用云，因为它不提供弹性或资源池的优势。但是，它确实使用了云标准，因此我们将它包括在这里。

　　图 6-14 显示了一个网络服务的库存应用，假设该应用属于一个名为 Best Bikes 的在线自行车配件零售商。在本例中，Best Bikes 在自己的基础设施上运行自己的服务器。为此，它在公司内部建立了一个私人互联网，该互联网无法从公司外部访问。Best Bikes 使用网络服务标准编写用于处理库存的应用程序，应用程序发布 WSDL，公司内的其他应用程序使用 SOAP 访问网络服务，并使用 JSON 交付数据。应用程序用户使用发送到用户浏览器的 JavaScript 访问库存网络服务。所有这些都将在本章后面的问题 6-5 中讨论。

　　库存网络服务的用户包括销售、运输、客服、会计和其他部门。内部应用程序可以像构建块一样使用库存网络服务。他们可以使用所需的服务。因为网络服务是封装后的，所以库存系统可以在不影响其他应用程序的情况下进行更改。通过这种方式，系统开发更加灵活、速度更快且成本更低。

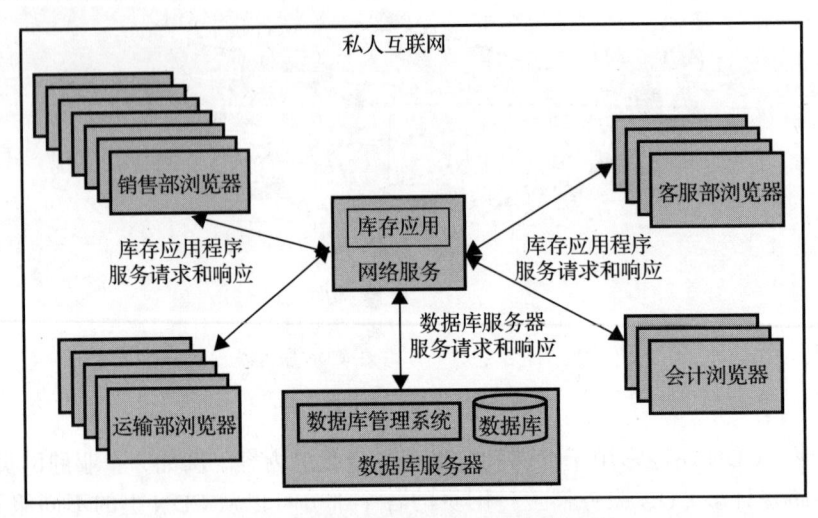

图 6-14 用于库存应用的网络服务规则

然而，如前所述，这不是云。在本例中，Best Bikes 拥有固定数量的服务器，没有试图使它们具有弹性。此外，服务器是专门用于库存的。在空闲期间，它们不会被动态用于其他目的。一些企业通过创建私有云来消除此限制，如问题 6-7 中所述。

问题 6-3 支持云的网络技术是什么？

计算机网络是通过传输线或无线方式相互通信的计算机的集合。如图 6-15 所示，网络有四种基本类型：个人区域网络、局域网、广域网和互联网。

个人区域网络（PAN）连接位于同一个人周围的设备。大多数 PAN 设备通过无线方式连接到位于 10 米内的其他设备。局域网（LAN）连接位于运营局域网的公司内同一地理位置的计算机。连接的计算机数量可以从两台到几百台不等。局域网的显著特征是单一的位置。广域网（WAN）连接不同地理位置的计算机。两个独立的公司站点中的计算机必须通过广域网连接。举例来说，智能手表或健身追踪器将通过连接到学生的智能手机来创建一个 PAN。位于一个校园的商学院的计算机可以通过局域网连接。位于多个校区的商学院的计算机必须通过广域网连接。

使用者	示例
个人区域网络	设备连接在一个人周围
局域网	在单个物理站点连接的计算机
广域网	连接在两个或多个独立站点之间的计算机
互联网	网络的网络

图 6-15 网络基本类型

局域网和广域网之间的单站点和多站点的区别很重要。有了局域网，企业可以把通信线路放在任何它想要的地方，因为所有的线路都位于它的场所。对于广域网来说，情况却并非如此。一家在芝加哥和亚特兰大设有办事处的公司，无法在高速公路上铺设电线来连接这两个城市的计算机。取而代之的是，该公司与政府授权的通信供应商签订合同，该供应商已经拥有线路或有权在两个城市之间运营新线路。

互联网是网络的网络。互联网连接局域网、广域网和其他互联网。最著名的互联网是"因特网"（the Internet），它是你在发送电子邮件或访问网站时使用的网络的集合。除了因特网之外，还存在网络的专用网络（internets）。专门在企业内部使用的私有网络有时被称为内联网（intranet）。

组成互联网的网络使用各种各样的通信方法和协议，使得数据必须在它们之间无缝流动。为了提供无缝流动，使用了一种称为分层协议的详细方案。协议的细节不在本书讨论范围之内。你只需要理解协议就是一组用于企业通信的规则和数据结构即可。计算机需要使用协议来交换数据。人们使用类似的协议进行通信。例如，人们遵循一种对话协议，即当一个人说话时，另一个人就倾听，来回切换，直到完成交流。

有许多不同的协议：一些用于 PAN、一些用于 LAN、一些用于 WAN、一些用于互联网、一些用于所有这些。我们将在本章中介绍几种常见的协议。

局域网有哪些组成部分？

局域网是在单个站点上连接在一起的一组计算机。通常这些计算机之间的距离都在半英里以内，但关键是所有的计算机都由运营局域网的企业控制，这意味着企业要在任何需要连接计算机的地方铺设电缆。

如图 6-16 所示为居家办公（SOHO）的典型局域网。通常，这样的局域网只有不到十几台计算机和打印机。当然，许多企业经营的局域网比这个大得多。对于较大的局域网，其原理是相同的，但是额外的复杂性超出了本书的范围。

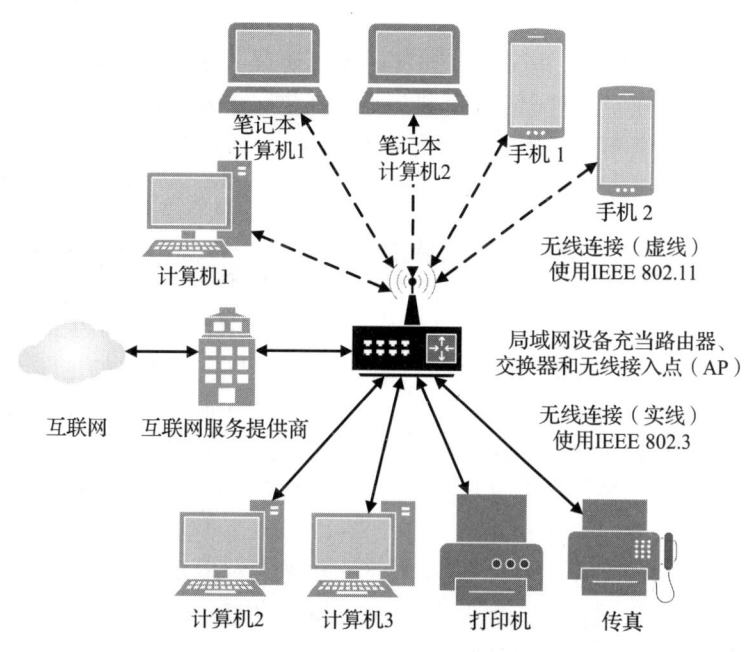

图 6-16　居家办公（SOHO）的典型局域网

图 6-16 中的计算机和打印机通过有线和无线连接进行通信。有些设备使用有线连接，

有些则使用无线连接。有线和无线连接使用的设备和协议不同。

电气电子工程师学会（IEEE，发音为"I triple E"）发起了起草并发布协议及其他标准的委员会。处理局域网标准的委员会被称为 IEEE 802 委员会。因此，IEEE 局域网协议总是以数字 802 开头。

IEEE 802.3 协议用于有线局域网连接。这个协议标准也称为以太网，它指定了硬件特征，例如哪条线携带哪些信号。它还描述了如何对消息进行打包和处理，以便在局域网上进行有线传输。

现在大多数个人计算机都支持所谓的 10/100/1000 以太网。这些产品符合 IEEE 802.3 规范，允许以 10Mbit/s、100Mbit/s 或 1000Mbit/s（兆比特每秒）的速率传输。交换机检测给定设备可以处理的速度，并以该速度与设备通信。如果你查看戴尔、联想和其他制造商的计算机列表，你会看到宣传说拥有 10/100/1000 以太网的计算机。今天，有线局域网的速度可以达到 1Gbit/s。

顺便说一下，用于通信速度的缩写与用于计算机内存的缩写不同。对于通信设备，K 代表 1000，而不是像内存一样表示 1024。类似地，M 代表 1 000 000，而不是 1024×1024。G 代表 1 000 000 000，而不是 1024×1024×1024。因此，100Mbit/s 就是每秒 100 000 000 位。此外，通信速度用比特（bit）表示，而内存大小用字节（Byte）表示，这是不同的度量单位。一个字节由 8 位组成。这意味着一个 1MB 的文件将由 8 388 608 位组成。如果通过 1Mbit/s 的连接发送 1MB 的文件，则需要 8 秒以上的时间才能发送，因为连接速度是以每秒比特数而不是每秒字节数来衡量的。

无线局域网连接使用 IEEE 802.11 协议。IEEE 802.11 有几个版本，截至 2018 年，最新的版本是 IEEE 802.11ac。这些版本之间的差异超出了本书讨论的范围。请注意，IEEE 802.11ac 标准允许高达 1.3Gbit/s 的速度，尽管很少有用户有足够快的互联网连接来充分利用这一速度。

蓝牙是另一种常见的用于进行 PAN 连接的无线协议。它被设计用于短距离传输数据，取代电缆。无线鼠标、键盘、打印机和耳机等设备都使用蓝牙连接到台式计算机。智能手表和健身追踪器等其他设备可以使用蓝牙连接智能手机，并通过互联网发送数据。越来越多的设备，如服装、汽车和运动设备都支持蓝牙。

道德指南——逆向工程与隐私

温迪（Wendy）走进教室，走上前往后排的楼梯。她通常不喜欢坐在教室的后面，但她在第一天上课时迟到了，在那节课上，老师规定了座位。这个学期似乎很漫长，她迫不及待地想开始夏天的营销实习。去年夏天，她也在这一家公司工作，她有信心毕业后会得到一份全职工作。当老师突然从前面进来并开始上课时，她对城市生活的思绪被打断了。

这门课是商科学生的必修课，涵盖了各种与技术相关的主题。课程通常会以概述当前流行的新闻文章开始。老师通过讨论一篇文章开始上课，这篇文章迅速吸引了全班同学的注意力。"你知道广告牌在监视你吗？"他说，"好吧，让我换一种说法。它们并不是在监视你，但它们确实比你想象的更了解你。"

广告牌在看

"你可能已经注意到城市里出现了许多数字广告牌。"老师继续说,"它们可以被设定为全天播放各种广告。如果你看到过,你可能会认为它只是在一天中循环播放一组固定的广告,大约每10秒换一次。然而,什么时候播放什么广告是被计算好的。事实上这一整天,广告牌都知道哪些类型的人口与社会经济群体的车辆会从路边驶过广告牌[7]。"全班同学似乎都觉得对这段话持怀疑态度。

然后老师解释了它是如何工作的。"手机公司收集了大量客户的位置数据。这是因为客户的手机不断地将他们的位置传递给手机信号塔,以便发送和接收数据。它们还负责识别附近信号最强的信号塔。作为这一过程的副产品,只要你带着手机,该公司就能随时知道你在哪里。"

老师若无其事地笑了笑,接着说:"然后他们把这些包含客户位置数据的海量数据集卖给第三方,在这种情况下,第三方就是通过广告牌做广告的公司。然后,这些公司分析位置数据,并将人们分成不同的群体,比如去过几次体育场的体育迷、喜欢帆船并每个周末都去游艇俱乐部的人、每天早上都在特定咖啡店停留的人。一旦确定了这些细分市场,广告公司就会确定每个细分市场何时有最多的人开车经过数字广告牌,并相应地显示有针对性的广告。"

这是隐私

在介绍了这些广告牌工作的大致过程后,老师让学生们对其进行评论。学生们似乎分为两种截然不同的类型的意见。一些人认为这项技术很酷,根据数据显示有针对性广告的广告牌是信息时代创新和无限影响的又一个例子。另一些人则认为,这些广告牌是公司在消费者数据隐私和安全方面无所顾忌的一个令人震惊的例子。在一些学生分享了他们的想法后,老师提出了一些新的见解,使讨论进一步深入。

"你们中那些担心自己数据安全的人有理由那么想。最近有一篇文章讨论了当你允许手机上的应用程序访问你的位置数据时,你所达成的协议,即你基本上同意他们可以获取并出售你的数据。在数据真正用于定向广告之前,它可以在任何数量的第三方之间传递。如果数据被泄露,这显然会带来潜在的安全风险。尤其令人担忧的是,公司并不会勤勉地删除个人身份信息(PII)[8]。更糟糕的是,最近有消息称,安卓手机在禁用位置服务的情况下仍在收集和存储位置数据[9]。

这些报告的内容更加激怒了班上的学生,使两派学生进一步分化。温迪不太确定自己属于哪一派。作为一名市场营销专业的学生,她意识到了创造有针对性广告活动的巨大潜力。然而,作为一名普通公民,一想到从她开始使用手机以来,这些公司就知道她去过的所有地方,而且这些公司未经她的允许就轻易地将这些数据分享给其他组织,就让她感到不安。她开始考虑自己未来在市场营销方面的职业。她会为一家利用消费者数据的公司工作吗?

> **讨论问题**
>
> 1. 根据本书前面所定义的道德原则，回答下面的问题。
>   a. 根据定言令式，你认为全天跟踪客户的物理位置是道德的吗？
>   b. 根据功利主义的观点，你认为全天跟踪客户的物理位置是道德的吗？
> 2. 你觉得温迪为什么很矛盾？其他人的行动可以跟踪，但不希望自己被跟踪，这可能吗？为什么？
> 3. 大多数人在注册新服务时不会阅读条款。你认为如果企业在合同条款中特别注明了它可以随心所欲地处理客户数据，它就可以这样做吗？如果一份合同不仅用法律术语写得特别冗长，而且用很小的字体显示，假设一般人会阅读并理解它是否合理？公司有责任确保客户理解它吗？
> 4. 假设移动电话公司与第三方营销公司共享来自客户手机的网络信号强度数据，那么营销公司可以利用这些数据计算出客户全天的位置。为什么共享公司"网络"数据会是一种潜在的客户隐私侵犯？

将局域网连接到互联网

尽管你可能没有意识到，当你将 SOHO LAN、手机、iPad 或 Kindle 连接到互联网时，你正在连接到广域网。你必须这样做，因为你正在连接物理上不在你的场所的计算机。你不能在大街上到处铺电线来插电。

当你连接到互联网时，实际上是连接到互联网服务提供商（ISP）。它有三个重要功能。首先，它为你提供了一个合法的互联网地址。其次，它是你通往互联网的门户。互联网服务提供商（ISP）从你的计算机接收通信并将其传递到互联网上，接着它从互联网接收通信并将其传递给你。最后，互联网服务提供商为互联网付费。它从客户那里收钱，并代表你支付使用费和其他费用。

连接互联网的三种常用方式如图 6-17 所示。请注意，我们正在讨论你的计算机如何通过广域网连接到互联网，而不是讨论广域网本身的结构。广域网体系结构及其协议超出了本书的范围。如果你想了解更多关于广域网架构的知识，可以在网上搜索"专用通信线路"或"PSDN"。

SOHO 局域网（如图 6-16 所示）、个人家庭和办公室计算机通常用以下三种方式之一连接到 ISP：数字用户线路、有缆线路或广域网无线连接。

数字用户线路

数字用户线路（Digital Subscriber Line,DSL）在与语音电话相同的线路上工作，但它的工作方式不会干扰语音电话服务。因为 DSL 信号不会干扰电话信号，所以 DSL 数据传输和电话通话可以同时进行。电话公司的一种设备将电话信号与计算机信号分开，并将后者的信号发送给 ISP。数字用户线路使用自己的协议进行数据传输。

电缆线路

电缆线路是第二种广域网连接。电缆线路利用有线电视线路提供高速数据传输。电缆公司在其服务的每个社区的配送中心安装了快速、高容量的光纤电缆，并将它连接到普通的有线电视电缆，这些电缆连接到用户的家庭或企业。有线电视信号不会干扰电缆信号。

类型	拓扑结构	传输线	传输速度	使用设备	常用协议	备注
局域网	局域网	UTP 或光纤	通用：10/100/1000Mbit/s 可能：1Gbit/s	交换机、NIC、UTP 或光纤	IEEE 802.3（以太网）	交换机连接设备，除小型局域网外，所有局域网上都有多个交换机
	无线局域网	UTP 或非无线连接光纤	提升到 1.3Gbit/s	无线接入点 无线网卡	IEEE 802.11ac	接入点将有线局域网（IEEE 802.3）转换为无线局域网（IEEE 802.11）
连接到互联网	DSL 调制解调器转 ISP	DSL 电话线	个人：上游达 1Mbit/s，下游达 40Mbit/s（大多数地区最多可能是 10Mbit/s）	DSL 调制解调器支持 DSL 的电话线	DSL	可以计算机和手机同时使用总是连接
	电缆调制解调器转 ISP	有线电视线路转光缆	上游达 1Mbit/s，下游达 20Mbit/s～100Mbit/s	电缆调制解调器有线电视电缆	电缆	容量与其他站点共享性能取决于其他人的使用
	WAN 无线	无线连接到广域网	500 Kbit/s～1.7Mbit/s	无线广域网调制解调器	无线通信标准中的一种	复杂的协议使多个设备能够使用相同的无线频率

图 6-17 局域网网络概况

由于多达 500 个用户站点可以共享设施，因此性能取决于有多少其他用户正在发送和接收数据。用户最多可以 50Mbit/s 的速度下载数据，并可以 512Kbit/s 的速度上传数据。通常情况下，性能远低于此值。在大多数情况下，电缆线路和 DSL 线路的下载速度差不多。有线电视线路使用自己的协议。

广域网无线连接

连接计算机、移动设备或其他通信设备的第三种方式是通过广域网无线连接。例如，亚马逊的 Kindle 使用 Sprint 无线网络提供无线数据连接。如果有局域网无线网络，iPhone 会先使用它，如果没有则使用广域网无线网络。基于局域网的网络是首选的，因为其性能更高。截至 2018 年，广域无线网平均性能为 1.0 Mbit/s，峰值可达 3.0 Mbit/s，而局域无线网的平均性能为 50 Mbit/s。

问题 6-4 互联网如何运作？

通过对下面内容的学习将让你对互联网的工作方式有基本的了解，并使你能够成为云服务的有效消费者。云驻留在互联网中。因此，为了了解云是如何工作的，你需要对互联网的工作方式有一个基本的了解。有了这些背景知识，你将了解云供应商如何提供巨大的弹性来支持图 6-6 所示的工作负载。

互联网和美国邮政系统

构成互联网基础的技术以及使云能够工作的附加技术都很复杂。为了解释互联网是如何工作的，我们将使用一个简化的例子，如图 6-18 所示，将包裹在美国邮政系统中的移动与数据包通过互联网的移动进行比较。本书的介绍将停留在抽象层次较高的水平，帮助你学习总体概念和基本定义。

互联网的工作原理很像美国的邮政系统，因为这两个系统都把东西从一个地方运送到另一个地方。互联网传输电子邮件，而美国邮政系统发送纸质邮件。将互联网与美国邮政系统进行比较，可以让你将新的互联网术语与已经熟悉的系统（美国邮政系统）联系起来。

寄送包裹的步骤	邮政系统	等效到互联网
打包	包裹	数据包
在包裹上写名字	名字（BigBank 公司或简·史密斯）	域名（如 www.BigBank.com）
查找地址	电话簿	DNS
在包裹上注明地址	邮寄地址（例如，纽约公园大道 123 号，纽约，10172）	IP 地址（如 10.84.8.154）
在包裹上贴挂号信标签	挂号邮件	TCP
运输包裹	航空公司（如达美航空公司）机场（如西雅图–塔科马国际机场）	运营商（如斯普林特公司）路由器

图 6-18 邮政系统和互联网的比较

第一步：打包

假设你坐在西雅图的公寓，想给在纽约 BigBank 工作的朋友简·史密斯寄一盒饼干。互联网上与此做法类似的是向 BigBank 的网络服务器发送一个数据包或经过格式化的消息，然后请求其主网页的副本。数据包通过互联网的方式与包裹通过美国邮政系统的方式大致相同。饼干是由你个人制作并装箱的，而数据包的内容是由谷歌 Chrome、Firefox、Safari、Skype 或 FileZilla 等应用程序创建的。

第二步：在包裹上写名字（域名）

通过美国邮政系统发送包裹的下一步是在包裹上写名字。在饼干包装上，你可以写上"BigBank 公司"或"简·史密斯"。在数据包上放置域名，或与公共 IP 地址关联的全球唯一名称（在第三步中讨论）。域名示例包括 www.bigbank.com、www.microsoft.com 或 www.university.edu。

域名不是必需的。事实上，很多数据包上并没有写域名。就像美国邮政系统一样，地址比收件人姓名更重要。

第三步：查找地址（IP 地址）

在把饼干盒寄给朋友之前，你需要在包裹上写上送货地址（例如，纽约公园大道 123 号，纽约，10172）。就像普通的邮件一样，互联网上的每个位置都需要一个唯一的地址。出于这个讨论之外的原因，互联网地址被称为 IP 地址，它是标识特定设备的数字。公共 IP 地址用于标识公共互联网上的特定设备。为了能上网，每个设备都必须能访问一个公共 IP 地址。

IP 地址

IP 地址有两种格式。最常见的形式称为 IPv4，由 4 个点分十进制表示，如 137.190.8.10。不幸的是，地球上 70 亿人口只能使用 40 亿个 IPv4 地址。因此，被称为 IPv6 的第二种 IP 地址格式正在慢慢地被采用。它有一个较长的格式（如 0:0:0:0:ffff:89be:80a），可以容纳

340×10^{36} 个地址。就目前而言，这是相当多的 IP 地址。在浏览器中，如果你输入 IPv4 地址（如 http://137.190.8.10）或 IPv6 地址（如 0:0:0:0:0:ffff:89be:80a），浏览器将连接到已分配给该地址的公共互联网上的设备。

DNS

大多数人记不住地址。记住像简·史密斯或 BigBank 银行这样的名字和在电话簿（或基于互联网的电话簿）中查找邮寄地址更容易。互联网也是如此。没有人想要输入像 http://165.193.140.14 这样的 IP 地址来查找特定的站点。输入诸如 www.pandora.com、www.woot.com 或 www.pearsonhighered.com 这样的名称更容易。

由于公共 IP 地址在全球范围内必须是唯一的，所以它们的分配由 ICANN（互联网名称与数字地址分配机构）控制。ICANN 管理一个类似于电话簿的目录命名系统，称为域名系统（DNS），用来为 IP 地址分配域名。当企业或个人想要注册域名时，他会去一家 ICANN 批准的机构申请注册。GoDaddy（www.godaddy.com）就是这样一家公司，如图 6-19 所示。

GoDaddy 或类似的机构将首先确定所需的名称在全球范围内是否唯一。如果是，那么它将向申请人申请注册该名称。一旦注册完成，申请人可以将一个公共 IP 地址与域名关联。从那时起，新域名的流量将被路由到关联的 IP 地址。

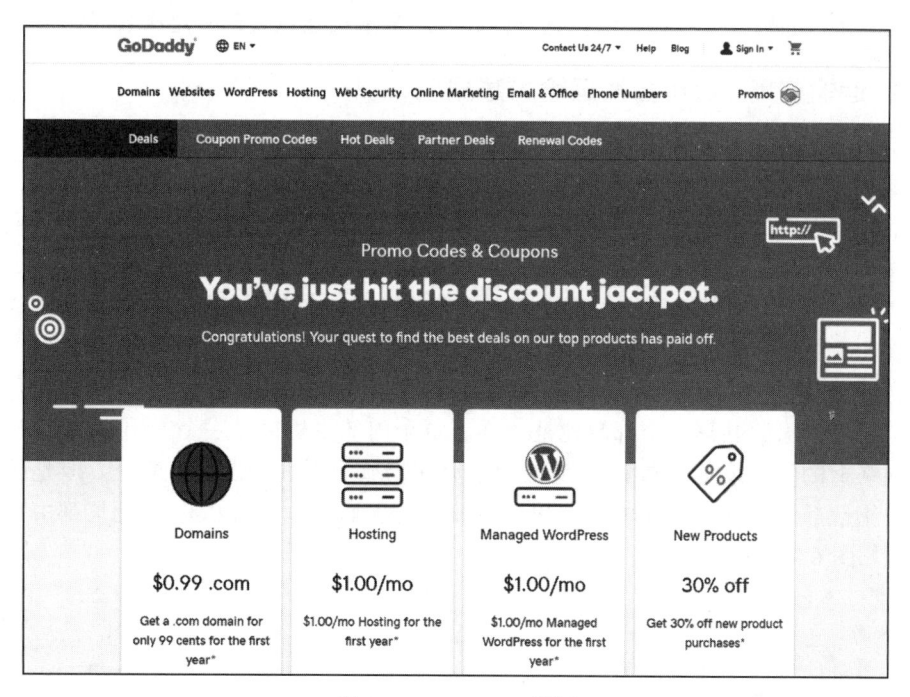

图 6-19　GoDaddy 截图

2016 年，美国商务部将对 ICANN 的监管权交给了不同的政府和公司负责。大多数科技公司对权力交接表示欢迎。但批评人士担心，自由程度较低的国家可能会试图影响 ICANN，禁止持不同政见的团体使用域名，从而将他们踢出互联网。在这一点上，ICANN 仍然位于美国，必须遵守美国法律。时间会证明这种转变是否成功。

第四步：在包裹上注明地址（IP 地址）

每次将一个域名（例如 www.washington.edu）输入浏览器，计算机就会向 DNS 发送一个查找（解析）请求，请求提供与该域名对应的 IP 地址。DNS 响应操作系统的 IP 地址，然后将数据包发送到该站点。

注意两点：首先，几个（或更多）域名可以指向同一个 IP 地址。这相当于现实世界中多人（即一个家庭）共享相同的邮寄地址。其次，域名与 IP 地址的隶属关系是动态的。域名的所有者可以自行更改关联的 IP 地址，就像你决定搬家时可以更改与特定邮寄地址的关联一样。

在我们讲寻址之前，你需要再了解一个术语。URL（统一资源定位符）是互联网上的一个地址。通常，它由一个协议（如 http:// 或 ftp://）后跟一个域名或公网 IP 地址组成。URL 实际上比这个描述要复杂得多，但详细的知识超出了本书的范围，所以在这里不多介绍。

第五步：在包裹上贴挂号信标签（TCP）

包裹写好地址后，你需要确保它是用挂号信送达的。挂号信通过要求收件人签署收据并将收据寄回给发件人来保证投递。数据包也是如此。TCP（传输控制协议）是保证数据包可靠传输的核心互联网协议。TCP 相当于邮政系统中的挂号邮件。将 TCP 信息添加到数据包中，就像将挂号邮件标签贴到邮政包裹上一样。它们通过要求接收方发回已收到数据包的确认信息来保证传递。如果没有收到确认，它将在放弃之前继续尝试发送一定次数的数据包。

第六步：运输包裹（由运营商运输的数据包）

图 6-20 给出了数据包通过互联网的简化路径。首先，请注意这个例子是一个互联网，因为它是网络的网络。它由两个局域网（你的和银行的）和四个网络组成。（事实上，真正的互联网由成千上万的网络组成，我们并没有展示所有的网络。）跳是指从一个网络到另一个网络的移动。云供应商在讨论配置服务器以最小化跳数时经常使用这个术语。如图 6-20 所示，你到银行局域网的最短路径由 4 跳组成。你的饼干盒在全国各地运输时，在邮政设施之间的跳跃次数也差不多。

在这一点上，我们应该明白连接到局域网的大多数主机共享一个公共 IP 地址，就像住在一个房子里的家庭共享一个邮政地址一样。每个内部主机接收一个专用 IP 地址，用于标识专用网络上的特定设备。私有 IP 地址用于流向局域网内其他设备的流量。但是所有离开局域网的流量都使用单一的共享公共 IP 地址来穿越互联网。所有私有 IP 地址都由局域网设备管理，如图 6-16 所示。

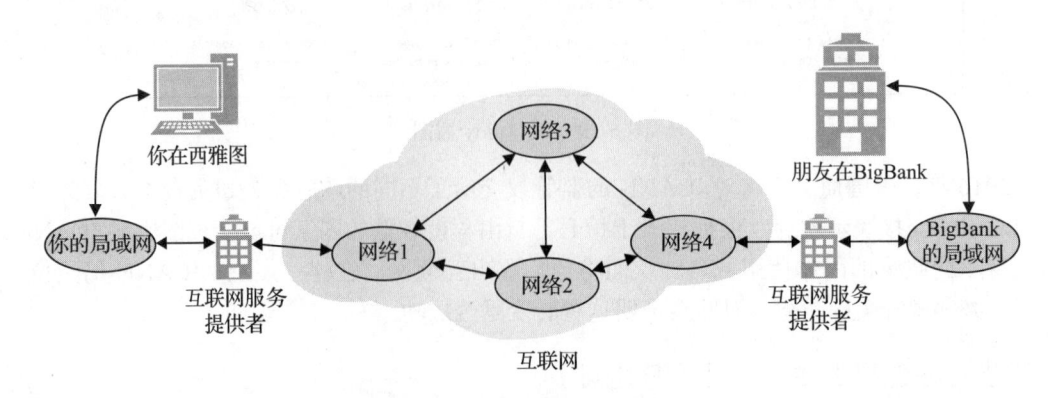

图 6-20　使用互联网请求网页

运营商

在美国邮政系统中，包裹要经过多个机场才能到达目的地。在达美航空、西南航空和联合航空等航空公司拥有的飞机上都是这样做的。类似地，当数据包在互联网上移动时，它会经过路由器（机场），路由器是将不同网络连接在一起的设备。路由器以及它们所连接的许多网络都属于大型电信提供者（航空公司），即运营商。这些大型运营商包括 Sprint、AT&T、Verizon Business 和 XO Communications。它们在被称为互联网交换中心（IXP）的物理位置自由交换互联网流量。大型运营商通过对等协议交换流量，而不向彼此收取接入费用。它们通过向终端用户收取订阅费而不是向同行收取订阅费来盈利。

对等的问题是有些人使用的带宽比其他人多。例如 Netflix 公司在晚上 9 点到早上 12 点之间占据了北美所有互联网流量的 35% 以上 [10]。运营商认为应该根据内容、应用程序或请求数据的用户收取不同的费率。

网络中立

Netflix、eBay、雅虎、亚马逊表示，允许运营商收取不同费率可能会损害消费者和创新。他们信奉网络中立原则，即所有数据都被平等对待。他们认为，运营商不应该被允许决定哪些网站可以快速加载、哪些应用程序可以在网络上使用以及哪些内容是可以接受的。

2015 年，美国联邦通信委员会（FCC）批准了新的网络中立规定，确保互联网服务提供商（ISP）不能区别对待不同类型的互联网流量。这意味着所有消费者都可以在平等的基础上访问内容。这一裁决在许多方面使互联网成为一种像水或电一样的公用事业，并将受到类似法规的管理。

然而，在 2017 年，FCC 推翻了之前的裁决，将互联网服务归类为信息服务。这意味着 ISP 可以管理其网络上的网络流量。几个州已经开始在法庭上反对这些新规定。

问题 6-5 网络服务器如何支持云？

至此，你已经了解了基本的网络术语，并对互联网的工作方式有了高层次的了解。要理解云的价值、它的工作方式以及企业如何使用它，你需要了解一些网络服务器上发生的处理。在这里，我们将使用网上商店的示例。它是网络上的服务器，你可以从中购买产品。

假设你想从 zulily 购买一件商品，zulily 是一个出售服装的私人买家网站。为此，你可以访问 www.zulily.com 并导航到想购买的产品（如图 6-21 所示）。当你找到想要的东西，把它添加到购物车，然后继续购物。在某些时候，你可以通过提供信用卡数据来结账。但是当订单数据到达服务器时会发生什么呢？

图 6-21 商业服务器页面示例：产品优惠页面

当你在浏览器中输入 www.zulily.com 时，浏览器将发送一个请求，该请求通过互联网传输到 zulily 站点的服务器层计算机。为了响应请求，服务器层计算机将返回一个网页，该页面通常是用 HTML 编码的文档（并且可能包括 CSS、JavaScript 和其他数据）。

三层体系架构

几乎所有的网络应用程序都使用三层架构，这是一种用户计算机和服务器的设计，由三个类别或层组成，如图 6-22 所示。用户层由计算机、电话和其他具有请求和处理网页的浏览器的移动设备组成。服务器层由运行网络服务器和处理应用程序的计算机组成。数据库层由运行数据库管理系统的计算机组成，数据库管理系统处理检索和存储数据的请求。图 6-22 显示的数据库层只有一台计算机，某些站点还具有多计算机数据库层。

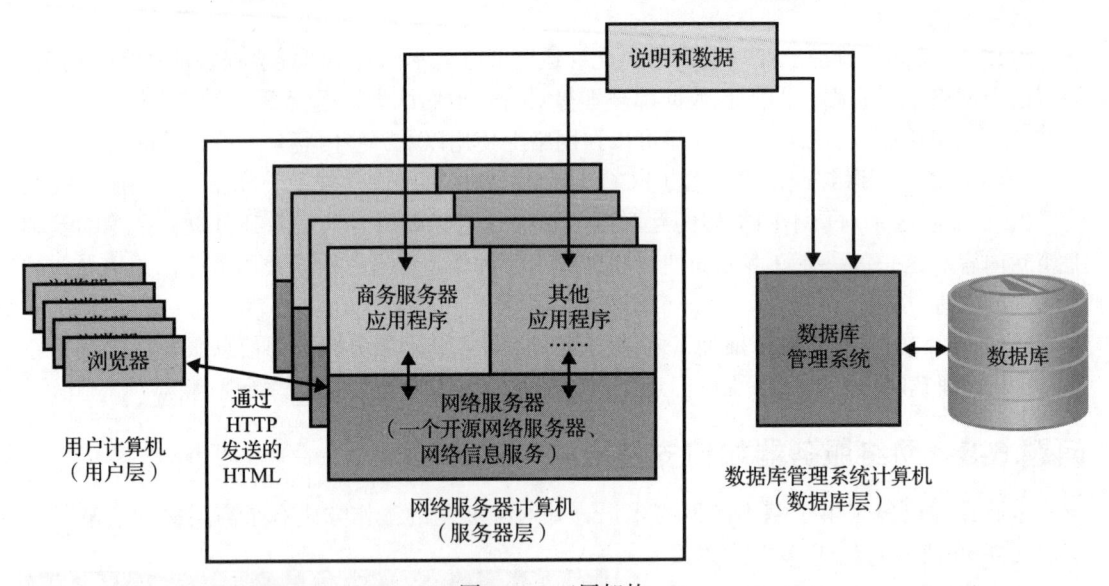

图 6-22 三层架构

网络服务器是在服务器层计算机上运行的程序，通过向客户端发送和接收网页来管理流量。商业服务器是在服务器层计算机上运行的应用程序。典型的商业服务器功能是从数据库中获取产品数据、管理购物车中的商品以及协调结账的过程。当请求到达服务器时，网络服务器会对其进行检查它并发送到适当的程序进行处理。因此，网络服务器将电子商务流量传递给商业服务器，它将对其他应用程序的请求传递给那些应用程序。在图 6-22 中，服务器层计算机正在运行网络服务器程序、商业服务器应用程序和其他未特定用途的应用程序。

三层体系架构是如何运行的？

假设图 6-21 中网页的用户单击鞋子，然后选择一只特定的鞋，例如深灰色玛丽珍鞋。当用户点击鞋子时，商业服务器向 DBMS 请求该鞋子的数据，DBMS 从数据库中读取数据，然后将数据（包括图片）返回给商业服务器。然后，该服务器用数据格式化网页，并将该页面的 HTML 版本发送到用户的计算机。结果如图 6-23 所示。

图 6-23 产品页

面向服务架构

如果没有面向服务架构（SOA）的设计理念，就不可能有云。根据这种理念，计算设备之间所有的交互都以规范化、标准化的方式被定义为服务。正如你将看到的那样，这种理念使云的所有部分能够组合在一起。然而，深入理解 SOA（发音为 SO-ah）需要你学习比商务专业人士更多的计算机科学知识。因此，理解 SOA 的最佳方式是通过业务类比。

一种对于 SOA 的类比

图 6-24 展示了一个名为 Best Bikes 的在线自行车配件零售商的部门安排。销售部门接收订单请求，并遵循一种流程批准发货。根据请求，信贷部门根据需要验证客户信用以批准订单，而库存部门验证完成订单所需的库存的可用性。

在一个非正式的、非 SOA 类型的企业中，一个销售人员会联系他认识的信贷人员，并询问诸如"你能否批准向 ABC 自行车公司分配 $10 000 信贷？"作为回应，信

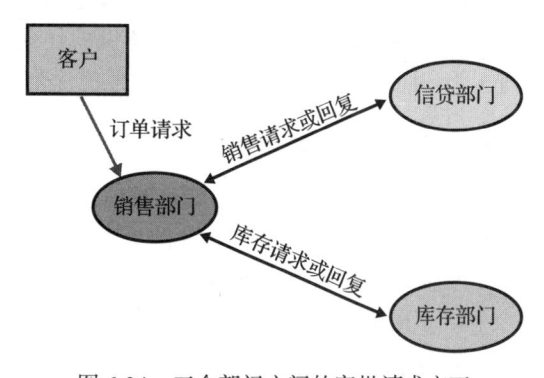

图 6-24 三个部门之间的审批请求交互

贷人员可能会说，"当然。"销售人员可能会记下批准金额的人的名字。有些时候，他可能会把日期记录下来，其他时候情况可能就不一样了。比如，另一个销售人员可能会做其他事情，他联系另一个信贷部门的人员，并询问类似于"我需要为订单 12345 提供 5000 美元的信贷"这样的问题，而信贷部门的另一个人可能会说，"我不知道，把订单发送过来，如果

可以的话，我会在上面写上'批准'。"销售部门和库存部门之间可能发生其他不规则但类似的交互。

这样的操作肯定不是面向服务的。人们以不同的方式要求信用验证，并以不同的方式得到回应。批准订单的过程可能因销售人员而异，也可能因同一个销售人员的日常而异。审批记录也不一致。这样企业将有不同水平的过程质量和不一致的结果，如果公司决定在另一个城市开设工厂，这些操作不能轻易复制，也不应该复制。

使用 SOA 原则，每个部门将正式定义其提供的服务。例如：

对于信贷部：

- 检查客户信用
- 批准客户信贷

对于库存部：

- 核实库存
- 分配库存
- 释放已分配库存

此外，对于每项服务，每个部门都会正式说明它期望在请求中接收的数据，以及它承诺作为响应返回的数据。每次交互都以完全相同的方式进行。部门内某些人员之间没有个人接触，即没有销售人员需要知道谁在信贷或库存部门工作。相反，请求将通过电子邮件发送到信贷或库存部中的通用电子邮件地址，这些部门决定由谁处理请求以及如何处理请求。任何部门都不知道谁在另一个部门工作，也不需要知道该部门是如何完成工作的。每个部门都可以自由地更改人员任务分配和执行服务的方式，并且其他部门不需要知道发生了更改。在 SOA 术语中，我们会说部门的工作被封装在部门中。

如果 Best Bikes 想要在另一个城市增加另一个库存部门，它就可以这样做。没有销售人员需要改变其设置、提交或接收请求响应的方式。销售人员继续向相同的电子邮件地址，发送以标准方式格式化的核实库存服务请求。

对于多个站点，库存功能将更改其实现服务请求的方式，以首先确定哪些库存部门应该处理请求。销售人员不会也不需要知道发生了什么。Best Bikes 可以动态地创建 1000 个库存部门，而销售部门不需要改变所做的任何工作。之后，它可以将这 1000 个库存部门减少到 3 个，同样，销售人员不需要做任何改变。

面向三层体系架构的 SOA

从这个讨论中，你可以看到如何使用 SOA 来实现云处理。这种对 SOA 的类比的描述和优缺点对云来说是一样的。图 6-25 显示了引入 SOA 的三层体系结构。在这种情况下，商业服务器应用程序正式定义了浏览器可以请求的服务、必须随请求提供的数据以及每个浏览器将在响应请求时接收的数据。示例服务包括以下内容：

- 获取零件数据
- 获取零件图片
- 获取现有零件数量
- 订购零件

同样，每个服务还记录了它期望的数据和将返回的数据。

现在，编写 JavaScript（或其他代码语言）来正确调用这些服务。该 JavaScript 包含在服务器发送给浏览器的网页中，当用户使用浏览器进行购买时，网页后端的 JavaScript 会以正确的方式调用服务。

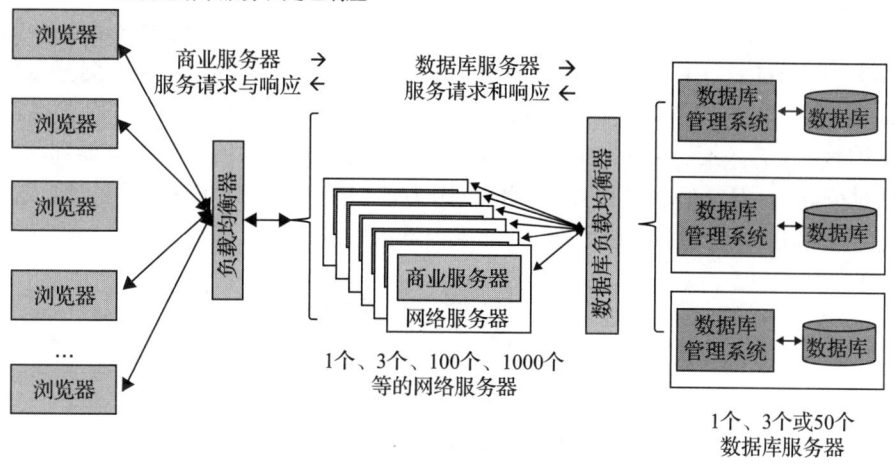

图 6-25 应用于三层体系架构的 SOA 规则

服务器层可以包括凌晨 3 点的 3 台服务器、上午 11 点的 3000 台服务器、下午 6 点的 6000 台服务器以及晚上 10 点的 100 台服务器。此外，这些服务器可以在世界各地移动，在一天中的某个时间，它们可能都位于美国，而在另一个时间，它们可能都位于欧洲，以此类推。浏览器中没有任何内容需要随着服务器的调整而改变。

为了利用多个网络服务器，负载均衡程序接收其请求并将它们发送到可用的服务器。负载均衡程序保存有关其所分配的所有网络服务器的速度和运行状况的数据，并分配工作以最大限度地提高吞吐量。

此外，在后端，SOA 服务是在网络服务器和数据库服务器之间定义的。因为网络服务器的数量和位置是动态调整的，所以数据库服务器不需要做任何事情。如果调整了数据库服务器的数量和位置，网络服务器中的任何内容也都不需要更改。但是，数据库服务器的负载均衡要复杂得多。

不要从这个讨论中推断出 SOA 服务和云只用于我们之前所述的三层结构。这样的服务和云被用于互联网上的大量应用。这个三层应用程序只是一个示例。

从这个讨论中，你可以理解云的弹性是如何实现的。然而，对于许多使用云并能够混合和匹配网络服务的企业来说，他们需要就格式化和处理服务请求与数据的标准方法达成一致，这就引出了云标准和协议。再次强调，我们在一个非常高的层次上讨论这些问题，因此大量的细节并不在我们关注的范围内。

互联网协议

互联网协议是一组关于企业通信的规则和数据结构。因为云的网络服务使用互联网，所以运行互联网的协议也支持云处理。我们将从它们开始介绍。

TCP/IP 架构

互联网的通信管道由协议管理，这些协议是根据一种称为 TCP/IP 体系结构的安排定义的。这个体系结构有五层，每一层都定义了一个或多个协议。数据通信和软件供应商编写实现特定协议规则的计算机程序。(对于底层也就是物理层的协议，他们提供满足协议的硬件设备。）

互联网协议：HTTP、HTTPS、SMTP、FTP

作为商务专业人士，你可能遇到的唯一互联网协议是 TCP/IP 架构的顶层或者说应用层，如图 6-26 所示。HTTP（Hypertext Transfer Protocol，超文本传输协议）是浏览器和网络服务器之间使用的协议。当你使用 Chrome、Safari 或 Firefox 等浏览器时，你就在使用实现 HTTP 的程序。在另一端，有一个同样处理 HTTP 的服务器。即使你的浏览器和服务器从来没有"见过彼此"，但它们也可以互相通信，因为它们遵循 HTTP 规则。类似地，在图 6-25 中，浏览器使用 HTTP 发送和接收来自商业服务器的服务请求。

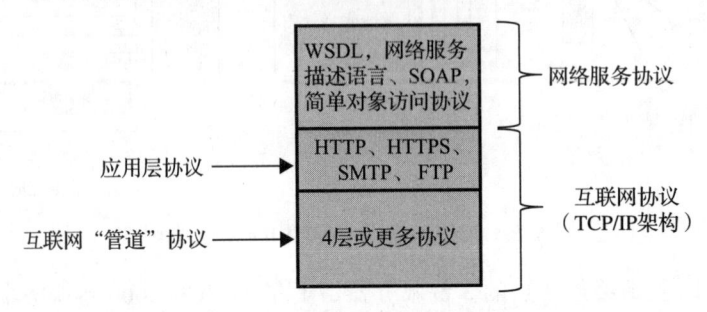

图 6-26 支持网络服务的协议

HTTP 有一个安全版本叫作 HTTPS。当在浏览器的地址栏中看到 https 时，你就有了一个安全的传输，可以安全地发送信用卡号等敏感数据。当你上网时，如果没有看到 https，那么你应该假设你所有的通信都是开放的，并且可能会在明天早上的校报头版上发表。因此，当你使用 HTTP、电子邮件、短信、聊天、视频会议或任何非 HTTPS 的方式时，要知道你所输入或所说的任何内容都可能被其他人知道。

另外还有两种常见的 TCP/IP 应用层协议。SMTP 即简单邮件传输协议，用于电子邮件传输（以及其他协议）。FTP 即文件传输协议，用于在互联网上移动文件。Google Drive 和微软 OneDrive 在后端使用 FTP 将文件从云服务器传输到你的计算机。

WSDL、SOAP、XML 和 JSON

讨论的最后，我们将简要地概述在网络服务和云中广泛使用的四个标准。这些标准及其用途如下所示。

- **WSDL（Web Services Description Language，网络服务描述语言）** 用于描述网络服务支持的服务、输入和输出以及其他数据的标准。根据这个标准编码的文档是机器可读的，并且可以被开发工具用来创建访问服务的程序。
- **SOAP（不再是缩写词）** 用于请求网络服务和回送网络服务请求响应的协议。
- **XML（eXtensible Markup Language，可扩展标记语言）** 用于传输文件的标记语言。包含大量元数据，可用于验证文档的格式和完整性，但会有相当大的开销（参见图 6-27a）。
- **JSON（JavaScript Object Notation，JavaScript 对象简谱）** 用于传输文件的标记语言。包含少量元数据，用于在服务器和浏览器之间传输大量数据。虽然表示法是 JavaScript 对象的格式，但 JSON 文档可以被任何语言处理（如图 6-27 所示）。

创建服务的人（计算机程序员）编写 WSDL 文档来描述他们提供的服务以及所需的输入和输出。这些 WSDL 文档很少被人阅读。相反，像 Microsoft Visual Studio 这样的开发工具会读取 WSDL，为编写代码以访问该服务的程序员配置编程环境。

如图 6-26 所示，SOAP 虽然看起来像一个缩写词，但它并不是一个缩写词，它是一个位于 HTTP 和较低级别的互联网协议之上的协议。"位于 HTTP 之上"意味着可以使用 HTTP 发送和接收 SOAP 消息（SOAP 也可以使用 SMTP）。使用网络服务的程序发出 SOAP 消息来请求服务，网络服务使用 SOAP 消息返回对服务请求的响应。

最后，XML 和 JSON 是标记文档的方法，以便服务请求者和服务提供者都知道他们正在处理哪些数据。两者的简单示例如图 6-27 所示。如你所见，XML 文档包含的元数据和应用程序数据一样多。这些元数据用于确保文档的完整性和正确的格式。XML 用于传输的消息相对较少，并且确保文档的完整和正确至关重要的时候。WSDL 和 SOAP 消息都是用 XML 编码的。

```
<person>
    <firstName>Kelly</firstName>
    <lastName>Summers</lastName>
    <dob>12/28/1985</dob>
    <address>
        <streetAddress>309 Elm Avenue</streetAddress>
        <city>San Diego</city>
        <state>CA</state>
        <postalCode>98225</postalCode>
    </address>
    <phoneNumbers>
        <phoneNumber type="home">685 555-1234</phoneNumber>
        <phoneNumber type="cell">685 555-5678</phoneNumber>
    </phoneNumbers>
</person>
```

```
{
"firstName": "Kelly",
"lastName": "Summers",
"dob": "12/28/1985",
"address": {
    "streetAddress": "309 Elm Avenue",
    "city": "San Diego",
    "state": "CA",
    "postalCode": "98225"
},
"phoneNumber": [
    {
    "type": "home",
    "number": "685 555-1234"
    },
    {
    "type": "cell",
    "number": "685 555-5678"
    }
]
}
```

a) XML 文档示例　　　　　　　　　　b) JSON 文档示例

图 6-27　文档示例

顾名思义，JSON 使用 JavaScript 对象的简谱来格式化数据。它的元数据要少得多，是传输大量应用程序数据的首选。网络服务器使用 JSON 作为向浏览器发送应用程序数据的主要方式。

有了这些技术背景，你应该相信云的好处是真的存在的。然而，这一事实并不意味着每个企业都能很好地使用云。接下来，我们将描述企业使用云的一般方式，讨论 eHermes 如何使用云，最后讨论一个非常重要的主题：云安全。

问题 6-6　eHermes 如何使用云？

eHermes 是一家创新型初创企业，IT 部门相对较小。因此，它不太可能拥有开发大型服务器基础设施所需的资源。相反，它更有可能利用云供应商提供的云服务。

eHermes 使用的 SaaS 服务

软件即服务在硬件和软件系统组件方面的投资很少。SaaS 供应商执行和管理云服务器，并使软件可用，它通常作为瘦客户端。然而，eHermes 需要传输现有数据、创建新数据、开发程序和培训用户。eHermes 可以使用的一些 SaaS 产品有：

- Google Mail

- Google Drive
- Office 365
- Salesforce.com
- Microsoft CRM OnLine
- 以及其他

你已经知道了前三个 SaaS 产品是什么。Salesforce.com 和微软的 CRM OnLine 都是客户关系管理系统。

eHermes 安全使用的 PaaS 服务

通过 PaaS，eHermes 从云供应商那里租用云中的硬件和操作系统。例如，它可以租用 EC2（Elastic Cloud 2，亚马逊提供的 PaaS 产品），亚马逊将在云硬件上预装 Linux 或 Windows Server。有了这些基本功能，eHermes 就可以安装自己的软件。例如，它可以安装其内部开发的应用程序，也可以安装从软件供应商获得许可的其他应用程序。它还可以从 Microsoft 获得数据库管理系统许可（如 SQL Server），并将其放在 EC2 Windows Server 实例上。对于从其他人那里获得许可的软件，eHermes 必须购买允许复制的许可，因为亚马逊在增加服务器时将复制它。

一些云供应商在其 PaaS 服务中包含数据库管理系统产品。因此，eHermes 可以从 Microsoft Azure 云产品中获得已经安装了 SQL Server 的 Windows 服务器。当塞思提到每月每 TB 10 美元时，他可能正在考虑这个选择。

数据库管理系统也包含在其他供应商的云产品中。截至 2018 年 5 月，亚马逊提供了以下带有 EC2 的数据库管理系统产品。

- **Amazon Relational Database Service（RDS）** 关系型数据库服务，支持 MySQL、Oracle、SQL Server 或 PostgreSQL。
- **Amazon DynamoDB** 快速、可扩展的非关系型数据库服务。
- **Amazon ElastiCache** 一个非常快速的内存缓存数据库服务。
- **Amazon Redshift** 一个 PB 级的数据仓库。
- **Amazon Neptune** 一个适用于复杂分层结构的、快速的、完全托管的图形数据库。

最后，随着 eHermes 的发展和扩张，它可能会使用 CDN 在全球范围内分发其内容，以进入新的市场。

eHermes 使用的 IaaS 服务

如前所述，IaaS 在云中提供基本硬件。一些企业通过这种方式获得服务器，然后将操作系统加载到服务器上。这样做需要相当多的技术专长和管理。像 eHermes 这样的企业更有可能把宝贵的资源花在开发自己的移动店面和内部系统上，而不是花时间配置服务器。

然而，eHermes 可能会在云中获得数据存储服务。例如，亚马逊在其 S3 产品中提供数据存储。使用它，企业可以将数据放置在云中，甚至可以使数据具有弹性可用性。但是，像 eHermes 这样的企业更可能使用 SaaS 和 PaaS，因为它们提供了附加服务，能够大大减少企业的潜在开销。

问题 6-7　企业如何安全地使用云服务？

基于互联网基础设施的互联网和云服务提供强大的处理和存储服务，而成本仅相当于私有数据中心的一小部分。然而，互联网对数据和计算基础设施构成了威胁。云服务面临的一些最大威胁包括不安全的接口、数据丢失和数据泄露。企业如何才能在不屈服于这些威胁的情况下实现云技术的好处？

答案涉及技术的组合，在这个问题中，我们将在一个非常高的水平上讨论这些技术。当你阅读时，要意识到安全问题的故事永远不会结束，攻击者不断努力寻找绕过安全保障的方法，偶尔他们会成功。因此，在你的整个职业生涯中，可以期望云安全的发展将超出这里所描述的范围。我们首先讨论 VPN，它是一种用于在互联网上提供安全通信的技术。

虚拟专用网络

虚拟专用网络（Virtual Private Network，VPN）使用互联网来创建私有、安全的连接。在 IT 世界中，"虚拟"一词指的是看似存在但实际上并不存在的东西。在这里指的是 VPN 利用公共互联网架设安全的私有连接。

典型 VPN

图 6-28 显示了一种创建 VPN 连接远程计算机的方法，该计算机可能由在迈阿密酒店工作的员工使用，并连接到芝加哥站点的局域网。远程用户为 VPN 客户端。该客户端首先建立到互联网的公共连接。连接可以通过访问本地 ISP 获得（见图 6-28）或者在某些情况下，酒店本身提供直接的互联网连接。

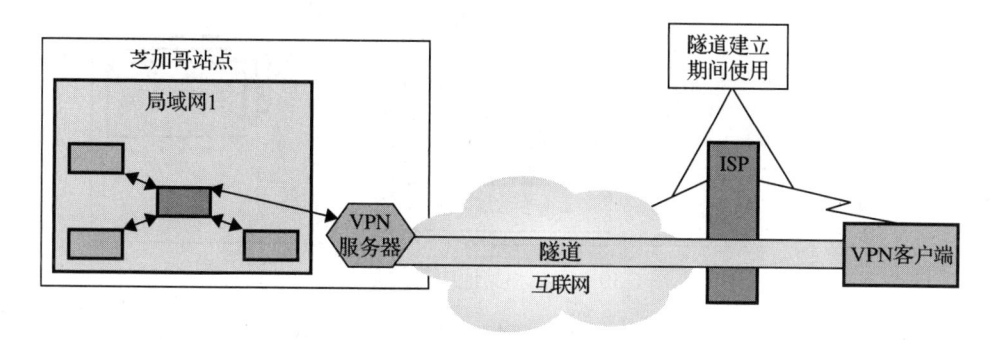

图 6-28　VPN 远程接入和实际上的连接

在任何一种情况下，一旦建立了互联网连接，远程用户计算机上的 VPN 软件就会与芝加哥的 VPN 服务器建立连接。此时，VPN 客户端和 VPN 服务器建立安全连接。该连接称为隧道，是通过公共或共享网络从 VPN 客户端到 VPN 服务器的虚拟专用路径。远程用户看到的连接如图 6-29 所示。

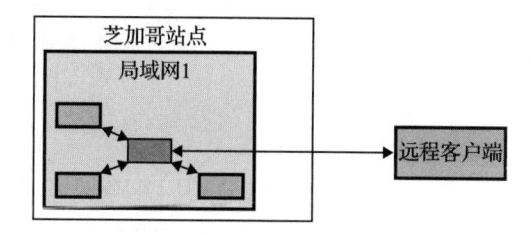

图 6-29　VPN 远程接入和表面上的连接

为了在公共互联网上保护 VPN 通信，VPN 客户端软件会对消息进行加密或编码，以保护其内容不受窥探。然后 VPN 客户端将 VPN 服务器的互联网地址附加到消息中，并通过互联网将数据包发送到 VPN 服务器。当 VPN 服务器收到该消息时，它将自己的地址从消息的前面剥离，解密编码的消息，并将纯文本消息发送到局域网内的原始地址。通过这种方式就可以在公共互联网上传递安全的私人消息。

使用私有云

私有云是企业为自身利益而拥有和运营的云。为了架设私有云，企业创建一个私有互联网，并使用网络服务标准设计应用程序（见图 6-14）。企业会打造一个服务器场来管理这些服务器的弹性负载均衡，就像云服务供应商所做的那样。由于管理多个数据库服务器的复杂性，大多数企业选择不复制数据库服务器（见图 6-30）。

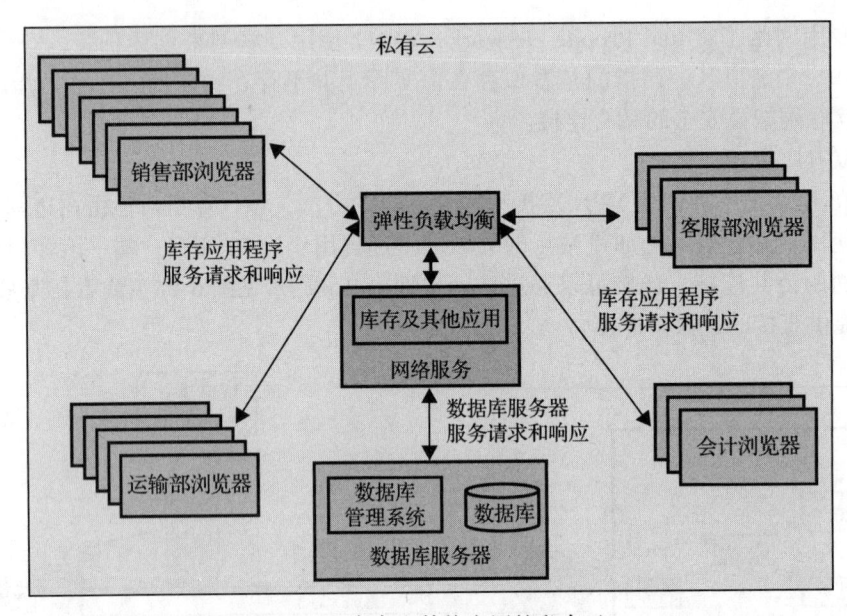

图 6-30　库存和其他应用的私有云

私有云提供企业基础设施内的安全性，但不保障来自该基础设施外部的安全访问。为此，企业通过 VPN 实现对私有云的安全访问（见图 6-31）。

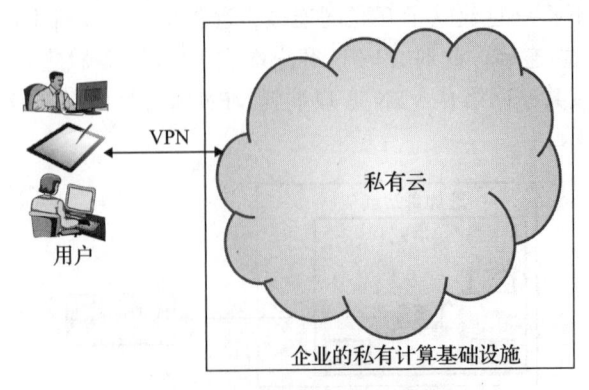

图 6-31　通过虚拟专用网访问私有云

私有云提供了弹性的优势，但其好处值得怀疑。企业可以用空闲服务器做什么？他们可以通过关闭空闲的服务器来节省一些成本。但与云供应商不同的是，他们不能将它们重新用于其他公司。大型企业集团或大型国际公司可能会在子公司业务部门和不同地理区域之间平衡处理负载。例如，3M 公司可能会平衡其不同产品组和不同大洲的加工，但很难想象这样做会节省金钱或时间。像 eHermes 这样的公司不太可能开发私有云。

亚马逊、微软、IBM、谷歌和其他主要的云服务供应商雇用了数千名训练有素、技术精湛的人员来创建、管理、实施和改进他们的云服务。很难想象任何一家非云计算公司，即使是像 3M 这样的大公司，能建立并运营一个与之竞争的云服务设施。唯一可能有意义的情况是法律或业务习惯要求企业对其存储的数据保持物理控制。然而，即使在这种情况下，也不太可能要求企业对所有数据保持物理控制，因此企业可能会将极其敏感的数据保留在本地，而将其余的数据和相关应用程序导入公共云供应商的设施。它还可能使用虚拟私有云，这是我们接下来要考虑的。

使用虚拟私有云

虚拟私有云（Virtual Private Cloud，VPC）是公共云的子集，具有高度安全的访问限制。企业可以在 AWS 等公共云基础设施或其他云供应商提供的基础设施之上构建自己的 VPC。

通过使用 VPC，企业可以以将最敏感的数据存储在自己的基础设施上，并将不太敏感的数据存储在 VPC 上。这样，需要对部分数据进行物理控制的企业可以将这些数据放在自己的服务器上，而将其余数据放在 VPC 上（见图 6-32）。通过这样做，企业在不需要物理控制的数据上获得了云存储和云处理的优势。

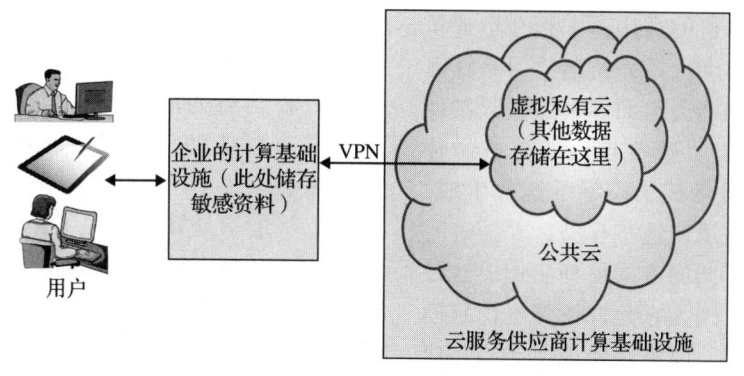

图 6-32 使用 VPC

那又怎样——量子计算机

如果你读的这本教科书是作为大学课程的一部分，那么你可能已经认识到学习的价值。从记事起，学习就一直是你生活的一个基本部分。你所获得的一些知识是在学校学到的"书本"知识，而一些则是在新地方与陌生人互动时学到的"街头智慧"。例如，当第一次有人违背了对你的承诺时，它可能会影响你对他人可信度的看法。因此，下次有人向你承诺某事时，你可能会怀疑那个人是否真的会信守诺言。

人类理解复杂情况和社会互动的能

力，以及从过去的经验中记忆和学习的能力，使我们能够在动态和快速变化的环境中生存和发展。你可能没有意识到的是，计算机也在以这种动态的方式学习。

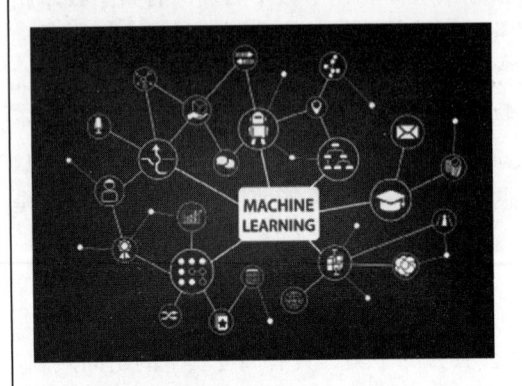

学习去学习

许多人认为计算机是操作非常严格的系统，它们只能根据看似无穷无尽的计算机代码来执行有限的任务。然而，随着机器学习在许多行业中得到更广泛的应用，计算机的适用范围正在迅速扩展。从基本意义上讲，机器学习是计算机动态学习的能力，而不是通过限制性的编码指令集明确地告诉计算机做什么。机器学习是基于模型的迭代生成，计算机有能力适应这些模型，并随着时间的推移以不同的方式解释它们。这种能力很重要，因为它允许计算机识别模式和其他见解，而不需要被引导到它应该分析的特征上，也不需要被告知在大量数据集中在哪里找到这些特征[11]。

计算机迭代和动态学习的能力对许多现实应用具有重要意义。机器学习技术已被用于诈骗检测、信用评分分析、网络入侵检测和图像识别[12]。机器学习的未来应用可能包括开发人工智能个人助理和自动驾驶汽车[13]。

举一个更具体的例子，想想公司是如何通过社交媒体来了解他们的产品和服务是如何被客户感知的。公司使用机器学习工具来分析客户的推文，确定消费者对不同广告活动的感受趋势。基于这些结果，公司可以减少那些没有达到预期效果的活动，并在更大范围内推出更有效的活动[14]。

计算机科学家和高管们正在展望机器学习的未来，看看它的进步将如何改变他们所在的行业。由于量子计算能够提高计算机处理数据的速度，许多人都将其视为机器学习的下一个重大进步。

量子计算机的一小步，学习的一大步

多年来，量子计算一直是科学家和创新者感兴趣的话题。量子计算机和普通计算机的根本区别在于计算机管理信息（比特）的方式。标准的计算机使用1和0作为其所有操作的基础。例如，当你敲击键盘输入A时，计算机将其解释为"01000001"。相比之下，量子计算机可以用所谓的量子位来编码信息，即可以用1、0或者两者同时表示。第三种状态的能力允许任务更快地执行，并有可能使计算机处理能力呈指数级增长。

量子计算还增强了计算机的学习能力。目前，计算机如何通过机器学习进行适应与人类如何学习之间仍然存在巨大的差距。量子计算有潜力缩小这一差距，因为计算机越来越有能力学习如何解释和适应更复杂的数据集[15]。

量子计算对机器学习和创造更强大的人工智能的影响是深远的。然而，即使量子计算机有能力处理庞大的数据集，也仍然需要模式和元数据的标准化，以确保分析的数据类型是正确的[16]。一旦基础设施和数据管理障碍被克服，量子计算将彻底改变我们用1、0或两者一起做的几乎所有事情！

问题

1. 想想你上一次学习新事物的时候，花了多长时间才掌握？你使用了什么类型的学习机制，你的学习方法有多么多样化？想想计算机在学习新操作时固有的局限性。计算机要掌握同样的技能需要做些什么呢？
2. 这篇文章举了一个公司使用社交媒体分析来评估客户情绪，并根据消费者的推文定制广告的例子。为什么这种类型的分析需要机器学习方法？
3. 在互联网上搜索 ASCII 键盘字符的二进制代码。程序员用来测试代码的常见首要任务是让系统在屏幕上打印"Hello World"。使用这些字符的二进制代码写出"Hello World"，就像计算机看到的那样。
4. 文章提到，量子计算机将具有巨大的处理能力，并彻底改变许多计算机应用。上网搜索，以确定未来如何使用量子计算机的具体示例。

安全指南——不堪重负的税务系统

什么信号让人们决定更换计算机或手机？一般是电池电量迅速耗尽、处理速度缓慢、系统崩溃以及外壳或屏幕物理上的过度损耗。如果你的设备出现了部分（或全部）这些状况，为什么你还没有更换它？在许多情况下，人们选择推迟更换设备，要么是因为他们没有资源这样做，要么是因为他们没有时间。他们只是等待系统出现不可修复的故障，此时他们别无选择，只能更换新的。

毫不奇怪，公司通常采用类似的策略来管理其 IT 基础设施。过时的企业系统（也称为遗留系统）随着时间的推移也会显示出胁迫的迹象。但只要它们不严重扰乱商业运作，它们就会被继续使用。这是因为企业内的高管和战略家通常更喜欢将资源分配给需求更明显的业务部分。换句话说，如果这个系统没有完全崩溃，我们为什么要花钱去修复它？不幸的是，遗留系统在最糟糕的时刻出现故障是很常见的，比如在假日购物季或纳税日。

马上回来，7981 年后！

美国国税局在美国人报税的最后期限前经历了一次严重的系统故障。从周二凌晨到下午 5 点左右，该系统无法使用直接银行账户支付和电子申报服务[17]。尽管这次故障发生的时机不太好，但美国国税局的一些高级官员对于这种类型的 IT 基础设施之前竟然没有崩溃表示了一定程度的惊讶。当描述国税局用于处理纳税支付的系统（大约在 20 世纪 60 年代）时，国税局负责运营支持的副局长评论说，国税局大约 64% 的系统被认为是过时的，32% 的软件比行业标准落后多个版本[18]。

可笑的是，试图访问 IRS 网站的访

问者会收到一条消息,表明系统由于计划的维护而关闭,但到9999年12月31日就会归来。虽然有些人觉得这个消息很幽默,但对于那些试图管理这个庞大政府机构运营的人来说,国税局在过去几年里获得的预算资源不断减少这件事一点都不好笑。与2010年相比,美国国税局的预算下降了80%[19]。进一步加剧问题的是,每天针对美国国税局的网络攻击持续不断,国税局必须投入更多资源缓解这种攻击[20]。

美国国税局是在痴心妄想吗?应该吗?

许多维护自己IT基础设施的企业正在向基于云的运营过渡。该策略允许高度专业化的专家(受益于管理众多企业的基础设施所产生的规模经济)管理你的系统和数据,以便企业可以专注于自己的专业知识。对于IRS来说,基于云的模型似乎特别合适,因为云操作能够在需求高的时候更容易地扩展,然后在活动少的时候减少。(这显然与纳税季的疯狂活动相吻合,因为2016年大约有15%的美国人等到最后一周才报税[21]。)作为一个可比的例子,考虑一下亚马逊全年都在处理源源不断的订单,

但在假期期间流量会出现异常增长。具体来说,2017年亚马逊在感恩节和黑色星期五这两天内处理了将近1300万份订单[22]。也许美国国税局将跟随企业转向云计算,这样我们就可以等到最后一刻才报税,还不会破坏他们的系统。

讨论问题

1. 是时候升级你的手机或笔记本计算机了吗?如果是这样,你根据哪些指标来确定设备是否开始变得不稳定或故障?你还遇到过哪些其他类型的遗留系统?
2. 2018年美国国税局系统崩溃是美国政府备受瞩目的IT基础设施崩溃的最新例子。你能想到最近其他与政府有关的IT问题的例子吗?
3. 从安全的角度来看,政府使用这种过时的IT系统来处理税务申报有哪些优点和缺点?
4. 你与云有什么类型的交互?你会在云端备份个人文件(比如照片和音乐)吗?你是否严格地将它用于与生产力相关的文件和协作?与在设备上本地存储文件相比,云计算给你带来了哪些便利,以及存在哪些缺点?

问题6-8 2029年将会怎样?

那么,未来十年,云技术将走向何方?如果没有一些未知因素,比如对互联网流量征收联邦税,那么云服务将变得更快、更安全、更容易使用且更便宜。越来越少的企业会建立自己的计算基础设施,相反,他们将受益于跨企业的服务器池和云供应商产生的规模经济。

但是,从更深层次看,云同时带来了好消息和坏消息。好消息是,企业可以很容易地以很低的成本获得弹性资源。这一趋势将惠及所有人,从iCloud或Google Drive上的个人,到使用Office 365的小型团体,到使用PaaS的eHermes等公司,再到使用IaaS的大型企业。

云的整体规模也越来越大。例如,谷歌公司的Project Loon打算在大气层中投放高空气球,为地球上以前无法到达的地区提供互联网接入。谷歌并没有止步于此,它还使云

计算变得越来越快。谷歌 Fiber 的目标是为用户提供 1Gbit/s 的互联网连接。这比普通宽带连接的速度快 100 倍。作为对谷歌计划的回应，康卡斯特宣布了自己的每秒千兆比特服务。

那么坏消息是什么呢？还记得图 6-7 中 50 万平方英尺的苹果网络场吗？注意停车场的大小。那一小块地容纳了全部的运营人员。据《计算机世界》报道，该场所雇用了 50 名运营人员，他们分三班倒，每周 7 天、每天 24 小时，这意味着该中心在任何时候都不超过 8 人。这听起来似乎不可能，但真的是这样吗？请再看看停车场的大小（图片中几乎看不到停车场，说明确实运营人员的数量非常少）。

这不仅仅是像苹果这样的大公司。2018 年，几乎所有规模的城市仍然有安装和维护内部电子邮件 Exchange 和其他服务器的小公司。如果像 Google Drive 或 Office 365 这样的 SaaS 产品取代了这些服务器，这些本地工作会发生什么？全都没有了！有关这个话题的更多信息，请参阅协作练习 6。

但是，计算基础设施如此便宜，一定会有新的工作机会。到 2029 年，机会在哪里？首先，将会有更多的创业公司。廉价且有弹性的云服务让足球运动员评估公司 Hudl（www.hudl.com）等小型创业公司能够几乎是免费地接入 CDN 和其他云服务，这在过去需要花费数年时间和数千美元才能实现。访问其网站会发现响应时间非常快。

除了 IaaS、PaaS 和 SaaS 之外，可能还会出现其他新的云服务。云服务提供商可能会提供分析即服务（AaaS），以帮助企业分析他们正在收集的海量数据。他们甚至可以更进一步，提供商务流程即服务（BPaaS）。公司可以将运输和采购等常见商务流程外包。事实上，云可能会演变成"万物即服务"（EaaS），除了你可以增加价值的方面，你业务的所有方面都可以外包给服务提供商。

还有什么呢？云技术将催生新的工作类别。到 2029 年，所有东西都将相互连接。考虑远程操作系统，即提供基于计算机的活动或远程操作的信息系统。通过实现远距离行动，远程操作系统节省了时间和差旅费用，并使专家的技能和能力在他不在的地方可用。它们还让专家能够扩展他们的专业知识。让我们看几个例子。

远程医疗是医疗保健专业人员用于诊断和治疗农村或偏远地区患者的远程操作系统。医生在当地药店与患者进行视频会议，在那里他们可以传送血压和体温等诊断数据。在加拿大，医生迈赫兰·昂瓦里（Mehran Anvari）定期进行远程手术，通过远程通信，将外科医生与远在 400 多公里外的机器人设备连接起来[23]。这样的例子仍然有些罕见，因为它有一些必须克服的问题。但到 2029 年，它们将变得更加普遍。事实上，美国最大的医疗保健提供商联合医疗（UnitedHealthcare）宣布，所有基于视频的门诊都将像普通门诊一样为病人提供全方位的就诊服务[24]。

远程系统的其他用途还包括远程执法，比如 RedFlex 系统，它使用摄像头和动作感应设备对闯红灯和超速违规行为开具罚单。总部位于澳大利亚维多利亚州南墨尔本的 RedFlex 集团，其年收入的 87% 来自美国交通违章行为。它提供了一个包括五个部分的一站式交通违章信息系统。

许多远程系统被设计用于在危险地点提供服务，例如清洁核反应堆或生物污染场所的机器人。无人机和其他无人驾驶的军事设备是战区使用的远程系统的例子。私人安全和执法部门将越来越多地利用遥控无人机和机器人。在 2029 年，你可能会看到 Knightscope 的轮式机器人 K7 的升级版在你的社区巡逻。

但是，即使有这些新的机会，也不全是好消息。纽约大都会歌剧院可以说是世界上最好的歌剧公司。要看现场表演，你可以开车到曼哈顿，停好车后，打车到林肯中心，支付300美元获得一个座位。或者，你也可以在当地电影院通过大都会艺术博物馆现场直播（Met Live）远程观看同样的歌剧，这样你只需要花12美元而且不需要支付停车费，在第四排就座，通过神奇的数字广播，你可以看到歌手服装上的缝线等细节。这些细节在大都会歌剧院300美元的座位上是看不到的，而且音质也变得更好。这听起来太棒了，但是这样一来，谁还会去看当地的歌剧演出呢？

访问远程操作系统降低了地域的价值。"嗯，我不是最好的，但至少我在这里"在这个互联的世界里失去价值。1990年，美国前劳工部长罗伯特·赖克在撰写《国家的作用》[25]时，他可以明智地声称那些提供日常面对面服务的人不受外包危险的影响。然而，在一个万物互联的世界里，这种说法失去了效力。

到2029年，顶尖企业的价值可能会呈指数级增长。平均有400万人观看大都会的直播，在该场馆演出的艺术家的经纪人将在1.2亿美元的门票中拿走相当大的一部分。一个著名的外科医生或滑冰教练可以更快、更好地进入更大的市场，并获得更高的报酬。所以，如果你能在某方面成为世界上最好的，那就去做吧！

但我们其他人呢？如果你不是某方面的专家，那就想办法成为别人眼中不可或缺的人。比如拥有大都会博物馆现场直播的剧院、为远程花样滑冰教练提供溜冰场或在一些远程活动中成为食物供应商等。

或者成为支持这些新机会的信息系统的开发、使用和管理的关键。从现在到2029年，具有信息系统（IS）专业知识的商业背景将对你很有帮助。

职业指南

姓名：丽贝卡·坚吉兹–罗布斯（Rebecca Cengiz-Robbs）
公司：Carbonite
职称：高级网络经理
教育经历：犹他大学

1. 你是怎么得到这份工作的？

我认为这是技能、态度和人脉的结合。当我被提升为经理时，我是一名网络工程师。我当了四年半的工程师，希望能在技术岗位上再干几年。然而，由于我有较强的组织能力且自愿参与项目，因此逐渐发展为管理职位。我也有一个经理，他积极地帮助他的员工提高和进步。

2. 这个领域吸引你的是什么？

在转行之前，我从事旅游业。我被IT领域广泛的学科和丰富的机会所吸引，尤其对于女性。在做了网络管理员之后，我接触到了存储、备份、计算、安全和网络，我意识到我最喜欢网络。

3. 你的工作日常是怎样的？

我有远程工程师，所以我每天都主持一个团队电话会议，这样我们就可以保持联系并了解短期和长期项目。我负责网络设备支持合同的谈判和维护，为新项目和升级采购设备，与其他团队协调影响基础设施的项目，监控和管理带宽容量、网络资产和库存，以及管理网络工程师的工作和晋升。

4. 你最喜欢工作的哪一点？

我喜欢从日常任务、新项目和同事身上总能学到一些东西。起初，我被自己不懂的事情吓到了。现在我很高兴，虽然我不是什么都知道，但我周围都是聪明的工程师，他们愿意互相学习、共同进步。

5. 想要做好你这份工作需要哪些技能？

当我面试潜在候选人时，我会寻找一个聪明、快乐的人。我曾经雇佣过经验较少的人，因为他们受过良好的教育、聪明、有条理且态度好。技术技能很容易教，但态度和智力则不然。

6. 在你的领域里教育经历或者证书重要吗？为什么？

我的同事们经常讨论这个问题。我们公司的大多数工程师都没有大学学位。有些人有证书。我经常听人说，唯一重要的是你在工作中能做什么，而不是一纸文件。我认为除了技术技能之外，教育和证书都很重要。当我找第一份工作时，我的学位给了我一个优势。我没有什么经验，但我的经理对我的学术成就印象深刻，所以给了我一个机会。根据我作为一名经理的经验，我发现受过教育的工程师有更多的动力、专注力和能力来处理多个项目。他们通常比没有学位的工程师更善于沟通（口头和书面）。

7. 你会给那些考虑在你所在领域工作的人什么建议？

除了专业技能和良好的职业道德外，我还会培养情商并建立人际网络。在 IT 行业，你认识的人以及你与人相处的方式会帮助你脱颖而出并获得晋升。

8. 你认为在未来 10 年什么技术工作会成为热门工作？

任何与云计算有关的内容例如软件工程、网络基础设施和工程、存储、计算和自动化。

本章回顾

通过本章回顾来验证你是否理解了回答本章学习问题时所需要用到的思想和概念。

问题 6-1　为什么企业要向云端转移？

定义云，并解释定义中的三个关键术语。描述大型机、客户端 - 服务器和云架构之间的区别。解释可扩展性和弹性之间的区别。以图 6-5 为指导，对比基于云托管和内部托管的主机。是什么因素促使企业转向云？什么时候使用基于云的基础设施没有意义？

问题 6-2　企业如何使用云？

描述一个企业如何从云的资源弹性、资源池和独特的互联网连接中受益。定义 SaaS、PaaS 和 IaaS。为每一个提供一个例子。对于每个选项，请描述在哪种业务情况下它将是最合适的。定义 CDN 并解释 CDN 的用途和优势。解释如何在内部使用网络服务。

问题 6-3　支持云的网络技术是什么？

定义计算机网络。解释 PAN、LAN、WAN、内联网、互联网和因特网之间的区别。描述协议并解释协议的用途。解释局域网的主要区别。请描述图 6-16 中各部分的作用。定义 IEEE 802.3 和 IEEE 802.11，并解释它们的区别。列出连接局域网或计算机到互联网的三种方法。解释每一种的性质。

问题 6-4 互联网如何运作？

描述互联网和美国邮政系统的相似之处。定义 IP 地址，并解释为什么需要公共 IP 地址来分发数据包。描述域名的用途，并解释这些名称是如何与公共 IP 地址相关联的。解释 TCP 的目的。解释一下像 GoDaddy 这样的机构的角色。定义 URL。定义对等协议，并解释运营商为什么要制定对等协议。像 Netflix 这样的公司是支持还是反对网络中立呢？解释原因。

问题 6-5 网络服务器如何支持云？

定义三层体系架构和名称，并描述每一层的角色。说明图 6-22 中各层扮演的角色以及图 6-21 和图 6-23 中页面的处理方式。使用部门类比，定义 SOA 并解释为什么要封装部门。总结在三层体系架构中使用 SOA 的优势。定义 TCP/IP 体系结构，并从总体上解释 HTTP、HTTPS、SMTP 和 FTP 的用途。定义 WSDL、SOAP、XML 和 JSON 的用途和角色。说明 XML 和 JSON 之间的主要区别。

问题 6-6 eHermes 如何使用云？

首先，说明为什么 eHermes 可能使用云。说出并描述 eHermes 可以使用的 SaaS 产品。解释 eHermes 使用 PaaS 产品的几种方式。总结一下为什么 eHermes 不太可能使用 IaaS。

问题 6-7 企业如何安全地使用云服务？

解释 VPN 的用途，从广义上描述 VPN 是如何工作的。定义 V（virtual）并解释它与 VPN 的关系。定义私有云。总结一下为什么私有云的好处值得怀疑。什么样的企业可以从这样的云中受益？解释为什么即使是非常大的企业也不可能创建与公共云实用程序竞争的私有云。在什么情况下，私有云对企业有意义？定义 VPC 并解释企业如何以及为什么使用 VPC。

问题 6-8 2029 年将会怎样？

云的未来可能是什么？总结一下云带来的好消息和坏消息。解释为什么图 6-7 中的照片令人不安。描述三类远程操作系统。解释远程系统将如何增加超级专家的价值，同时让地域失去价值。除了超级专家，其他人还能做什么？总结一下关于 2029 年的讨论与你的职业希望有什么关系。

将你的知识应用到 eHermes

说出云对于 eHermes 的主要优势。考虑到 eHermes 的业务规模和性质，在托管数据方面，哪种云产品（Saas、PaaS 或 Iaas）更有意义呢？解释一下 eHermes 将如何使用这一产品。如果 eHermes 规模更大，并雇用了更老练的 IT 员工，请说出另一个合理的选择。解释原因。

关键术语和概念

10/100/1000 以太网（10/100/1000 Ethernet）
蓝牙（Bluetooth）
电缆（Cable line）
运营商（Carrier）
客户端 – 服务器架构（Client-server architecture）
云（Cloud）
云计算架构（Cloud computing architecture）
商业服务器（Commerce server）
计算机终端（Computer terminal）
内容分发网络（Content Delivery Network,CDN）
数据库层（Database tier）

数字用户线路（Digital Subscriber Line,DSL）
域名（Domain name）
域名系统（Domain Name System,DNS）
弹性（Elastic）
封装（Encapsulated）
以太网（Ethernet）
文件传输协议（File Transfer Protocol,FTP）
跳（Hop）
超文本传输安全协议（HTTPS）
超文本传输协议（Hypertext Transfer Protocol ,HTTP）
互联网名称与数字地址分配机构 ICANN（Internet

Corporation for Assigned Names and Numbers）
IEEE 802.3 协议（IEEE 802.3 protocol）
IEEE 802.11 协议（IEEE 802.11 protocol）
基础设施即服务（Infrastructure as a Service,IaaS）
互联网（Internet）
互联网交换中心（Internet Exchange Points,IXP）
互联网服务提供商（Internet Service Provider,ISP）
内联网（Intranet）
IP 地址（IP address）
IPv4
IPv6
局域网（Local Area Network,LAN）
大型机体系结构（Mainframe architecture）
大型机（Mainframe）
网络中立（Net neutrality）
网络（Network）
基于互联网（Over the Internet）
包（Packet）
对等（Peering）
个人区域网络（Personal Area Network,PAN）
平台即服务（Platform as a Service,PaaS）
池（Pooled）
私有云（Private cloud）
私有 IP 地址（Private IP address）
协议（Protocol）
公共 IP 地址（Public IP address）

远程操作系统（Remote action system）
路由器（Router）
可扩展性（Scalable）
服务器层（Server tier）
面向服务架构（Service-Oriented Architecture ,SOA）
简单邮件传输协议（Simple Mail Transfer Protocol, SMTP）
居家办公（Small Office/Home Office,SOHO）
软件及服务（Software as a Service,SaaS）
TCP/IP 协议架构（TCP/IP protocol architecture）
远程执法（Telelaw enforcement）
远程医疗（Telemedicine）
远程手术（Telesurgery）
因特网（The Internet）
瘦客户端（Thin client）
三层架构（Three-tier architecture）
传输控制协议（Transmission Control Protocol, TCP）
隧道（Tunnel）
统一资源定位符（Uniform Resource Locator,URL）
用户层（User tier）
虚拟私有云（Virtual Private Cloud,VPC）
虚拟专用网络（Virtual Private Network,VPN）
无线广域网（WAN wireless）
网页（Web page）
网络服务器（Web server）
广域网（Wide Area Network,WAN）

知识运用

6-1. 定义云，并解释定义中的三个关键术语。使用问题 6-1 中提供的比较作为指南，对基于云的托管和内部托管的主机进行比较。在你看来，解释一下云托管优于内部托管的三个最重要的因素。

6-2. 苹果在问题 6-2 提到的北卡罗来纳州数据中心投资超过 30 亿美元。对于苹果来说，要花这么一大笔钱，它必须把 iCloud 视为其未来的关键组成部分。使用第 2 章问题 2-7 讨论的原则，解释你认为 iCloud 将使苹果相对于其他移动设备供应商更具竞争优势的所有方式。

6-3. 假设你在一家小型企业中管理一个由 7 名员工组成的团队。你的每个员工都想连接到互联网上。考虑以下两种选择。

方案 A：每个员工都有自己的设备，并单独连接到互联网。

方案 B：员工的计算机通过局域网连接，网络使用单个设备连接到互联网。

a. 勾画出每个方案所需的设备和线路。
b. 解释创建方案时需要采取的操作。
c. 这两种选择你会推荐哪一种？

6-4. 登录 http://aws.amazon.com，并搜索 AWS 数据库产品。解释亚马逊的 RDS、DynamoDB、ElastiCache、Redshift 服务和 Neptune 之间的差异。你会推荐哪一种方法来存储 eHermes 的数据？（顺便说一下，每当你在互联网上查询任何 AWS 产品时，请务必在搜索中包含关键字 AWS。否则，你的搜索结果将是亚马逊的书籍列表。）

6-5. 假设塞思想要 eHermes 建立一个私人互联

网，他以更好的安全性为基础证明了这个请求。解释为什么这不是一个好的决定，并通过建议 eHermes 使用 VPC 来反驳他关于安全性的说法，同时说明理由。

6-6. 至多用 5 句话说明从现在到 2029 年，云将如何影响你的就业前景。

协作练习 6

使用你在第 1 章的协作练习中建立的协作信息系统，团队协作回答下面的问题。

云正在给信息系统服务行业带来巨大的变化。在每个城市，你仍然会看到本地独立软件供应商（ISV）的卡车开到他们的客户端，以建立和维护本地网络、服务器和软件。你可以从卡车侧面的微软、甲骨文和思科标志认出这些卡车。多年来，这些小型本地企业凭借其建立和维护局域网、将用户计算机连接到互联网、设置服务器、出售 Microsoft Exchange 许可证以及在服务器和用户计算机上安装其他软件的能力得以生存，这其中一些非常有利可图。

一旦一切都安装好了，这些企业就继续通过为不可避免出现的问题提供维护、支持新版本的软件、连接新用户的计算机等来赚取收入。他们的客户各不相同，但一般都是规模较小的企业，比如只有 3 名到 50 名员工，这些企业的规模需要电子邮件、互联网连接，可能还需要一些入门级的软件应用程序，比如 QuickBooks。

6-7. 利用本章的知识和团队成员的直觉，总结云服务对此类 ISV 的威胁。

6-8. 假设你的团队拥有并管理其中一个 ISV。你了解到，越来越多的客户选择像谷歌这样的 SaaS 云服务来处理电子邮件，而不是设置本地电子邮件服务器。

    a. 你能做些什么来防止 SaaS 对你的业务的侵蚀？

    b. 给出 6-8a 的答案，找出三种你可以选择的方案。

    c. 在你对 6-8b 的回答中，你会选择三种方案中的哪一种？证明你的选择。

6-9. 即使 SaaS 消除了对电子邮件和其他本地服务器的需求，你仍然可以提供可行的服务。说出并描述这些服务。

6-10. 假设你和团队决定建立一个全新的业务，而不是试图使现有的 ISV 适应云服务的威胁，这个业务将在 SaaS 和其他云服务的存在下取得成功。观察校园内外的企业，确定并描述这些企业在云服务领域的信息系统需求。

6-11. 请描述你的新企业可以为 6-10 中确定的业务需求提供的信息系统服务。

6-12. 根据你对 6-7 到 6-11 的回答，你愿意创建一个试图适应这个新世界的现有 ISV，还是一个全新的公司？比较每种选择的优点和缺点。

6-13. 几个世纪以来，不断变化的技术已经消除了对某些产品和服务的需求，并创造了对新产品和服务的需求。然而，当下新事物被新技术创造和应用的速度很快。以云服务为例，阐明商务专业人员在技术方面应该采取的姿态，以便在这个快速变化的环境中茁壮成长。注意关键词是成长（thrive），而不仅仅是生存（survive）。

【案例研究 6——Salesforce.com】

1999 年，马克·贝尼奥夫（Marc Benioff）在旧金山的一间小公寓里和另外两位联合创始人一起开发软件。他们一起创建了一个云企业软件，如今已有数百万人在使用。在创办这家新公司之前，贝尼奥夫是甲骨文的一名高管，但他厌倦了大公司的文化。他想离开甲骨文，但离开一个如此成功的工作是一个非常艰难的决定。经过一番深刻的反思和自我反省，贝尼奥夫决定相信自己，创办了一家名为 Salesforce.com 的新公司。

成长中的 Salesforce.com

贝尼奥夫知道他一个人是做不到的，他没有足够的经验和技能来创造他所设想的东西。找到合适的人是一个挑战，并且即使他找到了合适的人，他也必须说服他们，他关于以人为本的软件公司的愿景是可行的，这是很难的。最后，一旦他的团队就位，他就面临着第三个挑战，他需要筹集大量资金来开发公司所需的大型系统。

投资者和风险投资人对他的想法并不感兴趣，所以贝尼奥夫转向朋友。幸运的是，他有一些成功的朋友，包括甲骨文（Oracle）、Dropbox 和 CNET 等公司的创始人和投资者。有了这笔钱，贝尼奥夫和他的联合创始人创办了世界上最早的企业软件即服务（SaaS）公司之一。

不可忽视的力量

如今，Salesforce.com 在客户关系管理（CRM）软件市场占据主导地位。它的销量一直超过 SAP、甲骨文、微软和 IBM 等巨头。Salesforce.com 的客户约三分之一是小企业，其余是比较大的企业。据估计，Salesforce.com 在 400 亿美元的客户关系管理软件市场中占有 20% 的份额[26]。

截至 2018 年，Salesforce.com 的市值超过 980 亿美元，是美国估值最高的云计算公司之一。更令人惊讶的是 Salesforce.com 的发展速度之快。自 2004 年首次公开募股（IPO）以来，Salesforce.com 的股价已经从每股 4 美元（经股票拆分调整）增长到每股 130 美元以上（市盈率为 147）[27]。14 年间，该公司股价上涨了 3150%。自首次公开募股以来，每年上涨 262%。这对任何公司来说都是巨大的增长。Salesforce.com 也已走向全球，它已被翻译成超过 15 种不同的语言。

Salesforce.com 不仅在财务上取得了成功，它也获得了许多奖项，包括 "100 家最适合工作的公司" "世界上最受尊敬的公司" 和 "世界上最具创新力的公司"[28]。

作为一家企业，Salesforce.com 专注于成功的四大支柱：信任、增长、创新和平等。为了建立信任，Salesforce.com 公开与客户沟通，它承诺会尽一切努力保证客户数据的安全。为了促进增长，Salesforce.com 专注于客户的成功，通过与现有客户保持积极的关系，企业不断发展壮大。Salesforce.com 致力于创新，希望自己的想法能给企业、行业甚至世界带来积极的变化。最后，Salesforce.com 追求平等，它致力于雇佣各种背景的员工。这些专注有助于它茁壮成长。

问题

6-14. 访问 www.salesforce.com，单击 "免费试用"，填写所需的内容，并开始免费试用。你将被带到一个名为 Acme 的企业的数据测试站点。点击屏幕左上方的 "参观 Salesforce.com" 链接。浏览标有 "管理你的渠道（13 个步骤）" 的自动导览。
a. 为什么这些面板对市场或销售经理有用？
b. Salesforce.com 如何帮助销售经理增加销售额？
c. 你认为学习 Salesforce.com 的基本知识需要多长时间？

6-15. 解释一下为什么像 Salesforce.com 这样的企业需要这么多的钱才能成功。一旦软件上线，增加额外客户的增量成本有哪些？这对盈利有何影响？

6-16. 为什么选择合适的团队对 Salesforce.com 的起步至关重要？创建 Salesforce.com 这样的 CRM 需要哪些技能？

6-17. 为什么像 SAP、甲骨文、微软和 IBM 这样的科技巨头错过了像 Salesforce.com 这样开发 SaaS CRM 的机会？什么可能会阻止大型科技公司发现 Salesforce.com 这样的潜在机会？

6-18. 是什么推动了 Salesforce.com 的股价和收入的大幅增长？你认为为什么投资者对 Salesforce.com 的股票有这么高的期望？

6-19. 你认为 Salesforce.com 为什么选择信任、增长、创新和平等作为成功的四大支柱？为什么这些对提供 CRM 软件的公司很重要？

6-20. CRM 软件只是软件服务的一种。在 Salesforce.com 有了丰富的经验后，它可能会愿意尝试其他类型的 SaaS。还有哪些其他类型的软件可能是 Salesforce.com 未来开拓的良好候选？为什么？

完成下面的写作练习

6-21. 假设你在 eHermes 工作，维克多告诉你他不相信廉价、弹性地配置数据存储是可行的。他说："一定有什么陷阱。"给他写一页便笺，解释云是如何工作的，包括云处理标准的作用。

6-22. 假设你管理一个使用 SaaS 产品 Salesforce.com 的销售部门。你们的一个主要销售人员拒绝把他的数据输入该系统。"我只是不相信竞争对手不会窃取我的数据，我不想冒这个险。"你如何回应他？

尾注

[1] Eric Jhonsa, "Amazon's New Cloud Deal with Verizon Signals a Bigger Trend," *The Street*, May 15, 2018, accessed June 5,2018, http://realmoney.thestreet.com/articles/05/15/2018/amazons-new-cloud-deal-verizon-signals-bigger-trend.

[2] Yahoo! Finance, *SEC Filings*, accessed June 5, 2018, http://finance.yahoo.com/q/sec?s=AMZN+SEC+Filings.

[3] Bob Evans, "Top Cloud Vendors Will Crush $100 Billion in 2018 Revenue; Microsoft, Amazon, IBM Hit $75 Billion?," *Forbes*, May 21, 2018, accessed June 5, 2018, www.forbes.com/sites/bobevans1/2018/05/21/top-cloud-vendors-will-crush-100-billion-in-2018-revenue-microsoft-amazon-ibm-hit-75-billion/.

[4] Jordan Novet, "Microsoft Narrows Amazon's Lead in Cloud, but the Gap Remains Large," *CNBC*, April 27, 2018, accessed June 5, 2018, www.cnbc.com/2018/04/27/microsoft-gains-cloud-market-share-in-q1-but-aws-still-dominates.html.

[5] Patrick Thibodeau, "Apple, Google, Facebook Turn N.C. into Data Center Hub," *Computerworld*, June 3, 2011, accessed June 5,2018, www.computerworld.com/article/2508851/data-center/apple-googlefacebook-turn-n-c-into-data-center-hub.html.

[6] Signiant, "The Need for Speed Series Part 1: In a Changing Media Landscape," *Studiodaily*, March 20, 2018, accessed June 5, 2018, http://partners.studiodaily.com/signiant/content/the-need-for-speed-series-part-1-in-a-changing-media-landscape.

[7] Hiawatha Bray, "When the Billboard Has a Brain," *The Boston Globe*, April 6, 2018, www.bostonglobe.com/business/2016/05/18/when-billboard-has-brain/TjUFP907S0nUK mqsLihsaN/story.html.

[8] Christopher Mims, "Your Location Data Is Being Sold—Often Without Your Knowledge," *The Wall Street Journal*, April 6, 2018, www.wsj.com/articles/your-location-data-is-being-soldoften-without-your-knowledge-1520168400.

[9] Swati Khandelwal, "Google Collects Android Location Data Even When Location Service Is Disabled," *The Hacker News*, April 6, 2018, http://thehackernews.com/2017/11/android-location-tracking.html.

[10] Signiant, "The Need for Speed Series Part 1: In a Changing Media Landscape," *Studiodaily*, March 20, 2018, accessed June 5, 2018, http://partners.studiodaily.com/signiant/content/the-need-for-speed-series-part-1-in-a-changing-media-landscape.

[11] SAS, "Machine Learning: What It Is & Why It Matters," SAS.com, accessed June 5, 2018, www.sas.com/it_it/insights/analytics/machinelearning.html.

[12] Ibid.

[13] Lukas Biewald, "How Real Businesses Are Using Machine Learning," *TechCrunch.com*, March 19, 2016, accessed June 5, 2018, http://techcrunch.com/2016/03/19/how-real-businesses-are-usingmachine-learning.

[14] Ibid.

[15] Tom Simonite, "Google's Quantum Dream Machine," *TechnologyReview.com*, December 18, 2015, accessed June 5, 2018, www.technologyreview.com/s/544421/googles-quantum-dream-machine.

[16] Jennifer Ouellette, "How Quantum Computers

and Machine Learning Will Revolutionize Big Data," *Wired*, October 14, 2013, accessed June 5, 2018, www.wired.com/2013/10/computers-big-data.

[17] Elizabeth Weise, "IRS Site Back Up and Running—Drawing on Computer Codes That Date Back to the 1960s," *USA Today*, April 18, 2018, www.usatoday.com/story/tech/news/2018/04/18/irs-site-back-up-and-running-drawing-computer-codes-date-back-1960-s/528468002/.

[18] Ibid.

[19] Thomas Claburn, "It's US Tax Day, so of Course the IRS's Servers Have Taken a Swan Dive," *The Register*, April 17, 2018, www.theregister.co.uk/2018/04/17/irs_systems_stumble/.

[20] Ibid.

[21] Ben Casselman, "Everyone Files Their Taxes at the Last Minute," *FiveThirtyEight*, April 15, 2016, http://fivethirtyeight.com/features/everyone-files-their-taxes-at-the-last-minute/.

[22] Rob Stott, "Amazon's Share of Black Friday Transactions Will Shock You," *DealerScope*, November 27, 2017, www.dealerscope.com/article/hitwise-amazons-share-black-friday-transactions-will-shock.

[23] Rose Eveleth, "The Surgeon Who Operates from 400km Away," *BBC.com*, May 16, 2014, accessed June 5, 2018, www.bbc.com/future/story/20140516-i-operate-on-people-400km-away.

[24] Issie Lapowsky, "Video Is About to Become the Way We All Visit the Doctor," *Wired*, April 30, 2015, accessed June 5, 2018, www.wired.com/2015/04/united-healthcare-telemedicine.

[25] Robert Reich, *The Work of Nations: Preparing Ourselves for Twenty-First Century Capitalism* (New York: Vintage Books, 1992), p. 176.

[26] PYMNTS, "Salesforce's Revenues Grow to $3B," June 4, 2018, accessed June 7, 2018, www.pymnts.com/news/b2b-payments/2018/salesforce-revenue-growth.

[27] Yahoo! Finance, "Salesforce.com, Inc. (CRM)," accessed June 7, 2018, http://finance.yahoo.com/quote/CRM/http://finance.yahoo.com/quote/CRM/.

[28] Salesforce.com, "Recognition," accessed June 7, 2018, www.salesforce.com/company/recognition/.

| 第三部分 |
Using MIS, Eleventh Edition

使用信息系统获得竞争优势

在前六章中,你学到了信息系统的基本原理。在接下来的第 7～12 章,你将看到企业如何使用信息系统来实现它们的战略。第三部分(第 7～9 章)将聚焦于讨论信息系统的应用。第四部分(第 10～12 章)将阐述对信息系统的管理。

从第 7 章开始将会提到一个基于云的移动应用,该应用结合了增强现实(AR)头戴式设备与固定自行车。增强现实运动系统(ARES)让用户能够在虚拟环境中与朋友在全息投影的路径上骑行。

目前,像 ARES 的应用并不存在,但许多企业正迅速开发着 AR 应用程序,例如 Microsoft(HoloLens)、Magic Leap 和 Meta。AR 应用程序在教育、娱乐、工业设计、协作和医药领域中都展现出了很大的潜力。

下一页的图展示了利益相关者如何与 ARES 进行交互。ARES 从 AR 头戴式设备、固定自行车和健身手环中采集和整合用户数据。云服务被用于托管和处理所有的用户数据,甚至 ARES 应用自身也托管在云端。

ARES 让用户能够与他们的朋友、教练和雇主分享他们的数据。专业教练能通过著名的骑行路线定制动感单车运动课程,如环法自行车赛阶段培训班。雇主可以给雇员保持健康的资金激励。ARES 还能让用户与朋友、著名骑行家或模仿之前用户动作的虚拟人物一起虚拟骑行。用户可以通过社交媒体分享自己的骑行数据。

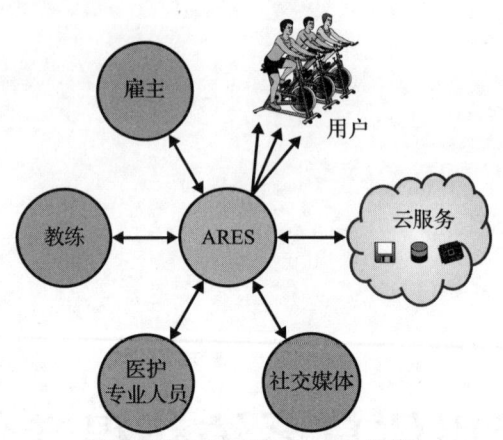

增强现实运动系统（ARES）交互图

ARES 的拥有人泽夫·弗里德曼从他的心脏病医生弗洛雷斯那里购买了一个早期的原型系统。尽管该系统基于网络的交互机制并不成熟，但作为一个病人，泽夫喜欢与该系统交互的经历。它能够从运动设备和健身手环中采集并分析锻炼数据，帮助弗洛雷斯医治自己的病人。遗憾的是，该系统仅在弗洛雷斯自己的医疗实践中被采纳。

作为一个成功的企业家，泽夫看到了这个系统超出医疗领域的潜在商机。当时，他看到了增强现实的出现，并开始考虑其潜在的应用。他用少量现金买下了这家企业并和弗洛雷斯达成特许协议。

通过自己的人脉，泽夫找到并雇用了一位新的总经理艾希莉·特伍德、一位市场营销专业人士凯西·卡斯特利隆和一位顾客服务管理者菲利克斯·拉莫斯。他也从自己另一个企业将技术管理者亨利·基威聘用了过来，并雇用了来自斯坦福大学的 AR 专家拉杰·阿加瓦尔。

第 7 章

Using MIS，Eleventh Edition

信息协作系统

ARES 的所有者泽夫·弗里德曼（Zev Friedman），总经理艾希莉·特伍德（Ashley Turnwood），营销专家凯西·卡斯特利隆（Cassie Castellon），信息系统专业人士亨利·基威（Henri Kivi）和增强现实领域的大师拉杰·阿加瓦尔（Raj Agarwal）将于周六上午在弗里德曼的豪宅举行介绍会。在礼貌的交谈之后，泽夫开始谈正事。

"所以，弗洛雷斯（Flores）哪里出错了？"泽夫问道。他的眼神在人群中快速移动，寻找回应。泽夫很少问他已经知道答案的问题，但他问这个问题是有原因的。他需要知道他是否找到了一个拥有强大领导者的敬业团队。

凯西说："我认为弗洛雷斯就像一位真诚关心帮助人们的好医生。但是他不知道如何经营企业。除了他自己的业务，他没有任何盈利，并且还不断付钱给开发人员，让他们提供越来越多的功能。"

艾希莉看得出泽夫在寻找更实质性的东西，泽夫的目光转向他新雇的总经理。"确实，但弗洛雷斯可能不会把这套系统卖给医生们。医生从昂贵的检查和流程中赚钱，而不是通过硬件、软件和广告。来自弗洛雷斯的系统数据可能会引起医疗保健人员的兴趣，但事实并非如此。它支付他们的抵押贷款。他需要向真正愿意购买的人推销。"

"好吧，那我们要把这个卖给谁？"泽夫问道。

"嗯，现在可能没有人。"艾希莉冷冷地回答，"弗洛雷斯借助基于云的系统收集和整合来自运动设备、移动设备和健身追踪器的数据。他甚至可以生成好看的报表，与其他系统共享数据。这很好，但是现在新款的健身追踪器和智能手表也可以收集和报告运动数据。"

凯西紧张地看着艾希莉，泽夫靠在椅背上，脸上带着一丝微笑。

艾希莉继续说："但是考虑到你招来的人，反正这也不是你想要的。"

"什么意思？"泽夫问道。

"拉杰是斯坦福大学的增强现实专家，我们其他人都热爱骑自行车。好吧，也许这有点夸张了。亨利和我热爱骑自行车，其他人都喜欢骑自行车。如果再加上弗洛雷斯的软件，你就得到了一家娱乐健身混合型公司。"

泽夫微微点了点头，说："很好，那么我们能赚钱吗？"

亨利插话道："我们肯定会通过销售 AR 头戴式设备应用赚钱。针对固定自行车的增强现实应用很酷，头戴式设备和自行车制造商都会喜欢这个应用，因为它将帮助他们销售更多的设备。不过与弗洛雷斯系统的集成将会很棘手。"

拉杰看到了机会："我们还可以出售由专业教练指导的虚拟动感单车课程。想象一下，由 20 名骑手组成的骑行队伍在清晨骑自行车穿过拱门国家公园，那真是太酷了。"他停顿了一下，显然陷入了沉思，然后继续说道："但我不确定我们是否有足够的带宽或后端资源来处理这个问题。"

"凯西，你怎么想？"泽夫问道。

"好吧。"凯西说，"我认为我们应该考虑在 AR 界面中放置广告。谷歌、脸书和推特都是靠广告赚钱的，这是真正的机会。某些公司喜欢在骑自行车的人面前放广告。我们还可以从名人游乐、慈善活动和促销比赛中赚钱。我不知道如何利用社交媒体赚钱。用户是否愿意将自己的数据发布到 Facebook 上？我不确定。"

艾希莉聚精会神地听着，然后说："我认为如果我们能把一些用户介绍给私人教练，我们就能从他们那里获得介绍费。如果他们认为这样能吸引客户，他们甚至可能免费提供给我们虚拟课程。大型企业可能也有兴趣将 ARES 用于他们的工作健康计划。"

"听起来不错。"泽夫赞许地说，"凯西，检查 ARES 的广告收入潜力。拉杰，看看我们的系统能不能应付一个 30 人的虚拟动感单车班。亨利，看看开发应用和后端系统集成数据的成本。艾希莉，你去调查一下教练和雇主。还有什么问题吗？"

每个人都环视桌子，没有人说一句话。

"好的，下周见。"

研究问题

问题 7-1　协作的两个关键特征是什么？

问题 7-2　衡量成功协作的三个标准是什么？

问题 7-3　协作的四个主要目的是什么？

问题 7-4　协作信息系统的需求是什么？

问题 7-5　如何使用协作工具来改善团队沟通？

问题 7-6　如何使用协作工具来管理共享内容？
问题 7-7　如何使用协作工具来管理任务？
问题 7-8　哪种协作信息系统适合你的团队？
问题 7-9　2029 年将会怎样？

章节预览

　　商业是一种社会活动。虽然我们经常说企业完成它们的战略，但实际上不是企业在执行战略，而是企业中的人们通过与他人协作来完成战略。人们几乎总是在团队中工作，商业发生在人与人之间。

　　多年来，技术越来越能够支持团队工作。在你祖父那个年代，人们通过书信、电话和办公室拜访来进行交流。这些技术在 20 世纪八九十年代通过传真和电子邮件得到增强。最近又通过短信、电话会议和视频会议进一步强化。在今天，Office 365 这些产品提供了广泛的工具来支持协作工作。

　　本章研究信息系统支持协作的方式。我们从定义协作、讨论协作活动和设置成功协作的标准开始。接下来，我们将讨论协作团队所做的各种工作和协作信息系统的需求，并举例说明用于改善沟通和共享内容的重要的协作工具。在那之后，我们将回到如今的需求，并研究可以提高学生协作的三种不同协作信息系统的使用。最后，我们将以 2029 年的协作讨论作为结束。

问题 7-1　协作的两个关键特征是什么？

　　要回答这个问题，我们必须首先区分合作和协作这两个术语。合作是一群人在一起工作，即所有人都在做本质上相同类型的工作，以完成一项工作。例如，一个由四名画家组成的团队正在合作是因为他们各自在同一个房间里画不同的墙壁。类似地，杂货店的一组检查人员或邮局的职员正在合作为顾客服务。一个合作的团队可以比单独工作的个人更快地完成给定的任务，但合作的结果通常并不比单独工作的结果更好。

　　在本书中，我们将协作定义为一群人一起工作，通过反馈和迭代过程来实现一个共同的目标。使用反馈和迭代，一个人将产生一些内容，例如，一个文档的草案，另一个人将审查该草案并提供批判性的反馈。根据反馈，原作者或其他人将修改初稿以产生第二稿。工作在一系列阶段或迭代中进行。在这个过程中，一些内容被生产出来，成员们批评它，然后另一个版本被生产出来。通过迭代和反馈，团队的结果可以比任何个人单独产生的结果更好。这是可能的，因为不同的小组成员提供了不同的视角。"哦，我从来没有这样想过"是协作成功的典型信号。

　　大多数学生团队错误地使用合作而不是协作。给定一项作业，由五名学生组成的小组将把它分成五个部分，独立完成他们的部分，然后将他们的独立作业合并在一起，由导师打分。这样的过程将使项目完成得更快且每一个人的工作量更少，但它不会比学生们单独工作得到的结果更好。

　　相比之下，当学生们协作工作时，他们提出了一个最初的想法或工作产品。彼此就这些想法或产品提供反馈，然后根据反馈进行修改。这样的过程所产生的结果远远优于任何一个学生单独工作所产生的结果。

建设性批评的重要性

根据这个定义，要想协作成功，成员必须提供并接受建设性的批评。建设性的批评既有积极的建议，也有消极的建议，它们都可以改善结果。大多数团队成员都能给出良好的反馈。这很简单，也能被社会接受。对于成员来说，给予和接受批判性的反馈要困难得多。一个每个人都太有礼貌而不说任何批评的话的团队是无法进行协作的。事实上，只提供积极反馈的团队很容易受到群体思维的影响，这是一种对群体凝聚力的渴望导致了决策失误的现象。

另一方面，一个成员之间变得不信任，甚至憎恨，且如此挑剔和消极的团队，也不能有效地协作。批判性反馈需要以友好、合理的方式呈现。学习如何有效地给出批判性的反馈需要练习。对于大多数团队来说，当团队成员能够给予有利和批判性的反馈时，成功就已经变得如同探囊取物一般容易。

为了强调这一点，看看迪特科夫（Ditkoff）、艾伦（Allen）、摩尔（Moore）和波拉德（Pollard）的研究。他们调查了 108 名商业专业人士，以确定成为良好协作者的素质、态度和技能[1]。图 7-1 列出了调查中报告的最重要和最不重要的特征。大多数学生惊讶地发现，前 12 个特征中有 5 个涉及分歧。大多数学生认为"我们都应该和谐相处"，并且在团队事务上或多或少有相同的想法和观点。虽然对于团队来说，足够善于交际以共同工作是很重要的，但这项研究表明，团队成员拥有不同的想法和意见并相互表达也很重要。

有效协作者最重要的特征
1. 对协作的主题充满热情。
2. 思想开放，好奇心强。
3. 敢于说出自己的想法，即使这是一个不受欢迎的观点。
4. 及时回复我和其他人。
5. 愿意参与困难的讨论。
6. 是一个敏锐的倾听者。
7. 善于给予/接受负面反馈。
8. 愿意提出不受欢迎的观点。
9. 自我管理能力强，维护成本低。
10. 以遵守承诺而闻名。
11. 愿意热情地深入研究某个话题。
12. 和我想的不一样/带来不同的观点。
……
31. 井井有条。
32. 是我立刻喜欢上的人。有化学反应。
33. 已经赢得了我的信任。
34. 有合作经验。
35. 一位有技巧和说服力的演讲者。
36. 善于交际且充满活力。
37. 是我之前认识的人。
38. 在我们的协作领域已经建立了良好的声誉。
39. 是一个经验丰富的商人。

图 7-1 协作的关键特征

当我们将协作视为团队成员给予和接受反馈的迭代过程时，这些结果并不令人惊讶。在协作过程中，团队成员相互学习，如果没有人愿意表达不同，甚至不受欢迎的观点，就很难学习。接受采访的专业商务人士似乎也在说，"你可以提出反对意见，只要你关心我们在做什么"。这些协作技能对于那些被教导"与他人相处融洽"的人来说并不是轻而易举的，但这可能就是它们在调查中排名如此靠前的原因。

被评为不相关的特征也能说明问题。协作经验或商业经验似乎并不重要。受欢迎也不重要。然而，令人惊讶的是，在39个特征中，井井有条排在第31位。也许协作本身并不是一个秩序良好的过程。

给予和接受建设性批评的指导方针

给予和接受建设性的批评是最重要的协作技巧。你需要知道如何以积极的方式给予批判性的反馈。因此，在我们讨论信息系统在改善协作方面可以发挥的作用之前，先研究给予和接受批判性反馈的指导方针，如图7-2所示。

指导方针	示例
\multicolumn{2}{给予建设性的批评}
要具体。	不具建设性："整个事情就是一团糟。" 建设性批评："我一直很困惑，直到我读到第二部分。"
提供建议。	不具建设性："我不知道该怎么办。" 建设性批评："考虑把第二部分移到文档的开头。"
避免个人评论。	不具建设性："只有白痴才会把分析部分放在最后。" 建设性批评："分析部分可能需要移到前面。"
设定积极的目标。	不具建设性："你必须要注意最后期限。" 建设性批评："以后，试着合理安排你的时间，这样你就能在最后期限前完成任务。"
\multicolumn{2}{接受建设性的批评}
控制情绪。	不具建设性："他真是个混蛋。他为什么对我的作品吹毛求疵？" 建设性批评："为什么我对他刚才的评论这么生气？"
不要主宰一切。	不具建设性："你和别人说话用了一半的时间。" 建设性批评："如果小组有四个成员，你只有四分之一的时间。"
向团队承诺。	不具建设性："我已经做了我该做的。我不会重写我的作品，它已经足够好了。" 建设性的批评："哎呀，我真的不想重做那个部分，但如果你们都认为它很重要，那我就做吧。"

图7-2 给予和接受建设性批评的指导方针

许多学生发现，当他们第一次组成一个协作小组时，首先讨论建设性批评指导方针是很有用的（见图7-2）。从这个列表开始，然后使用反馈和迭代来开发你自己的列表。当然，如果一个小组成员没有遵循商定的指导方针，就必须有人为此提供建设性的批评。

提示！

如果你像大多数商科本科生（尤其是大一大二学生）一样，你的生活经历让你无法理解协作的必要性。到目前为止，几乎你认识的每个人都有和你一样的经历，并且或多或少地和你有一样的想法。你的朋友和同事都有相同的教育背景，并且对成功有着相同的追求。那么，为什么要协作呢？你们大多数人都是这么想的："教授想要什么？什么是最简单、最快的方法？"

所以，考虑一下这个思想实验。你的公司正计划建立一个新工厂，这对新生产线的成功至关重要，并将创造 300 个新工作岗位。然而县政府不会签发建筑许可证，因为该地点容易发生山体滑坡。你的工程师相信你的设计克服了这种风险，但首席财务官（CFO）担心一旦出现问题可能会引发诉讼，并且公司的法律顾问正在调查如何在限制责任的同时克服县政府的反对。与此同时，当地的一个环保组织正在抗议你的选址，因为他们认为选址离鹰巢太近了。你们的公关总监每周都和这些当地团体会面。

你会继续这个项目吗？

为了做出决定，你创建了一个由首席工程师、首席财务官、法律顾问和公关总监组成的工作团队。每个人都有不同的教育和专业知识、不同的生活经历和不同的价值观。事实上，他们唯一的共同点是他们都是由你的公司雇佣的。这个团队将以与你目前的经验截然不同的方式参与协作。在阅读本章时，请记住这个例子。

总结：协作的两个关键特征是迭代和反馈。

问题 7-2　衡量成功协作的三个标准是什么？

J. 理查德·海克曼（J.Richard Hackman）研究团队协作了多年，他的《高效团队》一书中包含了许多对未来管理者有用的概念和技巧[2]。根据海克曼的说法，判断团队成功有三个主要标准。

- 成功的结果
- 团队能力的增长
- 有意义和令人满意的体验

成功的结果

大多数学生主要关心的是第一个标准。他们想要得到一个好的结果（通过他们的成绩来衡量），或者想要以一个可接受的成绩完成项目，同时尽量减少所需的努力。对于商务专业人士来说，团队需要完成他们的目标：做出决定、解决问题或创建产品。不管目标是什么，成功的第一个标准是"我们做到了吗？"。

虽然在学生团队中不明显，但大多数业务团队需要问："我们是否在规定的时间和预算内完成了？"如果团队生产工作产品的时间过晚或远远超出预算，即使他们确实实现了目标，也是不成功的。

团队能力的增长

其他两个标准让大多数学生感到惊讶，可能是因为大多数学生团队都是短暂的。但是，在企业中，一个团队通常会维持几个月或几年的时间，问一问"团队变得更好了吗？"是有意义的。如果团队是固定的，比如说，一个客户支持人员团队，那么团队成长的好处会更大。随着时间的推移，团队将变得更好，它会变得更有效率。因此，随着时间的推移，团队以给定的成本提供更多的服务，或者以更低的成本提供相同的服务。

一个团队如何变得更好？首先，它开发了更好的工作流程。活动被合并或取消。建立联系是为了让"左手知道右手在做什么"、知道需要什么或能提供什么。随着个人在任务上的改进，团队也会变得更好。这种改进的一部分是学习曲线，即当一个人反复做一件事时，他会做得更好。但团队成员也会互相帮助并提供其他团队成员需要的观点。

有意义和令人满意的体验

海克曼对团队成功定义的第三个要素是团队成员拥有有意义和令人满意的体验。当然，团队目标的本质是使工作有意义的主要因素。但我们中很少有人有机会研发一种拯救生命的癌症疫苗，或设计一种阻止人类饥饿的新小麦品种。对我们大多数人来说，这是一个制造产品、发货、核算付款或寻找前景的问题。

那么，在大多数商务人士的世界里，是什么让工作有意义呢？海克曼在他的书中引用了大量的研究，其中一个共同点是团队认为这项工作是有意义的。比如保持产品数据库中的价格是最新的可能不是最令人兴奋的工作，但如果团队认为这项任务很重要，它就会变得有意义。

此外，如果一个人的工作不仅被认为是重要的，而且做这项工作的人也得到了肯定，那么这种经历就会被认为是有意义的。因此，对出色工作的认可对于有意义的工作体验至关重要。

团队满意度的另一个方面是友情。对于商务专业人士，当他们感觉自己是团队的一员时，他们会充满活力，各司其职，并共同努力实现一些有价值的事情。

问题 7-3 协作的四个主要目的是什么？

协作团队实现四个主要目的。
- 获取信息
- 做出决策
- 解决问题
- 项目管理

这四个目的相互依存。例如，做出决策需要通知团队成员。反过来，为了解决问题，团队必须有能力做出决策（并获取信息）。最后，要开展一个项目，团队必须能够解决问题（并做决定和获取信息）。

在这个问题中，我们将考虑这四个目的的协作性质，并描述支持它们的信息系统的需求，我们将从最基本的获取信息开始。

获取信息

获取信息是第一个也是最基本的协作目的。回想一下第 1 章，虽然两个人可以接收到相同的数据，但他们可以联想到不同的信息。获取信息的目标是尽可能地确保团队成员以相同的方式联想信息。

例如，正如你在开头的场景中所读到的，泽夫为 ARES 团队分配了几项任务，其最终目标是增加收入。团队的首要任务之一是确保每个人都理解该目标，并进一步理解实现该目标的不同方法。

获取信息以及所有协作的目的对协作信息系统提出了几个要求。正如你所期望的那样，团队成员需要能够共享数据并相互交流。此外，由于记忆可能会出错、团队成员也可能会改变，因此有必要记录团队对所联想信息的理解。为了避免"一遍又一遍地"讨论一个主题，需要一个类似于 wiki 的信息库。我们将在问题 7-5 中详细介绍这一点。

做出决策

协作被用于某些类型的决策，但并非全部。因此，为了理解协作的作用，我们必须从分析决策开始。决策分为三个层次：运营、管理和战略。

运营决策

运营决策是那些支持运营和日常活动的决策。典型的运营决策是：我们应该从供应商 A 订购多少小零件？我们是否应该向供应商 B 提供信贷？我们今天应该支付哪些发票？

管理决策

管理决策是那些关于资源分配和利用的决策。典型的管理决策是：我们明年应该给 A 部门的计算机硬件和程序多少预算？我们应该为 B 项目分配多少名工程师？明年我们需要多少平方英尺的仓库空间？

一般来说，如果一个管理决策需要考虑不同的角度，那么它将从协作中受益。例如，考虑是否在明年增加员工工资的决定。通常在企业中没有一个人能给出答案，因为这一决定取决于对通货膨胀率、行业趋势、组织的盈利能力、工会的影响以及其他因素的分析。高级经理、会计师、人力资源人员、劳资关系经理以及其他人对这个决定会有不同的看法。他们将产生一个决策方案，评估该方案，并以迭代的方式进行修改——这是协作的本质。

战略决策

战略决策是那些支持大范围、组织性问题的决策。战略层面的典型决策是：我们是否应该开始一条新的产品线？我们应该在田纳西州开一个集中仓库吗？我们要收购 A 公司吗？

战略决策几乎总是要协作的。考虑一下是否将制造业务转移到国外的决定。这个决定将影响到企业中的每个员工、企业的供应商、客户和股东，因此必须考虑到许多因素和对每一个因素的许多观点。

决策过程

信息系统可以根据其决策过程是结构化的还是非结构化的进行分类。这些术语指的是要做出决策的方法或过程，而不是根本问题的性质。结构化决策过程是一个能够被理解和接受的决策方法的过程。计算库存中物品的再订购数量的公式是结构化决策过程的一个例子。为员工分配家具和设备的标准方法也是一个结构化决策过程。结构化决策很少需要协作。

非结构化决策过程是指没有一致同意的决策方法的决策过程。预测经济或股票市场的未来走向是一个经典的例子，其预测方法因人而异，它既没有标准化，也没有被广泛接受。非结构化决策过程的另一个例子是评估一个员工是否适合执行特定的工作。经理们做出这种评估的方式各不相同。非结构化决策通常是协作的。

决策类型与决策过程的关系

决策类型和决策过程是松散相关的。运营层面的决策往往是结构化的，而战略层面的决策往往是非结构化的。管理决策往往是结构化的和非结构化的。

我们使用"往往"这个词是因为这种关系有例外。一些运营决策是非结构化的（例如"在返校节比赛的前一天晚上，我们需要多少出租车司机？"），而一些战略决策可以是结构化的（例如"我们应该如何分配新产品的销售配额？"）。然而，总的来说，这种关系是成立的。

决策制定和协作系统

如前所述，很少有结构化决策涉及协作。例如，决定从供应商 B 订购多少产品 A 不需要协作的成员之间的反馈和迭代。尽管生成订单的过程可能需要采购、会计和制造部门人员的协调工作，但很少需要一个人对另一个人的工作发表评论。事实上，在常规的、结构化的决策中涉及协作是昂贵、浪费和令人沮丧的。"我们什么事都得开个会吗？"这是一个常见的抱怨。

对于非结构化决策，情况就有所不同了，因为反馈和迭代是至关重要的。对于要决定什么、如何做出决定、哪些标准是重要的，以及决策方案在这些标准下的得分，成员们带来了不同的想法和观点。团队可以得出初步结论，并讨论这些结论的可能结果。成员们经常会改变他们的立场。图 7-3 说明了当决策过程变得不那么结构化时，协作需求的变化。

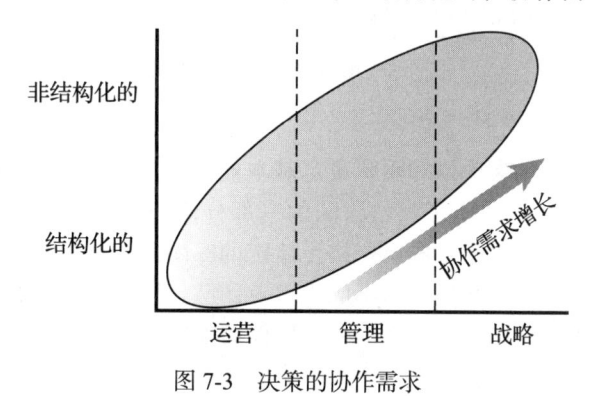

图 7-3　决策的协作需求

解决问题

解决问题是我们需要协作的第三个主要原因。问题是一种现实和理想之间的感知上的差异。因为它是一种感知，所以不同的人可以有不同的问题定义。

因此，对于一个解决问题的协作团队来说，第一个，也可以说是最重要的任务是定义问题。例如，ARES 团队被指派的问题是寻找增加收入的方法。作为获取信息的一部分，首先需要确保团队成员理解这个目标，并对增加收入的不同方式有共同的理解。

然而，因为问题是什么和应该是什么之间的差异，所以"增加收入"的说法远远不够。增加 1 美元算增加吗？ 10 万美元够了吗？要增加 100 万美元才够吗？一个更好的问题定义是收入增加 10%、10 万美元，或其他更具体的陈述。

主要问题解决任务如图 7-4 所示。因为这篇文章是关于信息系统的，而不是关于问题解决本身，所以我们不会在这里深入研究这些任务。只需要注意需要完成的工作，并考虑反馈和迭代对每个任务的作用。

- 定义问题
- 确定方案
- 指定评估标准
- 评估方案
- 选择一个方案
- 实施解决方案

图 7-4　问题解决任务

项目管理

项目管理是一门丰富而复杂的学科，有许多理论、方法和技术。在这里，我们将只涉及四个主要项目阶段的协作方面。

项目是为了创造或生产某物而形成的。最终目标可能是一个营销计划、一个新工厂的设计、一个新产品，也可能是执行年度审计。由于项目在性质和规模上差异很大，我们将在这里总结一般的项目阶段。图 7-5 显示了项目管理的四个阶段、每个阶段的主要任务，以及协作团队需要共享的数据类型。

阶段	任务	共享数据
启动	设置团队权限；确定项目范围和制定初步预算；形成团队；建立团队角色、职责和权限；建立团队规则	团队成员个人资料；启动资料
计划	确定任务和依赖关系；分配任务；确定进度；修改预算	项目计划、预算和其他文件
执行	执行项目任务；管理任务和预算；解决问题；必要时重新安排任务；记录并报告进度	在制品；更新任务；更新项目进度；更新项目预算；项目状态文件
收尾	确定完成；准备档案文件；团队解散	档案文件

图 7-5　项目管理任务和数据

启动阶段

启动阶段的基本目的是为项目和团队设定基本规则。在行业中，团队需要确定或理解他们拥有什么权限。项目交给团队了吗？团队的一部分任务是确定项目是什么吗？团队是否可以自由决定团队成员资格，还是成员资格是给定的？团队是否能够设计自己的方法来完成项目，还是需要特定的方法？学生团队不同于工业团队，因为其权限和成员都是由导师设定的。然而，尽管学生团队没有权力定义项目，但他们确实有权决定项目如何完成。

启动阶段的其他任务是确定项目范围和制定初步预算。通常，这个预算是初步的，在项目计划完成后进行修订。最初的团队在这个阶段形成，团队成员可能会随着项目的进展而变化。在一开始就设定团队成员的期望是很重要的。每个团队成员将扮演什么角色，他将有什么责任和权力？在做出决策中讨论并建立团队规则。

计划阶段

计划阶段的目的是确定"谁将在何时做什么"。定义工作活动，并为它分配人员、预算和设备等资源。任务可以相互依赖。例如，在创建要评估的方案列表之前，你不能评估方案。在这种情况下，我们说在任务"评估方案"和任务"创建方案列表"之间存在任务依赖关系。在完成"创建方案列表"任务之前，不能开始"评估方案"任务。

一旦分配了任务和资源，就可以确定项目进度。如果进度不能接受，则可以向项目中添加更多资源或缩小项目范围。然而，这样可能会出现风险。项目预算通常也会在这个时候进行修改。

执行阶段

项目任务在执行阶段完成。这里的关键管理挑战是确保任务按时完成，如果不能，则尽早发现进度问题。随着工作的进展，经常需要添加或删除任务、更改任务分配、添加或删除任务劳动力或其他资源等。另一个重要的任务是记录和报告项目进度。

收尾阶段

现在结束了吗？这个问题很重要，有时也很难回答。如果工作没有完成，团队需要定义更多的任务并继续执行阶段。如果答案是肯定的，那么团队需要记录其结果，为未来的团队记录信息，结束项目并解散团队。

查看图 7-5 的第三列。所有这些项目数据都需要存储在团队可以访问的位置。此外，所有这些数据都受到反馈和迭代的影响。这意味着将有数百甚至数千个版本的数据项需要管理。我们将在问题 7-6 中讨论协作信息系统管理此类数据的方式。

问题 7-4　协作信息系统的需求是什么？

正如你所期望的，协作信息系统，或者更简单地说，协作系统是支持协作的信息系统。在这里，我们将讨论此类系统的组成，并利用问题 7-1 和问题 7-2 中的讨论来总结协作信息系统的需求。

协作信息系统是信息系统的一个实例，你和团队成员可以且应该构建它。因为你不熟悉信息系统，所以我们首先总结此类系统的五个组成部分，然后我们将调查团队（包括你的团队）在构建协作信息系统时应该考虑的需求。

协作信息系统的五个组成部分

作为信息系统，协作系统具有每个信息系统的五个组成部分：硬件、软件、数据、流程和人员。在硬件方面，每个团队成员都需要一个参与团队工作的设备，它可以是个人计算机，也可以是像 iPad 这样的移动设备。此外，由于团队需要共享数据，因此大多数协作系统将文档和其他文件存储在 Google Drive 或微软 OneDrive 等服务器上。

协作程序包括电子邮件、短信、Google Docs、微软在线办公软件以及其他支持协作工作的工具。我们将在问题 7-5 到问题 7-7 中探讨这些工具。

关于数据部分，协作涉及两种类型。项目数据是协作工作产品一部分的数据。例如，对于一个设计新产品的团队来说，设计文档就是项目数据的示例。描述推荐解决方案的文档是解决问题项目的项目数据。项目元数据是用于管理项目的数据。计划、任务、预算和其他管理数据都是项目元数据的例子。顺便说一下，这两种类型的数据都要经过迭代和反馈。

协作信息系统流程指定了开展团队工作的标准、政策和技术。审查文档或其他工作产品的过程就是一个例子。为了减少混乱并加强控制，团队可能会建立一个流程，指定谁将以某种顺序审查文档。关于谁可以对哪些数据做什么的规则也编入了流程。流程通常由团队设计，有时由于所使用的协作工具的局限性，需要对它们进行调整。

协作系统的最后一个组成部分是人员。我们在问题 7-1 中讨论了给予和接受批判性反馈能力的重要性。此外，团队成员需要知道如何以及何时使用协作应用程序。

主要功能：交流和内容共享

图 7-6 显示了根据海克曼团队成功的三个标准分类的需求（问题 7-2 中讨论）。为了按时并按预算完成工作，团队需要来自协作系统的支持来进行沟通、管理多个版本的内容以及管理任务。我们将在问题 7-5 到问题 7-7 中讨论支持这些需求的工具。请注意，这些需求支持迭代和反馈，正如你对支持协作的信息系统所期望的那样。图 7-6 还显示了团队能力增长的需求，以及创建有意义和令人满意的体验的需求。

正如你将了解到的，有许多构建信息系统来满足这些需求的方案。我们将在问题 7-8 中探讨三个。在协作练习 7 中，你将看到你在协作练习 1 中创建的协作系统的有效性或无效性。这样做会有很大的好处，因为它会让你反思你的协作经验，并应用本章介绍的原则。它还会给你提供一些见解，你可以在其他团队或其他课程中使用，当然，也包括在你的职业生涯中。

图 7-7 列出了问题 7-3 中讨论的协作活动的四个目的，并总结了针对每个目的对协作系统的信息系统需求。当你分析自己的协作信息系统时，首先要确定你所从事的工作类型，然

后使用图 7-7 来帮助你确定需求。

团队成功的标准	需求
按时、按预算完成工作	交流（反馈）；管理多个版本的内容（迭代）；管理任务（按时，按预算）
团队能力的增长	记录经验教训；文档定义、概念和其他知识；支持团队内部培训
有意义和令人满意的体验	建立团队精神；奖励成就；创造重要感

图 7-6　协作信息系统的需求

团队目标	需求
获取信息	共享数据；支持团队沟通；管理项目任务；存储历史
进行决策	分享决策标准、可选描述、评估工具、评估结果和实施计划；支持团队沟通；管理项目任务；根据需要发布决策；存储分析及结果
解决问题	分享问题定义、解决方案、成本和收益、方案评估和解决方案实施计划；支持团队沟通；管理项目任务；根据需要发布问题和解决方案；存储问题定义、解决方案、分析和计划
管理项目	支持项目阶段的启动、计划、执行和收尾（见图7-5）；支持团队沟通；管理项目任务

图 7-7　不同协作目标的需求

问题 7-5　如何使用协作工具来改善团队沟通？

由于需要提供反馈，因此团队沟通对每个协作项目都是必不可少的。然而，除了反馈之外，沟通对于管理内容、项目任务以及如图 7-6 和图 7-7 所示的其他需求也很重要。开发一个有效的沟通工具是你的团队应该做的第一件事，它可以说是协作的最重要的特征。

使用的特定工具取决于团队沟通的方式，如图 7-8 所示。当所有团队成员同时会面时，就会发生同步通信，例如通过电话会议或面对面会议。当团队成员不同时见面时，就会发生异步通信。同一地点工作不同班次的员工或在世界各地不同时区工作的团队成员必须异步会面。

同步		异步
共享日历；邀请和出席		
单个地点	多个地点	单个或多个地点
办公软件，如 Word 和 PowerPoint；共享白板	电话会议；多人文字聊天；屏幕共享；网络研讨会；在线视频会议	电子邮件；讨论区；团队调查
虚拟会议		

图 7-8　用于沟通的协作工具

大多数学生团队都尝试面对面交流，至少一开始是这样。然而，安排这样的会议总是很困难，因为学生的时间表和职责不同。如果你打算安排这样的会议，可以考虑创建一个在线小组日历，让团队成员每周发布他们的空闲时间。另外，使用 Microsoft Outlook 中的会议功能来发出邀请并收集回复。如果你没有 Outlook，可以使用像 Evite（www.evite.com）这样的互联网网站。

对于大多数面对面的会议，你几乎不需要做什么。标准的 Office 应用程序或类似于它们的免费软件（如 LibreOffice）就足够了。然而，研究表明，面对面会议可以从共享的在线工作空间中受益，如图 7-9 所示 [3]。有了这样的白板，团队成员可以同时打字、写字和画画，这使得在给定的时间内可以提出更多的想法，而不是团队成员必须依次等待口头表达想法。如果你有这样的白板，在面对面的会议中尝试一下，看看它是否对你的团队有用。

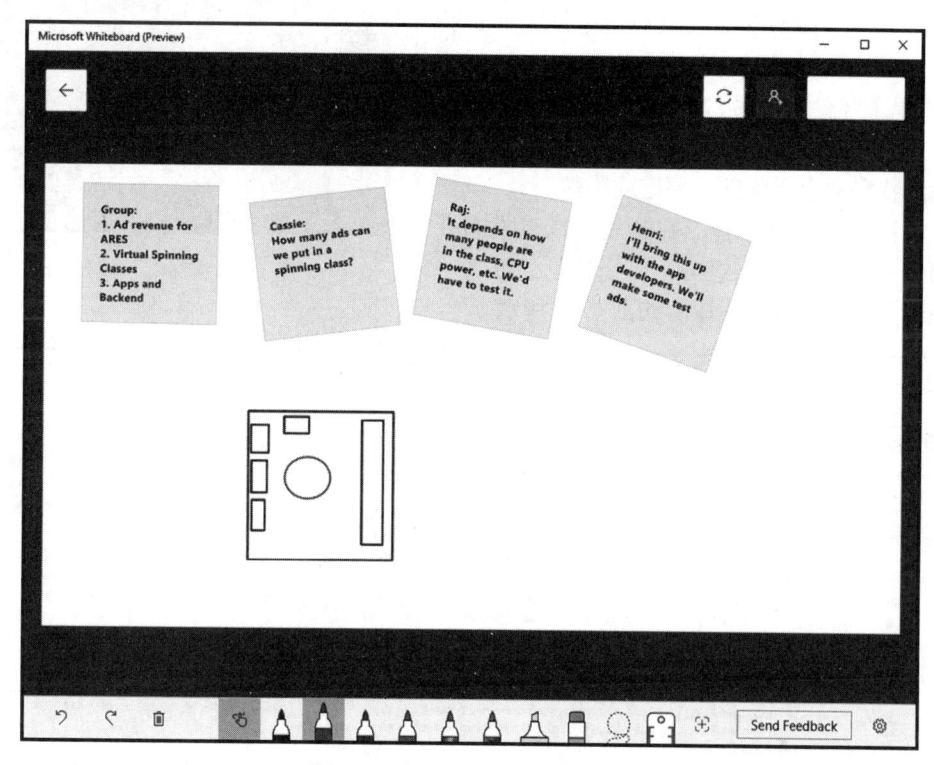

图 7-9　微软白板显示同步参与

　　然而，考虑到今天的通信技术，大多数学生应该放弃面对面的会议。它们太难安排了，并且不值得麻烦。相反，要学会使用虚拟会议，让参与者不在同一地点或不在同一时间也能见面。

　　如果你的虚拟会议是同步的（所有人都在同一时间开会），可以使用电话会议、多人文字聊天、屏幕共享、网络研讨会或视频会议。有些学生觉得在学校作业中使用文字聊天很奇怪，但为什么不呢？你可以在任何地方参加会议，而不用发出声音。像 Skype for Business 一样，Hangouts 支持多人文本聊天。此外，还有谷歌和必应的"多人文字聊天"等其他类似的产品。

　　屏幕共享应用程序允许用户查看相同的白板、应用程序或显示。ARES 会议白板示例如图 7-9 所示。这个白板允许多人同时参与。它允许用户同时发布自己的笔记、绘制形状和插入图片。一些团队将白板保存为会议记录。

　　网络研讨会是一种虚拟会议，与会者可以查看其中一位与会者的计算机屏幕，以获得更正式、更有条理的演示。WebEx（www.webex.com）是一个流行的商业网络研讨会应用程序，用于虚拟销售演示。

　　如果你的团队中每个人的计算机上都有摄像头，你也可以进行视频会议，如图 7-10 所示。你可以使用谷歌 Hangouts、WebEx 或 Skype for Business，我们将在问题 7-8 中讨论。

视频会议比文字聊天更具侵入性（你必须梳头），但它确实更贴近个人。

在一些课堂和场合中，同步会议甚至是虚拟会议都是不可能安排的，因为你不可能同时把所有人都召集到一起。在这种情况下，当团队必须异步会面时，大多数学生尝试通过电子邮件进行交流。电子邮件的问题是有太多的自由，因为"躲避"电子邮件很容易，所以并不是每个人都会参加。电子邮件线程变得混乱和断开连接。事后，很难找到特定的电子邮件、评论或附件。

讨论区是另一种选择。在这里，成员发布一个条目，它可能是一个想法、一个评论，或者一个问题，其他成员将会回应，如图 7-11 所示。

图 7-10　视频会议的例子

图 7-11　讨论区的例子

这样的论坛比电子邮件更好，因为讨论很难偏离轨道。然而，对于一些团队成员来说，仍然很容易不参加。

团队调查是另一种形式的通信技术。有了这些，一个团队成员创建一个问题列表，其他团队成员回答。调查是获取团队意见的有效方式，因为它们通常很容易完成，所以大多数团队成员都会参与。像 Socrative（www.socrative.com）或 SurveyMonkey（www.surveymonkey.com）这样的实时调查软件允许团队匿名提出想法，提供即时反馈，并生成详细的调查报告。匿名调查可以增加个人参与度和团队认同度，因为成员更愿意贡献想法，而不用担心被发现和批评。而且，很容易确定谁还没有回复。一个团队调查结果如图 7-12 所示。微软 SharePoint 有一个内置的调查功能，正如我们在问题 7-8 中讨论的那样。

视频和音频记录对于异步通信也很有用。关键的演示或讨论可以被记录下来，并在团队成员方便的时候回放。这些录音对培训新员工也很有用。

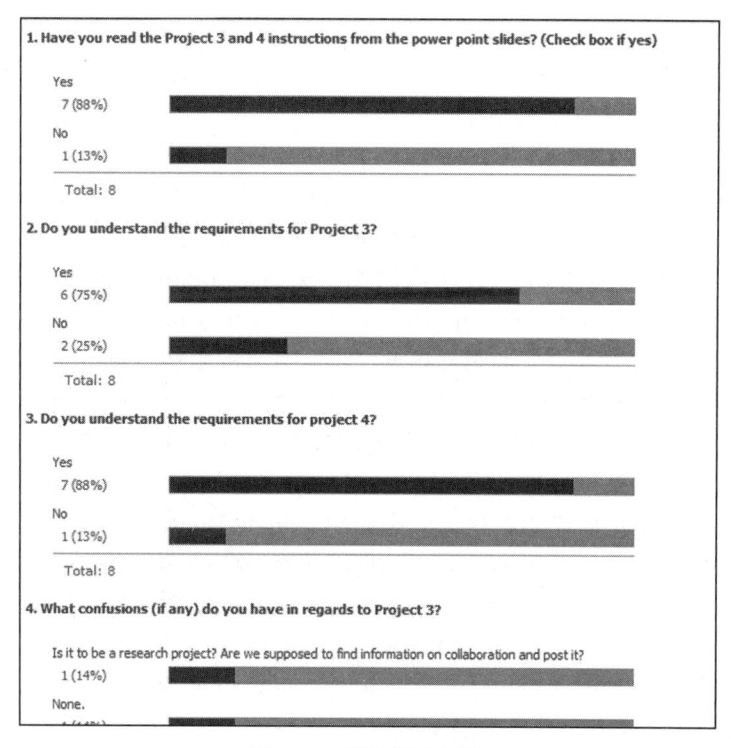

图 7-12　团队调查例子

问题 7-6　如何使用协作工具来管理共享内容？

内容共享是协作系统的第二个主要功能。为了实现迭代和反馈，团队成员需要共享项目数据（例如文档、电子表格和演示文稿）和工作产品数据以及项目元数据（例如任务、时间表、日历和预算）。团队使用的应用程序和共享数据的方法取决于内容的类型，如图 7-13 所示[4]。

内容类型	桌面应用程序	网络应用	云驱动
办公文档（Word、Excel、PowerPoint）	Microsoft Office、LibreOffice、OpenOffice	Google Docs（导入或导出）、Microsoft Office Online（仅适用于 Microsoft Office）	Google Drive、Microsoft OneDrive、Microsoft SharePoint、Dropbox
PDF 文档	Adobe Acrobat	Viewers in Google Drive、Microsoft OneDrive、Microsoft SharePoint	Google Drive、Microsoft OneDrive、Microsoft SharePoint、Dropbox
照片、视频	Adobe Photoshop、Camtasia 等	Google Picasa	Google Drive、Microsoft OneDrive、Microsoft SharePoint、Apple iCloud、Dropbox
其他（工程图纸）	具体应用（Google SketchUp）	罕见	Google Drive、Microsoft OneDrive、Microsoft SharePoint、Dropbox

图 7-13　内容应用和存储方案

对于共享 Word、Excel 和 PowerPoint 等 Office 文档的团队来说，桌面应用程序的黄金标准是 Microsoft Office。然而，这套软件的正版授权非常昂贵。为了最小化成本，一些团队使用 LibreOffice（www.libreoffice.org）或 Apache OpenOffice（www.openoffice.org）。两者都是免费的开源产品。这些产品只有 Microsoft Office 的一小部分特性和功能，但它们的功能已经足够强大，适合许多企业和学生使用。

共享其他类型文档的团队需要安装用于处理这些特定类型的应用程序。例如，Adobe Acrobat 处理 PDF 文件、Photoshop 和 Google Picasa 处理照片，以及 Camtasia 提供了一些视频，这些视频对教授团队成员如何使用计算机应用程序很有用。

除了桌面应用程序，团队还可以在他们的浏览器（Firefox、Chrome 等）中使用网络应用程序处理某些类型的内容。Google Docs 和 Microsoft Office Online 都可以处理 Word、Excel 和 PowerPoint 文件。但是，谷歌对这些文件有自己的版本。因此，如果用户上传使用桌面应用程序创建的 Word 文档，然后希望编辑该文档，他必须通过使用 Google Docs 打开它，以将它转换为 Google Docs 格式。在编辑文档之后，如果用户希望将文档变回 Word 格式，他将需要将其专门保存为 Word 格式。一旦用户意识到需要这样做，这就不难了。当然，如果团队从不使用桌面应用程序，而是使用 Google Docs 通过 Web 创建和处理文档，那么就不需要在桌面和 Google Docs 格式之间进行转换。Microsoft Office Online 可以以类似的方式使用，但 Office Online 将只编辑使用 Microsoft Office 文件格式（例如 .doc、.xls 等）创建的文档。使用 LibreOffice 和 OpenOffice 的专有 ODF 格式（例如 .odt、.ods 等）创建的文档不能使用 Microsoft Office Online 编辑。但是，你可以更改 LibreOffice 中的默认设置，以便将文档保存为 Microsoft Office 文件格式。

浏览器应用程序要求文档存储在云服务器上。Google Docs 文档必须存储在 Google Drive 上，Microsoft Office Online 必须存储在 Microsoft OneDrive 或 Microsoft SharePoint 上。我们将在本章后面讨论版本管理时说明 Google Docs 和 Google Drive 的使用。

Office 文档以外的文档可以存储在任何云服务器上（但不能通过浏览器处理）。团队成员将文档存储在服务器上，以供其他团队成员访问。Dropbox 是一种常见的方案，但你也可以使用 Google Drive、Microsoft OneDrive 和 SharePoint。你还可以在苹果的 iCloud 上存储照片和视频。

图 7-14 列出了不受控制、版本管理和版本控制三类内容协作工具。

内容共享方案		
不受控制	版本管理	版本控制
电子邮件的附件、服务器上共享的文件	Google Docs、Microsoft Office 365、Microsoft Office	Microsoft SharePoint

内容控制程度上升

图 7-14　内容共享的协作工具

不受控制的内容共享

共享内容最原始的方式是通过电子邮件附件。然而，电子邮件附件有很多问题。首先，总有这样一些问题，例如某人没有收到电子邮件、没有在他的收件箱中注意到它，或者没有费心保存附件。同样，如果三个用户都收到了作为电子邮件附件的相同文档，并且在每个人都对它进行更改后，通过电子邮件将更改后的文档发回，那么该文档的三个不同、不兼容的版本将四处流动。因此，尽管电子邮件是简单、容易和随时可用的，但对于有许多文档版本或希望对内容进行控制的协作来说，它是不够的。

另一种共享内容的方法是将其放在共享文件服务器上，该服务器只是一台存储文件的计算机，就像本地计算机中的磁盘一样。如果你的团队可以访问大学的文件服务器，你可以将文件放在服务器上，其他人可以下载它们、进行更改，并将它们上传到服务器上。你也可以将文件存储在如图 7-13 所示的云服务器上。

在服务器上存储文档比使用电子邮件附件更好，因为文档有一个单独的存储位置。它们不会分散在不同团队成员的电子邮箱中，并且团队成员有一个已知的位置来查找文档。

然而，如果没有任何额外的控制，团队成员就有可能干扰彼此的工作。例如，假设团队成员 A 和 B 下载了同一个文档并对其进行编辑，但不知道对方的编辑。A 将他的版本存储回服务器后，B 将她的版本也存储回服务器。在这个场景中，A 的更改将会丢失。

此外，如果没有任何版本管理，就不可能知道谁在何时更改了文档。A 和 B 都不知道服务器上的文档是谁的版本。为了避免此类问题，建议使用某种形式的版本管理。

基于 Google Drive 的版本管理内容共享

提供版本管理的系统跟踪文档的更改，并提供特性和功能以适应并发工作。对于 office 文档，你可以通过 Google Drive、Microsoft OneDrive 和 Microsoft SharePoint 获取版本管理服务。这里我们将讨论 Google Drive 的使用。

Google Drive 是一项免费服务，它提供了一个在云中的虚拟驱动器，你可以在其中创建文件夹和存储文件。你可以上传任何类型的文件，但只有由 Google Docs 处理的文件才能获得版本管理。接下来的讨论将仅限于这些类型的文件。

要使用 Google Drive，你需要一个谷歌账户，该账户是通过创建 Gmail 地址获得的。（如果你已经拥有 Gmail 地址，则你已经拥有与 Gmail 地址同名的谷歌账户。）登录 https://accounts.google.com，填写如图 7-15 所示的表格，创建谷歌账户。

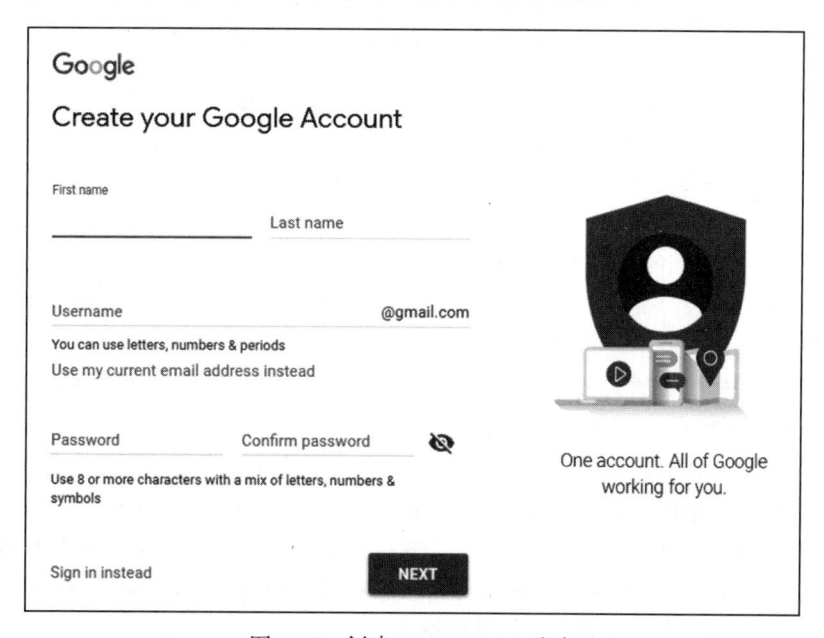

图 7-15　创建 Google Drive 账户

在这个表单中，你不需要为当前的电子邮件地址提供一个值，但如果可以的话，尽量提供一个值。当你忘记密码时，谷歌将使用该地址并用于其他安全备份目的。

要创建 Google Docs，请访问 https://drive.google.com。（请注意，这个地址中没有 www。）使用你的谷歌账户（你的 Gmail 地址）登录。从那时起，你就可以创建、上传、处理、保存和下载文档。如图 7-16 所示，文件夹名为"MIS 2019"，文件格式为 Word 和 Google Docs。如有必要的话，编辑完成后用户可以将 Google Docs 版本转回 Word 保存。可以在 Google Drive 上创建的文档类型显示在 New 按钮下。

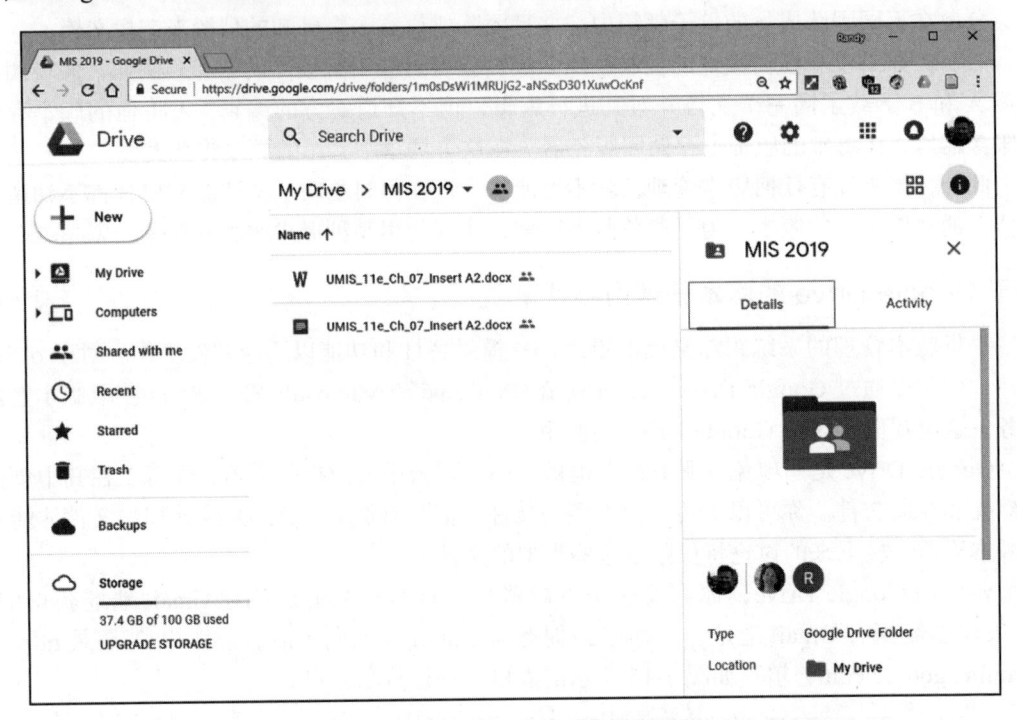

图 7-16　Google Drive 可选文档类型

使用 Google Drive，你可以通过输入其他人的电子邮件地址或谷歌账户，使他们可以使用文档。这些用户会收到文档存在的通知，并获得一个可以访问该文档的链接。如果他们有谷歌账号，他们可以编辑文档，否则，他们只能查看文档。查看谁可以共享图 7-16 中的某个文档的方法如下：首先，右键单击屏幕上的任意文档，接着单击"共享"，最后单击"高级"。系统显示共享文档的用户界面，如图 7-17 所示。

由于文件夹和文档存储在 Google Drive 上，服务器用户可以同时查看和编辑文档。在后台，Google Docs 将用户的活动合并到一个文档中。系统会通知你正在与其他用户同时编辑文档，你可以刷新文档以查看他的最新更改。谷歌会跟踪文档修订，并简要总结所做的修改。图 7-18 显示了由两个用户编辑过的文档样例。

通过结合 Google Drive 和 Google+，你可以进一步提高你的协作活动。Google Drive 是免费的，且它非常容易使用。Google Drive、Dropbox 和 Microsoft OneDrive 都比通过电子邮件或文件服务器交换文件要好得多。如果你还没有使用过这三种产品中的一种，你应该试一试。登录 https://drive.google.com，www.dropbox.comh 或 www.onedrive.com 进行查看。如果你需要额外的指导，你将找到易于理解的演示。

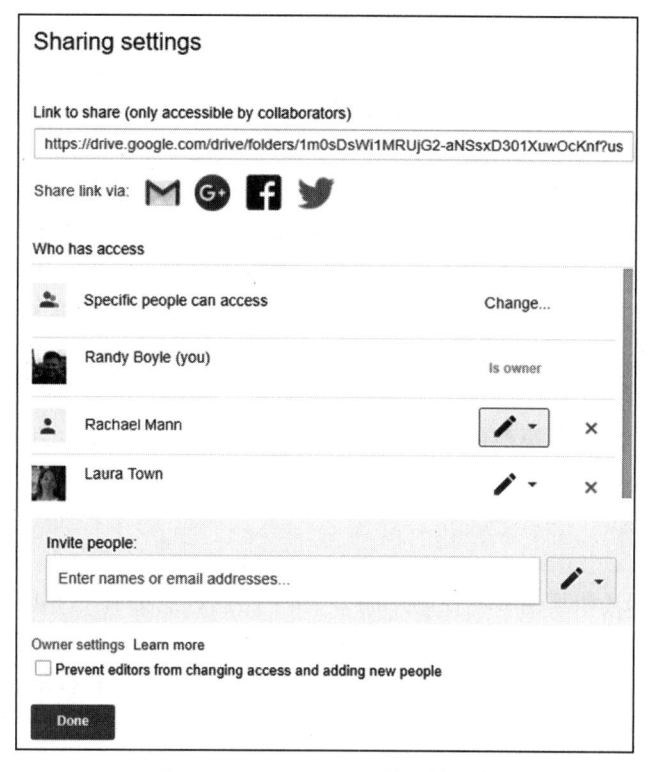

图 7-17 Google Drive 的文档共享

图 7-18 Google Drive 编辑共享文档的例子

使用版本控制共享内容

版本管理系统改进了共享内容的跟踪，并可能消除由并发文档访问引起的问题。但是，它们不提供版本控制，即协作工具限制（有时甚至指导）用户活动时发生的过程。版本控制包括以下一个或多个功能：

- 用户活动受权限限制。
- 文件签出（指当一个用户需要编辑或修改某个文档时，将该文档从共享库中"签出"，以确保其他用户不能同时编辑相同的文档）。
- 版本历史。
- 工作流程控制。

微软 SharePoint 是一个大型、复杂且非常强大的应用程序，适用于所有类型的协作。它有许多特性和功能，包括刚才列出的所有这些。它还包含管理任务、共享非 Office 文档、保存日历、发布博客等功能。一些企业在自己的 Windows 服务器上安装 SharePoint，其他人则通过互联网使用 SharePoint Online 访问它。Office 365 Professional 和其他版本的 Office 365 包括 SharePoint。

SharePoint 是一款工业级产品，如果你有机会使用它，一定要学会使用。成千上万的企业都在使用 SharePoint，并且对 SharePoint 技能的需求很大。考虑一下 SharePoint 对上面列出的四个功能的实现。

权限限制活动

使用 SharePoint（和其他版本控制产品），每个团队成员都有一个具有一组权限的账户。然后将共享文档放置到共享目录（有时称为库）中。例如，在具有四个库的共享站点上，可能会授予一个特定的用户对库 1 的只读权限、对库 2 的读取和编辑权限、对库 3 的读写和删除权限，甚至不允许它查看库 4。

文档签出

使用版本控制应用程序，可以设置文档目录，以便用户在修改文档之前先签出文档。当一个文档被签出时，其他用户无法为了编辑它而获取它。签入文档之后，其他用户就可以获取它并进行编辑。

微软 SharePoint 用户界面如图 7-19 所示。用户正在签出文档 UMIS 11e Chapter 7 Insert B。一旦它被签出，用户可以编辑它并将它返回到这个库。当它被签出时，其他用户不能编辑它，并且该用户的更改对其他人来说是不可见的。

图 7-19　文档签出

有了 SharePoint，微软可以管理办公文档（Word、Excel 等）的并发更新，并且通常文档不需要签出。在图 7-19 中，用户已经签出了一个 Acrobat PDF 文件，该 PDF 不是 Office 文档。

版本历史

由于协作涉及反馈和迭代，因此不可避免地会创建数十个甚至数百个文档。例如，想象一下波音 787 的设计文件有多少个版本。在某些情况下，协作团队成员试图通过向文件名附加后缀来跟踪版本。学生项目的结果是 project_1_It_kl_092911_most_recent_draft.docx 或类似的文件名。这样的名字不仅丑陋且尴尬，而且团队成员也无法判断这是否是最新版本。

提供版本控制的协作工具拥有代表用户提供历史记录的数据。当文档被更改（或签出）时，协作工具将记录作者的名称以及文档存储的日期和时间。用户还可以选择记录有关其版本的注释。

工作流程控制

提供工作流控制的协作工具用于管理预定义流程中的活动。例如，如果一个团队想让团队成员按照特定的顺序审查和核准文档，那么该团队将为工具定义并启动工作流。管理流程的电子邮件将按定义发送。例如，图 7-20 显示了一个 SharePoint 工作流，其中团队定义了一个文档评审流程，该流程涉及三个人的一系列评审。根据这个定义，当文件被提交到库时，SharePoint 会将一项任务分配给第一个人（Joseph Schumpeter），让他批准文件，并向他发送电子邮件。一旦他完成了评审，SharePoint 将会为 Adam Smith 分配任务并发送电子邮件以批准该文档。当所有三个评审员都完成了他们的评审后，SharePoint 将文档标记为已批准。如果任何审阅人员不同意，文档将被相应地标记，工作流将终止。

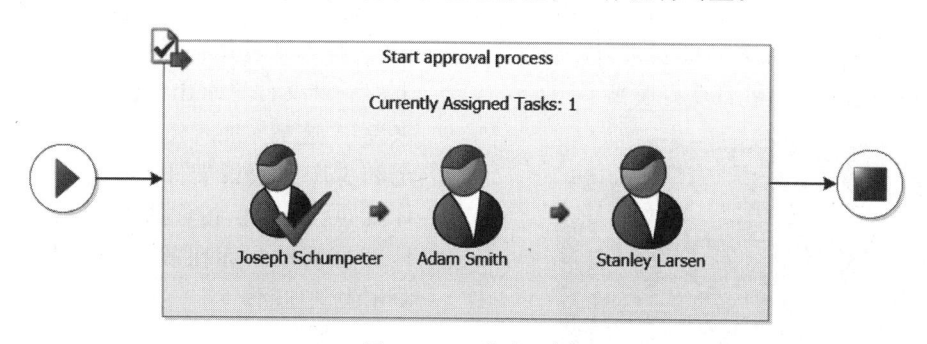

图 7-20 工作流示例

现在有许多版本控制应用。对于一般商业用途来说，SharePoint 是最受欢迎的。其他文档控制系统包括 MasterControl（www.mastercontrol.com）和 Document Locator（www.documentlocator.com）。软件开发团队使用 CVS（www.nongnu.org/cvs）或 Subversion（http://subversion.apache.org）等应用程序来控制软件代码、测试计划和产品文档的版本。

道德指南——"老大哥"和可穿戴式设备

办公室里传来的沉闷的敲击声和远处的电话铃声让里奇·萨根（Richie Sagan）陷入了茫然。他在一家顶级投行工作，这个新职位是他多年来梦寐以求的，但每天高水平的表现带来的精神和心理上的压力开始让他难以承受。

他的思绪转到了上周末的自行车冒险上。他和一些伙伴完成了第一次100英里的骑行。这是一项了不起的成就，尤其是对一个刚接触这项运动的人来说。具有讽刺意味的是，里奇对自行车感兴趣是因为工作。他的办公室最近推出了一个新项目，如果员工同意佩戴生物分析及健康追踪设备，就会获得每月奖金。公司甚至给了他一个非常好的健身追踪器。该计划的目标是通过让员工更健康来降低医疗成本。只要里奇符合公司的"健康"标准，并保持一定的身体素质，那么他每月将获得150美元的奖金，并且他也会保持健康。

当人力资源部门宣布新的健身计划时，它提到让员工佩戴这些设备还有其他原因。但里奇所关心的只是赚些外快来支付他在城里新公寓的高昂房租。他错过了在关于健身计划的信息会议上讨论的大部分内容，但他并不在乎。最近，他参加了太多的新人培训和人力资源会议，以至于所有这些都变得模糊了。

里奇的注意力被一封邮件的到来重新集中起来。这只是星期三的早晨，而他这星期还有好几天的工作要做。他真的很想这个周末再来一次真正的骑行。然而现在，他的收件箱每分钟都在增加。里奇急忙开始回复电子邮件，他的速度比平时更快，以便把事情进行下去。

随之而来的

几个小时后，里奇看到他的老板萨尔（Sal）一脸严肃地朝他走来。让里奇懊恼的是，萨尔径直走到他的办公桌前。"请到我的办公室来。"萨尔说。萨尔让里奇在桌子前面的豪华皮椅上坐下。"我们需要谈谈你的表现。"萨尔说。

他说："总的来说，你一直是我们公司最稳定的员工之一，但你这星期的表现令人无法接受。根据我们新的健康监测计划，你的表现不佳。"里奇很困惑。萨尔继续说，"根据我今天早上收到的一份报告，你的生理状态显示你过度疲劳了，因此，你正在成为公司的一个风险。对你的电子邮件习惯的分析也表明，你的电子邮件过于简洁，不像平时那样详尽，换句话说，你已经偏离了你通常的基本电子邮件活动。你的疲劳可能会妨碍你做出明智的决定。在你目前的状态下，你是公司的负担。"

里奇觉得自己像是坐在一部扭曲的科幻电影里。"先生。"里奇结结巴巴地说，"我不知道你在说什么。"萨尔从桌上的一堆文件里拿出一份文件。他举起来说："这是你加入公司时签署的员工安全和生产力政策文件。在你签署以后，你就同意公司监控你的生理状态和你的计算机活动。你在签字前没看过吗？"萨尔生气地问。

沉默了几秒钟，直到萨尔办公室的电话响了。萨尔接了电话，在说了几句话后告诉里奇他得接电话。里奇离开时，萨尔中断了他的电话，说："里奇，振作起来。我希望在本周末之前看到你的表现有所改善，否则我们需要更严肃地谈谈你的表现。"

讨论问题

1. 根据本书前面所定义的道德原则，回答下面的问题。

   a. 根据定言令式的观点，你认为监控

员工的生理状态和计算机活动是道德的吗？
b. 根据功利主义的观点（第42-43页），你认为监控员工的生理状态和计算机活动是道德的吗？
2. 在叙述中，很明显里奇因为周末的体力消耗而疲惫不堪，他的活动可能对工作产生了影响。如果你的雇主开始监控你的计算机活动和生理状态，你会做何感想？这种类型的监控会改变你工作的内在和外在行为吗？你认为这侵犯了你的隐私吗？

3. 很明显，里奇在签署员工健康协议时没有注意到雇主的政策。虽然这似乎难以置信，但当你开始使用学校的网络时，你可能已经同意了具体的使用条款政策。你对这些政策了解多少？
4. 医疗保健提供商收集的患者数据是最敏感的数据类型之一。有严格的法律规定如何捕获、存储和使用这些数据。如果公司决定使用可穿戴技术来监控员工，他们会面临哪些风险和责任？

问题 7-7 如何使用协作工具来管理任务？

正如你将在项目管理课程中所学到的，保持团队进步的关键之一是维护当前的任务列表。优秀的项目经理确保每次团队会议结束时都有一份更新的任务清单，包括谁负责完成每项任务以及他将完成任务的日期。我们都参加过这样的会议：会上讨论了许多好的想法，甚至达成了一致意见，但会后什么都没有发生。当团队创建和管理任务列表时，这种不作为的风险就会降低。使用任务列表管理是取得进步的关键。

任务描述必须是具体且措辞明确的，这样才能确定任务是否已经完成。"创建一个好的需求文档"不是一个有效的、可测试的任务描述，除非所有的团队成员都已经知道一个好的需求文档中应该包含什么。更好的任务应该是"为 XYZ 项目定义需求文档的内容"。

一般来说，应该让一个人负责完成一项任务。这并不意味着被指派的人执行任务，而是意味着他有责任确保任务完成。最后，除非每项任务都有一个完成日期，否则这个清单不会给你带来任何好处。此外，团队领导需要跟进任务，以确保它们在该日期前完成。没有问责制和后续行动，就没有任务管理。

正如你将在项目管理课程中了解到的，你可以向任务列表添加其他数据。你可能希望添加所需的关键资源，以及指定在启动给定任务之前需要完成的任务。

为了让团队成员有效地利用任务列表，他们需要共享任务列表。在这个问题中，我们将考虑两种选择：在 Google Drive 上共享任务电子表格和使用 Microsoft SharePoint 中的任务列表功能。

在 Google Drive 上共享任务列表

在 Google Drive 上共享任务列表很简单。为此，每个团队成员都需要获得一个 Google 账户。一个团队成员可以创建一个团队文件夹，并与团队的其他成员共享，赋予每个人对其包含的文档的编辑权限。其中一个团队成员在该文件夹上创建任务电子表格。

图 7-21 显示了一个任务列表示例，其中包含每个任务的名称、分配给该任务的人员的

名称、任务截止日期、任务的状态和备注。因为团队的每个成员都有编辑权限，所以每个人都可以参与这个任务列表。Google Drive 允许同时编辑，因为它能够跟踪版本历史，如果有必要，它还可以了解谁对任务列表进行了哪些更改。

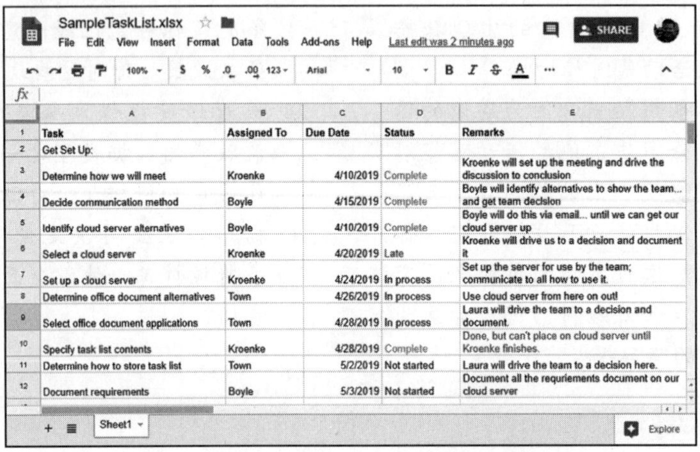

	Task	Assigned To	Due Date	Status	Remarks
2	Get Set Up:				
3	Determine how we will meet	Kroenke	4/10/2019	Complete	Kroenke will set up the meeting and drive the discussion to conclusion
4	Decide communication method	Boyle	4/15/2019	Complete	Boyle will identify alternatives to show the team... and get team decision
5	Identify cloud server alternatives	Boyle	4/10/2019	Complete	Boyle will do this via email... until we can get our cloud server up
6	Select a cloud server	Kroenke	4/20/2019	Late	Kroenke will drive us to a decision and document it
7	Set up a cloud server	Kroenke	4/24/2019	In process	Set up the server for use by the team; communicate to all how to use it.
8	Determine office document alternatives	Town	4/26/2019	In process	Use cloud server from here on out!
9	Select office document applications	Town	4/28/2019	In process	Laura will drive the team to a decision and document.
10	Specify task list contents	Kroenke	4/28/2019	Complete	Done, but can't place on cloud server until Kroenke finishes.
11	Determine how to store task list	Town	5/2/2019	Not started	Laura will drive the team to a decision here.
12	Document requirements	Boyle	5/3/2019	Not started	Document all the requriements document on our cloud server

图 7-21　基于 Google Drive 的任务列表示例

建立这样一个列表很容易，并且拥有这样一个列表极大地促进了项目管理。成功的关键是保持它的时效性，并用它来督促团队成员。

使用 Microsoft SharePoint 共享任务列表

SharePoint 包括一个用于管理任务列表的内置的内容类型，它提供了强大的功能。例如，可以很容易地修改标准任务列表以包括用户自定义的列，并且可以构造许多不同的视图以不同的方式为不同的用户显示该列表。和 SharePoint 的其他部分一样，它的任务列表也是行业级别的。

图 7-22 显示了我们用于生成此文本的任务列表。前三列是 SharePoint 提供的内置列。最后一列名为 Book Title，是分配任务的书籍。例如，UMIS 代表《使用管理信息系统》这本书。当团队成员打开该站点时，显示如图 7-23 所示的任务列表视图。因为此视图中的任务按 Due Date 值排序，并根据 Task Status 值进行筛选，所以不会显示任何已完成的任务。因此，它是一个待办事项列表。该列表的另一个视图，如图 7-24 所示。只包括“状态”为“已完成”的任务。这个视图是一个“到目前为止我们已经做了什么”的列表。

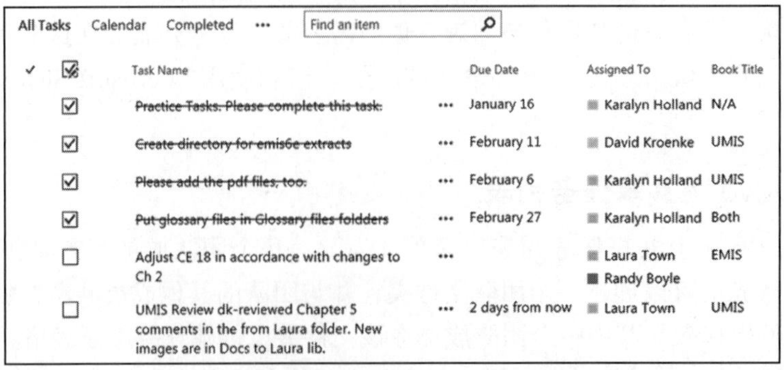

Task Name	Due Date	Assigned To	Book Title
~~Practice Tasks. Please complete this task.~~	January 16	Karalyn Holland	N/A
~~Create directory for emis6e extracts~~	February 11	David Kroenke	UMIS
~~Please add the pdf files, too.~~	February 6	Karalyn Holland	UMIS
~~Put glossary files in Glossary files foldders~~	February 27	Karalyn Holland	Both
Adjust CE 18 in accordance with changes to Ch 2		Laura Town Randy Boyle	EMIS
UMIS Review dk-reviewed Chapter 5 comments in the from Laura folder. New images are in Docs to Laura lib.	2 days from now	Laura Town	UMIS

图 7-22　基于 SharePoint 的 UMIS 产品任务列表

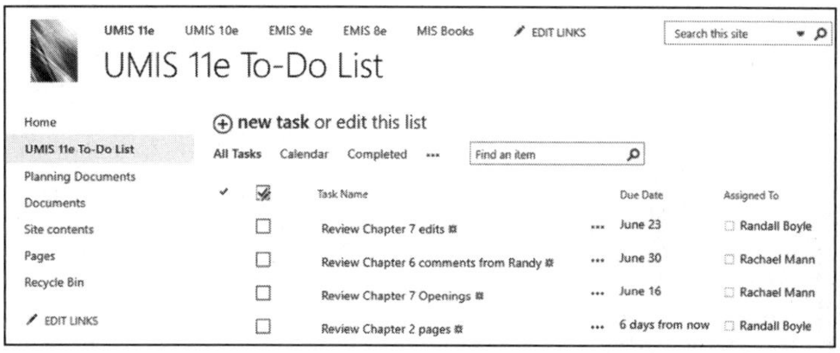

图 7-23　基于 SharePoint 的 UMIS 待办列表

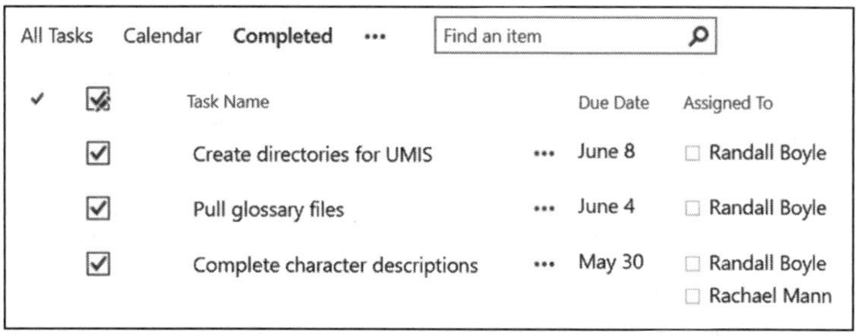

图 7-24　基于 SharePoint 的 UMIS 已完成任务列表

提醒是 SharePoint 任务列表中最有用的功能之一。使用提醒，团队成员可以要求 SharePoint 在某些事件发生时发送电子邮件。我们的团队设置了提醒，以便在创建分配给团队成员的任务时，SharePoint 向团队成员发送电子邮件。我们还让 SharePoint 在任务被修改时向任务的创建者发送提醒。

SharePoint 任务列表提供的特性和功能远远优于图 7-21 所示的电子表格。同样，如果你能访问 SharePoint，你应该考虑使用它。

那又怎样——零工经济的未来

去年夏天你是怎么度过的？也许你去旅行了，或者在海滩上度过了一段时间。然而，更有可能的是，你至少花了一些时间来完成暑假工作或实习。暑期工作和实习是大学生为工作做准备的好方法。这些机会可以帮助你确定你感兴趣的潜在的职业道路或未来雇主，还可以根据你的愿望和兴趣找出不太适合你的地方或职位。但当真正开始全职工作的时候，许多学生都在挣扎着过渡，因为严格的时间表、雇主的高期望，以及在企业中漫长的升职路线。

劳动力中的一些人决定避免传统的就业模式，追求更灵活、更有活力的工作安排。他们不再为同一家公司工作到退休（你的祖父母中有些人这样干了 30 年），而是迎接一种被称为零工经济的新范式。零工经济是指企业在短时间内雇佣许多人作为独立承包商。这些短期员工中的许多人可以通过高速互联网连接远程工作。

企业受益是因为它们不必为昂贵的办公空间、退休和福利买单。员工从中受益是因为他们可以随心所欲地工作，并因此获得丰厚的报酬。年轻员工习惯了像 Airbnb、Lyft 和 Mechanical Turk 这样的短期服务，所以做短期承包商的想法并没有那么可怕[5]。

他们的企业）得不到相应的福利。然而，随着在这种模式下工作的人数迅速增长，许多人认为零工工作者有权获得更好的待遇。事实上，在过去的几年里，关于零工工作者的性质以及他们是否应该从公司获得额外的福利（就像正式员工一样），已经有了诉讼。

例如，Grubhub 的一名送货司机起诉了该公司，因为他认为自己应该得到更多的费用。然而，联邦地区法院法官裁定，该司机被归类为独立承包商[8]。显然，这是一个法律先例，零工工作者将不会很快获得除工资以外的任何福利，公司可以继续放弃支付工资税和福利[9]。只有时间才能证明，这些法律是否会影响未来几年这种就业模式的增长。

风险很高

虽然越来越多的人正在参与零工经济，但它并非没有风险。不断地寻找新的机会和合同并履行这些协议，可能比传统的工作安排更有压力。对于零工工作者来说尤其如此，他们没有经理、同事、有培养的客户以及传统企业中员工可以获得的其他资源构成的安全网。此外，许多零工工作者远程工作（主要是在家），这可能会带来一系列挑战。《哈佛商业评论》的一篇文章讨论了这些风险，并指出了零工工作者应该考虑的四个因素，以提高他们成功的可能性[6]。

第一个因素是地点，这意味着零工工作者应该在家里营造一个可以避免分心、专注于工作的环境。第二个因素是惯例，这意味着始终遵循一个时间表或坚持某些传统或仪式可以帮助改善工作流程和专注力。第三个因素是目的，这是零工经济的一个独特方面，因为员工可以寻找符合自己信仰、道德和兴趣的客户或合同，这可以提供激励和动力。（在企业时情况往往不是这样。）最后，与能够提供支持和鼓励的人建立关系，可以减少因远程工作或独自工作而产生的潜在孤立感和孤独感[7]。

好处很少

零工经济中的员工面临的另一个挑战是，他们从客户那里（也就是"雇佣

问题

1. 在零工经济中工作有哪些缺点？尽管有这些缺点，但在某个时候，你很可能会发现自己正在参与零工经济的未来。你对这种工作安排感兴趣吗？如果有，你会为什么样的公司做什么样的工作？
2. 有没有什么技术可以帮助零工工作者更好地融入他们为之工作的客户？
3. 这篇文章引用了《哈佛商业评论》的一篇文章，它列举了帮助零工工作者获得成功的四个因素（即地点、惯例、目的和人）。你能想到其他可以帮助零工工作者提高生产力或满意度的因素吗？
4. 一个法律判例正在形成，它继续将零工工作者与传统员工所获得的许多福利隔离开来。你同意这个法律判例吗？这一判例对雇佣零工工作者的公司的发展有何影响？它有什么害处呢？

问题 7-8 哪种协作信息系统适合你的团队？

你的 MIS 课程将帮助你获得在商业生涯中使用的知识和技能。但为什么不是现在呢？你现在就可以从这些知识中受益，并在今晚将其付诸实践。大多数商科课程都涉及团队项目，为什么不利用你所学到的知识来构建一个协作信息系统，使团队合作更容易并帮助你的团队获得更好的产品呢？在这个问题中，我们将定义并设置你对三组协作工具的评估。

三组协作工具

图 7-25 总结了你可能使用的三组不同的协作工具。

	三组协作工具		
	迷你协作工具	适中协作工具	复杂协作工具
交流	电子邮件；多人文字聊天	Google Hangouts	Microsoft Skype for Business
内容共享	电子邮件或文件服务器	Google Drive	SharePoint
任务管理	Word 或 Excel 文件	Google Calendar	集成电子邮件的 SharePoint 列表
优异的特性		讨论板、调查、维基、博客、从第三方工具分享图片或视频	内置讨论板、调查、维基、博客、图片或视频共享
花费	免费	免费	10 美元/月/用户或免费
使用的难易（学习花费的时间）	无	1 小时	3 小时
对商务生涯的价值	无	有限	非常好
限制	全是文字、没有声音和视频；没有工具集成	工具不集成、必须学会使用几种产品	成本、需要学习曲线

图 7-25 三组类协作工具

迷你协作工具组

第一个是迷你工具组，它拥有最少可能的工具集，如图 7-25 的第二列所示。有了它，你应该能够与团队协作，尽管你将从软件得到很少的支持。特别是你将需要通过设置过程和协议来管理并发访问，以确保一个用户的工作不会与另一个用户的工作发生冲突。因为你的协作将只基于文本，你无法访问音频或视频，所以不能听到或看到协作者。你也不能在会议期间查看文档或白板。这个工作组可能和你已经在做的事情很接近。

适中协作工具组

第二个工作组显示了一组更复杂的协作工具，如图 7-25 的第三列所示。有了它，你就可以进行多人音频和视频虚拟会议，还可以支持同时访问文档、电子表格和演示文件。你无法使用调查、维基和博客，也无法使用此集共享图片和视频。如果你想要其中的任何一个，你需要在互联网上搜索合适的工具。

复杂协作工具组

第三组协作工具是复杂协作工具组，如图 7-25 的最后一列所示。该工具集可在部分 Office 365 版本中获取。但是，Microsoft 会不断修改版本以及其中包含的内容，因此你需要研究哪个版本提供了复杂工具集的功能。寻找一个版本（可能是免费试用版）包括图 7-26 所示的所有产品。如果你的学校采用了 Office 365 for Education，那么你应该能够免费获得这些功能。

这一组是这三组中最好的，因为它包括内容管理和控制、工作流控制和在线会议（如前所述）。此外，它是集成的：当任务或其他列表和库发生变化时，SharePoint 提醒可以通过 Microsoft 电子邮件服务器 Exchange 发送电子邮件。你可以在电子邮件或 SharePoint 中单击用户的姓名，如果该用户当前可用，Office 365 将自动与该用户启动 Skype for Business 文本、音频或视频对话。你通过 Skype 发送的所有文本消息将自动记录并存储在你的电子邮件文件夹中。

组件	特点
Skype for Business	多人文字；聊天音频和视频会议；在线内容共享；通过 PowerPoint 进行线上研讨会
SharePoint Online	使用库和列表进行内容管理和控制；论坛；调查；维基百科；博客
Exchange	集成了 Skype for Business 和 SharePoint Online 的电子邮件
Office 2016	同时编辑 Word、Excel、PowerPoint 和 OneNote
Hosted integration	由微软构建、管理和操作的基础设施

图 7-26 Office 365 拥有的复杂工具所需的特点

为你的团队选择工具组

你的队伍应该选择哪组？除非你所在的大学已经将你需要的 Office 365 版本标准化，否则你将不得不为此付费。你可以获得 30 天的免费试用，如果你的团队可以在这个时间内完成工作，你可能会选择这样做。否则，你的团队将需要为每个用户每月支付至少 10 美元。因此，如果成本是唯一的因素，你可以排除复杂工具组。

即使你能负担得起最全面的工作组，你也可能不想使用它。如图 7-25 所示，团队成员需要愿意投入大约 3 个小时的时间才能开始使用基本特性。学习使用适中工具组所需的时间更少，大约需要一个小时；而且你很可能已经知道如何使用迷你工具组。

在评估学习时间时，可参考图 7-27。这个图表是一个效用功率曲线，它是一个图表，显示了用户从软件产品中获得的效用与使用该产品时间的函数的关系。一条平坦的线意味着你投入的时间没有增加任何效用。理想效用曲线在时间零点开始于一个正值，并且没有平坦线。

迷你工具组在 0 时刻给了你一些效用，因为你已经知道如何使用它。然而，随着时间的推移，你的项目会变得越来越复杂，控制并发访问的问题实际上会导致性能下降。好的工具组有一个短的平坦线，因为你了解它。然而，你的能力会随着时间的

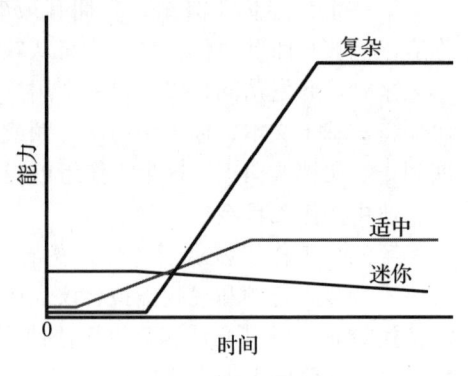

图 7-27 产品效用曲线

推移而增加，直到你达到你的团队可以使用它的最大能力。复杂工具组在一开始有一个较长的平坦线，因为它需要更长的时间来学习。但是，由于它具有丰富的协作特性集，你将能够获得相当大的协作能力，远远超过适中工具组。

最后，考虑图 7-25 中倒数第二行。作为一个未来的专业人士，迷你工具组对你没有任何价值，对你的专业竞争优势也没有任何贡献。适中工具组有一些有限的价值，如你所知，有些组织使用 Google Drive 和 Hangouts。复杂工具组有潜力给你一个相当大的竞争优势。特别是因为 SharePoint 技能在行业中非常受重视。你可以用它的知识在工作面试中证明你的知识的价值。

不要忘记流程和人员！

最后也是非常重要的一点：本章的大部分内容都集中在协作工具上，即信息系统的软件组件。至于其他四个组件，你不必担心硬件，至少对于适中工具组或复杂工具组不必担心，因为这些工具托管在云中的硬件上。数据组件由你决定，它将是你的内容以及用于项目管理和演示你的团队实践迭代和反馈的元数据。

然而，在评估方案时，你需要认真考虑流程和人员组件。团队成员将如何使用这些工具？即使你没有正式记录过程，你的团队也需要对工具的使用达成一致。如上所述，在迷你系统中控制并发访问尤其需要这样的过程。你不仅需要就如何使用这些工具达成一致，还需要就团队成员不使用这些工具时会发生什么达成一致。例如，如果你的队友坚持用电子邮件发送文档，而不是使用 Google Drive 或 SharePoint，你会怎么做？

此外，你的团队将如何培训成员使用这些工具？你们会分担学习功能的责任，然后互相传授技能吗？你可以在网上找到大量的培训材料[10]。但是谁来找到它们、学习它们，并教给其他人呢？

最后，你的团队是否需要创建任何特殊的工作或角色？例如，你是否希望确定某人来监控你的共享文档，以确保交付成果得到适当的存储？你是否希望指定某人来存储会议记录？或者从任务列表中删除已完成的任务？还是保持任务清单与当前计划一致？考虑这些和类似的需求，如果需要，在问题出现之前任命这样的人。

作为未来的商务人士，请记住这个例子：在商务中，我们从来不只是选择软件，要将该软件作为一个系统使用，我们需要创建所有五个信息系统组件！

问题 7-9 2029 年将会怎样？

2029 年的协作将与今天大不相同。员工的工作内容、工作方式以及工作原因正在迅速发生变化。例如，假设一个人是 Uber 司机，这种工作在 20 年前是不存在的。是的，出租车公司一直存在，但在空闲时间接送客户的非雇员司机却不是这样，以前没有这样的应用程序。

2029 年的工作者可能是独立承包商，也可能是零工经济的一部分，即企业在短时间内雇用许多人作为独立承包商。这些短期员工可以通过高速互联网远程工作，这些类型的员工之间的合作将变得更加重要。

Uber 司机也是共享经济的一部分，消费者可以通过出租或贷款的方式与其他消费者暂时分享他们的资产或服务。这种协作消费让 Uber 司机可以从闲置的非生产性资产中获得收入。消费者之间的合作催生了 Uber、Airbnb 和 DogVacay 等公司。到 2029 年，协作消费将变得更加重要。想想 Airbnb 是世界上最大的连锁酒店，但它连一家酒店都没有。

到 2029 年，人们合作的方式将有所不同。实体的面对面会议（F2F）可能会很少见，而全息的面对面会议可能会很常见。无所不在的高速网络连接将使协作系统更便宜、更快、更容易使用。

增强现实（AR）眼镜和 3D 应用的激增，可能使员工在世界各地面对面全息协作成为可能。乍一听好像不太可能，但想想 AR 眼镜将如何改变工作场所。全息价格便宜、占用空间小、耗能少，而且可以立即升级。雇主可能不再购买实体显示器，而是会选择混合现实的工作空间，其中一些物体是真实的，而另一些则是全息的，以降低成本。同样的道理也适用于所有的办公物品和员工。

微软的"全息传输"演示展示了人们如何与其他人的 3D 全息表示进行交互。在演示过程中，使用 Hololens 和几个 3D 相机在单独的物理空间中创建了远程用户的详细 3D 全息图。另一个房间里的人可以看到和听到远程用户所做的一切，就好像他们站在同一个房间里一样。但是全息工作的人可能身在城市的另一端，甚至在另一个国家。到 2029 年，你可能会和混合现实的同事一起工作。有些可能是真实的，有些可能是全息影像。工作者可能来自不同的国家。雇主将以更低的成本获得面对面交流的所有好处。远程全息（虚拟）协作可能会提高公司的利润。

想想虚拟协作所节省的成本。不再有昂贵的商务航空旅行：在 TSA 排队等候、入住酒店、在交通堵塞中等待、燃烧燃料、在大厅等待、或乘坐电梯。到 2029 年，协作系统将大大简化国际业务。如果团队几乎大部分时间都在开会，并且团队成员在哪里并不重要，那么项目就可以涉及全球最好的、也许是最负担得起的员工。从员工的角度来看，虚拟工作将是伟大的。找一份新工作很容易，但失去一份工作也很容易。最聪明、最有才华的知识工作者将在世界各地竞争工作。

由于这些趋势，现在是学习在线异步协作技能的好时机。作为未来的知识工作者，这也是一个为全球机遇和竞争做好准备的好时机。到 2029 年，你可能会和从未谋面的人协作，而且你团队中的人可能都不是为给你发薪水的公司工作的。你将能够在世界上任何地方工作，并在你的家庭办公室完成所有工作。

安全指南——共享经济中的安全问题

你上次叫出租车是什么时候？或者你是否曾经叫过出租车。如果没有，那么你可能已经用手机叫了 Uber。如果你使用过拼车应用或者用 Airbnb 预订过度假酒店，那么你就参与了共享经济，或者说是在 P2P 网络中，商品和服务在参与者之间共享的协作经济。尽管将有兴趣参与交易的同伴联系起来的概念似乎还很初级，但利用共享经济赚钱的公司并非开玩笑。

例如，Uber 已经颠覆了全球无数的出租车市场，该公司价值数十亿美元。Airbnb 的市值也高达数十亿美元。显然，共享经济正在产生影响。它也正成为整体经济中越来越重要的一部分。然而，从共享经济中获得的不仅仅是方便的出行或更便宜的过夜地点。事实上，许多专家认为，采用共享经济的做法可能对其他领域有益，特别是信息安全。

朋友还是敌人？

从本质上讲，公司竞争激烈且行事隐秘。他们经常投入大量资金，以产生对竞争对手的竞争优势，这可以采取多种形式，包括创造颠覆性的新产品、培育强大的品牌、发展卓越的客户服务声誉。这些战略计划都不需要与竞争对手共享信息或协作。然而，所有类型的企业都见证了越来越多的网络安全威胁。

一项针对50多家美国企业的调查发现，100%的企业报告了病毒、蠕虫和特洛伊木马形式的网络攻击，97%的企业报告了恶意软件，略低于60%的企业表示他们至少经历过一次网络钓鱼攻击[11]。这些事件可能导致数百万美元的损失，并可能损害企业的品牌。宣布一家公司被入侵还可能导致后续的攻击，因为黑客知道了这家企业是脆弱的而且它可能处于混乱状态，因为安全从业者试图确定漏洞的程度并从中恢复。考虑到这些成本，许多企业选择对网络事件保持保密。然而，企业是否有可能更好地与他人（甚至竞争对手）共享有关泄露的信息？

分享就是关怀

让我们简单地比较一下网络攻击和实际战争。如果一个国家攻击其他一些国家，这些目标国家是孤立应对更好，还是协作击败敌人更好？即使他们不联合起来，分享关于敌人武器、战术和能力信息的行为也肯定会有所帮助。这个概念也适用于网络攻击。该策略的支持者认为，分享有关攻击方法、恶意软件和黑客组织的信息有助于公司提高防御未来攻击的能力。

像IBM这样的公司正在努力促进有关网络攻击的信息共享，并推动政府制定鼓励共享攻击信息的法规[12]。例如，根据州和联邦法规，当发生个人身份信息（PII）泄露事件时，目标企业必须公开承认该事件[13]。其理念是人们应该意识到他们的数据可能已被泄露。此外，美国证券交易委员会要求企业披露有关重大网络风险的信息（告知投资者网络攻击对企业股票价值的潜在影响）。然而，什么构成重大网络风险并没有明确定义。简而言之，虽然有一些规定，但还是存在漏洞和回旋余地，让企业不分享或尽可能少分享有关事件的信息。

虽然在企业之间增加关于网络攻击的信息共享显然有一些好处，但一些批评者认为这样做是无效的，或者这是一个坏主意。例如，一些人认为，不宜布入侵，而是收集有关黑客正在做什么的信息，可以获得更好的洞察，以阻止未来的攻击。事实上，尽管政府机构共享了有关攻击的信息，但它们仍然遭到入侵。这几乎没有证据表明，在其他类型的企业之间共享信息实际上会产生影响。随着威胁和入侵的增加，一些事情需要改变，但目前尚不清楚共享环境如何能够改变网络攻击的影响和反应。

讨论问题

1. 花时间考虑一下这个假设的场景：你打开笔记本计算机，发现你的大学电子邮件账户和社交媒体账户已经被泄露了。攻击者表示，他们将把窃取的数据发布到网络上。在深入研究之后，你可以了解有关"他们如何能够访问你的系统"的一些细节。被利用的弱点是你们学校大多数学生都有的。你愿意在每节课开始时站起来分享你被泄露的信息，以帮助其他学生避免受到损害吗？
2. 这篇文章对网络攻击和传统战争进行了比较。你能想到网络战争与传统战争的不同之处吗？
3. 你认为美国证券交易委员会、州政府

和联邦政府应该就披露网络攻击信息制定更明确的规定吗？为什么最初实施的政策不能更明确、更有效？

4. 这篇文章指出了一些反对信息共享的论点。你还能想到其他原因来说明强制网络攻击信息共享可能无效或有害吗？

职业指南

姓名：克里斯蒂·弗鲁克（Christi Wruck）
公司：Instructure
职称：软件产品经理
教育经历：犹他大学

1. 你是怎么得到这份工作的？

我雇了一个当时在 Instructure 工作的朋友来为我工作。几个月后，那个人决定回到 Instructure。我让他们带我一起去，他们做到了。

2. 这个领域吸引你的是什么？

我在不同的领域工作，但通常被认为是常驻技术人员。我为雇佣我的非营利企业建立网站和数据库、建立网络和系统。我很擅长也很享受，所以我决定进入这个领域。

3. 你的日常工作是怎样的？

我花了很多时间定义和记录用户问题。为此，我通过电话与用户交谈、我去实地考察、我参与我们的用户论坛、我从经常接触我们客户的员工那里收集反馈。一旦问题被很好地记录下来，我就会与设计团队一起尝试以创新的方式解决问题。然后我们在用户中进行测试并不断迭代，直到找到最佳解决方案。一旦确定最终的解决方案，就会把它交给工程部门执行。

4. 你最喜欢工作的哪一点？

我工作中最棒的部分就是实地考察，能够看到用户每天经历的痛点是非常有价值的。有些见解是无法通过电子邮件、论坛或电话获得的。观察用户已被证明是我工作中最鼓舞人心和激励人心的部分。

5. 想要做好你这份工作需要哪些技能？

同理心、社交技能和好奇心。你必须能自如地与陌生人交谈，并且需要他们相信你能解决他们的问题。如果你天生好奇且真诚地想要解决用户的问题，那么你就会提出正确的问题，帮助你获得所需的洞察力，以创新的解决方案解决他们的问题。

6. 在你的领域里教育或证书重要吗？为什么？

与我共事的产品团队中有一半人拥有硕士学位。我还从没见过哪个产品经理没有本科学位，所以我想答案是肯定的。我认为，对于软件产品经理来说，清楚地了解业务是如何运作的以及软件工程是如何工作的是极其重要的。

7. 你会给那些考虑在你所在领域工作的人什么建议？	8. 你认为在未来10年什么科技工作会成为热门工作？
学习 Agile、UX/UI 设计、项目管理和 Scrum，学习如何编写至少写一点代码。	软件工程。很多人都对代码有一点了解，但我们需要更多这个领域的专家和先驱。

本章回顾

通过本章回顾来验证你是否理解了回答本章学习问题所需要用到的思想和概念。

问题 7-1　协作的两个关键特征是什么？

用你自己的话解释一下合作和协作的区别。说出协作的两个关键特征，并解释它们如何促进团队工作。描述给予和接受建设性的批评如何有效地帮助避免群体思维。总结协作者的重要技能，并列出你认为给予和接受批判性反馈的最佳方式。

问题 7-2　衡量成功协作的三个标准是什么？

说出并描述协作成功的三个标准。总结一下这些标准在学生团队和专业团队之间的区别。

问题 7-3　协作的四个主要目的是什么？

说出并描述协作的四个主要目的。解释它们的关系。描述协作系统对每个目标的贡献方式。

问题 7-4　协作信息系统的需求是什么？

说出并描述协作信息系统的五个组件。总结协作信息系统的主要需求，并将这些需求与迭代和反馈的需求以及衡量成功协作的三个标准联系起来。

问题 7-5　如何使用协作工具来改善团队沟通？

解释为什么沟通对协作很重要。定义同步和异步通信，并解释何时使用它们。说出两个可以用来帮助建立同步会议的协作工具。描述可以用于面对面会议的协作工具。描述可用于虚拟同步会议的工具。描述可用于虚拟异步会议的工具。

问题 7-6　如何使用协作工具来管理共享内容？

总结在桌面和 Internet 上处理 Office 文档的方案。描述两种不受控制地共享内容的方式，并解释可能发生的问题。解释版本管理和版本控制的区别。描述如何使用账户、密码和库来控制用户活动。解释如何实现签入或签出。描述工作流程并举例说明。

问题 7-7　如何使用协作工具来管理任务？

解释为什么管理任务对团队进步很重要。演示如何描述任务。列出任务列表的最小内容。总结使用电子表格和 Microsoft SharePoint 管理任务的优点和缺点。

问题 7-8　哪种协作信息系统适合你的团队？

描述所描述的三个协作工具组，并指出每个工具组如何满足协作的最低要求。解释它们之间的区别。总结为你的团队选择合适的工作组的标准。解释效用曲线的含义，并讨论所描述的三个协作工具组中的每一个的效用曲线。

问题 7-9　2029 年将会怎样？

定义共享经济和零工经济，并解释为什么它们将使协作技能变得越来越必要。解释为什么 F2F 会议在成本和时间上都很昂贵。解释为什么混合现实工作空间可能是可取的。描述全息运输如何改变合作。总结协作系统降低国际业务成本和困难的方式。解释协作系统如何改变你将与之竞争的员工的范围。如果你不同意2029年的任何结论，请解释原因。

将你的知识应用到 ARES

重新阅读本章开头的 ARES 场景。运用你从本章学到的知识，解释这个团队如何使用协作工具来完成泽夫分配给他们的任务，并为整个团队带来更高质量的结果。

关键术语和概念

异步通信（Asynchronous communication）
协作（Collaboration）
协作信息系统（Collaboration information system）
协作系统（Collaboration system）
建设性批评（Constructive criticism）
合作（Cooperation）
论坛（Discussion forum）
电子邮件（Email）
文件服务器（File server）
零工经济（Gig economy）
谷歌驱动器（Google Drive）
群体思维（Groupthink）
库（Library）
管理决策（Managerial decision）
运营决策（Operational decision）
效用曲线（Power curve）

问题（Problem）
项目数据（Project data）
项目元数据（Project metadata）
屏幕共享应用（Screen-sharing application）
共享经济（Sharing economy）
战略决策（Strategic decision）
结构化决策（Structured decision）
同步通信（Synchronous communication）
团队调查（Team survey）
非结构化决策（Unstructured decision）
版本控制（Version control）
版本管理（Version management）
视频会议（Videoconferencing）
虚拟会议（Virtual meeting）
网络研讨会（Webinar）
工作流控制（Workflow control）

知识运用

7-1. 反思你在之前的课程中与团队协作的经验，以及在其他情况下（例如校园委员会）与团队协作的经验。你的团队在多大程度上协作？是否包括反馈和迭代？如果是的话，怎么做到的？你是如何使用协作信息系统的？如果你没有使用协作信息系统，请描述你认为这样的系统可能如何改善你的工作方法和结果。如果你确实使用了协作信息系统，根据你从本章中学到的知识，解释你如何改进这种使用。

7-2. 根据问题7-1中提供批判性反馈的指导方针，利用你在过去团队中的工作经验，举出无益反馈的例子。纠正你的例子，使之成为更有成效和更有帮助的评论。

7-3. 用你自己过去的团队项目经验，总结你的团队在问题7-3中是如何进行四个阶段（启动、计划、执行和收尾）的。评估你的团队如何解决问题、做出决策以及获取信息。按照海克曼的标准（在问题7-2中讨论过）给你过去的团队打分。

7-4. 本练习要求你使用 Microsoft OneDrive 进行实验。你需要两个 Office id 来完成这个练习。最简单的方法就是和同学一起做。如果无法做到这一点，可以使用两个不同的 Outlook.com 地址设置两个 Office 账户。

a. 用你的一个账号登录 www.onedrive.com，使用 Word Online 创建关于协作工具的备忘录。保存你的备忘录。与第二个 Office 账户中的电子邮件共享你的文档。注销你的第一个账户。

（如果你有两台离得很近的计算机，请同时使用。如果你有两台计算机，不要注销你的 Office 账户。对第二台计算机上的第二个账户执行步骤 b 和所有操作。如果你使用两台计算机，请忽略以下步骤中退出 Office 账户的指示。）

b. 在浏览器中打开一个新窗口访问 www.onedrive.com，并使用你的第二个 Office 账户登录。打开步骤 a 中共享的文档。

c. 修改备忘录，添加内容管理的简要描述。

请不要保存文档。如果你只使用一台计算机，请从你的第二个账户退出。

d. 登录你的第一个账户。试着打开备忘录，记下发生了什么。注销你的第一个账户后，用第二个账户重新登录。保存文档。现在，注销你的第二个账户，并用第一个账户重新登录。试着打开备忘录（如果你正在使用两台计算机，请在两台不同的计算机上执行相同的操作）。

e. 登录你的第二个账户。重新打开共享文档。从"文件"菜单中，将文档保存为 Word 文档。描述 OneDrive 如何处理对文档的更改。

协作练习 7

使用你在第 1 章的协作练习中建立的协作信息系统，团队协作回答下面的问题。

7-5. 协作：

a. 什么是协作？重读本章的问题 7-1，但不要将自己局限于那个讨论。考虑一下你自己在协作团队中工作的经验，并在网上搜索关于协作的其他想法。

b. 高效的团队成员需要具备哪些特质？回顾图 7-1 中关于有效协作技能的调查以及给予和接受批判性反馈的指导方针，并作为一个小组讨论它们。你同意这些观点吗？

c. 你想在这个列表中添加什么技能或反馈技巧？作为一个团队，你们能从这次调查中得出什么结论？你会改变图 7-1 中的排名吗？

7-6. 无效的合作：

a. 你会如何处理一个效率低下的团队成员？首先，定义什么是一个无效的团队成员。指定一个无效的团队成员的五个左右的特征。

b. 如果你的团队有这样的成员，作为一个团队，你认为应该采取什么行动？

c. 在商业世界里，一个效率低下的团队成员可能会被解雇。但在大多数学术环境中，学生不会因为团队效率低下而让其他学生失望。解释商业和学术环境的差异或相似之处，以及将如何影响你如何处理一个效率低下的团队成员。

7-7. 有效的协作：

a. 你怎么知道你和你的团队协作得很好？

b. 在团队中工作时，你如何知道自己是否有效地给予或接受了建设性的批评？

c. 指定 5 个左右表明合作成功的特征。如何衡量这些特征呢？

d. 简单描述一下你的团队喜欢和不喜欢使用协作系统的哪些方面。

7-8. 通信类型：

a. 你的团队最常用的通信类型（同步还是异步）？

b. 你为什么选择使用这种沟通方式？

c. 什么因素影响你对协作工具的选择？

d. 你最常用的工具是什么？

e. 从你的团队经验来看，是虚拟工具更有效还是面对面的工具更有效？举例说明什么时候面对面的会议更有效。举例说明虚拟会议何时更有效。

【案例研究 7——Airbnb】

如果有人每两秒给你 1 美分，你一年能赚多少钱？你每分钟能赚 30 美分、一个小时就能赚 18 美元、一天可以赚 432 美元、一个月可以赚 12960 美元、一年就能赚 15 万 5 千多美元。这一切都是因为你每两秒钟挣一美分。

因为每两秒钟就有一个人在 Airbnb 上预订房间，所以不难理解为什么 Airbnb 是一家市值 250 亿美元的公司。事实上，Airbnb 是世界上最大的连锁酒店。它甚至比排在其后的五大酒店品牌的总和还要大[14]，并且它没有一个酒店物业。

从充气床到数十亿

在 Airbnb 成立之初,创建这种类型的公司并赚到这么多钱是不可想象的。在 2007 年,乔·杰比亚(Joe Gebbia)和布莱恩·切斯基(Brian Chesky)决定租出去一些多余的气垫床,来赚点钱支付他们在旧金山的房租。那时城内举办一个很受欢迎的会议,所有的旅馆都订满了。两个人想到了一个招待客人的主意,他们把客厅地板上的三张充气床租出去,并在第二天为客人做早餐。他们创建了网站 www.airbed 和 breakfast.com。几天之内,他们接待了一位来自印度的男士、一位来自犹他州的男士和一位来自波士顿的女士。

经验证明,人们愿意以一种更可持续和协作的方式租用房间。Airbnb 开始让当地人列出他们的房间,让旅行者预订。2008 年,巴拉克·奥巴马(Barack Obama)计划在丹佛的民主党全国代表大会上发言。预计将有超过 7.5 万人参加,酒店已超额预订。在大会召开前几周,Airbnb 推出了新的网站。几天内,该网站就有 800 多个待租房间。

2009 年,Airbnb 从风险投资家那里筹集了 60 多万美元。它制定了如何在网站上赚钱的细节,即收取预订费的 15%:房东向 Airbnb 支付 3%,客人支付 12%。该企业的成功促成了 2010 年的另一轮投资,当时 Airbnb 筹集了 700 多万美元。第二年,它获得了令人难以置信的 1.12 亿美元的风险投资。

协作消费

Airbnb 是一家基于共享的企业,这被称为协作消费。消费者可以通过出租或出借的方式暂时与其他消费者分享他们的资产。像 Airbnb 这样的公司帮助消费者找到彼此,并为此收取费用。

Airbnb 创始人乔·杰比亚表示:"我们在 Airbnb 上所做的一切都是正确的。我们正在帮助人们更好地利用他们已有的空间,并连接世界各地的人们"[15]。有效利用闲置资源是理解 Airbnb 成功背后的关键。在最近的一次 TEDx 演讲中,城市规划师达伦·科顿(Darren Cotton)指出,电钻的使用时间平均只有 12~13 分钟。如果是真的,为什么要买呢?为什么不租一个或者借一个呢?

人们家中未被充分利用的空间也是如此。Airbnb 每年有超过 1 亿人次入住原本不会被使用的空间。有了 Airbnb,消费者现在可以将以前未使用的空间临时租给其他消费者,从而产生收入。想象一下,如果汽车(Uber)、宠物(DogVacay)或贷款(Lending Club)也是如此将会发生什么?如果执行有效,协作消费可以应用于许多类型的未充分利用的资产。

协作消费的一大组成部分是反馈。例如,住宿行业的反馈可以让消费者深入了解他们想在 Airbnb 上租的地方。人们预订房间并入住后,公司鼓励他们对自己的体验进行反馈。如果客人有一个很好的体验,他们可能倾向于给主人好的评价。好的评价可能会鼓励未来的客人预订房间。同样,如果反馈是负面的,即评价很差,那么未来的客人可能不会在那里预订房间。主人利用这些反馈来改善未来客人的体验。

问题

7-9. 2008 年,Airbnb 推出了自己的网站并开始出租房间。但其实从 1995 年开始,互联网就已经被广泛使用。为什么有人花了 13 年时间才创办了 Airbnb 这样的企业?在 2008 年之前,是否有技术、社会或经济因素阻碍了这个概念的成功?为什么现有的大型科技公司,如谷歌、苹果、微软、亚马逊或 Facebook,没有一家成立像 Airbnb 这样的企业呢?

7-10. 许多成功的企业都是为了满足需求而成立的。Airbnb 满足了什么需求?为什么酒店不能满足这一需求?酒店和 Airbnb 是在满足同样的需求,还是在为不同的需求提供不同的产品?消费者使用传统酒店和 Airbnb 的目的会不同吗?为什么?

7-11. 假设你在一家大型投资企业工作。你的老板让你确定 Airbnb 作为一家企业的价值,因为他计划在即将到来的首次公开募股(IPO)中购买股票。

   a. 你如何确定它的价值?
   b. 你会像评价连锁酒店、科技创业企业或其他类型的公司一样评价 Airbnb 吗?
   c. 你如何判断 Airbnb 未来的增长潜力?它能拓展到其他市场吗?例如哪一个?

7-12. 描述协作消费的一些经济影响。像 Airbnb 和 Uber 这样的企业会帮助经济还是损害经济?为什么?

7-13. 还有哪些市场可以从协作消费中受益？是什么阻碍了这些新市场的盈利？

7-14. 为什么客户评论和评分对在 Airbnb 上提供客房的房东如此重要？为什么相对于拥有 200 间客房的大型酒店，小型酒店的评论更重要？反馈对所有协作消费行业都很重要吗？为什么？

7-15. 协作消费利用闲置资源。同样的原则是否也适用于人类劳动力市场？怎么做？这会对劳动力产生什么影响？Airbnb 不拥有任何酒店，但它是世界上最大的住宿提供商。世界上最大的企业可以没有员工吗？为什么？

完成下面的写作练习

7-16. 在问题 7-9 中重读关于 2029 年的结论。你同意这些结论吗？为什么呢？如果 F2F 会议变得罕见，你认为会对旅游业产生哪些额外影响？根据这种变化，描述一下旅游业的投资是有意义的还是没有意义的。在培训方面有哪些有前景的投资？其他行业有哪些有前景的投资？

7-17. 考虑一下你如何在大学课程的团队项目中使用信息技术。利用问题 7-4 中关于协作信息系统需求的讨论，回答以下问题。

a. 假设一个团队成员只想用面对面的会议、电子邮件和短信进行交流。如果只使用这些方法，会出现什么问题？这些方法将如何影响群体交流和内容共享？

b. 假设你只使用面对面会议、电子邮件、短信、PowerPoint 和 Excel，你将如何共享文件？你可能会遇到什么问题？

c. 考虑问题 7-3 中提到的协作活动的四个目的。出于何种目的，你可能会使用 Google Drive、Dropbox 和 OneDrive 等在线数据存储工具？

d. 描述你认为可以添加到你的团队的最重要的额外协作工具。

尾注

[1] Mitch Ditkoff, Tim Moore, Carolyn Allen, and Dave Pollard, "The Ideal Collaborative Team," *Idea Champions*, accessed June 8, 2018, www.ideachampions.com/downloads/collaborationresults.pdf.

[2] J. Richard Hackman, *Leading Teams: Setting the Stage for Great Performances* (Boston: Harvard Business Press, 2002).

[3] Wouter van Diggelen, *Changing Face-to-Face Communication:Collaborative Tools to Support Small-Group Discussions in the Classroom*(Groningen: University of Groningen, 2011).

[4] Warning: The data in this figure is changing rapidly. The features and functions of both Web applications and cloud drives may have been extended from what is described here. Check the vendor's documentation for new capabilities.

[5] Larry Alton, "Why the Gig Economy Is the Best and Worst Development for Workers Under 30," *Forbes,* January 24, 2018,www.forbes.com/sites/larryalton/2018/01/24/why-the-gig-economy-is-the-best-and-worst-development-for-workers-under-30/#206321726d76.

[6] Gianpiero Petriglieri, Susan J. Ashford, and Amy Wrzesniewski, "Thriving in the Gig Economy," *Harvard Business Review,*March-April 2018 Issues, https://hbr.org/2018/03/thriving-in-the-gig-economy.

[7] Ibid.

[8] Megan Rose Dickey, "Judge Rules Grubhub Properly Classified Delivery Driver as Independent Contractor," *TechCrunch,* February 8, 2018, https://techcrunch.com/2018/02/08/grubhub-v-lawson-ruling/.

[9] Ibid.

[10] See also David Kroenke and Donald Nilson, *Office 365 in Business* (Indianapolis, IN: John Wiley & Sons, 2011).

[11] Denise Zheng, "Should Companies Be

Required to Share Information About Cyberattacks?," *The Wall Street Journal*, May 22, 2016, *www.wsj.com/articles/should-companies-be-required-to-share-information-about-cyberattacks-1463968801*.

[12] Andrew Tannenbaum, "To Prevent Cyberattacks, Share the Threat Data," *The Wall Street Journal*, July 9, 2015, *www.wsj.com/articles/to-prevent-cyberattacks-share-the-threat-data-1436482349*.

[13] Ibid.

[14] Betty Wood, " Airbnb Is Now Bigger Than the World's Top Five Hotel Brands Put Together, " *The Spaces*, August 15, 2017, accessed June 11, 2018, *https://thespaces.com/2017/08/15/airbnb-now-bigger-worlds-top-five-hotel-brands-put-together*.

[15] Jessica Salter, " Airbnb: The Story Behind the $1.3bn Room-Letting Website, " *The Telegraph*, September 7, 2012, accessed June 11, 2018,*www.telegraph.co.uk/technology/news/9525267/Airbnb-The-story-behind-the-1.3bn-room-letting-website.html*.

| 第 8 章 |

Using MIS，Eleventh Edition

流程、商业组织和信息系统

"不，菲力克斯（Felix）！不要再来一遍了！一遍又一遍的！我们在一次会议上决定了一件事，下次开会再讨论一遍，再下次再讨论一遍。太浪费时间了。"

"拉杰，你什么意思？"ARES 的客户服务经理菲力克斯问道，"我认为我们做出正确的决定很重要。"

"好吧，菲力克斯，如果这样的话，你为什么不来参加会议？"

"我只是缺席了部分会议而已。"

"好吧。上周我们在这里开了两三个小时的会后，决定去会见一位凯西认识的动感单车教练。她在当地的一所大学讲授动感单车课程，并且对于虚拟教学持开放的态度。"

"但是，拉杰，我们甚至不知道我们是否有能够处理虚拟课程的带宽，也不知道到底有没有人会报名。如果我们提供了动感单车课程但没有人报名会有什么不同呢？"

"菲力克斯！我们上周讨论了这一点。学校有着极好的高速网络连接，我们共享相同的 ISP，所以带宽根本就不是问题。用户也不会成为问题。这位动感单车教练有一整个班的学生，只要我们提供服务，他们就更愿意尝试新的虚拟课程。"

"拉杰你想想，亨利只是想告诉艾希莉一些合理的事情。如果我们告诉他这些新的虚拟动感单车课程不会成功，艾希莉就会取消这个项目，我们也可以继续回去针对家庭用户和企业客户开展工作！"

"菲力克斯，你快把我逼疯了。我们上周就此进行了喋喋不休的讨论。让我们有一些进展吧。凯西，你怎么看？"

"菲力克斯，拉杰说的是对的，"凯西附和道，"我们就如何展开这项工作进行了长时间的讨论，我们也都同意先行开设这种测试课程。这将是一个重要的新收入来源。我们确实需要改变一些我们的内部流程，但那是有收益的。"

"好吧，凯西，我认为这是错误的。为什么没有人告诉我呢？我花了大量的时间试图直接向企业客户出售 ARES 的健康项目。"

"你看邮件了吗？"凯西试探性地问道。

"什么邮件？"

"我每周都会发的会议总结邮件。"凯西叹了口气道。

"我收到了那封邮件，但我无法下载附件。病毒查杀软件阻止我去获取它。"菲力克斯的声音逐渐变小。

拉杰不能接受这样的借口。"菲力克斯，你看看我的文件，我将着重强调我们将重点测试动感单车课程。"

"拉杰，不要那么暴躁。我想我有一个好主意。"菲力克斯说道，听起来有些伤心。

"好，所以我们这周再一次同意在学校开展虚拟动感单车课程的测试。现在，我们已经在以往的领域浪费了太多的时间了。让我们来想想如何展开这一工作。"

菲力克斯坐回他的椅子上，低头看着他的手机。

"哦不，我错过了马普尔索普（Mapplethorpe）的电话。哈哈哈。"

"菲力克斯，你在说什么？"拉杰问道。

"我在 GenTech 的人力资源的联系人马普尔索普，他向了解我们能为他们的健康项目提供什么类型的数据。我很抱歉，但我得去给他回个电话。我几分钟之后再回来。"

菲力克斯离开了房间。

拉杰看着凯西。

"现在怎么办？"他问道，"如果我们继续的话，菲力克斯回来之后我们需要再讨论一遍。或许我们可以休息一下？"

凯西摇摇头，说道："拉杰，不用等他了。对我来说参加这些会议很艰难。我没办法一直工作到今天晚上，因为我还要去日托中心接西蒙（Simone）。我们什么事情都还没做，就先不管菲力克斯了吧。"

亨利打开门进来。

"大家好！进展如何？"他高声问道，"我能坐下来参加你们的会议吗？"

研究问题

问题 8-1　流程的基本类型是什么？

问题 8-2　信息系统如何提高流程质量？

问题 8-3　信息系统如何消除信息孤岛的问题？

问题 8-4　CRM、ERP 和 EAI 如何支持企业流程？

问题 8-5　ERP 系统的要素是什么？

问题 8-6　应用和升级企业信息系统的挑战是什么？

问题 8-7　企业间的信息系统如何解决企业孤岛问题？
问题 8-8　2029 年将会怎样？

章节预览

本章探讨了流程及其在企业层级的支持信息系统。我们将拓展第 2 章对业务流程的讨论，研究三种流程类型以及它们所使用的信息系统的范围。我们还将研究流程质量的概念并解释信息系统如何提高流程质量。然后我们将讨论在企业层级使用信息系统会如何产生信息孤岛，解释这些孤岛带来的问题，然后展示企业下一个层级的信息系统如何解决这些问题。我们将着重讨论 CRM、ERP 和 EAI（你也会学习这些术语的含义）等企业系统如何解决工作组信息孤岛造成的问题。ERP 系统起着特别重要的作用，我们将讨论它们的用途、组成部分和主要的 ERP 供应商。然后，我们将调查应用企业系统的过程中需要面临的主要挑战。我们将通过展示企业间的信息系统如何解决企业层级的孤岛问题来结束本章。最后，我们将讨论在 2029 年移动通信和云对企业和企业间信息系统的影响。

问题 8-1　流程的基本类型是什么？

正如你在第 2 章中所学，业务流程是通过将输入转化为输出来创造价值的活动网络。活动是接收输入并产生输出的过程的子部分。活动可以只由人来执行、可以由人和计算机系统共同执行，也可以只由计算机系统执行。

图 8-1 是对批准客户订单的三个活动流程的简化图示。每一个活动本身都是整个流程的子流程。你可以发现，其中的每一步（检查库存、检查客户信用、批准特殊条款）都是接收输入并将其转化为输出。将图 8-1 看作是典型业务流程的大意图。

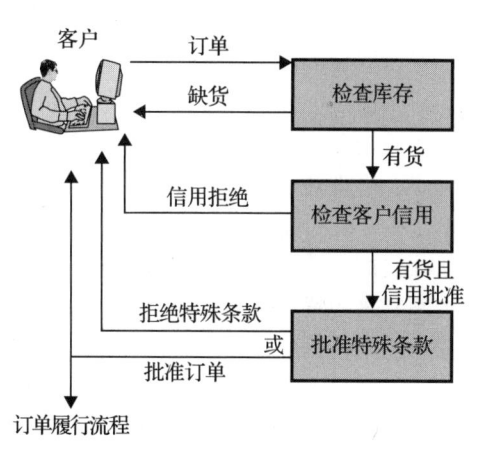

图 8-1　有三个活动的业务流程

结构化流程与动态流程有何不同？

业务有数十个、数百个甚至数千个不同的流程。有一些流程是固定的，它们有着一系列固定的活动和数据传输流程。例如，在诺德斯特龙或其他高质量零售商店，售货员接收退货的流程是固定的。如果顾客有收据，就进行一些相关步骤。如果顾客没有收据，就进行另一些相关步骤。整个过程需要是标准化的，这样顾客才能被公平地对待、退货才能被合理地核算、销售人员的提成才能公平地被减少。

其他的一些流程则不那么结构化和严格，而且它们通常具有创造性。例如，诺德斯特龙的管理层如何决定明年春季的女装是什么款式。管理者可以回顾以往的销售情况、考虑当前的经济形势，并评估女性对于当前时装秀中的新款的接受程度，但在特定数量和颜色的特定服装中综合考虑这些因素的流程并不像接收退货的流程那样结构化。

我们将在本书中将流程分为两大类。结构化流程是正式定义的标准化流程，涉及日常的操作：接收退货、提交订单、采购原材料等。图 8-2 左边的一列总结了它们的特征。

动态流程是灵活的、非正式的、适应性强的流程，其往往涉及战略性和结构化程度较低的管理决策和活动。例如决定在哪里开一家新的商店、如何最好地处理大量退货的问题，以及利用推特来宣传下一季的产品。动态流程往往需要人为的判断。图 8-2 右边的一列总结了它们的特征。

结构化流程	动态流程
支持运营和结构化管理的决策和活动	支持战略性和结构化程度较低的管理决策和活动
标准化的	并不具体，流动性的
通常有正式的定义和文件	通常并不正式
少有但不能容忍异常情况	经常出现异常情况且能够接收
流程结构变化缓慢且会给企业造成痛苦	能够便捷修改的灵活的流程结构
例：客户退货、订单输入、购买、发工资等	例：协作、社交网络、定义不清或模棱两可的情况

图 8-2 结构化流程与动态流程

我们将在本章讨论结构化流程以及支持其的信息系统，并用流程表示结构化流程。

流程如何因组织范围而变化？

流程在企业中有三种级别的应用：工作组、企业、企业之间。通常来说，流程涉及的范围越广，管理流程就更具有挑战性。例如，支持单个工作组功能（如应付账款）的流程与支持相互独立的企业的网络（如供应链）的流程相比，管理起来更简单也更容易。思考这三种企业范围中的流程。

工作组流程

工作组流程旨在让工作组能够完成特定团队或部门的章程、目的和目标。医生的伙伴关系就是一个遵循流程的工作组，其根据流程管理患者记录、开具和更新处方、提供标准化的术后护理等。

图 8-3 列出了常见的工作组流程。需要注意的是，其中的每个流程都只在特定部门中适用。这些流程可能会从其他部门接收输入，它们的输出也可能被其他部门使用，但所有的或者绝大多数的流程活动都是在单一部门中进行。

工作组信息系统旨在支持工作组内部的一个或多个流程。例如，运营部门需要配备一个信息系统来支持图 8-3 中所展示的三个运营流程。或者会计部门可能需要配备两个或三个不

工作组	工作组流程示例
销售与营销	• 潜在客户生成 • 潜在顾客追踪 • 客户管理 • 销售预测 • 产品和品牌管理
运营	• 订单输入 • 订单管理 • 成品库存管理
制造	• 库存（原材料、在造商品） • 计划 • 日程 • 操作
顾客服务	• 订单追踪 • 账户追踪 • 顾客支持
人力资源	• 招聘 • 报酬 • 评估 • HR 计划
会计	• 总账 • 财务报表 • 成本核算 • 应收账款 • 应付账款 • 资金管理 • 预算 • 财政管理

图 8-3 常见的工作组流程

同的信息系统来支持图中展示的会计流程。工作组信息系统有时候也被称为职能信息系统。因此，运营管理系统是一个职能信息系统，总账系统和成本核算系统也是如此。职能信息系统的程序部分被称为职能应用。

图8-4的第一行总结了工作组信息系统的一般特征。典型的工作组信息系统支持10～100个用户。由于组内的所有成员都必须理解其使用程序，因此这些程序通常会以文件形式正式规定。用户也会接受使用这些流程的正式培训。

范围	示例	特征
工作组	医生办公室或医疗实践	支持一个或多个工作组流程、10～100个用户 流程通常是规范化的 问题在组内解决 工作组可以复制数据 一定程度上难以更改
企业	医院	支持一个或多个企业流程、100～1000个用户以上 流程通常是规范化的 问题的解决方案会影响企业 避免了工作组进行数据复制 难以更改
企业间	医疗保健交易所	支持一个或多个企业间流程、1000个用户以上 流程通常是规范化的 问题的解决方案会影响多个企业 能够解决企业数据复制的问题 很难更改

图8-4 信息系统的特征

当问题发生的时候，其往往能够在组内解决。如果应付账款与特定供应商的记录重复，应付账款组可以进行修复。如果线上门店库存数据库中的商品数量错误，该数值能够在门店组内部被修复。

（此外需要注意的是，问题所造成的后果并不只是在工作组内。因为工作组信息系统也会为企业的其他部门提供服务，它的问题会在企业范围内产生影响。但工作组往往是能够在内部解决这些问题的。）

企业内的两个或两个以上的部门的数据是可能重复的，我们将在问题8-3中讨论这样的数据重复会给企业带来麻烦。最后，由于工作组信息系统涉及多个用户，因此对它进行更改也有一定困难。但需要再次强调的是，当问题真正发生的时候，其往往能够在工作组内部得到解决。

企业流程

企业流程涉及整个企业，并且支持多部门活动。在医院中，患者出院流程支持了后勤、药房、厨房、护士站以及其他医院部门的活动。

企业信息系统支持一个或多个企业流程。如图8-4的第二行所示，它们通常有成百上千个用户。流程往往是正式的，并配有相关文件，用户往往会接受正式的流程培训。企业系统有时会包括流程的类别，用户会根据对系统的专业知识或者权威性的等级被界定。

企业系统中问题的解决涉及了多个部门的工作组。正如你将在本章中所学，企业系统的一个主要优势在于企业内部的数据重复要么都不存在，要么在能够一起存在的情况下，更改重复数据会被严格管理以保证数据的一致性。

由于企业系统涉及许多部门以及潜在的数千位用户，因此其难以更改。对企业系统的修改必须要有仔细的计划并谨慎进行，同时对用户进行适当的培训。有时候也会通过给予用户一定的奖金或者其他的好处来激励其更改系统。

我们将在问题 8-4 中定义和讨论客户关系管理（CRM）、企业资源规划（ERP）和企业应用集成（EAI）这三个企业系统。

企业间流程

企业间流程涉及两个或多个相互独立的企业。例如，通过医疗保健交易所（见案例研究 8）购买健康保险的政策流程涉及了许多保险公司和政府机构。它们每一个都需要完成一定的活动，并且这些活动也都被法律、政府政策以及保险公司之间的竞争所影响。

企业间信息系统支持一个或多个企业间流程，其通常涉及数千名用户，并且其问题的解决需要不同的并且通常来说相互独立的企业的协作。这些问题会通过会议或者合同解决，有时也会通过诉讼解决。

企业间的数据常常会重复，这些重复数据要么不存在要么被严格管理。由于这样的系统涉及范围广、使用灵活且被多家企业使用，因此其更改极为困难。企业间信息系统的一个典型案例就是供应链管理。我们将在本书的后续部分中研究企业间 ARES 实例。

问题 8-2　信息系统如何提高流程质量？

流程是企业的结构，它们是人们组织活动以实现企业目标的途径。因此，流程质量是决定企业成败的重要因素，甚至可能是最重要的因素 [1]。

流程质量的两个维度是效率和有效性。流程效率衡量了流程输出与输入之间的比率。如果图 8-1 中的流程能够以更低的成本完成相同数量的订单的批准或拒绝（输出），或者以相同的成本完成更多的订单的批准或拒绝，那么该流程就更为高效。

流程有效性用来衡量流程能够多好地完成企业战略。如果一家企业以高质量的顾客服务来实现差异化战略，但其处理如图 8-1 中的一个订单请求需要 5 天，那么这个流程就是无效的。提供定制生产的企业或许可以利用 3D 打印以使其流程更为有效。

如何优化流程？

企业可以通过以下三种方式来提高流程质量（效率、有效性或两者）：

- 改变流程结构
- 改变流程资源
- 同时改变流程结构和资源

改变流程结构

在一些情况下，仅仅对流程进行重新组织就能够改变流程质量。如果用户信用问题能够先行处理，然后再检查库存，那么图 8-1 中的订单批准流程就会更高效。其原因在于它省去了为检查信用时将被拒绝的用户的订单库存的成本。但这样的改变也会增加企业检查没有订单库存的顾客的信用的成本。

改变流程结构也会提高流程的有效性。如果企业选择了低成本战略，那就意味着不应该批准任何特殊的条款。如果图 8-1 中的流程需要对特殊条款订单进行授权，那么取消第三个活动会使其变得更有效（它也很有可能会节省运营成本）。

改变流程资源

业务流程活动由人和信息系统共同完成,提升流程质量的一种方式就是改变这些资源的分配方案。例如,如果图 8-1 中的流程因为所需时间太长而导致其低效,那么使其更加高效的一个方式就是找到延迟产生的根源,然后增加其资源。如果是检查顾客信用这一活动产生了延迟,提高流程效率的一个方式就是为该活动加派人手。加派人手能降低延迟,但也会增加成本,因此企业需要找到有效性和效率之间的合理平衡。

缩短信用检查流程的另一个方式是使用信息系统来进行顾客信用检查。基于新系统的开发及其运营成本,这样的改变或许成本会更低,也会变得更加高效。

同时改变流程结构和资源

当然,通过同时改变流程结构和流程资源也可能会提高流程质量。事实上,除非结构改变只是简单的任务重新排序,否则改变流程结构通常也会伴随着资源的改变。

信息系统如何提高流程质量?

信息系统能够以如下的方式来提高流程质量。
- 完成一项活动
- 辅助人完成活动
- 控制数据质量和流程进程

完成一项活动

信息系统能够完成整个流程活动。例如,图 8-1 中的信用检查活动完全可以自动完成。当你在亚马逊或者其他主流在线零售商处购物时,信息系统会在交易处理的过程中检查你的信用情况。飞机座位的保留是自动完成的,即所有的这些保留活动都可以由一个信息系统来完成。(当然,除了旅客活动:在进行座位保留时,你必须在空位中选择一个位置,但对航空公司来说,你订座的时间是自由的。)

辅助人完成活动

信息系统能提高流程质量的第二种方式是通过在人为进行的活动中辅助人的行动。想想管理患者预约的流程。患者为了进行预约,需要给医生办公室打电话,并与使用预约信息系统的接待员进行沟通。该信息系统就辅助了预约生成的活动。

控制数据质量和流程进程

信息系统能提高流程质量的第三种方式是通过控制数据质量和流程进程。

信息系统的主要好处之一就是用来控制数据质量。信息系统不仅能够确保输入正确的数据,还能够保证在进行流程后续活动之前数据是完整的。纠正数据错误最廉价的方式就是从源头解决问题,它能够避免用不完整的数据开始流程活动而导致的问题。

信息系统还能发挥控制流程进程的作用。思考图 8-1 中的订单批准流程。如果整个过程是人为控制的,那么有人(比如一个销售人员)将从顾客那里获得订单数据并采取所需的行动来推进订单流程的三个步骤。如果这个销售人员很忙,或者心烦意乱,或者要离开几天,或者其中一个活动出现了意外的延迟,则可能丢失订单或者产生不必要的批准的延迟。

但如果信息系统被用来控制订单的批准流程,那它就能够保证步骤在按照既定的时间进行。对于比图 8-1 中还要复杂的流程,也可以依赖信息系统来做出正确的流程过程抉择。在第 7 章的协作部分讨论过的 SharePoint 的工作流程就能够用于自动化结构化流程。

问题 8-3　信息系统如何消除信息孤岛的问题？

当数据在信息系统中孤立存在时，就会产生信息孤岛。例如，思考图 8-3 中的六个工作组及其信息系统。思考这些信息系统，你会发现每一个信息系统都在处理顾客、销售、产品或其他的数据，但它们又都有各自的目的，并且存储的数据可能有一些不同。例如，销售会存储顾客购物代理的有关数据，而会计会存储顾客应付账款人的有关数据。

工作组为其自身所需单独开发信息系统很正常，但长期来看，这些单独的信息系统的存在会导致信息孤岛的产生，从而引发无数问题。

信息孤岛是什么？

图 8-5 中列出了工作组层面销售与营销部门和会计部门之间的信息孤岛会引发的主要问题。首先，数据是重复的，即销售与营销和会计的应用中都有存储一些相同的顾客数据的单独的数据库。如你所知，数据存储成本低，因此数据重复的问题并不在于浪费磁盘的存储空间，而是在于数据的不一致性。在销售与营销应用中更改的顾客数据可能需要几天或者几周才能在会计应用的数据库中完成对应的更改。在此期间，货物会如期运送到顾客手中，但费用清单会被送到错误的地址。当企业有不一致的重复数据时，就会产生数据完整性问题。

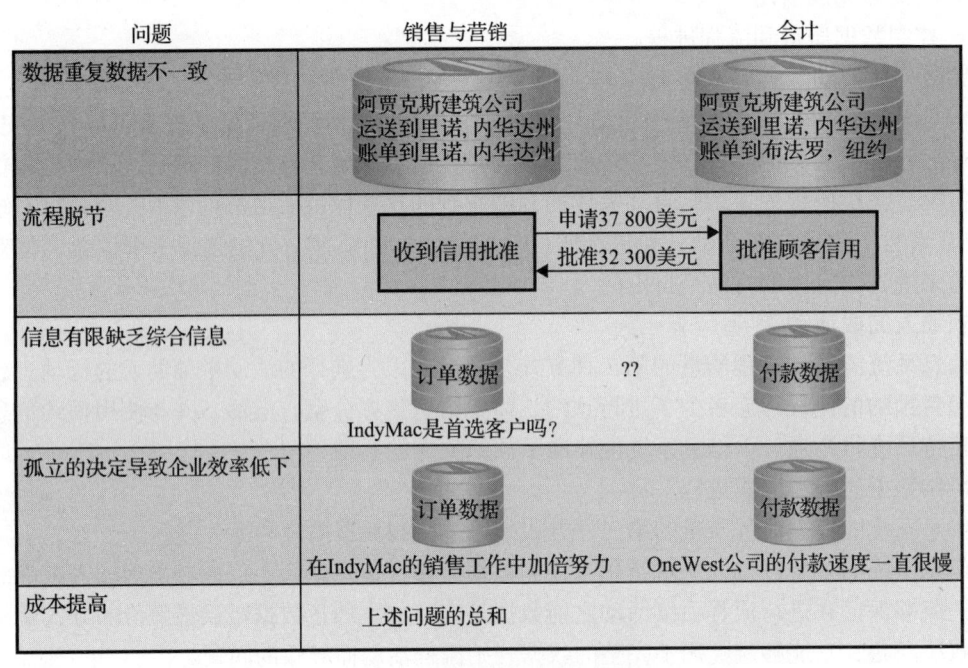

问题	销售与营销	会计
数据重复数据不一致	阿贾克斯建筑公司 运送到里诺,内华达州 账单到里诺,内华达州	阿贾克斯建筑公司 运送到里诺,内华达州 账单到布法罗,纽约
流程脱节	收到信用批准　申请37 800美元→ 　　　　　　　←批准32 300美元	批准顾客信用
信息有限缺乏综合信息	订单数据　　　?? IndyMac是首选客户吗？	付款数据
孤立的决定导致企业效率低下	订单数据 在IndyMac的销售工作中加倍努力	付款数据 OneWest公司的付款速度一直很慢
成本提高	上述问题的总和	

图 8-5　信息孤岛引发的问题

此外，如果应用是孤立的，业务流程就会脱节。假设企业规定超过 15 000 美元的订单必须由应收账款部门预先批准。如果支持的应用是独立的，那么保持两项活动数据的一致就很困难，并且批准流程会很慢，也可能会出错。

在图 8-5 的第二行中，销售与营销部门想批准与阿贾克斯之间的 20 000 美元的订单。根据销售与营销数据库显示，阿贾克斯当前有 17 800 美元的差额，因此销售与营销部门申请了总额为 37 800 美元的信贷。但会计数据库显示，由于应收账款部门已将 5500 美元的退货款记入阿贾克斯的贷方，因此阿贾克斯只有 12 300 美元的差额。如果要批准该 20 000 美元的订单,那么只需要总额为 32 300 美元的总信贷授权,这也就是该部门的总拨款额。

销售与营销部门不知道拿着这 32300 美元的拨款该怎么办。根据其数据库中的数据,阿贾克斯已经有 17 800 美元的差额,如果总拨款只有 32 300 美元的话,是会计部门只批准了新订单中的 14 500 美元的部分吗?为什么是这个数额呢?两个部门都想要批准这个订单。但为了解决这一问题,需要进行无数的邮件和电话沟通。这些相互影响的流程是脱节的。

脱节的活动带来的一个后果就是缺乏综合企业信息。例如,销售与营销部门想知道 IndyMac 是否还是首选客户。假设确定是否如此需要比较历史订单和历史付款数据。由于存在信息孤岛,数据被分别存在两个数据库中。在其中一个数据库中,IndyMac 是以收购它的公司 OneWest Bank 命名的,因此数据整合会很困难。在需要得到即时答复的时候,做出决定却需要人工的流程和几天的时间。

这就会导致第四种结果:效率低下。当使用孤立的职能应用时,决定都是单独做出的。如图 8-5 第四行所示,销售与营销部门决定在 IndyMac 的销售工作中加倍努力。但会计部门知道 IndyMac 被 FDIC 取消了抵押品赎回权,并被卖给了 OneWest,其付款速度也一直很慢。没有数据整合,企业的各部门就不知道彼此在干什么。

最后,信息孤岛会导致企业的成本提高。重复的数据、脱节的系统、有限的信息和低效率都意味着更高的成本。

企业如何解决信息孤岛问题?

根据定义,当数据被存储在孤立的系统中时,就会出现信息孤岛。修复这种孤岛的方法之一是将数据整合到一个数据库中,并修改应用程序(和业务流程)以使用该数据库。如果这不可能或不切实际,另一个补救办法是允许孤立,但要对其进行管理以避免问题的产生。

图 8-6 中的箭头显示了企业的两个层面中的这一解决方案。首先,由工作组信息系统创建的孤立数据将被集成到企业范围内的应用程序中。

范围	示例	信息孤岛示例	使能技术
工作组	医生办公室或药房	医生和医院分别存储患者数据不必要的重复测试和程序	职能应用
企业	医院	⬇	企业网络上的企业应用(CRM、ERP、EAI)
		医院和当地药店给同一个患者开了不同的处方	
企业间	机构间处方申请	⬇	云端使用网络服务技术的分布式系统
		无孤岛:医生、医院、药店共享患者的处方和其他数据	

图 8-6 作为驱动因素的信息孤岛

其次,如今由企业级信息系统创建的孤立的数据正在被整合到使用分布式应用程序(如

ARES）的企业间系统中。这些应用程序在一个云数据库中处理数据，或连接不同的独立数据库，使这些数据库看起来是一个数据库。我们将在问题 8-7 中进一步讨论企业间系统。

现在，为了更好地理解如何解决孤立的数据问题，请考虑一家医院的企业系统。

一个用于管理患者出院的商用信息系统

图 8-7 展示了医院的一些部门以及患者出院的部分流程。医生通过开出院单来开始患者出院流程。出院单会发给相应的护士站，护士会启动药房、患者家属以及厨房的活动。这些活动中有一部分会反过来启动护士站的活动。在图 8-7 中，企业流程（由信息系统支持）用虚线表示。

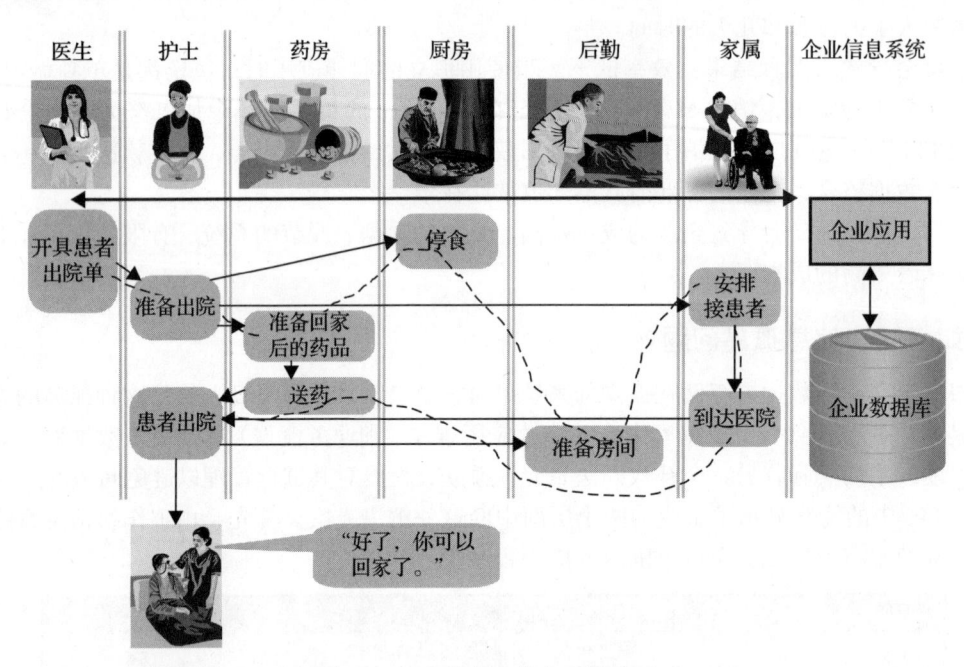

图 8-7 企业流程和信息系统示例

在使用企业系统之前，医院已经开发了使用纸质系统和通过手机进行非正式的信息沟通的流程。每个部门留有自己的记录。当新的企业系统投入使用时，这些数据会被整合到数据库中，也会建立新的计算机表格和报表。员工需要从使用纸质系统过渡到使用计算机系统。他们也需要停用电话，让新的信息系统在部门间发布通知。这些措施涉及实质性的变化。在经历这种转变时，大多数企业都会很痛苦。

问题 8-4　CRM、ERP 和 EAI 如何支持企业流程？

在 20 世纪 80 年代末和 90 年代初，网络、数据通信和数据库技术足够有能力和成熟之前，图 8-7 中这样的企业系统是不可行的。在那时候，许多企业开始了企业系统的开发。

业务流程工程的需求

在企业开始开发企业系统时，他们开始认识到他们现有的业务流程需要做出改变。在一定程度上，他们需要改用共享数据库或者使用新的计算机表格和报表。但改变业务流程的一个更重要的原因在于，整合的数据和企业系统给流程质量带来了潜在的巨大的提升。以前不可能的事情变得可能。使用波特语言的企业系统为价值链创造了更强、更快、更高效的联结。

例如，在医院使用纸质系统时，厨房会为所有在前一天晚上 12 点之前在医院的患者备餐。直到第二天晚上 12 点才能获取新的出院数据。这样就会产生大量的食物和成本的浪费。

有了企业系统之后，厨房会在任何患者出院的时候收到通知，这样也减少了大量的食物浪费。但应该什么时候通知厨房呢？立刻？如果在完成出院之前又取消出院呢？再通知厨房出院取消了？这里有很多可能性和选择。因此，为了设计新的信息系统，医院需要决定如何最好地改变其流程以利用新的能力。这样的项目后来被称为企业流程重组，也就是改变现有流程并设计新的业务流程以利用新的信息系统的活动。

不幸的是，企业流程重组进行起来很难、很缓慢，同时成本高昂。企业分析师需要采访整个企业的关键人员来决定如何最好地利用这项新技术。由于其涉及面复杂，因此这样的项目需要高水平的、成本高昂的技术以及相当长的时间。许多早期的项目都在其艰巨性逐渐显现时被叫停。这使得一些企业只能部分使用系统，从而造成了灾难性的后果。员工不知道他们是在使用新系统还是旧系统，或者是两者都有的版本。

这就为企业应用解决方案的出现创造了条件，我们接下来将讨论这个问题。

企业应用解决方案的出现

当企业系统对流程质量的好处开始显现时，大多数企业都还在进行应用的内部开发。企业那时候认为他们的需求"过于独特"，现成的或者可供选择的应用都无法满足其需求。但随着应用变得越来越复杂，内部开发的成本也变得难以接受。正如第 4 章中所述，内部开发系统成本高昂不仅仅是因为它们高昂的内部开发成本，还因为系统需要适应不断变化的需求。

在 20 世纪 90 年代初期，企业流程重组与内部开发的成本使得企业开始倾向于使用已有的应用，而不是自己开发应用。"毕竟，我们或许没有那么独特。"

一些供应商利用了这一态度上的转变：PeopleSoft，授权工资发放以及能力有限的人力资源系统；Siebel，授权销售引导追踪和管理系统；SAP，授权新颖的企业资源管理系统。

这三家企业以及其他很多类似的企业，不仅仅提供软件和数据库设计，也提供标准化的业务流程。这些固有流程是为了使用软件产品而预先设计的流程，避免了企业业务流程重组的成本、延迟和风险。相反，企业可以授权软件，并且作为交易的一部分，获得供应商称之为"行业最佳实践"的预先设计好的流程。

这样的交易有一些部分好得不够真实，正如你将在问题 8-5 中了解到的，固有流程几乎不可能是完美的，但是企业很难拒绝可以有很多选择。长期以来，出现了三种企业应用：客户关系管理、企业资源规划以及企业应用集成。我们依次来看。

客户关系管理

客户关系管理（CRM）系统是一整套的应用程序、数据库以及一组用于管理与客户所有互动的固有流程，以从潜在客户生成客户服务。和客户的每一次联系和互动都会记录在 CRM 数据库中。CRM 系统的供应商表示，使用该产品能帮助企业实现以客户为中心。虽然客户关系管理这个词语充满了营销的意味，但它确实说明了 CRM 软件包的性质和意图。

图 8-8 展示了客户生命周期的四个阶段：营销、客户获取、关系管理和客户流失。营销会向目标市场发送信息以吸引潜在客户。当潜在客户下单时，他们就成为需要支持服务的客户。此外，关系管理流程通过向现有客户销售更多产品来增加其价值。随着时间的流逝，企业流失客户是不可避免的。当发生客户流失时，赢回流程会根据价值对客户进行分类，并试图赢回高价值的客户。

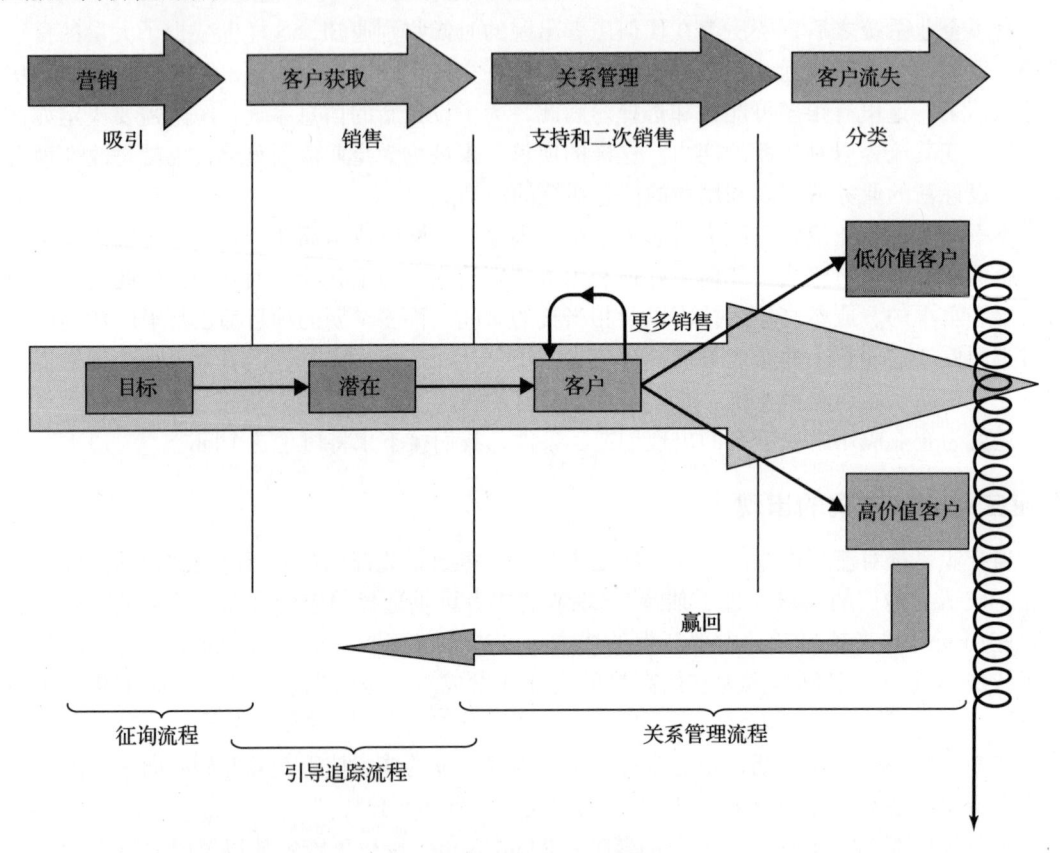

图 8-8 客户生命周期

图 8-9 展示了 CRM 应用的主要组成部分。需要注意的是，这些组成部分存在于客户生命周期的每一个阶段。如图所示，所有的应用程序都处理同一个客户数据库。这样的设计避免了客户数据的重复，也避免了出现不一致数据的可能。这也意味着每一个部门都知道其他部门发生了什么与客户有关的事情。例如，客户支持会知道不要向一个长期以来制造 300 美元商务价值的客户提供价值 1000 美元的劳务支持，它也会知道尽力向制造成百上千美元商务价值的客户提供服务。这对于客户来说就是他们会觉得自己在和一个实体交易，而不是很多实体。

CRM 系统提供的功能程度

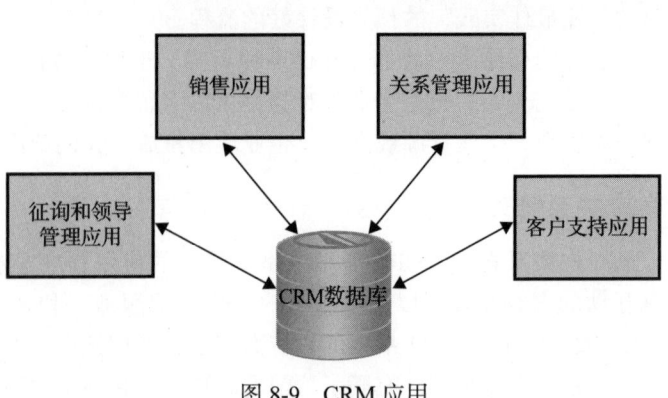

图 8-9 CRM 应用

各不相同。选择 CRM 压缩包的主要任务之一就是明确你所需要的功能并选择一个能够满足你的一系列需求的压缩包。在你的职业生涯中，你可能会参与到这样的一个项目中。

企业资源规划

企业资源规划（ERP）是一整套称为模块的应用、数据库，以及一组将业务操作合并为一个单一的、一致的计算机平台的固有程序。ERP 系统是基于 ERP 技术的信息系统。如图 8-10 所示，ERP 系统不仅包含了 CRM 系统的功能，还包含了会计、生产、存储和人力资源应用。

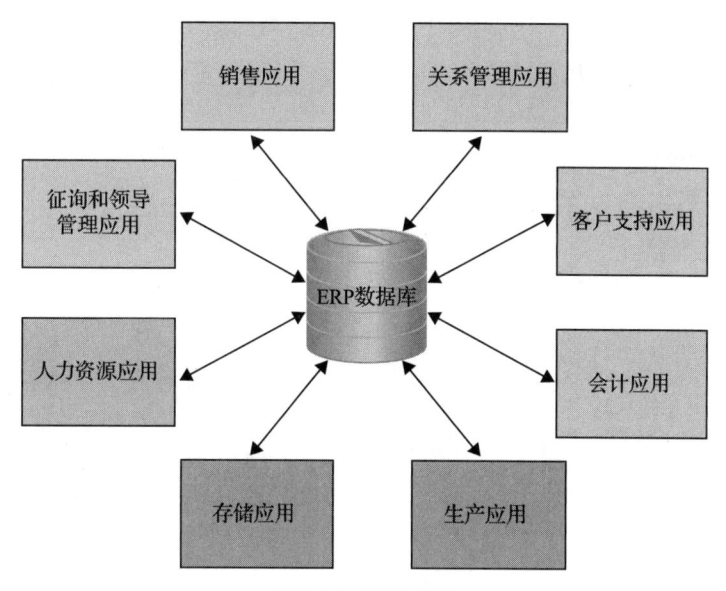

图 8-10 ERP 应用

ERP 系统的主要目的是整合，它使得企业的各部门之间知道彼此在干什么。这样的整合允许随时随地进行交易，从而在全球范围内即时更新。这样就可以利用最新的数据及时做出关键的商业决策。

为了理解这种整合的效用，思考图 8-11 中所示的前 ERP 系统。这张图代表了一家自行车制造商所使用的流程。它包括五个不同的数据库，分别用于供应商、原材料、成品、制造计划和 CRM。思考当销售部门完成一个大的订单，例如销售了 1000 辆自行车，这种孤立的数据会产生什么问题？

首先，企业是否应该接下这笔订单？企业能够满足这么大的订单的日程要求吗？假设一个主要的供应商目前因为地震失去了供应能力，制造商不能及时获取订单的这一配件。如果这样的话，订单的日程要求就无法得到满足。但孤立的系统不能知道这种情况。

即使可以获得零件，在订单被输入成品数据库之前，采购部门都不知道需要购买新的配件。这也同样适用于制造业。在新的订单被输入到生产计划中之前，生产部门都不知道需要提高产量。而且，与配件一样，企业是否有足够的机器和场地能力来及时完成订单？是否有足够的具有正确技能的人员？是否应该招聘？生产能否满足订单的日程要求？在订单被批准之前，没有人知道。

图 8-11 没有展示会计部分，但我们可以假设该企业有一个类似的独立的会计系统。事

实上，业务活动的记录会被归入会计部门，并被记入总账。有了这样一个前ERP系统，季度或者其他会计周期结束前几周才会发出的财务报表成了过时的产物。

对比图8-12中ERP系统的情况。在图8-12中，所有的活动都由ERP应用程序（称为模块）执行，整合后的数据被存储在集中式ERP数据库中。当销售部门面临1000台自行车的销售机会时，它需要能够立即从ERP系统中获取确定的订单、日程和期限的信息。一旦订单被接受，包括采购、生产、人力资源和会计在内的所有部门都会被通知到。此外，在交易发生时，它就会被上传到ERP数据库中，其结果就是可以很快地获取财务报表。在大多数情况下，正确的财务报表都可以即时生成。有了这样的整合，ERP系统能够像图8-13中的销售表盘那样，向管理层和行政层展示关键业务因素的现状。

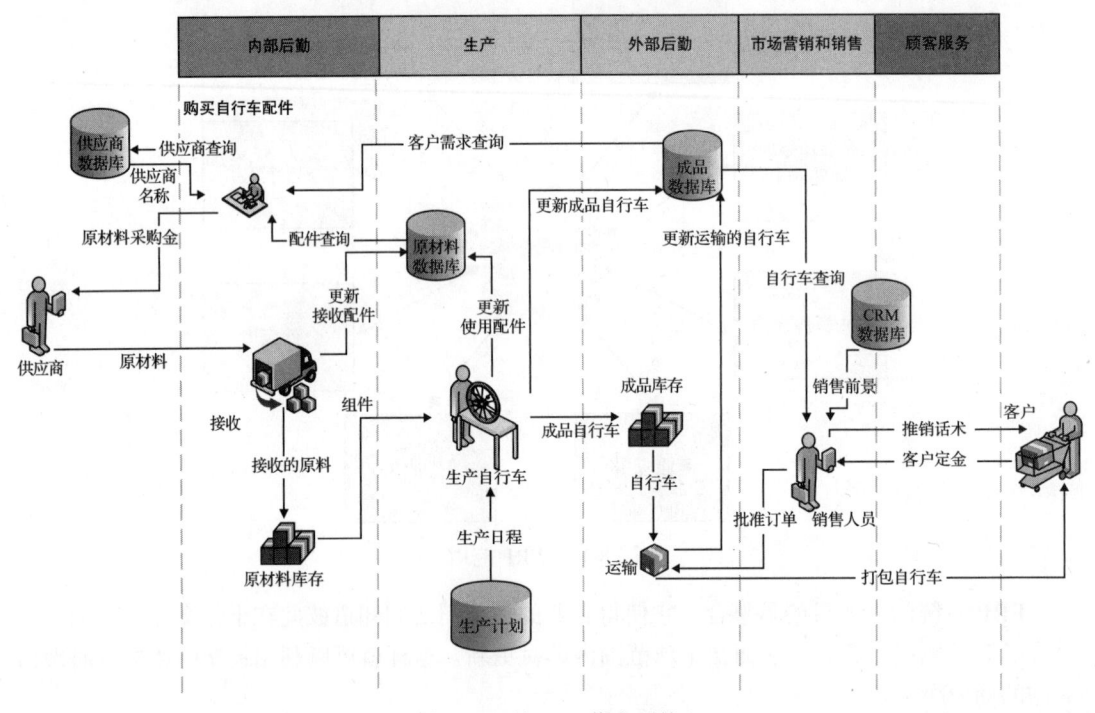

图 8-11 前ERP信息系统

当然，细节决定成败。在图表中画一个矩形、标注"ERP应用"，并假设数据整合能够解决所有问题。但编写这些应用程序并设计存储整合数据的数据库要困难得多。即使很困难，员工和其他人应该采用哪些流程来处理应用程序呢？举一个例子，销售人员在他们批准大订单之前应该采取哪些行动？以下是一些需要被回答或解决的问题。

- 销售部门如何判断一笔订单很大？通过金额？或者通过数量？
- 谁来批准客户信用？（怎样批准？）
- 谁来批准销售生产能力？（怎样批准？）
- 谁来批准日程和期限？（怎样批准？）
- 如果客户修改订单需要采取哪些行动？
- 管理层如何监管销售活动？

正如你想象的那样，还有许多其他的问题需要回答。由于ERP现在对企业十分重要，我们将在问题8-5中对其进行深入地讨论。但在那之前，先来看看第三种企业系统：EAI。

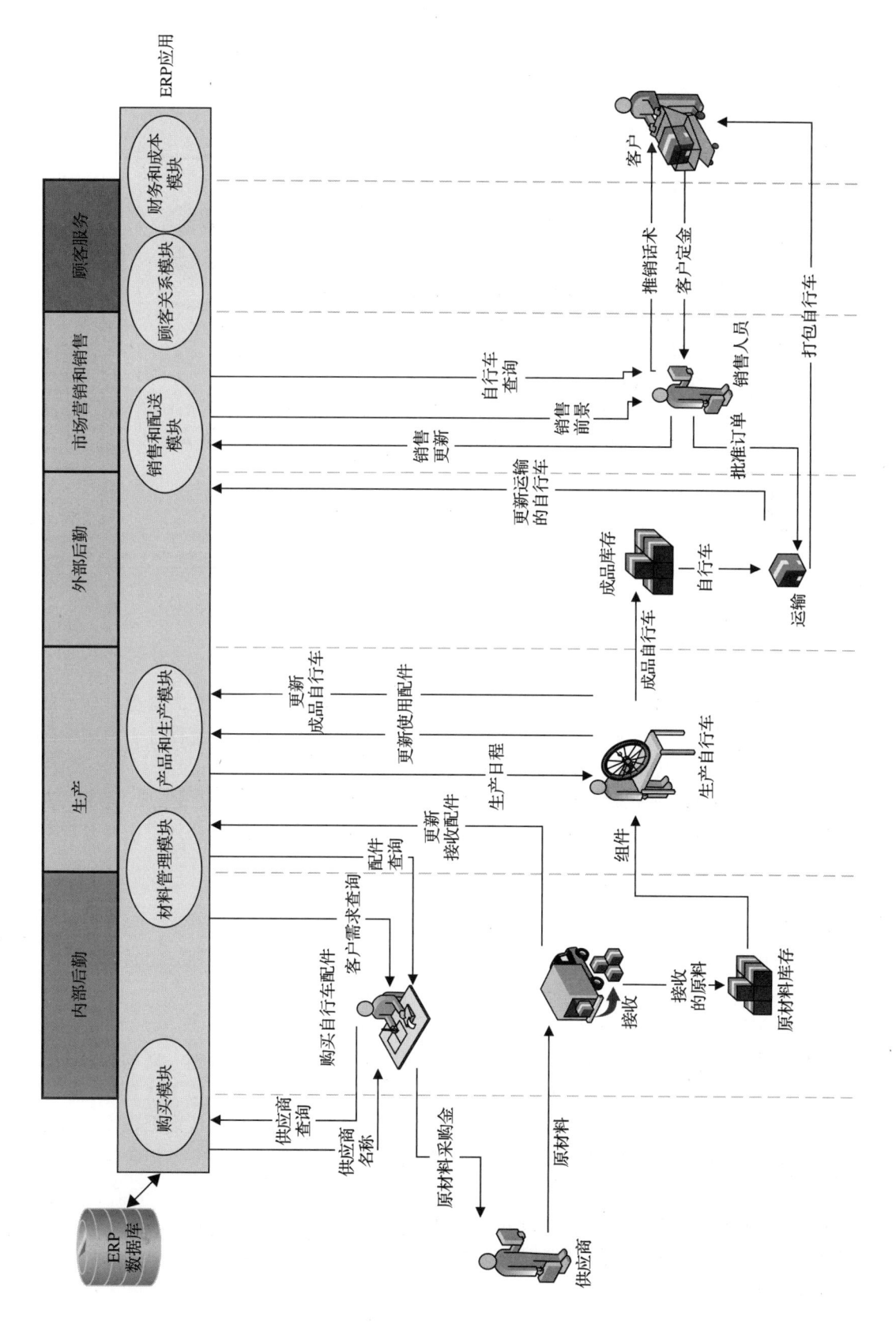

图 8-12 ERP 信息系统

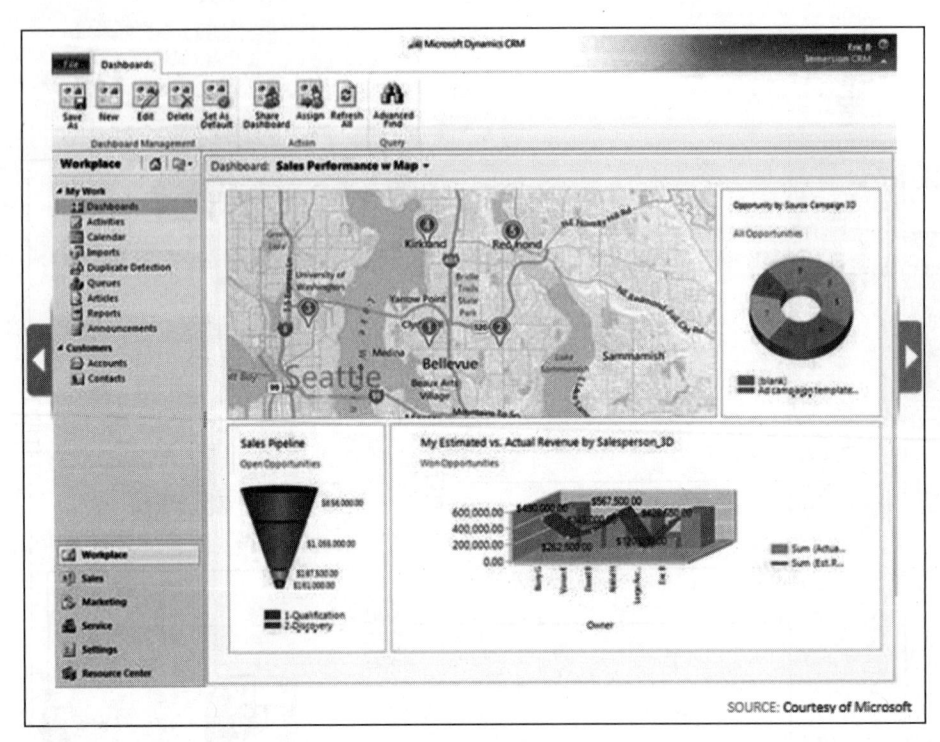

图 8-13　销售表盘

企业应用集成

ERP 系统并不适用于所有企业。例如，一些非生产业的企业发现 ERP 的制造目标不适用。甚至对于生产企业，一些企业发现从其现有系统过渡到 ERP 系统的流程过于烦琐。而另一些企业则对其生产应用系统很满意，不愿意进行更换。

但 ERP 不适用的企业仍存在信息孤岛问题，一些企业选择使用企业应用集成（EAI）来解决这些问题。EAI 是一整套软件程序，它通过提供将应用联系在一起的软件层来整合现有系统。EAI 有以下功能。

- 它通过一个新的软件或系统层连接系统"孤岛"。
- 它使得现有应用之间能够交流和共享数据。
- 它提供整合的信息。
- 它基于现有的系统，保留职能应用，但在其上方提供一个集成层。
- 它实现了向 ERP 的逐步过渡。

图 8-14 所示的 EAI 软件层使得现有应用之间能够相互交流并共享数据。例如，EAI 软件能够被设计为自动适应数据版本要求，以使其在不同系统中兼容。例如，当 CRM 应用给生产应用系统发送数据时，它将数据发送给了 EAI 软件程序。EAI 程序修改数据版本后将修改后的数据发送给 ERP 系统。反过来讲，数据从 ERP 发送给 CRM 时，也会有这样的修改操作。

虽然没有整合的 EAI 数据库，但 EAI 软件存有描述数据格式和位置的元数据文件夹。用户可以通过访问 EAI 系统来找到他们需要的数据。在一些情况下，EAI 系统会为用户提供一个"虚拟整合数据库"来处理数据。

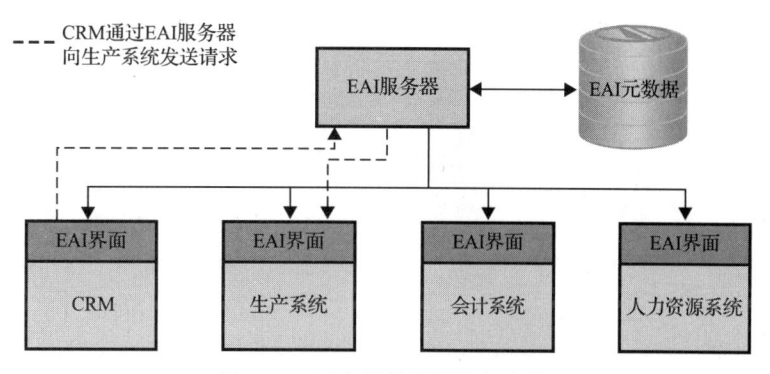

图 8-14 五个组件的设计和应用

EAI 的主要优势在于它使得企业能够在使用现有程序的同时避免很多孤立系统产生的严重问题。转用 EAI 系统比转用 ERP 系统简单得多，并且 EAI 系统有很多 ERP 系统的优势。许多企业将开发 EAI 应用作为通往完整的 ERP 系统的基石。如今很多 EAI 系统都用网络服务标准来定义 EAI 组件之间的交互，这些组件中的部分或者所有的处理过程也可以移动到云端进行。

那又怎样——数字化餐饮

你有没有停下来想过那些每天在你周围发生的所有你看不见的复杂的流程？例如，网上购物只需要敲几下键盘和点几次鼠标。没过多久，你的订单就送到了你家门口。然而，这样的运输可能是多个企业甚至可能是全球供应链中的无数个业务流程的结果，而且为了你的包裹能在指定的时间将正确的货物运到正确的地点，所有的这些流程都必须准确无误地进行。

如今我们将许多流程的简便运作都归功于技术的进步。比如，在线零售商可以使用 RFID 标签实时跟踪库存水平和运输情况。全球供应链利用复杂的 ERP 系统来整合运营并促进信息共享。而履行中心现在使用机器人将产品送到负责包装货物的员工手中（而不是派人从大型仓库的存储位置取货）。尽管我们周围的大多数流程都为了提高效率和效益进行了重新评估和设计，但它们都在利用技术。没有任何流程是安全的，即使是你身边当地的快餐店。

一个翻转汉堡的机器人？

快餐连锁店卡利堡最近开始在其帕萨迪纳餐厅测试一个名为 Flippy 的汉堡翻转机器人。该机器人用螺栓固定在靠近烤架的地板上，并且可以安装一些不同的工具（如铲子和刮刀）以实现与烤架的协作。开发 Flippy 的公司表示，该机器人"具有成本效益和高效率的解决方案"，它不会取代厨房工人，而是帮助他们能够专注于直接的客户服务（比如询问顾客关于食物和就餐体验）[2]。Flippy 使用各种传感器和摄像头来监测环境，并指导其在烤架周围的活动。它每小时可以管理约 150 个汉堡的烹饪过程。卡利堡预计将在近期在其 50 个门店中应用 Flippy 机器人。鉴于竞争对手也可能投资这项技术，卡利堡拥有 Flippy 前 6 个月的独家使用权 [3]。

任务型工作者正在被取代

虽然看机器人为你做饭很有趣，但你有没有想过那些之前被雇来做汉堡的人会怎样？创新和流程的转变意味着一些人的工作将不可避免地被机器取代（即使公司表示机器不会取代人工）。那些从事平凡和常规工作的人失业的可能性最大。

现实的问题是这些工人会一直失业还是可以在重新培训后从事新的工作？年轻的工人会不会选择不去做容易转变为自动化的工作？想想很多如今最好的工作在 50 年前并不存在。事实上，最近的股价即将达到历史最高值，失业率也几乎达到了历史最低，但自动化和数字化却在我们的生活中激增。尽管如此，一些经济学家仍相信这次会不一样，大规模失业的可能在逐渐提高。

许多餐厅和酒店工作进行自动化的部分驱动力在于机器人的成本直线下降。一家咨询公司估计自 2005 年以来，机器人的成本已经降低了近 40%[4]。像 Flippy 这样的机器预计能够在几年内回本，很大程度上是因为它们可以昼夜不停地运转，它们不会请事假、没有假期，并且不需要大面积的入职、培训或管理。想想 Café X 的机器人咖啡师，其售价为 2.5 万美元，每小时可以定制 150 杯咖啡，也不需要给小费。它们的回本时间在 2 年左右，之后利润会快速增加。在一家咖啡连锁店发现了自动化的经济效益之后，将有多少咖啡师需要进行再次的培训？如果它们的竞争对手购买了 Café X 咖啡师，它们还能坚持使用人工咖啡师吗？

这种自动化的倡导者也指出，机器的创造和使用使大量的工作机会重新回到了人们的视野中。例如，开发这些机器人的公司雇用了很多高薪员工，它们也需要有人来销售、维修，并在机器过时的时候更换新型号的机器。事实上，许多人认为，与现有的被自动化取代的工作相比，这些新工作提供了更好的就业机会。作为一名学生，正确地选择大学专业变得前所未有地重要。

问题

1. 用几分钟时间来回顾一下你朋友从事的工作的特点。有多少这样的工作会被机器人所取代？有哪些工作不会被取代？
2. 你上次与自动化流程打交道是什么时候？人工在此前起到了怎样的作用？机器人现在起到了怎样的作用？现在这个自动化的流程是否更有效或高效？这个流程中是否有人工做得更好的地方？
3. 翻转汉堡机器人 Flippy 在餐厅应用之前就已经经过了严格的测试，但你是否愿意吃机器人准备的食物呢？有没有一些其他用机器人取代人工的领域会让你觉得不舒服？
4. 创新或自动化的进步与危及就业之间的争议是新闻中常见的主题。你是否认为工人和整体经济能够随着时间的推移而逐渐适应并取代被自动化夺走的一样多的工作？

道德指南——付费删除

罗宾（Robin）一路蜿蜒上了停车场的三楼。当她开始倒车到指定的位置时，她发现她期待在后视镜中看到的那辆车不在那里。相反，一辆崭新的豪华轿车停在那个地方。那辆车所占的位置属于他们公司搜索引擎优化团队的同事埃里克·皮特曼（Eric Pittman）。罗宾和埃里克都在这家领军的网络搜索提供商工作了大约5年。从他们下班后出去喝酒时的谈话来看，他们的工资也相当。罗宾想知道埃里克怎么买得起这么好的车，因为他们都在这样一个高消费的城市里勉强支撑着基本生活。

罗宾的思绪转向了她整个上午排好的会议，她可能要到午饭后才能查看电子邮件。她做了个鬼脸，从电梯下到一楼。她算了算离周末还有几天，然后发出了一声叹息。

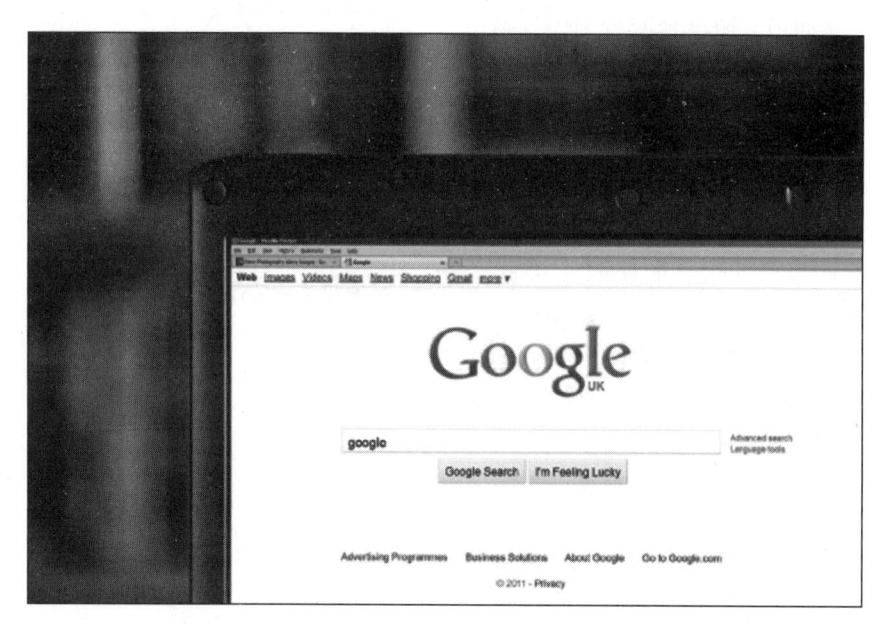

雇用橡皮擦

埃里克和罗宾以他们最快的速度冲出了会议室。快6点了，他们才刚刚结束今天的最后一个会议。"你想去那个希腊餐馆吃点东西吗？"埃里克问。"当然。"罗宾回答道，"只要离这个办公室至少一英里远，去哪里我都乐意！"他们分别上车，然后在餐馆碰面。在他们等餐的时候，他们吐槽他们的同事、拿他们的老板打趣。上餐后埃里克拿起它的皮塔三明治咬了一口，罗宾注意到了他全新的豪华手表。

"停一下！"罗宾喊道，"你得告诉我发生了什么。今天早上我把车停在了你的新车旁边。我本来不想说什么，但刚刚我又注意到了你的新表。你是不是拿了一些我不知道的奖金？"她半开玩笑半关心地问道。她也想知道为什么她没有收到这笔奖金。埃里克脸上立刻浮现出担心的表情。"你可以保密吗？"他问道。

埃里克描述了一连串的事件，许多在该地区运营的公司已经和他就提供"声誉管理"服务的可能性进行了洽谈。这些公司最近都有一些形式各不相同的负面新闻例如一家大型制造公司要处理环境保护违规问题、一个大型零售商需要解释为什么给员工提供不充分的健康福利、一家知名的连锁餐厅最近有一系列的违反卫生法规的行为。这些公司来找埃里克是因为他爸爸是为该地区许多大公司提供服务的知名顾问。

每家公司都给了埃里克一大笔钱来改变搜索有关这些负面事件的网络关键词的结果。埃里克通过他对于搜索算法的权限将这些事件展示在搜索结果的后几页，从而最大限度地减少别人看到它们的可能性。在某些情况下，埃里克甚至可以完全将这些内容从搜索结果中删除。

多亏了埃里克，这些负面报道几乎对企业没什么影响。他限制了通过搜索引擎对这些事件的信息的获取。"我用他们给我的钱还清了学生贷款、预付了我公寓一整年的租金，还剩下一些可以用来让自己过得好一点。"他自豪地说，"你有兴趣参与吗？"

罗宾大吃一惊。她无法想象如果有人发现了埃里克的所作所为会发生什么。她也不愿意去想如果有人发现搜索结果被操纵他们的老板会怎样。不仅埃里克会有麻烦，公司可能也会严重受损，她也可能丢掉工作。

但现在她知道了埃里克的行为，她很担心如果她举报埃里克的行为，她可能被认为是操纵搜索引擎的从犯。罗宾又咬了一口她的皮塔三明治，它的味道不像20分钟之前那么好了。

讨论问题

1. 根据本书前面所定义的道德原则，回答下面的问题。
   a. 根据定言令式的观点，你认为在互联网上删除内容并通过操纵搜索引擎结果谋利是道德的吗？
   b. 根据功利主义的观点，你认为在互联网上删除内容并通过操纵搜索引擎结果谋利是道德的吗？
2. 埃里克会如何为自己的欺诈行为辩解？
3. 企业该如何避免这种类型的操纵？为了防止这类诈骗的发生应该推出哪些政策或流程？
4. 如果埃里克被抓了，他会被判有罪吗？哪一部法律监管着搜索引擎的管理？
5. 他的老板会揭发他的诈骗行为吗？为什么？

问题 8-5　ERP 系统的要素是什么？

由于如今 ERP 对于企业来说很重要，因此我们对其的研究会比 CRM 和 EAI 更加深入。首先，ERP 这一术语被用在了大量的应用解决方案中，在一些情况下也被错误使用。一些供应商试图借 ERP 的热度，将这一术语误用到一些仅提供一个或两个集成职能应用上。

ERPsoftware360 公司提供了一些关于 ERP 供应商、产品、解决方案和应用的信息。根据其网页（www.erpsoftware360.com/erp-101.htm）的信息显示，要知道一个产品是否真的是 ERP 产品，它必须包含整合了以下几个部分的应用。

- 供应链（采购、销售订单处理、库存管理、供应商管理以及相关活动）
- 生产（日程、产能计划、质量监管、原材料账单以及相关活动）
- CRM（销售预测、顾客管理、营销、客户支持、呼叫中心支持）
- 人力资源（工资表、考勤、HR 管理、佣金计算、福利管理以及相关活动）
- 会计（总账、应收账款、应付账款、资金管理、固定资产会计）

ERP 解决方案是一个有着五个要素的信息系统。我们依次进行分析。

硬件

一直以来，企业都通过其内部网络的服务器计算机为 ERP 解决方案提供硬件支持。对于许多有大型 ERP 应用、在多年前安装 ERP 应用以及硬件设备稳定并管理良好的情况来说，这样的硬件支持仍然存在。

但越来越多的企业通过以下两种模式之一转向了基于云的硬件支持模式。

PaaS：用云端的硬件来替代企业现有的硬件设备。在云硬件上安装 ERP 软件和数据库。企业在云硬件上管理 ERP 软件。

SaaS：获取一个基于云的 ERP 解决方案。SAP、Oracle、Microsoft 和其他主要的 ERP 供应商都将提供其 ERP 软件作为一项服务。供应商管理 ERP 软件，并将它作为一种服务提供给客户。

在你的职业生涯中，现有的内部 ERP 解决方案都可能转为上述两种模式之一。安装包较大的可能转向 PaaS，安装包较小和新的 ERP 系统可能使用 SaaS。

ERP 应用程序

ERP 供应商将其应用程序设计为可配置的，以便于开发团队能够在不更改程序代码的情况下对其进行修改以满足企业的需求。因此，在 ERP 开发的过程中，开发团队设置指定 ERP 应用程序如何运行的配置参数。例如，以小时计费的应用程序被配置为确定标准工作周的小时数、不同工作类别的小时工资、加班和假日工作的工资调整等。决定初始配置值并应用于新的要求是一项具有挑战性的协作活动。这也是一个或许你会作为商务专业人士参与的活动。

当然，配置是有限制的。如果一个新的 ERP 客户的要求不能通过程序配置来满足，那么它要么根据软件的功能调整其业务，要么为满足其需求而编写（或雇其他的供应商来编写）软件代码。如第 4 章所述，这种定制的编程是很昂贵的，无论是最初的编写还是长期维护的成本。因此，选择一个功能接近企业要求的 ERP 解决方案是成功应用的关键。

ERP 数据库

ERP 解决方案包含数据库设计和初始配置数据。当然它不含有企业运营数据。在开发阶段，作为开发内容的一部分，开发团队需要输入数据的初始值。

如果你使用数据库的经验仅限于在 Microsoft Access 中建立表格，那你可能会低估 ERP 数据库设计的价值和重要性。ERP 解决方案的顶尖供应商 SAP 提供含有 15 000 多个表格的 ERP 数据库。其设计包含了这些表格的元数据、表格之间的关系以及一些表格与其他表格相联系的规则和限制因素。ERP 解决方案也含有填有初始配置数据的表格。

回顾（第 5 章中讨论的）建立和验证数据模型的难度，你会对设计含有 15 000 个表格的数据中所需要投入的脑力成本的数量有一定的认识。同样，想想使用用户数据填充这样的数据库的任务有多巨大！

虽然我们在第 5 章中没有讨论数据库的特点，但大型企业数据库中包含了两种类型的程序代码。第一种叫作触发器，它是一个存储在数据库内部的计算机程序，能够在出现某些情况时保持数据库的一致性。第二种叫作存储过程，它是存储在数据库内用于执行业务规则的计算机程序。这种规则的一个例子就是绝不以折扣价出售特定的商品。触发器和存储过程也都是 ERP 解决方案的一部分。开发人员和商业用户也需要在 ERP 的应用过程中配置这样的代码。

业务流程程序

ERP 解决方案的另一个组成部分就是一组应用标准业务流程的固有程序。ERP 供应商提供成百上千的程序，使 ERP 用户企业能够使用该供应商提供的应用来完成其工作。图 8-15 展示了 SAP 订货业务流程的一部分。这个流程实现了部分内部后勤活动。一些 ERP 供应商将 ERP 解决方案定义的固有流程称为流程蓝图。

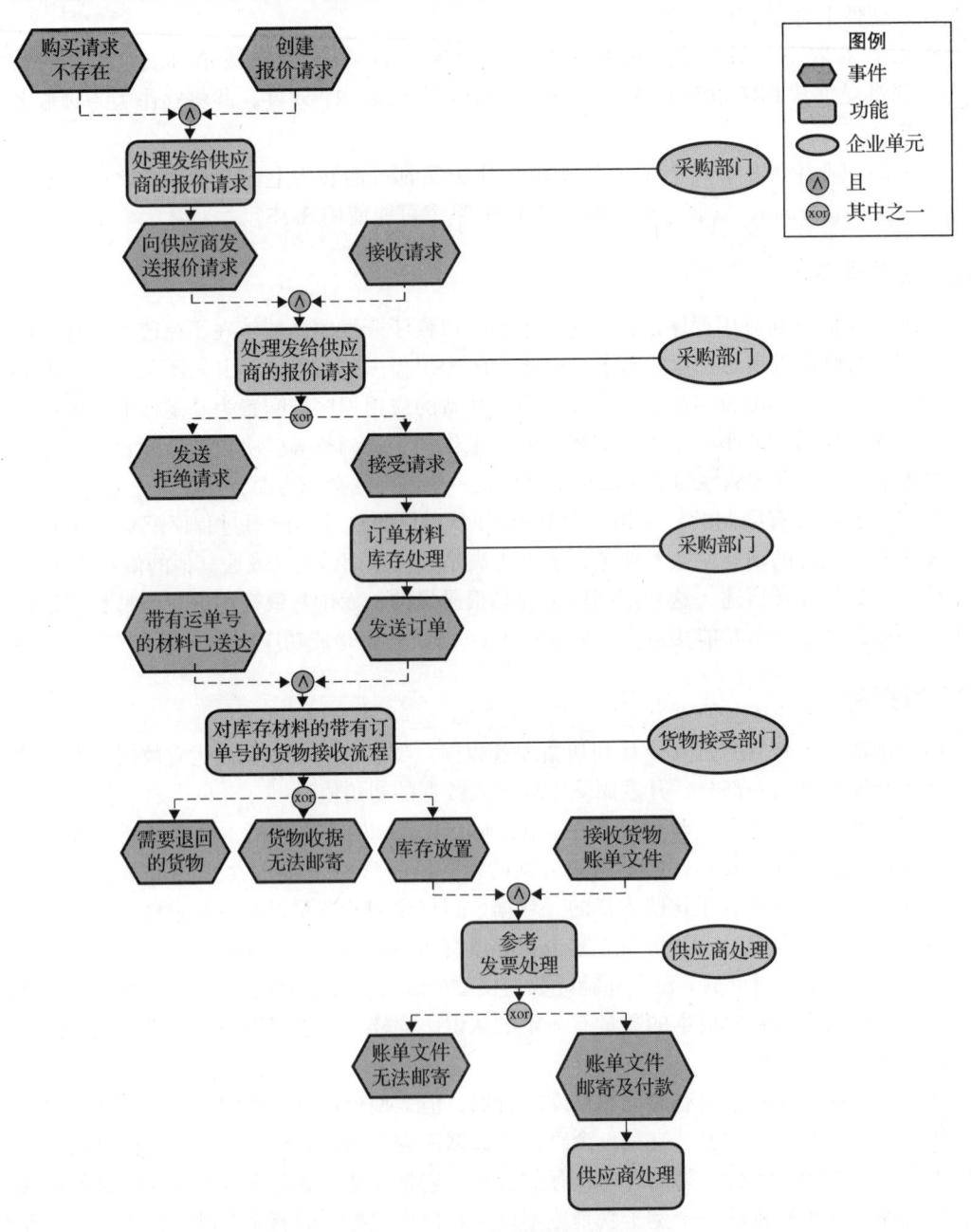

图 8-15　SAP 订货业务流程

不深入研究细节的情况下，你应该可以理解这个流程中所描述的工作流程，每一个功能（图 8-15 中的圆角矩形框所示）都包含了能够实现这一功能的一系列流程。通常来说，这些流程需要 ERP 用户使用应用菜单、屏幕和报表来完成活动。

与应用程序一样，ERP 用户要么接受预先设定的固有流程和程序，要么重新设计新的流程和程序。在后一种情况下，设计新的流程可能会对应用程序和数据结构做出必要的修改。或许你能够开始理解为什么企业都试图采用供应商的标准了。

培训和咨询

由于应用 ERP 解决方案的复杂性和困难性，ERP 供应商开发了培训课程，并有很多培训班。SAP 运营着大学，在这个大学中，客户和潜在客户在应用 ERP 前后都可以接受培训。此外，ERP 供应商通常会在现场授课。为了降低成本，供应商有时会培训企业员工（称为超级用户）成为内部培训师，这样的培训课程称为培训师培训。

ERP 培训分为两大类。第一类是关于如何应用 ERP 解决方案的培训。这类培训的主题往往包括获取顶层管理支持、为企业变革做准备以及处理在需要以全新的方式进行工作时不可避免地产生的抵制因素。第二类是关于如何使用 ERP 软件的培训。这类培训包括了使用 ERP 软件完成如图 8-15 中的流程活动的特定步骤。

ERP 供应商为应用 ERP 系统提供现场咨询。此外，第三方 ERP 顾问行业正在发展，其对新的 ERP 用户和应用提供支持。这些顾问涉及了大量有关 ERP 应用的知识。由于大多数企业都只进行一次 ERP 转换，因此这些知识就很有价值。具有讽刺意味的是，在这样做之后，他们现在都知道了如何操作。因此，一些员工在雇主的 ERP 转换中积累到经验后，离开了公司转做 ERP 顾问。

行业特定解决方案

如你所见，为特殊用户定制 ERP 由于需要进行大量的工作。为了减少工作量，ERP 供应商为特定行业提供称之为行业特定解决方案的启动套件。这些解决方案包括了程序、数据配置文件以及特定行业应用 ERP 的流程蓝图。随着时间的流逝，第一个提供这类解决方案的 SAP 以及其他 ERP 供应商为制造、生产和配送、健康和其他主要行业创造了大量的这类启动套件。

ERP 的主流供应商

尽管有一百多家不同的企业在宣传 ERP 产品，但并非所有的这些产品都能够符合最低限度的 ERP 标准。对于那些符合要求的产品，大部分的市场都被图 8-16 中的五家供应商占有[5]。SAP 和 Oracle 服务于大型企业，Microsoft、Infor ERP 和 Epicor 的产品主要服务于中小型企业。

ERP 的市场已经成熟，但它正面临着来自 SaaS 竞争对手的强烈竞争。

云端对 ERP 供应商有着很大的影响。有着大量的资源（如 SAP）和极强的技术优势（如 Oracle）的企业正逐步将其产品套件转变为 SaaS、PaaS 或者 IaaS 的版本。其他没能转向新技术的企业正逐渐流失其客户，客户会转向那些已经改变技术的企业或者只提供基于云的 ERP 解决方案的新企业。在你职业生涯的早期，使用 ERP 的企业从传统的客户端/服务器 ERP 向云端的变革可能将成为主要的商业挑战。

企业	市场份额	特点
SAP	21%	客户端-服务器应用的市场领军企业； 价格昂贵； 很多人认为它是 ERP 的黄金标准。
Microsoft	16%	在欧洲流行的 Microsoft AX 主要应用于制造业； 其他产品收益较小； Dynamics CRM 由 SaaS 提供支持，但并非所有的 ERP 解决方案都由云端支持。
Oracle	13%	有着很强技术支持的极具竞争力的企业； 有大量的客户基础； 灵活的 SOA 架构； 将利用强大的技术基础进军创新和有效的基于云的解决方案； 对 SAP 的市场领导地位提出强有力的挑战。
Infor ERP	13%	有许多未整合的解决方案，特别是专用于制造业和供应链管理的解决方案； 在 3D 打印的实践应用中进行变革。
Epicor	4%	中型企业 ERP 供应商的领军企业； 为客户提供很多定制解决方案的应用。

图 8-16　ERP 顶尖供应商的特点

问题 8-6　应用和升级企业信息系统的挑战是什么？

不管是应用 CRM、ERP 还是 EAI 这些新的企业系统都是具有挑战性的、困难的、高成本且具有风险的。企业系统项目远远超出预算，并延迟一年或更长时间的情况并不罕见。除了新的 ERP 应用，很多企业都在 15 年或者 20 年前采用了 ERP，它们现在为了满足新的需求需要升级 ERP。如果你在一家已经在使用企业系统的公司工作，或许你会发现你正在进行重要的应用升级。不管是应用新系统还是进行升级，五个主要因素（见图 8-17）带来的成本和风险都在提高。

- 协作管理
- 需求差距
- 过渡问题
- 员工抵触
- 新技术

图 8-17　五个主要因素

协作管理

与有部门经理负责管理的部门系统不同，企业系统没有特定的管理者。看看图 8-15 中的退货流程，它没有退货的管理者。退货流程是许多部门（和客户）之间协作完成的。

没有单独的管理者的情况下，谁来解决不可避免的纠纷呢？所有的部门最后都会向首席执行官报告，因此它们都有一个共同的管理者，但员工不能因为类似于护士站与后勤部门之间的出院协作活动这样的问题去找首席执行官。首席执行官只会将这样的员工请出办公室。相反，企业需要进行一些协作管理来解决流程问题。

通常来说，这意味着企业需要建立委员会和指导小组来进行企业流程管理。虽然这是一个有效的解决方案，实际上可能也是唯一的解决方案，但这类小组的工作进展缓慢且成本高昂。

需求差距

正如问题 8-4 所说，如今几乎没有企业会从头开发自己的企业系统。相反，它们会使用提供特定功能和特性并包含固有程序的企业产品。但这样的授权产品从来都不完美。企业需求和应用能力之间大都存在差距。

第一个挑战是要找出这些差距。为找到差距，企业必须知道其需求是什么以及新产品能做些什么。但对企业来说，要明确其需求是非常困难的，这也是企业选择授权产品而不是自己开发的原因之一。此外，像 CRM 和 ERP 这样的复杂产品的特性和功能也不宜识别。因此在应用企业系统的过程中，差距识别是一项主要的工作。

第二个挑战是一旦找出差距后应该如何处理。要么企业需要改变其做事的方式以适应新的应用，要么应用需要做出修改以匹配企业的需求。二者都很难。员工会抵触这样的改变，但做出改变的成本很高，并且就像第 4 章中所述，随着长期以来应用的改变，企业需要努力坚持这样的改变。在此，企业需要选择以最小的代价来填补这样的差距。

过渡问题

过渡到新的企业系统也很困难。从使用单独的职能系统到使用新的企业系统，企业必须在持续运营的同时做出一定程度的改变。这就像在百米冲刺的同时进行心脏手术。

这样的过渡需要进行严密的规划和大量的培训。问题会不可避免地产生。知道这种情况会发生，高级管理层需要向员工传达改变的必要性，然后在解决困难的时候支持新系统。对所有参与者来说这都是压力巨大的。

员工抵触

人们抵触改变。改变需要做出努力也会带来恐惧。大量的研究和资料讨论了抵触改变的原因以及企业应当如何应对。在此我们将总结出其中的主要的几点。

首先，高层管理者需要说明改变对企业而言的必要性，并且如果必要的话，在过渡过程中重复进行这样的说明。其次，员工害怕改变是因为改变威胁到了员工的自我效能感，即一个人对他能够在工作中取得成果的信念。为了能够更加自信，员工需要进行训练以成功使用新系统。口碑是一个非常强大的因素，在某些情况下，关键用户会提前接受培训，以创造关于新系统的积极评价。员工成功使用新系统的视频演示也很有效。

最后，在许多情况下，会计和财务部门以及高级管理层能够感受到新 ERP 系统的主要好处。许多被要求改变其活动以应用 ERP 的员工并不能直接感受到系统带来的好处。一位经历过改变的顾问说："没有什么比夸赞和奖金更有效，特别是奖金。"直接因为改变发钱是贿赂，但员工或小组之间的带有现金奖励的竞赛可以非常有效地促进改变。

应用新的企业系统能解决很多问题，并能提高企业效率和节约企业成本，但它不适合胆小的人。

新技术

新兴的技术会影响所有的信息系统，并且由于其重要性和价值，它对于企业系统的影响更甚。比如想想云。由于云计算能节约成本，因此企业愿意将其企业系统移动到云端。但法律、风险和商业政策因素会使得这一移动不可行。企业或许会被要求对其数据进行物理控制。将数据移动到云端，云服务供应商将控制数据的物理位置，该位置甚至可能和企业不在一个国家。因此，可能需要设计一种混合模式（见问题 8-8）。

对于移动技术也有类似的评论。员工希望能够使用移动设备来获取甚至修改企业系统数据。但移动系统毕竟是移动的。企业系统许会面临许多企业控制范围以外的风险，而且 ERP

数据是犯罪分子的重要目标。这些因素并不是意味着企业不能使用企业系统这一新技术，但它们确实增加了挑战。

问题 8-7　企业间的信息系统如何解决企业孤岛问题？

问题 8-4 中的讨论说明了企业系统解决工作组信息孤岛问题的主要方法。在本问题中，我们将使用 ARES 示例展示企业间系统如何解决企业信息孤岛问题。

图 8-18 显示了雇主、健身俱乐部和主要 ARES 家庭用户之间存在的信息孤岛。雇主可以保留锻炼、饮食、体重、实验室测试结果（胆固醇、血糖）、穿戴设备读取的生物特征数据（步数、心率、睡眠模式）的记录。健身俱乐部将会员、课程、私人教练和运动表现数据存储在俱乐部数据库中，它从虚拟循环课程或场地内运动设备和会员心脏监测器中自动收集数据。对于家庭用户，在心脏监测器和设备上会生成运动数据，这些数据通过可穿戴运动设备记录在移动设备上。

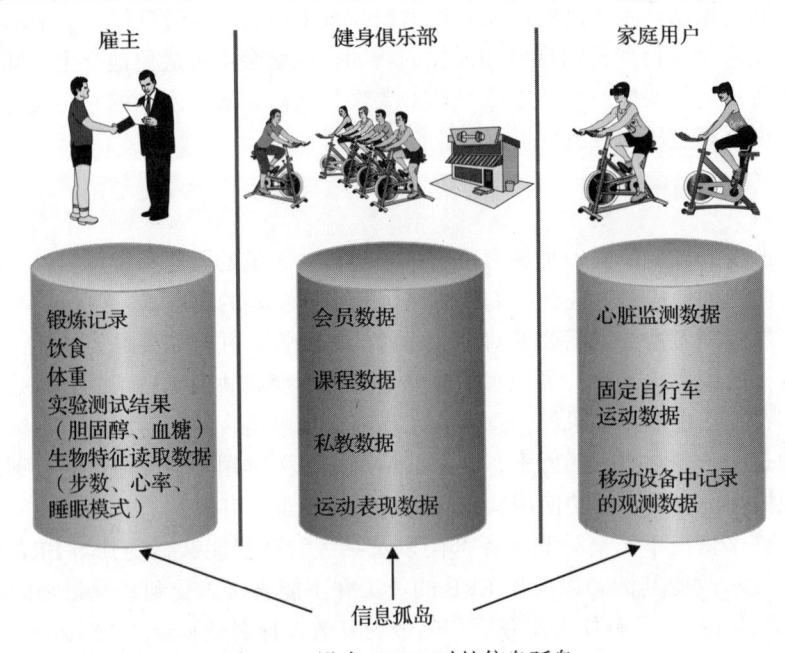

图 8-18　没有 ARES 时的信息孤岛

运动数据的隔离会带来问题。例如，雇主希望将运动数据报告存储在用户设备和健身俱乐部中。用户希望获得来自雇主的实验室测试结果的数据以及他们在健身俱乐部的运动数据。健身俱乐部希望有实验室结果和家庭运动数据，以便与他们现有的数据进行整合。所有的三个实体都希望有整合数据的报告。

同时满足三种类型参与者的目标的企业间系统的结构如图 8-19 所示。在该图中，云内的矩形标记表示移动应用程序，它们可以是本地应用程序、瘦客户端应用程序或两者兼有。部分应用处理可能会在云服务器上完成，部分可能在移动设备上完成。这些设计决策没有在图中展示。如图所示，该系统假设所有用户都在移动设备上接收报告，但由于涉及大量的重要数据，因此雇主使用个人计算机提交和管理实验结果。

如你所见，实验结果和运动数据被整合到了 ARES 数据库中，报表应用（第 3 章）会处理整合数据并按图中所示创建和发放报表。

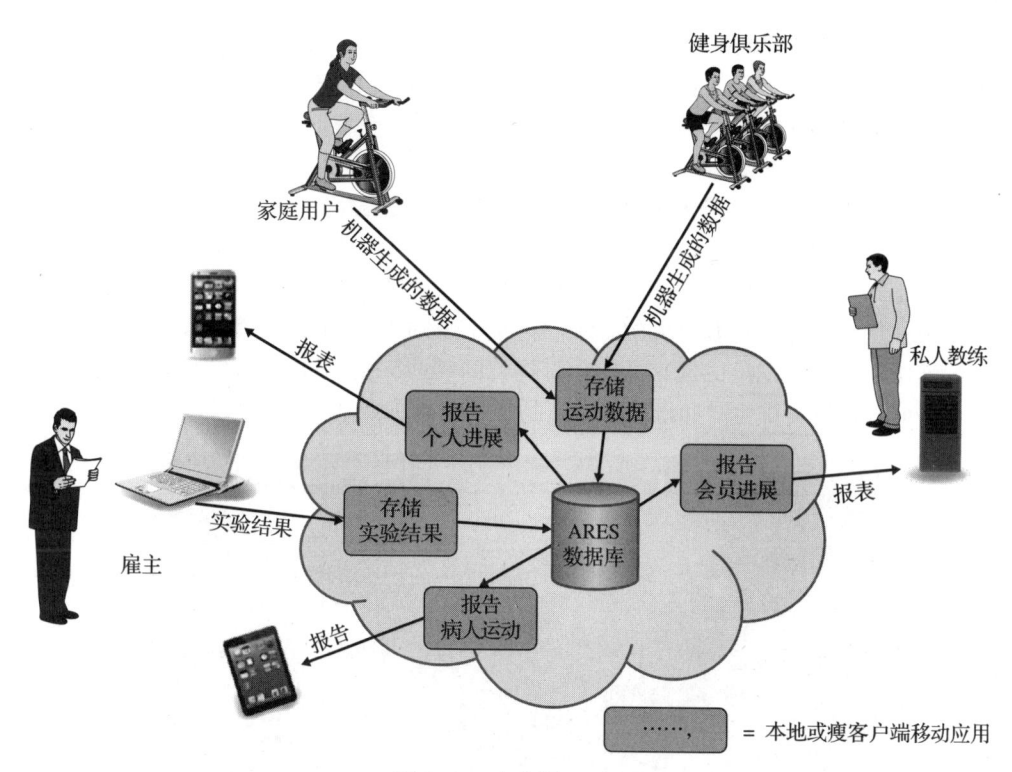

图 8-19 企业间 ARES

图 8-19 所示的这种系统是分布式系统，因为应用处理过程分布在多个计算机设备上。像 HTTP、HTTPS、HTML 5、CSS 3、JavaScript 和 SOA 这样的使用网络服务的标准使得这些程序能够从各种各样的移动和台式设备中获取并展示数据。

ARES 数据是使用 JSON 进行请求和传输的。

问题 8-8　2029 年将会怎样？

在之后的 10 年里，ERP 供应商和用户将解决基于云的 ERP 的问题。在即将到来的混合模式下，ERP 用户会将大部分数据存储到由云供应商管理的云服务器上，将敏感数据存储到他们自己管理的服务器上。政府机构、金融分析师和会计师将制定监管企业是否合规的标准。此外，如果你是金融或会计专业毕业，这将是你职业生涯早期可能会从事的有趣的工作。

但在 2029 年，移动性仍会出现问题。仓库、装卸区和运输部门的工人仍需要拿着移动设备来处理 ERP 和其他任何他们会用到的企业应用。管理者、决策者和其他知识型员工将在他们自己的手机或其他的移动设备上使用类似的应用，这些设备可以在公司、办公室、街上或家里使用。

但有一个严重的问题是移动设备受到严重的安全威胁。数据的上传使其更容易被获取。对好人来说是这样，对坏人来说同样如此。2015 年，美国最大的营利性医疗保健公司丢失了 8000 万人的健康数据。想想这一次数据丢失的严重性。美国一共只有 3.2 亿人口。这就意味着每四个人中就有一个人的数据丢失，这其中可能包括你手中教科书的作者。更糟糕的是 2017 年雅虎丢失了其 30 亿用户账户的数据，这可是将近全球一半的人口。

想象一下如果有犯罪分子或者恶意的内部人员潜入到 ERP 系统中将会发生什么。它可能会引发供应链订单和存储的混乱或者破坏工厂机器的运行。被黑客攻击的企业不得不关闭ERP系统，企业也会因此陷入混乱。但允许用户移动访问ERP系统能够帮助企业在流程质量方面进行重要的改进提升。因此，在接下来的十年里，企业必须在数据丢失的风险和流程的提升之间进行合理的平衡。

再想想物联网的影响。未来ERP系统的用户不仅仅是人，还有设备和机械。ERP供应商需要让其软件适用于3D打印的特定需求。未来，销售人员确定订单后将启动机器制造需要的部件。此外，工厂的自动化将提高流程质量。拣货机器人就是一个例子，但自动驾驶汽车和自动驾驶货车可能会有着更大的影响。再接下来的10年里，应用ERP系统能够自动安排机械的维修。例如，工厂的铣床能够预订钝刀的替换，新的钝刀可能会由3D打印机打印制成。机器可以自行安排生产和维修，工厂的自动化也由此达到一个新的高度（见图8-20）。

图 8-20 设计未来的 ERP 系统

我们强调了很多次，未来并不是属于那些专长于现有的方法、技术和流程的人，而是属于那些能够发现并利用新兴的创新型应用的人。由于企业系统的广泛应用，企业系统的技术影响将会扩大。你的职业生涯早期将会出现很多机遇。

安全指南——不是我，是你

如果你曾经被要求过离职，你就会知道它有多困难。知道你的工作不再被需要是一件让人压力很大的事情，并且和管理者的交谈以及与同事之间尴尬的互动都会让这些压力变得更加沉重。然而，意识到你需要在职场中另寻生存之道这一事实往往才是最让人沮丧的。你或许会惊讶于这些因为它们往往会被在职员工在与他们的雇主进行最后的交谈时充分利用。

一项对945位在去年辞职、被炒或者换工作的成年人的调查展示出了令人震惊的数据。60%的受访者在离职前盗取了公司的数据，79%的人承认他们知道这样的行为是不被允许的。报告称，他们盗取了邮箱列表、顾客联系簿、员工记录以及财务信息[6]。据估计，这些类型的事件带来的经济损失从5000美元到 300 万美元不等[7]。

白领的黑暗行为

你或许想知道是什么因素导致了如此大范围的企业数据盗取。为了"走进"盗取数据的员工的大脑，我们必须了解"舞弊三角论"。舞弊三角论表示，压力、机会和借口是导致白领犯罪的三个主要个人因素[8]。第一个因素是因为员工在离职阶段有着找工作的压力，他们常常认为如果他们有数据资源，就能提高找到新工作的机会。这一点在他们打算在对手企业找工作时更为明显。很多员工都没能意识到的是，保密的客户名单和知识产权被认为是专有的，并经常受到保密协议的约束。将这些信息交给新的雇主可能会害了他们而不会帮到他们。

过去 10 年，随着员工、系统和数据之间的交互发生了彻底的改变，第二个因素机会也在持续发酵。远程办公，即员工在家里工作，以及员工获取雇主的云端数据的能力的提升为盗取数据和知识产权提供了大量的机会。让人震惊的是，这份员工调查还表示，几乎还有四分之一的员工在离职后仍能够连接企业网络[9]。这就是机会。

最后，第三个因素借口是数据盗取的一部分，因为员工常常在创建一些他们试图带走的数据。他们认为这些数据是他们创建的，所以带走它们理所当然。

我没有不满，你呢？

鉴于员工有大量的机会从公司获取数据以及这样做的压力和借口，企业正在研发能够帮助识别可能准备盗取数据的员工的预测工具。一位数据丢失预防专家在评论现有的盗窃预防解决方案的不足时说，大多数企业都没有来识别员工意外传播敏感信息的技术基础设施。识别故意的恶意事件更难[10]。

正在开发的工具用于识别潜在的数据盗窃，搜索、监控、分析和可视化来自网站、应用程序、服务器、网络、传感器和移动设备的数据[11]。对存储数据的加密和持续监控都是能够用来阻止数据盗取的策略。这包括了对于存储在企业内部以及存储在像第 6 章提到的云供应商这样的第三方的数据的加密和监控。

更重要的是，企业需要确保人力资源部门和技术团队能够即时协作，以确保在员工离职时，撤销其对于内部系统的访问权限。

讨论问题

1. 你曾经在工作中目睹过有人偷东西吗？如果有，你和犯罪者很可能都清楚他做错了什么。你认为员工为什么如此愿意窃取数据，但却在窃取有形的如现金、笔记本计算机等昂贵的企业资产时犹豫不决？

2. 花时间在互联网上查找白领犯罪的案例。找一个特定的案例，看看你能否识别出导致该犯罪行为的"舞弊三角论"中的三个因素。

3. 很多企业都在投资开发监控员工行为的工具，对此你怎么看？你会在定期审查你的邮箱并分析你在企业网络上的活动的公司工作吗？

4. 加密可能成为阻止员工从企业盗取数据的策略。解释文章中如何有效地利用了加密。

职业指南

姓名：本·彼得斯（Ben Peters）
公司：Anaconda
职位：软件/平台工程师
学历：卡内基梅隆大学、朗伍德大学

1. 你是怎么得到这份工作的？

研究生毕业后我在这个行业工作了大约 2 年，一直很被动地寻找新的机会。Anaconda 公司的人力资源代表通过领英联系到我，给我提供一个空缺的岗位，那听起来正是我想要的。我和负责工程的副总裁就这个职位进行了交流，得到了一个要在周末完成的面试任务。我在这个编程任务中投入了大量的实践。之后的一周我进行了线上的面试，在面试中他们问了我一些关于数据结构、云计算和基础设施工具的技术问题。我们还仔细检查了编程任务。最后，我的努力得到了回报，在那周晚些时候我就得到了这份工作。

2. 这个领域吸引你的是什么？

大数据和机器学习是当今最热门的两个技术趋势，而 Anaconda 是其中不可或缺的一部分。我喜欢解决行业所面临的挑战，也喜欢它具有改变世界的潜力。我大学选择专业时，我也考虑了职业需求前景和工资潜力等因素。我想成为一个发展中的且潜力巨大的行业的一员。

3. 你的日常工作是怎么样的？

我们在 Anaconda 进行敏捷软件开发，因此每天早上团队都会开个短会，讨论每个成员在做什么以及是否有任何障碍。剩下的时间就是写代码或同其他团队成员一起解决技术问题。作为敏捷方法的一部分，我们每两周都需要提供新的产品特性。这可能会很紧张，但也是令人愉快且有益的。

4. 你最喜欢工作的哪一点？

Anaconda 是一家年轻的小公司，所以我对产品有很强的主人翁意识。在来这里之前，我在财富百强的大公司工作，在那里我就没有这种感觉。我可以与该领域的一些最优秀的人一起工作并向他们学习，公司也在开源和数据科学领域中倍受尊敬。当我告诉其他软件工程师我在哪里工作时，他们总是给予积极的反应，这种感觉很好。

5. 想要做好你这份工作需要哪些技能？

如今的软件工程师需要多才多艺。技术总是在变化，因此你需要愿意不断地学习和适应。能够熟练应用多种编程语言和架构，并对于数据库、Linux 和云计算有扎实的理解。现代软件工程师应该对 DevOps 和自动化基础构架工具有大量的知识储备。

6. 在你的领域里教育经历或者证书重要吗？为什么？

教育和证书很重要，因为他们会在这个领域里给你具有竞争力的优势。这相当于有一个值得信赖的第三方可以为你所拥有的技能作担保。即使对好的软件工程师有着大量的需求，但对于你想要的职位仍竞争激烈。你毕业后有很多在线课程和证书可以学习，它们能够帮助你保持领先地位并给你带来优势。

7. 你会给那些考虑在你所在领域工作的人什么建议？

练习，练习，还有更多的练习！在校期间，尽可能多地获得实践经验，这样你就能在未来的雇主面前脱颖而出。专注于掌握软件开发、设计和架构的基础知识，你将拥有很好的职业生涯。

8. 你认为在未来10年什么技术工作会成为热门工作？

物联网、虚拟和增强现实、机器学习和深度学习、人工智能和量子计算都可能在不远的将来成为热门的工程工作。其中的有一部分现在已经有了大量的需求，但我相信在接下来的10年中，这些技术会更加迅猛地发展。

本章回顾

通过本章回顾来验证你是否理解了回答本章学习问题所要用到的思想和概念。

问题8-1 流程的基本类型是什么？

定义结构化流程和动态流程，并对其进行比较。定义工作组流程、企业流程和企业间流程，解释它们的区别以及所面临的挑战。定义其对应层级的信息系统。定义职能系统和职能应用。

问题8-2 信息系统如何提高流程质量？

说出、定义并举例流程质量的两个维度。说出并描述企业提升流程质量的三种方式。说出并描述信息系统用于提升流程质量的三种方式。

问题8-3 信息系统如何消除信息孤岛的问题？

定义信息孤岛并解释这些孤岛是如何产生的。这些孤岛何时会变成问题？描述图8-6中所示的两种类型的孤岛，解释两个箭头的含义。

问题8-4 CRM、ERP和EAI如何支持企业流程？

定义企业流程重组，解释其为什么很困难并成本高昂。解释内部开发企业信息系统成本高的两个主要原因。解释固有流程的优势。定义并比较CRM、ERP和EAI。解释CRM和ERP的本质与EAI相比更加相近的原因。

问题8-5 ERP系统的要素是什么？

描述一个真实的ERP产品的最小能力。解释以下ERP解决方案组件的本质：应用程序、数据、程序以及培训和咨询。解释用户在各个部分中需要完成的工作。按市场份额递减的顺序列出五大ERP供应商。

问题8-6 应用和升级企业信息系统的挑战是什么？

说出并描述应用企业系统时挑战的五个来源。描述为什么企业系统需要协作管理。说明明确需求差距所需要完成的两大任务。总结过渡到企业系统的挑战。解释为什么员工会抵触改变，描述应对这样的抵触的三种方式。讨论企业系统应用新技术的挑战。

问题8-7 企业间的信息系统如何解决企业孤岛问题？

描述存在于雇主、健身俱乐部和用户之间的关于运动数据的信息孤岛。描述这些孤岛带来的问题。解释图8-19中展示的系统如何解决这些孤岛引发的问题。定义分布式系统，解释在应用这样的系统时使用网络服务的SOA的好处。

问题8-8 2029年将会怎样？

描述云、移动设备和物联网在接下来10年会如何影响企业系统。解释这些因素会如何为商务专业人士创造机会。解释它们会如何为你创造机会。

将你的知识应用到 ARES

本章的知识会帮助你理解像 ARES 这样的解决方案所带来的基本价值，即消除企业级信息孤岛的问题。正如你所知，工作组流程中产生的信息孤岛可以通过企业系统消除（或在使用 EAI 的情况下进行管理）。类似地，企业流程中产生的信息孤岛可以通过像 ARES 这样的企业间系统消除。此外，本章的知识能让你理解应用和管理企业间系统的难度。最后，图 8-19 会帮助你理解如何使用移动设备和云数据库来应用企业间系统。

关键术语和概念

企业流程重组（Business process reengineering）
客户生命周期（Customer life cycle）
客户关系管理系统（Customer relationship management system）
数据整合（Data integrity）
分布式系统（Distributed system）
动态流程（Dynamic processe）
企业应用集成（Enterprise Application Integration，EAI）
企业信息系统（Enterprise information system）
企业流程（Enterprise processe）
企业资源规划（Enterprise Resource Planning，ERP）
企业资源规划系统（ERP system）
职能应用（Functional application）
职能信息系统（Functional information system）
混合模式（Hybrid model）

行业特定解决方案（Industry-specific solution）
信息孤岛（Information silo）
固有流程（Inherent process）
企业间信息系统（Inter-enterprise processes system）
企业间流程（Inter-enterprise process）
模块（Module）
流程蓝图（Process blueprint）
流程效率（Process effectiveness）
流程有效性（Process efficiency）
自我效能感（Self-efficacy）
存储程序（Stored procedure）
结构化流程（Structured process）
培训师培训（Train the trainer）
触发器（Trigger）
工作组信息系统（Workgroup information system）
工作组流程（Workgroup process）

知识运用

8-1. 运用你的大学的例子，举出问题 8-1 中讨论的三种层级范围（工作组、企业、企业间）的信息系统的例子。描述三个可能有数据重复的职能信息系统。解释这些系统的特征如何与你的例子相关联。

8-2. 在你对 8-1 的回答中，解释三个工作组信息系统如何产生信息孤岛。描述这些孤岛可能造成的问题的种类。将问题 8-3 中的讨论作为参考。

8-3. 利用你对 8-2 的回答，描述企业信息系统如何消除这个孤岛。应用你的系统是否需要企业流程重组？解释其原因。

8-4. 用 Google 或者 Bing 搜索问题 8-5 中讨论的前五大 ERP 供应商。自本书出版以来，它们提供的产品发生了哪些改变？这些供应商有新的产品吗？它们是否进行了重要的收购？它们被收购了吗？是否有新的企业在市场份额方面取得了重要进展？

8-5. 利用你在第 4～6 章中学习的知识，你怎么看待移动系统和云会影响 ERP 解决方案？解释移动 ERP 可能会如何让问题 8-4 中讨论的自行车制造的例子中各类人员获利。

协作练习 8

使用你在第 1 章的协作练习中建立的信息系统，团队协作回答下面的问题。

在东部州的一个县，县规划办公室为所有建筑项目颁发建筑许可证、化粪池系统许可证和县级道路准入许可证。规划办公室向房主和承包商发放许可证，允许他们建造新的住宅和房屋、任何涉及电力、煤气、管道和其他公用设施的改造项目，以及将车库等闲置空间改造为居住或工作空间。该办公室还为新的或升级的化粪池系统颁发许可证，并颁发为县级道路提供车道入口的许可证。

图8-21显示了该县使用多年的许可流程。承包商和房主发现这个过程缓慢而令人沮丧。首先，他们不喜欢它的连续性。只有许可证被工程审查流程批准或拒绝后，他们才知道还需要进行健康或者公路审查。由于每一项审查都需要3至4周的时间，所以许可证的申请人希望这些审查流程能够并行而不是连续进行。另外，许可证申请人和县里的工作人员都因为他们都不知道某个特定的申请进行到了许可流程的哪一步而沮丧。承包商打电话询问还要多久，但可能需要一个小时或者更长的时间才能确定许可流程进行到了哪一步。

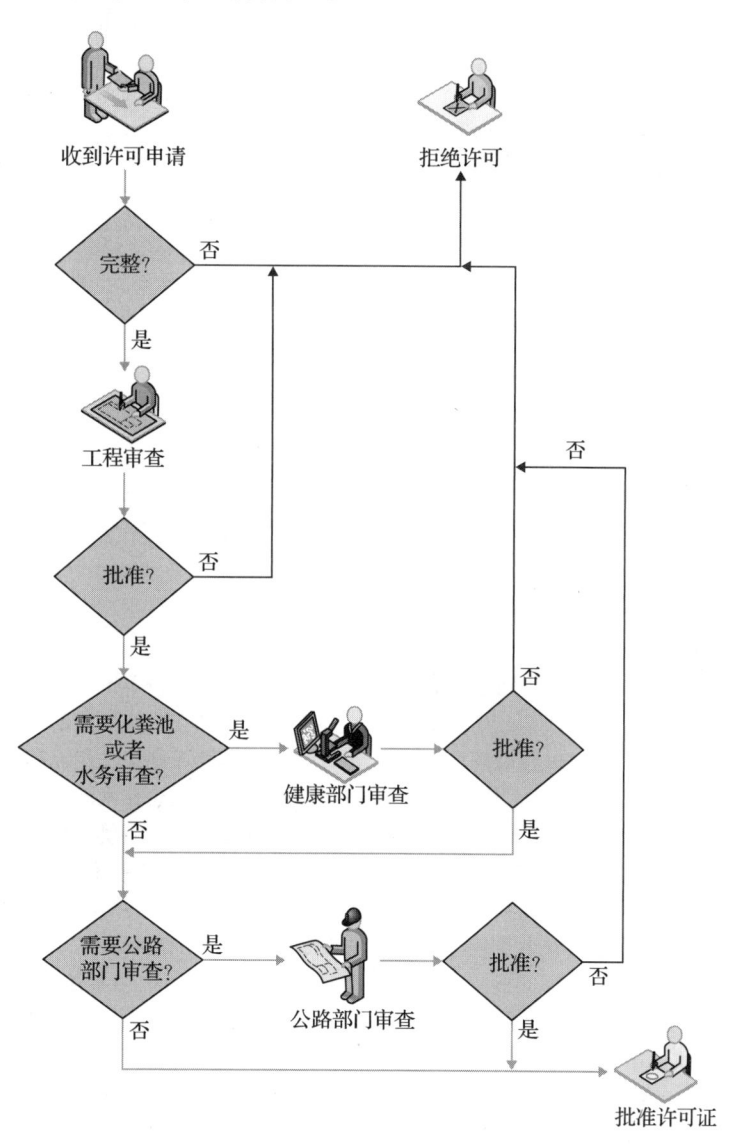

图 8-21　建筑许可流程（旧版）

因此，该县更改了许可流程，如图8-22所示。在第二版的流程中，许可证办公室将许可申请复制三份，分发给每个部门一份。各个部门对于许可的审查并行进行，会有一个职员对结果进行分析，如果没有任何异议，就批准此许可证。

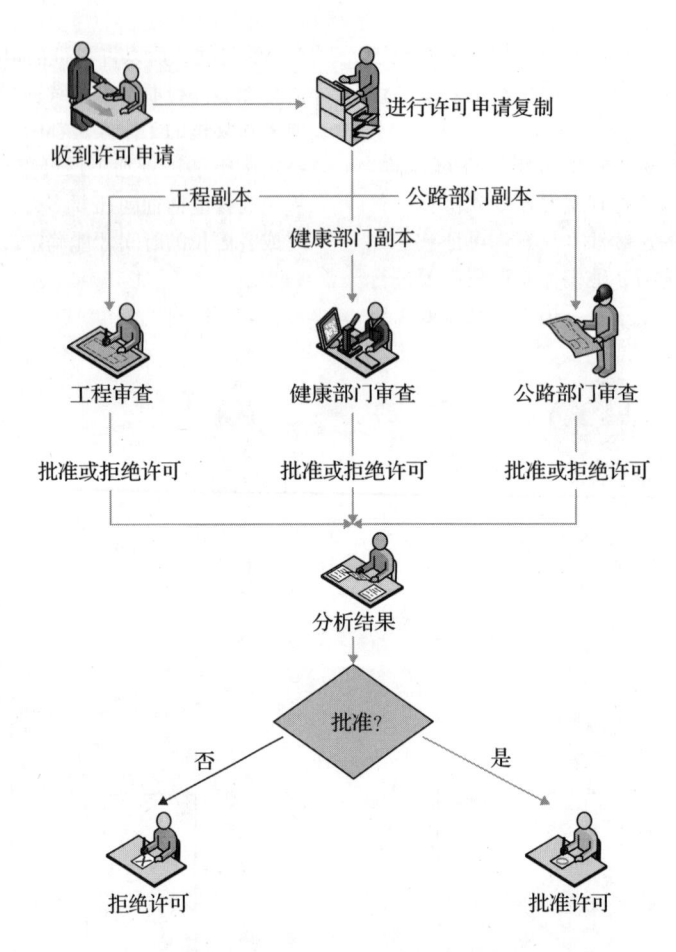

图 8-22 建筑许可流程（修订版）

不幸的是，该流程也存在一些问题。一方面，有部分许可申请很冗长，例如一些包含了 40～50 页的大型建筑图，对它进行处理所需要的人力和复制成本很高。

另一方面，在某些情况下，部门审查文件是不必要的。例如，如果公路部门拒绝了申请，那工程和健康部门就不需要继续进行审查了。起初，县里通过让分析结果的职员在收到拒绝申请时取消其他部门的审查来解决这一问题。但这一政策引起了许可申请者的不满，因为拒绝申请出现的问题被修正之后，申请还是要交给其他部门审查。许可申请会走到审查流程的最后一步，然后又回到它被否定的部门。有时候这会造成 5～6 周的延迟。

取消审查也在部门中引发了不满，因为需要进行重复的许可审查工作。在许可申请因被其他部门拒绝而取消时，该部门的审查工作可能已经快要完成了。申请再次进行审查时，前期的审查工作成果就白费了。

8-6. 解释图 8-21 和图 8-22 中的流程被划为企业流程而不是工作组流程的原因。为什么这些流程不是企业间流程？

8-7. 将图 8-8 作为示例，利用处理一个共用数据库的企业信息系统重新画图 8-21。解释该系统与图 8-21 中纸质系统相比的优势。

8-8. 将图 8-10 作为示例，利用处理一个共用数据库的企业信息系统重新画图 8-22。解释该系统与图 8-22 中纸质系统相比的优势。

8-9. 假设该县将图 8-21 中的系统改成了图 8-22 中的系统，你认为你对 8-7 和 8-8 的回答中的哪一个系统更好？说明原因。

8-10. 假设你的团队负责应用你在 8-9 中推荐的系统。以问题 8-6 中讨论的形式描述该应用所面临的五个挑战。说明你的团队将如何应对这些挑战。

【案例研究 8——一个关于两个企业间信息系统的故事】

可负担的医改法案（也称为奥巴马医改计划）要求建立医疗保健之间的交易所，这也让应用企业间信息系统成为必要。鼓励各州为其居民建立交易所，但如果它们选择不这样做，州中的居民可以使用由联邦政府开发的交易所。约有一半的州决定使用联邦交易所。剩下的州开发了自己的交易所（以及支持信息系统）。这些并行开发项目为我们提供了从可能有不同结果的相似项目的案例中进行学习的机会。

例如，康涅狄格州和俄勒冈州。康涅狄格州开发了名叫 Access CT 的交易所。它在预算范围内按时交付并取得了成功，以至于马里兰州停止了开发自己的系统而转用许可 Access CT 解决方案[12]。其他州也在考虑许可 Access CT。相反，俄勒冈州开发的 Cover Oregon 就彻底失败。Cover Oregon 花费了美国和俄勒冈州 2.48 亿美元的税款，但一直无法使用。2014 年 5 月，波特兰的美国检察官办公室对该项目展开了大陪审团调查[13]。

为什么会有如此不同的结果？两个州几乎同时开始它们的项目，它们有同样的机会和目标、差不多相同的启动资金（最终 Cover Oregon 的开销是 Access CT 的近两倍），以及同样的要求完工时间。两个州的人口相差也不大，康涅狄格州有约 350 万人，俄勒冈州约有 390 万人。是什么导致了不同的结局？

什么是医疗保健交易所？

首先，医疗保健交易所是一个为个人和小型企业提供健康保险产品的线上商店。选择医疗保险是一个复杂的过程，它有着不同等级的覆盖范围和成本。选择正确的政策对大多数人来说是困难且让人困惑的。交易所由此而产生，其不仅提供医疗保险政策，也简化了并一定程度地自动化了选择流程。交易所也促进了健康保险公司之间的公平竞争。

除了简化健康保险的选择之外，交易所的另一个目标是在政府一系列复杂的辅助优化和可能性中对客户进行引导。基于收入、家庭规模和其他环境因素，一些客户会选择 Medicare 和其他一系列的政府项目。因此，在使用交易所时，客户提供关于收入和家庭情况的个人数据，交易所利用自动化技术与各种政府机构联系，以确定该消费者的资格。之后交易所会基于确定的结果给出针对客户具体情况的保险产品。交易所应该向保险公司收取一定的费用。

图 8-23 展示了医疗保健交易所中包含的部分企业。显然需要一个企业间信息系统。正如你在本章中所学，这样的项目很难开发和管理，所以一些州最终失败并不奇怪。

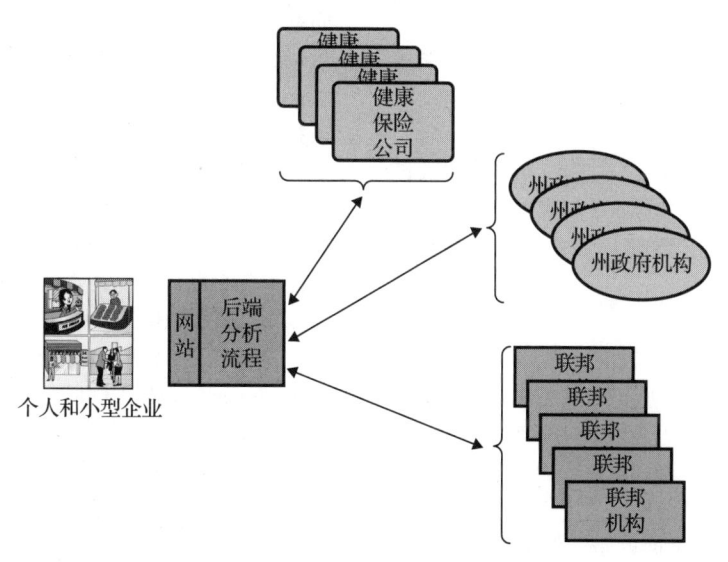

图 8-23 医疗保健交易所企业间信息系统

Access CT

Access CT 是一家准上市公司。公司的董事长是康涅狄格州的副州长南希·怀曼（Nancy Wyman），她从 2012 年夏天开始就在寻找合适的首席执行官人选。在全国范围内找到了 74 名候选人后，2012 年 7 月，康涅狄格州州长聘用了凯文·康尼汉（Kevin Counihan）。

康尼汉在保险行业有着三十多年的工作经验，并在被广泛称作奥巴马医改典范的马萨诸塞州医疗保健系统的开发中发挥了重要作用。最近，他成为加利福尼亚州一家私立健康交易所的总裁[14]。

康尼汉拥有市场营销的硕士学位，这一点显而易见。在他上任后不久，他就召开了一系列记者招待会，向公众解释该项目的性质和目标。几个月的时间里，康尼汉聘请了许多在保险方面有着丰富经验的高级职员，其中包括首席信息官吉姆·瓦德利（Jim Wadleigh）。瓦德利曾经担任健康服务公司 CIGNA 的应用研发总监[15]。瓦德利的主要任务是雇用和管理一个外部承包商，以开发交易所网站和后端支持代码并管理交易信息系统的使用。

截至 2012 年 6 月，Access CT 已经创设了项目计划并开始寻找开发网站的承包商。2012 年 9 月，它选择了德勤管理咨询有限公司。瓦德利那时候表示，"距交易所面市只有 12 个月的时间，我们期待立即与他们展开合作[16]。"

那年夏天，在 7 月 13 日的一次采访中，一位当地媒体记者问首席执行官康尼汉："你能按时完成它吗？"康尼汉回答道："我们州会及时完工的[17]。"

它确实按时完工了。在联邦政府规定的最后期限前夕，已经有 208 301 位康涅狄格州居民在 Access CT 进行了注册[18]，康涅狄格州也成了州营交易所的典范。

Cover Oregon

俄勒冈州的表现就没有这么好了。在投入了 2.5 亿美元后，交易所仍明显无法使用，交易所的董事会决定终止开发并转用联邦交易所[19]。在做出该决定后，俄勒冈州议会聘请了独立公司第一数据来调查失败的原因[20]。

与康涅狄格州不同的是，俄勒冈州州长和其他官员没有参与到该项目中。事实上，州长在 2014 年 1 月表示，他在"十月下旬"才收到项目失败的消息[21]。该网站本应在 10 月 1 日投入使用，失败的消息花了 3 周的时间才传到州长那里，实在是让人难以置信。不管是什么情况，都可以认为州长不是该项目的"实际管理者"，他也没有委派高级官员对其负责。

第一数据公司称[22]，项目从一开始就产生了方向上的分歧。Cover Oregon 和 Access CT 一样是准独立的公司，但交易信息系统是由另一个政府机构俄勒冈州卫生局（OHA）开发的。两个机构的人员在争夺所有权时发生了争执，并对项目需求产生了很大的分歧。这些分歧导致了对软件开发人员的指导的不断变化和不一致[23]。

此外，与 Access CT 不同的是，OHA 并没有雇佣监管项目的承包商，而是决定自己开发软件。不幸的是，该机构的员工流失率很高，它很难雇用并留住合格的员工。OHA 确实聘请了一家专业的软件开发公司来创建主要的软件组件，但在该项目的三个入围者中，有两个在最后关头退出，默认的获胜者甲骨文公司成为唯一的资源供应商。因此，甲骨文公司能够就时间和设备进行谈判，而不是就一定价格下的交付时间进行谈判。后来出问题时，甲骨文在同样的时间和设备的基础上收取了数千万的额外费用对订单进行修改。OHA 也试图自己完成很多编程工作，但其团队没有使用 Oracle 的经验，也缺乏开发人员和管理人员[24]。

具有讽刺意味的是，由于之前技术项目的问题，俄勒冈州立法机构要求该州雇用质量保证承包商 Maximus 来监管该项目。从项目一开始，Maximus 公司就报告了一些重大问题，涉及分工控制、缺乏明确的要求、不适当的承包方法、缺乏项目规划和缺乏进展。目前还不清楚这些报告交给了谁，也不清楚对这些报告进行了怎样的处理。2013 年 1 月，当 OHA 项目负责人在一长串此类负面报告中收到另一份负面报告时，她威胁要扣留给 Maximus 的付款[25]。

遗憾的是，2013 年 1 月，当《俄勒冈人报》询问 Cover Oregon 的负责人洛基·金（Rocky King）该系统是否能运行时，他回答说："我不知道[26]。"可悲的是，交易所失败了。2015 年 3 月，Cover Oregon 关闭。

问题

8-11. 总结医疗保健交易所的目的和预期效益。

8-12. 解释医疗健康交易所需要企业间信息系统的原因。

8-13. 利用本章所学的知识，总结开发企业间信息系统的困难和挑战。

8-14. 医疗保健交易所必须利用有关其用户的个人和保密数据。写一个对这些数据进行负责任的处理和存储的规定。

8-15. 解释你认为 Access CT 能获得成功的原因。

8-16. 阅读第一数据公司报道的执行摘要（https://digital.osl.state.or.us/islandora/object/osl: 16687），总结该报道中的发现。

8-17. 根据本案例中所描述的事实以及你对 8-16 的回答，列出你从 Access CT 和 Cover Oregon 项目中学到的五个重要内容。

完成下面的写作练习

8-18. 利用问题 8-3 中的患者出院流程，解释医院如何从 ERP 解决方案中获益。说明为什么整合病人记录比分开的数据库更有优势。解释特定行业 ERP 解决方案对医院的价值。

8-19. 访问 www.microsoft.com 并搜索 Microsoft Dynamics。不考虑 Dynamics CRM。自本书出版以来，微软的 ERP 产品是否发生了重要的变化？微软是否向市场推出了基于云的 ERP 解决方案？本章所述的四个 ERP 系统中，有没有系统与微软开发者平台进行了更好的整合？利用你的经验和知识，你认为微软在 ERP 方面的意图是什么？

尾注

[1] The subject of this chapter is structured processes, and we will discuss process quality in terms of them. Note, however, that all of the concepts in this question pertain equally well to dynamic processes.

[2] Scott Neuman, "'Flippy' the Fast Food Robot (Sort Of) Mans the Grill at Caliburger," *NPR*, March 29, 2018, www.npr.org/sections/thetwo-way/2018/03/05/590884388/flippy-the-fast-food-robot-sort-of-mans-the-grill-at-caliburger.

[3] Brian Heater, "Flippy, the Hamburger Cooking Robot, Gets Its First Restaurant Gig," *TechCrunch*, March 29, 2018, https://techcrunch.com/2017/09/19/flippy-the-hamburger-cooking-robot-gets-its-first-restaurant-gig/.

[4] Alana Semuels, "Robots Will Transform Fast Food," *The Atlantic*, March 29, 2018, www.theatlantic.com/magazine/archive/2018/01/iron-chefs/546581/.

[5] Panorama Consulting Solutions, "Clash of the Titans 2017," *Panoramaconsulting.com*, November 2015, http://go.panorama-consulting.com/rs/603-UJX-107/images/Clash-of-the-Titans-2017.pdf.

[6] Brian Krebs, "Data Theft Common by Departing Employees," *TheWashington Post*, March 7, 2016, www.washingtonpost.com/wp-dyn/content/article/2009/02/26/AR2009022601821.html.

[7] Devlin Barrett, "FBI Warns of Rise in Disgruntled Employees Stealing Data," *TheWall Street Journal*, March 7, 2016, www.wsj.com/articles/fbi-warns-of-rise-in-disgruntled-employees-stealing-data-1411516389.

[8] Bill Barrett, "Inside the Mind of the White-Collar Criminal," *Accounting Web*, March 7, 2016, www.accountingweb.com/technology/trends/inside-the-mind-of-the-white-collar-criminal.

[9] Krebs, "Data Theft Common by Departing Employees."

[10] Ibid.

[11] Stacy Collett, "5 Signs an Employee Plans to Leave with Your Company's Data," *CIO*, March 7, 2016, www.cio.com/article/2975774/data-protection/5-signs-an-employee-plans-to-leave-with-your-companysdata.html.

[12] Andrea Walker, Meredith Cohn, and Erin Cox, "Md. Votes to Adopt Health Exchange Software Used in Connecticut," *Baltimore Sun*, April 2, 2014, accessed June 11, 2018, http://articles.baltimoresun.com/2014-04-02/health/bs-hs-exchange-board-vote-20140401_1_isabel-fitzgerald-new-website-federal-exchange.

[13] Maeve Reston, "U.S. Prosecutors Investigate Oregon's Failed Health Insurance Exchange,"

[14] Matthew Sturdevant, "CT Health Exchange Has a New Chief Executive," *Hartford Courant*, June 21, 2012, accessed June 11, 2018, http://articles.courant.com/2012-06-21/health/hc-health-exchangeceo-20120621_1_health-insurance-exchange-health-care-victoria-veltri

[15] Healthcare IT Connect, "Jim Wadleigh," accessed June 11, 2018, www.healthcareitconnect.com/jim-wadleigh/.

[16] Office of Lieutenant Governor Nancy Wyman, "Health Insurance Exchange Hires Key Technical Consultant," September 27, 2012, accessed June 11, 2018, http://ct.gov/hix/lib/hix/HIXDELOITTERELEASE.pdf.

[17] Matthew Sturdevant, "Health Exchange Chief Explains How It Will Work," *Hartford Courant*, July 13, 2012, accessed June 11, 2018, www.courant.com/health/connecticut/hc-healthexchange-20120712,0,4877364.story.

[18] Arielle Levin Becker, "Obamacare Exchange's Final Tally: 208,301 People Signed Up," *The CT Mirror*, April 17, 2014, accessed June 11, 2018, http://ctmirror.org/2014/04/17/obamacare-exchanges-final-tally-208301-people-signed-up/.

[19] Jeff Manning, "Cover Oregon: State Moves to Federal Exchange, but Oracle Technology Lives On," *The Oregonian*, May 6, 2014, accessed June 11, 2018, www.oregonlive.com/health/index.ssf/2014/05/cover_oregon_state_moves_to_fe.html.

[20] "Cover Oregon Website Implementation Assessment," April 23, 2014, accessed June 11, 2018, http://portlandtribune.com/documents/artdocs/00003481205618.pdf.

[21] Dusty Lane, "'We Look Like Fools:' A History of Cover Oregon's Failure," *Katu.com*, January 10, 2014, accessed June 11, 2018, www.althycommunitiesoregon.com/lanecounty/2014/01/we-look-like-fools-a-history-of-cover-oregons-failure/.

[22] "Cover Oregon Website Implementation Assessment."

[23] Nick Budnick, "Cover Oregon: Health Exchange Failure Predicted, but Tech Watchdogs' Warnings Fell on Deaf Ears," *The Oregonian*, January 18, 2014, accessed June 11, 2018, www.oregonlive.com/health/index.ssf/2014/01/cover_oregon_health_exchange_f.html.

[24] Nick Budnick, "Oregon Health Exchange Technology Troubles Run Deep due to Mismanagement, Early Decisions," *The Oregonian*, December 14, 2013, accessed June 11, 2018, www.oregonlive.com/health/index.ssf/2013/12/oregon_health_exchange_technol.html.

[25] Budnick, "Cover Oregon: Health Exchange Failure Predicted."

[26] Ibid.

| 第 9 章 |

Using MIS，Eleventh Edition

社交媒体信息系统

"亨利，我正在考虑我们要卖的广告类型。"ARES 的新营销主管凯西犹豫地说。新老板泽夫·弗里德曼请她研究如何在一个新的增强现实应用程序中植入广告来获得收入。"只是横幅广告、弹出窗口和短视频吗？"

亨利指着拉杰正在制作的界面。"是的，我们当然可以在应用中植入横幅广告。我们可以把它们放在重要统计面板下，肯定会有足够的曝光时间。"

"太好了，那弹出式广告和短视频呢？"

"我不确定。就我个人而言，如果我在骑自行车，弹出窗口和视频真的会让我分心。"

拉杰打断他说："你需要想得更远。你并没有真正看到我们可以用 AR 做什么。"

"什么意思？"凯西问道。

"事情正在发生变化。这就像电视发明后，报纸上的静态广告转变为 30 秒的视频广告一样。"

"我还是不明白。"

拉杰继续说道："在混合现实环境中，我们可以创造任何东西、替换任何东西、改变任何东西。想象一个用户在亨廷顿海滩骑车，我们可以用一家公司想要出售的 40 英尺⊖高的电棒来取代海滩小屋。"

"我们能做到吗？"

"当然，而且远不止这些。我们可以用我们的虚拟广告取代广告牌上的真实广告。我们可以让虚拟飞机拉我们的横幅广告，甚至可以让一只 60 英尺长的史前巨齿鲨在海里游泳来宣传下一部好莱坞大片。"

"你在开玩笑吧。"

"当然不。如果用户想要点击广告，他们只需要伸出手指轻触广告。我们甚至可以通过

⊖ 1 英尺 =0.3048 米。——编辑注

眼球追踪来判断他们在看哪些广告。"

"哇，太神奇了。"

"事情变得越来越好。用户可以和他们的朋友一起虚拟骑行。如果他们看向左边，他们会看到简。如果他们向右看，他们会看到约翰。他们可以随时随地骑自行车，不考虑天气或位置。"

亨利打断他说："嗯，我们还没到那一步呢。"

凯西看起来很惊讶："什么意思？这太棒了！企业和社会都会欣然接受。我们什么时候能做到？"

亨利摇了摇头："我不知道。我们甚至不确定这个系统能养活多少人。它不是为增强现实界面或人们一起骑车而设计的。可能是两个人，也可能是500个人，还有自定义虚拟广告，那就会增加更多的开发时间。"

凯西看起来很沮丧。"所以我又开始卖横幅广告了。"

"目前，是的。我们仍在努力让应用程序和现有的后端正常工作。拉杰正在检查我们可以与多个用户一起处理的负载。"

凯西回想起导师给她的关于在初创公司工作的建议。她没想到会这么沮丧，她强颜欢笑："难道我们不能雇人来做这些新广告吗，我们就不能弄清楚吗？"

"是的，我们可以。"亨利平静地回答，"拉杰所描述的一切都是可能的。但问题是为虚拟环境开发应用程序就不同了。这需要我们对软件开发的思维方式发生重大转变。我们正从 2D 窗口转向 3D 全息影像，要做到这一点并不容易，成本也不低。这是一次重大的技术变革。"

拉杰抬起头，脸上挂着一个大大的笑容。"转变发生了。"

研究问题

问题 9-1　什么是社交媒体信息系统？

问题 9-2　SMIS 如何推进企业战略？

问题 9-3　SMIS 如何增加社会资本？

问题 9-4　企业如何从社交媒体中获得收入？

问题 9-5　企业如何开发有效的 SMIS？

问题 9-6　什么是企业社交网络？

问题 9-7　企业如何解决 SMIS 安全问题？
问题 9-8　2029 年将会怎样？

章节预览

社交媒体变化得如此之快，以至于我们难以阐述最新的发展。我们也知道当你读到本书时，它的一部分已经过时了。不幸的是，我们不知道哪些内容会过时。

根据我们的经验，应对快速技术变革的最佳方法是学习和理解基本原理。我们不打算向你展示 Facebook 或 Google+ 的功能，我们知道这些功能在你的职业生涯早期会发生变化。相反，让我们把重点放在原则、概念框架和模型上，它们在你职业生涯早期应对社交媒体系统的机遇和风险时将会很有用。

这些知识也会帮助你避免错误。每天，你都能听到商务人士说，"我们正在使用 Twitter"和"我们已经将 Facebook 页面连接到我们的网站"。或者他们提到他们正在制作广告和新闻稿，上面写着："在 Twitter 上关注我们。"重要的问题是，这样做的目的是什么？变得现代化？赶时髦？他们有社交媒体策略吗？使用社交媒体会影响他们的底线吗？

我们将从问题 9-1 开始，定义和描述社交媒体信息系统的组成部分，这将帮助你理解企业在使用社交媒体时所做的承诺。正如你所了解的，信息系统的目的是帮助企业实现其战略，在问题 9-2 中，我们将考虑社交媒体信息系统如何促进企业战略。接下来，在问题 9-3 中，我们将讨论社交媒体信息系统如何增加社会资本。在问题 9-4 中将讨论一些公司如何从社交媒体中获得收入。问题 9-5 将讨论如何制定有效的社交媒体策略。问题 9-6 将着眼于企业社交网络。问题 9-7 将描述企业如何解决与使用社交媒体相关的安全问题。问题 9-8 将以一个关于 2029 年个人和企业之间关系变化的类比来结束。

问题 9-1　什么是社交媒体信息系统？

社交媒体（SM）是指利用信息技术来支持用户网络之间的内容共享。社交媒体使人们能够形成实践社区，或简称为社区，即由共同兴趣而联系在一起的一群人。社交媒体信息系统（SMIS）是一种支持在用户网络之间共享内容的信息系统。

社交媒体是许多学科的融合。在本书中，我们将通过讨论 SMIS 及其对企业战略的贡献来重点关注图 9-1 中的 MIS 部分。如果你决定从事社交媒体领域的专业工作，你可能需要了解除了计算机科学以外的所有这些学科的基础知识。

SMIS 扮演的三个角色

在讨论 SMIS 的组成之前，我们需要明晰企业所扮演的三个角色。

- 社交媒体提供商

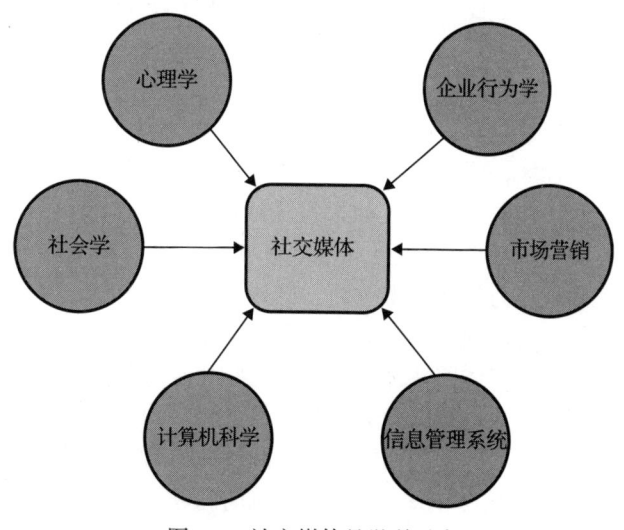

图 9-1　社交媒体是学科融合

- 用户
- 社区

社交媒体提供商

社交媒体提供商如 Facebook、Google+、LinkedIn、Twitter、Instagram 和 Pinterest 提供了创建社交网络或在有共同兴趣的人之间建立社交关系的平台。在过去的几年中，社交媒体的发展速度惊人，图 9-2 显示了一些知名社交媒体提供商的规模。就活跃用户数量而言，其中一些网站超过了美国的总人口[1]。社交媒体的发展引起了企业、广告商和投资者的极大兴趣。社交媒体提供商相互竞争，以获得用户的关注和相关的广告收入。

用户

用户包括使用社交媒体网站建立社会关系的个人和企业。超过 78% 的网民使用社交媒体，80% 的人通过手机使用社交媒体[2-3]。社交媒体提供商正在吸引并瞄准特定的人群。例如，Pinterest 约 81% 的用户是女性[4]。在 LinkedIn 上，61% 的用户年龄在 30 岁以上[5]。

企业也是社交媒体的使用者。你可能不认为企业是典型的用户，但在许多方面它确实是。企业像你一样创建和管理社交媒体账户。据估计，88% 的财富 500 强公司拥有活跃的 Twitter 账户、85% 拥有 Facebook 主页、75% 拥有 YouTube 账号[6]。这些公司雇佣员工来维持他们的 SM 形象、推广他们的产品、建立关系并管理他们的形象。

根据企业想要使用社交媒体的方式，它们可以是用户、提供者，或者两者兼而有之。例如，如果企业足够大，可以创建和管理自己的内部社交媒体平台，如维基、博客和讨论板。在这种情况下，该企业将是一个社交媒体提供商。我们将在本章的后面讨论在企业中使用社交媒体的方式。

社区

形成社区是人类的自然特征。人类学家声称，形成它们的能力是人类进步的原因。然而，在过去，社区是以家庭关系或地理位置为基础的。村里的每个人都形成了一个社区。社交媒体社区的关键区别在于，它们是基于共同的兴趣而形成的，超越了家庭、地理和企业的界限。

由于这种超越性，大多数人属于几个甚至许多不同的用户社区。Google+ 在创建用户圈子时认识到了这一事实，该圈子允许用户将他们的联系人（使用 Google+ 术语的人）分配到一个或多个社区组。Facebook 和其他社交媒体应用提供商也在以类似的方式进行调整。

为了更好地理解社区的概念，请参见图 9-3。该图显示，从社交媒体站点的角度来看，社区 A 是一个一级社区，它由与该站点有直接关系的用户组成。用户 1 属于 A、B 和 C（这些可能是同学、专业联系人和朋友）三个社区。从社交媒体站点的角度来看，社区 B～E 是二级社区，因为这些社区中的关系是由一级用户中介的。第二级和第三级社区成员的数量呈指数级增长。例如，如果每个社区有 100 个成员，那么社交媒体站点将有 100×100，也就是 10 000 个二级成员和 100×100×100，即 100 万个三级成员。然而，这种说法并不完全正确，因为社区是重叠的。例如，在图 9-3 中，用户 7 属于社区 C 和 E。因此，这些计算显示的是用户的最大数量，而不是实际数量。

社交媒体网站选择如何与这些社区建立关系取决于它的目标。如果社交媒体网站对纯粹的宣传感兴趣，它就会想要与尽可能多的社区建立关系。如果是这样的话，这将创造一个病毒式吸引，即一些诱因，如奖品或其他奖励，用于通过层级传递交流。然而，如果社交媒体站点的目的是解决一个令人尴尬的问题，比如修复一个产品缺陷，那么它将尽可能地限制与社区 A 的通信。

第 9 章 社交媒体信息系统　311

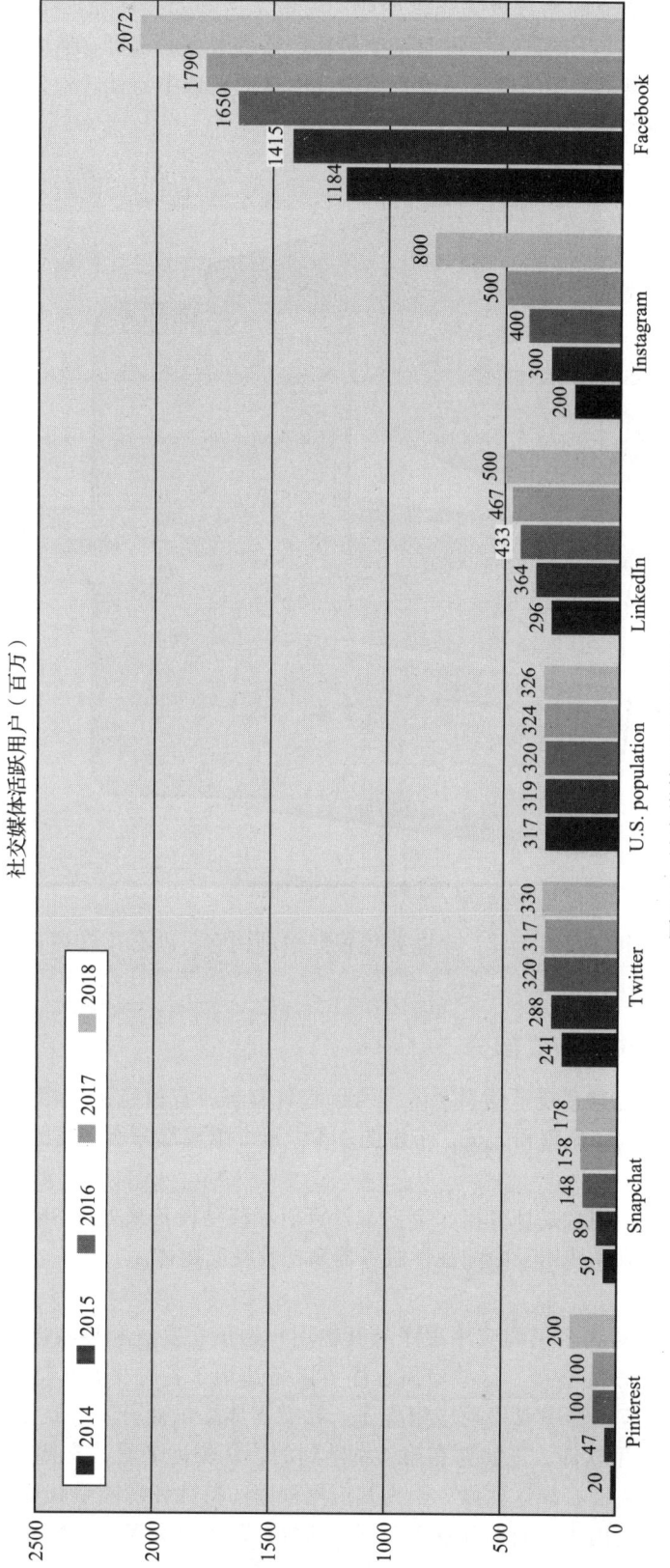

图 9-2　社交媒体活跃用户数量

通过社区层级建立的指数级关系给企业同时带来了好处和坏处。作为社区 A 成员的员工可以与社区中成百上千的人分享她对企业最新产品或服务的认可。然而，她也可以向同样的人发泄她对最近事态发展的失望，或者更糟糕的是，无意中与社区中为竞争对手工作的人分享私人和专有的企业数据。

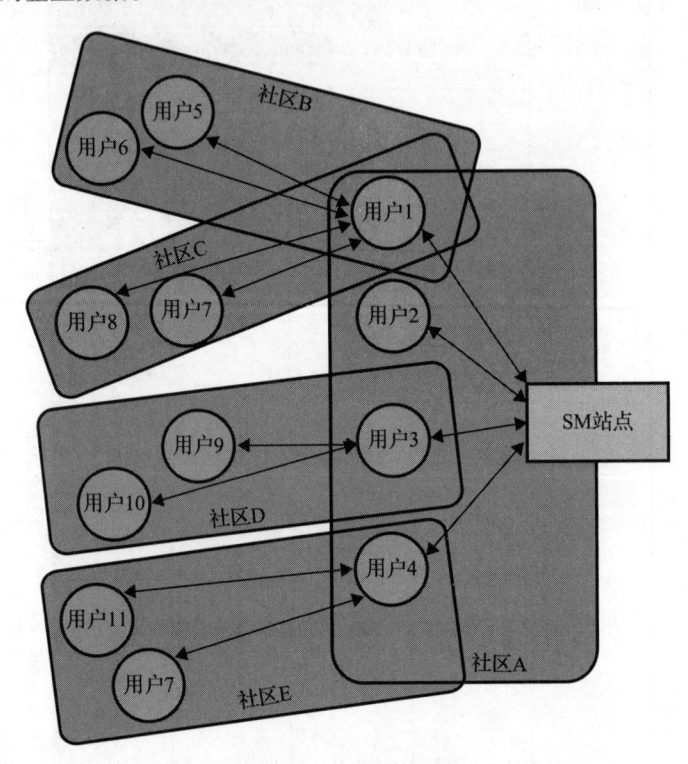

图 9-3　社交媒体社区

社交媒体是一个强大的工具，企业要想很好地利用它，就必须知道自己的目标并做出相应的计划。

社交媒体信息系统的组成部分

因为社交媒体信息系统是信息系统，所以它具有与所有信息系统相同的五个组成部分，即硬件、软件、数据、流程和人员。考虑图 9-4 中每个组成部分所扮演的角色。

硬件

用户和企业都使用台式计算机、笔记本计算机和移动设备来处理 SM 站点。在大多数情况下，社交媒体提供商使用云中的弹性服务器来托管社交媒体。

软件

用户使用浏览器和客户端应用程序与其他用户通信、发送和接收内容，以及添加和删除与社区和其他用户的连接。这些应用程序可以是适用于各种平台（包括 iOS、Android 和 Windows）的桌面应用程序或移动应用程序。社交媒体提供商开发并运营它们自己定制的、专有的社交网络应用软件。正如你在第 4 章学到的，从长远来看，支持定制软件是昂贵的，但社交媒体应用供应商必须这样做，因为其应用程序的特性和功能是其竞争战略的基础。它们能够做到这一点是因为它们将开发成本分摊到数百万用户所创造的收益中。

组成	角色	描述
硬件	社交媒体提供商	弹性的、基于云的服务器
	用户和社区	任何用户计算设备
软件	社交媒体提供商	应用程序、NoSQL 或其他数据库管理系统、Analytics
	用户和社区	浏览器、IOS、Android、Windows 10 和其他应用
数据	社交媒体提供商	用于快速检索的内容和连接数据存储
	用户和社区	用户生成的内容、连接数据
流程	社交媒体提供商	运行和维护应用程序（超出本书的范围）
	用户和社区	创建和管理内容、非正式的、互相复制
人员	社交媒体提供商	运行和维护应用程序的人员（超出范围）
	用户和社区	关键用户、适应性强、可非理性

图 9-4　社交媒体信息系统的五个组成部分

许多社交网络供应商使用 NoSQL 数据库管理系统来处理它们的数据，尽管它们也使用传统的关系数据库管理系统产品。Facebook 开始开发自己的内部数据库管理系统（Cassandra），但后来当它意识到维护它的费用和协议时，将其捐赠给了开源社区。除了定制应用程序和数据库，SM 提供商还投资于分析软件，以了解用户如何与它们的站点和应用程序软件交互。

数据

社交媒体数据分为两类：内容和连接。内容数据是用户提供的数据和对数据的响应。你为你的 Facebook 站点提供源内容数据，你的朋友在你的留言板上留言、评论、标记你或以其他方式在你的站点上发布内容时提供响应内容。

连接数据是关于关系的数据。例如，在 Facebook 上，你与朋友的关系就是连接数据。你喜欢特定企业的事实也是连接数据。连接数据将 SMIS 与网站应用程序区别开来。网站和社交网络站点都显示用户和响应者的内容，但是只有社交网络应用程序存储和处理连接数据。

社交媒体提供者代表用户存储和检索社交媒体数据。它们必须在出现网络和服务器故障时这样做，而且必须迅速这样做。这个问题稍微简单了一些，但那是由于社交媒体内容和连接数据的结构相对简单。

流程

对于社交网络用户来说，流程是非正式的、不断发展的、面向社会的。你做你朋友做的事。当你的社区成员学会了如何做一些新的和有趣的事情，你会模仿他们。社交媒体软件被设计的易于学习和使用。

这种非正式性使得使用 SMIS 很容易，但也意味着经常会出现意想不到的后果。最令人不安的例子涉及用户隐私。例如，许多人已经学会了不在评价所购买的商品时暴露隐私。

对于企业来说，社交网络的流程更加正式，并且与企业的战略相一致。企业制定了用于创建内容、管理用户响应、删除过时或令人反感的内容以及从内容中提取价值的流程。例如，建立一个 SMIS 来收集产品问题的数据是一种浪费，除非存在从社交网络数据中提取知识的程序。企业还需要制定管理社交媒体风险的程序，如问题 9-7 所述。

操作和维护社交媒体应用程序的流程超出了本书的范围。

人员

社交媒体用户根据他们的目标和个性做他们想做的事情。他们以某种方式行事，并观察其后果。他们可能会改变自己的行为，也可能不会。顺便说一下，社交媒体用户不一定是理性的，至少在纯粹的金钱方面不是。例如，弗农·史密斯（Vernon Smith）的研究表明，人们会放弃白给的钱，因为他们认为别人得到的更多[7]！

企业不能如此随意。任何利用他在公司的职位为一个企业说话的人都需要接受 SMIS 用户流程和该企业的社交网络政策的培训。我们将在问题 9-7 中讨论这些流程和政策。

社交媒体正在创造新的工作岗位、新的职责，以及对新型培训的需求。例如，怎样才能成为一个优秀的推特用户？是什么造就了一个有效的留言者？这样的工作应该雇佣什么样的人？他们应该接受什么样的教育？如何评估这些职位的候选人？如何找到这样的人？所有这些问题如今都在被提出和回答。

问题 9-2　SMIS 如何推进企业战略？

在第 2 章的图 2-1 中，你学习了信息系统与企业战略的关系。简而言之，战略决定价值链，价值链决定业务流程，业务流程决定了信息系统。就价值链决定结构化的业务流程而言，例如第 8 章中讨论的那些流程，这个链简单明了。然而，社交媒体本质上是动态的，它的流程不能被设计或制成图表，如果这么做，图表一完成，社交媒体流程就会改变。

因此，我们需要回溯一步，考虑价值链如何决定动态流程，从而设置 SMIS 需求。正如你将看到的，社交媒体从根本上改变了用户、他们的社区和企业之间的权力平衡。

图 9-5 总结了社交媒体对五个主要价值链活动和人力资源支持活动的贡献。思考该表的每一行。

活动	聚焦	动态过程	风险
销售和营销	对外	社交客户关系管理 点对点销售	信誉丧失 糟糕的公关
客户服务	面向客户	点对点支持	失控
进站物流	上游供应链供应商	解决问题	隐私
出站物流	下游供应链托运人	解决问题	隐私
制造和运营	对外用户设计 对内运营和制造	用户引导的设计 行业关系 运营效率	效率和有效性
人力资源	候选人工作 员工沟通	寻找潜在员工、员工招聘和评估 用于员工之间沟通的 SharePoint	错误 可信度丧失

图 9-5　价值链活动中的社交媒体

社交媒体与销售和营销活动

在过去，企业使用结构化的过程和相关的信息系统来控制它们与客户的关系。事实上，传统 CRM 的主要目的是管理客户接触。它确保企业用一个声音与客户交谈，并根据特定客户的价值控制客户获得的消息、报价甚至支持。在 1990 年，如果你想了解 IBM 的产品，你会联系当地的销售办公室，该办公室会将你归类为潜在客户，并使用该分类来控制文献、文档以及你与 IBM 人员的接触。

社交客户关系管理是一个动态的、基于 SM 的客户关系管理流程。企业和客户之间的关系出现在一个动态的流程中，双方都在创建和处理内容。除了传统的推广形式外，企业中的员工还可以创建维基、博客、讨论列表、常见问题、用户评论和评论网站以及其他动态内容。客户搜索这些内容、评论、提出更多问题、创建用户组等。通过社交客户关系管理，每个客户都可以建立自己与企业的关系。

社交客户关系管理与传统客户关系管理的结构化和受控流程截然不同。因为关系产生于联合活动，所以客户和企业拥有同样多的控制权。对于传统的销售经理来说，这种特点是非常讨厌的，因为他们希望通过结构化的流程来控制客户对企业及其产品的解读、看到和听到的内容。

此外，传统的客户关系管理以终身价值为中心，有可能产生最多业务的客户会得到最多的关注，并对企业产生最大的影响。然而，有了社交客户关系管理，那些只花了 10 美分但却是一位有效的评论家、评论员或博主的客户，会比那些一年购买 1000 万美元却从不为企业发声的客户更有影响力。这种不平衡是传统销售经理无法理解的。

然而，传统的销售经理乐于让忠实的客户使用点对点推荐来销售他们的产品。在亚马逊上快速浏览一下产品和它们的评论，就会发现客户愿意为他们喜欢或不喜欢的产品写长且深思熟虑的评论的频率有多高。亚马逊和其他在线零售商也允许读者对评论的帮助程度进行评级。这样，不合格的评论就会暴露在谨慎的人面前。

如今，许多企业正在努力从受控的、结构化的、传统的 CRM 流程过渡到完全开放的、自适应的、动态的社交 CRM 流程。对于那些对 IS、销售和社交媒体感兴趣的人来说，这场斗争代表了一个重要的工作机会。

社交媒体与客户服务

产品用户非常愿意互相帮助解决问题，他们甚至无偿这样做。事实上，付费会扭曲和破坏支持体验，因为客户之间会相互争斗。例如，SAP 认识到与其给予个人奖励，不如代表他们向慈善企业捐款来奖励 SAP 开发者网络。

毫不奇怪，那些业务战略涉及向开发人员网络销售或通过开发人员网络销售的企业是最早且最成功的基于 SM 的客户支持企业。除了 SAP，微软长期以来一直通过其合作伙伴网络进行销售。它的 MVP（最有价值的专业人士）计划是一个经典的例子，它以表扬和荣誉换取客户提供的客户帮助（http://mvp.support.microsoft.com）。当然，这些网络中的开发人员有参与的商业动机，因为这种活动有助于他们向所参与的社区销售服务。

然而，没有经济激励的用户也愿意帮助他人。例如，亚马逊支持一个名为 Vine 的程序，通过该程序，可以选择客户向买家社区提供预发布和新产品的评论[8]。你需要通过心理学知识来解释是什么驱使人们去争取这样的认可。MIS 只是提供了一个平台！

点对点支持的主要风险是失控。企业可能无法控制点对点内容。对其珍视的产品的负面评论和对竞争对手产品的推荐是很有可能的。我们在问题 9-7 中解决这些风险。

社交媒体与进出站物流

盈利能力取决于供应链效率的企业，长期以来一直使用信息系统来提高结构化供应链流程的有效性和效率。由于供应链紧密地集成到结构化的制造流程中，因此对动态、自适应流程的不可预测性的容忍度较低。解决问题是个例外，社交媒体可以用来提供大量的解决方案和快速评估。2011 年春天的日本地震给汽车供应链造成了严重破坏，当时日本主要制造商缺乏电力供应，在某些情况下甚至缺乏运营设施。社交媒体发布新闻，以减轻对放射性产品的恐惧，并解决不断变化的需求和问题。

社交媒体社区可以为复杂的供应链问题提供更好、更快的解决方案。社交媒体旨在促进用户网络之间的内容创造和反馈，这一特性促进了解决问题所需的迭代和反馈，如第 7 章所述。

然而，隐私的丧失是一个重大风险。解决问题需要公开讨论问题的定义、原因和解决方案的约束条件。由于供应商和托运人与许多公司合作，因此通过社交媒体解决供应链问题可能是在竞争对手面前解决问题。

社交媒体与制造和运营

制造和运营活动由结构化流程主导。社交媒体的灵活性和适应性如果应用到生产线或仓库，将导致混乱。然而，社交媒体确实在设计产品、发展供应商关系和提高运营效率方面发挥了作用。

众包是指利用用户参与产品设计或产品再设计的动态社交媒体流程。eBay 经常征求客户就他们的 eBay 体验提供反馈。正如其网站所说，"没有比我们的客户更好的顾问团队了。"用户引导设计已被用于制作视频游戏、鞋子和许多其他产品。社交媒体已广泛应用于企业对消费者（B2C）关系，以向最终用户推销产品。

现在，制造商开始利用社交媒体成为行业领导者，提高品牌知名度，并为零售商创造新的企业对企业（B2B）机会。制造商可以通过开设博客来使用社交媒体，该博客讨论最新的行业相关新闻、发布对专家的采访，以及对新产品创新的评论。他们还可以创建一个 YouTube 频道，用来发布产品评论、测试和工厂演练的视频。Facebook 和 Twitter 账户在宣传感人的消费者故事、发布新产品和关注竞争对手方面很有用。零售商将参与 SM 的制造商视为行业领导者。

运营部门可以使用社交媒体来改善企业内部和外部与消费者的沟通渠道。例如，像 Yammer 这样的企业社交网络服务可以为管理人员提供关于如何解决内部运营效率低下的实时反馈。在外部，零售商可以监控其公司 Twitter 账户，并对产品短缺或假日期间新产品需求激增做出回应。

社会媒体与人力资源

图 9-5 的最后一行是关于人力资源中社交媒体的使用情况。如前所述，社交媒体被用于寻找潜在员工、招聘候选人，在一些企业中也用于候选人评估。

企业利用 LinkedIn 等社交媒体网站以更低的成本更快地招聘到最好的人才。招聘人员每月只需支付约 900 美元，就可以在 4.33 亿 LinkedIn 会员中找到完美的候选人[9]。每月 900 美元对你来说可能听起来很多，但对企业客户来说，这是微不足道的。招聘一名新员工的成本约为 5000 美元[10]。如果涉及一家独立的招聘企业，成本可能高达新员工工资的 10%。LinkedIn 还为雇主提供了接触被动求职者的渠道，这些人可能不是在找工作，但非常适合某个特定职位。一旦员工被聘用，雇主就可以利用新员工的社交网络雇佣更多像他一样的候选人。

社交招聘公司 Jobvite 报告称，96% 的受访招聘人员在招聘过程中使用了社交媒体。此外，63% 的招聘人员报告称，他们积极看待社交媒体网站上分享的志愿者或社会参与工作的细节。然而，48%的受访者对拼写错误或语法错误的帖子持负面看法。他们还对饮酒（35%）和吸食大麻（61%）的帖子持负面看法[11]。

社交媒体也用于员工沟通，使用内部人员网站，如 MySite 和 MyProfile 在 SharePoint 或其他类似的企业系统。SharePoint 为员工提供了一个以"问我"的形式发布他们的专业知识的地方。当员工在寻找内部专家时，他们可以在 SharePoint 上搜索已经发布了所需专业知识的人员。与早期的 SharePoint 版本相比，SharePoint 2016 极大地扩展了对社交媒体的支持。

在人力资源领域，社交媒体的第一个风险在于，在使用 Facebook 等网站对员工做出判断时可能会出现错误。第二个风险是社交媒体网站变得过于守势，或者明显在传播不受欢迎的管理信息。

通过图 9-5 了解企业可以通过 SMIS 支持的动态流程来实现其战略的一般框架。现在，我们将从经济角度探讨 SMIS 的价值和用途。

问题 9-3　SMIS 如何增加社会资本？

商业文献定义了三种类型的资本。卡尔·马克思（Karl Marx）将资本定义为为未来利润而对资源的投资。这个传统定义指的是对工厂、机器、制造设备等资源的投资。人力资本是对人类知识和技能的投资，以获得未来的利润。通过上这门课，你正在投资自己的人力资本。你正在投资你的金钱和时间来获得知识，你希望这些知识能让你与其他员工区别开来，并最终让你在劳动力市场中获得工资溢价。

林南认为，社会资本是对社会关系的投资，并期望在市场上获得回报[12]。你可以在个人生活中看到社会资本的作用。当你帮别人找工作、给朋友安排约会，或者把朋友介绍给名人时，你的社会关系就会加强。如果你不断地不劳而获、拒绝帮助、不花时间和朋友在一起，那么就会削弱你的社会关系的力量。

在你的职业生涯中，当你参加一个以结识他人和加强关系为目的的商业活动时，你是在投资你的社会资本。类似地，你可以通过在 LinkedIn 上推荐或支持某人、在 Facebook 上点赞、转发一条推文，或者在 Instagram 上评论一张照片来使用社交媒体以增加你的社交资本。

社会资本的价值是什么？

林南认为，社会资本有四种增值方式：
- 信息
- 影响
- 社会凭证
- 个人强化

首先，社交网络中的关系可以提供关于机会、选择、问题，以及其他对商业专业人士很重要的因素的信息。在个人层面上，这可能是一个朋友告诉你一个新的工作启事，或者是向你推荐最好的商业法老师。作为一个商务人士，这可能是一个朋友向你介绍一个潜在的新供应商，或者让你知道一个新的销售领域的开放。

其次，人际关系为你提供了一个影响雇主或其他企业中对你的成功至关重要的决策者的机会。这种影响跨越正式的企业结构，如报告关系。

此外，与备受尊敬的人脉网络联系是一种社会凭证。你可以沐浴在与你有关系的人的荣耀中。如果其他人相信重要的人会站在你这边，并可能会提供资源来支持你，他们就会更倾向于与你合作。

最后，融入社交网络可以塑造专业人士的形象，提升自己在企业或行业中的地位。它强化了你向外界（和自己）定义自己的方式。例如，与银行家、理财规划师和投资者成为朋友可以加强你作为金融专业人士的身份认同。

如前所述，社交网络是具有共同兴趣的个人之间的社会关系网络。每个社交网络的价值都不同。你和高中朋友的社交网络可能不如你和商业伙伴的社交网络有价值，但不一定是这样。根据汉克·弗莱（Henk Flap）的观点，社会资本的价值是由一个社交网络中关系的数量、这些关系的强度以及这些关系所控制的资源所决定的[13]。如果你的高中朋友碰巧是马克·扎克伯格（Mark Zuckerberg）或卡梅伦（Cameron）和泰勒·文克莱沃斯（Tyler Winklevoss），并且你通过高中的社交网络与他们保持着密切的关系，那么这个社交网络的价值就远远超过你在工作中所拥有的。然而，对我们大多数人来说，我们目前的职业人脉网络提供了最大的社会资本。

说到社会资本，你可能会发现一个特别有用的工具是 Klout.com。该网站搜索 Facebook、Twitter 和其他网站上的社交媒体活动，并创建所谓的 Klout 评分，这是衡量个人社会资本的一种方法。Klout 分数从 0 到 100 不等，别人对你的内容回应越多，你的分数就越高。同样，那些很少回复的人的回复比那些经常回复的人的回复更有价值[14]。

社交网络如何为企业增加价值？

企业和人类一样也有社会资本。历史上，企业通过销售人员、客户支持和公共关系来创造社会资本。知名人士的代言是增加社会资本的一种传统方式，但那些地方也有风险。

今天，进步企业在 Facebook、LinkedIn、Twitter，以及可能的其他网站上都有存在感。它们在其网站上包含到其社交网络存在的链接，并使客户和感兴趣的各方很容易发表评论。

要理解社交网络如何为企业增加价值，需要考虑社会资本的每一个要素：关系的数量、关系的强度以及"朋友"控制的资源。

那又怎样——提升高尔夫球迷的体验

如果你曾经在周六的下午去过旧货甩卖现场，你就会知道这是一种相当不错的体验。寻宝者会来这里看看他们是否能找到价钱合适的二手物品。电子产品是一种常见的商品，因为技术变化太快了，它们的价值下降得也同样快。

值得思考的是，技术的变化如何改变了我们消费娱乐的方式。例如，电视在过去几十年里的进步一直是基于设备质量和功能的进化。就在不久以前，你的祖父母还在手动调频观看一组非常有限的黑白频道。20 世纪 60 年代，彩色电视广播成为常态。20 世纪 90 年代，数字电视出现。21 世纪初，高清电视被大众接受。

我们今天看到的图像清晰度比以前的电视好多了，并且内容也有所改善。例如，在 21 世纪初，高清电视的广泛采用改变了体育迷们观看他们喜欢的球队的方式。1998 年进行的一项调查显示，54% 的受访者宁愿去现场观看比赛，也不愿在家观看，而在 2011 年，这一数字下降到 29%[15]。数据分析方面的创新将进一步改变体育比赛的观看方式。

大数据，在球座上

例如，随着新型数据分析和社交媒体功能融入广播，在电视上看高尔夫球有可能发生革命性的变化。高尔夫是一项极难转播的运动，因为高尔夫球手以小组形式进行比赛，而且分散在球场上。大多数镜头都是在实际拍摄几分钟后回放的。因此，为一项本质上脱节的运动保持引人入胜的观看体验是非常具有挑战性的。

美国职业高尔夫球协会（PGA）已经开始提供数据可视化、高级统计数据、实时更新和赛事直播，以改善观看体验[16]。例如，球迷现在可以比较不同球员的推杆和发球数据。他们还可以实时跟踪球场上的球员，并查看社交媒体上关于每个小组在球场上发生的活动的帖子。专门的应用程序也正在开发中，它将允许球迷跟踪每个球员在每个洞获得特定结果（如小鸟球、标准杆或柏忌）的概率[17]。

但这些新应用都是有代价的。必须安装新的基础设施（Wi-Fi接入点和跟踪信标）、必须开发软件、必须付钱给维护基础设施和保持社交媒体帖子更新的人员。这样做的好处是观看体验和互动性都有所提高。

体育分析的胜利

高尔夫球并不是唯一一项在比赛中添加传感器和实时数据分析的运动。美国国家橄榄球联盟（NFL）最近与一家专门使用射频识别（RFID）标签来跟踪物体运动的公司合作。该公司将RFID标签嵌入到NFL球员的衬垫中，然后使用它们来高精度地测量球员在场上的运动。这些标签配备了微小的天线，每秒向位于体育场各处的接收器发送12次信标[18]。接收单元能够通过对这个信号进行三角测量来确定每个运动员的位置。

球员的运动速度、加速度和路线等参数可以被数字化、被存储，还可以用于提升球迷对比赛的参与度。教练可以在未来使用这些数据来支持决策（例如，通过跟踪数据来识别哪些球员过度疲劳）。当在电视上观看体育比赛的体验不断改善时，即使是最忠实的球迷，也会很快失去现场观赛的意愿。

问题

1. 体育并不是唯一受益于科技进步的电视节目类型。想想其他类型的编程在硬件、软件、移动设备和大数据方面的创新中发生了怎样的变化。
2. 高尔夫和足球就是两个努力将数据分析融入赛事转播的例子。其他体育项目如何利用数据分析来提升观赛体验？
3. 体育分析显然可以帮助教练做出决策。获得此类分析将如何帮助现役运动员？
4. 你认为在电视上观看体育比赛的模式中，下一个伟大的创新将是什么？它是基于硬件、软件、数据还是其他因素的进步？

利用社交网络增加人际关系的数量

在传统的商业关系中，客户（你）对某项业务有一定的经验，比如餐馆或度假村。你可以通过你的社交网络口头表达你对这段经历的看法。如果你是社交网络中的影响者，你的观点可能会迫使别人改变行为和信仰。

然而，这样的交流是不可靠和简短的。如果你的经历特别丰富或特别糟糕，你更有可能对你的朋友诉说。但是即使这样，你可能也只是对那些你遇到的朋友讲述。你的话并不会被记住。

然而，如果你可以使用社交媒体通过文字、图片和视频即时向你的社交网络中的每个人传达你的经历呢？例如，假设一个婚礼摄影师使用社交媒体来推广她的业务，要求最近的客户（用户1）"喜欢"她的Facebook页面和发布在那里的婚纱照（见图9-6）。她还在Facebook上给客户照片中的人贴上标签，甚至可能要求客户在推特上分享她的经历。

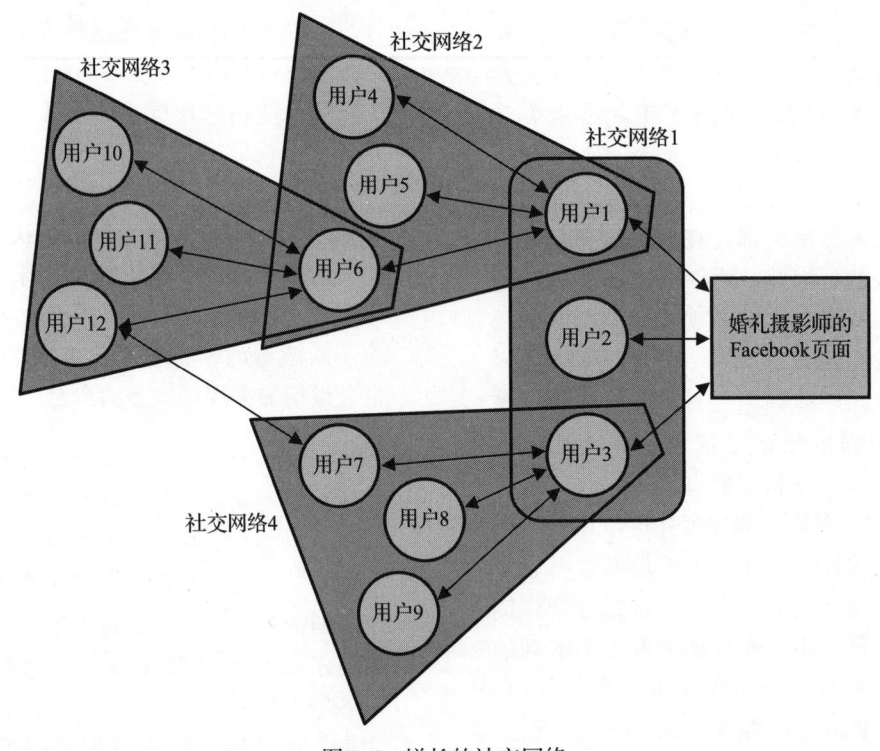

图9-6 增长的社交网络

客户端社交网络中的所有人（用户4～6）都可以看到点赞、标签和推文。如果用户6喜欢这些图片，用户10～12可能会看到这些图片。这些用户中有可能有人正在寻找婚礼摄影师。通过社交媒体，这位摄影师扩大了自己的社交网络，并吸引到她原本无法接触到的潜在客户。她还利用社交媒体加强了与客户的关系。根据这些关系的数量、强度和价值，她在这些网络中的社会资本可能会大幅增加。

几个世纪以来，这种关系销售一直通过口口相传进行。这里的不同之处在于，SMIS允许这种关系扩展到过去不可能达到的水平。事实上，如果客户是拥有数十万粉丝的名人，我们示例中的摄影师甚至可能会考虑付钱给客户以获得拍摄婚纱照的机会。通过这种方式，社交媒体可以让用户将社会资本转化为金融资本。一些名人仅发一条140字的推文就能拿到3万多美元[19]！

所以，当你出于职业目的构建社交网络时，请考虑以上这三个因素（社会网络中关系的数量、这些关系的强度以及这些关系所控制的资源）。你可以通过增加自己朋友的数量以及强化和现有朋友的关系来提升自身的社会资本。此外，结识那些控制着对你而言重要资源的朋友并强化与他们的关系可以让你更好地提升社会资本。在日常生活中，这些"算计"可能略显冷酷，但是当你出于职业目的构建社交网络时，请牢记这些建议。

利用社交网络增强人际关系的强度

对一个企业来说，关系的强度是关系中的另一个实体（个人或其他企业）做一些有利于企业的事情的可能性。如果你写一些正面的评论、发布你使用该企业产品或服务的照片、在推特上预告即将发布的产品等，那么该企业可能与你有很强的关系。

在前面的例子中，摄影师要求客户为她的Facebook页面和婚纱照点赞。对于摄影师来说，客户在她的社交网络中拥有的朋友数量很重要，但同样重要的是关系的强度。客户的朋友会喜欢摄影师的页面和照片吗？他们会转发客户的故事吗？如果客户的朋友都不喜欢摄影师的页面和照片，那么这种关系的强度就很弱。如果客户的所有朋友都喜欢摄影师的页面和照片，那么客户社交网络中的关系强度就很强。

本杰明·富兰克林（Beniamin Franklin）在他的自传中提出了一个关键的见解。他说，如果你想加强与当权者的关系，就请他帮你一个忙。在富兰克林发明公共图书馆之前，他会请有权势的陌生人借给他昂贵的书籍。同样地，企业已经知道他们可以通过请你帮他们的忙来加强与你的关系。当你提供帮助时，便加强了你与企业的关系。

传统资本会贬值。例如机器磨损、工厂老化、技术和计算机过时等。社会资本也会贬值吗？人际关系会因为使用而被消耗吗？到目前为止，答案似乎既是肯定的，又是否定的。

显然，你能向当权者请求的帮助是有限的。而且，企业可以让你评论产品、发布图片或为你的朋友提供联系的次数是有限的。在某些时候，这种关系会因为过度使用而恶化。所以，上述问题的答案是肯定的，社会资本是可以被消耗的。

然而，频繁的互动可以加强人际关系，从而增加社会资本。你与一家企业的互动越多，你的承诺和忠诚度就越强。但只有当双方都认为保持这种关系有价值时，才会出现持续频繁的互动。因此，在某些时候，企业必须为你提供激励，让你继续为它做事。

所以，社会资本是可以被消耗的，但也可以通过在互动中添加一些有价值的东西来获得。如果一个企业可以诱导其关系中的人提供更大的影响力，那么它就加强了这些关系。而且，随着时间的推移，维持一段成功的关系会大大增强关系的强度。

利用社交网络与拥有更多资源的人建立联系

社会资本价值的第三个衡量标准是关系中的人所控制的资源的价值。因此，一个企业的社会资本在一定程度上是与其相关的那些人的社会资本的功能。最明显的衡量标准是人际关系的数量。拥有1000个Twitter忠实粉丝的人通常比拥有10个忠实粉丝的人更有价值。但计算比这更微妙。例如，如果这1000名关注者是大学生，而该企业的产品是成人纸尿裤，那么这种关系对被关注者的价值就很低。对企业来说，与10个在养老院的Twitter粉丝建立联系会更有价值。

为了说明这一点，图9-7显示了YouTube频道的年收入、订阅者数量和年观看量的排名[20]。请注意，年收入最高的频道（DanTDM）并没有最多的订阅者（PewDiePie）或最多的年浏览量（t 系列）。DanTDM 频道的观众控制的资源（即金钱）被付费广告商高度重视，尽管它的年播放量仅排名第 24 位、订阅者数量仅排名第 50 位。

最高收入		
排名	频道名称	年收入（百万）
1	Daniel Middleton (DanTDM)	$16.5
2	Evan Fong (VanossGaming)	$15.5
3	Dude Perfect	$14.0
4	Logan Paul	$12.5
5	Mark Fischbach (Markiplier)	$12.5

最高访问		
排名	频道名称	年观看量（十亿）
1	T-Series	39.5
2	WWE	23.4
3	Ryan ToysReview	22.3
4	netd muzik	21.7
5	SET India	19.0

最高订阅		
排名	频道名称	订阅者数量（百万）
1	Felix Kjellberg (PewDiePie)	63.3
2	T-Series	48.6
3	Justin Bieber	39.4
4	Canal KondZilla	34.7
5	JustinBieberVEVO	34.5

图 9-7　YouTube 头部频道

尽管没有计算社会资本的公式，但这三个因素似乎更像是乘法而不是加法。换句话说，社会资本的价值更多地表现为：

社会资本 = 关系数量 × 关系强度 × 实体资源

而不是：

社会资本 = 关系数量 + 关系强度 + 实体资源

再次强调，不要从字面上理解这些方程，而是从这三个因素的乘法相互作用的意义来看待它们。

社会资本的这种倍增性质意味着，与资源匮乏的人建立一个庞大的关系网络可能不如与拥有大量资源的人建立一个较小的关系网络有价值。此外，这些资源必须与企业相关。例如，只有一点零花钱的学生与必胜客相关，他们与宝马经销商无关。

这个讨论将我们带到了社交网络实践的边缘。如今，大多数企业都忽视了实体资产的价值，只是试图与更有关系的人建立联系。这个领域的创新时机已经成熟。像 ChoicePoint 和 Acxiom 这样的数据聚合器保存着全球范围内人们的详细数据。信息系统似乎可以利用这些数据来计算与特定个人的关系的潜在价值。这种可能性将使企业更好地理解其社交网络的价值，并指导他们针对特定个人的行为。

问题 9-4　企业如何从社交媒体中获得收入？

拥有庞大的社交网络和牢固的人际关系可能还不够。例如，Facebook 拥有超过 21 亿活跃用户，产生了超过 1.13 万亿个"赞"。YouTube 拥有超过 16 亿的活跃用户，每天观看超过 50 亿个视频[21]。这两家公司都拥有大量活跃用户，唯一的问题是他们是免费的。数十亿的任何东西乘以零都是零。如果 Facebook 和 YouTube 都不能从这些用户身上赚到一分钱，那么这些用户真的重要吗？

作为一名商科学生，你知道没有什么是免费的。处理时间、数据通信和数据存储可能很便宜，但仍然需要付出一些成本。谁来为硬件买单？Facebook、Twitter 和 LinkedIn 等社交媒体公司也需要花钱雇人来开发、实施和管理 SMIS。网络内容从何而来？《财富》杂志为其免费提供的内容向作者付费。谁给这些作者付钱？从何处获得收入？

你就是产品

社交媒体已经演变成这样一种方式，即用户希望不用付费就能使用社交媒体应用程序。社交媒体企业希望迅速建立庞大的用户网络，但为了吸引用户，它们不得不提供免费产品。接下来的难题就是如何从它们的应用程序、服务或内容中赚钱。

答案是让用户成为产品。乍听起来可能有些奇怪，因为你不会想把自己当成一件产品。但是试着从企业的角度来看。当一家企业投放广告时，本质上是在付费将广告投放到用户面前。在某种程度上，它是把你的眼球短期出租给广告商。Google 通过使用用户的搜索关键词、访问网站和"扫描"他们的电子邮件，在他们面前投放有针对性的广告。从本质上讲，用户就是卖给广告商的产品。正如一句老话所说："如果你不付钱，你就是产品。"

社交媒体的收益模式

社交媒体企业最常见的两种创收方式是广告和付费服务。例如，在 Facebook 上，创建一个企业页面是免费的，但 Facebook 向那些"喜欢"该页面的社区做广告是收费的。

广告

大多数社交媒体企业通过广告获得收入。Facebook 2018 年第一季度盈利的 98%（11.8 亿美元）来自广告[22]。Twitter 第一季度 6.65 亿美元的收入中，约 86% 也来自广告[23]。社交媒体上的广告可以采用付费搜索、展示或横幅广告、移动广告、分类广告或数字视频广告的形式。

Google 在通过搜索获取数字广告收入方面遥遥领先，Gmail 紧随其后，其次是 YouTube。如果有人正在搜索奥迪 A5 敞篷车的信息，那么这个人可能会对当地奥迪、宝马和梅赛德斯经销商的广告感兴趣。或者如果有人在 YouTube 上看足球比赛，也许他喜欢足球。虽然不难想象，但 Google 是第一个将这一概念转化为可观收入来源的公司。其他科技公司也纷纷效仿。

广告商喜欢数字广告，因为与报纸等传统媒体不同，用户可以通过点击直接响应网络广告。在《华尔街日报》的印刷版上刊登一则广告，你不知道谁会对这则广告做出反应，也不知道反应有多强烈。但是，如果在报纸的网络版上投放同一产品的广告，那么你很快就能知道点击广告的观众比例，以及他们下一步采取的行动。这种认识导致了按点击付费的收入模式，在这种模式下，广告商向潜在客户免费展示广告，并且只有当客户点击时才付费。

另一种增加广告收入的方法是通过用户贡献来增加网站价值。"使用增加价值"的意思是，使用一个网站的人越多，它的价值就越高，就会有更多的人访问。此外，一个网站的价值越高，就会有越多的现有用户回访。这种现象引导了用户评论和写博客，并在几年内引导着社交媒体。如果你能让人们把他们的实践社区连接到一个网站上，你就会获得更多的用户，他们会增加更多的价值，现有用户会更频繁地回访，而且，综合考虑，广告点击量就会越多。

免费增值

免费增值模式为用户免费提供基本服务，然后对升级或高级功能收取额外费用。LinkedIn 的部分收入来自出售其标准软件即服务（SaaS）产品的升级版。截至 2018 年 5 月，普通用户可以免费访问 LinkedIn，个人升级的价格从每月 29 美元到 99 美元不等，并提供高级搜索功能、更高的用户资料可见性，以及直接发送电子邮件信息给 LinkedIn 网络外的用户。想要使用 LinkedIn 进行招聘的企业可以每月花费 120 到 1200 美元购买一个 Recruiter Corporate 账户。LinkedIn 的收入有 17% 来自付费订阅、65% 来自在线招聘、18% 来自广告[24]。

通过多样化收入来源，LinkedIn 减少了对波动广告收入的依赖，并减轻了广告拦截软件的负面影响。PageFair 的一份报告显示，11% 的网民使用广告拦截软件来过滤广告内容，他们很少看到互联网广告[25]。并且广告拦截软件的使用在过去一年中增长了 30%。如果广告拦截软件的使用变得普遍，那么完全依赖广告收入的社交媒体公司的股价可能会暴跌。

社交媒体网站的其他创收方式包括销售应用程序和虚拟商品、会员佣金和捐款。2018 年 4 月，免费游戏《堡垒之夜》的虚拟商品销售额为 2.96 亿美元。2017 年，维基百科获得了约 8750 万美元的捐款[26]。有趣的是，一些社交媒体公司（如 Pinterest）根本没有产生任何收入。他们现在只专注于建立一个庞大的用户网络，然后再想办法赚钱。

社交媒体是使用增值的终极体现。实践社区越多，人就越多，人们就会有更多的动力一次又一次地回访。所以，除了从个人计算机到移动设备的转变，社交媒体似乎是下一个巨大的收入来源。

移动设备的出现会减少在线广告收入吗？

广告点击营收模式成功出现在个人计算机上，它们有足够的广告空间。然而，随着用户从 PC 转向移动设备，特别是小屏幕智能手机，广告空间会减少很多。这是否意味着广告收入会减少？

表面上看，是的。根据 eMarketer 的数据，2018 年移动广告支出将增长 20% 以上，达到 700 亿美元，占数字广告总支出的 75%[27]。如图 9-8 所示，到 2021 年，移动广告支出将达到 1020 亿美元，占数字广告总支出的 80%。然而，移动设备数量的增长远远超过个人计算机的增长。2016 年，全球移动数据流量增长 63%，全球移动设备数量超过 80 亿台。因此，尽管移动设备的每台设备收益可能低于个人计算机，但移动设备的绝对数量可能会抵消收益的差异。

此外，设备的数量并不是全部。根据 Marin Software 的数据，智能手机的平均点击率为 2.18%，而个人计算机的平均点击率为 1.86%[28]。因此，移动用户更频繁地点击广告，从而产生更多收入。Facebook 的情况尤其如此。在 2018 年第一季度，95% 的 Facebook 用户通过移动设备访问，其广告总收入的 91% 来自移动广告[29]。

然而，点击量也不是最终的结果。由于广告在移动设备上所占的空间比在个人计算机上大得多，许多移动点击可能是偶然的。转化率衡量的是点击广告的人购买、"喜欢"一个网站或采取广告商期望的其他行动的频率。根据 Monetate 的数据，个人计算机的转化率（3.77%）高于平板计算机（3.40%）和智能手机（1.53%）。所以，平均而言，个人计算机广告点击比手机广告点击更有效[30]。

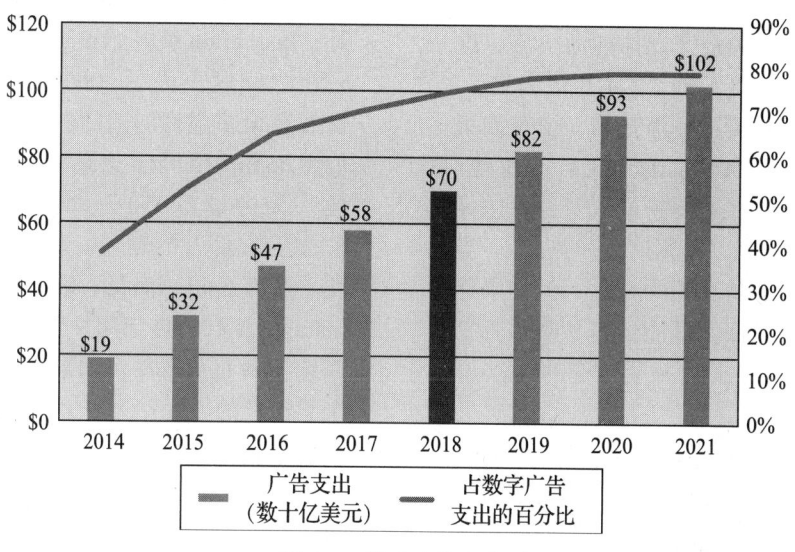

图 9-8 移动广告支出

点击流数据很容易收集，正如我们所看到的，对它的分析很普遍。例如，可以根据移动设备类型来衡量点击率和转化率。根据 Moovweb 的数据，iOS 用户的转化率高于 Android 用户，分别为 1.04% 和 0.79%[31]。但是为什么呢？是设备的问题吗？是广告融入用户体验的方式吗？是用户吗？iOS 用户比 Android 用户更好奇吗？还是他们有更多的可支配收入？我们也不确定。

然而，从这些令人困惑的数据中我们可以得出的结论是，移动设备不太可能导致网络或社交媒体收入模式的消失。用户在那里，兴趣在那里，剩下的是一个设计问题：如何最好地配置移动体验以获得合法的点击和转换。计算机行业擅长解决设计问题，考虑到当前移动界面和 USX 的动态发展，iOS、Android 和 Windows 环境中活跃、有趣和引人注目的广告呈现方式指日可待。

地理围栏

移动性在向客户投放广告的能力上增加了一个不同的维度。当客户在企业办公场所时，企业可以使用地理围栏向客户投放广告。地理围栏是一种位置服务，它允许应用程序知道用户何时越过了虚拟围栏（特定位置），然后触发自动操作。

例如，假设用户进入一家咖啡店，她的手机自动连接到免费 Wi-Fi。她手机上的一个应用程序可以识别咖啡店的无线网络，并将店内广告推送到她的手机上，以获赠免费甜甜圈。她的手机也可以使用她的蜂窝网络来确定她的位置，她可以看到街上露天商场的鞋子正在打折。

地理围栏有可能对大量的人产生巨大的影响，因为美国 90% 以上的智能手机在技术上支持地理围栏。消费者喜欢它，因为他们在正确的时间得到了正确的优惠券；企业也喜欢它，因为它能让他们更准确地锁定潜在客户。

道德指南——人工好友

你刚刚被一家全国性的服装零售商聘为营销经理。你的老板已经明确表示，这个岗位的上一任被解雇是因为她无法通过企业的社交媒体活动引流。这是你梦寐以求的工作，你不想失去它。

你在网上读过一篇新闻，说有人买了一群机器人在 Instagram 上关注他。这可以立即增加你的粉丝数量，并向你的老板展示你正在取得真正的进步。当然，机器人不是真正的粉丝，但如果你的粉丝数量增加，可能更容易吸引真正的人类粉丝。人们喜欢受欢迎的人。

你做了一些搜索，找到了一个在线论坛，那里的用户正在吹嘘他们的机器人是多么真实。你甚至可以找到一些网站（点击农场），它们为 Facebook 的"喜欢"做广告。你决定花 100 美元看看会发生什么。在接下来的几周内你获得了 1.5 万名粉丝。还不错，你可以向你的老板展示真正的进步。好吧，也许不是"真正的"进步，但至少这是进步。

你开始查看新人工好友的资料，发现他们很容易识别。他们在名字栏里只放了一个词，但照片、名字和其他内容看起来非常可信。你还注意到，你已经开始吸引烦人的垃圾邮件账户，这些账户在评论中留下 URL 和折扣代码。虽然这另你心烦，但它有助于提高你的追随者数量，这可能意味着更多的真正的追随者。

然后是清洗。你的战役才打响几个月，Instagram 就开始删除机器人了。你一夜之间就失去了 2000 个粉丝，但你仍然有很多虚构的追随者。贾斯汀·比伯（Justin Bieber）遭遇的打击最严重，他一天内掉粉 350 万[32]。其他名人也失去了数百万的粉丝。你看了看新闻，几乎所有公司、演员、歌手、政治家和 Instagram 上的热门用户都失去了粉丝。你感觉到心灰意冷。如果你不是唯一一个买粉丝的人呢？

讨论问题

1. 考虑一下你决定用企业资金购买机器人追随者。
   a. 你的行为是否符合定言令式？
   b. 根据功利主义的观点，你的行为是道德的吗？
   c. 如果你的老板发现所有新的企业关注者和 Facebook 点赞都是假的，他会怎么说？
2. 考虑 Instagram 清除机器人账号的行动。
   a. Instagram 删除关注者是否道德？同时考虑定言令式和功利主义的观点。
   b. Instagram 允许任何机器人存在是否合乎道德？同时考虑定言令式和功利主义的观点。
3. Instagram 或任何其他社交媒体企业应该付出多大努力来消除机器人？
4. 假设一家社交媒体初创企业决定成为一家上市企业，它目前还没有盈利，月平均用户数量是评估企业价值的主要手段之一。
   a. 它是否有法律义务查明有多少用户

是机器人？
  b. 它是否有道德义务找出有多少用户是机器人？
  c. 投资者是否有办法确定有多少用户是机器人？怎么做？
5. 考虑一下广告公司或社交媒体公司的职位，他们向你的企业销售广告。
  a. 假设你的企业是根据显示给用户的广告数量和这些广告的点击量来收费的。广告公司是否有道德义务查明它出售的广告中有多少是被真人看到的，而不是被机器人看到的？
  b. 广告公司为你即将推出的新产品线向你推销"赞"。它告诉你，买赞就像为电视广告雇演员一样。你付钱让他们说喜欢你的产品。买卖"赞"是道德的吗？同时考虑定言令式和功利主义的观点。

问题 9-5　企业如何开发有效的 SMIS？

读到这里，你已经知道了什么是 SMIS、为什么它们很重要，以及它们是如何产生收益的。现在你需要知道如何开发一个有效的 SMIS，它在战略上与你企业的目标保持一致。在问题 9-2 中，你看到社交媒体可以用于使企业受益，但你是如何做到这一点呢？我们并不是在谈论将你的企业变成下一个 Facebook 的秘方。相反，图 9-9 所示的步骤将引导你完成制定有效使用现有社交媒体平台的实际计划的过程。

许多公司仍然不确定如何使用社交媒体。他们想要使用它，但他们不确定如何促进现有的竞争战略。回想第 2 章中波特的竞争战略模型（见图 2-5）。企业可以将战略重点放在成为成本领导者或将产品与竞争对手区分开来。然后，企业可以在整个行业中使用所选择的策略，或者专注于该行业中的特定部分。根据企业的战略以不同的方式使用不同的社交媒体平台。同样，关键是有预谋地使 SMIS 与企业的战略保持一致。

企业机构知道社交媒体很受欢迎，而且在战略上可能是有益的。社交媒体是一个相对较新的发展方向，有一系列令人眼花缭乱的企业、平台和服务，它也在不断变化。

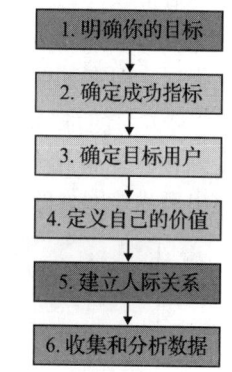

1. 明确你的目标
2. 确定成功指标
3. 确定目标用户
4. 定义自己的价值
5. 建立人际关系
6. 收集和分析数据

图 9-9　社交媒体计划发展

理解图 9-9 所示的开发过程很重要，因为你可能在未来的工作中成为"社交媒体专家"、可能会被要求帮助开发企业的 SMIS。为了成功，花几分钟考虑一下这个过程中的步骤。

第一步　明确你的目标

听起来可能是陈词滥调，但是开发 SMIS 的第一步是清楚地定义企业想要通过社交媒体实现什么。如前所述，你的目标必须明确、深思熟虑，并与企业的竞争战略保持一致。没有明确的目标，你就不知道你的社交媒体努力是否成功。

正如你在第 2 章中所学到的，每个企业的目标都是不同的。对于选择差异化战略的企业，社交媒体的目标可以包括更好的员工招聘、更快的产品开发、成为行业产品领导者或提高客户忠诚度。一般来说，大多数企业都将提高品牌知名度、转化率、网站流量或用户参与度作为目标。图 9-10 展示了常见的社交媒体战略目标。

目标	描述	例子
品牌知名度	用户对品牌的认可程度	推文中提到的企业的品牌
转化率	衡量某人采取预期行动的频率	点赞该企业的 Facebook 页面
网站流量	访问网站的数量、频率、持续时间和深度	Google+ 提到该企业网站的帖子的流量
用户参与度	用户与网站、应用程序或其他媒体互动的程度	用户定期评论该企业的 LinkedIn 帖子

图 9-10 常见的社交媒体战略目标

第二步 确定成功指标

在明确想要使用社交媒体完成什么之后，你需要确定指标来表明你何时实现了目标。它们被称为成功指标或关键绩效指标（KPI）。指标仅仅是用于跟踪性能的度量。每个企业都有不同的成功指标。例如，律师事务所可能会衡量计费小时数、医院可能会衡量看过的病人或执行的程序，而制造商可能会衡量生产的单位或运营效率。

确定成功指标的难点在于确定正确的指标。正确的指标可以帮助你做出更好的决策，错误的指标是没有意义的，不会对你的决策产生积极影响。例如，测量站点上的注册用户数量可能很有趣，但没有真正的意义。真正重要的是你的网站每个月的活跃用户数量。以 Twitter 为例，其每年有 7 亿活跃账户，但每月只有 3.3 亿活跃用户[33]。不能改善你的决策的指标通常被称为虚荣指标。

图 9-11 显示了图 9-10 中所述目标的可能成功指标示例。记住，在某些情况下你想要最大化指标，而在其他情况下你想要最小化指标。在这方面它与体育运动相似：有时你想要高分（篮球），有时你想要低分（高尔夫）。这取决于你测量的是什么。尽管你可能希望最大化一个指标，如转化率[34]或达到某种结果的用户的百分比，但你可能希望最小化其他指标，如跳出率或访问你的网站然后立即离开的用户的百分比。

目标	指标
品牌知名度	Twitter 粉丝总数、观众增长率、社交媒体中品牌提及率、Klout 或 Kred 得分
转化率	在你的社交媒体内容的点击率、协助社交转化
网站流量	访客频率、从社交媒体转介流量
用户参与	社交媒体互动数量、社交媒体内容重塑

图 9-11 常见的社交媒体指标

第三步 确定目标用户

创建有效的 SMIS 的下一步是清楚地确定目标用户。很可能它不会是每个人。例如，卡特彼勒公司试图利用社交媒体销售更多的 D11 推土机，那么它的目标用户可能不会包括很多青少年。企业不遗余力地确定他们的目标用户，因为这有助于他们集中精力进行营销工作。

一旦你确定了你的目标用户，你就需要找出他们所使用的社交媒体平台。特定的社交媒体平台吸引特定的用户。例如，Pinterest 超过 81% 的用户是女性[35]、Instagram 92% 的用户年龄在 49 岁以下[36]、LinkedIn 61% 的用户年龄在 30 岁以上[37]。你的目标用户将会影响你使用哪些社交媒体平台。

第四步 定义自己的价值

在确定了你的目标用户之后，你需要定义你能为用户提供的价值。为什么这些用户要听你的话、访问你的网站、喜欢你的帖子，或者发布关于你产品的推文？你是否提供新闻、娱乐、教育、员工招聘或信息？从本质上讲，你需要定义你要为你的用户提供什么，以换取他们与你建立联系。

购物是一个很好的比喻来解释你如何做到这一点。当你去购物时，你看到一些有价值的东西，你就用你的金融资本（金钱）与商家交换你所看重的东西。社交媒体也是如此。你的用户经常浏览有价值的东西，他们有社会资本可以消费。他们最终可能会在你的 Web 站点上花费金融资本，但最重要的是社会资本。你需要定义你将为用户提供什么来换取他们的社会资本。

以 LinkedIn 为例。它帮助用户找到工作、建立专业网络、加入特殊兴趣小组、介绍给潜在客户，并重新联系过去的同事。从企业的角度来看，LinkedIn 可以让招聘人员从大量的候选人中快速识别和联系潜在的员工。这既降低了招聘成本，又提高了新员工的质量。

如果你不确定你的企业该如何增加价值，可以先进行竞争分析，以确定竞争对手使用社交媒体的优势和劣势。看看他们做对了什么，做错了什么。

第五步 建立人际关系

只有当企业使用社交媒体与客户、员工和合作伙伴以更个性化、更人性化、更注重人际关系的方式进行互动时，社交媒体的真正价值才能实现。

根据最近的研究，年轻用户对企业信息更加怀疑，可能不再听信。CivicScience 的一项研究发现，在 18 岁至 29 岁的年轻消费者中，58% 的人受社交媒体聊天的影响比电视广告或互联网广告更大[38]。有趣的是，该研究还发现，在 55 岁以上的消费者中，只有 29% 的人认为社交媒体聊天比电视或互联网广告更有影响力。年轻消费者的这种怀疑是可以理解的，他们成长过程中有更多的信息来源，并对使用社交媒体感到自在。对企业信息的怀疑使企业能够通过社交媒体与用户建立个人联系，从而获得竞争优势。

今天，人们需要有依据的、有用的交互，帮助他们解决特定的问题并满足独特的需求。他们越来越忽视吹捧产品优势的预先包装好的企业信息。这需要你吸引观众、向他们提问，并回复他们的帖子。这也意味着你必须避免难卖的产品、避免让观众不知所措的内容、避免过于频繁地联系他们。

苹果商店的销售人员被训练成解决客户问题的顾问，而不是产品的卖家。一个企业对社交媒体的使用需要反映这种行为。否则，社交媒体只不过是经典广告的另一个渠道。

第六步 收集和分析数据

最后，在创建社交媒体战略时，你需要收集必要的适当数量的数据，以便做出最明智的决定。你可以使用 Google Analytics、Facebook Page Insights、Clicky 或 KISSmetrics 等在线分析工具来衡量你之前定义的成功指标。这些工具将向你显示统计信息，例如哪些推文获得了最多的关注、哪些帖子产生了最多的流量，以及哪个社交媒体平台产生了最多的推荐。

然后，你可以根据你的成功指标的表现来改进你对社交媒体的使用。一定要依靠硬数据的分析，而不是朋友的轶事。此外，请记住，社交媒体的格局正在迅速变化，今天的赢家可能是明天的输家。例如，MySpace 在 2007 年末是最大的社交媒体网站，估值 650 亿美元，但随后屈服于 Facebook 的成功，并于 2011 年以 3500 万美元的价格出售[39]。用户可能会从当前的社交媒体巨头 Facebook 转向一组更个性化的应用程序，如 Instagram、Twitter、Snapchat 和 WatsApp[40]。你对社交媒体的使用需要足够灵活，以适应时代的变化。

高级经理需要定期查看社交媒体如何影响企业的进展报告。他们还需要了解社交媒体格局的变化、留意社交媒体的成功案例并与高层管理人员交流。

问题 9-6　什么是企业社交网络？

ESN（Enterprise Social Network）是一种软件平台，它利用社交媒体来促进企业内人员的协同工作。它没有使用 Facebook 和 Twitter 等面向外部的社交媒体平台，而是使用专门设计用于企业内部的企业社交软件。这些应用程序可能包含传统社交媒体使用的相同功能，包括博客、微博、状态更新、图像和视频共享、个人网站和 Wiki。企业社交网络的主要目标是改善沟通、协作、知识共享、问题解决和决策制定。

企业 2.0

在 2006 年，Andrew McAfee 写了一篇关于动态用户生成内容系统（当时称为 Web 2.0）如何在企业环境中使用的文章。他把企业 2.0 描述为在公司内部使用新兴的社交软件平台[41]。换句话说，企业 2.0 这个术语指的是企业社交网络的使用。

McAfee 用首字母缩写 SLATES 定义了六个特征（见图 9-12）[42]。首先，员工希望能够在企业内部能像在网络上一样搜索内容。大多数工作人员发现，搜索比导航（如列表和内容表）更有效。其次，员工希望通过链接访问企业内容，就像他们在 Web 上做的那样。他们还希望使用博客、Wiki、讨论组、发布的演示文稿等来创作企业内容。

企业 2.0 要素	附注
搜索	搜索比导航更有效
链接	指向企业资源的链接（比如在 Web 上）
创作	通过博客、Wiki、讨论组、演示文稿等创作企业内容
标记	灵活的标记（如 Delicious）形成了企业内容的分众分类法
扩展	利用使用模式通过标记处理来提供企业内容（就像潘多拉一样）
提示	基于订阅和通知向用户推送企业内容

图 9-12　McAfee 的 SLATES 模型

根据 McAfee 的说法，ESN 的第四个特征是它们的内容被标记，就像网络上的内容一样，这些标记被组织成结构，就像 Delicious（www.delicious.com）这样的网站上所做的那样。这些结构像分类法一样组织标记，但与分类法不同的是，它们不是预先计划好的，而是随机出现的。换句话说，ESN 采用分众分类法或从许多用户标记的处理中产生的内容结构。第五，工作人员希望应用程序能够让他们对带标记的内容进行评级，并使用标记来预测他们会感兴趣的内容（就像潘多拉一样），McAfee 将这个过程称为扩展。最后，员工希望将相关内容推送给他们。或者用 McAfee 的术语来说，当企业内容中发生他们感兴趣的事情时，他们希望得到通知。

ESN 的潜在问题是其动态过程的质量。由于 ESN 的好处来自涌现，因此没有办法控制有效性或效率。这是一个无法预测的混乱过程。

交流方式的变化

1980 年以前，美国的沟通仅限于几种沟通渠道或传递信息的方式。当时仅有三家主要的全国电视网络和不超过六家主要的全国性报纸。消费者每天可以得知两次新闻：晨报和晚间新闻。少数人决定哪些事件能被披露。你只能得到你被告知的新闻内容。

企业内部的沟通同样受到限制。员工可以与他们的直属主管和附近的同事交流。大企业的职员很难与 CEO 私下会面，也很难与其他国家的同行进行交流。如果一个员工有一个好主意，只能通过他的领导传递给高级管理层。因此，领导把下属的想法据为己有是很常见的。

近几十年来，互联网、网站、社交网络、电子邮件、有线电视和智能手机从根本上改变了现有的沟通渠道。在社会层面，你可以从数百个不同的来源即时获得新闻。传统新闻机构一直在努力适应传统沟通渠道的变化。

企业内部的沟通渠道也发生了巨大的变化。员工可以使用 ESN 绕过经理，直接将想法发布给 CEO 审阅。他们还可以快速识别出内部主题专家，以解决不可预见的问题。此外，ESN 还支持与分散在全球各地的团队进行协作。

为了更好地理解 ESN 的潜在影响，让我们考虑一个示例。2012 年，Yammer（微软的子公司）进行了一个案例研究，分析了连锁餐厅 Red Robin 如何使用 ESN 来实现业务转行[43]。Red Robin 的 CIO 克里斯·拉平（Chris Laping）将 Yammer 推广给了 Red Robin 450 家餐厅的 2.6 万名员工，目的是让一线员工有发言权。这种努力带来的不仅仅是更强的员工敬业度。

例如，当 Red Robin 推出新的 Pig out Style Double Tavern Burger 时，顾客的反应令人失望。员工立即使用 Yammer 向管理层反馈如何修改 Pig Out 食谱。不到 4 个月，改进后的汉堡就上市了。在这里，使用 Yammer 来改善内部沟通使得企业的响应能力得到提高。其结果是将修改菜单所需的时间从 12～18 个月减少到仅 4 个月。

在另一个例子中，Red Robin 的 CFO 为最节约成本的想法提供了 1000 美元的员工奖金。获胜的想法是可重复使用的儿童杯子，它节省了数十万美元。拉平把节省的成本归功于 ESN，他说："我相信，如果我们没有社交网络，这个想法就永远不会出现[44]。"

部署成功的企业社交网络

企业中使用 ESN 还是个新鲜事，企业仍在学习如何成功地使用 ESN（顺便说一下，这为你创造了诱人的工作机会）。在部署 ESN 之前，企业应该制订一个战略计划，通过与外部社交媒体使用相同的流程在内部使用社交媒体。战略规划创建完成后，ESN 就可以实施。

部署新系统（包括 ESN）可能会有问题，因此企业的战略计划应该确保解决可能的挑战，包括员工抵制的可能性。员工会采用新系统吗？不是每个人都在个人生活中使用所有的社交媒体平台，那么他们为什么要在工作中使用它们呢？

为了确保 ESN 的成功实施，企业还可以遵循行业最佳实践，或在之前的实施中已被证明的行之有效的方法。在实施 ESN 的过程中，成功的企业需要经历四个阶段，其中的要素如图 9-13 所示。回想一下你第一次开始使用社交媒体时经历了什么。想想你的朋友在你决定开始使用社交媒体的过程中有多重要。拥有一个内部 ESN 的捍卫者同样重要。

	ESN 部署最佳实践
战略	1. 定义 ESN 如何支持企业现有的目标和目的。 2. 定义成功指标。 3. 将 ESN 战略传达给所有用户。 4. 传达企业范围内采用 ESN 的期望。
赞助	5. 确定执行发起人来推广 ESN。 6. 明确企业每个部门内部的 ESN 拥护者。 7. 鼓励拥护者招募用户。 8. 确定从 ESN 中受益最多的组。
支持	9. 为所有用户提供 ESN 的访问权。 10. 授权在 ESN 中使用的流程。 11. 为 ESN 的采用和使用提供激励措施。 12. 提供员工培训和 ESN 演示。
成功	13. 通过成功指标来衡量 ESN 的有效性。 14. 评估 ESN 对企业战略的支持程度。 15. 推广 ESN 成功案例。 16. 不断寻找更有效地使用 ESN 的方法。

图 9-13　ESN 实施最佳实践

问题 9-7　企业如何解决 SMIS 安全问题？

正如你所看到的，社交媒体彻底改变了企业沟通的方式。20 年前，大多数企业以最高程度的控制管理所有的公共和内部消息。每一次新闻发布会、新闻稿、公开采访、演讲，甚至学术论文都需要经过法务部门和市场部门的预先批准。批准可能需要数周或数月时间。

今天，进步企业彻底改变了这种模式。它们鼓励员工参与社区活动，并且大多数企业还鼓励参与社区的员工把自己和企业看作整体。然而，所有这些参与都伴随着风险。在这个问题中，我们将讨论社交媒体政策的必要性，考虑非员工用户生成内容的风险，以及员工使用社交媒体的风险。

管理员工沟通风险

任何企业应该采取的第一步是制定和宣传社交媒体政策，这是一份描述员工权利和责任的声明。你可以在今日社交媒体网站上找到 100 种不同政策的索引[45]。一般来说，越是技术性的企业，社会政策就越开放和宽松。也许令人惊讶的是，美国军方也热情地支持社交媒体，但出于保护机密数据的需要有所保留。

英特尔公司率先推出了开放和员工信任的社交媒体政策，随着企业在员工撰写的社交媒体方面获得更多经验，该政策还在继续发展。英特尔 2018 年政策的三大支柱是：

- 透明
- 保护
- 使用常识[46]

这些政策的进一步阐述如图 9-14 所示。访问 www.intel.com/content/www/us/zen/legal/in-socialmedia-guidelines.html 阅读英特尔的社交媒体指南全文。请务必仔细阅读，因为这些指南包含了大量的建议和无穷的智慧。

这个列表中有两个元素特别值得注意。首先是对透明度和真相的呼吁。正如一位经验丰富、睿智的商务人士曾经分享的那样，"没有什么比真相更有用了"。其次，社交媒体贡献者和他们的雇主应该公开和坦诚。如果你犯了错误，不要有意混淆。相反，你应该纠正错误、道歉并做出补偿。社交媒体的世界太开放、太广泛、太强大，无法愚弄。

2015 年，BBC 记者 Ahmen Khawaja 发布了一条推文，称"伊丽莎白女王去世了。"幸运的是，女王还活得好好的。两小时后，Khawaja 发推文称这只是一个"愚蠢的恶作剧"，但伤害已经造成。

避免此类错误的最佳方法是在用户的年度安全培训中加入社交媒体意识模块。社交媒体对许多用户来说仍然是新鲜事物。老实说，他们可能根本不知道有这样的政策存在。手机刚开始流行的时候，电影院里的手机总是响个不停。随着时间的推移，人们学会了在进入拥挤的剧院之前把手机调成静音。社会只是需要时间来追赶技术，培训是有帮助的。

图 9-14 英特尔的社交媒体参与规则

管理不适当内容的风险

与任何关系一样，评论可能是不恰当的、语气过于消极的，或者存在其他问题。在参与社交媒体之前，企业需要决定如何处理这些内容。这是通过指定一个人来负责正式的企业社交媒体交互，并通过创建一个流程来监控和管理社交媒体交互来实现的。这使得企业有一个清晰、协调和一致的信息。

简单地说，用户生成内容（UGC）就是你的社交媒体网站上由用户贡献的内容，是社交媒体关系的本质。以下是一些可能对企业产生负面影响的不当 UGC 的例子。

来自外部的问题

UGC 问题的主要来源有：

- 垃圾和疯狂的言论
- 不恰当的内容
- 不利的评论
- 叛乱运动

当一个企业参与社交网络或向 UGC 开放其网站时，它就会向那些被误导的人开放，他们会发布与网站目的无关的垃圾信息。疯狂的人也可能使用网络或 UGC 网站作为一种方式来表达对不相关话题的激进观念，比如 UFO、政府的内幕、荒诞的阴谋论等。由于存在此类内容的可能性，各企业应定期监控该网站，并立即删除令人反感的材料。监控可以由员工或 Bazaarvoice 等公司完成，这些公司不仅提供收集和管理评级和评论的服务，还可以监控网站上不相关的内容。

不利的评论是另一个风险。研究表明，消费者足够老练，他们知道很少有产品是完美的。大多数客户在购买之前都想知道产品的缺点，这样他们就可以确定自己能否忍受这些缺点。然而，如果每条评论都是差评，该产品被评为 1 星（满分 5 星），那么该公司就是在利用社交媒体发布其问题。在这种情况下，必须采取一些行动。

有时候，不恰当的社交媒体内容可能来自意想不到的地方。2016 年，微软在推特上发布了人工智能聊天机器人"Tay"。Tay 本应通过向用户学习来提高用户黏性。不幸的是，它在互动中学会了极端的种族主义和性别歧视。微软在 Tay 发布了一系列极具攻击性的推文后禁用了它[47]。

应对社交网络问题

管理社交网络风险的一部分是了解潜在问题的来源，并监控网站的问题内容。然而，一旦发现了这样的内容，企业就需要做出适当的回应。在这种情况下，有三种可能：

- 保留
- 回复
- 删除

如果有问题的内容是对企业产品或服务的合理批评，那么最好的回应可能是让它保留在原处。这样的批评表明，该网站不仅仅是企业的托儿，它也包含合法的用户内容。这样的批评也可以作为产品评论的免费来源，这对产品开发很有用。为了使批评有用，开发团队需要了解它，因此，如前所述，确保发现批评并与团队沟通的过程是必要的。

第二种选择是对有问题的内容做出回应。然而，这种选择是危险的。如果这种回应可以被理解为对内容贡献者的傲慢或侮辱，它可能会激怒社区并产生强烈的反响。此外，如果回应看起来是防御性的，它可能会成为一个负面的公关。

在大多数情况下，当有问题的内容导致企业采取积极行动时，最好保留回应。例如，假设一个用户发布了他被要求等待客服 45 分钟的消息。如果企业已经做了一些事情来减少等待时间，那么对批评的有效回复是承认此内容是对的，并且非防御性地说明已经做了哪些事情来减少等待时间。

如果一个合理的、非防御性的回应从同一来源产生了持续的、不合理的 UGC，那么企业最好什么都不做。不要和猪摔跤，你会弄脏自己，而猪会乐在其中。相反，你可以让社区约束用户。

对待不适当的评论（如包含淫秽或其他不适当的内容）应该予以删除，因为它们是由疯子贡献的，与网站无关，但删除合法的负面评论可能会导致用户强烈反感。

在社交媒体发展的早期，Nestlé 在其 Facebook 账户上对其使用棕榈油的批评做出回应，制造了一场公关噩梦。有人改变了 Nestlé 的标志，作为回应，Nestlé 决定删除所有使用这个标志的 Facebook 文章，这是一种傲慢、严厉的方式。结果在推特上暴发了一场负面的风暴[48]。

商业中一个合理的原则是，永远不要问你不想知道答案的问题。我们可以将这一原则扩展到社交网络：永远不要建立一个你无法有效回应的内容生成网站。

来自社交媒体的内部风险

社交媒体的日益普及也在企业内部产生了新的风险。这些风险包括对信息安全的威胁、企业责任的增加和员工生产力的降低。

首先，社交媒体的使用可以直接影响企业保护其信息资源的能力。例如，假设一位高级员工在推特上说："20 年前的今天在达拉斯结婚了"或"1984 年在中央高中的同学聚会太棒了"或"记得我去夏威夷的蜜月"。所有这些推文都为攻击者提供了密码重置问题的答案。一旦攻击者重置了用户的密码，他们就可以完全访问内部系统。因此，看似无害的评论可能会无意中泄露用于保护对企业资源访问的信息。不幸的是，告诉所有人今天是你的生日并不是一个好主意，因为你的出生日期（DOB）可能被用来窃取你的身份。

员工使用社交媒体时也会无意中（或有意地）泄露知识产权、新的营销活动、未来产品、潜在裁员、预算困境、产品缺陷或即将到来的合并等信息。除了信息泄露，员工可能还会安装未经授权的应用程序，它们通过绕过现有安全措施使用社交媒体传递内容。更糟糕的是，员工可能会在不太安全的社交媒体网站上使用公司密码。

其次，当员工使用社交媒体时，他们可能会无意中增加企业的责任。例如，假设一位同事经常在他的智能手机上查看含有可疑的与性内容有关的社交媒体内容，该企业可能会面临性骚扰诉讼。如果员工通过社交媒体泄露信息，其他企业可能会面临法律问题。学校、医疗保健提供商和金融机构都必须遵循特定的指导方针，以保护用户数据并避免违反法规。因此，在推特上发布关于学生、病人或客户账户的信息可能会导致法律后果。

最后，广泛使用社交媒体可能会威胁到员工的工作效率。发帖子、发推文、收藏、点赞、评论和推荐都需要时间，这是雇主们花钱却没有从中受益的时间。《福布斯》指出，64%的员工每天都会访问与工作无关的网站。对员工工作效率最不利的社交媒体网站有Tumblr（57%）、Facebook（52%）、Twitter（17%）、Instagram（11%）和Snapchat（4%）[49]。

从员工的角度来看，你可能认为生产力下降一点是可以接受的。但是想象一下你是雇主或经理（希望在未来你会做到该职位），当你的工资与员工的工作效率挂钩时，你是否介意你的员工每天都在用社交媒体找另一份工作，与朋友聊天或看度假照片吗？如果社交媒体被用于办公室间的八卦，导致人力资源问题、士气问题和可能的诉讼怎么办？聪明的管理者会明白，和任何技术一样，社交媒体有利有弊。

问题 9-8　2029 年将会怎样？

社交媒体遇到了困难。Facebook 创始人马克·扎克伯格被要求在美国国会就影响 8000 多万人的大规模数据泄露作证。事实证明，在 Facebook 实施更严格的数据限制之前，一名研究人员窃取了 Facebook 用户数据，然后将其卖给了一家分析公司。这种对用户隐私的侵犯导致了大量批评所有社交媒体的新闻文章。

在过去的十年里，社交媒体一直被视为一种有趣的东西，因为它可以以新的方式接触到客户。它以改变营销格局的新方式接触到客户，这使得社交媒体公司获得了慷慨的赞誉和巨大的市场估值。但这些公司如何赚钱一直是个问题。他们大多依靠出售用户数据来增加广告收入。人们普遍认为，如果用户免费获得这项服务，他们不会介意隐私的"小"损失。但如果他们真的介意呢？

到 2029 年，社交媒体的格局将与现在大不相同。社交媒体的蜜月期已经结束。隐私再次变得重要，青少年离开 Facebook[50] 和放弃社交媒体（或至少休息一下）正成为一件很酷的事情[51]。

在很多方面，社交媒体就像你的驾照。当你第一次拥有它时，它让驾驶变得有趣和刺激。但随着时间的推移，开车变得越来越实用，它变成了你从 A 点到 B 点必须做的事情。当社交媒体成为一种实用工具时会发生什么？当社交媒体公司的产品（你）决定离开时会发生什么？他们会卖谁的信息？

社交媒体领域仍有巨大的增长机会。企业开始在内部使用它（Enterprise 2.0）。企业 3.0 即将问世吗？具有创新移动设备 UX 的新型移动设备，加上基于云计算和动态虚拟化的动态和敏捷信息系统，确保了从现在到 2029 年将继续发生巨大的变化（见图 9-15）。

物联网设备的爆炸式增长为社交媒体开辟了全新的市场。例如，一个联网的健身追踪器现在可以将锻炼数据发送到云端，在那里它可以被用作与朋友友好竞赛的一部分。健身追踪器现在可以成为更大的社交互动的一部分。想象一下，当混合现实设备变得流行时，新型的社交互动将会出现。当你坐在办公桌前工作时，你可以坐在虚拟的大学课堂上，与朋友和 IM 同事一起玩在线游戏。

像哈佛、微软和星巴克这样的企业非常关注社交媒体，他们聘请了首席数字官（CDO），负责开发和管理创新的社交媒体项目[52]。

设想在 2029 年你作为管理者，你的团队有 10 个人，3 个人向你汇报，2 个人向其他经理汇报工作，另外 5 个人为其他公司工作。你的公司使用各种台式计算机、笔记本计算机、平板计算机、电话和虚拟设备。其中一些是由公司发的，但大多数是由员工带来的。所有这些设备都具有使员工和团队可以立即在博客、维基、视频和其他任何可用的方式中发布他们的想法的功能。

图 9-15　为社会化媒体重新设计企业

当然，你的员工在 Facebook、Twitter、LinkedIn、Foursquare 以及其他流行的社交网站上都有自己的账户，他们会定期为这些网站投稿。你是如何管理这个团队的？如果"管理"意味着计划、组织和控制，那么你如何在这个新兴的员工网络中完成这些功能呢？如果你和你的企业效仿像英特尔那样的精通技术的公司，你就会知道你不能关闭员工的社交媒体生活的大门，你也不想这样做。相反，你将利用员工和合作伙伴的社会行为的力量来推进你的战略。

那又怎样？也许我们可以从生物学中吸取教训。螃蟹有一个外骨骼，而后来出现在进化链中的鹿有内骨骼。当螃蟹长大时，它们必须经历一个费力且在生物学上昂贵的过程，即脱落一个小壳，并长出一个大壳。在转型过程中，它们很脆弱。当鹿长大时，内骨骼也随着鹿一起长大，不需要脆弱的蜕皮。考虑到敏捷性，你认为螃蟹会超过鹿吗？在 20 世纪 60 年代，企业相当于是员工周围的外骨骼。到 2029 年，企业将成为内骨骼，在外部支持人们的工作。

所有这一切对你来说意味着，"社交媒体＋物联网＋云"将在未来 10 年为你的非常规认知技能创造迷人的机会！

安全指南——社会工程与比特币

如果你经常关注晚间新闻，你就会很清楚安全漏洞成为头条新闻的频率。显然，由于企业、大学甚至政府企业都在遭受大量攻击，因此信息安全从业者正在进行一场艰苦的战斗。一个常见的误解是，企业面临的大部分安全威胁都是由外国政府资助的邪恶黑客或网络犯罪分子引入的。然而，普华永道进行的一项安全分析报告称，内部人士、第三方供应商和承包商构成了越来越严重的威胁[53]。简而言之，当今困扰企业的许多安全威胁都来自企业内部（或其合作伙伴网络）。

最薄弱的环节

这一趋势是由于人们相对容易被操纵和损害。黑客往往利用人们乐于助人的愿望，而不是利用硬件或软件的漏洞。这个概念通常被称为社会工程，或操纵个人访问安全系统、获取机密信息或违反安全系统完整性的过程。

虽然社会工程对企业信息安全构成了明显的威胁，但在人们感到压力并做出草率决定的其他情况下，它也可以非常有效。事实上，社会工程已经为疯狂的加密货币投资世界带来了许多新的威胁。

社会工程师一夜暴富

加密货币的世界发展迅速，随着比特币价值的飙升，它达到了成为主流的临界点。从金融大师、科技投资者到精明的高中生，各种类型的人都屈服于投机的一面，并试图从这一趋势中"快速致富"。然而，加密货币的世界是复杂的。由于其不成熟，因此实际上没有任何控制或监管机制来保护参与这个市场的人们。鉴于人们对加密货币的狂热兴趣，与购买、销售或挖掘相关的技术复杂性，以及缺乏任何形式的监督，它被社会工程师利用的时机已经成熟。

例如，一些骗子瞄准加密货币挖矿设备。加密货币挖矿是验证最近的加密货币交易，并将更新的"分类账"分发到与该加密货币网络相关的所有设备的过程。作为执行这一功能的回报，矿工可以收到以该加密货币支付的交易价值的一定百分比。

但挖矿需要一个极其强大的系统或系统的网格，这对于个人来说可能是不可行的。社会工程师已经开始欺骗人们投资不存在的挖矿设备，说服受害者贡献他们系统的空闲计算能力来挖加密货币，但从未对他们的贡献付费，并邀请潜在的矿工购买欺骗性的硬件（不像宣传得那么强大）用于挖矿[54]。

另一个加密货币骗局目前涉及向人们出售实际上并不存在的加密货币。比特币当然是最引人注目的加密货币市场，但已经有一系列的首次代币发行（ICO），其中引入了新货币。事实上，在2018年第一季度，有101个ICO[55]。此外，自2017年比特币的价值大幅上涨以来，已经有超过300个ICO[56]。

在所有这些活动中，跟踪和验证哪些货币是合法的，哪些货币具有任何类型的投资价值是极其困难的。市场如此不透明，以至于甚至一些金融机构也被骗了[57]。参与加密货币淘金热的最佳方式是使用适用于一般金融交易的最佳实践。始终运用常识、核实参与交易的各方、避免听起来好得令人难以置信的投资机会，并在有疑问时，毫不犹豫地做更多的调查[58]！

讨论问题

1. 为什么内部人员对内部安全系统的威胁可能比外部攻击者更大？内部人士怎么会是薄弱环节呢？
2. 什么是社会工程？攻击者如何利用社会工程来破坏一个安全的内部系统？
3. 什么是加密货币挖矿？它是如何赚钱的？
4. 攻击者如何利用社会工程来欺骗用户挖矿？

职业指南

姓名：亚当·扬（Adam Young）
公司：RC Willey
职称：社交媒体/在线声誉经理
教育经历：犹他大学

1. 你是怎么得到这份工作的？

我开始在RC Willey的市场营销部工作时，我还在犹他大学读书。当RC Willey决定向这个方向发展时，我开始利用社交媒体和其他在线营销机会。我努力工作，尽我所能让我周围的人成功。这些人认可我为公司成功所付出的努力，我的付出得到了回报。

2. 这个领域吸引你的是什么？

当我在攻读学位并努力工作以支付学费时，我自然而然地掌握了一些营销和技术方面的技能。在寻找职业机会的过程中，我发现技术一直都很重要，而且在不断发展。我一直喜欢新的挑战，这看起来是一个很好的起点。

3. 你的日常工作是怎么样的？

每天我都要看前一天的报告。我还创建新的报告来帮助我了解日常趋势。我使用我的营销工具来回应正面和负面的反馈和评论，并与管理层合作解决任何问题。我为各种社交媒体平台创建内容，并计划发布。我也参加市场部的会议。

4. 你最喜欢工作的哪一点？

这份工作最大的好处之一就是我可以帮助别人，并不是每个人都对他们目前的状况感到满意，我可以伸出援手，尽我所能去帮助这些人，并且看看公司能做些什么来为他们分忧。最棒的事情之一是，当有人认为没有人关心或愿意倾听他们的时候，我解决了他们的担忧，他们就完全改变了对公司的看法。

5. 想要做好你这份工作需要哪些技能？

能够有效管理时间是社交媒体经理的重要技能。你还需要善于沟通，并且能够分析数据并创造营销团队想要讲述的故事。

6. 在你的领域里教育经历或者证书重要吗？为什么？

大多数公司都要求有市场营销、传播或类似的教育背景。大多数人还在积累经验。虽然在媒体购买、内容创作、网红营销等方面的其他认证是有益的，但它们并不总是必要的。

7. 你会给那些考虑在你所在领域工作的人什么建议？

在毕业前尽可能多地工作以获得更多的经验。很多公司都在寻找有经验的人。你现在在培养这些技能上做得越多，你就越能脱颖而出。

8. 你认为在未来10年什么技术工作会成为热门工作？

我认为现在几乎所有的事情都在向科技行业发展。我认为行业领域的一些热门技术工作将是编程工程师和不同能力的数字营销人员。

本章回顾

通过本章回顾来验证你是否理解了回答本章学习问题所需要用到的思想和概念。

问题 9-1　什么是社交媒体信息系统？

定义社交媒体、实践社区、社交媒体信息系统、社交媒体提供商和社交网络。说出并描述三个 SMIS 企业角色。解释图 9-3 中的要素。请用你自己的话解释 SMIS 的五个组件对于三个 SMIS 企业角色的性质。

问题 9-2　SMIS 如何推进企业战略？

总结社交媒体对销售和营销、客户服务、进站物流、出站物流、制造和运营以及人力资源的贡献。说明每个活动的社交媒体风险。定义社交客户关系管理和众包。

问题 9-3　SMIS 如何增加社会资本？

定义资本、人力资本和社会资本。解释社会资本增加价值的四种方式。说出决定社会资本的三个因素，并解释为什么"它们相比于加法更具有乘法性"。定义影响者，并描述你如何使用社交媒体来增加社交关系的数量和强度。

问题 9-4　企业如何从社交媒体中获得收入？

定义货币化，并描述为什么社交媒体公司很难产生收益。举例说明社交媒体公司如何从广告和收费服务中获得收入。定义点击付费、转化率和免费增值。定义广告拦截，并解释它如何损害在线公司产生收入的能力。总结移动设备的增长如何影响收入来源。解释一下为什么对移动设备限制广告收入的担忧是过度反应。

问题 9-5　企业如何开发有效的 SMIS？

讨论为什么使 SMIS 的发展与企业的战略保持一致是重要的。描述开发一个有效的 SMIS 的过程。列出四个常见的社交媒体目标，并描述为什么它们很重要。定义指标、成功指标和虚荣指标，并给出可以度量前面提到的四个目标的指标的例子。描述与用户建立个人联系的重要性。

问题 9-6　什么是企业社交网络？

定义企业社交网络，描述企业社交网络的主要目标。定义 Web 2.0 和企业 2.0。解释模型的每个元素。解释沟通渠道的变化如何改变企业与员工沟通的方式。举例说明 ESN 如何使一个企业受益。定义最佳实践，并解释图 9-13 所示的 ESN 实施最佳实践如何促进 ESN 的使用。

问题 9-7　企业如何解决 SMIS 安全问题？

说出并描述两个社交媒体风险来源。描述社交媒体策略的目的并总结英特尔的指导方针。描述一个本章未提过的社交媒体错误，并给出对它的明智回应。请说出 UGC 问题的四个来源、三种可能的回答和每种回答的利弊。解释内部使用社交媒体如何对信息安全、企业责任和员工生产力造成风险。

问题 9-8　2029 年将会怎样？

描述当今社会媒体使用正在发生变化的方式。总结 2029 年管理员工时可能面临的挑战。描述本章建议的回应。描述社交媒体公司如何从物联网设备中受益。解释螃蟹和鹿之间的差异与这种变化的关系。

将你的知识应用到 ARES

本章为你提供了评估 ARES 的社交媒体计划的几个重要模型。你可以应用 SMIS 的组件来理解泽夫和开发人员必须做出的承诺。你可以使用企业战略和社会资本模型来评估社交媒体对参与 ARES 的企业的吸引力。你还可以考虑 ARES 是否希望通过免费增值模式或在应用中植入广告来创收。你可以帮助 ARES 制定有效的社交媒体策略，并帮助泽夫管理使用社交媒体的风险。

关键术语和概念

广告拦截软件（Ad-blocking software）
最佳实践（Best practice）
跳出率（Bounce rate）
企业对企业（Business-to-business，B2B）
企业对消费者（Business-to-consumer，B2C）
资本（Capital）
通信渠道（Communication channel）
社区（Community）
实践社区（Community of practice）
竞争分析（Competitive analysis）
连接数据（Connection data）
内容数据（Content data）
转化率（Conversion rate）
众包（Crowdsourcing）
企业 2.0（Enterprise 2.0）
企业社交网络（Enterprise Social Network，ESN）
分众分类法（Folksonomy）
免费增值（Freemium）
地理围栏（Geofencing）
人力资本（Human capital）
影响者（Influencer）
关键绩效指标（Key Performance Indicators，KPI）
指标（Metric）
盈利（Monetize）
点击付费（Pay per click）
SLATES 模型（SLATES）
社会资本（Social capital）
社交客户管理系统（Social CRM）
社交媒体（Social Media，SM）
社交媒体信息系统（Social Media Information System，SMIS）
社交媒体政策（Social media policy）
社交媒体提供商（Social media provider）
社交网络（Social network）
关系强度（Strength of a relationship）
成功指标（Success metric）
使用增加价值（Use increases value）
用户生成内容（User-generated Content，UGC）
用户（User）
社会资本价值（Value of social capital）
虚荣指标（Vanity metric）
病毒式吸引（Viral hook）
网络 2.0（Web 2.0）

知识运用

9-1. 使用你"喜欢"的公司的 Facebook 页面，填写问题 9-1 中所示的 SMIS 网格的五个组成部分。尽量用与 Facebook、你喜欢的公司、你和你认识的用户有关的具体陈述来取代表格中的短语。例如，如果你和你的朋友使用 Android 手机访问 Facebook，请输入特定的设备名称。

9-2. 说出一个你想为之工作的公司。请尽可能具体地描述该公司如何在问题 a～f 部分所列的问题 9-2 的每个领域中使用社交媒体。描述要包括社区类型、具体关注点、涉及的过程、风险和任何其他观察结果。
   a. 销售和营销
   b. 客户服务
   c. 进站物流
   d. 出站物流
   e. 制造和运营
   f. 人力资源

9-3. 访问 www.lie-nielsen.com 或 www.sephora.com。在你选择的网站上，找到社交网站的链接。这些网站是如何与你分享它们的社会资本的？它们试图以什么方式让你与他们分享你的社会资本？描述一下社交网络对你所选择的企业的商业价值。

9-4. 访问 www.intel.com/content/www/us/en/legal/intel-socialmedia-guidelines.html。解释为什么英特尔的社交媒体指南可能实现图 9-10 中列出的一个或多个常见的社交媒体战略目标。

9-5. 访问 www.socialmediatoday.com/content/social-mediaemployee-policy-examples-over-100-organizations。找一个有非常严格的员工 SM 政策的企业。说出这个企业的名字，并解释为什么你觉得这个企业的政策约束性强。这项政策会让你对公司产生积极、消极还是中立的印象？解释一下。

协作练习 9

使用你在第 1 章中建立的协作信息系统，团队协作回答下面的问题。

2013 年 11 月 7 日，Twitter 首次公开募股。当天，这家社交媒体巨头的股价收盘价为每股 44.90 美元，市值约为 250 亿美元[59]。对于一家从未盈利过的公司来说，这已经很不错了。事实上，Twitter 在上市前的一个季度亏损了 7000 万美元！一家公司怎么能市值 250 亿美元却从没赚过钱？

分析师认为，像图 9-16 所示的科技公司，应该根据其增长潜力、用户基础、消费者参与度和市场规模来评估。事实证明，亚马逊、Instagram 和 Pinterest 在上市时也没有盈利。

传统的 IPO 估值主要关注盈利能力。这意味着投资者要看收入、利润、资产、负债和新产品。图 9-16 显示了几家知名传统和科技公司的市盈率（P/E）。

使用迭代和反馈，回答以下问题：

9-6. 比较一下科技公司的市盈率和传统公司的市盈率。请注意，一些科技公司的市盈率非常高。（低市盈率是好的，高市盈率是不好的。）有些公司甚至没有市盈率，因为它们没有盈利。作为一个整体，列出科技公司市盈率如此之高的原因。考虑到这些公司的收益，它们的股价合理吗？为什么？

9-7. 找出你认为被低估的上市科技股（不限于这个名单）。设计一个投资组合，只包括你认为会盈利的科技股。根据这些股票的风险和回报来证明你的决定是正确的。

9-8. 创建一个这些股票的免费在线投资组合（例如通过 Yahoo! 财务），并跟踪其进展，报告其表现。

9-9. 被高估的科技股是否会造成像 1999～2001 年第一次的网络产生崩盘的 2.0 版吗？讨论这可不可能发生。用几段话总结你们的讨论。

科技公司	市场价值（10亿美元）	市盈率
Apple	$940	18
Google	$788	30
Facebook	$554	28
Amazon	$819	266
Salesforce.com	$98	146
Netflix	$157	216
Twitter	$31	85

传统公司	市场价值（10亿美元）	市盈率
General Electric	$121	NA
Wal-Mart Stores	$249	28
Verizon Comm.	$203	14
Toyota	$202	9
General Motors	$63	11
Johnson & Johnson	$329	23
Ford	$47	6

图 9-16　科技公司估值

【案例研究 9——LinkedIn】

对于一家新成立的社交网络公司来说，如果每天只有 20 人注册，那就意味着你注定要失败。如果参与团队的同事曾在 SocialNet 和 PayPal 等成功企业工作过，则尤其如此。然而，在 2002 年，总部位于加州山景城的商务社交网站领英（LinkedIn）就是这样。风险投资家雷德·霍夫曼（Reid Hoffman）召集了由设计师和工程师组成的团队，创建了这个社交网站。

扩大人际网络

公司刚开始的时候发展非常缓慢。有时每天只有 20 人注册成为会员。梅特卡夫定律指出，社交网络的价值与该系统连接用户数量的平方成正比。按照这种逻辑，如果领英不能吸引用户注册，这家公司就一文不值。

然而，该公司最终在 2006 年实现盈利，当时它拥有超过 500 万名会员。2010 年，领英经历了高速增长，会员人数攀升至 9000 万，在全球 10 个办事处拥有 1000 多名员工[60]。该公司几乎每秒钟就增加两名新成员！2011 年，领英庆祝了八周年纪念日，拥有超过 1.15 亿会员。

同年，领英在纽约证券交易所上市，估值超过 45 亿美元。当时，领英每年的广告收入超过 1.5 亿美元，比社交网络巨头 Twitter 的广告收入高出 1500 万美元。

专业的网络

不像其他流行的社交网络专注于友谊和娱乐，领英专注于职业关系。人们使用这个网站来凸显职业技能并推广简历。领英允许人们通过共同的联系被介绍，并允许求职者与发布招聘信息的人建立联系。

雇主可以针对他们正在寻找的确切类型的人发布职位信息。将同事、专业人士、招聘人员、求职者和雇主联系起来是领英的核心所在。领英是为所有有兴趣更认真对待自己职业生活的人准备的。

利用微软

2016年，领英被微软以 260 亿美元收购。当时，该公司拥有 9000 多名员工，在全球 200 多个国家拥有超过 5 亿名会员。超过 2 万家公司购买领英招聘账户，以帮助寻找潜在员工。求职者可以浏览全球最大公司发布的 1100 多万个职位空缺。

对领英收购引发了很多问题。微软 CEO 萨蒂亚·纳德拉（Satya Nadella）为何收购领英？这两家公司合在一起会比分开更有价值吗？这是微软最大的一笔收购，而此前微软刚刚以 70 亿美元灾难性地收购了手机制造商诺基亚（Nokia）。

在各自的博客文章中，萨提亚·纳德拉和领英首席执行官杰夫·韦纳（Jeff Weiner）概述了两家公司计划整合产品和利用微软规模的方式。[61] 他们计划实现共同愿景的一些方法包括：

1. 将领英的身份和网络整合到 Microsoft Outlook 和 Office 套件中。
2. 在 Windows 操作中心内支持领英通知。
3. 使在 Word 中起草简历的会员能够更新他们的个人资料，并在领英上发现和申请职位。
4. 将赞助内容的范围扩展到微软的属性。
5. 通过 Active Directory 和 Office 365 增强企业领英查找功能。
6. 让领英 Learning 在 Office 365 和 Windows 生态系统中可用。
7. 开发一个横跨内容生态系统和 MSN.com 的商业新闻平台。
8. 通过 Sales Navigator 和 Dynamics 365 的结合重新定义社交销售。

其中一些想法显示出真正的前景。他们将使微软的核心用户在领英上有更大的影响力。几乎每家公司都在使用某种形式的微软产品，88% 的台式计算机都在使用 Windows 系统。在企业内部，这一比例甚至更高。如果领英成功整合到所有 Windows 产品中，它将拥有更大的影响力，并与终端用户有更频繁的接触。因此，这可能会导致其用户基础和盈利能力的快速增长。

问题

9-10. 为什么用户数量的增长对社交媒体公司来说如此重要？梅特卡夫定律与社交媒体公司的盈利能力有什么关系？

9-11. 大多数社交媒体公司依靠广告收入作为主要收入来源。领英还有哪些其他创收方式？为什么一家公司拥有多种创收方式很重要？

9-12. 为什么招聘人员和求职者喜欢领英？解释为什么雇主可能不喜欢领英。让你的员工在领英上列出详细的个人资料，在战略上有什么劣势吗？

9-13. 领英的目标人群是特定的，即在职专业人士。他们往往年龄更大，受教育程度更高。为什么广告商对这一群体更感兴趣？

9-14. 微软开发的软件专注于支持企业。领英专注于为商务人士创建一个平台。收购领英有意义吗？整合这两家公司的产品能带来什么样的协同效应？

9-15. 将领英整合到微软办公套件中会有什么好处？

9-16. 在 Word 中启用草稿简历来更新连接的 linkedIn 个人资料有什么好处？

9-17. 假设你正在为微软未来的收购提供建议。你推荐将哪家公司作为好的收购对象？为什么？

完成下面的写作练习

9-18. 根据保罗·格林伯格（Paul Greenberg）的说法，亚马逊是 2 分钟关系的大师，而波音是 10 年关系的大师。[62]。访问 www.boeing.com 和 www.amazon.com。从格林伯格的声明和这些网站的出现来看，波音似乎致力于传统的客户关系管理，而亚马逊则致力于社交客户关系管理。给出来自每个站点的证据，证明这可能是真的。解释为什么两家公司的产品和商业环境会造成这种差异。亚马逊是否有理由推行传统的客户关系管理？为什么呢？波音公司是否有理由推行社交客户关系管理？为什么呢？基于这些公司的情况，是否有可能存在一家公司认可企业社交网络，但不认可社交 CRM 的情况？解释一下。

9-19. 假设你受雇于当地的农业合作社开发 SMIS。该合作社希望推广健康食品，提高人们对每周农贸市场的认识，增加其网站的访问量，并将更多产品直接销售给消费者。哪些成功指标可以表明合作社已经实现了它的目标？合作社的目标用户是谁？合作社的 SMIS 将为其客户提供什么价值？合作社如何与客户建立个人联系？你推荐合作社使用哪些 SM 平台？证明你的推荐是正确的。

尾注

[1]. Kit Smith, "116 Amazing Social Media Statistics and Facts," *Brandwatch.com*, April 2, 2018, accessed June 12, 2018, www.brandwatch.com/blog/96-amazing-social-media-statistics-and-facts/.

[2] Greg Sterling, "Nearly 80 Percent of Social Media Time Now Spent on Mobile Devices," *Marketing Land*, April 4, 2016, accessed June 12, 2018, http://marketingland.com/facebook-usage-accounts-1-5-minutes-spent-mobile-171561.

[3] Salman Aslam, "Pinterest by the Numbers: Stats, Demographics & Fun Facts," Omnicore, January 1, 2018, accessed June 12, 2018, www.omnicoreagency.com/pinterest-statistics/.

[4] Statista, "Percentage of U.S. Internet Users Who Use LinkedIn as of January 2018, by Age Group," *Statista.com*, January 2018, accessed June 12, 2018, www.statista.com/statistics/246172/share-of-us-internet-users-who-use-linkedin-by-age-group/.

[5] Dara Fontein, "Top LinkedIn Demographics That Matter to Social Media Marketers" *LinkedIn.com*, January 6, 2017 accessed June 12, 2018, www.linkedin.com/pulse/top-linkedin-demographics-matter-social-media-dara-fontein.

[6] Ayaz Nanji, "Social Media and Blog Usage by Fortune 500 Companies in 2017," MarketingProfs, November 27, 2017, accessed June 12, 2018, www.marketingprofs.com/charts/2017/33156/social-media-and-blog-usage-by-fortune-500-companies-in-2017.

[7] Vernon Smith, *Rationality in Economics: Constructivist and Ecological Forms* (Cambridge, UK: Cambridge University Press, 2007), pp. 247–250.

[8] "About Customer Ratings," *Amazon.com*, accessed June 12, 2018, www.amazon.com/gp/help/customer/display.html?ref=hp_200791020_vine?nodeId=200791020#vine.

[9] LinkedIn Talent Solutions, "Recruiter," accessed June 12, 2018, https://business.linkedin.com/talent-solutions/recruiter.

[10] Recruiterbox, "The Cost of Hiring New Employees," *Recruiterbox.com*, accessed June 12, 2018, https://recruiterbox.com/blog/the-cost-of-hiring-new-employees-infographic.

[11] Jobvite Inc., "2017 Jobvite Recruiter Nation Survey," *Jobvite.com*, September 22, 2017, accessed June 12, 2018, http://web.jobvite.com/FY17_Website_2017RecruiterNation_LP.html.

[12] Nan Lin, *Social Capital: The Theory of Social Structure and Action* (Cambridge, UK: Cambridge University Press, 2002), Kindle location 310.

[13] Henk D. Flap, "Social Capital in the Reproduction of Inequality," *Comparative Sociology of Family, Health, and Education*, Vol. 20 (1991), pp. 6179–6202. Cited in Nan Lin, *Social Capital: The Theory of Social Structure and Action* (Cambridge, UK: Cambridge University Press, 2002), Kindle location 345.

[14] Accessed June 12, 2018, http://klout.com/corp/how-it-works.

[15] Matthew Zajechowski, "How Big Data Is Changing the Sports Fan's Experience," *Smart Data Collective*, September 25, 2015, accessed

June 12, 2018, *www.smartdatacollective. com/mattzajechowski/347799/how-big-data-changing-sports-fan-s-experience.*

[16] Lauren Brousell, "How the PGA Uses Analytics, Beacons and Social to Enhance Fan Experience," *CIO.com*, August 13, 2015, accessed June 12, 2018, *www.cio.com/ article/2970499/consumer-technology/how-thepga-uses-analytics-beacons-and-social-to-enhance-fan-experience.html.*

[17] John Armstrong, "U.S. Open Uses Technology to Reinvent Golf Fans' Experience," *Forbes*, June 9, 2014, accessed June 12, 2018, *www. forbes. com/sites/ibm/2014/06/09/u-s-open-uses-technology-to-reinventgolf-fans-experience.*

[18] Nicola Twilley, "How Will Real-Time Tracking Change the N.F.L.?" *The New Yorker*, September 10, 2015, accessed June 12, 2018, *www.newyorker.com/news/sporting-scene/how-will-real-time-tracking-change-the-n-f-l.*

[19] Stacy Jones, "A Comparison of the Paid Ad Tweet Vs the Celebrity Tweet," *Hollywood Branded*, May 7, 2018, accessed June 12, 2018, *https://blog.hollywoodbranded.com/ a-comparison-of-the-paid-ad-tweet-vs-the-celebrity-tweet.*

[20] Social Blade, "Top 50 Influential YouTube Channels," *Socialblade.com*, June 12, 2018, accessed June 12, 2018, *https://socialblade.com/ youtube/top/50.*

[21] Salman Aslam, "YouTube by the Numbers: Stats, Demographics & Fun Facts," Omnicore, February 5, 2018, accessed June 12, 2018, *www. omnicoreagency.com/youtube-statistics/.*

[22] Facebook Inc., "Facebook Reports First Quarter 2018 Results," *Facebook.com*, April 25, 2018, accessed June 12, 2018, *https://investor. fb.com/ investor-news/press-release-details/2018/ Facebook-Reports-First-Quarter-2018-Results/ default.aspx.*

[23] Twitter Inc., "Q1 2018 Letter to Shareholders," *Twitterinc.com*, April 25, 2018, accessed June 12, 2018, *https://investor.twitterinc.com/releases. cfm.*

[24] Aashish Pahwa, "How LinkedIn Makes Money? LinkedIn Business Model," *Feedough.com*, January 24, 2016, accessed June 12, 2018, *www. feedough.com/how-linkedin-makes-money/.*

[25] PageFair, "2017 Ad Block Report," *PageFair. com*, February 1, 2017 accessed June 12, 2018, *https://pagefair.com/blog/2017/adblockreport/.*

[26] Wikimedia Foundation, "2016–2017 Annual Report," *Wikimedia Foundation. org*, accessed June 12, 2018, *https:// wikimediafoundation. org/wiki/Financial_ reports#2016%E2%80%932017_fiscal_year.*

[27] Corey McNair, "US Ad Spending The eMarketer Forecast for 2017," *eMarketer.com*, March 15, 2017, accessed June 12, 2018, *www.emarketer. com/content/global-ad-spending.*

[28] Marin Software, "Mobile Search Advertising Around the Globe: 2016 Annual Report," *MarinSoftware.com*, April 2016, accessed June 12, 2018, *www.marinsoftware.com/resources/ whitepapers.*

[29] Facebook Inc., "Facebook Reports First Quarter 2018 Results," *Facebook.com*, April 25, 2018, accessed June 12, 2018, *https://investor. fb.com/ investor-news/press-release-details/2018/ Facebook-Reports-First-Quarter-2018-Results/ default.aspx.*

[30] Monetate, "EQ1 2018: First Impressions," *Monetate.com*, February 2018, accessed June 12, 2018, *https://info.monetate.com/ecommerce-quarterly-report-eq1-2018.html.*

[31] Moovweb, "Are iOS Users Still More Valuable Than Android Users?" *Moovweb.com*, June 11, 2015, accessed November 26, 2018, *http:// moovweb.com/blog/are-ios-users-still-more-valuable-than-android-users.*

[32] Rex Santus, "Justin Bieber Dethroned as King of Instagram in Massive Follower Purge," *Mashable*, December 19, 2013, accessed June 12, 2018, *http://mashable.com/2014/12/19/ instagram-purge.*

[33] Adam Levy, "Twitter Has 700 Million Yearly Active Users," *The Motley Fool*, November 6, 2016, accessed November 14, 2018, *https://www.*

fool.com/investing/2016/11/06/twitter-has-700-million-yearly-active-users.aspx.

[34] While a conversion is having someone take a desired action, an assisted social conversion is when social media helps the conversion take place.

[35] Salman Aslam, "Pinterest by the Numbers: Stats, Demographics & Fun Facts," Omnicore, January 1, 2018, accessed June 12, 2018, www.omnicoreagency.com/pinterest-statistics/.

[36] Salman Aslam, "Instagram by the Numbers: Stats, Demographics & Fun Facts," Omnicore, January 1, 2018, accessed June 12, 2018, www.omnicoreagency.com/instagram-statistics/.

[37] Dara Fontein, "Top LinkedIn Demographics That Matter to Social Media Marketers," LinkedIn.com, January 6, 2017 accessed June 12, 2018, www.linkedin.com/pulse/top-linkedin-demographics-matter-social-media-dara-fontein.

[38] CivicScience, "Social Media Now Equals TV Advertising in Influence Power on Consumption Decisions," CivicScience.com, September 2014, accessed June 12, 2018, https://civicscience.com/library/insightreports/social-media-equals-tv-advertising-in-influence-power-onconsumptiondecisions.

[39] Nicholas Jackson, "As MySpace Sells for $35 Million, a History of the Network's Valuation," The Atlantic, June 29, 2011, accessed June 12, 2018, www.theatlantic.com/technology/archive/2011/06/as-myspacesells-for-35-million-a-history-of-the-networksvaluation/241224/.

[40] Ryan Holmes, "As Facebook Shifts, Instagram Emerges as a New Home for Brands," Forbes, February 1, 2018, accessed June 12, 2018, www.forbes.com/sites/ryanholmes/2018/02/01/as-facebook-shifts-instagram-emerges-as-a-new-home-for-brands/.

[41] Andrew McAfee, "Enterprise 2.0, Version 2.0," AndrewMcAfee.org, May 27, 2006, accessed June 12, 2018, http://andrewmcafee.org/2006/05/enterprise_20_version_20/.

[42] Andrew McAfee, "Enterprise 2.0: The Dawn of Emergent Collaboration," MIT Sloan Management Review, Spring 2006, accessed June 12, 2018, http://sloanreview.mit.edu/article/enterprise-the-dawn-of-emergent-collaboration.

[43] Yammer, "Empowering Employees for Improved Customer Service and a Better Bottom Line," Yammer.com, accessed June 12, 2018, https://about.yammer.com/assets/Yammer-Case-Study-Red-Robin.pdf.

[44] Ibid.

[45] Ralph Paglia, "Social Media Employee Policy Examples from Over 100 Organizations," July 3, 2010, Social Media Today, accessed June 12, 2018, www.socialmediatoday.com/content/social-media-employee-policy-examples-over-100-organizations.

[46] "Intel Social Media Guidelines," Intel, accessed June 12, 2018, www.intel.com/content/www/us/en/legal/intel-social-media-guidelines.html.

[47] Sarah Perez, "Microsoft Silences Its New A.I. Bot Tay, After Twitter Users Teach It Racism," TechCrunch, March 25, 2016, accessed June 12, 2018, http://techcrunch.com/2016/03/24/microsoft-silences-its-new-a-i-bot-tay-after-twitter-users-teach-it-racism.

[48] Bernhard Warner, "Nestlé's 'No Logo' Policy Triggers Facebook Revolt," Social Media Influence, March 19, 2010, http://socialmediainfluence.com/2010/03/19/nestles-no-logo-policy-triggers-facebook-revolt/.

[49] Cheryl Conner, "Who Wastes the Most Time at Work," Forbes, September 7, 2014, accessed June 12, 2018, www.forbes.com/sites/cherylsnappconner/2013/09/07/who-wastes-the-most-time-at-work/.

[50] Aatif Sulleyman, "Facebook Losing Its Grip on Young People, Who Are Quitting the Site in Their Millions," The Independent, February 12, 2018, accessed June 14, 2018, www.independent.co.uk/life-style/gadgets-and-tech/news/facebook-quit-young-people-social-media-snapchat-instagram-emarketer-a8206486.html.

[51] Rieva Lesonsky, "Worried About the Gen Z Social Media Exodus? 3 Creative Ways Your Business Can Respond," Small Business Trends, June 4, 2018, accessed June 14, 2018, https://

[52] Jennifer Wolfe, "How Marketers Can Shape the Chief Digital Officer Role," *CMO.com*, March 21, 2013, accessed June 12, 2018, www.cmo.com/articles/2013/3/20/how_marketers_can_shape.html.

[53] PwC, *The Global State of Information Security® Survey 2018*, March 30, 2018, www.pwc.com/us/en/cybersecurity/information-security-survey.html.

[54] Amanda, "Protect Yourself Against Social Engineering in the Age of Cryptocurrency," *Security Boulevard*, March 30, 2018, https://securityboulevard.com/2017/12/protect-yourself-against-social-engineering-in-the-age-of-cryptocurrency/.

[55] Ryan Derousseau, "These Are the 5 Safest Cryptocurrencies to Invest In, According to a Prominent Rating Firm," *Money*, March 30, 2018, http://time.com/money/5214911/these-are-the-5-safest-cryptocurrencies-to-invest-in-according-to-a-prominent-rating-firm/.

[56] Ibid.

[57] Ibid.

[58] Ibid.

[59] Olivia Oran and Gerry Shih, "Twitter Shares Soar in Frenzied NYSE Debut," Reuters, November 7, 2013, accessed June 12, 2018, www.reuters.com/article/2013/11/07/us-twitter-ipo-idUSBRE99N1AE 20131107.

[60] LinkedIn, "A Brief History LinkedIn," *LinkedIn.com*, accessed June 14, 2018, https://ourstory.linkedin.com.

[61] Satya Nadella, "Microsoft + LinkedIn: Beginning Our Journey Together," *LinkedIn.com*, December 8, 2016, accessed June 14, 2018, www.linkedin.com/pulse/microsoft-linkedin-beginning-our-journey-together-satya-nadella.

[62] Paul Greenberg, *CRM at the Speed of Light*, 4th ed. (New York: McGraw-Hill, 2010), p. 105.

| 第四部分 |
Using MIS, Eleventh Edition

信息系统安全、管理和开发

第四部分将讨论信息系统安全、管理和开发。我们将从目前非常重要的安全开始讲起。随着网络、系统互联性和跨企业信息系统的兴起，一个企业的安全问题也成为与其有关联的企业的安全问题。你将看到企业正是由于一个跨企业系统问题而遭受了数百万美元的损失。你将在第 10 章开头看到安全问题对 ARES 造成的影响。

作为一个未来的管理者，你很容易理解信息系统安全的重要性，但你可能不明白为什么你需要去了解信息系统的开发。作为商务专业人士，你将是开发项目的消费者，需要基本的开发过程知识来评估你的团队所做工作的质量。作为管理者，你将为信息系统开发分配预算和发放资金，拥有一定的知识储备可以使你更加得心应手。

最后，你需要了解如何管理信息系统资源，以便更好地维系信息系统部门。信息系统管理者有时看上去很严格且过度保护信息系统资产，但他们的担心往往有足够的理由。你需要理解信息系统部门的视角，并了解你所在企业中作为信息系统资源用户的权利和责任。拥有这样的知识储备是当今商务专业人士成功的关键。

第 10 章
Using MIS，Eleventh Edition

信息系统安全

"林赛（Lindsey），谢谢你今天和我们谈话，"亨利向拉杰做了个手势，开心地笑道。凯西为亨利和拉杰开了一个视频会议，让他们和林赛·沃尔什交谈。林赛是美国最大的运动器材生产商 CanyonBack Fitness 的首席技术官。

"不，是我应该谢谢你。我很高兴终于能见到你们。凯西告诉了我很多关于你们正在进行的 AR 项目的情况。这听起来真的很酷。"林赛听起来很振奋，也很感兴趣，完全不像凯西描述的那样。

拉杰插话道："是的，我们也很兴奋。它将为用户创造一个全新的骑行体验。我们将做一些以前没有人做过的事情。AR 将从根本上改变人们的运动方式。"

亨利看着林赛的眼睛，她慢慢点头表示同意，然后低头看她的笔记。显然，她没有被说服。

"好吧，这对 CanyonBack Fitness 来说当然是个好机会。我们的上层管理团队的大都认为，将 ARES 与我们的固定式运动自行车整合在一起确实可以促进销售。"林赛犹豫地回答道。

亨利可以看出林赛很担心。凯西告诉亨利，林赛对 ARES 与 CanyonBack 运动自行车的整合有安全方面的担忧。她确实推后了让 ARES 控制自行车设置的想法。CanyonBack Fitness 的首席执行官相信林赛在技术问题上的判断力，因为她负责设计和开发公司大部分健身器材上使用的软件。在林赛满意之前，首席执行官不会签署任何文件，而林赛也不希望在她的机器上使用一些未经测试的应用程序。

亨利平静而耐心地回答："我们也希望如此，但仍有许多细节需要解决。我曾经参与过几个较大的系统集成项目，但以前没有这样的项目。没有人做过。AR 是一种全新的事物。"

"我同意。"林赛强调道，"而且很坦率地说，我对 AR 一点都不了解。我只是不确定它将如何与我们的设备和系统一起工作。"

"是的，凯西提到你有一些安全方面的问题。你有哪些问题？"

"好吧，我不想对 ARES 的想法表现得很消极。我真的不想。我看到 ARES 所带来的机会。我希望看到它发挥作用。但我担心允许外部系统控制我们的运动自行车，如果 ARES 被黑客袭击了怎么办？在顾客正在使用时，会不会有黑客在世界的另一端对我们的自行车进行攻击？如果顾客受伤了，他会起诉我们吗？他会起诉你们吗？"

亨利只是点点头，认真地听着，并在林赛说话时做着笔记。

林赛继续说："以及如何保护我们客户的数据呢？ARES 的编码是否足够安全，能够防止 SQL 注入攻击或缓冲区溢出？我们的自行车收集了大量的个人运动数据，我们需要确保这些数据的私密性。如果我们允许 ARES 访问这些数据，它在后端是否安全？你们在后端都有什么类型的数据保护措施？"

拉杰喝了一口咖啡，低头看着他的笔记本计算机，并试图保持中立的表情。他不相信林赛会担心安全问题。他的新 AR 应用将帮助他们销售大量的新自行车，而她却担心潜在的安全问题。

亨利不断点头，在他的记事本上写着。"你说得完全正确，安全是个大问题。我们需要确保我们……"

林赛打断说："哦，如果真的出了问题，你猜谁会受到指责，并且还要日夜工作直到问题修复？我。我的意思是，这对你来说有意义吗？你能明白我为什么担心吗？我需要确保 ARES 不会给 CanyonBack 的设备或我们的客户造成安全问题。"

亨利朝视频屏幕做了个手势。"是的，当然，我也会有同样的感觉。事实上，我在几个月前看到一篇文章，说黑客如何攻击一辆汽车的操作系统并锁住了刹车。那很吓人。"

"正是如此，这就是我要说的。你永远不知道会发生什么。"

亨利指了指他的笔记，说："林赛，你的担心是合理的，毋庸置疑。"他故意停顿了一下，看了看他的笔记，然后慢慢地往下看他的清单。他想让她看到，他正在仔细思考她说的话。然后他继续说："好吧，我们通过这份清单来看看我们的工作怎么样以及我们提出了怎么样的解决方案。拉杰在这里谈论我们正在使用的安全编码实践，而我可以谈论我们的安全数据连接和后端存储。我想你会看到，我们确实在认真对待安全问题。"

亨利向拉杰示意。"拉杰，你想谈谈我们如何保护自己免受 SQL 注入攻击吗？"

拉杰强颜欢笑道："是的，我很乐意。我们使用参数化来审查进入我们系统的所用数据，而且我们已经消除了用户输入任何数据的需要。用户与单选按钮、下拉菜单和其他交互式 AR 元素互动，而不是输入数据。真的没有地方可以发生 SQL 注入"。

视频会议又持续了 40 分钟，拉杰和亨利轮流与林赛交谈。林赛似乎对拉杰和亨利提供的答案很满意。她甚至提出了一些关于在 CanyonBack 生产的其他运动设备上应用 ARES 的建议。他们计划在一周内安排一次后续会议，讨论数据集成问题。林赛希望数据库管理员能在会议中提出关于 ARES 在线存储和备份程序的问题。亨利和林赛在会议的最后友好地讨论了他们喜欢的加州骑行路线。

后来，在他们走过大厅时拉杰对亨利说："这还不算太糟。我猜她有一些合理的担忧，但我不确定她是否真的理解我们要用 AR 做的一切。这对他们来说将是巨大的挑战。"

"也许不是，但我从她的角度来看。我们是一家小型创业公司，拥有一项新技术，可能会给已经成功的企业带来很多问题。我们代表了一种有潜在回报的风险。新技术总是有风险的。"

"没错，但坚持使用旧技术可能更有风险。"

研究问题

问题 10-1　信息系统安全的目标是什么？
问题 10-2　计算机安全问题有多严重？
问题 10-3　你应该如何应对安全威胁？
问题 10-4　企业应该如何应对安全威胁？
问题 10-5　技术保障措施如何防范安全威胁？
问题 10-6　数据保障措施如何防范安全威胁？
问题 10-7　人为保障措施如何防范安全威胁？
问题 10-8　企业应如何应对安全事件？
问题 10-9　2029 年将会怎样？

章节预览

本章对信息系统安全的主要组成部分进行了概述。在问题 10-1 中，我们首先定义了信息系统安全的目标，然后在问题 10-2 中讨论计算机安全问题的规模。接下来，在问题 10-3 中，我们讨论了作为现在的学生和未来的商务专业人士，你应该如何应对安全威胁。然后，在问题 10-4 中，我们提出了企业需要做什么来应对安全威胁。之后，问题 10-5 至问题 10-7 涉及安全保障措施。问题 10-5 讨论了涉及硬件和软件组件的技术保障措施，问题 10-6 讨论了数据保障措施，问题 10-7 讨论了涉及程序和人员组件的人为安全防护措施。问题 10-8 总结了企业在发生安全事件时需要做的事情，最后我们以 2029 年的信息系统安全展望来结束本章。

不幸的是，对数据和信息系统的威胁正在增加，并且变得更加复杂。事实上，美国劳工统计局估计，从 2016 年到 2026 年，对安全专家的需求将增加 28% 以上，且工资中位数为 92 600 美元。考虑到所有职业将增长 7% 的情况下，计算机职业预计将增长 14%，这是一个强劲的增长[1]。如果你觉得这个方面很有吸引力，那么主修具有安全专业的信息系统将为许多有趣的工作打开大门。

问题 10-1　信息系统安全的目标是什么？

信息系统安全实际上是关于权衡的问题。从某种意义上说，它是安全和自由之间的权衡。例如，企业可以通过剥夺用户选择自己密码的自由，迫使他们选择黑客难以破解的更强的密码来提高信息系统的安全性。

另一种看待信息系统安全的方式，也是本章的主要重点，就是它是成本和风险之间的权衡。为了理解这种权衡的性质，我们首先要描述安全威胁/损失的情况，然后讨论安全威胁的来源。接下来，我们将陈述信息系统安全的目标。

信息系统安全威胁和造成损失的典型场景

图 10-1 说明了如今个人和企业所面临的安全问题的主要因素。威胁是指个人或组织未经所有者的许可且往往在所有者不知情的情况下，试图非法获取或更改数据或其他信息系统资产。漏洞则是指威胁获取个人或企业资产访问权限的机会。例如，当你在网上买东西时，你提供了你的信用卡数据。当这些数据在互联网上传输时，它就容易受到威胁。保障措施是个人或企业为阻止威胁获取资产而采取的一些措施。注意图 10-1 中，保障措施并不总是有效的。尽管有保障措施，一些威胁还是达到了它们的目的。最后，目标是威胁想要的资产。

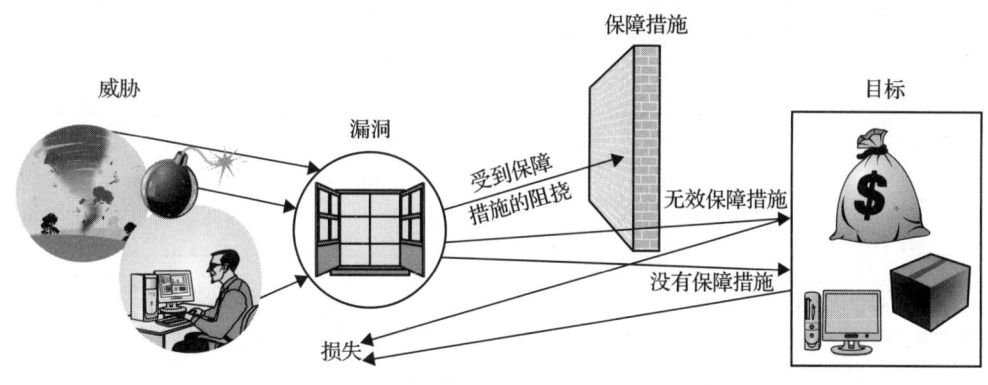

图 10-1 威胁/损失情况

图 10-2 展示了威胁/目标、漏洞、保障措施和结果的例子。在前两行中，一个黑客（威胁）想获取你的银行登录凭证（目标）来访问你的银行账户。如果你点击电子邮件中的链接，你可能会被引导到看起来与你的银行网站相同的钓鱼网站。钓鱼网站通常不使用 HTTPS。如图 10-2 第一行所示，如果你总是使用 HTTPS 而不是 HTTP 访问你的银行网站（将在问题 10-5 中讨论），那么你将使用一个有效的保障措施，并将成功地应对威胁。

威胁/目标	漏洞	保障措施	结果	解释说明
黑客想盗取你的银行登录凭证	黑客创建了一个与你的网上银行网站几乎相同的钓鱼网站	只使用 HTTPS 访问网站	无损失	有效保障措施
		无	丢失登录凭证	无效保障措施
员工将敏感数据发布到公开的 Google+ 群组	公众访问不安全的群组	密码程序员工培训	丢失敏感数据	无效保障措施

图 10-2 威胁/损失示例

然而，如果像图 10-2 第二行所描述的那样，你在没有使用 HTTPS 的情况下访问看似是你的银行网站（即一个不安全的网站），你就完全没有保障。你的登录凭证可以很快被记录下来并转卖给其他犯罪分子。

图 10-2 的最下面一行显示了另一种情况。一个工作中的员工获得了敏感数据，并将其

发布在他认为是工作专用的 Google+ 群组上。然而，该员工错误地将其发布到一个公共组群。黑客攻击的目标是敏感数据，而漏洞是公开访问该组。在这个案例中，有几项保障措施可以防止这一损失：该员工需要密码来获取敏感数据并加入私人的、仅供工作使用的小组；雇主有程序规定员工不得将机密数据发布到任何公共网站，如 Google+，但这些程序要么不为人所知，要么被忽视；第三项保障措施是对所有员工进行的培训。然而，由于该员工忽视了这些程序，所有这些保障措施都是无效的，数据被暴露在公众面前。

威胁的来源有哪些？

图 10-3 总结了安全威胁的来源。威胁的类型显示在列中，而损失的类型显示在行中。

		威胁		
		人为错误	计算机犯罪	自然事件和灾害
损失	未经授权的数据公开	程序性错误	伪装 网络钓鱼 欺骗 窃听 黑客攻击	恢复期间的信息披露
	错误的数据修改	程序性错误 不正确的程序 无效的计算控制 系统错误	黑客攻击	错误的数据恢复
	错误服务	程序性错误 开发和安装错误	篡改	服务恢复不当
	拒绝服务（DoS）	事故	DoS 攻击	服务中断
	基础设施损失	事故	盗窃 恐怖活动	财产损失

图 10-3　安全威胁的来源

人为错误

人为错误包括由员工和非员工造成的意外问题。一个例子是一个员工误解了操作程序，意外地删除了客户记录。另一个例子是一个员工在备份数据库的过程中，无意中把一个旧的数据库安装在当前数据库之上。这类威胁还包括写得不好的应用程序和设计不好的程序。最后，人为错误还包括物理事故，如驾驶叉车穿过计算机房的墙壁。

计算机犯罪

第二种威胁类型是计算机犯罪。这类威胁包括故意破坏数据或其他系统组件的员工和前员工。它还包括侵入系统的黑客以及感染计算机系统的病毒和蠕虫编写者。计算机犯罪还包括恐怖分子和那些为了经济利益而侵入系统的人。

自然事件和灾害

自然事件和灾难是第三类威胁。这类威胁包括火灾、洪水、飓风、地震、海啸、雪崩和其他自然灾害。这类威胁带来的损失不仅包括最初的能力和服务的损失，还包括从最初的问题中恢复的行动所产生的损失。

存在哪些类型的安全损失？

存在五种类型的安全损失：未经授权的数据公开、错误的数据修改、错误服务、拒绝服务和基础设施损失。我们依次进行讨论。

未经授权的数据公开

未经授权的数据公开发生在一个威胁获得应该被保护的数据时。当有人不小心违反政策发布数据时，它可能因人为错误而发生。在大学里的一个例子是，一个学院的管理员在公共场所发布学生的姓名、身份证号码和成绩，而发布姓名和成绩违反了州和联邦法律。另一个例子是，员工在不知情的情况下或不小心地将内部数据发给竞争对手或媒体。维基解密是一个著名的未经授权数据公开的例子，图 10-2 第三行中描述的情况是另一个例子。

搜索引擎的普及和有效性创造了另一个不经意的数据公开来源。将受限数据放在搜索引擎能够访问的网站上的员工，可能会错误地在网络上发布专有或受限数据。

当然，专有和个人数据也可能被恶意发布和获取。伪装是指有人通过假装成别人的身份进行欺骗。一个常见的骗局是打电话的人假装是信用卡公司的人，声称要检查信用卡号码的有效性："我正在检查你的万事达卡号码，它以 5491 开头。你能核实一下号码的其余部分吗？"成千上万的万事达卡号码以 5491 开头，打电话的人试图窃取一个有效号码。

网络钓鱼是一种类似的获取未经授权数据的技术，它通过电子邮件进行伪装。钓鱼者假装是一家合法公司，并发送电子邮件要求提供机密数据，如账号、社会安全号、账户密码等。

欺骗是另一个术语，指某人假装成其他人。如果你假装是你的教授，你正在以你的教授的身份进行欺骗。IP 欺骗是指入侵者使用一个网站的 IP 地址来伪装成另一个网站。电子邮件欺骗是网络钓鱼的同义词。

窃听是一种截获计算机通信的技术。对于有线网络，窃听需要与网络有物理连接。对于无线网络，就不需要这种连接：破坏者只需要带着有无线连接的计算机穿过一个区域，搜索未受保护的无线网络。他们使用数据包窃听器，也就是捕捉网络传输的程序，来监测和拦截不安全的无线（或有线）网络的传输。正如你将了解的那样，即使是受保护的无线网络也很脆弱。间谍软件和广告软件是本章后面讨论的另外两种窃听技术。

其他形式的计算机犯罪包括黑客攻击，即侵入计算机、服务器或网络以窃取如客户名单、产品库存数据、员工数据以及其他专有和机密的数据。

最后，人们可能会在自然灾害的恢复过程中无意中泄露数据。在恢复过程中，每个人都专注于恢复系统功能，以至于他们可能忽略了正常的安全防护措施。像"我需要一份客户数据库的备份"这样的请求在灾难恢复期间所接受的审查会比其他时候少得多。

错误的数据修改

图 10-3 中的第二种安全损失是错误的数据修改。这方面的例子包括错误地增加客户折扣或错误地修改员工的工资、假期天数或年度奖金。其他的例子包括在公司的网站或公司门户网站上发布错误的信息，如错误的价格变化。当员工错误地遵循程序或程序设计错误时，错误的数据修改会因人为错误而发生。为了对处理财务数据或控制资产库存（如产品和设备）的系统进行适当的内部控制，公司应确保职权分离，并建立多重制衡机制。

最后一种由人为错误引起的错误的数据修改包括系统错误。一个例子是第 5 章中讨论的丢失更新问题。

计算机犯罪分子可以通过入侵计算机系统来进行未经授权的数据修改。例如，黑客可以入侵系统，转移人们的账户余额或下订单将货物运送到未经授权的地点和客户那里。

最后，灾难发生后的错误恢复行动会导致错误的数据修改。这些错误的行动可能是无意的，也可能是恶意的。

错误服务

第三种类型的安全损失，即错误服务，包括由于错误的系统操作而导致的问题。如上所述，错误服务可能包括错误的数据修改，也可能包括向客户发送错误的货物或将订购的货物发送给错误的客户、给客户开具不准确的账单或向员工发送错误的信息而无法正常工作的系统。人们可能会因为程序性错误而无意中造成错误服务。系统开发人员可能错误地编写程序，或在安装硬件、软件程序和数据时犯错。

当计算机犯罪分子入侵计算机系统，用他们自己的未经授权的程序取代合法的程序，关闭合法的应用程序，并用他们自己的处理方式来进行间谍活动，以达到监视、窃取和操纵数据或其他目的时，就会发生篡改行为。在自然灾害的恢复过程中，如果服务恢复不当，也会导致错误服务。

拒绝服务

遵循程序中的人为错误或缺少程序可能导致拒绝服务（DoS），这是第四种类型的损失。例如，人们可以通过启动一个计算密集型的应用程序，不经意地关闭 Web 服务器或企业网关路由器。一个使用运行中的数据库管理系统的联机分析处理应用可以消耗很多数据库管理系统资源，以至于订单交易无法通过。

计算机犯罪分子可以蓄意发动拒绝服务攻击，例如，恶意黑客用数以百万计的虚假服务请求占用网络服务器，以至于服务器无法为合法请求提供服务。此外，计算机蠕虫可以入侵一个计算机网络并产生大量的人工流量，以至于合法流量无法通过。最后，自然灾害可能导致系统故障，从而导致拒绝服务。

基础设施损失

很多时候，人为事故会导致基础设施的损失，这是最后一种损失类型。例如，推土机切断了光纤电缆管道，地板缓冲器撞上了网络服务器的机架。

盗窃和恐怖事件也会造成基础设施的损失。例如，一个心怀不满的、被解雇的员工可能会带着公司的数据服务器、路由器或其他关键设备离开。恐怖事件也会造成物理装置和设备的损失。

自然灾害是基础设施损失的最大风险。火灾、水灾、地震或类似事件可以摧毁数据中心和其中的数据。

你可能想知道为什么图 10-3 没有包括病毒、蠕虫和特洛伊木马等术语。答案是病毒、蠕虫和特洛伊木马是造成图中一些问题的技术。它们可以造成拒绝服务攻击，也可以被用来造成恶意的、未经授权的数据访问或数据丢失。

最后，最近出现了一个新的威胁术语。高级持续性威胁（APT）是一种由资金充足的大型组织（如政府）实施的可能长期运行的复杂计算机黑客攻击。APT 可以成为参与网络战争和网络间谍活动的一种手段。

信息安全的目标

如图 10-1 所示，通过建立适当的保障措施可以阻止威胁，就算不能阻止，也可以减少损失的代价。然而,保障措施的创建和维护成本是昂贵的。它们增加了普通任务的难度、降低了工作效率、增加了额外的劳动力支出。信息安全的目标是在损失风险和实施保障措施的成本之间找到一个适当的平衡点。

商务专业人士需要仔细进行这种权衡。在你的个人生活中,你应当使用防病毒软件。你可能还应该实施你将在问题10-3中了解到的其他保障措施。有些防护措施,如删除浏览器的cookie,会让你的计算机更难使用。这种保护措施值得吗?你需要为自己评估风险和好处。

企业也需要进行类似的评估,但它们需要更系统地进行。底线是不要在没有仔细分析和按照分析结果采取行动的情况下,任由其发展。通过为自己和所在企业做出的适当的权衡来取得安全方面的优势。

问题10-2 计算机安全问题有多严重?

我们不知道由于计算机安全威胁造成的财务和数据损失的全部程度。当然,由于人为错误造成的损失是巨大的,但很少有企业计算这些损失,更不用说有企业公布这些损失了。然而,"Risk Based Security"在2017年的一份安全报告中称,在创纪录的5207起安全事件中,丢失了78.9亿条个人记录[2]。一些更引人注目的数据泄露事件包括DU Caller Group(20亿)、River City Media公司(13亿)和FriendFinder Networks公司(4.12亿)的用户账户丢失[3]。而这还不算Equifax丢失的超过1.45亿条财务记录以及Uber丢失的5700万客户账户。超过82%的被盗用户记录是由外部攻击者通过网络漏洞(69%)或直接黑客攻击(30%)获取的。而这些只是上了新闻并自愿报告其损失的公司。

自然灾害造成的损失也是巨大的,几乎无法计算。例如,2011年的日本地震使日本的制造业关停,其损失波及从远东到欧洲和美国的供应链。可想而知,日本企业在恢复其信息系统时的巨大开支。

此外,没有人知道计算机犯罪的成本。首先,没有统计犯罪成本的标准。拒绝服务攻击的成本是否包括员工的时间损失、收入损失,或因客户流失而造成的长期收入损失?或者,如果一名员工丢失了一台价值2000美元的笔记本计算机,其成本是否包括其中的数据价值?它是否包括更换它和重新安装软件的时间成本?或者,如果有人偷了明年的财务计划,如何确定竞争对手收集的价值的成本?

其次,所有关于计算机犯罪成本的研究都是基于调查的。不同的受访者对术语有不同的解释,一些企业没有报告所有的损失,而一些企业根本不会报告计算机犯罪的损失。如果没有标准的定义和更准确的收集犯罪数据的方法,我们就不能依靠任何特定估计的准确性。我们最多只能假设各种类型的调查对象都使用相同的方法,然后通过比较每年的数据来寻找趋势。

图10-4显示了一项历时8年的调查的结果[4]。这项调查是由惠普公司委托,并由专门从事计算机犯罪的咨询机构Ponemon研究所实施的。它显示了七种最昂贵的攻击类型的平均成本和占比。如果不进行显著性测试,可能就很难确定所显示的差异是否是随机的。但从数据表面来看,最常见的攻击类型似乎是恶意代码(23%)。幸运的是,恶意代码的攻击似乎正在减少。然而,在过去一年中,勒索软件攻击和基于网络的攻击大幅增加。恶意代码、勒索软件和网络钓鱼攻击的成本也比前一年有所增加(见图10-5)。其余类型的攻击的平均成本基本持平或略有下降。

	2010	2011	2012	2013	2014	2015	2016	2017
拒绝服务	NA	$187 506 (17%)	$172 238 (20%)	$243 913 (21%)	$166 545 (18%)	$255 470 (16%)	$133 453 (16%)	$129 450 (10%)
恶意的内部人员	$100 300 (11%)	$105 352 (9%)	$166 251 (8%)	$198 769 (8%)	$213 542 (8%)	$179 805 (10%)	$167 890 (11%)	$173 517 (9%)
基于网络的攻击	$143 209 (15%)	$141 647 (12%)	$125 795 (13%)	$125 101 (12%)	$116 424 (14%)	$125 630 (12%)	$88 145 (12%)	$83 450 (20%)
恶意代码	$124 083 (26%)	$126 787 (23%)	$109 533 (26%)	$102 216 (21%)	$91 500 (23%)	$164 500 (24%)	$92 336 (24%)	$112 419 (23%)
网络钓鱼和社会工程	$35 514 (12%)	$30 397 (9%)	$18 040 (7%)	$21 094 (11%)	$45 959 (13%)	$23 470 (14%)	$95 821 (15%)	$105 900 (13%)
被盗设备	$25 663 (17%)	$24 968 (13%)	$23 541 (12%)	$20 070 (9%)	$43 565 (10%)	$16 588 (7%)	$31 870 (6%)	$29 883 (8%)
勒索软件							$78 993 (5%)	$88 496 (5%)

图 10-4 计算机犯罪的平均成本以及各种类型攻击的占比

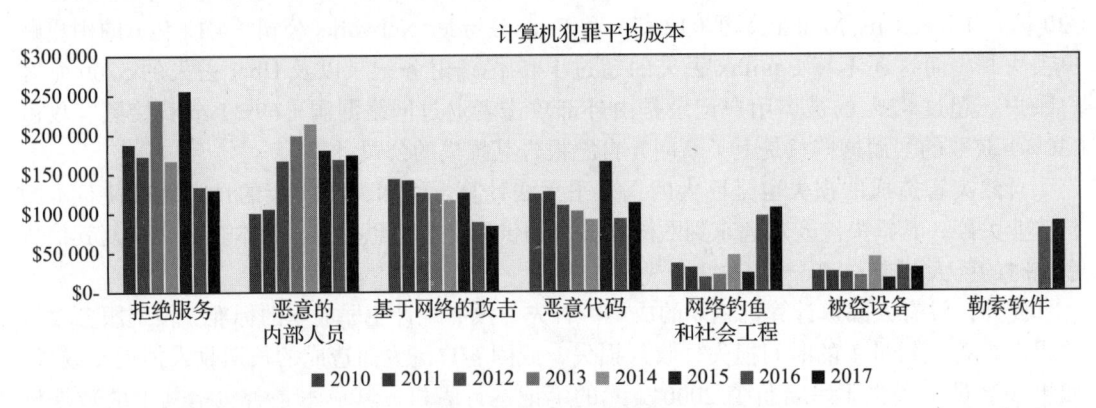

图 10-5 计算机犯罪成本

除了这些数据外，Ponemon 还按被破坏的资产类型调查了损失。它发现，信息损失是计算机犯罪后果中成本最高的，在 2017 年占成本的 43%。业务中断是第二大损失，在 2017 年占 33%。设备损失和损坏仅占损失的 3%。显然价值在于数据，而不是硬件。

展望未来，Ponemon 报告说，与网络犯罪有关的内部成本的 76% 来自检测（35%）、遏制（21%）和恢复（20%）[5]。其次是调查（11%）、事件管理（8%）和事后回应（5%）。

2017 年计算机犯罪成本研究包括深入分析不同安全政策对减少计算机犯罪的影响。那些花更多的钱来创建保障措施（本章问题 10-4～问题 10-7 将进行讨论）的企业经历的计算机犯罪更少，并且在面临计算机犯罪时遭受的损失更小。安全保障措施确实有效！

如果你在网上搜索"计算机犯罪统计"，你会发现许多类似的研究。有些研究是基于可疑的抽样技术，而且似乎是为了推广某个特定的保障产品或观点而写的。阅读时要注意这种偏见。

通过 Ponemon 的研究，截至 2017 年，关键问题是：

- 勒索软件和基于网络的攻击是越来越严重的安全威胁。
- 数据丢失和业务中断是计算机犯罪的主要成本。
- 检测和恢复占到与网络入侵有关的内部成本的一半以上。
- 安全保障措施发挥作用。

问题 10-3　你应该如何应对安全威胁？

正如问题 10-1 的结尾所说，你的个人信息系统安全目标应该是在损失的风险和保障措施的成本之间找到一个有效的平衡点。然而，很少有人会那么认真地对待安全问题，而且大多数人甚至没有实施低成本的保障措施。

图 10-6 列出了推荐的个人安全保障措施。第一个保障措施是认真对待安全问题。你无法看到现在或许在破坏你的计算机的行为。然而，它们的确存在。

- 认真对待安全问题
- 创建强密码
- 使用混合密码
- 不要通过电子邮件或即时通信发送有价值的数据
- 在可信的、有信誉的供应商处使用 HTTPS
- 从计算机中移除高价值的内容
- 清除浏览历史、临时文件和 cookie（CCleaner 或类似软件）
- 定期更新防病毒软件
- 向你的同事说明安全问题
- 遵循企业的安全指令和指南
- 考虑所有业务活动中的安全问题

图 10-6　个人安全保障措施

不幸的是，你收到的第一个表明你的安全已被破坏的信号将是你的信用卡上的虚假收费或朋友抱怨他们刚从你的电子邮件账户收到的恶心的电子邮件。计算机安全专家运行入侵检测系统来检测攻击。入侵检测系统（IDS）是一种计算机程序，它可以感知是否有另一台计算机尝试扫描或访问一台计算机或网络。IDS 的日志每天可以记录成千上万的尝试。如果这些尝试来自国外，除了使用合理的保障措施外，你无能为力。

如果你决定认真对待计算机安全问题，你可以实施的最重要的保障措施就是创建和使用强密码。我们在第 1 章讨论了这样做的方法。简而言之，不要使用任何语言的任何单词作为密码的一部分，而是使用大小写字母、数字和特殊字符混合的密码。

这样的非字密码仍然容易受到暴力攻击，即密码破解者会尝试所有可能的字符组合。暴力攻击可以在几分钟内破解一个由大写字母或小写字母组成的六个字符的密码。然而，对一个由大写字母、小写字母、数字和特殊字符混合组成的六个字符的密码进行暴力攻击可能需要几个小时。一个只有大写和小写字母的 10 位数密码可能需要数年时间才能破解，但一个混合使用字母、数字和特殊字符的密码可能需要数百年时间。一个 12 位数的纯字母密码可能需要数千年，而一个 12 位数的混合密码可能需要数百万年。当然，所有这些估计都假设密码不包含任何语言的单词。最关键的是：使用不包含单词的长密码、12 个或更多的字符，以及混合使用字母、数字和特殊字符。

除了使用长而复杂的密码外，你还应该为不同的网站使用不同的密码。这样一来，即使你的一个密码泄露，你也不会失去对所有账户的控制权。确保你在重要的网站（如你的银行网站）使用高强度的密码，并且不要在不太重要的网站（如你的社交网站）重复使用这些密码。一些网站专注于创新产品，可能不会分配相同数量的资源来保护你的信息。使用与信息价值相匹配的密码来保护你的信息。

切勿在电子邮件或即时通信中发送密码、信用卡数据或任何其他有价值的数据。正如本章中多次提到的，大多数电子邮件和即时通信都没有加密保护（见问题10-5），你应该假定你在电子邮件或即时通信中写的任何内容都可能在明天出现在《纽约时报》的头版。

只在使用安全HTTPS连接的信誉良好的在线供应商处购物。如果供应商在其交易中不支持HTTPS（在你的浏览器地址栏中寻找https://），就不要在该供应商处购物。

你可以通过将高价值的内容从你的计算机上移除来减少你的损失的可能性。现在，特别是以后作为一个商务专业人士，要习惯在离开办公室时不要带走笔记本计算机或其他包含任何你不需要的数据的设备。一般来说，将专有数据存储在你不随身携带的服务器或可移动设备上。（顺便说一下，Office 365使用HTTPS在SharePoint之间传输数据。你可以使用它或类似的应用程序，在你旅行时在公共场所（如机场）处理文件。）

你的浏览器会自动存储你的浏览历史和临时文件，这些文件包含你访问过的网址、你购买过的东西、你的账户名和密码等敏感数据。它还存储cookie，即你访问网站时浏览器会收到的小文件。cookie使你能够访问网站，而不必每次都登录，并且它们能加快一些网站的处理速度。不幸的是，一些cookie也包含敏感的安全数据。最好的保障措施是从你的计算机中删除你的浏览历史、临时文件和cookie，并将你的浏览器设置为禁用历史记录和cookie。

CCleaner是一个免费的开源产品（http://download.cnet.com/ccleaner/），它可以彻底地安全删除所有的这些数据。然而，在使用CCleaner之前，你应该对你的计算机进行备份。

删除和禁用cookie是提高安全性和成本之间的权衡的一个很好的例子。安全性将得到大幅提高，但你的计算机将更难使用。你应该做出一个有意识的决定，而不要让这种数据未知的漏洞为你做决定。

我们将在问题10-5中讨论杀毒软件的使用问题。一旦你成为一名商务专业人士，图10-6中的最后三项就适用于你。对于你的同事，特别是你所管理的人，你应该表现出对安全的关注和尊重。你还应该遵守企业的所有安全指令和指南。最后，在你所有的业务活动中考虑安全问题。

问题 10-4　企业应该如何应对安全威胁？

问题10-3讨论了你作为个人应该如何应对安全威胁。就企业而言，需要采取一种更广泛和更系统的方法。首先，高级管理层需要解决两个关键的安全功能：安全政策和风险管理。

考虑第一点，高级管理层必须建立全公司的安全政策。以数据安全政策为例，该政策说明了企业对其收集的有关客户、供应商、合作伙伴和员工的数据的态度。该政策至少应该规定：

- 企业将存储哪些敏感数据
- 它将如何处理这些数据
- 数据是否会与其他企业共享
- 员工和其他人如何获取存储关于他们的数据副本

- 员工和其他人如何请求修改不准确的数据

政策的具体内容取决于该企业是政府的还是非政府的、是公共的还是私人的、该企业所在的行业、管理层与员工的关系，以及其他因素。作为一名新员工，如果在新员工培训中没有讨论过你的雇主的安全政策，那就去了解一下。

第二个高级管理层的安全职能是风险管理。风险是无法消除的，所以风险管理意味着要主动平衡风险和成本。这种权衡因行业和企业而异。金融机构显然是盗窃的目标，必须在安全保障方面投入大量资金。另一方面，保龄球馆不太可能成为目标，当然，除非它在计算机或移动设备上存储信用卡数据（这个决定将成为其安全政策的一部分，但它似乎对保龄球馆或其他小型企业来说是不明智的）。

为了做出权衡，企业需要创建一个他们想要保护的数据和硬件的清单，然后根据每个潜在威胁的概率来评估保障措施。图10-3是了解威胁类别和频率的一个良好来源。鉴于这组清单和威胁，企业需要决定它希望承担多少风险，或者换句话说，它希望实施哪些安全保障措施。

使用保障措施来保护信息资产的一个很好的类比是购买汽车保险。在购买汽车保险之前，你要确定车值多少钱、车发生损坏的可能性，以及愿意接受多少风险。然后，通过购买一种叫作保险的保障措施，将你的部分风险转移给保险公司。企业不是只购买一份保险，而是实施各种保障措施来保护它们的数据和硬件。

记住信息系统保障措施的一个简单方法是根据信息系统的五个组成部分来安排它们，如图10-7所示。有些保障措施涉及计算机硬件和软件、有些涉及数据、有些涉及流程和人员。我们将在接下来的三个问题中考虑技术、数据和人员保障措施。

硬件	软件	数据	流程	人员
技术保障措施		数据保障措施		人员保障措施
识别和授权		数据职权		雇佣
加密		密码		培训
防火墙		加密		教育
恶意软件防护		备份和恢复		程序设计
应用设计		物理安全		行政管理
				评估
				合规性
				问责制

图 10-7　与五个组件相关的安全保障措施

那又怎样——2017年黑帽大会的新动态

黑客、安全专家和政府人员每年都会涌向拉斯维加斯，参加一个重要的安全会议：黑帽大会。黑帽大会迎合了黑客、安全专家、公司和政府实体的需要。

每年的演讲者都会就如何被黑客攻击进行简报。演讲者会准确地展示如何利用硬件、软件、协议或系统的弱点。一场会议可能会告诉你如何入侵你的智能手机，而另一场会议可能会告诉你如何清空自动取款机中的现金。

演讲鼓励公司修复产品漏洞，并作为黑客、开发者、制造商和政府机构的教育论坛。以下是 2017 年黑帽大会的亮点：

专注于防御：在黑帽大会上，Facebook 的首席安全官（CSO）亚历克斯·斯塔莫发表了主题演讲[6]。斯塔莫发表了一个富有同情心和安慰性的演讲，讲述了试图解决用户面临的真正问题。他要求与会者更多地关注阻止真正危害用户的真正威胁，如垃圾邮件、DoS 攻击和恶意软件。安全社区往往把注意力集中在介绍那些很少发生但对其他安全专家来说令人眼花缭乱的隐晦漏洞上。

斯塔莫敦促与会者认识到，有组织的团体正在攻击对每个人都重要的东西，而不仅仅是安全专业人士。这包括像关键基础设施、投票机和个人数据（如大规模数据泄露事件所展现的）。确保存放这些信息的系统的安全有助于每个人。斯塔莫指出，防御这些常见类型的攻击远比在酒店向一小群朋友做罕见的攻击演示更重要和有益。

工业机器人：在黑帽大会上最受关注的演讲是一个旨在破坏整个电力网的恶意软件。2016 年 12 月，它使乌克兰的电力中断了一个小时。罗伯特·利波夫斯基（ESET）和塞尔吉奥·卡尔塔吉罗内（Dragos）领导两个不同的安全研究团队，概述了工业机器人（Dragos 的研究人员也称为 CrashOverride）如何利用工业控制系统使用的通信协议来关闭电网[7]。使用恶意软件的攻击者可能通过不断打开和关闭断路器来迫使变电站自我隔离，直到它们自动切换与电网其他部分的连接。这使得该恶意软件对各种制造商生产的各种电网系统都有效。

这种类型的恶意软件在网络战争中可能是最有价值的。破坏电力和通信系统是网络战争中的首要任务。它可以有效地蒙蔽对方国家，使其难以反击。工业机器人可以为有组织的民族国家行为者提供工具，在网络战争中发起最初的攻击，并在几天内切断电力。在像美国这样的发达国家，不间断的电力对医院、在线零售商、电信供应商和许多其他机构的日常运作至关重要。长期的电力中断将是灾难性的。

Broadpwn 恶意软件：另一个被广泛讨论的是尼泰·阿滕斯坦的演讲，他展示了一个 Wi-Fi 蠕虫如何在网络间自动传播，并感染所有使用 Broadcom 无线卡的 Wi-Fi 设备[8]。阿滕斯坦发现了一个缓冲区溢出漏洞，该漏洞使他能够远程安装恶意软件，然后传播到 Wi-Fi 客户端和接入点。任何带有 Broadcom 无线卡的设备都会受到影响，这包括所有安卓和苹果设备。幸运的是，谷歌和苹果都在阿滕斯坦在黑帽大会上发表演讲之前发布了该漏洞的补丁。

问题

1. 为什么亚历克斯·斯塔莫希望安全研究人员专注于修复漏洞而不是发现漏洞？
2. 为什么民族国家会对开发像工业机器人这样的恶意软件感兴趣？
3. 如果工业机器人能够断电超过一周，可能会产生什么类型的后果？
4. 除了电网，民族国家在网络战争中还可能针对哪些类型的基础设施？为什么他们的目标会是这些类型的基础设施？
5. 假设 Broadpwn 恶意软件被散播，并能够立即在所有接入点和无线客户端（即智能手机、笔记本计算机和平板计算机）之间传播。你认为大多数系统需要多长时间才能被感染？什么可能会影响感染的速度？

问题 10-5 技术保障措施如何防范安全威胁？

技术保障措施涉及信息系统的硬件和软件组件。图 10-8 列出了主要的技术保障措施。下面我们依次进行讨论。

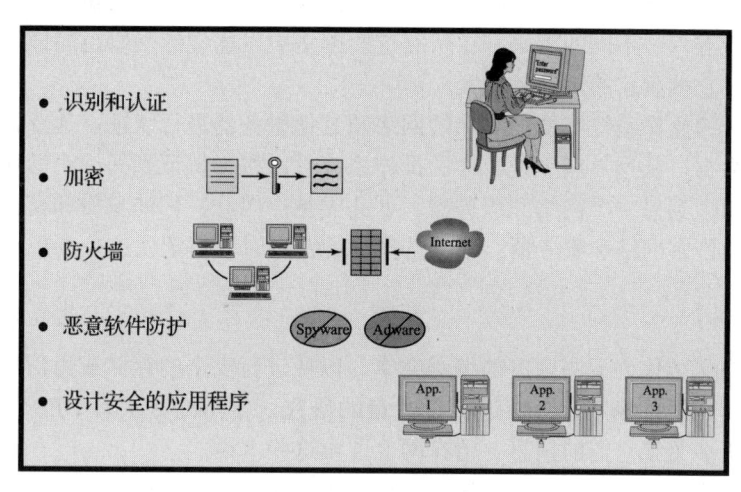

图 10-8 技术保障措施

识别和认证

现在的每一个信息系统都应该要求用户用用户名和密码登录。用户名可以识别用户（识别过程），而密码可以验证该用户（认证过程）。

密码有重要的弱点。尽管一再警告（不要让这种情况发生在你身上），但还是有用户经常分享他们的密码，并且许多人选择无效的、简单的密码。事实上，2018 年 Verizon 的一份报告指出，"63% 的已确认的数据泄露涉及使用弱密码、默认密码或被盗的密码[9]"。由于这些问题，一些企业除了使用密码之外，还使用智能卡和生物识别认证。

智能卡

智能卡是一种塑料卡，类似于带有磁条的老式信用卡，但有一个嵌入式的微芯片。微芯片所容纳的数据比磁条要多得多，它装载着识别数据。智能卡的用户需要输入一个个人识别号码（PIN）来进行认证。

生物识别认证

生物识别认证使用个人身体特征，如指纹、面部特征和视网膜扫描来认证用户。生物识别认证提供强大的认证，但所需的设备很昂贵。用户也常常会抵制生物识别，因为他们觉得这是一种侵入。

生物识别认证正处于早期应用阶段。由于它的优势，它在未来可能会有更多的应用。立法者也可能会通过法律来管理生物识别数据的使用、存储和保护要求。关于生物识别技术的更多信息，请在 http://searchsecurity.techtarget.com 搜索生物识别技术。

请注意，认证方法分为三类：密码或 PIN、智能卡、生物识别。

多系统单点登录

信息系统通常需要多源认证。例如，当你登录到你的个人计算机时，你需要认证。当访问所在部门的局域网时，需要再次进行身份验证。当使用企业的广域网时，你需要对更多的网络进行认证。另外，如果你的请求需要数据库数据，管理该数据库的服务器将再次对你进行认证。

为每个资源都输入用户名和密码可能令人烦躁。你可能为了访问执行工作所需的数据不得不使用和记住五六个不同的密码。在所有这些网络中发送你的密码也同样不可取。你的密码传输得越远，它被泄露的风险就越大。

相反，如今的操作系统有能力对你的网络和其他服务器进行认证。你登录你的本地计算机并提供认证数据。从这一点上说，你的操作系统可以将你认证到另一个网络或服务器，而后者可以将你认证到另一个网络和服务器，如此类推。因此，你的身份和密码在你的本地计算机之外打开了许多网络和服务器。当你选择你的密码时，请记住这一点！

加密

加密是将明文转化为无法理解的编码文本，以便进行安全的存储或通信。为开发难以破解的加密算法（数据加密程序）而进行了大量的研究。常用的方法有 DES、3DES 和 AES。如果你想了解更多关于它们的信息，请在网上搜索这些术语。

密钥是一串用于加密数据的字符串。它被称为密钥是因为它能解锁信息，但它是与加密算法一起使用的、表示为数字或字母的二进制字符串，而不是像你公寓的钥匙那样的实物。

为了加密信息，计算机程序使用加密方法（如 AES）与密钥（如单词"key"）相结合，将明文信息（如单词"secret"）转换成加密信息。由此产生的编码信息（"U2FsdGVkX1+b637aTP80u+y2WYlUbqUz2XtYcw4E8m4="）看起来像是乱码。解码（解密）信息也是类似的。对编码的信息应用一个密钥，以恢复原始文本。在对称加密中，相同的密钥用于编码和解码。在非对称加密中，使用两个密钥：一个密钥对信息进行编码，另一个密钥对信息进行解码。对称加密比非对称加密更简单、更快速。

互联网上使用非对称加密的一个特殊版本，即公钥加密。使用这种方法，每个网站都有一个用于编码信息的公钥和一个用于解码信息的私钥。在我们解释其工作原理之前，请考虑以下的类比。

假设你给一个朋友送了一把打开的密码锁（就像你在健身房的储物柜上的一样），并且你是唯一知道这个锁的密码的人。现在你的朋友把东西放在一个盒子里，然后把锁锁上。你的朋友和其他人都不能打开那个盒子。那个朋友把锁着的盒子送给你，你应用密码来打开盒子。

公钥就像密码锁，而私钥就像密码。你的朋友用公钥对信息进行编码（锁住盒子），你用私钥对信息进行解码（打开锁）。

现在，假设我们有两台普通的计算机 A 和 B。假设 B 想向 A 发送一条加密信息。为此，A 向 B 发送其公钥（在我们的类比中，A 向 B 发送一把打开的密码锁）。现在，B 将 A 的公钥应用于该信息，并将得到的编码信息发回给 A。这就像带锁的盒子。当 A 收到编码信息时，A 应用它的私钥（在我们的类喻中是密码）来解锁或解密该信息。

同样，公钥就像打开的密码锁。计算机 A 会向任何索要的人发送一把锁，但 A 永远不会把它的私钥（组合）发给任何人，私钥一直是私有的。

互联网上的大多数安全通信都使用一种叫作 HTTPS 的协议。通过 HTTPS，数据使用一种叫作安全套接字层（SSL）的协议进行加密，它也被称为传输层安全（TLS）。SSL/TLS 使用公钥加密和对称加密的组合。

其基本思想是：对称加密速度快，因而是首选。但双方（例如你和一个网站）并不共享对称密钥。因此，双方使用公钥加密来共享同一个对称密钥。一旦你们都拥有该密钥，就可以使用对称加密进行通信。

图 10-9 总结了当你与一个网站进行安全通信时，SSL/TLS 是如何工作的：
1. 计算机获得它要连接的网站的公钥。
2. 计算机生成一个对称加密的密钥。
3. 计算机使用网站的公钥对该密钥进行编码，将加密后的对称密钥发送给网站。
4. 网站使用其私钥对对称密钥进行解码。
5. 从那时起，计算机和网站将使用对称加密进行通信。

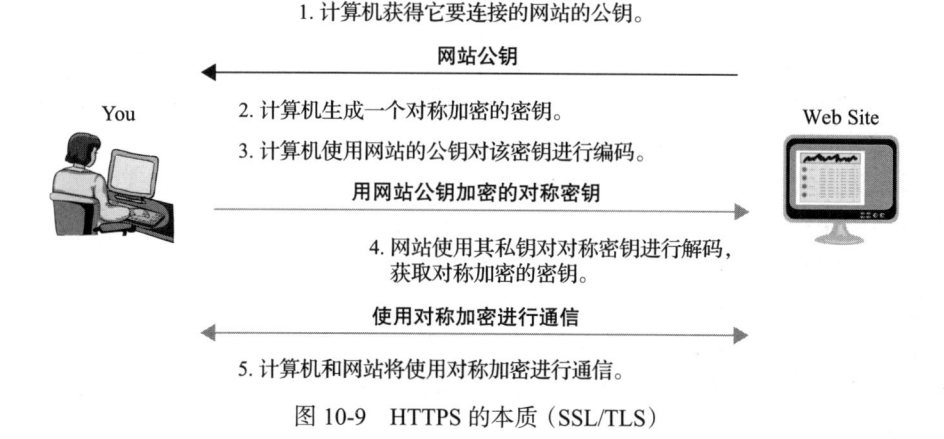

图 10-9 HTTPS 的本质（SSL/TLS）

在通信结束时，计算机和安全网站会丢弃密钥。利用这种策略，大部分的安全通信都是使用更快的对称加密技术。此外，由于密钥的使用时间很短，因此它们被发现的可能性较小。

使用 SSL/TLS 可以安全地发送敏感数据，如信用卡号码和银行余额。只要确定你在浏览器中看到 https://，而不仅仅是 http://。大多数浏览器都有额外的插件或附加组件（如 HTTPS Everywhere）可以在可用时强制进行 HTTPS 连接。

防火墙

防火墙是一种防止未经授权的网络访问的计算设备。防火墙可以是专用计算机，也可以是通用计算机或路由器上的程序。从本质上讲，防火墙只是一个过滤器。它能以多种方式过滤传输，包括网络传输来自何处、正在发送什么类型的数据包、数据包的内容，以及数据包是否为授权连接的一部分。

企业通常使用多个防火墙。边界防火墙位于企业网络之外，它是互联网传输遇到的第一个设备。除了边界防火墙外，一些企业还在企业网络内使用内部防火墙。图 10-10 显示了保护一个企业的所有计算机的边界防火墙和保护局域网的第二个内部防火墙的使用情况。

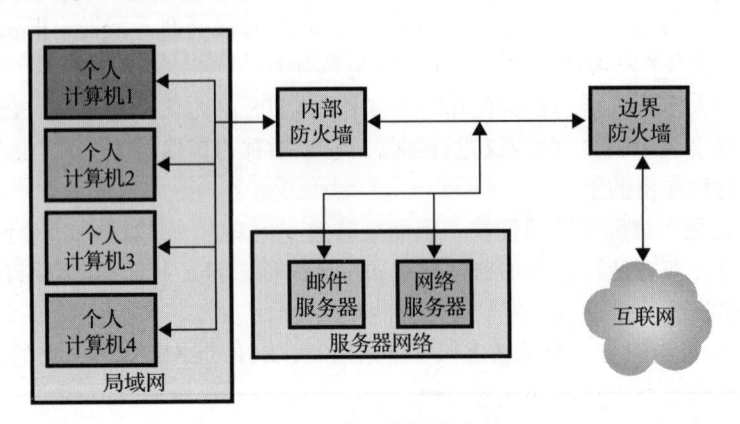

图 10-10　使用多重防火墙

包过滤防火墙检查信息的每一部分，并决定是否让该部分通过。为了做出这一决定，它检查源地址、目标地址和其他数据。

包过滤防火墙可以禁止外部人员与防火墙所保护的用户开始会话，还可以禁止来自特定网站的传输，如已知的黑客地址。它们可以禁止来自合法但不需要的地址的传输，如竞争对手的计算机，并过滤出站传输。它们可以阻止员工访问特定的网站，如竞争对手的网站、有色情内容的网站或热门的新闻网站。作为未来的管理者，如果你有不希望员工访问的特定网站，你可以要求你的信息系统部门通过防火墙强制执行这一限制。

包过滤防火墙是最简单的防火墙类型。其他防火墙在更复杂的基础上进行过滤。如果你修了数据通信课，你会了解到它们。现在只需要了解防火墙有助于保护企业计算机，使其免受未经授权的网络访问。

任何计算机都不应该在没有防火墙保护的情况下连接到互联网。许多 ISP 为其客户提供防火墙。这些防火墙本质上是通用的。大型企业用自己的防火墙来补充这种通用防火墙。大多数家用路由器都包括防火墙，Microsoft Windows 也有一个内置的防火墙。第三方也许可使用防火墙产品。

恶意软件防护

我们在图 10-8 中列出的下一个技术保障措施涉及恶意软件。恶意软件是一个广义的软件类别，包括病毒、间谍软件和广告软件。

病毒是一种能够自我复制的计算机程序。不受控制的复制就像计算机癌症。最终，病毒会耗尽计算机的资源。此外，许多病毒还采取不必要的有害行动。导致不需要的行动的程序代码被称为有效载荷，它可以删除程序或数据，或者更糟糕的是以未被用户发现的方式修改数据。

特洛伊木马是伪装成有用程序或文件的病毒。这个名字是指在特洛伊战争期间，一个装满了士兵并搬到特洛伊的巨大木马模型。典型的特洛伊木马看起来是计算机游戏、MP3 音乐文件，或其他一些有用的且无害的程序。

蠕虫是一种利用互联网或其他计算机网络进行自我传播的病毒。蠕虫病毒的传播速度比其他病毒类型快，因为它们可以自行复制。不同于非蠕虫病毒必须等待用户与第二台计算机共享文件。蠕虫病毒主动利用网络进行传播。蠕虫病毒的传播速度如此之快，以至于网络过载和崩溃。

间谍软件程序是在用户不知情或未经允许的情况下安装在用户的计算机上。间谍软件驻留在后台，在用户不知情的情况下，观察用户的行动和键入、监控计算机活动，并向赞助机构报告用户的活动。一些被称为键盘记录器的恶意间谍软件捕捉键盘键入，以获取用户名、密码、账户号码和其他敏感信息。其他间谍软件用于营销分析，如观察用户的行为、访问的网站、检查和购买的产品等。

广告软件与间谍软件类似，因为它在未经用户许可的情况下安装并驻留在后台观察用户行为。大多数广告软件是良性的，因为它不执行恶意行为或窃取数据。但它确实在观察用户的活动并产生弹出式广告。广告软件还可以改变用户的默认窗口或修改搜索结果并切换用户的搜索引擎。

勒索软件是一种恶意软件，它阻止对系统或数据的访问，直到向攻击者支付金钱。一些形式的勒索软件会加密你的数据（CryptoLocker）、阻止你运行应用程序，甚至将你的操作系统锁定（Reveton）。攻击者在收到付款后才允许你访问你的数据或系统。

图 10-11 列出了广告软件和间谍软件的一些症状。有时，随着更多的恶意软件组件被安装，这些症状会慢慢发展。如果你的计算机上出现这些症状，请使用反恶意软件程序删除间谍软件或广告软件。

- 系统启动缓慢
- 系统性能低下
- 许多弹出式广告
- 浏览器主页的可疑更改
- 任务栏和其他系统界面的可疑更改
- 异常的硬盘活动

图 10-11　广告软件和间谍软件症状

恶意软件保障措施

幸运的是，使用以下恶意软件保障措施可以避免大多数恶意软件：

1. 在你的计算机上安装反病毒和反间谍软件程序。信息系统部门会有一个为此目的而推荐的程序清单。如果你为自己选择一个程序，请选择一个有信誉的供应商的程序。在购买之前，请在网络上查看对反恶意软件的评论。

2. 设置你的反恶意软件程序以经常扫描你的计算机。你每周至少应该扫描一次你的计算机，或者更加频繁。当你检测到恶意软件代码时，使用反恶意软件来删除它。如果代码不能被删除，请联系信息系统部门或反恶意软件供应商。

3. 更新恶意软件的定义，即存在于恶意软件代码中的模式，应该经常下载。反恶意软件供应商持续更新这些定义，你应该在这些更新可用时安装它们。

4. 只打开已知来源的电子邮件附件。此外，即使在打开已知来源的附件时，也要非常小心。在正确配置的防火墙下，电子邮件是唯一可以到达用户计算机的外部发起的传输。

大多数反恶意软件程序会检查电子邮件附件中的恶意软件代码。但所有用户都应该养成永远不要打开来自未知来源的电子邮件附件的习惯。此外，如果你收到一封来自已知来源的意外电子邮件，或者来自已知来源的电子邮件包含可疑的主题、奇怪的拼写或糟糕的语法，在没有先与已知来源核实该附件是否合法之前，不要打开该附件。

5. 及时安装来自合法来源的软件更新。不幸的是，所有的程序都充满了安全漏洞。供应商在发现这些漏洞后会迅速进行修复，但这种做法是不严格的。及时安装操作系统和应用程序的补丁。

6. 只浏览有信誉的网站。当你只是打开一个网页时，一些恶意软件有可能自行安装。最近，恶意软件编写者一直在为合法网站上的横幅广告付费，这些广告中嵌入了恶意软件。只要点击一下，你就会被感染。

设计安全的应用程序

图 10-8 中的最后一项技术保障措施涉及应用程序的设计。正如你在开篇导入的故事中所了解的那样，亨利和拉杰在设计 ARES 时考虑到了安全问题。ARES 将把用户的隐私设置存储在一个数据库中，并且它对于所有应用程序的开发都会使其在运动报告中透露任何数据之前首先读取隐私设置。最有可能的是，ARES 将设计其程序，使隐私数据由服务器上的程序处理。这种设计意味着这种数据只有在创建或修改时才需要通过互联网传输。

顺便说一下，当用户在一个本应输入姓名或其他数据的表格中输入一个 SQL 语句时，就会发生 SQL 注入攻击。如果程序设计不当，它将接受这段代码，并使之成为它发出的数据库命令的一部分。可能会产生的后果是不适当的数据泄露以及数据损坏和丢失。一个设计良好的程序将使这种注入攻击无效。

作为一个未来的信息系统用户，你可能不会自己设计程序。但你应该确保为你和你的部门开发的任何信息系统都将安全作为应用程序要求之一。

道德指南——网络记录着一切

罗宾（Robin）开车去办公室的路上走走停停的交通节奏让她昏昏欲睡。她伸手调高了空调，然后也加大了收音机的音量。尽管交通拥堵，而且她昏昏欲睡，但她还是很享受去剑桥的通勤。她走的路经过瓦尔登湖和列克星敦、康科德等城镇，它们是这一带最有意义的地标性建筑。她喜欢在周末参观这些历史遗迹，但感觉上次去参观已经是很久之前了。她的热情慢慢减退，重新把注意力集中在路上。

过去几个月的工作充满了挑战。她一直在夜里、周末和节假日工作以保持进度。她在公司电子商务网站上担任用户体验经理一职，并且随着亚马逊等大公司和其他较小（但不断增长）的竞争对手持续争夺市场份额，她的工作变得越来越重要。留住每一个潜在的客户是最重要的。她目前从高层经理那里得到的指示是，尽可能多地收集有关客户互动的数据。

她的想法是，如果她能了解网站的用户是如何以及为什么决定购买某些产品或放弃购物车中的物品，那么就可以对该网站进行定制，以增加购买量并减少销售损失。公司甚至可以为每个特定的访问者定制网站。大多数电子商务网站都在进行这种类型的数据收集、分析和定制。然而，她今天实际上是要去城里和一位数据分析专家见面，讨论收集和分析客户行为的新策略。她对任何能够帮助公司在竞争中获得哪怕一丝优势的新事物都持开放态度！

细节决定成败

罗宾把车停在地下车库，走到街道上，并沿着查尔斯河走到会议安排的咖啡店。到达后她拉开门，立刻从领英的资料中认出了玛丽安（Marianne），她正坐在角落里为会议做最后的准备工作。在罗宾对公司做了初步的介绍和概述之后，玛丽安开始解释一些新型的数据收集和分析方案，她最近的一些客户发现这些方案很有用。前几个方法是罗宾已经在她的公司实施的，但当玛丽安开始讨论下一个方法时，罗宾就兴奋起来了。

玛丽安解释说："大数据运动最令人兴奋的事情之一就是，它不仅能够捕捉和存储大量的数据，而且能够使用新的数据输入流，即人们从未想过要探索或根本没有能力探索的东西。例如，许多网站现在都在存储和分析访问者在网站上所做的一切，而不仅仅是他们访问的页面或他们添加到购物车的产品，还包括所有的鼠标动作、按键和滑动行为[10]。"

玛丽安继续说："如果你决定采用这一功能，你能捕捉到的关于网站访问者的细节水平将呈指数级增长。你目前可以看到某人是否从购物车中添加或删除了产品。但是，我所说的技术将使你能够看到访问者是否不断地将鼠标移向特定的产品，但实际上从未将这些产品加入购物车。这样想吧，现在你只能阅读你的用户'告诉'你他们在网站上的互动情况的书面脚本。有了这项新技术，你将能够观看他们整个'对话'的视频。你会看到他们在'说话'之前和之后所做的事情，看到他们是如何说话的。最好的部分是，你几乎不需要做什么来实现这一目标。所有这些数据都被输送到一个第三方公司，该公司可以为你完成所有的分析。你只需要在你的网站上添加数据收集部分！"

数据是我的，不是你的

当玛丽安以同样的方式继续时，罗宾忍不住让她的思绪游走在这个想法的所有可能性和影响上。这并不是她第一次听说分析鼠标运动以获得有意义的信息。她最近在《华尔街日报》上读到一篇关于研究人员通过分析鼠标动作来揭示情感的文章[11]。但她越想玛丽安的推销，就越担心。

如果数据收集工具能捕捉到用户在网络会话期间所做的一切，那么一些非常敏感的数据（如姓名、地址和信用卡信息）将在结账过程中被捕捉。如果所有这些数据都被发送到第三方，则可能会为产生客户数据泄露带来潜在的漏洞。跟踪用户所做的一切也感觉很奇怪，这感觉像是对隐私的某种侵犯，而且如果没有别的原因，这有点令人毛骨悚然。最后，如果客户知道她的公司在这样做，可能会引起一场公关噩梦。罗宾喝了一口咖啡，继续思考该怎么做。也许她对新想法并不像她所想的那样开放。

讨论问题

1. 根据本书前面所定义的道德原则，回答下面的问题。

   a. 根据定言令式的观点，你认为暗中监视用户在网上的所有行为道德吗？

b. 根据功利主义的观点，你认为暗中监视用户在网上的所有行为道德吗？
2. 罗宾对与第三方公司共享客户数据的担忧是否成立？共享这类数据可能会产生什么样的问题？
3. 如果罗宾的公司应用了新技术，是否应该改变其网站的条款和条件政策？这将如何保护公司和其客户？
4. 如果这种数据收集是在移动应用程序上进行，而不是在网站上进行，会不会有更多的问题？与网站相比，移动应用可以收集哪些额外的数据？

问题 10-6　数据保障措施如何防范安全威胁？

数据保障措施保护数据库和其他企业数据。有两个企业部门负责数据保障措施。数据管理指的是负责制定数据政策和执行数据标准的企业范围职能。

数据库管理是指与某一特定数据库有关的功能。ERP、CRM 和 MRP 数据库都有数据库管理功能。数据库管理制定程序和措施，以确保高效有序地进行数据库的多用户处理，控制对数据库结构的改变，并保护数据库。在第 5 章中进行了数据库管理的总结。

在建立图 10-12 中的数据保障措施时，数据和数据库管理都参与其中。首先，数据管理应该定义数据政策，如"我们不会与任何其他企业共享可识别的客户数据"等。然后，数据和数据库管理一起确定用户的数据权责。这些权限应该由至少通过密码认证的用户来执行。

企业应该以加密的形式存储来保护敏感数据。这种加密使用一个或多个密钥，其方式类似于前文所述的数据通信加密。然而存储数据的一个潜在问题是密钥可能会丢失，或者心怀不满或被解雇的员工可能会破坏它。由于这种可能性，当数据被加密时，受信任的一方应该有一份加密密钥的副本。这种安全程序有时被称为密钥托管。

另一个数据保障措施是定期创建数据库内容的备份副本。企业应该至少将这些备份中的一部分存放在本场所外，可能是在一个远程位置。此外，信息技术人员应定期进行恢复，以确保备份的有效性且存在有效的恢复程序。不要认为只要进行了备份，数据库就受到了保护。

物理安全是另一个数据保障措施。运行数据库管理系统的计算机和存储数据库数据的所有设备都应该存放在上锁的、可控制访问的设施中。否则，它们不仅会被盗，而且会被损坏。为了提高安全性，企业应该有一份日志，显示谁进入设施、什么时候，以及有什么目的。

当组织在云中存储数据库时，图 10-12 中的所有保障措施都应该是云服务合同的一部分。

- 定义数据政策
- 数据权责
- 由密码认证的用户账户执行权限
- 数据加密
- 备份和恢复程序
- 物理安全

图 10-12　数据保障措施

数据的法律保障措施

一些企业有保护它们收集和存储的客户数据的法律要求。法律可以规定记录必须保存多长时间、企业可以与谁分享数据，以及强制性的安全数据存储要求。一些数据存储法律对企业有直接影响。

例如，支付卡行业数据安全标准（PCI DSS）规范了信用卡数据的安全存储和处理。国会 1999 年通过的《格雷姆 - 里奇 - 比利雷法案》能够保护金融机构存储的消费者金融数据，这些机构被定义为银行、证券公司、保险公司,以及提供财务咨询、准备报税和提供类似金融服务的企业。

对于医疗机构,1996 年的《健康保险携带和责任法案》(HIPAA)的隐私条款赋予个人访问医生和其他医疗机构创建的健康数据的权利。HIPAA 还对谁可以阅读和接收你的健康信息制定了规则和限制。

其他国家的数据保护法可能比美国的更严格。例如,在澳大利亚,1988 年《澳大利亚隐私法》的隐私原则不仅管辖政府和医疗保健数据,而且还管辖收入超过 300 万澳元的企业所保存的记录。

问题 10-7　人为保障措施如何防范安全威胁?

人为保障措施涉及信息系统的人员和程序部分。一般来说,当授权用户遵循适当的系统使用和恢复程序时,就会产生人为保障。限制授权用户的访问需要有效的认证方法和详细的用户账户管理。此外,适当的安全程序必须被设计为每个信息系统的一部分,并且用户应该接受关于这些程序的重要性和使用的培训。在本节中,我们将考虑为员工制定人为的保障措施。根据问题 10-2 中讨论的计算机犯罪的调查,来自恶意的内部人员的犯罪是一个频繁且代价高昂的问题。这一事实使保障措施变得更加重要。

对员工的保障措施

图 10-13 列出了内部员工的安全注意事项,我们依次进行讨论。

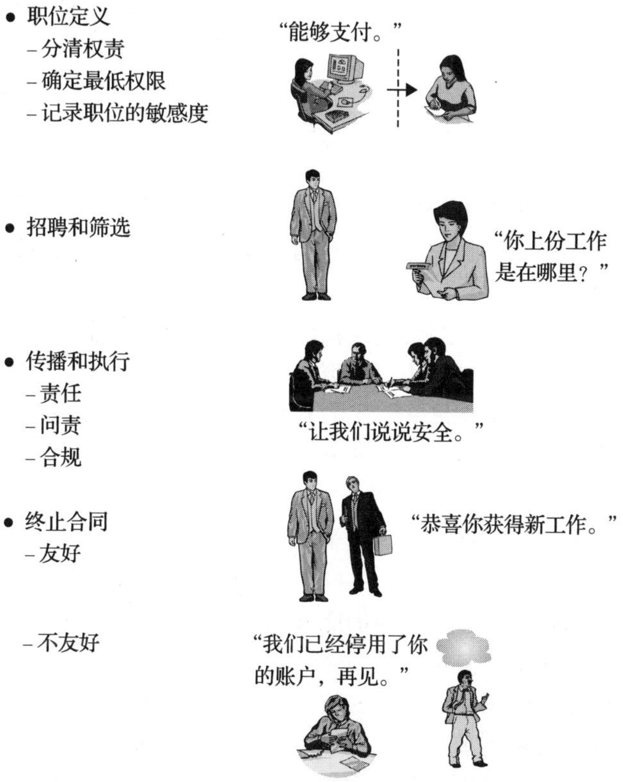

- 职位定义
  - 分清权责
  - 确定最低权限
  - 记录职位的敏感度

  "能够支付。"

- 招聘和筛选

  "你上份工作是在哪里?"

- 传播和执行
  - 责任
  - 问责
  - 合规

  "让我们说说安全。"

- 终止合同
  - 友好

  "恭喜你获得新工作。"

  - 不友好

  "我们已经停用了你的账户,再见。"

图 10-13　内部员工的安全政策

职位定义

有效的人为保障措施始于对工作任务和职责的定义。一般来说，职务说明应规定职权的分离。例如，不应该允许任何一个人既批准开支又开具支票。相反，应该由一个人批准开支，另一个人支付费用，而第三个人应该说明付款情况。同样，在库存方面，不应允许任何一个人既授权提取库存，又从库存中删除物品。

鉴于适当的工作描述，用户账户的定义应尽可能给予员工执行工作所需的最低权限。例如对于工作描述中不包括修改数据的员工，应该给予其只读权限的账户。同样地，用户账户应禁止员工访问其工作描述中不需要的数据。

最后，每个职位的安全敏感度都应该被记录下来。有些职位涉及高度敏感的数据（例如员工薪酬、销售人员配额和专有的营销或技术数据），其他职位则不涉及敏感数据。记录职位的敏感性使安全人员能够根据可能的风险和损失来确定其活动的优先次序。

招聘和筛选

安全考虑应该是招聘过程的一部分。当然，如果该职位不涉及敏感数据，也不涉及对信息系统的访问，那么出于信息系统安全目的的筛选将是最小的。然而，当招聘高敏感度的职位时，广泛的面试、推荐信和背景调查是合适的。还要注意的是，安全检查不仅适用于新员工，也适用于被提升到敏感职位的员工。

传播和执行

不能期望员工遵守他们不知道的安全政策和程序。因此，需要让员工了解安全政策、程序和他们将承担的责任。

员工安全培训始于新员工培训期间，并对一般安全政策和程序进行解释。这种一般的培训必须根据职位的敏感度和责任进行扩大。晋升的员工应接受适合其新职位的安全培训。在员工完成必要的安全培训之前，公司不应提供用户账户和密码。

执行包括三个相互依存的因素：责任、问责和合规。首先，公司应明确界定每个职位的安全责任。安全计划的设计应使员工对违反安全规定的行为负责。应该有相应的程序，以便在关键数据丢失时，可以确定丢失是如何发生的以及谁应该承担责任。最后，安全计划应鼓励安全合规。员工的活动应定期被监测，以确保其遵守规定，管理层应明确规定在不遵守规定的情况下采取的纪律措施。

管理层的态度是至关重要的：当管理层在语言和行动上表现出对安全的严重关切时，员工的合规性会更高。如果管理者将密码写在员工的公告栏上、在走廊上大喊密码，或者忽视物理安全程序，那么员工的安全态度和员工的安全合规性将受到影响。还要注意的是，有效的安全是一项持续的管理责任。定期提醒安全问题至关重要。

终止合同

公司还必须建立终止员工合同的安全政策和程序。许多员工离职的原因是友好的，如升职、退休，或者员工辞职去做新工作而发生的。标准的人力资源政策应确保系统管理员在员工上班的最后一天提前收到通知，以便他们能够删除账户和密码。需要恢复加密数据的密钥和任何其他特殊的安全要求应该是员工离职处理的一部分。

不友好的合同终止是比较困难的，因为员工可能会被诱惑而采取恶意或有害的行动。在这种情况下，系统管理员可能需要在通知员工离职之前删除用户账户和密码，并且可能还需要采取其他行动来保护公司的数据资产。例如，一个被解雇的销售员工可能会试图带走公司的机密客户和销售前景数据，以便将来在另一家公司使用。终止合同的雇主应在终止合同之前采取措施保护这些数据。

人力资源部门应该意识到尽早通知信息系统管理员有员工终止合同的重要性。不存在一揽子政策，信息系统部门必须对每个离职员工的具体情况进行评估。

对非员工的人为保障措施

业务需求可能需要向非员工，如临时人员、供应商、合作伙伴（业务伙伴的员工）和公众开放信息系统。尽管可以对临时人员进行筛查，但为了降低成本，筛查将比对员工的筛查更简单。在大多数情况下，公司不能筛选供应商或合作伙伴。当然，公众用户根本不能被筛查。类似的限制也涉及安全培训和合规性测试。

对于临时人员、供应商和合作伙伴，管理该活动的合同应该要求采取与数据的敏感度和涉及的信息系统资源相适应的安全措施。公司应该要求供应商和合作伙伴进行适当的筛查和安全培训。合同还应该提到与所要执行的工作有关的具体安全责任。公司应该提供具有最低权限的账户和密码，并尽快删除这些账户。

对于网站和其他可公开访问的信息系统的公众用户，情况则不同。要让公众用户对违反安全规定的行为负责是非常困难和昂贵的。一般来说，防止公共用户威胁的最好办法是尽可能地加固网站或其他防攻击设施。硬化网站是指采取特殊措施来降低系统的漏洞。硬化后的网站使用特殊版本的操作系统，并锁定或消除应用不需要的操作系统特性和功能。硬化实际上是一种技术保障措施，但我们在这里提到是因为它是对公众用户最重要的保障措施。

最后注意，公司与公众以及一些合作伙伴的业务关系与临时人员和供应商的业务关系不同。公众和一些合作伙伴使用信息系统是为了获得利益。因此，保障措施需要保护这些用户免受公司内部安全问题的影响。一个心怀不满的员工恶意改变网站上的价格有可能同时损害公众用户和合作伙伴。正如一位 IT 经理所说："与其说我们要保护自己不受他们侵害，不如说我们要保护他们不受我们侵害。"这是图 10-7 中第五项保障措施的延伸。

账户管理员

用户账户、密码以及服务台政策和程序的管理是另一个重要的人为保障措施。

账户管理

账户管理涉及创建新的用户账户、修改现有的账户权限，以及删除不需要的账户。信息系统管理员执行所有这些任务，但账户用户有责任通知管理员需要执行这些操作。信息系统部门应该为此建立标准程序。作为一个未来的用户，你可以通过尽早和及时地通知账户更改的需要来改善你与信息系统人员的关系。

不再需要的账户的存在是一种严重的安全威胁。信息系统管理员无法知道一个账户什么时候应该被删除，这是由用户和管理人员来发出的通知。

密码管理

密码是认证的主要手段。它们不仅对访问用户的计算机很重要，而且对用户可能访问的其他网络和服务器的认证也很重要。由于密码的重要性，美国国家标准与技术研究所（NIST）建议要求员工签署类似于图 10-14 所示的声明。

> 我特此确认个人收到了与下列用户 ID 相关的系统密码。我明白我有责任保护该密码，将遵守所有适用的系统安全标准，并且不会将我的密码泄露给任何人。我还明白，若我在使用密码时遇到的任何问题，或者当我有理由相信我的密码的私密性已被泄露时，我必须向信息系统安全员报告。

图 10-14 账户确认书样本

在创建账户时，用户应立即将所得到的密码改为自己的密码。事实上，结构良好的系统要求用户在第一次使用时就更改密码。

此外，用户此后应经常更改密码。有些系统会要求每3个月或更频繁地更改一次密码。用户对修改密码的烦扰颇有微词，但频繁修改密码不仅可以降低密码丢失的风险，还可以降低现有密码被泄露后的损失程度。

一些用户创建了两个密码，并在这两个密码之间来回切换。这种策略的安全性较差，一些密码系统不允许用户重复使用最近使用的密码。同样，用户可能认为这个政策很麻烦，但它很重要。

服务台政策

服务台以前一直是一个严重的安全风险。一个忘记密码的用户会打电话给服务台，恳求服务台代表告诉他密码或者把密码重置。"没有密码，我就不能拿到这份报告！"这是（现在也是）一种常见的情景。

当然，服务台代表的问题是他们没有办法确定他们是在与真正的用户交谈，还是在与真正的用户的冒充者交谈。但他们陷入一种困境：如果他们不以某种方式提供帮助，服务台就会被认为是"无用的服务台"。

为了解决这样的问题，许多系统给服务台代表提供了一种认证用户的方法。通常，服务台信息系统有一些只有真正的用户才知道的问题的答案，如用户的出生地、母亲的婚前姓名，或重要账户号码的最后四位数。通常情况下，当密码被更改时，更改的通知会以电子邮件的形式发送给用户。然而，电子邮件是以明文形式发送的，所以新密码本身不应该通过电子邮件发送。如果你收到通知说你的密码被重置了，而你并没有要求这样的重置，请立即联系IT安全部门。有人已经盗用了你的账户。

所有这些服务台的措施都会降低安全系统的强度，而且，如果员工在做敏感工作，它们可能会造成很大的漏洞。在这种情况下，用户可能只是不走运。该账户将被删除，而用户必须重新申请账户。

系统流程

图10-15展示了一个程序类型的网格，包括正常操作、备份和恢复。每个信息系统都应该有每种类型的程序。例如，订单输入系统会有上述每一种类型的程序，网店、库存系统等也是如此。标准化程序的定义和使用减少了计算机犯罪和其他内部人员恶意活动的可能性。它还能确保系统的安全政策得到执行。

	系统用户	操作人员
正常操作	使用该系统执行工作任务，并保证安全性与敏感性相适应。	操作数据中心设备、管理网络、运行网络服务器，并完成相关的操作任务。
备份	为系统功能的丧失做好准备。	备份网站资源、数据库、管理数据、账户和密码数据以及其他数据。
恢复	在故障期间完成工作任务，并知道在系统恢复期间要做的任务。	从备份的数据中恢复系统，并在恢复过程中发挥服务台的作用。

图10-15 系统流程

用户和操作人员都有相应的程序。对于每种类型的用户，公司应该为正常操作、备份和恢复操作制定程序。作为未来的用户，你将主要关注用户程序。正常操作的程序应提供与信息系统的敏感性相适应的保障措施。

备份程序涉及创建备份数据，以便在发生故障时使用。操作人员有责任对系统数据库和其他系统数据进行备份，而部门人员则需要备份自己计算机上的数据。值得思考的问题是："如果明天我的计算机或移动设备丢失了，会发生什么？""如果在机场安检时有人弄坏了我的计算机，会发生什么？""如果我的计算机被偷了，会发生什么？"员工应该确保他们备份了他们计算机上的关键业务数据。信息系统部门可以通过设计备份程序和提供备份设备来辅助该工作。

最后，系统分析员应该制定系统恢复的程序。首先，当关键系统不可用时，部门将如何管理其事务？即使关键的信息系统不可用，客户还是要订货，生产部门也要从库存中移除物品。该部门将如何应对？一旦系统恢复服务，如何将中断期间的业务活动记录输入系统？如何恢复服务？系统开发者应该询问和回答这些问题以及其他类似的问题，并制定相应的程序。

安全监测

安全监测是我们要考虑的最后一项人为保障措施。重要的监测功能包括活动日志分析、安全测试以及调查和学习安全事件。

许多信息系统程序生成活动日志。防火墙会生成其活动日志，包括所有丢弃的数据包、渗透尝试和来自防火墙内的未经授权的访问尝试的列表。数据库管理系统产品生成成功和失败登录的日志。网络服务器生成大量的网络活动日志。个人计算机的操作系统可以生成登录和防火墙活动的日志。

除非有人查看这些日志，否则这些日志都不会给企业带来任何价值。因此，一个重要的安全功能是分析这些日志，找出威胁模式、成功和不成功的攻击以及安全漏洞的证据。

大多数大型企业现在都在积极调查其安全漏洞。他们可能采用 Tenable 的 Nessus 或 IBM 的 Security AppScan 等工具来评估其漏洞。

许多公司创建了蜜罐，这是供计算机犯罪分子攻击的假目标。对入侵者来说，蜜罐看起来是一个特别有价值的资源，如一个不受保护的网站，但实际上网站的唯一内容是一个确定攻击者 IP 地址的程序。然后，企业可以使用免费的在线工具（如 DNSstuff）追溯 IP 地址，以确定谁攻击了它们[12]。如果你有技术头脑、注重细节且好奇心强，那么成为这个领域的安全专家是令人兴奋的。要了解更多信息，请查阅 DNSstuff、Nessus 或 Security AppScan。另见《应用信息安全》第三版[13]。

另一个重要的监测功能是调查安全事件。问题是如何发生的？是否已经建立了保障措施来防止此类问题的再次发生？该事件是否表明安全系统的其他部分存在漏洞？从该事件中还可以学到什么？

安全系统存在于一个动态的环境中。企业结构会发生变化如公司被收购、出售或发生合并。新的系统需要新的安全措施。新的技术改变了安全环境，新的威胁也随之出现。安全人员必须不断监测情况，并确定现有的安全政策和保障措施是否够用。如果需要改变，安全人员需要采取适当的措施。

安全，像质量一样，是一个持续的过程。公司必须持续地监测安全。

问题 10-8　企业应如何应对安全事件?

我们要讨论的安全计划的最后一个组成部分是事件响应。图 10-16 列出了其主要因素。首先，每个企业都应该有一个事件响应计划作为安全计划的一部分。任何企业都不应该等到某些资产丢失或受到损害时才决定如何处理。该计划应包括员工如何应对安全问题、他们应该与谁联系、他们应该做什么报告，以及他们可以采取什么措施来减少进一步的损失。

以病毒为例。事件响应计划将规定员工在发现病毒时应该采取的措施。它应该指定与谁联系以及做什么。它可能规定员工应关闭他的计算机，并断开网络连接。该计划还应该指出使用无线计算机的用户应该做什么。

- 有既有计划
- 集中报告
- 特定的响应
  - 速度
  - 准备工作要有成效
  - 不要使问题恶化
- 演练

图 10-16　事件响应的因素

该计划应提供所有安全事件的集中报告。这种报告将使企业能够确定它是否受到系统性的攻击，或者一个事件是否是孤立的。集中报告还可以让企业了解安全威胁，采取一致的响应行动来应对，并将专业知识应用于所有安全问题。

当事件发生时，速度是至关重要的。事件持续的时间越长，代价就越大。病毒和蠕虫可以在企业网络中迅速传播，快速反应将有助于减轻后果。由于对速度的需求，准备工作将会带来回报。事件响应计划应确定关键人员及其非工作时间联系信息。这些人员应该接受培训，了解他们应该去哪里以及到达那里后应该做什么。如果没有充分的准备，就会有好心人的行动反而使问题变得更糟的巨大风险。此外，谣言和各种做什么的疯狂想法会到处肆虐。一支消息灵通、训练有素的骨干队伍将有助于抑制这些传言。

最后，企业应该定期进行事件响应的演练。如果没有这样的演练，人员会对反应计划了解甚少，而且计划本身可能存在只有在演练中才会显现出来的缺陷。

问题 10-9　2029 年将会怎样?

到 2029 年，信息安全的状况将是怎样的? 我们会找到消除安全问题的灵丹妙药吗? 不会。人为错误是一种常态。管理良好的企业会对其进行更好的规划，并知道在发生时如何更好地应对，但只要有人就会有错误。自然灾害也是如此。2005 年的卡特里娜飓风和 2011 年的日本海啸，以及 2012 年的桑迪飓风等可怕事件已经提醒世界，我们需要更好地准备，更多的公司将建立热站点或冷站点，并将更多的数据存储在准备充分的云中。因此，我们会有更好的准备，但自然灾害毕竟是自然现象。

不幸的是，很可能在未来 10 年的某个时候，会发生一些新的重大网络战争事件。APT 将变得更加普遍，如果确实如此，那说明它现在其实还不普遍，但我们并不知道会不会有一些新的国家或团体进入网络战争领域? 这似乎也很有可能。除非你从事安全和情报工作，否则你对此没有什么办法。但是，如果世界上某个地方因为 APT 而造成了一些严重的损害，也不要感到惊讶。

2013 年，隐私倡导者对 PRISM 的存在感到愤怒，PRISM 是一项情报计划，即国家安全局（NSA）从主要互联网供应商那里索取和接收有关互联网活动的数据。他们声称，他们的隐私或免于被他人观察的自由，正在以安全或免于危险状态的名义被破坏。在最初的公众非议之后，互联网供应商不允许政府直接访问他们的服务器，而是根据 9·11 事件之后颁布的安全法的合法要求，只提供有关特定个人的数据。如果这样的话，PRISM 就代表了政府对数据的合法要求，只是在规模上与政府要求的提供有关有组织犯罪的人物的银行数据不同。

那么计算机犯罪呢？它是一个猫和老鼠的游戏。计算机犯罪分子找到了一个可以利用的漏洞，并利用它。计算机安全专家发现了这个漏洞，并建立了保障措施来阻止它。计算机犯罪分子找到新的漏洞并利用，计算机安全力量阻止它，如此循环。下一个重大挑战可能是影响移动设备的挑战。但这些设备的安全将随着利用其漏洞的威胁的出现而得到改善。这个猫捉老鼠的游戏至少在未来 10 年内可能会持续下去。没有任何超级保障措施会被设计出来以防止计算机犯罪，也没有任何特定的计算机犯罪是无法阻止的。但这种猫捉老鼠活动的技术水平可能会提高，而且是大幅度提高。由于操作系统和其他软件安全性的提高，以及安全程序和员工培训的改善，单独的黑客将越来越难找到一些可以利用的漏洞。不是不可能，但难度大大增加。

那么会发生什么呢？云计算供应商和主要企业将继续投资于保护措施，它们将雇用更多的人（也许是你）并对他们进行良好的培训，从而变得越来越难以渗透。虽然一些犯罪分子会继续攻击这些堡垒，但大多数人将把注意力转向保护不力、更脆弱的中小型企业以及个人。你可以从一家公司偷 5000 万美元，也可以从 100 万个人身上各偷 50 美元，它们结果是一样的。而且在未来 10 年里，由于大型企业的安全得到改善，偷这 5000 万美元的难度和成本将远远高于偷 100 万次的 50 美元。

问题的一部分是易穿越的国家边界。人们可以不需要护照并通过电子方式自由进入美国。他们可以实施犯罪，而不必担心受到影响。网络团伙组织严密、有经济动机，而且可能是国家支持的。如果有人在罗马尼亚从谷歌、苹果、微软或波音公司窃取信息，然后消失在乌兹别克斯坦的网络云中，这些大型企业是否有资源、专业知识和法律权力来追究攻击者？如果同一个罪犯在纳什维尔偷了你的东西呢？当地的执法部门能提供帮助吗？而且如果你是被偷了 50 美元，他们想给乌兹别克斯坦打多少个电话？

在联邦层面，财政和政治优先于电子安全。这种情况很可能会像过去那样得到解决。强大的地方"电子"警长将控制其电子边界并执行现有法律。这将至少需要几十年的时间才能实现。技术的发展速度比公众或民选官员的自我教育都要快。

再看一下图 10-6。复制一份发送给你的亲人。

安全指南——有史以来最大的数据泄露

如果你回想一下你对万维网的最早体验，你可能会想起 Web 1.0 世界的氛围。Web 1.0 是我们今天所知道和喜爱的网络的一个极其精简的版本。当时，大部分的网络内容都是静态文本。由于各种限制（如有限的带宽），花哨的动画、嵌入式视频和丰富的图形甚至是不可能的。此外，当时访问网络的绝大多数人是内容消费者，而不是内容创造者。今天成为互联网巨头的博客、维基和社交媒体平台当时还不存在，当时使用的搜索引擎还是谷歌的前身。

当时吸引大量使用的核心网站之一是雅虎，它由 David Filo 和 Jerry Yang 在 1994 年开发，其本质上是一个访问网络上各种不同类型内容的门户[14]，其包含了艺术、商业、娱乐、新闻、娱乐和体育以及科学等主题。两年内，该公司的价值超过 8 亿美元，在 2000 年网络泡沫的高峰期，雅虎的价值超过 1250 亿美元[15]。在接下来的 15 年里，该公司试图进行一些收购（包括在 2002 年收购谷歌失败）。

2008 年，微软试图收购雅虎，但被拒绝了。雅虎最终在 2016 年被 Verizon 公司以超过 40 亿美元的价格收购[16]。尽管它作为早期网络的先驱，并在过去 20 年里一直保持着突出的地位，但雅虎的声誉已经被一次漏洞永久地玷污了，它导致超过 30 亿用户的账户被泄露。这几乎是地球上一半的人口！

发生了什么？

2016 年 12 月，雅虎宣布 2013 年 8 月发生了一个漏洞，导致大约 10 亿用户账户被泄露。后来在 2017 年 10 月该公司宣布，它认为实际上有 30 亿个账户已经被泄露。无论哪种情况，雅虎的漏洞都是互联网历史上最大的一次。更糟糕的是，雅虎花了 3 年多时间才披露数据泄露事件[17]。据报道，被盗的账户信息包括电子邮件地址、姓名、电话号码、加密的密码，以及一些用户的安全问题和答案[18]。

最初的猜测认为，这次攻击很可能是有国家支持，因为在暗网上公布的被盗账户信息很少。这意味着攻击者希望破坏特定个人的账户，它们可能与政府或军队有关，而且不打算在网上出售所有被盗账户数据。

你还在用雅虎吗？

对于一个公司和它的品牌来说，要从安全事件中恢复过来是非常困难的，尤其是这种规模的事件。任何数据泄露事件的一个可以理解的结果是，消费者可能会选择不再与被泄露的公司接触。然而，在这个漏洞被公开的时候，雅虎也在被 Verizon 收购的过程中。该漏洞对雅虎的估值产生了影响，最初的估值为 48.5 亿美元，但最终以 45 亿美元被收购（损失 3.5 亿美元）。虽然收购可能对雅虎的漏洞进行了收尾，使其从我们的脑海中淡出，但当下一个大的网络事件在科技界引起反响时，我们将重温这个过程。

讨论问题

1. 大多数数据泄露事件在几天或几周内就会被发现。为什么雅虎的数据泄露事件需要这么长时间才被发现？数据泄露会不会对雅虎出售其公司造成不好的影响？
2. 在过去几年中，你是否是某个大型安全漏洞的受害者？如果是的话，你的数据被泄露的影响是什么？你是否不得不采取措施来试图保护你的数据或你的身份信息？你是否还是被泄露的公司的客户（或使用该网站）？如果你没有成为受害者，想想在这种情况下你可能会如何应对。
3. 这篇文章中提到，从发生漏洞到漏洞被承认和公开之间有几年的时间。为什么在事件发生和回应之间会有这么大的延迟？
4. 将这一漏洞与最近发生的 Equifax 数据泄露事件进行比较。（如果你不熟悉

Equifax 数据泄露事件，请花几分钟时间进行在线搜索并阅读相关信息。）是 Equifax 还是雅虎的数据泄露情况更糟糕？为什么？

职业指南

姓名：玛丽安娜·奥尔森（Marianne Olsen）
公司：PwC
职位：网络安全和隐私部门主管
学历：卡内基梅隆大学

1. 你是怎么得到这份工作的？

在获得信息系统和会计的本科学位时，我做了几个实习，它们为我现在的工作打下了基础。在第一个实习中，我担任业务分析师，负责从商业利益相关者那里收集需求、规划新功能的开发，并执行设计。这有助于我为咨询面试做准备，因为了解客户的需求是工作的主要部分。之后我在一家安全运营中心担任分析师。在那里，我开始更深入地研究信息安全，并真正激发了对这个领域的热情。

说实话，我最初对咨询师有误解，也不打算申请这个领域的任何工作。我认为咨询师的生活方式不适合我。幸运的是，我在研究生院有一个同学，他敦促我参加咨询实习的面试，因为这至少将是很好的面试练习。在通过了第一轮面试后，我被免费的旅行激励以继续下去。最后，在坐出租车回家的路上，出租车司机问我旅行的情况。我告诉她我不可能接受这份工作，因为这种生活方式不利于我的一些家庭目标。她明智地询问了我的家庭情况，而当时我甚至没有和任何人认真地约过会。她帮助我认识到，我不应该为了可能是多年后的事情而限制自己。我最终参加了实习，我非常感激我这样做。

2. 这个领域吸引你的是什么？

信息安全作为一个整体正在不断发展，以应对不断变化的威胁环境，这是非常令人兴奋的。咨询工作让你可以自由地在许多不同的企业中工作，并看到解决方案发挥作用。这使你更容易看到什么是有效的、什么是无效的，并更深入地了解这个领域和技术。

3. 你的日常工作是怎么样的？

不管是什么项目，我总是和团队一起工作，帮助提供解决方案。在我的岗位上，我专注于项目的执行。这意味着要努力确保员工对他们的任务有足够的了解并进行高质量的工作，确保任何潜在的风险或问题能够被识别并传达给领导层，并确保客户清楚我们所提供的价值。

4. 你最喜欢工作的哪一点？

我喜欢每天和每周都是不同的、喜欢公司内部和外部的许多机会。在公司内部，有机会参与到你所关注的重点领域或其他服务领域的不同举措中。因此，即使你在一个面向客户的项目中不太理想，你也可以通过内部参与获得成就感。

5. 想要做好你这份工作需要哪些技能？

沟通，沟通，还是沟通。在咨询行业，你将不断地与你的团队和客户合作，共同创造有意义的解决方案。你需要在你的团队和客户之间有清晰的沟通，以确保项目的需求得到满足。

6. 在你的领域里教育经历或者证书重要吗？为什么？

最起码要有学士学位。除此之外，教育经历和证书以外的知识是最重要的。但参加这些认证有助于明确证明你具备基本的技能。

7. 你会给那些考虑在你所在领域工作的人什么建议？

开始了解你是谁，你希望你的生活是什么样子。在咨询业，机会比你的时间要多，所以你需要了解你想去的地方，这样可以帮助你前进。也就是说，在你职业生涯的开始阶段，你需要灵活处理，并明白你所拥有的任何机会都可以帮助你成长，而这可能对你的未来有利。

8. 你认为在未来10年什么技术工作会成为热门工作？

虽然科技行业在创新方面发展迅速，但对技术的维护却受到影响。公司正在努力充分挖掘并利用其已经拥有的工具的潜力。此外，世界正开始意识到安全对企业的重要性。捕捉这些元素的工作在10年后仍将热门。

本章回顾

通过本章回顾来验证你是否理解了回答本章学习问题所需要用到的思想和概念。

问题10-1 信息系统安全的目标是什么？

定义威胁、漏洞、保障措施和目标。举出每个例子。列出三种类型的威胁和五种类型的安全损失。为图10-2中的三行举出不同的例子。总结图10-3单元格中的每个元素。解释为什么很难知道计算机犯罪的真实成本。解释信息系统安全的目标。

问题10-2 计算机安全问题有多严重？

解释为什么很难知道一般的计算机安全问题，特别是计算机犯罪的真正规模。列出这个问题中的名词术语，并解释每个的含义。

问题10-3 你应该如何应对安全威胁？

解释图10-6中的每个要素。定义入侵检测系统，并解释为什么使用入侵检测系统程序。定义暴力攻击。总结强密码的特点。解释你的身份和密码如何在你的计算机上做更多的事情。定义cookie，并解释为什么使用CCleaner这样的程序是计算机安全权衡的一个好例子。

问题10-4 企业应该如何应对安全威胁？

说出并描述高级管理层应处理的两项安全职能。总结安全政策的内容。解释风险管理的含义。总结企业在平衡风险和成本时应采取的步骤。

问题10-5 技术保障措施如何防范安全威胁？

列出五个技术保障措施。定义识别和认证。描述三种类型的认证。解释SSL/TLS如何工作。定义防火墙并解释其目的。定义恶意软件并列出六种类型的恶意软件。描述防范恶意软件的六种方法。总结为什么恶意软件是一个严重的问题。解释ARES是如何进行安全设计的。

问题 10-6　数据保障措施如何防范安全威胁？

定义数据管理和数据库管理，并解释其区别。列出数据保障措施。解释 GLBA、HIPAA 和 PCI DSS 等法律如何保护消费者数据。

问题 10-7　人为保障措施如何防范安全威胁？

总结图 10-12 中每项活动的人为保障措施。归纳与非员工有关的保障措施。描述账户管理保障措施的三个方面。解释系统程序如何作为人为保障措施。描述安全监测技术。

问题 10-8　企业应如何应对安全事件？

总结企业在处理安全事件时应采取的行动。

问题 10-9　2029 年将会怎样？

在作者看来，在未来 10 年内，网络战争可能会发生什么？解释一下"猫和老鼠"是如何与计算机犯罪的演变相关的。描述未来 10 年可能发生的安全问题的类型。解释计算机犯罪分子的重点在未来 10 年将如何变化。解释这可能会对小型企业和你带来怎样的影响。

将你的知识应用到 ARES

作为 ARES 的员工、投资者或顾问，你可以利用本章的知识来了解任何企业都会遇到的安全威胁。你知道需要在成本和风险之间进行权衡、知道三类保障措施以及每类保障措施的主要类型、知道为安全而设计意味着什么，你还可以帮助确保 ARES 的员工和用户创建和使用强密码。

关键术语和概念

高级持续性威胁（Advanced Persistent Threat，APT）
广告软件（Adware）
非对称加密（Asymmetric encryption）
认证（Authentication）
生物识别认证（Biometric authentication）
暴力攻击（Brute force attack）
cookie
数据管理（Data administration）
数据保障措施（Data safeguard）
数据库管理（Database administration）
拒绝服务（Denial of Service，DoS）
电子邮件欺骗（Email spoofing）
加密（Encryption）
加密算法（Encryption algorithm）
防火墙（Firewall）
《格雷姆 - 里奇 - 比利雷法案》(Gramm-Leach-Bliley Act，GLBA)
黑客攻击（Hacking）
硬化（Hardening）
《健康保险携带和责任法案》（Health Insurance Portability and Accountability Act，HIPAA）
蜜罐（Honeypot）
HTTPS
人为保障措施（Human safeguard）

身份识别（Identification）
内部防火墙（Internal firewall）
入侵监测系统（Intrusion Detection System，IDS）
IP 欺骗（IP spoofing）
密钥（Key）
密钥托管（Key escrow）
键盘记录器（Key logger）
恶意软件（Malware）
恶意软件定义（Malware definition）
包过滤防火墙（Packet-filtering firewall）
包窃听器（Packet sniffer）
有效载荷（Payload）
支付卡行业数据安全标准（Payment Card Industry Data Security Standard，PCI DSS）
外部防火墙（Perimeter firewall）
个人识别号码（Personal Identification Number，PIN）
钓鱼者（Phisher）
网络钓鱼（Phishing）
伪装（Pretexting）
PRISM
隐私（Privacy）
公钥加密（Public key encryption）
勒索软件（Ransomware）
保障措施（Safeguard）

安全套接字层（Secure Sockets Layer，SSL）
安全性（Security）
智能卡（Smart card）
窃听（Sniffing）
欺骗（Spoofing）
间谍软件（Spyware）
SQL 注入攻击（SQL injection attack）
对称加密（Symmetric encryption）
目标（Target）

技术保障措施（Technical safeguard）
威胁（Threat）
传输层安全（Transport Layer Security，TLS）
特洛伊木马（Trojan horse）
篡改（Usurpation）
病毒（Virus）
漏洞（Vulnerability）
破坏者（Wardriver）
蠕虫病毒（Worm）

知识运用

10-1. 信用报告机构被要求每年免费向你提供一份信用报告。大多数这样的报告不包括你的信用分数，但它们确实提供了你的信用分数所依据的详细信息。使用以下公司之一来获取你的免费报告：www.equifax.com、www.experion.com 和 www.transunion.com。

　　a. 你应该审查你的信用报告是否有明显的错误，但其他检查也是适当的。在网上搜索关于如何最好地审查你的信用记录的指导。总结你学到的东西。

　　b. 如果你发现你的信用报告中有错误，你可以采取什么行动？

　　c. 定义身份盗窃。如果有人认为他是身份盗窃的受害者，那么请搜索网页并确定最佳行动方案。

10-2. 假设你在机场丢失了你公司的笔记本计算机，你应该怎么做？你的磁盘驱动器上存储的数据是否重要？如果计算机中含有敏感或专有数据，你是否一定会有麻烦？在什么情况下，你现在应该专注于为找新工作而更新简历？

10-3. 假设你提醒你的老板注意问题 10-1 中讨论的安全威胁和问题 10-4 中讨论的保障措施。假设她说："这非常有趣，告诉我更多相关内容。"在为会议做准备时，你决定创建一个谈话要点清单。

　　a. 对问题 10-1 中讨论的每一个威胁写一个简短的说明。

　　b. 解释这五个部分与保障措施的关系。

　　c. 描述两三个技术保障措施、两三个数据保障措施，以及两三个人为保障措施。

　　d. 简要描述一下问题 10-4 中讨论的保障措施。

　　e. 列出与你这个临时员工有关的安全程序。

　　f. 列出你的部门在灾难计划方面应该有的程序。

协作练习 10

使用你在第 1 章的协作练习中建立的协作信息系统，团队协作回答下面的问题。

这项活动的目的是评估计算机犯罪的现状。

10-4. 在网上搜索"计算机犯罪"一词和相关术语。找出你和你的成员认为最近最严重的五个犯罪事件。不要考虑 6 个月前发生的犯罪。对于每一项犯罪，总结其所产生的损失和相关情况，并确定有哪些没有到位或无效的预防犯罪的保障措施。

10-5. 在网上搜索"计算机犯罪统计"一词，除了问题 10-2 中引用的 Ponemon 调查外，找到两个来源。

　　a. 对于每个来源，解释其所使用的方法，并解释该方法的优势和劣势。

　　b. 将这两个新来源的数据与问题 10-2 中的数据进行比较，并描述其中的差异。

　　c. 利用你的知识和直觉，描述你认为存在这些差异的原因。

10-6. 访问 www.ponemon.org/library，下载《2017 年网络犯罪成本研究报告》(或下载近期报告）。

　　a. 总结报告中有关企业使用的保障措施和其他措施。

　　b. 总结研究报告中关于企业安全措施的有效性的结论。

　　c. 你的团队是否同意该研究的结论？解释你的答案。

10-7. 假设你的老板要求你总结一下你所在的企业在计算机安全方面应该做些什么。利用本章的知识和你对 10-4 到 10-6 的回答，创建一个 PowerPoint 演示文稿。你的演示应该包括但不限于以下内容：
a. 关键术语的定义。
b. 威胁的总结。
c. 保障措施概述。
d. 当前计算机犯罪的趋势。
e. 高层管理人员在计算机安全方面应该做什么。
f. 各级管理人员在计算机安全方面应该做什么。

【案例研究 10——攻击塔吉特公司】

2013 年 12 月 18 日，塔吉特公司宣布由于受到攻击，它丢失了 4000 万个信用卡和借记卡号码。不到一个月后，塔吉特公司又宣布有 7000 万个客户账户被盗，包括姓名、电子邮件、地址、电话号码等。

在考虑这两次数据损失之间的重叠后，事实证明，大约有 9800 万客户受到影响[19]。这相当于美国 3.18 亿人（包括儿童和没有信用卡的人）的 31%。这是美国历史上最大的数据泄露事件之一。

这些记录是在假日购物季节（2013 年 11 月 27 日至 12 月 15 日）从塔吉特零售店的销售点（POS）系统中窃取的。如果你在此期间在塔吉特购物过，那么你的数据很可能已经丢失。以下是关于攻击者如何获得这么多数据的简短总结。

他们是如何做到的？

攻击者首先使用鱼叉式网络钓鱼来感染塔吉特的第三方供应商 Fazio Mechanical Services（制冷和暖通空调服务）[20]。攻击者放置了一个名为 Citadel 的恶意软件来收集 Fazio 用户的按键、登录凭证和屏幕截图[21]。然后，攻击者使用从 Fazio 窃取的登录凭证访问塔吉特公司网络上的供应商门户。攻击者提升了该服务器的权限，并进入了塔吉特公司的内部网络。

进入该内部网络后，攻击者破坏了一个内部的 Windows 文件服务器，并在这个服务器上使用名为 Trojan.POSRAM 的恶意软件（BlackPOS 的一个变种）来提取 POS 终端的信息。BlackPOS 是由一个来自俄罗斯圣彼得堡年仅 17 岁少年开发的，可以从地下网站购买，价格约为 2000 美元[22]。

顾客的数据不断地从 POS 终端发送到塔吉特公司网络中的一个提取服务器，然后从塔吉特公司的网络中提取出来，而后被输送到俄罗斯、巴西和迈阿密的服务器。在那里，数据被提取并在黑市上出售（见图 10-17）。

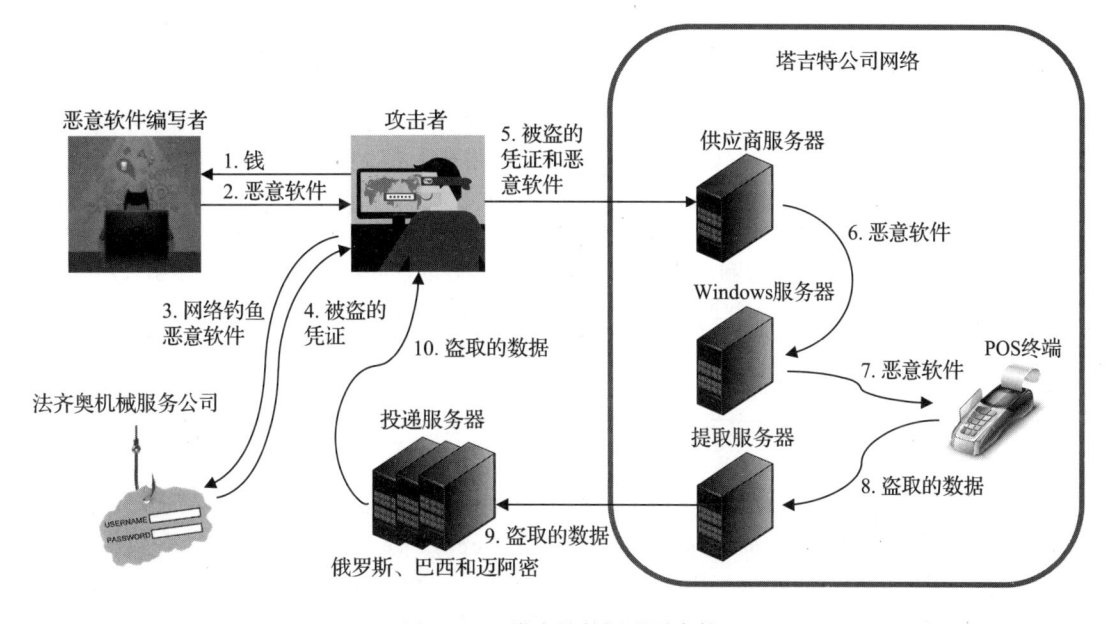

图 10-17　塔吉特数据泄露事件

损害

对于攻击者来说,"损害"是巨大的。据估计,攻击者以每张约 26.85 美元的价格出售了约 200 万张信用卡,总利润为 5370 万美元[23]。对于几个星期的工作来说还不错。这类犯罪活动的影响是很大的。像这样的回报鼓励了更多的数据泄露。

另一方面,塔吉特公司的损失比黑客的收益大得多。它被迫升级其支付终端,以支持支持芯片和 PIN 卡(以防止用被盗信息克隆卡),这花费了超过 1 亿美元。2015 年,塔吉特公司在与银行的官司中败诉,需要偿还与数据泄露有关的费用,可能超过 1.6 亿美元。它还不得不支付增加的保险费、支付法律费用、支付消费者信用监测费用,并支付监管罚款。

塔吉特公司面临着客户信心的丧失和收入的下降(该季度损失 46%)。分析师认为塔吉特公司的直接损失高达 4.5 亿美元[24]。该公司失去了其首席信息官贝斯·雅各布(Beth Jacob),并向其首席执行官格雷戈·斯坦哈菲尔(Gregg Steinhafel)支付了 1600 万美元的离职费[25]。在 2015 年底,塔吉特公司为与数据泄露有关的损失向银行支付了 3900 万美元[26]。

数据泄露事件影响的不仅仅是塔吉特公司,与塔吉特数据泄露有关的媒体报道量可能加速了 2015 年开始的从磁刷卡到 EMV 兼容的智能卡的转变。这一转变将迫使 8 亿张支付卡和 1400 万台 POS 终端最终被替换,成本为 70 亿美元[27]。好消息是,采用符合 EMV 标准的智能卡将大大减少每年发生的 100 亿美元的信用卡欺诈,它也可能减少黑客对信用卡的盗窃,因为如果没有实体卡,被盗的信用卡号码就没有什么价值。

就像车祸一样,数据泄露可能在发生后才会被视为重要事件。数据泄露事件对塔吉特公司的影响很大,它升级了基础设施、改变了内部系统,并聘请了一名首席信息安全官(CISO)[28]。

未来还会有更严重的数据泄露事件吗?很可能。企业是否已经准备好了?根据以往的经验,只有在泄露发生后,我们才会准备好。

问题

10-8. 攻击者为什么要使用鱼叉式网络来感染塔吉特公司的承包商?

10-9. 解释一下第三方承包商如何削弱一个企业的整体安全。

10-10. 描述塔吉特公司的数据是如何被盗的。

10-11. 一个企业的数据丢失会如何影响其他企业?

10-12. 解释为什么大型企业对攻击者更具有吸引力。

10-13. 为什么芯片和 PIN 卡可以减少这种类型的盗窃行为?

10-14. 为什么塔吉特公司在数据泄露之前没有 CISO?

完成下面的写作练习

10-15. 假设你需要解雇一名在你部门工作的员工。总结一下你必须采取的安全保护措施。如果这次解雇是一次友好的解雇,你的行为会有什么不同?

10-16. 假设你刚刚收到通知,你的公司经历了一次重大的数据泄露。你已经失去了包括所有 50 万客户的用户名、电子邮件地址、密码、地址和电话号码的记录。估计一下通知、检测、升级、补救和法律费用的直接成本。假设攻击者与你联系,提出销毁所有记录,不告诉任何人数据泄露的情况,并告诉你如何修补安全漏洞。唯一的要求是他们想被聘为"顾问",并将 60 万美元存入他们的欧洲银行账户。你会支付"咨询"费吗?证明你的决定是正确的。

尾注

[1] Bureau of Labor Statistics, U.S. Department of Labor, *Occupational Outlook Handbook*, accessed June 16, 2018, www.bls.gov/ooh/. Information about information security analysts can be found in the Computer and Information Technology section.

[2] Risk Based Security, "Data Breach QuickView Report Year End 2017," January 2017, *RiskedBasedSecurity.com*, accessed June 16, 2018, www.rpsins.com/media/2884/mc_0000634a-yearendreport.pdf.

[3] Ponemon Institute, *2017 Cost of Cyber Crime Study* October 2017, accessed June 16, 2018, *www.ponemon.org/library*.

[4] Ibid.

[5] Ibid.

[6] Jon Evans, "Facebook's CSO: The Security Industry Needs to Change," *TechCrunch*, July 26, 2017, accessed May 16, 2018, *https://techcrunch.com/2017/07/26/facebooks-cso-the-security-industry-needs-to-change*.

[7] Jai Vijayan, "First Malware Designed Solely for Electric Grids Caused 2016 Ukraine Outage," June 12, 2017, *DarkReading*, accessed May 16, 2018, *www.darkreading.com/threat-intelligence/first-malware-designed-specifically-to-attack-electric-grid-warn-dragos-eset-/d/d-id/1329114*.

[8] Sean Michael Kerner, "Broadpwn Flaw Shown at Black Hat Could Have Enabled WiFi Worm Attack," July 27, 2017, *eWeek*, accessed May 16, 2018, *www.eweek.com/security/broadpwn-flaw-shown-at-black-hat-could-have-enabled-wifi-worm-attack*.

[9] *Verizon 2018 Data Breach Investigations Report*, accessed June 2018, *www.verizonenterprise.com/verizon-insights-lab/dbir/2016/*.

[10] Swati Khandelwal, "Over 400 Popular Sites Record Your Every Keystroke and Mouse Movement," *The Hacker News*, April 4, 2018, *https://thehackernews.com/2017/11/website-keylogging.html*.

[11] Daniel Akst, "Your Moods Change the Way You Move Your Mouse," *The Wall Street Journal*, April 4, 2018, *www.wsj.com/articles/your-moods-change-the-way-you-move-your-mouse-1452268410*.

[12] For this reason, do *not* attempt to scan servers for fun. It won't take the organization very long to find you, and it will not be amused!

[13] Randall Boyle and Jeffrey Proudfoot, *Applied Information Security*, 3rd ed. (2018).

[14] Lauren Johnson, "Here's a Timeline of Yahoo's 22-Year History as a Digital Pioneer," *AdWeek*, July 25, 2016, *www.adweek.com/digital/heres-timeline-yahoo-s-22-year-history-digital-pioneer-172663/*.

[15] Ibid.

[16] Ibid.

[17] Lily Hay Newman, "Yahoo's 2013 Email Hack Actually Compromised Three Billion Accounts," *Wired*, October 3, 2017, *www.wired.com/story/yahoo-breach-three-billion-accounts/*.

[18] Mariella Moon, "US Judge Says Yahoo Data Breach Victims Have the Right to Sue," *Engadget*, September 1, 2017, *www.engadget.com/2017/09/01/judge-says-yahoo-data-breach-victims-can-sue/*.

[19] Ben Elgin, "Three New Details from Target's Credit Card Breach," *Bloomberg Business*, March 26, 2014, accessed June 16, 2018, *www.bloomberg.com/bw/articles/2014-03-26/three-new-details-from-targets-credit-card-breach*.

[20] Brian Krebs, "Target Hackers Broke in via HVAC Company," *KrebsonSecurity.com*, February 5, 2014, accessed June 16, 2018, *http://krebsonsecurity.com/2014/02/target-hackers-broke-in-via-hvac-company*.

[21] Chris Poulin, "What Retailers Need to Learn from the Target Data Breach to Protect Against Similar Attacks," *Security Intelligence*, January 31, 2014, accessed June 16, 2018, *http://securityintelligence.com/target-breach-protect-against-similar-attacks-retailers/#.VYngl_lVikr*.

[22] Swati Khandelwal, "BlackPOS Malware Used in Target Data Breach Developed by 17-Year-Old Russian Hacker," *The Hacker News*, January 17, 2014, accessed June 16, 2018, *http://thehackernews.com/2014/01/BlackPOS-Malware-russian-hacker-Target.html*.

[23] Brian Krebs, "The Target Breach, by the Numbers," *KrebsonSecurity.com*, May 6, 2014, accessed June 16, 2018, *http://krebsonsecurity.com/2014/05/the-target-breach-by-the-numbers*.

[24] Bruce Horovitz, "Data Breach Takes Toll on Target Profit," *USA Today*, February 26, 2014, accessed June 16, 2018, *www.usatoday.com/story/money/business/2014/02/26/target-earnings/5829469*.

[25] Fred Donovan, "Target Breach: A Timeline,"

FierceITSecurity.com, February 18, 2014, accessed June 16, 2018, *www.fierceitsecurity.com/story/target-breach-timeline/2014-02-18*.

[26] Ahiza Garcia, "Target Settles for $39 Million over Data Breach," *CNN Money*, December 2, 2015, accessed June 16, 2018, *http://money.cnn.com/2015/12/02/news/companies/target-data-breach-settlement*.

[27] Dick Mitchell, "The EMV Migration Will Be a Rough, Risky Ride," *PaymentSource.com*, January 14, 2015, accessed June 16, 2018, *www.paymentssource.com/news/paythink/the-emv-migration-will-be-aroughrisky-ride-randstad-exec-3020311-1.html*.

[28] Dune Lawrence, "Target Taps an Outsider to Revamp IT Security After Massive Hack," *BusinessWeek*, April 29, 2014, accessed June 16, 2018, *www.businessweek.com/articles/ 2014-04-29/target-turns-to-anoutsiderfor-cio-bob-derodes-to-revamp-it-security-after-massive-hack*.

| 第 11 章

Using MIS, Eleventh Edition

信息系统管理

"将我们的应用程序开发外包可能是最好的选择。"亨利不情愿地对艾希莉说,"我们需要运动自行车和 AR 头戴设备的应用程序,我们的后端系统也需要开发人员。"

"我们的自行车需要多少应用程序?"艾希莉问道。

"CanyonBack Fitness 和其他三家位于前十名的运动设备制造商使用嵌入式 Linux 作为操作系统。其余的制造商要么使用嵌入式 Windows,要么使用实时操作系统。我认为我们应该坚持使用嵌入式 Linux 和嵌入式 Windows。"

"为什么?"

"我认为,物联网的推动将迫使它们把所有的设备变得'更聪明'。这意味着它们将需要一个高端操作系统。"

"那 AR 头戴设备的应用呢?"艾希莉看着拉杰问道。

"这才是有趣的部分。"拉杰笑了笑,接着说,"我们可能需要为每台头戴设备开发不同的应用程序。每个 AR 头戴设备制造商都有自己的软件开发工具包,并且希望像我们这样的公司为它们的平台开发专门的应用。"

艾希莉转动椅子,身体向前倾,问道:"我们不是已经在为微软 HoloLens 开发我们的应用程序了吗?"

"是的。"拉杰指着艾希莉桌上的 AR 头戴设备解释说,"但我们不想把自己局限在微软 HoloLens 上。如果 Meta、Magic Leap 或其他 AR 头戴设备成为主导技术呢?也许最好的办法是对冲我们的赌注,为最流行的两三个头戴设备开发应用程序。"

亨利拿起他的智能手机说:"这就像为智能手机开发应用程序。你需要一个 iOS 应用、一个 Android 应用,也许还有一个 Windows 应用。"

"哇哦,好吧。这要花多少钱?"艾希莉惊讶地问道。

"没有你想象的那么多。"拉杰回应道,"我在印度认识一个叫桑迪普(Sandeep)的人,他或许可以为我们开发它们。"

"或许？你说'或许'是什么意思？"艾希莉知道拉杰很聪明，并且对 AR 充满热情，但她不打算为一个不确定的结果投资。

"嗯，我以前和桑迪普合作过，他很好地开发了一个满足我需求的 C# 应用程序。我是在来斯坦福之前，在印度科学研究所读本科的时候认识他的。但他现在更忙了，而且他的业务确实增加了。他还在印度。"

"拉杰，这让我很紧张。我对在印度做生意一无所知。如果这个人拿了我们的钱就跑了，那我们该怎么办？"艾希莉强调地问道。

"好吧，在他交付之前，我们不会付给他钱，或者至少我们先不付给他很多钱。但我曾经和他有过一段愉快的合作经历，并且他在最近的一个应用开发项目中的表现也很好。"

"印度离这里很远。如果他把我们的代码或想法泄露给别人怎么办？如果我们在他的代码中发现了一些可怕的漏洞，而我们又找不到他来修复怎么办？如果他就这样消失了呢？如果他完成了三分之二的工作，然后失去了兴趣或者去做别人的项目了呢？"艾希莉在一旁说。

"我同意这些都是风险。但在这边开发要花费 4～6 倍的费用。"拉杰边说边耸肩。

"将战略应用程序的开发外包似乎有风险。"艾希莉摇着头说。

"它是有风险的。好吧，比雇用本地开发商更有风险。但雇用本地开发商也同样面临着风险。你想让我尝试雇用一些本地开发商吗？"

"我不确定。亨利，你怎么看？你以前曾参与过更大的系统开发项目。"

亨利慢慢地摇了摇头。"我不确定。增强现实的应用开发是非常新颖的。没有多少人知道如何创建 AR 应用，而且每个人都需要进行艰难的学习。如果拉杰与桑迪普的团队密切合作，我们也许能以很小的成本完成这个任务。"

拉杰点头表示同意。"由于这可能是他的第一个 AR 应用，因此他甚至可能给出更低的报价。他知道我已经在 AR 领域工作了多年，我也告诉过他这是应用开发的未来。他会想要这种体验的。我们可以给他买几个 HoloLens 软件开发工具包来促成这次交易。"

亨利看到艾希莉脸上的担忧。"我们可以拟定合同，即在项目前期少付一些费用，然后在后期支付更多尾款。这将在一定程度上降低我们的风险。"

"确实如此，那么我们只有在看到它有效后才付款。"

"我们还有很多其他事情要做，"亨利掰手指数道，"我们必须为虚拟自行车骑行获得成像、测试 3D 网络摄像头的整合，并研究欧洲的自行车旅游地图。"

"我还想在一辆真正的自行车上测试几个 HoloLens 应用程序。"拉杰兴奋地说,"能够在固定式自行车和普通自行车上使用 ARES 将是惊人的。我们可以提供包括转弯指示、免提通知、后视雷达和景点通知的应用程序。骑自行车的人会喜欢它的。"

艾希莉可以感觉到会议正在偏题。"好吧,好吧,这些都是非常棒的想法。绝对是我们要为未来考虑的事情。让我们暂时把它放在一边。拉杰,你能安排一次与桑迪普的会议吗?我希望我们三个人都到场,听听他关于这个项目的想法。"

"当然,我今天晚些时候给他打电话。加利福尼亚和印度之间有 12 个小时的时差。现在是印度的凌晨 2 点,而且我现在还无法从他那里得到标书,因为我还没有完成需求文件。我应该可以在几天内搞定。"拉杰一边说一边在手机上记录。

"很好,与此同时,你可以从本地开发商那里得到一份标书吗?我想看看如果我们决定将此项目外包会有什么区别。"

"当然可以。只是有一个问题,当地的开发商也可能会把它外包出去。"

"你的意思是,无论哪种方式我们都可能要付款给桑迪普?"

拉杰笑了笑,"恐怕是的。说实话,我也不确定。我们拭目以待。"

研究问题

问题 11-1 信息系统部门的职能和组织结构是什么?
问题 11-2 企业如何规划信息系统的使用?
问题 11-3 外包的优缺点是什么?
问题 11-4 用户的权利和义务是什么?
问题 11-5 2029 年将会怎样?

章节预览

信息系统对企业的成功至关重要,就像所有的关键资产一样,需要被负责任地管理。在本章中,我们将讨论对信息系统和信息技术资源的管理。我们首先讨论信息系统部门的主要职能和组织结构。然后,我们将讨论对信息技术/信息系统的使用进行规划。外包是指雇用外部供应商提供商业服务和相关产品的过程。就我们的目的而言,外包是指雇用外部供应商来提供信息系统、产品和应用。我们将研究外包的优缺点,并描述其中存在的风险。最后,我们将通过讨论用户与信息系统部门的关系来结束本章。在最后一节中,你将了解你自己和信息系统部门的权利和义务。我们将继续讨论 2029 年的新挑战:零工经济和自动化劳动。

问题 11-1 信息系统部门的职能和组织结构是什么?

信息系统部门的主要职能[1]如下:
- 规划信息系统的使用,以完成企业目标和战略。
- 管理外包关系。
- 保护信息资产。
- 开发、运行和维护企业的计算基础设施。
- 开发、运行和维护应用程序。

我们将在本章的问题 11-2 和问题 11-3 中考虑前两项职能。保护职能是第 10 章的主题。

后面两个职能对信息系统专业的学生来说很重要，但对其他商业专业人士来说不那么重要，因此我们不会在本书中对其进行考虑。为了奠定基础，让我们先来思考信息系统部门的组织结构。

信息系统部门是如何组织的？

图11-1展示了典型的高层报告关系。正如你在管理课上所学到的，企业结构因企业的规模、文化、竞争环境、行业和其他因素而不同。如图11-1所示，有独立部门的大型企业将有一组高管分别负责管理每个部门。较小的公司可能会将其中一些部门合并。将图11-1中的组织结构视为典型结构。

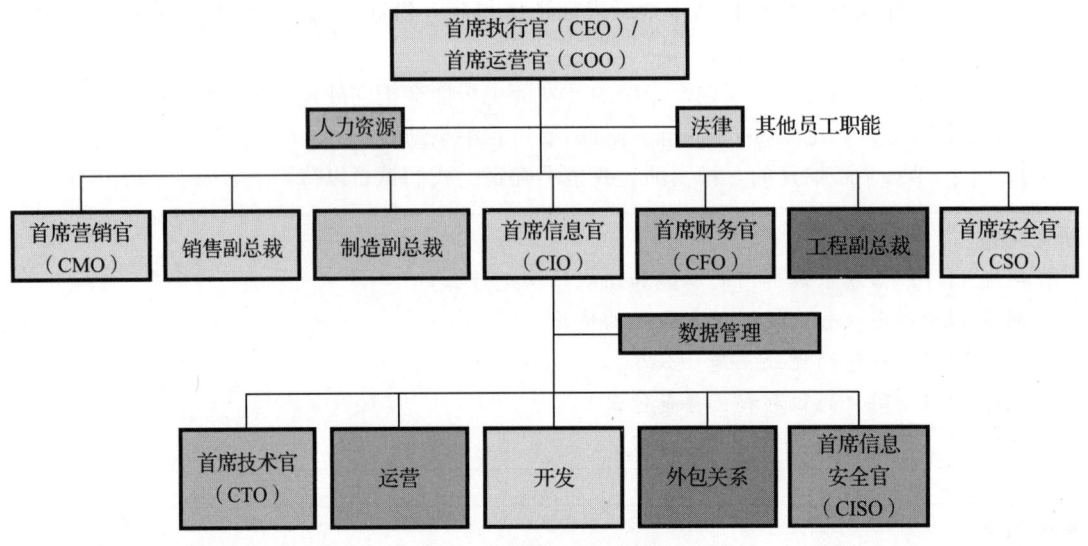

图11-1 典型的高层报告关系

信息系统部门主管的头衔因企业不同而不同。一个常见的头衔是首席信息官，即CIO。其他常见的头衔有信息服务副总裁、信息服务总监，以及较少见的计算机服务总监。

在图11-1中，首席信息官和其他高级管理人员一样，向首席执行官报告，尽管有时这些管理人员先向首席运营官报告，再由首席运营官向首席执行官报告。在一些企业，首席信息官向首席财务官报告。如果主要的信息系统只支持会计和财务活动，这种报告制度可能是合理的。然而，对于那些运营着大量的非会计信息系统的企业而言，如制造商，图11-1所示的报告制度更为普遍和有效。

信息系统部门的结构也因企业而异。图11-1展示了一个典型的信息系统部门，它由四个小组和一个数据管理员的职位组成。

大多数信息系统部门都包括一个技术小组，负责调查新的信息系统技术并确定企业如何从这些技术中获益。例如，如今许多企业在调查社交媒体和弹性云的机会，并计划如何利用这些技术来更好地实现他们的目标和目的。技术小组的领导通常被称为首席技术官，或CTO。首席技术官要评估新技术、新想法和新能力，并确定与企业最相关的技术。其工作不仅需要对信息技术有深刻的了解，而且还需要有能力为企业设想和创新应用。

图11-1中的下一个小组为运营，它管理着计算基础设施，包括个人计算机、内部服务器群、网络和通信媒体。该小组包括系统和网络管理员，它的一个重要职能是追踪用户体验

并响应用户问题。

图 11-1 中信息系统部门的第三个小组是开发。这个小组负责管理创建新的信息系统以及维护现有的信息系统。

开发组的规模和结构取决于程序是否由内部开发。如果不是，开发组将主要由业务和系统分析员组成，他们与用户、运营和供应商合作，获取和安装授权软件，并围绕该软件开发系统组件。如果企业内部开发程序，那么开发组将包括程序员、测试工程师、技术文档工程师和其他开发人员。

图 11-1 中的最后一个信息系统部门的小组是外包关系小组。外包关系小组在企业中主要负责与其他公司协商达成外包协议以提供设备、应用程序或其他服务。你将在本章之后的内容中学习更多关于外包的知识。

图 11-1 还包括一个数据管理员，其职能是通过建立数据标准和数据管理实践与政策来保护数据和信息资产。

图 11-1 所示的信息系统部门的结构有很多变化形式。在大型企业中，运营组本身可能就由几个不同的部门组成。有时，还会有一个单独的小组负责数据仓库和数据集市。

当你学习图 11-1 时，请记住信息系统和信息技术之间的区别。信息系统的存在是为了帮助企业实现其目标和目的。此前已经讨论过，信息系统有五个组成部分。信息技术（IT）就是技术，它涉及基于计算机技术的产品、技术、程序和设计。企业必须在信息系统结构中加入信息技术，才能使用信息技术。

信息安全官

在塔吉特公司丢失了 9800 万个客户账户后，它设立了一个新的 C 级安全职位，以防止这类损失的发生[2]。许多遭遇大规模数据泄露的企业正在设立类似的执行安全职位。首席安全官负责管理企业所有资产的安全，包括实体工厂和设备、员工、知识产权和数字资产。首席安全官直接向首席执行官报告。首席信息安全官管理企业的信息系统和信息的安全，他向首席安全官汇报工作。

首席安全官和首席信息安全官两个职位都涉及员工的管理，但它们同样也需要高超的外交技巧。无论是首席安全官还是首席信息安全官，对其所要保护的活动的管理都没有直接的权力，也不能通过直接命令来使其强制遵守企业的安全计划。相反，他们需要教育、鼓励、甚至劝说企业的管理层遵守安全计划。

哪些工作与信息系统相关?

信息系统部门有大量有趣且高薪的工作。许多学生选修信息系统管理课程时都认为信息系统部门只由程序员和技术支持工程师组成。如果你思考一下信息系统的五个组成部分，就会发现并不是这样。信息系统的数据、程序和人员部分需要具有高超的人际沟通技巧的专业人士去管理。

图 11-2 总结了信息系统行业的主要工作岗位。除了技术支持工程师和可能的测试质量管理工程师之外，所有这些职位都要求有本科学历。此外，除了程序员和测试质量管理工程师外，其他职位都需要由商科背景。在大多数情况下，成功的专业人士都有商科的学位。还要注意的是，大多数职位需要良好的口头和书面沟通能力。商业，包括信息系统，毕竟是一种社会活动。

头衔	职责	知识、技能及特征要求
网络管理员	监测、维护、修复和调整计算机网络。	诊断技能，深入了解通信技术和产品。
技术文档工程师	编写程序文档、帮助文本、程序、工作描述和培训材料。	学习速度快，写作清晰，口头沟通能力强。
技术销售	销售软件、网络、通信和咨询服务。	学习能力强，对产品有一定了解，有精湛的专业销售技巧。
技术支持工程师	帮助用户解决用户并提供培训。	拥有沟通和人际交往能力、产品知识和耐心。
系统分析师	与用户合作确定系统要求，设计和开发工作描述和程序，并帮助确定系统测试计划。	较强的人际交往和沟通能力，对业务和技术都有了解，适应性强。
程序员	设计并编写计算机程序	逻辑思维和设计能力，掌握一种或多种编程语言。
商业智能分析师	与跨职能团队合作开展项目，并分析组织数据。	优秀的分析、演示、协作、数据库和决策技能。
信息技术商务分析师	与企业领导和规划人员合作，制定实施企业战略和目标的流程和系统。	具有商业规划、战略、流程管理和技术方面的知识；能够处理复杂的问题；有大局观的同时，也能处理好细节问题；需要高超的人际关系和沟通技巧。
测试质量管理工程师	制定测试计划，设计和编写自动测试脚本，并进行测试。	拥有逻辑思维、基本编程、高超的组织能力，并注重细节。
数据库管理员	管理并保护数据库	外交技能、数据库技术知识。
信息技术顾问	活动范围广泛：编程、测试、数据库设计、通信和网络、项目管理、安全和风险管理、社会媒体和战略规划。	学习速度快、有企业家精神、有沟通和人际交往能力；有一定的抗压能力；拥有与工作相关的知识。
信息技术管理员	管理技术工人团队并管理新系统的实施。	管理和人际交往能力，批判性思维，非常强的技术能力。
信息技术项目管理员	发起、计划、管理、监督和结束项目。	管理和人际交往能力，技术知识；有高超的组织能力。
首席技术官	向首席信息官、执行团队和项目经理提供关于新兴技术的建议。	学习速度快，沟通能力强，有商科背景，对信息技术有深刻认识。
首席信息官	管理信息技术部门，与行政人员就信息技术和信息系统相关事宜进行沟通；是执行团队成员。	超强的管理能力，对商业和技术有深刻的了解，有良好的商业判断力；良好的沟通能力；平衡且不慌不忙。
首席信息安全官	管理信息系统安全项目，保护企业的信息系统和信息，并管理信息系统安全人员。	对安全威胁、保护措施和新出现的安全威胁趋势有深入了解；优秀的沟通和外交技巧；优秀的管理者。

图 11-2 信息系统行业工作岗位

图 11-3 展示了图 11-2 中讨论的岗位的工资中位数和大致的工资范围[3]。根据美国社会保障局的数据，2016 年美国工人的平均工资中位数为 30 533 美元[4]。由于首席技术官、首席信息官和首席信息安全官需要更丰富的经验，因此其工资比其他职位高。

信息系统工作的薪资范围很广。经验更丰富的专业人员会在更大的公司工作、居住在更大的城市、工资更高[5]。不要期望在刚工作时就能获得最高的薪水。如前所述，所有工资都是针对美国的职位，并用美元表示。(此外，对于所有的职位，除了极具技术性的职位，商科的知识可以增加你的市场能力。如果你有时间，双学位可以是一个很好的选择。受欢迎和成功的双学位包括会计和信息系统、营销和信息系统以及管理和信息系统。)

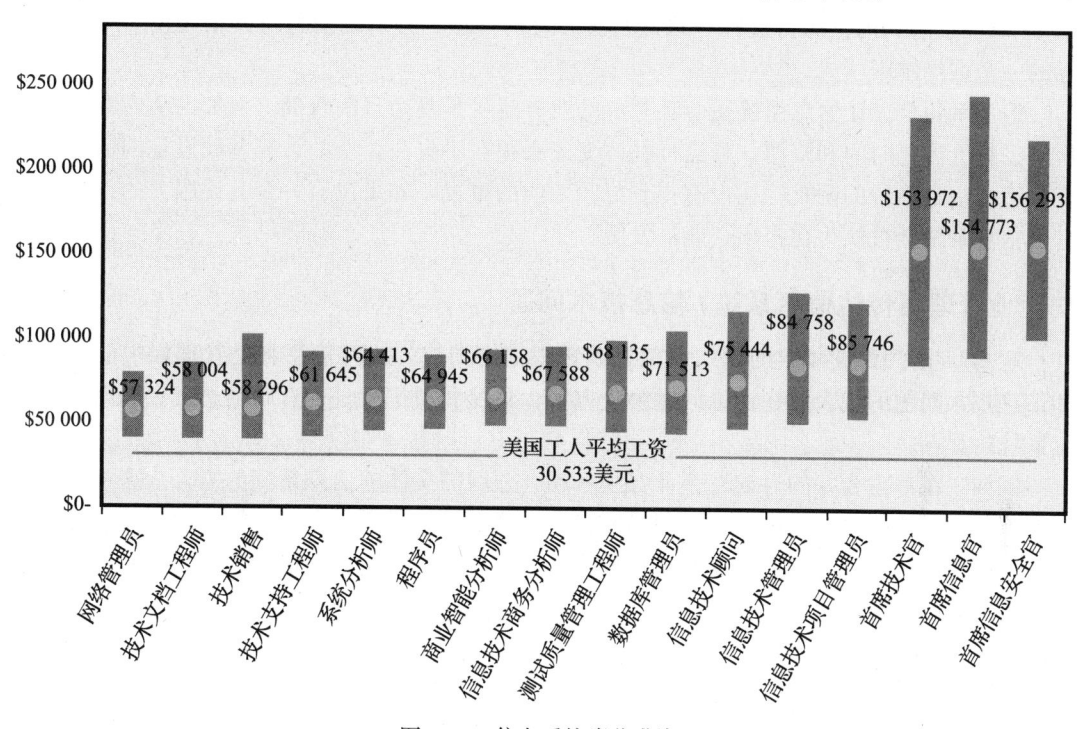

图 11-3 信息系统岗位薪资

问题 11-2 企业如何规划信息系统的使用？

我们从规划开始讨论信息系统的功能。图 11-4 列出了主要的信息系统规划功能。

- 保证信息系统与企业战略一致。当企业发生变化时，保持这种一致性。
- 向企业管理层传达信息系统/信息技术问题。
- 制定优先级并在信息系统部门内部执行。
- 成立指导委员会。

图 11-4 信息系统/信息技术使用的规划

保证信息系统与企业战略一致

信息系统的目的是帮助企业完成其目标和目的。为了达到这个目的，所有的信息系统都必须与企业的竞争战略相一致。

回顾一下第 2 章中的四项竞争战略。前两项战略是，企业可以成为整个行业或行业内某个细分领域内的成本领导者。后两项战略是，企业可以在整个行业或在某个细分领域内使其产品或服务与众不同。无论企业的战略是什么，首席信息官和信息系统部门都必须时刻保持警惕，使信息系统与之保持一致。

保持信息系统方向和企业战略之间的一致性是一个持续的过程。随着战略的改变，当企业与其他企业的合并，或部门被外包时，信息系统必须随着企业的发展而发展。正如你将在第 12 章中了解到的，保持这种一致性是业务流程管理，特别是信息及其相关技术的控制目标的一个重要作用。

但不幸的是，让信息系统适应新版本的业务流程是复杂且漫长的。例如，从内部托管切换到云托管需要时间和资源，且这样的改变还必须在不失去企业的计算基础设施的情况下进行。适应信息系统的困难往往没有得到行政部门的重视。如果没有一个有说服力的首席信息官，信息系统会被认为在拖累企业的发展。

向企业管理层传达信息系统/信息技术问题

观察产生了图 11-4 中的第二个信息系统规划的功能。首席信息官是管理层中信息系统和信息技术问题的代表。在讨论问题解决方案、建议和新举措时，首席信息官会提出有关信息系统的观点。

例如，在考虑合并的时候，企业必须考虑合并后的实体的信息系统的整合。这种考虑需要在评估合并机会时加以解决。但很多时候，会到交易签署后才考虑这样的问题。这种延迟的考虑是错误的，整合的成本需要被计入收购的经济性中。让首席信息官参与高层讨论是避免此类问题的最佳方式。

制定优先级并在信息系统部门内部执行

图 11-4 中的下一个信息系统规划功能涉及优先级。首席信息官必须确保制定符合企业整体战略的优先级，然后将其传达给信息系统部门。同时，首席信息官还必须确保该部门根据其传达的优先级来评估使用新技术的建议和项目。

应用新技术是诱人的，尤其是对信息系统专业人员。首席技术官可能会热情地表示："将所有的报告服务转移到云端，可以做到……"虽然这是事实，但首席信息官必须不断地确认这些新的可能性是否与企业的战略和方向一致。

因此，首席信息官不仅必须建立和传达这些优先级，而且还必须执行这些优先级。该部门必须在尽可能早的阶段评估每一个建议，看它是否与企业的目标和战略一致。

此外，没有企业能负担得起实施每一个好主意的费用。即使是与企业战略相一致的项目，也必须确定其优先级。在时间和金钱的限制下，信息系统部门的每个人的目标必须是开发最合适的系统。经过深思熟虑的、明确传达的优先级是非常重要的。

成立指导委员会

图 11-4 中的最后一项规划功能是协助指导委员会。指导委员会是一个由主要业务职能部门的高级管理人员组成的小组，他们与首席信息官合作、确定信息系统的优先级，并决定主要的信息系统项目和方案。

指导委员会在信息系统和用户之间发挥着重要的沟通作用。在指导委员会中，信息系统人员可以与用户群体讨论潜在的信息系统计划和方向。同时，指导委员会为用户提供了一个论坛，让用户可以向信息系统部门传达其需求和问题。

通常情况下，信息系统部门会制定指导委员会的时间表和议程，并主持会议。首席执行官和管理层的其他人员决定指导委员会的成员。

那又怎样——Facebook 糟糕的数据管理

你与家人、朋友和同事互动的主要方式是什么？你可能会使用面对面的互动和传统的电话来与一些人沟通。然而，越来越多的通信技术正在被开发，并应用于各种场合。例如，Slack 是商业世界中极为流行的协作工具，Discord 是数百万的游戏玩家用来在游戏中保持联系和制定策略的流行通信工具。你很可能使用 Facebook 与一些联系人互动，截至 2018 年，这个社交媒体巨头拥有超过 20 亿活跃用户。

Facebook 持续吸引和保留这么多用户的一个原因是梅特卡夫定律，该定律指出，一个网络的价值等于连接到它的用户数量的平方。换句话说，与网络关联的用户越多，该网络所提供的价值就越大，这也会激励新用户的加入。当有人考虑加入他们的第一个社交网络时，他们最有可能选择已经有最多的朋友、家人和同事作为用户的平台，因为这些人在该网络上的经验将提供更大的价值。然而，梅特卡夫定律吸引的不只是新用户，还有应用程序开发人员、研究人员和企业，他们试图从用户生成的大量数据中获得洞察力和赚钱。

不喜欢点击这里

由于 Facebook 是世界上最受欢迎的社交媒体网站，无数的第三方瞄准了这个网络，寻找机会收集关于用户、他们与他人的联系以及他们的互动的数据。几年前，Facebook 有一个极其开放的模式，允许 Facebook 与其他各种平台和服务（音乐流媒体网站、约会网站等）集成。这种集成允许用户创建账户并使用他们的 Facebook 账户登录这些网站。此外，第三方为 Facebook 开发的应用程序也可以访问使用这些应用程序的人的数据，以及他们所有朋友的数据。

直到最近，该公司才认识到这种模式的潜在隐私风险，并最终将数据访问限制在截至 2015 年的那些直接向第三方开发者提供同意的用户。但损害已经造成了。最近有消息称，一名研究人员偷了 8000 多万 Facebook 用户的数据，然后在 Facebook 实施更严格的数据限制之前，将这些数据卖给了一家分析公司[6]。这一侵犯用户隐私的行为导致了一场关于 Facebook 糟糕的数据管理的风波，并因此产生了一则声明，即 Facebook 将进行调查，以评估在此期间有能力访问用户数据的应用程序。

为游戏付费

针对这一事件，首席执行官兼创始人马克·扎克伯格表示，Facebook 已经采取了措施来防止未来的隐私问题。他后来被传唤到华盛顿特区，在国会山的商业和司法委员会作证，解释这样的事情是如何发生的，以及如何在未来防止类似的事情。然而，Facebook 的声誉已经被这一事件玷污了。有一项主动运动呼吁人们删除他们的 Facebook 账户。这一丑闻也对华尔街产生了影响，主要的科技股（如 Facebook、亚马逊、苹果、Netflix 和 Alphabet）在这一时间集体损失了 3970 亿美元的市值，因为人们越来越担心其他顶级科技公司可能有类似的不可外扬的家丑[7]。

虽然 Facebook 的股价可能会恢复，但其数据管理做法，以及可能的商业模式，将发生变化。一些专家推测，Facebook 将开始为用户提供每月支付访问网络费用的选择，这将保护他们的数据免受广告商或其他第三方的任何形式的访问[8]。据估计，Facebook 将需要向北美用户每月收取大约 7 美元，以补偿每个用户每年 82 美元的广告收入[9]。如果不出意外的话，这种情况已经在科技界掀起了关于隐私和不仔细管理用户数据所带来的风险的冲击浪潮，以及这种轻率行为可能带来的软硬成本。

问题

1. 社交媒体平台在你日常互动中有多重要？你使用某个社交媒体平台是因为你的家人或朋友使用它吗？你认为为什么会这样？
2. 你是否是 Facebook 与 Cambridge Analytica 共享的 8700 万用户数据中的一员？如果是，这种情况是否困扰你？为什么？
3. 在国会山的听证会上，很明显许多政客对 Facebook 的商业运作方式知之甚少。这对制定法规以确保 Facebook 和其他科技公司能够正确管理用户数据带来了怎样的挑战？
4. 为什么 Facebook 会提供一个付费选项？对你来说，支付月费来访问 Facebook 并知道你的个人数据会受到保护是否值得？为什么？

问题 11-3 外包的优缺点是什么？

外包是指雇用另一个企业来执行一项服务的过程，其目的是为了节约成本、获得专业知识，并节约管理时间。

现代管理学之父彼得·德鲁克（Peter Drucker）说过，"你的后院是他人的前台。"这句话的大意是指一家企业不擅长的次要领域可能是其他企业的专长。例如，在大多数企业，经营食堂并不是其成功的基本职能。因此，员工食堂是一个"后院"。谷歌希望成为搜索和移动计算硬件和应用程序的全球领导者，所有这些都由不断增加的广告收入支持。它不希望因其经营食堂的能力而闻名。根据德鲁克的观点，谷歌最好雇用另一家专门从事餐饮服务的企业来经营它的食堂。

因为食品服务是一些公司的"前台"，所以它们将能更好地以合理的价格提供优质产品。将食堂外包给食品供应商也将使谷歌的管理层从对食堂的关注中解放出来。食品质量、厨师安排、塑料叉子的采购、废物处理等，都将是另一家企业的事。谷歌可以专注于搜索、移动计算和广告收入的增长。

信息系统外包

如今许多企业都选择将其信息系统的部分活动外包。图 11-5 列出了这样做的常见原因。

对这些主要的原因依次讨论。

图 11-5　信息系统外包服务的主要原因

管理优势

首先，外包是一种获得专业知识的简单方法。正如你将在第 12 章中了解到的，ARES 公司想构建 3D 增强现实的应用程序，但员工中没有人知道微软 HoloLens 的编码细节。外包是获得这种专业知识的一个简单而快速的方法。

例如，图 11-6 展示了 Dice 年度技术薪资调查报告中薪资最高的前 10 项技能或经验[10]。请注意，2017 年前 10 项技能中只有两项在 2012 年排名前 100。技术的快速变化推动了对某些技术技能需求的快速变化。

技能或经验	薪资	2017	2016	2015	2014	2013	2012
PaaS（平台即服务）	$ 127 171	1	11	4	1	-	-
分布式计算	$ 125 378	2	2	9	3	3	-
弹性搜索	$ 124 650	3	12	-	-	-	-
亚马逊 Redshift	$ 124 640	4	16	-	-	-	-
Cloudera 公司	$ 124 221	5	19	3	4	19	-
亚马逊 DynamoDB	$ 124 054	6	26	-	-	-	-
CMMI（能力成熟度模型集成）	$ 123 970	7	15	27	21	16	11
网络方法	$ 123 578	8	50	25	50	-	-
ISO27000 标准	$ 123 575	9	44	26	-	-	-
SOA（面向服务的架构）	$ 123 192	10	8	20	15	8	6

排名

图 11-6　前 10 项技术技能

开发创新产品的企业可能没有必需的内部生产技术。事实上，除非他们不断地对现有员工进行最新技术的培训，否则他们可能不具备必要的专业知识。外包和战略伙伴关系使企业能够生产它们在内部无法生产的产品。

外包的另一个原因是为了规避管理问题。在 ARES，建立一个庞大的开发和测试团队可能超过了企业的需要，并且可能还需要亨利和拉杰都不具备的管理技能。将开发功能外包可以使他们免于对这种专业知识的需求。

同样，一些公司选择外包以节约管理时间，从而将注意力聚焦在更重要的业务上。虽然ARES 的亨利拥有管理新的软件开发项目的技能，但他可能选择不投入时间。

还要注意的是，这不仅仅是亨利的时间。这也是更多高级管理人员的时间，他们为该活动批准采购和招聘申请。而这些高级管理人员，如艾希莉，将需要投入必要的时间来了解服务器基础设施，以批准或拒绝这些申请。外包可以节约直接和间接的管理时间。

降低成本

选择外包的其他常见原因还包括降低成本。通过外包，企业可以获得兼职服务。外包的另一个好处是获得规模经济。如果有 25 个企业在内部开发自己的薪资应用程序，那么当税法发生变化时，25 个不同的企业将不得不学习新的法律，改变他们的软件以满足法律的要求，测试并编写文件解释这些变化。但如果这 25 个企业外包给同一个薪资应用程序的供应商，那么该供应商可以一次完成所有的调整，而且调整的成本可以在所有的企业中分摊（从而降低了供应商必须收取的成本）。

降低风险

外包的另一个原因是为了降低风险。首先，外包可以为财务风险设限。在一个典型的外包合同中，如公司将其硬件外包给云计算供应商，外包商将同意固定价格的服务合同。另一种限制财务风险的方法是像亨利建议的那样：到软件或其他组件投入使用后再支付大部分费用。第一种情况通过限制应付总额来减少风险，第二种情况确保了在工作完成之前不需要花很多钱。

其次，外包可以通过确保一定的质量水平或避免质量不达标的风险来降低风险。一家专门从事餐饮服务的公司知道如何做才能提供一定质量水平的食品。例如，它有专业知识来确保只提供健康的食物。同样，一家专门从事云服务器托管的公司也知道如何做才能为特定的工作负载提供一定的可靠性。

请注意，不能保证外包一定会提供高质量水平的或比内部开发的质量更好的产品。如果不把食堂外包出去，谷歌可能会很幸运地雇用到一流的厨师。亨利可能会很幸运地雇用到世界上最好的软件开发人员。但是，一般来说，专业的外包公司知道如何避免食物中毒的问题或如何开发新的移动应用程序。而且，如果它不能提供这种最低水平的质量，那么雇用另一个供应商比解雇和重新雇用内部员工更容易。

最后，企业选择将信息系统外包以降低实施风险。雇用外部云供应商可以减少选择错误的硬件品牌、错误的虚拟化软件或错误地实施税法变化的风险。外包将所有这些风险聚集到选择正确供应商的风险中。一旦公司选择了供应商，进一步的风险管理就由该供应商决定。

国际外包

并不是只有 ARES 选择使用印度的外包开发商。许多总部在美国的企业都选择了海外外包。例如，微软和戴尔已经将其客户支持活动的主要部分外包给美国以外的企业。印度的外包开发商很受欢迎，因为它有大量受过良好教育、讲英语的人，且他们的工作成本仅为美国的 20%～30%。企业也会选择其他国家的外包开发商。事实上，利用现代电话技术和支持互联网的服务数据库，一个服务电话可以在美国启动，依次在印度、新加坡进行部分处理，最后由英国的员工完成。客户只需要等待很短的时间。

国际外包对于客户支持和其他必须全天候运作的功能特别有利。例如，亚马逊在美国、哥斯达黎加、德国、意大利、日本和印度等国家都设有客户服务中心。在美国的晚上，印度的客户服务代表可以处理电话，因为那里是白天。当印度的夜幕降临时，爱尔兰或苏格兰的客户服务代表可以处理来自美国东海岸清晨的电话。通过这种方式，公司可以提供全天候的服务，而不要求员工上夜班。

此外，正如你在第 1 章中所学，保护你工作的关键是成为一个擅长非常规抽象分析的人。在面对海外工作者的竞争时，一个有能力找到新技术的创新应用的人更有可能保住工作。

外包的备选方案有哪些？

企业已经找到了数百种不同的方法来外包信息系统和信息系统的部分内容。图 11-7 根据信息系统的组成部分总结了主要备选方案的种类。

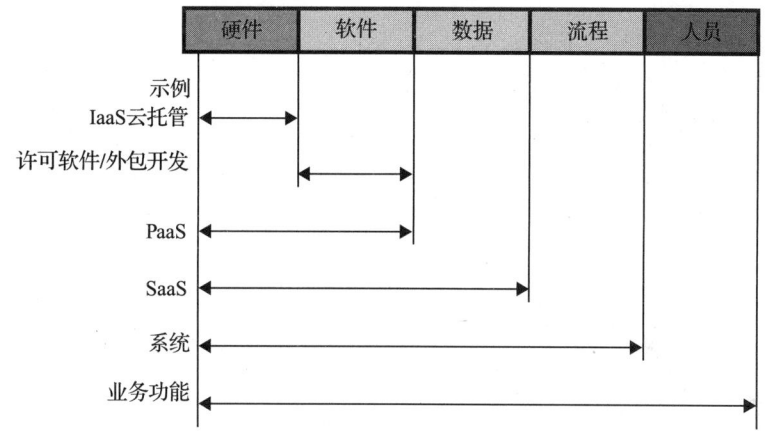

示例	硬件	软件	数据	流程	人员
IaaS云托管	↔				
许可软件/外包开发		↔			
PaaS	↔	↔			
SaaS	↔	↔	↔		
系统	↔	↔	↔	↔	
业务功能	↔	↔	↔	↔	↔

图 11-7 信息系统 / 信息技术外包备选方案

一些企业将计算机硬件的采购和操作外包。30 多年来，电子数据系统（EDS）作为硬件基础设施的外包供应商一直很成功。图 11-7 展示了另一种选择：通过 IaaS 将云中的计算机外包。

正如第 4 章和第 12 章所讨论的，获取许可软件也是一种外包形式。企业不是在内部开发软件，而是从另一个供应商那里获得许可。这种许可允许软件供应商将软件维护的成本分摊到所有的用户身上，从而降低所有使用软件的人员的成本。另一个选择是平台即服务（PaaS），即租赁预装操作系统，以及可能的数据库管理系统的硬件。微软的 Azure 就是这样一个 PaaS 产品。

一些企业选择外包软件开发。这种外包可能是整个应用程序的外包，如 ARES，也可能是对许可软件进行定制，如 ERP 实施中经常做的。

另一种选择是软件即服务（SaaS），其中硬件和操作系统及应用软件都是租赁的。Salesforce.com 就是一个提供 SaaS 的典型例子。

企业也可以将整个系统外包。PeopleSoft 公司（现在属于甲骨文公司）通过提供整个薪资功能的外包服务而获得了突出的地位。正如图 11-7 中的箭头所示，在这种解决方案中，供应商提供硬件、软件、数据和一些流程。公司只需要提供员工和工作信息，其余的工作由薪资外包商完成。

最后，一些企业选择将整个业务功能外包。多年来，许多公司将安排员工出差的功能外包给了旅行社。其中一些外包商甚至在公司设施内设有办公室。这样的协议比外包信息系统要广泛得多，但信息系统是所外包的应用的关键组成部分。

外包的风险是什么？

在了解了这么多的外包优势和外包方案后，你可能会想为什么还会有公司拥有内部的信息系统/信息技术部门呢？事实上，外包有很大的风险，如图11-8所示。

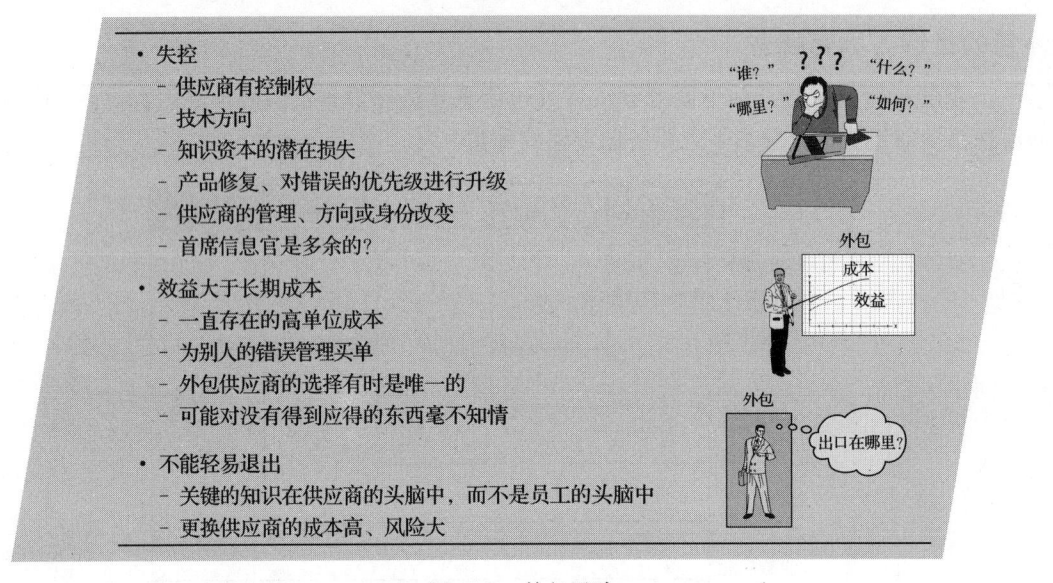

- 失控
  - 供应商有控制权
  - 技术方向
  - 知识资本的潜在损失
  - 产品修复、对错误的优先级进行升级
  - 供应商的管理、方向或身份改变
  - 首席信息官是多余的？
- 效益大于长期成本
  - 一直存在的高单位成本
  - 为别人的错误管理买单
  - 外包供应商的选择有时是唯一的
  - 可能对没有得到应得的东西毫不知情
- 不能轻易退出
  - 关键的知识在供应商的头脑中，而不是员工的头脑中
  - 更换供应商的成本高、风险大

图11-8 外包风险

失控

外包的第一个风险是控制权的丧失。对于ARES来说，一旦亨利与桑迪普签订合同，至少在几周或几个月内，桑迪普就有了控制权。如果他把ARES作为一个优先项目，并根据需要投入他和他的员工的注意力，那么一切都可以顺利进行。然而，如果他在开始ARES的项目后不久就获得了一个更大、更有利可图的项目，那么就可能会出现进度和质量问题。亨利和拉杰都无法控制这种可能发生的情况。如果他们选择在最后付款，他们可能不会有经济损失，但可能会损失时间。

对于以服务为导向的外包，如信息技术基础设施的外包，供应商是有控制权的。每个外包供应商都有其服务的方法和程序，企业及其员工必须遵守这些程序。例如，一个硬件基础设施供应商会有标准的表格和程序来申请一台计算机、记录和处理计算机问题或提供计算机的日常维护。

当外包食堂时，员工只能选择供应商提供的食物。同样地，在获得计算机硬件和服务时，员工需要使用供应商支持的东西。如果员工想要的设备不在供应商的清单上，那就没办法了。

除非合同另有要求，否则外包供应商可以选择它想实施的技术。如果供应商由于某种原因，没能及时掌握一项重要的新技术，那么雇用它的企业将很难从该技术中获得好处。当企业不能提供与竞争对手相同的信息系统服务时，它可能会发现自己处于竞争劣势。

另一个风险是知识资本的潜在损失。公司可能需要向外包商的员工透露专有的商业秘密、方法或程序。作为其正常运营的一部分，该供应商可能会将员工转移到竞争对手的企业中，而企业可能会因此而失去知识资本。这种损失不一定是知识盗窃，它可能只是供应商的员工在你的企业学到了一种更新和更好的工作方式，然后他们把这种学习成果带到你的竞争对手那里。

同样地，所有的软件都存在故障和问题。质量供应商跟踪这些故障和问题，并根据一系列的优先次序来修复它们。当企业将系统外包时，它不再有控制权来确定这些修复的优先次序。这种控制权属于供应商。一个可能对你的企业至关重要的修复，在外包供应商那里可能只是低优先级的。

此外，外包供应商可能会改变管理方式、采取不同的战略方向或被收购。当这些变化发生时，优先级可能会改变，曾经是一个不错的选择的外包商在它改变方向后可能就不合适了。当这种情况发生时，更换一个外包供应商可能会很困难，也很昂贵。

最后一个失控的风险是企业的首席信息官可能变得多余。当用户需要一个外包的关键服务时，首席信息官必须向供应商寻求回应。随着时间的推移，用户了解到直接与外包供应商打交道会更快，从而导致首席信息官很快就脱离了沟通圈。在这一点上，供应商实质上已经取代了首席信息官，让他变得有名无实。但外包供应商为另一家企业工作的员工，偏向于其雇主。因此，关键的管理人员不会与管理团队的其他成员有相同的目标和目的。有偏见的、错误的决定就由此产生了。

长期外包的成本超过效益

外包的最初好处可能是巨大的。控制财务风险的上限，节省管理时间，以及转移许多管理和人员配置问题都是可能的。（最有可能的是，外包供应商承诺的正是这些好处。）外包可能看起来好得不真实。

首先，虽然固定成本确实可以限制风险，但它也消除了规模经济的效益。如果 ARES 的需求增长，突然需要 200 台服务器而不是 20 台，那么它将支付的费用是支持一台服务器的固定成本的 200 倍。但由于规模经济，支持 200 台服务器的成本可能远远低于支持 20 台服务器的 10 倍。如果它们在内部管理这些服务器，那么它们就将是受益者。

此外，外包供应商可能会随着时间的推移改变其定价策略。最初，一个企业从几个外包供应商那里获得竞争性投标。但随着中标供应商对业务的了解，以及该企业的员工和供应商之间关系的发展，其他公司就很难再竞争后续的合同。因此，该供应商将成为唯一的选择，在没有竞争压力的情况下，它可能会提高价格。

另一个问题是，一个企业可能会发现自己在为另一个企业的管理不善买单，而对这一情况却一无所知。如果 ARES 将其服务器外包，那么它很难知道供应商的管理是否良好。ARES 的投资者可能要为管理不善买单。更糟糕的是，ARES 可能会遭受管理不善带来的后果，如数据丢失。ARES 将很难了解这种管理不善的情况。

不能轻易退出

外包风险的最后一类是关于终止协议。退出并不容易。

首先，外包供应商的员工已经掌握了公司的大量知识。他们知道客户支持中的服务器要求、知道使用模式，还知道将运营数据下载到数据仓库的最佳程序。因此，缺乏相关知识使得将服务转回内部变得非常困难。

另外，由于供应商已经与企业紧密结合，因此拆分合作将会有极大的风险。在寻找另一个食品供应商时关闭员工食堂几周可能并不受欢迎，但不会危及员工的生命。但关闭企业网络几周是不可能的，企业将无法生存。考虑到有这样的风险，企业必须投入大量的工作、成倍的努力、管理时间和费用，才能换成另一个供应商。事实上，选择一个外包供应商可能是一条单行道。

在 ARES，如果在最初的应用开发之后，团队决定更换开发供应商，可能会非常困难。新的供应商将不会像目前创建它的供应商那样了解应用程序代码。考虑转移到另一个更好的、成本更低的供应商，在时间和金钱上可能变得不可行。

选择外包是一个困难的决定。事实上，很难知道怎样的决定才是正确的，但时间和项目可能会迫使公司做出决定。

道德指南——培训你的替代者

斯科特·埃塞克斯（Scott Essex）坐在他的办公桌前，翻阅他所管理的员工名册。当他翻阅这些文件时，他觉得心里十分难受。上层管理人员指示他将他的软件开发团队的人员削减近75%。这个指示是最近通过外包信息技术部门项目来降低成本的结果。他来回翻阅这些文件，不知道如何确定哪些员工需要保留、哪些员工需要离开。所有的员工都为团队带来了价值，如果他们没有带来价值的话，斯科特一开始就不会雇用他们。

斯科特翻到名册的开头，开始在他考虑解雇的员工的名字旁边标记星号。有些人已经为企业工作了很多年。但是，尽管他们的工作时间很长，但说实话，他们为企业增加的价值却没有达到其薪资应具有的水平。相反，一些新雇用的员工则有着巨大的潜力，而且相对于其他员工来说成本很低。斯科特停顿了一下，从名册上抬起头来，他不知道当他告诉这些人这个坏消息时，他要如何面对他们。但他必须这样做。这是他工作的一部分。

之后情况变得更糟了。斯科特的老板给他发了一个新开发项目的文件，要求必须在3到6个月内完成。当他75%的员工将被新的、在地球的另一端工作的外包员工取代时，上层管理部门怎么能期望这些项目在正常的周转时间内完成呢？这些新员工对他的团队的"默契"或使团队顺利运行的无形因素一无所知。辞退员工是一方面，但如果他不能按时完成这些项目，他自己的工作也可能会受到威胁。

培训还是不培训

第二天早上，斯科特走进办公室，仍然对失去如此多的团队成员感到灰心。但他对自己选择留下的员工充满信心。他认为，只要剩下的团队成员能够度过这一时期并重新开始工作，他们就有机会保证新项目的进度。他走到大厅，把他的人事变动建议交给他的老板贝丝·比尔曼（Beth Birman）。贝丝让他关上门并坐下来。

贝丝开始了谈话，"好吧，我打赌你一定在想，在你将要管理的员工更换的情况下，你要如何在期限内完成那些新项目。"斯科特努力让自己的真实感受不表现在脸上。他乐观地回答说："嗯，会有点忙，但我想我们可以应对！"

贝丝笑着回应道："好吧，你应该知道，我总是很照顾你。如果没有一点辅助措施的话，我是不会让你陷入这样的困境的。"斯科特不知道她在说什么。"我不太清楚你的意思。"他回答说。

贝丝继续说："我们想让那些从你的团队中被解雇的员工培训新的外包员工。培训替代者将是离任员工享受离职待遇的一个条件。如果我们这样做，就能确保新员工不会花一个月或更长时间来适应和学习他们的职责，同时也可以确保外包员工在一周左右的时间内就能完全投入工作。而且你应该能够在截止日期之前完成项目。"

谈话的其余部分斯科特并没有仔细听。他在试图接受这样一个事实：他即将解雇的员工将被迫培训他们的替代者。如果他们不这样做，他们将失去大部分的遣散费。"真是雪上加霜啊。"他一边走回办公桌，一边小声嘀咕道。

随着时间的推移，他越想越觉得不对劲，他开始对贝丝要求他做的事情深感不安。要求一个人培训顶替他工作的人，这怎么可能公平？斯科特认为这将是尴尬的、不愉快的，并且极具侮辱性的要求。如果企业对这个决定感到满意，那么他们还会以离职待遇为由让离职的员工做些什么？这似乎一发不可收拾。他想知道他还有多长时间就要培训自己的替代者了。他无法忘记他母亲的名言："近朱者赤，近墨者黑。"

讨论问题

1. 根据本书前面所定义的道德原则，回答下面的问题。
   a. 根据定言令式的观点，你认为强迫员工培训其替代者是否道德？
   b. 根据功利主义的观点，你认为强迫员工培训其替代者是否道德？
2. 如果你在收到雇主要解雇你的通知后，被要求培训你的替代者，你会有什么感受？你认为这是否为未来的解雇条件开了一个危险的先例？
3. 除了贝丝在这个场景中提出的策略外，企业还可以采用什么策略来确保新的替代员工能够更好地履行其职责？
4. 在问题3的基础上，如何利用技术来改善变革管理过程？

问题 11-4 用户的权利和义务是什么？

作为信息系统未来的用户，你在与信息系统部门的关系中既有权利也有义务。图 11-9 列出了你享有的权利和你应履行的义务。

用户权利

你有权获得你所需要的计算资源，以便能够熟练地完成你的工作。你有权利获取你所需要的计算机硬件和程序。如果你为数据挖掘应用处理大型文件，你有权利获得你所需要的大容量磁盘和高速处理器。但如果你只是接收电子邮件和查阅公司的门户网站，那么你的权利是更适度的要求（将更强大的资源留给企业中需要它们的人）。

权利	义务
使你能够熟练完成工作的计算机硬件和程序	学习基本的计算机技能
可靠的网络和互联网连接	学习你使用的应用程序的标准技术和程序
安全的计算环境	遵循安全和备份程序
受到保护,远离病毒、蠕虫和其他威胁	保护你的密码
为新的系统特性和功能的要求做出贡献	根据你的雇主的计算机使用政策使用计算机和移动设备
可靠的系统开发和维护	不做未经授权的硬件修改
迅速关注问题、关切和投诉	只安装经授权的程序
适当地确定问题修复和解决的优先级	在接到指示时,应用软件补丁和修复程序
有效的培训	按要求投入必要的时间以仔细和完整地回应对新系统特性和功能的要求
	避免报告无关紧要的问题

图 11-9　信息系统用户的权利与义务

你有权利获得可靠的网络和互联网服务。可靠意味着你几乎在所有时间都能顺利使用。这意味着你在上班时不会想:"今天的网络能用吗?"。网络问题应该是罕见的。

你也有权利获得安全的计算环境。企业应该保护你的计算机及其文件,而你通常甚至不需要考虑安全问题。不时地,企业可能会要求你采取特定的行动来保护你的计算机和文件,你应该采取这些行动。但这种要求应该是很少的,而且与特定的外部威胁有关。

你有权参加你将使用的新应用程序和对你目前使用的应用程序的重大改变的需求会议。你可以选择将这一权利委托给其他人,或者你的部门可以为你委托这一权利,但如果是这样,你有权利通过该委托人提出你的想法。

你有权利获得可靠的系统开发和维护。尽管在许多开发项目中,一两个月的进度延误很常见,但你不该忍受 6 个月或更长时间的进度延误。这种延误是系统开发不称职的表现。

此外,你有权利得到对你的问题、担忧和对信息服务的投诉的及时关注。你有权获得报告问题的途径,并有权知道你的问题已经被信息系统部门受理,或至少已经被登记。你有权利让你的问题在符合既定优先级的情况下得到解决。这意味着,你工作中遇到的问题将有可能排在一个他人工作中遇到的问题之后。

最后,你有权利接受有效的培训。这应该是你能理解的培训,并且能让你使用系统来完成你的特定工作。企业应该以方便你的形式和时间来提供培训。

用户义务

你对信息系统部门和企业也有义务。具体来说,你有义务学习基本的计算机技能、学习你所使用的应用程序的技术和程序。你不应该期望有人手把手地教你进行基本操作,或在同一个问题上得到重复的培训和支持。

你有义务遵循安全和备份程序。这一点特别重要,因为你没有采取的行动可能会给你的同事、企业以及你自己带来问题。特别是,你有义务保护你的密码。这不仅对保护你的计算机很重要,而且由于系统间的认证,它也对保护企业的网络和数据库很重要。

你有义务以符合雇主政策的方式使用你的计算机资源。许多雇主允许在工作时为重要的家庭事务发送有限的电子邮件,但不鼓励频繁和长时间随意发送电子邮件。你有义务了解你的雇主的政策并遵守它。此外,如果你的雇主有关于在工作中使用个人移动设备的政策,你有义务遵守该政策。

你也有义务不对你的计算机进行未经授权的硬件修改，并且只安装经授权的程序。制定这一政策的原因之一是，信息系统部门为你的计算机升级构建了自动维护程序。未经授权的硬件和程序可能会干扰这些程序。此外，安装未经授权的硬件或程序可能会给你带来问题，而信息系统部门将不得不进行修复。

你有义务应要求安装计算机更新和修复程序。这对涉及安全和备份及恢复的补丁尤为重要。当被要求对新的和调整后的系统的需求提供意见时，你有义务花必要的时间来提供深思熟虑的、完整的答复。如果你没有这个时间，你应该把你的意见委托给其他人。

最后，你有义务专业地对待信息系统专业人员。每个人都为同一家公司工作，每个人都想成功，专业精神和礼貌会对各方都有好处。专业行为的一种形式是学习基本的计算机技能，这样可以避免报告琐碎的问题。

问题 11-5　2029 年将会怎样？

在未来的 10 年里，企业对信息系统和信息技术资源的管理变化将由第 1 章中提到的因素推动，包括处理能力、存储、带宽和连接性的指数级增长。因此，大多数企业已经将其内部的大部分硬件基础设施转移到云端。这种向云的转变将改变企业的运作方式。

到 2029 年，我们预计向云计算的转换即将完成。在企业内部可能很难找到很多硬盘。随着更多的在线应用程序被租用（而不是购买）以及工作被外包，应用程序和员工的情况可能也是如此。当一切都在企业之外时，企业会发生什么？企业的边界变得模糊不清，甚至可能不存在。安全、隐私和竞争力将变得更加重要。共享和窃取机密数据将变得更加容易。

如果工人从传统的员工转变为零工经济中的顾问，企业会为争取最好的工人而进行激烈的竞争。拥有最热门的技能和最佳工作经验的工人可以赚取其他人的五倍或十倍的钱。即使是现在，那些被认为是很好的企业也吸引着最有才华的人。到 2029 年，这一趋势可能会加剧。

10 年后的日常工作生活也会有所不同。亚马逊在 2014 年开始使用 Kiva 机器人，现在这些机器人占到了亚马逊劳动力的 17%。超过 10 万个机器人与 56.6 万名员工一起工作。而且，这也不仅仅是体力劳动。2017 年，花旗集团前首席执行官维克拉姆·潘迪特（Vikram Pandit）说，人工智能、机器人和自然语言处理的进步可能导致所有金融工作在 2025 年之前减少 30%[11]。摩根大通首席执行官杰米·戴蒙（Jamie Dimon）也同意这一点，但他表示，金融行业工作机会的损失将在一定程度上被雇用更多技术工人来管理这些新系统所抵消。到 2029 年，你很可能会和机器人共事。

到 2029 年，创造和维持一种独特的企业文化可能会越来越困难。外包的增加或大量的虚拟劳动力可能使企业的凝聚力大大降低。2029 年，员工的忠诚度可能会成为圣诞派对上的一个笑话。10 年后，混合现实设备将变得普遍。工人们将能够与世界各地的同事进行虚拟互动，就像他们都在同一个房间里开会一样。

未来的工人可能在技术上有更多的"联系"，但更少有深层的个人联系或共同经历。你已经可以通过智能手机看到这种现象。你有多少次看到一群人聚在一起，但其中的大多数人都默默地低头盯着他们的手机？如果没有共同的企业文化或身份，企业可能会越来越难雇用、培训和留住最好的员工。

到 2029 年，企业将需要在企业内部以真正的企业 2.0 风格使用社交媒体。他们将需要通过内部社交媒体有效地吸引他们的员工。同样地，员工将需要在一个社交媒体互动对效益有直接影响的世界里，有效地与客户互动。信息系统将不再被视为企业战略和增长的障碍，而是获得竞争优势的一个关键角色。社交媒体和移动设备的无处不在将使人们关注信息系统在实现企业目标方面所能发挥的作用。

安全指南——监视者

你会用1430万美元做什么？坐在那里，设想着用这些钱可能买到的东西或享受到的奢侈品，可能很有趣。但一个更重要的问题是：为了得到1430万美元，你愿意做什么？现在，这是一个你真的需要停下来，更认真地思考的问题。你是否愿意违反你的道德规范或打破你的伦理准则来得到这些钱？你是否愿意违反法律并面对这种行为带来的潜在的惩罚？不久前，艾奥瓦州的一位信息技术安全经理很可能思考了所有这些问题。不幸的是，他的错误判断让他背叛了他的雇主。

这个人是该州彩票的信息安全主管。尽管他的任务是保护艾奥瓦州彩票的信息技术系统，但他在彩票系统用于随机数字生成软件的计算机上安装了一个rootkit木马。这样做让他能够识别未来的开奖号码，从而可以提前购买中奖彩票[12]。为了不被抓到，他抹去了可能提供更多犯罪信息的硬盘，并操纵了没有得到充分管理的监控录像。犯下这一罪行的惩罚是最高可判处10年的监禁，这将让他有足够的时间去梦想他可以用这些钱做什么。

特权人士

你可能想知道一个公司或市政当局如何确保其安全业务主管不滥用职权。

进行审计和管理访问权限是确保信息技术安全从业人员没有滥用其职权的两种常见方法。审计是评估过去发生的事情的一种有效方式。识别对某些文件或系统的未经授权的访问并确定肇事员工。审计应该由与被评估的内部员工没有关系的外部人员进行。

但信息技术安全人员经常管理并能访问日志文件。这些日志文件可以被用来识别潜在的不当行为。信息技术安全人员有权限、机会和技能去对这些日志文件进行潜在的篡改。

确保系统安全的一个更具预防性的措施是通过超级用户权限管理工具执行适当的用户访问控制。这些工具允许创建一个管理员账户，然后可以通过这个账户创建其他管理权限。这种方法的好处是，只有一个人必须被完全信任，而其他管理员可以只被赋予部分访问权限[13]。

其他防止安全专业人士滥用职权的策略包括：(1)努力确保员工了解企业内允许的行为。(2)知识和职责的分离。(3)适当的监视。适当的监视程序可以包括将日志文件发送到不能被内部员工访问的外部服务器中[14]。

监视者无处不在

如果你停下来想一想，你会很快意识到，"监视者"不仅仅是为大公司工作的信息技术安全专家。信息技术安全从业人员在其雇主的网络和系统范围内确实拥有巨大的权力，但在商业环境之外的监视者呢？那些对他们可以监视的事物类型没有任何限制或约束的监视者呢？你手机上的手电筒应用程序的制造商可以监视你吗？

你可能听说过爱德华·斯诺登（Edward Snowden）和他对美国政府开展的无处不在的监视和监测项目的披露。人们对这些项目的主要关切是它们对隐私构成了巨大的侵犯。但在许多方面，人们的隐私都在日常生活中被侵犯。他们购买和使用的设备可以在未经他们同意的情况下被入侵或远程访问。你手机上的一个简单的应用程序就需要大量的权限，而这些权限可能根本没有必要。例如，你的手电筒应用程序需要访问你的通讯录吗？

这些都是隐私和安全之间固有的紧张关系的例子。使用新的应用程序、物联网设备和系统往往会带来难以识别和缓解的隐私风险和安全漏洞。其中最大的风险在于，特定的监视者（即信息技术安全人员）往往缺乏适当的监督，以确保他们没有滥用职权。因此，当你下次考虑买彩票时，请祈祷监视者正在被监视吧！

讨论问题

1. 这篇文章讨论了安全审计的使用，以确保员工没有在其雇主的系统上做任何他们不应该做的事情。安全审计在什么其他情况下会进行？
2. 定义什么是 rootkit，并在网上搜索如何使用 rootkit。
3. 防止信息技术员工违反系统访问权的一个策略是"职责分离"。你能想到任何说明如何将一项职能或任务分成多块或分配给多个个人以防止滥用职能的例子吗？
4. 花时间思考你每天使用的所有不同类型的设备。这些设备如何泄露并侵犯你的隐私？这种侵犯隐私的风险是否足以让你停止使用这些设备？

职业指南

姓名：苏珊·M.琼斯（Susan M.Jones）
公司：Utah State University
职位：数据治理官
学历：英国亨利商学院

1. 你是怎么得到这份工作的？

我在金融职业生涯的早期，看到了技术的进步和商业运作的提升。我很快意识到，技术将在就业市场上提供一个竞争优势。雇主总是对那些拥有互补性技术技能的人感兴趣。随着该领域的发展，对数据的威胁成为一个焦点，我发现自己正在处理数据安全和数据隐私问题。我研究了"攻击者"，以及他们如何利用技术和人类心理及信任来进入计算机系统。有了这些知识，我的职业生涯发展到现在的位置，我通过为数据访问和处理制定明确的基本规则来帮助管理风险。

2. 这个领域吸引你的是什么？

说实话，这个领域有什么不吸引人的地方呢？信息技术领域是令人兴奋的、创新的、充满活力的。信息技术连接着一个企业的每一个部门。例如，信息技术将营销与制造联系起来，不仅重塑了我们生产产品的方式，而且重塑了我们营销产品的方式。除了技术上的兴奋，该领域的吸引力还在于其服务方面。

3. 你的日常工作是怎么样的?

我的大部分工作涉及识别与数据有关的风险,并提出技术和行政控制措施的建议来降低这些风险。我的日常工作充满了各种各样的互动和活动,这也使其变得更倾向于管理而不是技术。从绘制数据流图到培训员工安全收集数据,我的日常工作为公司及其对数据和技术的使用提供了宝贵的见解。

4. 你最喜欢工作的哪一点?

像其他从事信息技术行业的人一样,我发现自己在学习许多不同的业务、法律要求和系统控制。我学得越多,对公司的贡献就越大。为了真正完成我们的企业使命,我们既需要人也需要技术。我很高兴我的工作对企业和员工都有贡献。

5. 想要做好你这份工作需要哪些技能?

项目管理、变革管理、解决问题和沟通技巧对于数据管理的成功非常重要。数据管理需要责任感。因此,如果这些技能与学习和理解的愿望相结合,那么一个具有牢固关系的充实的职业将随之产生。作为个人发展的目标,我有意识地(并不断地)努力磨炼这些技能。

6. 在你的领域里教育经历或者证书重要吗? 为什么?

重要,持续的学习在任何行业都是有价值的,在技术领域尤其如此。技术总是在不断进步,所以要不断训练。教育和证书对专业发展和职业发展非常有用,在这个领域的大多数工作描述中,它们被列为基本的最低要求。

7. 你会给那些考虑在你所在领域工作的人什么建议?

数据管理需要许多人员和企业部门的协调。因此,我的建议是,不管是为自己工作还是为大公司工作,都要花时间分析大局并建立联系。学习单一学科很容易,但除非你真正了解一个学科如何增强另一个学科,否则你将无法认识到自己的全部潜力。

8. 你认为在未来 10 年什么技术工作会成为热门工作?

这个问题很难。技术预测可能是一项危险的工作。在未来 10 年,我预计热门的技术工作将不仅仅涉及技术知识。在我的梦想中,所有的技术工作都需要对数据安全知识和对隐私有深入的了解。

本章回顾

通过本章回顾来验证你是否理解了回答本章学习问题所需要用到的思想和概念。

问题 11-1 信息系统部门的职能和组织结构是什么?

列出信息系统部门的五个主要职能。定义首席信息官并解释其典型的报告关系。列举典型的信息系统部门中的四个小组,并解释每个小组的主要职责。定义首席技术官并解释其典型的职责。解释数据管理功能的目的。定义首席安全官和首席信息安全官,并解释其职责的不同。

问题 11-2 企业如何规划信息系统的使用?

由于战略调整与信息系统有关,解释其重要性。解释为什么保持信息系统与企业战略一致性会有困难。描述首席信息官与其他高管的关系。描述首席信息官在优先级方面的责任。解释这项任务的挑战。定义指导委员会并解释首席信息官在其中的作用。

问题 11-3 外包的优缺点是什么?

定义外包。解释德鲁克的"你的后院就是别人的前台"这句话与外包的关系。总结外包的管理优势、成本优势和风险。区分 IaaS、PaaS 和 SaaS,并分别举例说明。解释为什么国际外包会有特别大的优势。描述你可以为防止自己的工作被外包而培养的技能。总结有关控制、长期成本和退出策略的外包风险。

问题 11-4　用户的权利和义务是什么？

用你自己的话解释图 11-9 中所示的每个用户权利和责任的含义。

问题 11-5　2029 年将会怎样？

解释云的使用如何成为未来应用程序和工作外包的模式。列出一些将对企业的信息系统和信息技术管理产生影响的变化和发展。零工经济会如何影响企业的效率？解释机器人技术和自动化将如何影响工作场所。描述虚拟工作者和"联网"的数字设备实际上如何降低企业的凝聚力。解释将影响信息系统部门的企业文化的变化。

将你的知识应用到 ARES

你现在知道了信息系统部门的主要职责，并能理解为什么它可以实施有关的标准和政策。你知道了信息系统的规划功能，以及它们与企业的其他部门之间的关系。你还知道外包信息系统服务的原因、最常见和最受欢迎的外包方案，以及外包的风险。最后，你知道你在信息系统部门提供的服务方面的权利和责任。

无论你是在 ARES 公司工作，还是 ARES 公司的潜在投资者，或者是潜在投资者的顾问，本章的知识将帮助你了解你需要做什么。

关键术语和概念

首席信息官（Chief Information Officer，CIO）
首席信息安全官（Chief Information Security Officer，CISO）
首席安全官（Chief Security Officer，CSO）
首席技术官（Chief Technology Officer，CTO）
绿色计算（Green computing）
外包（Outsourcing）
指导委员会（Steering committee）

知识运用

11-1. 根据本章内容，信息系统、产品和技术无法延展且很难被改变。你认为除了首席信息官之外，其他高级管理人员应该如何看待这种缺乏延展性的情况？例如，你认为信息系统在企业合并过程中是怎样的？

11-2. 假设你代表一个投资者团队，正在收购全国各地的医院，并将它们整合到一个系统中。列出五个有关信息系统的潜在问题和风险。你认为在这样的收购项目中，与信息系统有关的风险与其他风险相比是怎样的？

11-3. 当企业方向迅速改变时，信息系统会怎样？信息系统在其他部门将有何表现？当企业战略频繁变化时，信息系统会怎样？你认为这种频繁的变化给信息系统带来的问题比其他业务职能部门更大吗？为什么？

协作练习 11

使用你在第 1 章的协作练习中建立的协作信息系统，团队协作回答下面的问题。

绿色计算是具有环境意识的计算，主要包括三个部分：电源管理、虚拟化和电子废物管理。本协作练习将重点关注电源管理。

计算机（和相关设备，如打印机）要消耗电力。对于任何一台计算机或打印机来说，这个负担是很轻的。但如果美国所有的计算机和打印机今晚都会运行，而办公室里没有人呢？绿色计算的倡导者鼓励公司和员工在不使用时关闭设备，以减少电力和水的消耗。

这个问题重要吗？它是否只是对环保主义者的一种让步，以显得计算机专业人员有道德？组建一个团队，研究你们学校的计算机使用情况，提出你们自己的见解。

11-4. 在互联网上搜索确定典型的计算和办公设备的功耗。考虑笔记本计算机、台式计算机、CRT 显示器、LCD 显示器和打印机。在本练习中忽略服务器计算机。绿色计算运动的目标就是减少 IT 设备能源消耗（电能的度量单位为瓦特）。

11-5. 估计你所在的学校里正在使用的每一种类型的设备的数量。使用你的大学的网站来确定学院、专业、教师、员工和学生的数量。对每个人使用的计算机、复印机和其他类型的设备的数量做出假设。

11-6. 利用 11-4 和 11-5 的数据,估计你的学校里的计算机和相关设备所使用的总功率。

11-7. 一台处于屏幕保护模式的计算机与一台处于常规模式的计算机使用的电量相同。但处于睡眠模式的计算机使用的电量要少得多,如每小时 6 瓦特。回顾你的学校里的计算机使用情况,估计计算机设备处于睡眠模式与屏幕保护或使用模式的时间。计算睡眠模式所节省的电量。

11-8. 由信息系统部门自动更新软件升级和补丁的计算机不能进入睡眠模式,因为如果处于睡眠模式就不能升级。因此,一些大学禁止在大学计算机上使用睡眠模式(另外,服务器从不使用睡眠模式)。以瓦特为单位,确定这种政策的成本。

11-9. 以瓦特为单位,计算以下情况中每月的成本:
 a. 所有用户的计算机全天候运行。
 b. 所有用户的计算机在工作时间全天候运行,在非工作时间处于睡眠模式。
 c. 所有用户的计算机在非工作时间内都是关闭的。

11-10. 基于你对 11-4 到 11-9 的回答,非工作时间的计算机电源管理是一个重要的问题吗?与经营大学的其他成本相比,这个问题真的重要吗?团队讨论这个问题并说明原因。

【案例研究 11——劳动力自动化】

2016 年 5 月 24 日,麦当劳前首席执行官埃德·伦西(Ed Rensi)就最近要求提高最低工资的抗议活动接受了采访。快餐店员工希望全国最低工资为每小时 15 美元。伦西表示,一个 35 000 美元的机器人员工比一个每小时 15 美元的人类员工的成本更低且生产率更高[15]。他还指出,要求更高的工资只会加速自动化劳动的应用。他可能是对的。

由加利福尼亚州的 Momentum Machines 公司制造的汉堡制作机器人可以每小时制作 400 个汉堡且不需要休息。它可以比人类员工更稳定、更准确、更干净地研磨、烤制和组装汉堡。它可以完全取代三个快餐店员工[16]。

而且,不仅仅是快餐公司正在迈入自动化的行列。2018 年,位于中国的苹果公司的主要供应商富士康,在 2016 年成功用机器人取代了 6 万名工厂员工后,宣布将对机器人投资 40 亿美元[17]。在欧洲,飞机制造商空客公司宣布与日本联合机器人实验室(JRL)合作,使用其 HRP-2 和 HRP-4 仿人机器人组装飞机[18]。在美国,亚马逊正在 25 个运输中心使用 10 万个 Kiva 机器人,以帮助处理客户订单[19]。

勇敢的自动化新世界

没有人完全了解机器人员工将对企业或整个社会产生的影响。研究人员估计,到 2030 年,近 8 亿员工将面临失业[20]。他们将被智商高于 90% 美国人口的机器人所取代。是的,一些新的工作将被创造出来,以制造、编程和管理新的机器人劳动力。

机器人将从事哪些类型的工作?它们可能会从事涉及体力和脑力劳动的常规工作。未来,你可能会在售货亭、杂货店收银台、医生办公室、手术室和道路上(如自动驾驶汽车)与机器人互动。

为什么是这些类型的工作?图 11-10 对自动化劳动力和人类劳动力的优势进行了比较。在自动化劳动力中,许多与人类劳动力相关的传统劳动力成本会消失。但是,仍然需要人类劳动力。人类擅长于更高层次的、非常规认知任务。

如果劳动力不重要呢?

2003 年,尼古拉斯·卡尔(Nicholas Carr)在《哈佛商业评论》上发表了一篇题为《信息技术并不重要》的文章。他认为,信息技术在短时间内为少数具有前瞻性的企业提供了竞争优势。一旦信息技术被广泛使用和商品化,它就不再是竞争优势的来源。信息技术是必不可少的,但在战略上不再重要了。

卡尔的文章引起了广泛的讨论和争议。他提出了一个很好的论据。例如,假设现在是 1915 年,你从事的是运输业务。你是第一家开始使用卡车运送货物的企业,而你所有的竞争对手都使用火车或马车,那么由于你可以更快、更便宜、更稳定地送货而获得了竞争优势。

一旦你的竞争对手购买了送货卡车,你就失去了竞争优势。现在的竞争优势来自如何使用卡车，而不是卡车本身。信息技术的情况也是如此。一旦每个人都能使用云服务，它们就不再是竞争优势的来源了。

一旦自动化的劳动力被广泛使用，它也会如此吗？也许吧，但对于自动化劳动力的广泛应用，我们更应该关注的是你也属于劳动力。如果你试图与一大群廉价的自动机器竞争，那么你的谋生技能可能存在问题。

自动化劳动力的好处	人类劳动力的好处
1. 没有医疗费用。	1. 解决特殊问题。
2. 没有休假时间、休息时间、病假或假期。	2. 创造新产品。
3. 没有事故、受伤、工伤赔偿要求。	3. 适应快速变化的环境。
4. 没有工会、争论、抱怨、态度恶劣、裁员、遣散费。	4. 综合性的系统思维。
5. 没有吸烟、饮酒上班、性骚扰、诉讼。	5. 质疑糟糕的决策。
6. 没有最低工资、加薪或工资单。	6. 用经验预测未来的事件。
7. 一年365天、一天24小时都在工作。	7. 道德决策（希望如此）。
8. 比人类工作更安全、更准确、更稳定。	8. 与他人良好互动（如销售）。

图 11-10　自动化劳动力与人类劳动力的对比

问题

11-11. 劳动自动化如何为那些具有前瞻性的企业提供竞争优势？如果一个行业的所有竞争者都采用自动化劳动力，这种新的竞争优势将会受到什么影响？

11-12. 自动化劳动力可能完全取代某些类型的工作。列出自动化劳动力对将接受大学教育的人的三个影响。列举三个可能从自动化劳动力中受益的专业。为什么大学需要在自动化劳动力的时代变得更加灵活？

11-13. 列出三种可能从自动化劳动力中产生的新型企业（如无人驾驶的Uber）。为什么这些新企业可能会让现有的企业倒闭？

11-14. 政府的规定，如更高的最低工资率、强制性健康保险和复杂的劳动法，可能使机器人比人类员工更有吸引力，因为他们没有这些额外的费用。请描述一下如何改变政府法规以支持人类员工。

11-15. 机器人可以被训练来做人类可能不愿意做的、危险的、环境恶劣的以及单调的工作。列举一个你认为机器人比人类更适合的工作。描述为什么你认为人类更愿意把这项工作交给机器人来做。

11-16. 可以为你自己购买一个个人机器人以降低你的生活成本。它可以完成你所有的园艺、烹饪、清洁、家庭维修等工作。解释一下为什么你的个人收入需求会因为家里有一个自动化工人而改变。你的个人机器人能满足你所有的需求吗？

11-17. 机器人没有生存、生育和提高自己地位的欲望。缺乏这些人类特征可能会如何阻止机器人成为我们的控制论霸主？

完成下面的写作练习

11-18. 思考这样的一种说法："在许多方面，选择一个外包供应商是一条单行道。"解释这句话的意思。你同意这样的说法吗？为什么？你的答案是否会根据被外包的系统组件而改变？为什么？

11-19. 一家大型跨国公司发生了严重的数据泄露事件，导致近2.5亿客户的数据丢失。丢失的数据包括姓名、地址、电子邮件地址、密码、信用卡号码和出生日期。在第一周，整个公司都处于损害控制模式。在数据泄露事件发生约两周后，该公司的董事会开始追究谁该对此负责。董事会焦头烂额，他们想向客户表明他们正在采取措施，以防止这种情况的再次发生。他们应该解雇首席执行官、首席信息官、首席信息安全官、首席技术官、数据库管理员，还是生产线员工？证明你的选择。

尾注

[1] Often, the department we are calling the *IS department* is known in organizations as the *IT department*. That name is a misnomer, however, because the IT department manages systems as well as technology. If you hear the term *IT department* in industry, don't assume that the scope of that department is limited to technology.

[2] Nicole Norfleet, "Reporter Who Wrote About Target Breach Says Well-Trained Staff Is Best Defense Against Cyberattacks," *Star Tribune*, May 17, 2016, accessed June 18, 2018, www.startribune.com/reporter-whowrote-about-target-breach-says-well-trained-staff-is-best-defense-againstcyberattacks/379831601.

[3] PayScale Inc., "Salary Data & Career Research Center (United States)," *PayScale.com*, accessed June 18, 2018, www.payscale.com/research/US/Country=United_States/Salary.

[4] U.S. Social Security Administration, "Measures of Central Tendency for Wage Data," *SSA.gov*, accessed June 18, 2018, www.ssa.gov/oact/cola/central.html.

[5] DHI Group Inc., "Dice Tech Salary Survey," *Dice.com*, February 21, 2018, accessed June 18, 2018, https://marketing.dice.com/pdf/Dice_TechSalary Survey_TechPro_2018.pdf.

[6] Deepa Seetharaman, "After Days of Silence, Facebook's Mark Zuckerberg Admits to 'Mistakes' with User Data," *Wall Street Journal*, March 21, 2018, www.wsj.com/articles/after-days-of-silence-mark-zuckerberg-to-publicly-address-facebooks-user-data-uproar-1521659989.

[7] Akane Otani, Michael Wursthorn, and Ben Eisen, "Technology Shares Plunge Again amid Growing Backlash," *Wall Street Journal*, April 2, 2018, www.wsj.com/articles/technology-shares-plunge-again-amid-growing- backlash-1522689491.

[8] Georgia Wells, "Facebook's Mark Zuckerberg Hints at Possibility of Paid Service," *Wall Street Journal*, April 10, 2018, www.wsj.com/articles/facebooks-mark-zuckerberg-hints-at-possibility-of-paid-service-1523399467.

[9] Geoffrey A. Fowler, "What If We Paid for Facebook—Instead of Letting It Spy on Us for Free?" *Washington Post*, April 5, 2018, www.washingtonpost.com/news/the-switch/wp/2018/04/05/what-if-we-paid-for-facebook-instead-of-letting-it-spy-on-us-for-free/?noredirect=on&utm_term=.4848b529a904.

[10] DHI Group Inc., "Dice Tech Salary Survey," *Dice.com*, February 21, 2018, accessed June 18, 2018, https://marketing.dice.com/pdf/Dice_TechSalarySurvey_TechPro_2018.pdf.

[11] Chanyaporn Chanjaroen, "Technology Will Cut 30% of Banking Jobs Says Former Citigroup CEO Vikram Pandit," *The Independent*, September 13, 2017, accessed June 19, 2018, www.independent.co.uk/news/business/news/fintech-technology-banking-jobs-30-per-cent-cut-replace-citigroup-ceo-vikram-pandit-a7944016.html.

[12] Iain Thomson, "Lottery IT Security Boss Guilty of Hacking Lotto Computer to Win $14.3M," *The Register*, March 13, 2016, www.theregister.co.uk/2015/07/22/lotto_infosec_director_guilty.

[13] George V. Hulme, "Watching the Watchers," *CSO Online*, March 13, 2016, www.csoonline.com/article/2130533/identity-management/watching-the-watchers.html.

[14] Ibid.

[15] Julia Limitone, "Fmr. McDonald's USA CEO: $35K Robots Cheaper Than Hiring at $15 Per Hour," *FoxBusiness.com*, May 24, 2016, accessed June 18, 2018, www.foxbusiness.com/features/2016/05/24/fmr-mcdonalds-usa-ceo-35k-robots-cheaper-than-hiring-at-15-per-hour.html.

[16] Dylan Love, "Here's the Burger-Flipping Robot That Could Put Fast-Food Workers Out of a Job," *Business Insider*, August 11, 2014, accessed June 18, 2018, www.businessinsider.com/momentum-machines-burger-robot-2014-8.

[17] Sam Francis, "Foxconn to Invest $4 Billion in New Robotics and Automation Technology,"

Robotics and Automation News, February 24, 2018, accessed June 18, 2018, *https:// roboticsandautomationnews .com/2018/02/24/ foxconn-to-invest-4-billion-in-new-robotics-and-automation-technology/16182.*

[18] Peggy Hollinger, "Airbus Plans to Develop Assembly Line Robots to Work with Humans," *The Financial Times*, May 4, 2016, accessed June 18, 2018, *https://next.ft.com/content/ c2d9eea0-1072-11e6-91da-096d89bd2173.*

[19] Alison DeNisco Rayome, "Amazon Doubles Down on Hybrid Human/Robot Workforce in Illinois Warehouse," *TechRepublic*, April 2, 2018, accessed June 18, 2018, *www.techrepublic. com/article/amazon-doubles-down-on-hybrid-humanrobot-workforce-in-illinois-warehouse/.*

[20] Courtney Connley, "Robots May Replace 800 Million Workers by 2030.These Skills Will Keep You Employed," *CNBC*, November 30, 2017, accessed June 18, 2018, *www.cnbc. com/2017/11/30/robots-may-replace-up-to-800-million-workers-by-2030.html.*

第 12 章
Using MIS，Eleventh Edition

信息系统开发

"大家好，对不起，我迟到了。"ARES 的老板泽夫·弗里德曼说，"我正努力获得从我家到这里的 KOM。"

"没关系，你是老板。你不在我们不会开始的。"艾希莉微笑着说。她看到泽夫环视了在座的所有人。尽管他年事已高，但他的身体和精神状态依旧很好。

"你得到了吗？"亨利问道。

"还没有，但快了。"泽夫环顾四周，看到拉杰脸上带着困惑的表情，说道："KOM 是'山地之王'的意思。如果你在某段路上骑得最快，你就会得到一个 KOM。"

"啊，我明白了。我可能需要多走出办公室。"拉杰怯生生地回应道。

"如果你在自行车公司工作，那你确实应该这样做。"泽夫轻松地笑着说。

泽夫坐下来，直视艾希莉，并点点头。"所以你现在想真正花些钱了，对吗？"

艾希莉紧张地笑了笑，伸手拿起一个文件夹，环视一圈。"是的，实际上我们要花的是你的钱。所以我想让你看看我们在研究什么。"

艾希莉递给泽夫一个文件夹，里面夹着几张零散的纸。"我会让亨利和拉杰向你说明我们认为能最快地发展 ARES 的方案。"

亨利向前俯身，示意第一页。"第一页是对我们需要为运动器材供应商开发的应用程序的预算。其中大多数都使用嵌入式 Linux 和 Windows。"

泽夫仔细地看着这些预算。亨利知道他可能会发现一些错误，他继续道："为排名前 10 的制造商开发应用大约需要 20 万～30 万美元。之后我们需要为 AR 头戴设备开发应用，这将花费 10 万～25 万美元。"

泽夫抬头看着亨利说："所以预算是在 30 万～55 万美元之间？为什么有这么大的范围？"

"我们必须为多个设备制造商和多个 AR 头戴设备开发应用，并将这些应用整合到我们从弗洛雷斯博士那里得到的现有后端系统中。我们不确定完成这些要花多少钱。我们还需要记录3D虚拟自行车路线,并增加当地热门地点的信息。而且坦白讲,估计开发增强现实应用程序的成本几乎是不可能的。"

拉杰插话道:"没有人有开发AR应用的经验。聪明人都知道,这是巨大的机会。所有人都在努力地开发些什么,但之前没有人开发过全息应用。因此,估计开发成本非常困难。"

亨利看出泽夫想要更具体的答案。"我们正考虑将开发工作外包给拉杰在印度的朋友桑迪普。听说他有很好的团队,而且他给我们的报价比我们谈过的当地开发商的报价要低得多。"

泽夫把文件放在桌子上,看向凯西说道:"凯西,你能把它卖出去吗?"

凯西笑得很开心,她说:"当然!广告的可能性是巨大的。我们可以出售人们以前从未见过的新型广告。和我交谈过的每个人都想参与进来。动感单车课程、私人教练和雇主看起来也是很好的收入来源。增强现实是让梦想成真。"

"那就好。"泽夫微笑道。

"是的,但他们想看到它运行。在我们看到钱之前,他们想看到它惊人的效果。"

泽夫向后靠了靠,再次看了看预算。没有说话,停顿开始让其他人感到不舒服,尽管这并不影响泽夫。

艾希莉慢慢地开始说:"所以,泽夫你怎么想?"

泽夫看着艾希莉说道:"我认为我们高估了自己,我们还没有准备好。"

"那你想做什么?"艾希莉迟疑地问道。

"我们需要努力做出一个能运行的原型。"泽夫断然说道,"目前我们只为微软HoloLens开发应用,暂时不考虑其他AR头戴设备。我们也只和CanyonBack运动自行车合作开发应用,因为它是行业领导者,暂不考虑其他制造商。"

泽夫环顾一周,用清晰的声音说:"我们现在的重点是原型。我们所有的努力都需要投入到让原型能够工作中去。我们需要让凯西有东西卖。"

泽夫停顿了一下,以确保每个人都明白。"还有问题吗?"泽夫笑着说。没有人说话。"太好了,我们吃饭吧。"

研究问题

问题12-1 业务流程、信息系统和应用程序是如何开发的?

问题12-2 企业如何使用业务流程管理?

问题 12-3　业务流程建模符号如何用于流程建模?
问题 12-4　系统开发生命周期有哪些阶段?
问题 12-5　SDLC 项目成功的关键是什么?
问题 12-6　Scrum 开发如何克服 SDLC 的问题?
问题 12-7　2029 年将会怎样?

章节预览

　　作为未来的商务专业人士,你会参与到和你的业务有关的新技术应用的开发中。你可能会发挥领导作用,就像亨利在 ARES 开发过程中所扮演的角色那样;或者你会成为一名办公室经理,负责执行程序并培训用户使用像 ARES 这样的系统;或者你可能成为一名业务分析师,担任用户和技术人员之间的联系人。如果不出意外,你可能会被要求提出需求,并对系统进行测试以确保需求都得到了满足。不管你扮演怎样的角色,了解流程和系统如何被开发和管理都很重要。

　　在问题 12-1 中,我们首先简述了我们开发的内容,并介绍三种不同的开发流程。在接下来的一系列问题中,我们将逐个介绍它们。在问题 12-2 中,我们将讨论业务流程管理。在问题 12-3 中,你将学习如何解释流程图,在你的职业生涯中,你或许会对流程图进行评估。之后,我们将在问题 12-4 中讨论系统开发生命周期的阶段。在问题 12-5 中总结系统开发生命周期项目管理成功的关键。问题 12-6 中介绍了一个更新的,或许也是更高级的开发流程,即 Scrum 开发。我们将在问题 12-7 中讨论从现在到 2029 年信息系统职业可能发生的变化,并以此来结束本章。

问题 12-1　业务流程、信息系统和应用程序是如何开发的?

　　许多商务专业人士在讨论业务流程、信息系统和应用程序时都会感到困惑。如果你知道它们是不同的、知道它们的区别和它们之间的关系,你就不会有这样的困惑。这些知识会让你更容易理解流程、系统和应用程序的开发方式,进而帮助你作为团队成员更有效地完成开发项目。

业务流程、信息系统和应用程序的区别与联系

　　正如你在第 2 章中所学,业务流程由一个或多个活动组成。例如,图 12-1 展示了订购业务流程中的活动:准备报价,如果用户接受这些条款,就处理该订单。确定库存的可用性,检查客户信用,批准特殊条款(如果有的话),然后处理订单并发货。这些活动中的每一项都包括许多任务,其中一些还涉及异常情况的处理(如只有部分订单可用),但它们并没有在图中展示。

　　业务流程中的活动常常涉及信息系统。如在图 12-1 中,除批准特殊条款之外的所有活动都用到了信息系统。(在本例中,我们假设特殊条款很少并且销售人员在走廊上找销售经理就可以批准。)这些信息系统都有我们重复讨论过的五个组成部分。业务流程中的行动者或参与者是信息系统的用户,他们采用信息系统程序来使用信息系统以完成流程活动中的任务。

　　这些信息系统中的每一个都包含一个软件组件。开发软件基本都涉及数据组件,并且常常涉及硬件(如移动设备)的规格和特性。因此,我们将应用程序定义为满足一系列需求的

软硬件和数据的组合。图 12-1 中，客户信用信息系统包括了一个处理客户数据库以批准或拒绝信用请求的应用程序。

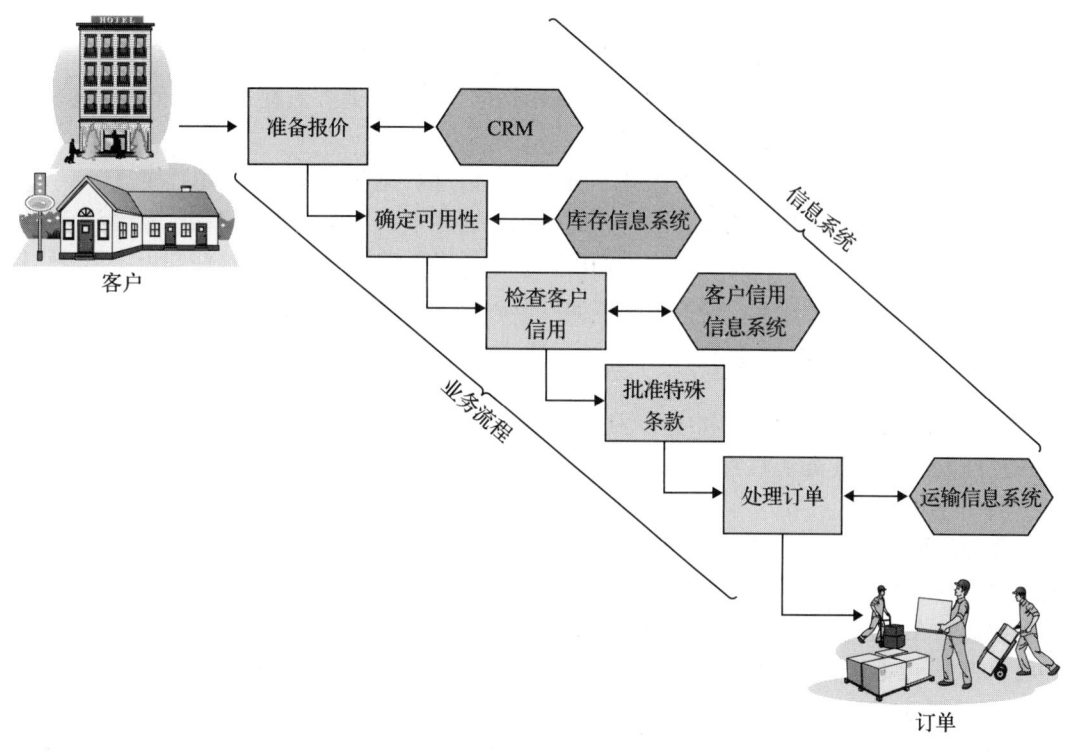

图 12-1　一个业务流程及其相关的信息系统的活动

如图 12-1 所示，这一业务流程使用了四个不同的信息系统。通常我们会认为一个业务流程会与一个或多个信息系统相关。但需要注意的是，不是所有的流程活动都会使用信息系统，有些活动只需要手动完成。在图 12-1 中，批准特殊条款这一活动就没有使用信息系统。如上所述，销售人员在走廊上问他们的经理是否接受条款。在某些情况下（但本例中没有），所有的活动都没有使用信息系统，整个业务流程都是手动完成的。

现在考虑图 12-1 中任意一个信息系统，比如库存信息系统。该信息系统除了提供确认商品可用性的特点和功能外，还有支持其他业务流程的特点和功能。例如，库存信息系统支持了商品订购流程、商品库存流程、商品预订流程等。因此即使图 12-1 中没有展示，我们也可以知道信息系统支持了许多业务流程。此外，每个信息系统都至少支持了一个业务流程，否则对付款使用该系统的企业来说，它就没有什么用处。

我们可以使用第 5 章中的术语来对此进行总结，也就是业务流程和信息系统之间的关系是多对多的。一个业务流程可以使用多个信息系统，一个信息系统也可以支持多个业务流程。此外，业务流程并不一定要使用信息系统，但信息系统至少要支持一个业务流程。图 12-2 用实体关系图展示了业务流程（Business Process）与信息系统（Information System）的关系。

图 12-2　业务流程与信息系统的关系

因为每个信息系统都包括一个软件组件，所以每个信息系统都至少有一个应用程序。我们可以进一步研究信息系统和应用程序之间的关系，但该关系不在本书讨论的范围内。

因此，总结如下：

1. 业务流程、信息系统和应用程序都有不同的特征和组件。
2. 业务流程和信息系统之间的关系是多对多的（$n:m$）。业务流程不必与信息系统有关，但信息系统至少与一个业务流程相关。
3. 因为每个信息系统都有软件组件，所以每个信息系统至少有一个应用程序。

在你参加开发会议时，有时会发现人们混淆了这些术语。他们会在流程、系统和应用程序之间快速地来回切换，但却不知道他们已经改变了术语和语境。有了这些知识，你就可以通过辨析它们之间的差异来为你的团队增加价值。

各自使用的开发流程是什么？

多年来，流程、信息系统和应用程序的开发尝试了很多不同的流程。本章中，我们将讨论三种开发流程：业务流程管理（BPM）、系统开发生命周期（SDLC）以及Scrum（敏捷开发中的一种方法）。

业务流程管理是一种用于创建新的业务流程和管理现有流程变更的技术。除了初创企业，每个企业都已经有了各种形式的、质量参差不齐的流程。如果没有流程，它们就无法运作。因此，在大多数情况下，BPM是用来管理现有业务流程的版本更新的。我们将在问题12-2和问题12-3中讨论BPM。

如图12-3所示，系统开发生命周期（SDLC）是可用于开发信息系统和应用程序的流程。20世纪80年代，美国国防部要求所有的软件和系统开发项目都使用SDLC，它也因此知名。SDLC是常见的、著名且常被使用的，但正如你所了解到的，它经常出问题。你需要知道它是什么，以及什么时候用和什么时候不用它。我们将在问题12-4和问题12-5中讨论SDLC。

		开发流程		
		BPM	SDLC	Scrum
范围	业务流程	√		√
	信息系统		√	√
	应用程序		√	√

图 12-3　开发流程的范围

Scrum是一种新的开发流程，其创建的部分原因是为了克服使用SDLC时出现的问题。Scrum具有足够的通用性，它适用于业务流程、信息系统和应用程序的开发（和调整）。我们将在问题12-6中讨论Scrum。

图12-4中展示了在这些流程中发挥最积极和重要作用的人员。业务分析师是精通波特模型（见第2章）和企业战略的人，其主要是要确保业务流程和信息系统符合企业的竞争战略。正如你所想的那样，业务分析师主要的关注点是业务流程。

系统分析师是同时了解业务和技术的信息系统专业人员。他们主要进行信息系统开发，但也与业务分析师一起进行业务流程管理。系统分析师在用SDLC或者Scrum开发流程推进开发项目方面起着关键作用。

应用程序是由技术人员开发的，如程序员、数据库设计员、测试人员、硬件专家和其他技术人员。系统分析师在开发应用程序需求以及协助程序员、测试人员和用户之间的工作中发挥着关键作用。

由于应用程序的开发过程涉及的技术细节超出了本书的范围，所以我们在这里只对应用程序开发做了简单介绍。如果你倾向于技术，你可以考虑这些工作，因为它们绝对有吸引力并且有着极大的需求。

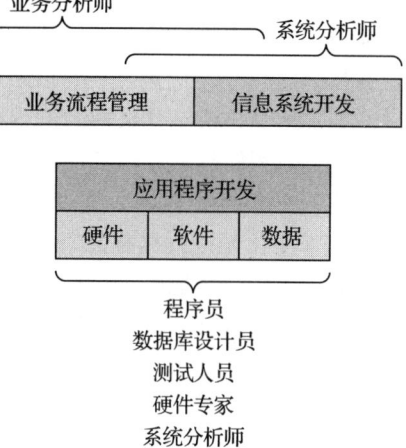

图 12-4 开发人员角色

问题 12-2 企业如何使用业务流程管理？

基于本章的学习目的，我们将拓展我们在第 2 章中所用到的业务流程的定义。在此，我们将定义业务流程为由活动、资源库、角色、资源和流组成的实现业务功能的网络。正如第 2 章中所述，活动是接收输入并产生输出的相关任务的集合。资源库也是一个集合：仓库是物理实体的资源库，数据库是数据的资源库。该定义中的新术语为角色和资源，前者是活动的集合，后者是分配到这些角色的人员或计算机应用程序。最后，流是指控制流或数据流。控制流指导活动的顺序，数据流展示了活动和资源库之间的数据传输。

为了明确这些术语，把角色看作工作头衔，如销售人员、信用经理、仓库监管人员等。因此企业可能需要分配三个人员（资源）去扮演销售人员的角色，或者企业可能开发一个信息系统（资源）去扮演信用经理的角色。

为什么需要流程管理？

业务流程并不是一成不变的，它们总是在不断发展。为了理解其原因，假设你是一个在订购流程如图 12-1 所示的企业里工作的销售人员。当你加入该公司时，他们让你遵循该流程，并且你已经使用该流程 2 年了。据你所知，该流程运转良好，那为什么需要对它进行管理呢？从根本上说，有三个原因：提高流程质量、适应技术变化，以及适应业务基础的改变。我们依次来看。

提高流程质量

如你在第 8 章所学，流程质量有两个维度：效率（资源利用）和有效性（实现战略）。改变流程的最明显的原因就是它存在效率或有效性问题。设想一个销售流程。如果企业的目标是提供高质量的服务，但其流程耗时过长或不合理地拒绝了信用，那么它就是低效且需要进行改变的。

在效率方面，流程可能会出现使用资源不充分的情况。例如，如图 12-1 所示，销售人员会在检查客户信用之前确定产品的可用性。如果检查可用性只是检查信息系统中的库存，那么这个顺序是合理的。但假设检查可用性不仅仅需要运营人员确定库存，还需要确定商品能够按时送达目的地。如果订单的配送很复杂，例如订单需求量很大，需要从三个不同的仓库发货，那么确定运输日程可能就需要一两个小时。

确定运输的下一步是信用检查。如果客户信用检查不合格，该订单被拒绝，那么就浪费了确定运输的劳务。因此，在检查可用性之前进行信用检查或许更合理。

类似地，如果客户的特殊条款的请求被拒绝，那么检查可用性和信用的成本也会被浪费。如果客户请求的特殊条款通常不会被批准，那么将批准特殊条款放在检查可用性和信用之前或许会更合理。然而，你的老板可能并不愿意考虑商品不可用或者客户信用差的订单的特殊条款。

如你所见，决定什么样的流程结构最好并不容易。监测流程质量并合理调整流程设计是需要进行流程管理的原因之一。

适应技术变化

技术变化是进行流程管理的第二个原因。例如，假设使用图 12-1 中的业务流程的设备供应商投资了一个能够实时追踪货车位置的新的信息系统，使其能够为客户提供商品次日达的服务。但如果现有的信用检查过程需要 2 天，那这样的服务就没什么价值。客户和销售人员都会不满于"我可以明天就把货送到，但是要下周一才能完成对你的信用检查"这件事。

因此，当新技术能够明显改变流程活动时，整个流程都需要进行评估。这样的评估也是需要进行流程管理的原因之一。

适应业务基础的改变

进行业务流程管理的第三个原因是业务基础的改变。下列因素的重大变化都可能会产生更改业务流程的需求：

- 市场（如新的客户群体、客户特征的改变）
- 产品线
- 供应链
- 企业政策
- 企业组织（如合并、收购）
- 国际化
- 商业环境

为了理解这些改变可能带来的结果，思考图 12-1 中确认可用性和信用检查的顺序。新的客户群体可能意味着需要改变信用检查流程，也许某类客户的风险过大，无法获得信贷。所有面向这类客户的销售都必须是现金。产品线的改变可能会需要多种方式的可用性检查。供应链的改变可能意味着企业不再需要在仓库中进行商品的存储，而是直接从工厂中发货。

或者企业可能会对其信贷政策进行大范围的改变。例如，企业可能会决定接受更大的风险并向有着更低信用的企业进行销售。在这样的情况下，批准特殊条款就变得比信用检查更加重要，这两项活动的顺序也可能发生改变。

当然，合并或收购可能意味着企业以及其产品和市场的巨大改变，如将部分业务转移到海外或者进军国际贸易。最后，商业环境的重大改变，如经济开始衰退可能意味着信用检查变得非常重要并且需要移到该流程的第一步。

业务流程管理是什么？

不管企业是否认为需要进行业务流程的改变，上述讨论的因素都会使其成为必要。企业可以选择进行业务流程的升级和改变，或者它们可以等到真正必须进行改变的时候。在后一种情况下，企业将持续处于危机之中，并需要接二连三地处理流程紧急情况。

图 12-5 展示了业务流程管理（BPM）的基础活动，它是一个系统地创建、评估并修改业务流程的循环过程。这个循环开始于创建一个现有商业流程的模式，此模式被称为现行模

式。参与该过程的业务用户、业务分析师和系统分析师会对模型进行评估并进行升级。正如第 8 章所述，业务流程可以通过改变流程结构、增加资源或二者相结合的方式来进行升级。如果流程结构发生了改变，那么就需要为改变后的流程建立一个模型。增加流程资源的两种常见的方式是为流程活动分配更多人员以及创建或修改信息系统。

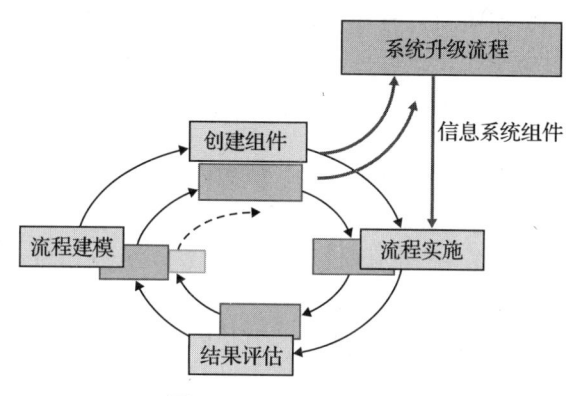

图 12-5 BPM 的四阶段

BPM 流程的第二项活动为创建组件。在该项活动中，团队以足以实施的深度设计业务流程的更改。如果业务流程涉及新的信息系统或者改变了现有的信息系统，那么系统升级项目会在该阶段创建并进行管理。再次说明，一些活动会用到信息系统，而一些活动则不会。对于那些用到信息系统的活动，信息系统的程序需要被创建以便用户能够完成其流程任务。

实施新的或者更改后的流程是 BPM 的第三项活动。流程的实施者将接受有关其将要执行的活动以及将要使用到的信息系统程序的培训。就像你在第 8 章所学的 ERP 的应用一样，从现有流程向新的或者更改后的流程的转变将会面临员工的抵触。因此，对你来说，在实施过程中很重要的一项活动就是对抵触员工的安抚。我们将在问题 12-4 中讨论 SDLC 时讨论四种不同的策略。这四种策略同样适用于流程实施。

一旦流程被实施，管理良好的企业就不会止步于此。相反，它们会制定政策、创建流程以及成立委员会来对业务流程的有效性进行持续的评估。信息系统审计和控制协会创建了一套名为 COBIT 的标准做法，其常被用在 BPM 循环的评估阶段。对该标准的解释不在本章的讨论范围内，但你应该知道它们的存在。访问 www.isaca.org/cobit 以获取更多信息。

当评估流程表示需要进行重大变革时，BPM 循环就会被重复并做出修正。新的流程模型被开发，新的组件被创建、实施并评估。

有效的业务流程管理能够让企业持续进行流程升级。就像质量提升一样，流程升级也永远不会结束。流程有效性会被持续监控，流程也会按需进行调整。

此外，不要认为业务流程管理只适用于商业的营利性企业，非营利性的企业和政府机构也有业务流程管理，只是其大部分的流程是面向服务而不是以营利为目的的。例如你所在州的劳工部就需要对其流程进行管理，美国女童子军组织也同样需要进行流程管理。BPM 适用于所有类型的组织。

问题 12-3 业务流程建模符号如何用于流程建模？

在业务流程建模（BPM）的四个阶段中，最重要的就是业务流程建模。这些模型是理解现有流程和设计新版本流程的蓝图。它们还为任何需要创建或者修改的信息系统和应用程序提供了平台。如果模型不完整并出现错误,那么后续的组件就无法正确创建。在本问题中,你将学习创建流程文件的标准符号。

因为你作为商务专业人士,或许会参与到建模项目中,所以学习该标准符号对你来说很重要。除非你成为业务或系统分析师,否则你不太可能领导这样的项目。但作为用户,你可能被要求对模型进行审查和批准,并且你可能会以部门代表或领域专家的身份参与到新模型的创建过程中。

业务流程符号的标准化需求

如前所述,我们将业务流程定义为由活动、资源库、角色、资源和流组成的实现业务功能的网络。虽然该定义受到了广泛的认可,但不幸的是一些作者、行业分析师和软件产品还会使用许多其他的定义。例如,业务流程管理中的重要领军者 IBM 有一款名叫 WebSphere Business Modeler 的产品就使用了一系列不同的术语。它有活动和资源,但它更加宽泛地使用了资源库,并且使用业务项目代替了数据流。其他的业务建模软件产品也会使用其他的定义和术语。这些差异和不一致可能会带来问题,尤其是当两家使用不同定义的不同企业要进行合作时。

因此,一家名为对象管理组织(OMG)的软件行业标准化组织创建了一套用于业务流程文件的标准术语和图形符号,称为业务流程建模符号(BPMN),并以文件形式发布在 www.bpmn.org 上。虽然对 BPMN 的完整描述不在本章讨论的范围内,但这些基础符号易于理解,并且与我们对于业务流程的定义相吻合。因此,本章的图都将使用 BPMN。因为 Microsoft Visio 中包含有几个 BPMN 模板,所以本章所有的图都使用其绘制。图 12-6 总结了基础的 BPMN。

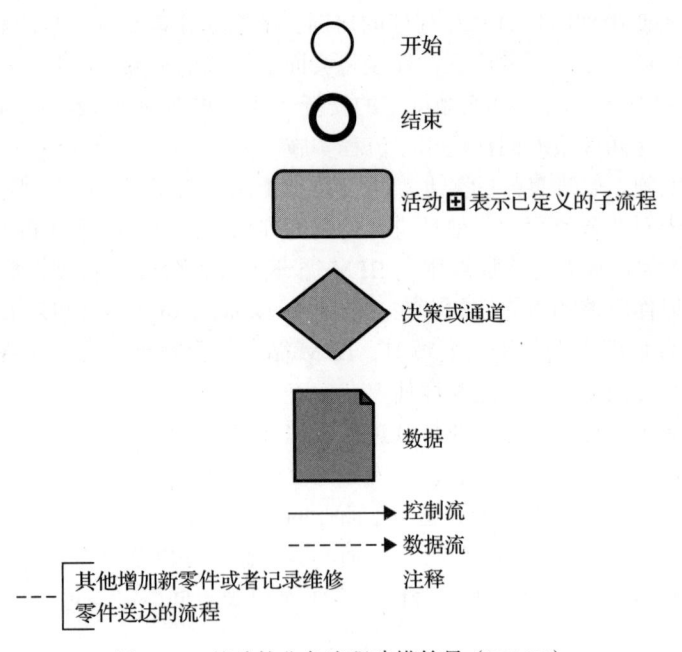

图 12-6 基础的业务流程建模符号(BPMN)

记录现有业务订单流程

图 12-7 展示了图 12-1 中的现有订单流程。首先,需要注意的是,该流程是一个模型,

并且是忽略了很多细节之后对流程基本要素的抽象概括。如果它不是一个抽象概括，那么整个模型将和业务本身一样大。这个图是以泳道布局展示的。在这种格式中，业务流程中的每个角色都有自己的泳道。在图 12-7 中有五个角色，因此有五个泳道。一个特定角色的所有活动都被展示在该角色对应的泳道中。泳道布局简化了流程图，并让人们注意到图中各部分之间的相互作用。

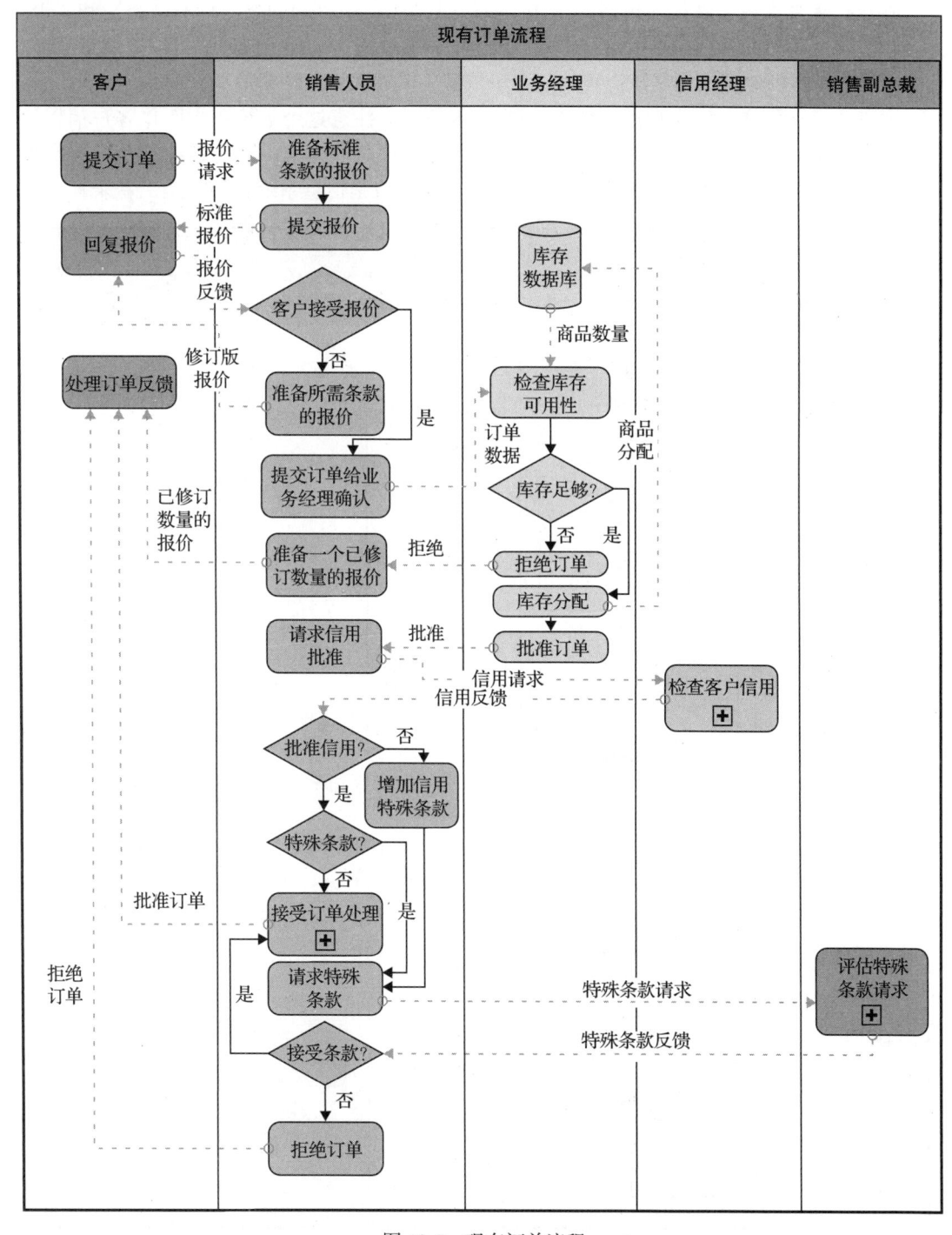

图 12-7　现有订单流程

图中有两种箭头，虚线箭头表示信息流和数据流，实线箭头表示流程中活动的流动或顺序。一些流程的流动中也伴随有数据的流动。根据图12-7，客户向销售人员发送报价请求（虚线箭头）。销售人员在第一项活动中准备一份报价，然后将报价反馈给客户（实线箭头）。你可以在图12-7中了解其余的流程。库存分配意味着如果商品可用，则该商品将被分配给该客户，以防止再卖给其他人。

菱形代表着决策，其往往包括一个用"是"或"否"回答的问题。标有"是"和"否"的流程箭头从菱形的两个端点引出。该现行流程图中有三个活动含有带加号（+）的正方形。这个符号表示该活动被认为是该流程的一个子流程，其在另一个图中有更详细的定义。

这三个子流程之一的客户信用检查如图12-8所示。注意这个子流程中叫作客户信用信息系统的角色。虽然我们无法从图中得知，但事实上该角色完全由信息系统扮演。再次强调，每个角色都是由一些资源完成的，要么是人员，要么是信息系统，要么是二者兼有。

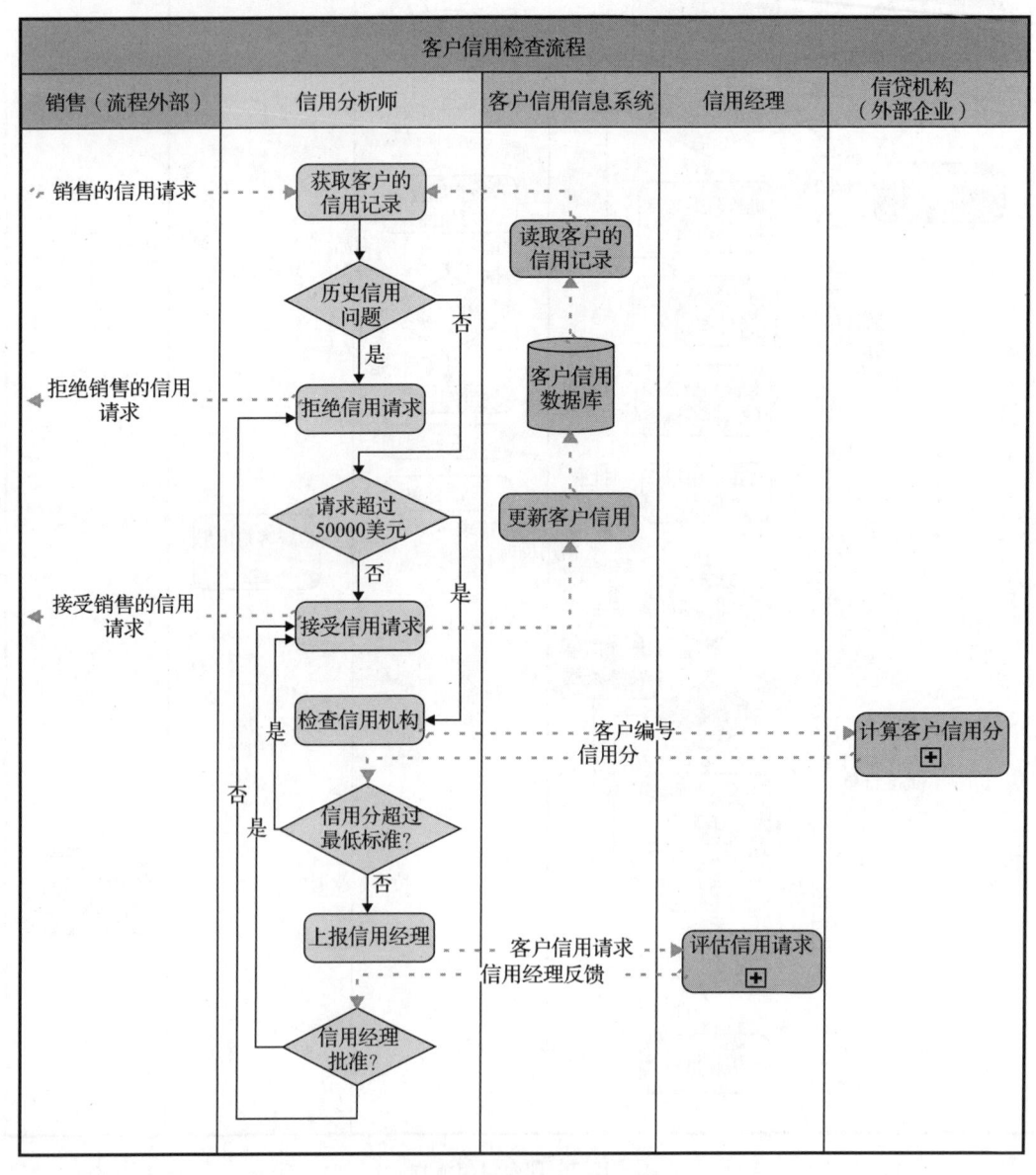

图12-8 客户信用检查流程

一旦现有模型被记录下来，就会对该模型进行问题和升级机会的分析。例如，图12-7所示的流程有一个严重的问题。在继续之前，请检查该图，看看你是否能发现问题是什么。

这个问题涉及分配。业务经理为订单分配库存的同时，信用经理会为该订单的客户分配信用。只要接受订单，这些分配就没有问题。但如果拒绝订单，那么这些分配是不会被释放的。并且，分配的库存将不会被订购，还会为不会被处理的订单的客户提供信用。

这个问题可能会有很多解决方案，其中一种是为拒绝订单定义一个单独的流程（即在图12-7中的拒绝订单活动中放置一个带"+"的方框），然后设计拒绝订单的子流程来释放分配的资源。

业务流程建模符号图有时会被用来定义用于讨论和评估的流程方案。另一个用途是记录流程以进行员工培训，或者为系统和应用程序升级提供流程需求文件。作为一名商务专业人士，你或许会被要求为了上述目的来解释或批准业务流程建模符号图。

问题12-4　系统开发生命周期有哪些阶段？

系统开发生命周期（SDLC）是用于开发信息系统和应用程序的典型流程。IT行业在经历了艰苦磨砺后开发出了SDLC。许多早期的产品都遇到了"灾难"，企业和系统开发人员在"废墟"中总结出了失败的原因。到了20世纪70年代，大多数经验丰富的项目经理对成功建立和维护信息系统所需要执行的基本任务达成了共识。这些基本的任务被组合成了系统开发的各个阶段。如前文所述，在美国国防部在政府项目合同中要求使用SDLC时，它获得了很高的声望。

不同的作者和企业将这些任务组合成数量各异的阶段。一些企业使用八阶段流程，一些企业使用七阶段流程，还有一些企业使用五阶段流程。在本书中，我们将使用五阶段流程，即定义系统、确定需求、设计系统组件、应用系统、维护系统。

图12-9展示了这些阶段之间的关系。当业务规划流程确定了对新系统的需求时，系统的开发就开始了。需求可能来自一个业务流程管理设计活动，或者一些其他的业务规划流程。现在假设管理层已经通过某种方式确定企业能够通过构建新的信息系统来更好地完成其目标。

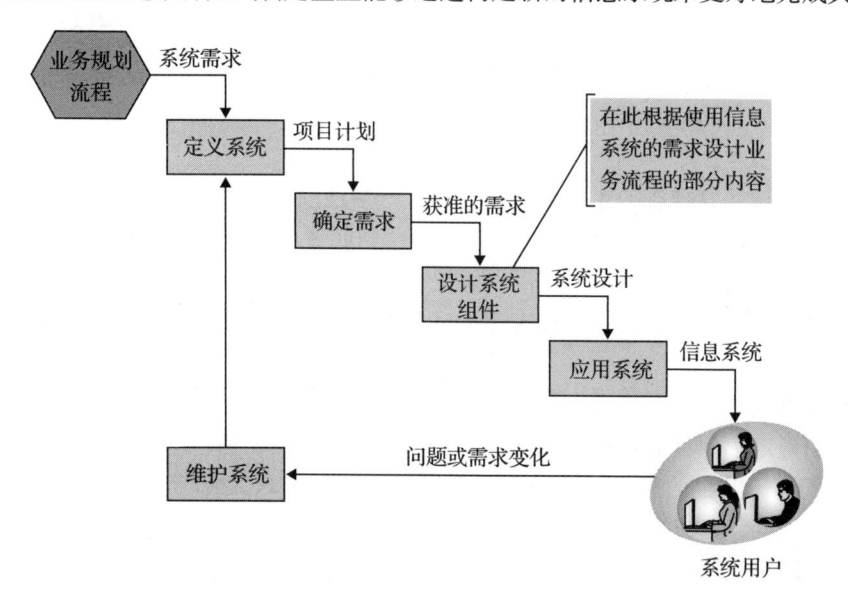

图12-9　系统开发生命周期（SDLC）的五阶段流程

对于潜在的 ARES HoloLens 应用，企业的所有者泽夫让其团队创建一个原型。这一指示将启动一个系统开发项目。

在系统开发生命周期（SDLC）的第一阶段定义系统中，开发人员会根据管理团队的系统需求说明来定义新系统（对于 HoloLens 版的 ARES 而言，该需求说明基于对原型系统的经验）。由此产生的项目计划是 SDLC 第二阶段需求分析的输入。在第二阶段，开发人员确定新系统的特定功能和特性，并输出一组获得批准的用户需求，这些需求将成为用于设计系统组件的主要输入。在第四阶段，开发人员实施、测试和安装新系统。

随着时间的推移，用户会发现错误和问题。他们也会产生新的需求。修复和新需求的描述将输入到系统维护阶段。维护阶段将重新进行 SDLC 的整个过程，故称该过程是周期的。

在接下来的部分中，我们将依次研究 SDLC 各阶段的更多细节。

定义系统

为满足新系统的需求，企业需要安排一些员工（可能是兼职员工）来定义新系统、评估其可行性并进行项目计划。在大型企业中，信息系统部门的人员会领导初始团队，但该初始团队的成员既是用户也是信息系统专业人员。在小型企业以及像 ARES 这样的初创企业中，该团队可能会由像亨利这样精通信息系统的专家来领导。

确定系统目标和范围

如图 12-10 所示，第一步是定义新信息系统的目标和范围。信息系统的存在是为了通过提高业务流程质量来协助企业的竞争战略。在这一步中，开发团队根据这些原因来定义新系统的目标和目的。

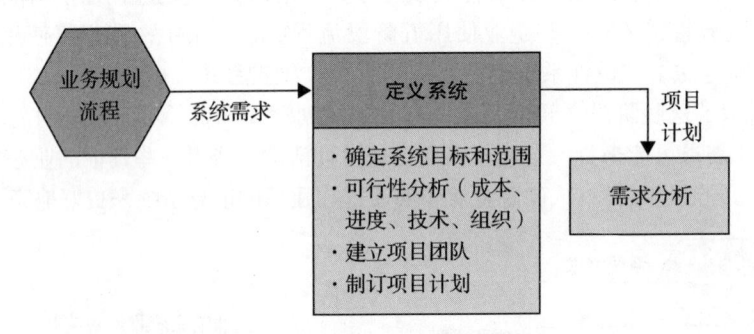

图 12-10 SDLC：系统定义阶段

以 ARES 为例。它现有的系统是为卫生和医疗领域的专业人士建立的，但是该团队想要为 Microsoft HoloLens 开发 3D 增强现实应用。这到底意味着什么？是什么样的应用？用户界面需要多精致？概括来说，这个应用将做什么？

在其他系统中，范围可以通过指定用户、业务流程、将要涉及的企业或医疗服务的提供者来定义。

可行性评估

一旦我们确定了项目的目标和范围，下一步就是可行性评估。这一步回答了"该项目是否合理"的问题。其目的显然是在建立项目开发团队并投入大量劳动力之前排除不合理的项目。

可行性有四个维度：成本、进度、技术和组织。由于信息系统开发项目很难做预算和安排，因此成本和进度的可行性只能是一种粗略的分析。其目的是要尽早地排除那些明显不可行的想法。

成本可行性是对系统的预期效益是否有可能超过预计的开发和运营成本的评估。在某些情况下，它也意味着项目是否能在所提供的预算内实际完成。显然，成本取决于项目的范围。比如我们要建立一个具有交互式 3D 界面的 HoloLens 增强现实原型并不能给团队提供太多信息。因此基于这一点，团队能做的就是进行粗略的评估。基于这些评估，团队就可以问"这个项目有意义吗？我们能否获得足够的回报来证明估算的成本是合理的？"对于 ARES，因为泽夫不想投入 30 万～55 万美元来开发完整的系统，所以他要求创建一个原型。

类似于成本可行性，进度可行性也难以确定，因为评估建立系统需要花费的时间很困难。但如果拉杰和他的团队认为开发系统并将其投入使用至少需要六个月，那亨利和泽夫就可以决定他们是否能够接受这个最短的时间。在项目的这个阶段，企业不能只依赖于成本或进度的评估，这些评估的目的只是为了去除明显无法接受的项目。

技术可行性是指现有的信息技术是否可以满足新系统的需要。关于 Microsoft HoloLens 原型，该团队将评估其目前支持的移动设备与 HoloLens 之间的技术差异。例如，HoloLens 能否与运动设备有效连接？

最后组织可行性涉及新系统是否符合企业内部的习俗、文化、规程或法律要求。开发 ARES 最初的医疗应用的弗洛雷斯博士没有充分考虑医疗习俗和文化，导致医生都避免使用该系统。最后，他不得不卖掉该系统使其用于其他目的。

建立项目团队

如果定义好的项目是可行的，那么下一步就是建立项目团队。通常该团队包括信息系统专业人士和用户代表。如第 11 章所述，项目经理和信息系统专业人士可以是内部人员或者外部供应商。

开发团队的典型人员配置为一个经理（大型项目有多个经理）、业务分析师、系统分析师、程序员、软件测试人员和用户。

虽然如前所述，他们的职能和责任有很大一部分的重合，但系统分析师比业务分析师更了解 IT 并且更偏向于技术。他们在系统开发过程中都很活跃，并且对于项目的推动发挥着关键作用。业务分析师更多地与经理和主管打交道，系统分析员对接程序员、测试人员和用户的工作。基于项目的特点，团队可能还有硬件和通信专家、数据库设计人员和管理员以及其他的 IT 专家。

团队的构成会随着时间的推移而改变。在确定需求阶段，团队需要大量的业务和系统分析师。在设计和应用阶段，团队需要大量的程序员、测试人员和数据库设计人员。在整体测试和改进阶段，团队需要大量的测试人员和业务用户。

用户的参与在系统开发过程中十分重要。基于项目的规模和特点，兼职或者全职的用户会被分配到项目中。有时用户会被分配到审查或监督委员会，他们会定期开会，尤其是在项目或其他里程碑事件完成时。用户以许多不同的方式参与，其中重要的是，用户在整个开发过程中积极参与并掌握项目的所有权。

组建团队的首要任务是对项目进行规划。团队成员明确需要完成的任务、分配人员、确定任务间的依赖关系，并做好进度表。

确定需求

确定系统需求是 SDLC 流程中最重要的阶段。如果需求错误，那么系统也将是错的。如果确定的需求完整且正确，那么系统的设计和应用都会更容易，也更有可能取得成功。

需求的来源

需求的例子包括网页的内容和形式以及网页中按键的功能，或者报告的结构和内容，或者数据输入表的字段和菜单选项。需求不仅仅包括要产出什么，还包括其完成的频率和速度。一些需求规定了需要存储和处理的数据量。

如果你参加系统分析和设计的课程，你将会用几周的时间学习确定需求的方法。在此，我们仅仅对该过程进行总结。通常，系统分析师会采访用户，并以某种一致的方式记录其结果。因为用户无法描述清楚他们想要的和需要的是什么，所以良好的访谈技巧至关重要。用户也会倾向于关注在进行访谈时他们正在执行的任务。如果访谈在季度中期进行，那么季度末或者年末执行的任务就会被遗忘。经验丰富的系统分析师知道如何引导访谈使得这些需求能够被发现。

如图 12-11 所示，需求的来源包括了现有系统和新系统所需的网页、表单、报表、查询以及应用特点和功能。安全性是需求的另一个重要类别。

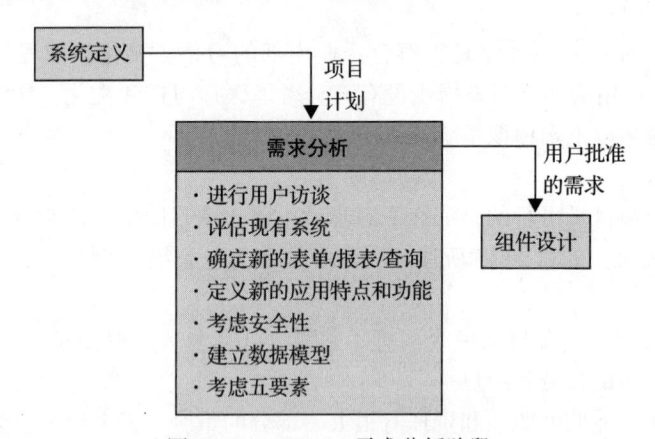

图 12-11 SDLC：需求分析阶段

如果新系统包括了新的数据库或者对现有数据库的重大更改，那么开发团队将会建立数据模型。正如你在第 5 章中所学到的，该模型必须反映用户对其业务和业务活动的看法。因此，数据模型是基于用户访谈建立的，并且必须得到那些用户的批准。

有时，需求确定会过于专注软件和数据组件而导致忽视其他组件。经验丰富的项目经理会确保全面考虑到五个信息系统组成部分的需求，而不仅仅只是软件和数据。对于硬件，团队可能会问：对于硬件有没有特殊的需求或限制？对于能否使用的硬件类型有没有企业标准管理？新系统是否必须使用现有的硬件？对于通信和网络硬件有什么要求？

类似地，团队应该考虑流程和人员的需求：会计控制是否需要分离职责和权限的流程？是否需要限制某些活动只能由特定部门或特定人员完成？是否有政策要求或者企业规定将活动限制为特定类型的员工？系统是否需要与其他企业或组织的信息系统互通？简单来说，对于新信息系统的所有组件的需求都需要被考虑。

这些问题是在需求分析过程中必须提出和回答的问题的示例。

原型的作用

由于需求难以确定，因此建立一个工作原型会非常有用，就像为 ARES HoloLens 建立应用原型一样。鉴于未来的系统用户常常对文字描述和草图形式表达的需求难以理解和联系，使用原型会提供直接的经验。当他们使用原型时，用户将能够评估可用性并想起他们已经忘记的提及过的特点和功能。原型还会为系统的技术和组织可行性提供依据。此外，原型会创造出能够用于评估开发和运营成本的数据。

为了原型能够有用，需要运行原型。模拟的表单和报表虽然会有帮助，但不会产生上述的好处。原型需要让用户真正使用该系统来完成其任务。

建立原型的成本高昂，但这项支出往往是合理的。不仅因为它能得到更清楚和完整的需求，还因为原型的组件经常能够在操作系统中重复使用。如果有其他增强现实头戴设备应用的话，ARES 为建立 HoloLens 原型所创建的大量的代码都能在其中重复使用。

不幸的是，系统开发人员会在建立原型的过程中面临困境。开发原型的费用产生于项目早期，有时甚至会在项目的所有资金可用之前。常见的抱怨是："我们需要原型来获取资金，也需要资金来建立原型。"遗憾的是，除了在直觉的引导下运用经验之外，对于这样的困境没有统一的处理方案。我们再次看到了对于解决非常规问题能力的需求。

同意需求

一旦需求被确定，用户必须在项目继续之前检查并批准需求。在需求阶段，修改信息系统是最简单且成本最低的。在这一阶段改变需求就仅仅是改变描述。在应用阶段改变需求可能需要数周的时间重新完成设计应用组件和数据库架构的工作。

设计系统组件

所有的五个组件都会在这个阶段中进行设计。通常来说，团队对每一个组件的设计都是通过开发备选方案、根据需求评估每一个备选方案，然后从备选方案中进行选择来完成的。准确的需求在这里至关重要。如果需求不完整或者有错误，那么它们对于评估就缺乏指导作用。

图 12-12 展示了与信息系统五个组件都相关的设计任务。对于硬件，团队需要确定系统所需的规格。（该团队不是在设计 CPU 或磁盘驱动器的意义上设计硬件。）程序设计取决于程序的来源。对于现有软件，团队必须确定候选产品并根据需求对其进行评估。对于修改现有程序，团队必须确定要购买的产品，然后确定所需的改动。对于定制开发的程序，团队要为编写程序代码提供设计文件。

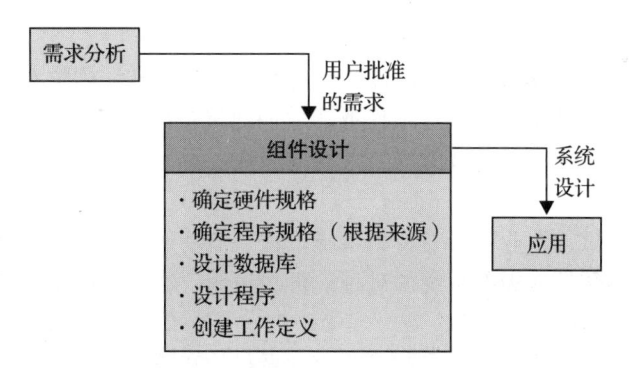

图 12-12 SDLC：组件设计阶段

如果项目包括了构建数据库，那么在这个阶段中，数据库设计人员会使用第 5 章中所述的技术将数据模型转化为数据库设计。如果项目采用现有程序，那么几乎不需要数据库设计。这些程序将被编码以适用于预先存在的数据库设计。

程序设计则有所不同，它取决于项目是业务流程管理过程的一部分还是系统开发流程的一部分。如果是前者，那么业务流程是已经设计好的，所需要的只是创建使用应用程序的程序。如果是后者，那么就需要开发使用系统的程序，并且可能还需要围绕该系统开发业务流程。

关于人员的问题，设计包括了为不同角色的工作进行描述。这些描述将详细说明职责、所需技能、所需培训等。

应用系统

应用这一术语对我们来说有两种含义。它可以只表示应用信息系统组件，也可以表示应用信息系统及使用该系统的业务流程。在你阅读接下来的任务描述时，请记住这些任务可以适用于两种意义的应用，应用阶段的任务是建立并测试系统组件，并让用户转用新系统以及可能涉及的新业务流程（见图 12-13）。

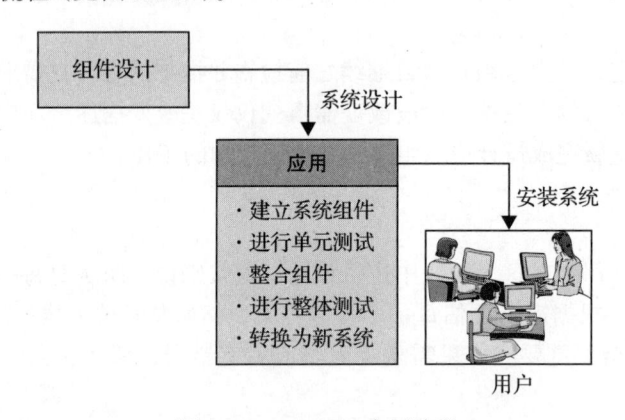

图 12-13 SDLC：应用阶段

测试

开发人员要单独建立每一个组件。他们要获取、安装并测试硬件，获得现有程序的许可证并安装，必要时编写接口或定制化的程序，构建数据库并填充数据，记录、审查并测试程序，创建培训计划。最后，企业会雇用并培训所需的人员。一旦每个组件都进行了独立的测试，系统就会作为整体进行测试。

测试重要、耗时且成本高昂。测试计划是对系统对使用和误用情况的响应的正式书面描述。专业测试工程师会被雇来完成这项任务，他们通常被称为产品质量保证（PQA）测试工程师。通常，这些工程师也会邀请用户加入测试团队。

系统转换

一旦系统通过测试，企业就会安装新系统。这一活动通常被描述为系统转换，因为它能描述业务活动从旧系统转换为新系统的过程。再次说明，转换可以仅指转换为新系统，也可以指转换为新系统和新的业务流程。

有四种可能的转换类型：试点式、分段式、平行式和骤降式。前三种中的任何一种都可能是有效的。在大多数情况下，企业都应该避免骤降式。

在试点式安装中，企业会将整个系统/业务流程应用在业务的限定的部分中，比如一个单独的部门。它的好处是如果系统出错了，那么错误会被控制在有限的范围内。

分段式安装，顾名思义就是指新系统或业务流程是在企业中分阶段安装的。一旦某个部分安装完成并正常工作后，企业就会安装并测试系统的另一个部分，直到安装好整个系统。有些系统集成得过于紧密，无法进行分段安装。这样的系统只能用其他技术进行安装。

在平行式安装中，新的系统/业务流程会和旧的系统/业务流程平行运行，直到新系统完成测试并被完全应用。因为企业承担了同时运行现有的和新的系统/业务流程的成本，所以平行安装成本高昂。如果用户愿意的话，他们必须加倍工作来运行两个系统。此外，还需要进行大量的工作来协调新旧系统的结果。

最后一种形式的转换是骤降式安装（有时也被叫作直接安装）。在这种情况下，企业会停用旧系统/业务流程并启用新系统/业务流程。如果新系统/业务流程出错，企业就会有麻烦。在新系统/业务流程修复或者重新安装旧系统/业务流程之前它什么都做不了。由于存在这样的风险，因此企业应该尽可能地避免这样的转换形式。有一种例外的情况是，新系统提供了一种就算出现故障也不会破坏企业的运作的功能。

图 12-14 总结了五个组件在设计和应用阶段的任务。利用该图来检验你对每个阶段的任务的了解。

	硬件	软件	数据	流程	人员	
设计	确定硬件规格	选择现有程序、必要时设计备选方案和客户程序	设计数据库及相关结构	设计用户和操作流程	创建用户和操作工作描述	各组件的单元测试
应用	获取、安装并测试硬件	许可并安装现有程序、编写备选方案和客户程序、测试程序	创建数据库、填充数据、测试数据	记录流程、创建培训项目、检查并测试流程	雇用并培训人员	
	整体测试和转换					

图 12-14　五个组件的设计和应用

道德指南——工程减速

迈克（Mike）在他的办公室里盯着走廊对面的会议室。因为会议室的玻璃是磨砂的，所以他无法确定会议上发生了什么。他只能推断出里面正在进行很激烈的讨论，并依稀看出与会者是站着且做着强调的手势的。会议已经进行了几个小时，而且没有要结束的迹象。迈克看了看表，已经快晚上十点了。

迈克已经在这家专门开发用于教室的平板计算机的科技创业公司工作几年了。他正在开发专门的软件，使得用户图形界面可以根据每个教师的教学偏好进行定制。他刚入职时，对于开发新的工具来帮助教师引导学生并"培养未来的领导者"的想法十分满意。

然而，项目延误、开发团队之间日益紧张的关系，以及最近硬件工程师核心团队对其产品可行性逐渐增加的担忧，正在使得工作环境逐渐恶化。所有的这些因素让他开始考虑跳槽。这是漫长的一周，他的眼皮开始下垂。突然，一群人从会议室中走了出来，让他重新集中了注意力。

关于电源的一场硬仗

KJ 最后走出会议室，并直奔迈克的办公室。KJ 并不是正式的首席硬件工程师，但就所有的实际情况而言，他就是。毫无疑问，他很有才华，但他有时与团队成员的互动还有待改进。迈克在尽可能地悄悄避开 KJ，因为他对在任何情况下与任何人对峙都不感兴趣，更不用说在工作中，但目前的情况是无法避免的。KJ 突然走进办公室，关上了门，然后坐下。

"我们需要你帮我们解决一个问题。"KJ 用紧张的眼神盯着迈克，缓缓说道，"如果你不能解决这个问题的话，公司的前景会一片灰暗，我们可能都会失业。"

KJ 随后向迈克说明了情况，每增加一个细节，公司的未来都愈加灰暗。问题的根源在于公司订购的用来给第一批平板计算机供电的锂电池，这些平板计算机将会用于 20 个学校。测试团队注意到，在一定次数的充电之后，电池性能会下降。电池完整性的损耗使得平板计算机偶尔会在运行大的应用程序时关机。

硬件团队尝试了多种修复方案，但没有一种方案能够避免设备在高强度运行下关机。当 KJ 描述完了问题，并说明了所有可能的硬件解决方案都进行了测试，但全部失败了的结果后，他告诉了迈克想让他做什么。

"我们需要你在软件中加入一些参数，使得在电池老化的过程中平板计算机的处理能力也逐渐下降。这将防止平板计算机变得不稳定，并且将其使用寿命延长到我们与学校签订的合同上的承诺使用年限。"他停顿了一会，又继续道，"我想说的是，如果我们不以某种方式解决这个问题，我们的平板计算机可能无法顺利度过保修期。此外，一旦电池开始出现故障，我们没有足够的资金更换所有的电池。我们会因为无法修复故障产品而名誉受损，这就会导致我们无法长久生存。"

苹果用户都在充电

KJ 试图向迈克保证没有人会发现，但迈克还是不敢相信他所听到的。他很想问 KJ 为什么他们不能购买更好的电池，但他知道利润已经很微薄了。听起来好像真的只有软件修复这一个选择了，但这并不是他想要考虑的方案。

具有讽刺意味的是，苹果公司就因为在 iPhone 上使用这样的修复而陷入丑闻，当 iPhone 的锂电池开始退化并引发问题时，苹果采用了降低设备性能的软件修复。其引发的结果包括应用加载时间变长和掉帧。这些改变不会让设备变得不稳定[1]，但当苹果承认这一做法时，客户的反应十分强烈。一些客户甚至对苹果公司采取了法律行动[2]。批评者声称苹果公司故意降低设备速度，好让客户购买其更新的设备。

迈克想知道是硬件团队是自己想出了这个主意还是在学习苹果公司的做法。但不管怎样，迈克都不知道该怎么做。虽然他在公司工作得并不愉快，但他也不想现在就丢掉工作。他没有可以依靠的东西。他最初接受这份工作是因为他喜欢参与到教育中并为孩子们的学习开发创新的方式。他当然不想成为欺骗学校的同谋，让他们购买有缺陷且不会有像宣传的那样长的使用寿命的产品。更糟糕的是，如果他做了这样的修复后被曝光了怎么办？会不会受到像苹果公司那样的强烈反对？很难想象因为他所做的事而被提起诉讼。

    KJ 可以看到他脸上的苦恼。"嘿,听着。"他插话道,"如果苹果公司这样做,那么所有的公司都在这样做以尽可能延长其设备的电池寿命。我保证,如果我们能把第一批平板计算机卖给客户,并且让他们长期满意,他们就永远不会知道区别,我们也一定会用部分的利润来在之后的平板计算机中使用更好的电池。"

    虽然这瞬间听起来成了合理的理由,但迈克仍不喜欢这样做对客户的意义。迈克瘫坐在椅子上,叹了口气,试图决定接下来该说些什么。

讨论问题

1. 根据本书前面所定义的道德原则,回答下面的问题。

    a. 根据定言令式的观点,你认为在客户不知情的情况下故意降低设备速度道德吗?

    b. 根据功利主义的观点,你认为在客户不知情的情况下故意降低设备速度道德吗?

2. 如果你被要求在客户不知情的情况下编写软件故意让产品速度变慢,你会有什么感受?你是否认为其他类型的公司可能会采取类似的策略?这对那些公司有什么好处?

3. 假设生产领先操作系统的公司慢慢加入更多逐渐增加处理能力要求(即降低设备速度的)的"功能"。这将导致用户必须每隔几年就购买新的设备(笔记本计算机、台式计算机、平板计算机或手机)。硬件和软件公司会如何从一个越来越低效的操作系统中获益?你能想到任何其他可能发生类似情况的行业吗?

4. 迈克如何证明故意减慢处理能力是合理的?你是否可以接受这种明知会降低设备寿命,但还是将这种故意的减速称为增加电池寿命的"功能"的行为?为什么?

系统维护

    对于信息系统来说,维护是用词不当的,因为在这个阶段所做的工作要么是修复系统使其正常工作,要么是使其适应需求的变化。

    图 12-15 展示了维护阶段的任务。首先,需要有一种方法来跟踪故障[3]并为满足新需求而提出的改进要求。对于小型系统,企业可以使用文字处理文件来跟踪故障和改进。

    但随着系统变大以及故障和改进请求的数量的增加,很多企业都认为有必要建立一个跟踪数据库。该数据库不仅包括对跟踪或改进的描述,还会记录是谁报告了问题、谁会修复或改进、某项工作的进展如何,以及修复或改进是否经过了发起者的测试和验证。

    通常来说,信息系统人员根据系统问题的严重程度来确定其优先级。他们会尽快修复优先级高的项目,并在时间和资源允许的情况下修复优先级低的项目。

    由于改进是适应新的需求,因此开发者常常将改进的请求与故障的优先级分开。进行改进的决定包括了一个商业决策,即该改进会带来可接受的回报率。

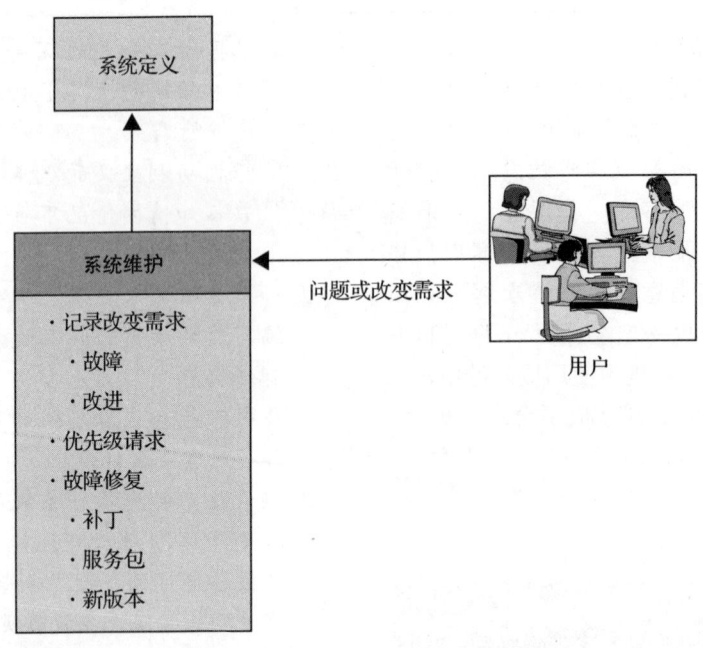

图 12-15　SDLC：系统维护阶段

问题 12-5　SDLC 项目成功的关键是什么？

SDLC 项目难以管理。在本问题中，我们将讨论五个成功的关键：
- 创建工作分解结构
- 评估时间和成本
- 创建项目计划
- 通过权衡调整计划
- 应对发展挑战

创建工作分解结构

SDLC 项目的关键策略是分而治之。大多数这样的项目都太大、太复杂，且持续时间太长，很难将其作为一个整体来管理。相反，成功的项目经理会将项目分成越来越小的任务，直到每个任务都小到足以评估和管理。每项任务都应该最终产生一个或多个被称为可交付成果的结果。可交付成果的例子有文件、设计、原型、数据模型、数据库设计、工作数据输入屏幕等。如果没有确定的可交付成果，就不可能知道任务是否完成。

任务是相互关联的，并且为了防止它们陷入混乱，项目团队会创建一个工作分解结构（WBS），即一个完成项目所需的任务的层次结构。一个大型项目的工作分解结构是巨大的，它可能包含数百项甚至数千项任务。图 12-16 展示了一个典型的信息系统项目系统定义阶段的工作分解结构。

在图 12-16 中，总体任务"系统定义"被分成了"定义目标和范围""评估可行性""项目规划"和"建立项目团队"。每一个任务又被分成了更小的任务，直到这项工作被划分为可以管理和评估的小任务。

```
系统定义
1.1         定义目标和范围
            1.1.1           定义目标
            1.1.2           定义系统边界
            1.1.3           审查结果
            1.1.4           记录结果
1.2         评估可行性
            1.2.1           成本
            1.2.2           进度
            1.2.3           技术
            1.2.4           组织
            1.2.5           文件可行性
            1.2.6           管理检查并做是否继续的决定
1.3         项目规划
            1.3.1           建立里程碑
            1.3.2           创建 WBS
                            1.3.2.1         等级1～2
                            1.3.2.2         等级3以上
            1.3.3           记录 WBS
                            1.3.3.1         创建WBS基线
                            1.3.3.2         项目投入
            1.3.4           确定资源需求
                            1.3.4.1         人员
                            1.3.4.2         计算
                            1.3.4.3         办公空间
                            1.3.4.4         出差和会议支出
            1.3.5           管理检查
                            1.3.5.1         准备展示
                            1.3.5.2         准备背景文件
                            1.3.5.3         进行展示
                            1.3.5.4         将反馈纳入计划
                            1.3.5.5         同意项目
1.4         建立项目团队
            1.4.1           和HR开会
            1.4.2           和IT经理开会
            1.4.3           创建工作描述
            1.4.4           和可用人员开会
            1.4.5           雇用人员
```

图 12-16 工作分解结构（WBS）示例

评估时间和成本

如前文所述，确定许多开发任务的持续时间和劳动力需求是极其困难的。弗雷德·布鲁克斯（Fred Brooks）[4]将软件定义为"逻辑诗歌"。和诗歌一样，软件并不是由木头或金属或塑料制成的，它纯粹是思想的产物。几年前一个经验丰富的软件开发人员被追问日程时，他回答说，"如果有人问莎士比亚，他写《哈姆雷特》花了多少时间，他会怎么回答？"另一个常见的反驳是，"如果你问渔夫，他钓三条鱼需要多少时间，他会怎么说？他不知道，我也不知道。"

企业采取了各种不同的方法来应对这一挑战。一种是完全避免日程问题，并且从不在内部开发系统和软件。相反，他们购买软件包，如 ERP 系统，其中包括了业务流程和信息系统组件。如第 8 章所述，即使供应商提供了可行的流程，这些流程也需要被整合到业务中。然而，整合活动的进度风险远小于开发流程、程序、数据库和其他组件的风险。

但如果没有合适的软件包存在呢？在这种情况下，企业可以承认无法为整个系统的完成确定一个时间，并且只能采用他们所能做到的最好的结果。

对于完成的日期和最终的系统功能，开发团队只能给出最宽泛的承诺。项目发起人不喜欢这种方式，因为这会让他们感觉自己像是签了张空白支票，事实上他们也确实是这样。但是这种方法不会把虚构的评估和进度当作真实的，而这可能是唯一的其他选择。

第三种方法是在重重困难下尝试安排开发项目日程。有几种不同的评估技术可以使用。如果该项目与过去某个项目相似，那么过去项目的进度数据可用于项目规划。当存在这样的类似的过去项目时，这种方法可以产生高质量的进度评估。如果没有这样的过去的项目，经理们必须尽其所能做出最好的评估。对于计算机编码，一些经理评估了需要编写的代码的行数，并应用行业或企业的平均值来评估所需的时间。也有一些其他的评估技术，可以访问 http://sunset.usc.edu/csse/research/COCOMOII/cocomo_main.html。当然，用代码行数和其他先进技术评估的时间仅适用于软件组件。流程、程序、数据库和其他组件的日程必须用其他不同的方法来评估。

创建项目计划

一个项目计划就是一份 WBS 任务清单，它解释了任务的相关性，并应用了工期和资源。有些任务必须要在其他任务完成之后才能开始。例如，在墙壁建好之前，你不能在屋里安装电线。你可以在计划软件（如 Microsoft Project）时定义任务相关性，并相应地安排计划。

给定相关性后，对工期和资源需求的评估将可被用于 WBS 以形成项目计划。图 12-17 展示了 Microsoft Project 的 WBS，其中定义了任务相关性和工期。这样的图被称为甘特图，其中展示了任务、日期和相关性。

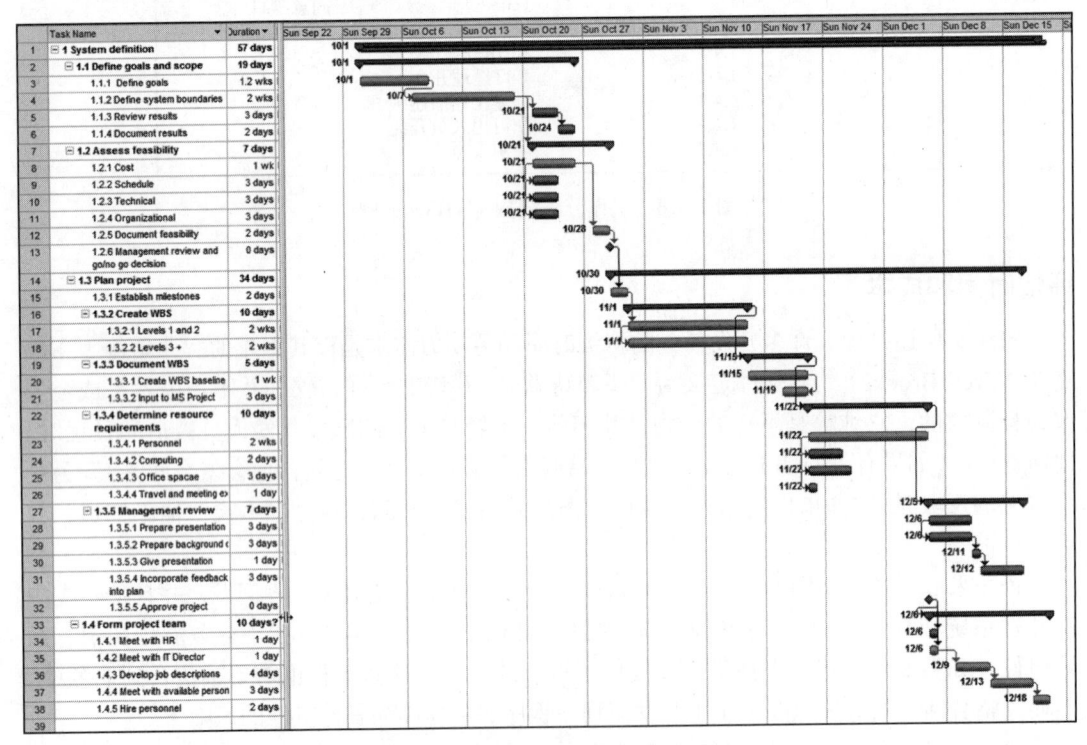

图 12-17 项目定义阶段 WBS 甘特图

用户输入了 WBS 中的所有任务，并为每项任务都指定了工期。他还制定了任务的相关性,但他使用的方法不在我们讨论的范围内。任务 4 "定义系统边界"中的两个红色箭头表示,不管是"审查结果"任务还是"评估可行性"任务都必须在"定义系统边界"完成后才能开始。图中还展示了其他任务的相关性,你会在项目管理课程中进一步了解。

关键路径是决定项目最早完成日期的活动顺序。请思考这句话:最早日期是通过考虑活动网络中的最长路径而确定的。注意任务相关性,计划员会尽可能地压缩任务。无法再压缩的任务就会出现在关键路径中。Microsoft Project 和其他项目规划应用都可以用来确定关键路径任务。

图 12-17 用红色表示关键路径上的任务。考虑 WBS 的第一个部分。项目计划员指出,任务 3 结束前两天任务 4 才能开始。(这就是红色箭头在任务 3 中出现所表示的意思。)任务 5 和任务 8 都要在任务 4 完成后开始。因为任务 8 所需的时间比任务 5 和任务 6 长,所以任务 8 在关键路径上,而不是任务 5 或任务 6。因此,此处的关键路径为任务 3、4、8。虽然图中没有展示出完整的 WBS 和关键路径,但你仍可以通过红色表示的任务找出剩余 WBS 中的关键路径。

利用 Microsoft Project 或者类似的产品,就可以实现为项目分配人员,并规定每个人投入到任务中的时间比。图 12-18 就展示了这样的甘特图。这个符号意味着埃莉诺只用了 25% 的时间来做任务 3,琳达和理查德则是全职工作。此外,它能够分配人力成本并为每项任务和整个 WBS 计算劳动预算。人们能够分配任务资源并利用 Microsoft Project 检测和防止两个任务使用相同的资源。资源成本也能够被分配和汇总。

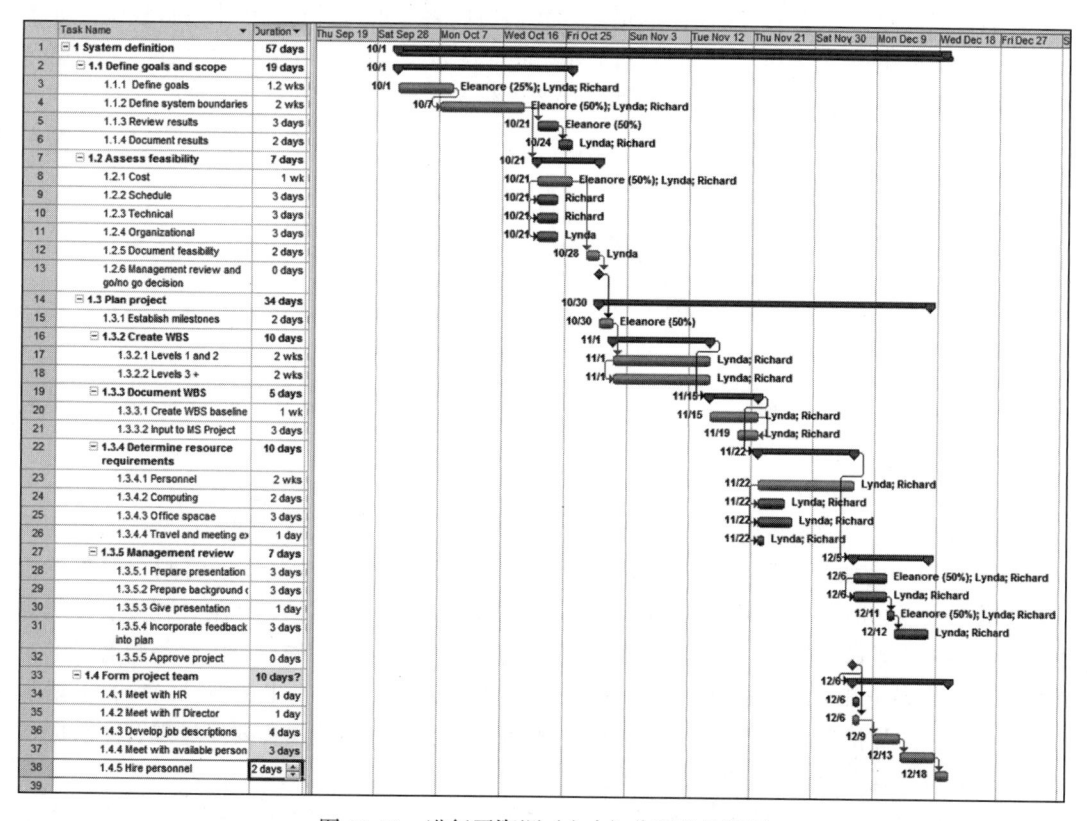

图 12-18 进行了资源(人力)分配的甘特图

经理可以利用关键路径来演示关键路径分析。首先要注意,如果一项任务在关键路径上且该任务延迟,那么整个项目就会延迟。因此,如果项目要按时完成,那么关键路径上的任务就必须按时完成。其次,不在关键路径上的任务只要其不会成为关键路径上的一部分,它就可以适当推迟。因此,在一定程度上,资源能够从非关键路径任务中抽调到关键路径任务中,以压缩关键路径上的任务。关键路径分析是项目经理通过将资源(通常是人力)从非关键路径任务转移到关键路径任务中以压缩进度的过程。

通过权衡调整计划

对整个项目的项目规划会产生完成时间和总成本。根据我们在十几个大型开发项目中的经验,对已完成的项目计划的第一反应总是"天哪!不可能!我们不能等那么久,也不可能付那么多钱!"而我们的经历并不罕见。

因此,对项目计划的第一反应是试图减少时间和成本。减少可以进行,但并不是凭空而来的。在计划开发项目时,有一句老话是"相信第一次的数据。"在欲望和心愿影响你的判断之前,相信你的评估。

那么,如何合理减少时间和成本呢?通过权衡。权衡是对三个关键因素的平衡:需求、成本和时间。为了理解这种平衡带来的挑战,思考构建一些相对简单的东西,比如珠宝(如一条项链)或者房子边上的甲板。项链或者甲板越精致,所需的时间就越长;越不精致,所需的时间就越短。此外,如果我们用钻石和宝石来装饰项链,它的成本就会更高。同样地,如果我们用旧板条箱建造甲板,它就会比用纹理清晰的优质港奥福特雪松更便宜。

我们可以总结出如图 12-19 所示的情况。我们可以将需求与时间和成本进行权衡。如果我们越简单地制造一条项链,它所需的时间就越少。如果我们不用钻石和宝石,它会更便宜。构建其他东西时也会存在同样的权衡:房屋、建筑、船、家具和信息系统。

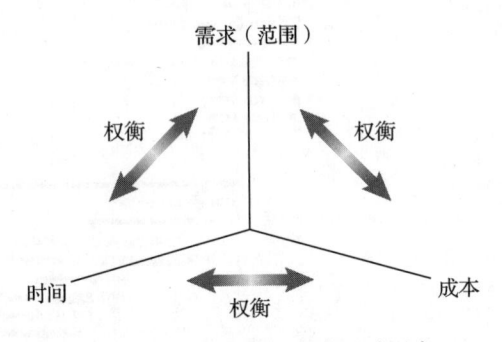

图 12-19 系统开发的主要驱动因素

时间和成本之间的关系更为复杂一些。通常情况下,我们可以通过增加一定范围内的成本来减少时间。例如,我们可以雇用更多的工人来建造甲板以减少所需的时间。但当甲板上工作的工人过多时,他们又会相互妨碍,从而增加建造甲板的时间。在某种程度上,增加更多的人会造成规模不经济,即增加资源但会降低效率的情况。软件行业中有一则著名的定律——布鲁克斯定律(以前文讨论的弗雷德·布鲁克斯命名),它指出在推迟的项目上增加人手会让项目更加推迟。出现这种情况的部分原因是,新的团队成员需要经过现有团队成员的培训,而这样现有成员就必须从生产任务中抽身。

在一些项目中,我们可以通过延长时间来降低成本。例如,如果我们被要求向工人支付加班费用,那么我们可以通过取消加班来降低成本。比如要在周五之前建成甲板必须加班,那么取消加班而在下周的某个时间建成甲板的成本可能更低。但这样的权衡并不总是正确。延长项目时间意味着我们需要更长时间地支付劳动力和管理费用。因此，延长时间也会增加成本。

思考这些权衡如何与信息系统相关。我们为新信息系统指定了一系列的需求，并在一段时间内安排劳动力。假设最初的进度显示系统将在 3 年内完成。如果业务需求要求系统要在 2 年内完成，我们就必须压缩进度。我们可以通过两种方法压缩进度：减少需求或增加劳动力。对于前者，我们会取消功能和特性。对于后者，我们会雇用更多的员工或与其他供应商签订开发服务合同。决定采取哪种方式是困难且有风险的。

通过权衡，WBS 计划可以被修改以压缩进度或降低成本，但这一点不能通过管理层的命令实现。

应对发展挑战

基于项目计划和管理层的认可和批准，下一阶段就是实施。最终的 WBS 计划被称为基线 WBS。该基线展示了计划任务、相关性、工期和资源分配。随着项目的进行，项目经理可以输入实际的日期、工时和资源成本。规划应用在任何时间都可以用来判断项目是否超前或滞后，以及实际项目成本与基线成本的对比情况。

然而，并非所有事情都会按计划进行。项目越大、开发间隔越长，与计划相悖的事情就越多。有四个关键因素需要考虑：协调、规模不经济、配置控制、意外事件。

开发项目，尤其是大型项目，通常会分给很多相互独立的开发团队。协调这些独立团队的工作可能很困难，特别是如果这些团队分布在不同的地区或国家的话。一个准确和完整的 WBS 有利于协调，但没有一个项目是完全按照 WBS 进行的。延迟会发生，任务之间也会出现未知的或者意想不到的关联。

如前文所述，软件是思想的东西，协调问题也由此产生。在装修新房子时，电工会把电线安装在现有的墙壁上，如果墙壁不存在就无法安装。没有电工能够在 6 个月前设计的但发生了改变的墙上按照设计安装电线。在软件中，不存在这样的物理限制。一个团队完全可能利用过时的数据库设计去开发一套应用程序来处理数据库。当数据库设计改变时，所有相关方都应该收到通知，但这可能并不会发生。浪费事件、增加成本、打击士气都是其结果。

另一个问题是规模不经济。随着团队成员数量的增加，团队成员之间可能的交流的数量也会急剧增加。最终，无论一个项目管理得多好，都会出现规模不经济。

随着项目的进行，控制产品的配置也会变得困难。例如需求，开发团队产生了一个初步的对需求的说明。在与用户开会后产生了一系列调整后的需求。假设有一个事件发生，产生了一个新的版本的需求。经过商议，开发团队决定忽略由这些事件产生的大部分的需求改变。在该情况下，一共有四个不同版本的需求。如果没有仔细管理需求的改变，四个版本的改变会混淆，也会产生混乱。没有人知道目前正确的需求是什么。

类似的问题也会发生在设计、程序代码、数据库数据和其他系统组件中。配置控制是指开发人员用来保持对项目资源的控制的一系列管理政策、实践和工具。这些资源包括文件、日程、设计、程序代码、测试套件以及其他完成项目所需的公共资源。配置控制是至关重要的，失去对项目配置的控制的成本高昂且具有破坏性，可能会导致高级项目经理被解雇。

大型项目管理的最后一个主要挑战是意外事件。项目越大、持续时间越长，因意外事件而中断的概率就越大；关键人物可能会改变企业，甚至整个团队都会收拾行李加入竞争对手的企业；飓风可能会摧毁办公室；企业可能季度业绩不好，并在项目人员配置上停止招聘；技术会发生变化；竞争对手的行为可能会使项目变得更重要或不重要；企业可能被出售，新的管理层可能会更改需求和优先级。

因为软件是思想性的东西，所以团队士气至关重要。作家大卫·克罗恩科曾经管理过两个强势的软件开发人员，他们就一个程序功能的设计进行了激烈的争吵。这场争吵以一个人向另一个人扔了一把椅子而结束。团队其他人为这两名开发人员站队，工作也陷入了停滞状态，因为两队人员会在走廊或咖啡机前相遇时相互嘲笑和争吵。你会如何处理你的 WBS 中这样的事件？作为一个项目经理，你永远不会知道将要发生什么奇怪的事情。这种意料之外的事件会使得项目管理极具挑战，但也有着难以置信的魅力！

那又怎样——物联网银行

如果你是体育迷，你就会知道没有什么比看到你所支持的队伍反败为胜更让人欣慰。在体育运动中，职业球队在 4 局的比赛且在 3-1 或者 3-0 落后的情况下扭转局势并取得胜利的情况很常见。但你有没有听说过一支濒临失败的队伍连赢八场并取得整个系列赛的胜利的事迹呢？被一些人认为是体育史上最多次逆转的美国甲骨文队，2013 年它连续八天战胜了新西兰皇家游艇队，赢得了第 34 届美洲杯帆船赛的冠军（最终的总比分为 9-8）。你可能想知道是什么促成了美国甲骨文队的逆转。许多人认为，其胜利的关键在于数据。

美国甲骨文队利用了令人印象深刻的传感器网络和数据分析工具来帮助其赢得了这场胜利。在每场比赛中，有 300 多个传感器被用来收集大约 3000 个帆船性能的参数[5]。从桅杆的应变到船翼上的角度传感器，所有的数据都被采集、存储和分析[6]。这些数据被传送给附近的支持团队以及船上能够通过查看绑在手腕上的设备来实时监控关键性能指标的水手。

在比赛过程中获得即时的分析结果，可以做出更好的战略决策，并为服务于该船的支持团队提供机会在比赛间隙对船只进行修改。美国甲骨文队的胜利令人难以置信，但思考传感器技术和快速传输、存储和分析大量数据集的能力如何重新定义了无数的操作和行业具有更深远的意义。欢迎来到不断壮大的物联网（IoT）的世界！

如果你不能接受物联网，那就离开厨房

物联网通常被定义为互联网连接设备的激增。随着越来越多的设备连接到互联网，这些设备获取和传输的数据量也越来越大。物联网潜在的影响是巨大的。正如美国甲骨文队航行的例子所示，获取更多的数据可以带来更有效的流程和更好的决策。但物联网对企业来说意味着什么呢？物联网能否改变企业的运作方式？它们能否从根本上改变金融交易的处理方式？

物联网的一个创新温床是家庭厨房。这是因为厨房常常有着各种各样的电器，这些电器插着电源，并且有着嵌入式计算机（复杂程度不同）。为这些设备增加Wi-Fi连接的成本很低，但却可以增加其功能（例如，你可以在床上使用手机上的APP启动咖啡机）。

　　冰箱常常被认为是物联网的主要目标。互联网连接可以允许远程查看冰箱里的物品（以防你去商店时将购物清单忘在了家里），或者跟踪物品的消耗情况以便及时补充。智能冰箱可以识别缺少蔬菜或水果，并自动订购替换物品吗？它能否自动完成金融交易？

　　银行机构正开始关注物联网设备对其行业的潜在影响。他们有兴趣成为这些物联网设备进行的自动交易的管理者，特别是当你考虑忠诚度计划和积分奖励与这些交易配对的可能性的时候[7]。想象一下，如果你的借记卡或者信用卡不是每周在商店支付一两次，而是在各种原料和食物不足，而你的电器会为你重新订购商品时每天被扣款几次，那么金融交易的规模在未来十年内会发生多大的变化。现在把范围扩大到其他电器，甚至是家庭的其他部分（例如，当你衣柜里的衣架少了30%时，你的物联网衣橱会通知干洗服务来取你的脏衣服）。

物联网 = 胜利

　　重要的是要认识到物联网不仅将彻底改变个人消费者，还将改变企业管理其交易、贷款和其他金融业务的方式。例如，当企业获得贷款时，会有某种形式的抵押声明。或者当企业在计算资产负债表时，财产清单会被评估和报告。在制造业和农业，产品或牲畜的库存可以被实时跟踪，这也使得财务报表在任何时候都是最新的[8]，而不仅仅是在统计库存和制作正式报表时才有最新数据。

　　在更高层面上，当原料或贸易商品的库存被装到船上运往世界各地，运送给供应链中的不同伙伴时，这些材料能够被实时追踪。因此，在我们如今所处的高科技商业环境中，无论你是想在帆船比赛中赢得胜利，还是想实现产品的按时生产和交付，物联网对帮助你赢得胜利都十分重要！

问题

1. 在体育运动领域中，在比赛中收集和分析数据对于团队管理人员和制定策略产生了巨大影响。花一分钟的时间进行头脑风暴，或列出所有对于改善体育队伍的团队可能有用的不同类型的数据和分析。
2. 本章探讨了连接互联网的冰箱可能带来的增强功能。你能找出这种连接可能产生的潜在的缺点吗？
3. 花一分钟想象你的家或公寓。你希望看到哪类物品能够连接互联网？这种连接将如何使你的生活变得更好或更高效？
4. 在一定时期内，大幅增加你或公司负责的金融交易的数量（例如，以极小的数量购买商品或原材料）会有哪些潜在的隐患？

问题 12-6　Scrum 开发如何克服 SDLC 的问题？

　　系统开发生命周期（SDLC）过程在系统开发社区正逐渐失宠，主要有两个原因。首先，SDLC 的性质否认了每个有经验的开发人员都知道的事实：系统需求是模糊的，并且总是在改变。它们的变化是因为它们需要被修正，或者有更多的需求，或者用户在使用部分系统后改变了需求，或者业务需要改变，或者技术提供了其他可能性。

但根据 SDLC 的说法，项目进展是按从需求到设计再到应用的线性顺序进行的。有时这被称为瀑布法，因为假设你完成了一个阶段，你就不会再返回了。你会顺着瀑布进入下一阶段的水池里。需求确定了，然后进行设计。设计完成了，然后应用。但经验表明，它不是这样进行的。

起初，系统开发人员认为 SDLC 可能适用于信息系统和应用程序是因为像 SDLC 这样的流程适用于建造物理事物。如果你要建造一条飞机跑道，你需要指定它有多长，其表面必须支持多少飞机的重量等。然后你进行设计和建造。这种情况下瀑布流程是适用的。但业务流程、信息系统和应用并不是物理的。如前所述，它们是思想性的和社会性的。它们的存在是为了让人们了解并实现自己的目标。但人和社会的系统具有难以置信的可塑性，他们能够适应环境变化。这一特点也使得人类能够做许多惊人的事情，但这也意味着需求会变化，瀑布开发流程无法应用。

SDLC 失宠的第二个原因是它的风险很大。系统的使用者要到最后才知道他们要用的系统是什么样的。这样的话，如果出了问题，所有的时间和金钱都已经花掉了。此外，如果在项目完成之前就耗尽了资金或者时间怎么办？其结果就是一种对管理层的勒索形式，开发人员会说，"好吧，它还没有完成。但再给我们 10 万美元和 6 个月的时间，我们就可以完成它。"如果管理层拒绝，那么时间和金钱都会白费。这不仅会造成损失，还会使其最初开始 SDLC 时的需求无法得到满足。

简而言之，SDLC 假设需求不会改变，每一个曾经参与过开发项目的人都知道这并不正确，而这对使用它的企业来说也是非常危险的。

敏捷开发方法的原则是什么？

过去 40 年里，提出了许多替代 SDLC 的方法，包括快速应用开发、统一流程、极限编程、敏捷开发等。所有的这些技术都解决了 SDLC 的问题，并且其理念都逐渐凝聚成了所谓的敏捷开发，也就是符合如图 12-20 所示的原则的开发流程。

传统上，敏捷开发都被认为是小型企业用于开发小型项目的。然而，VersionOne 公司 2018 年的一项研究指出，这一趋势已经发生了逆转。例如，在 2006 年，近三分之二的受访者工作在少于 100 人的企业。如图 12-21 所示，截至 2017 年，超过 65% 的受访者工作在多于 1000 人的企业，超过 28% 的受访者工作在多于 20 000 人的企业[9]。

Scrum 是一种敏捷方法，并符合如图 12-20 中所示的原则。如图 12-22 所示，虽然有其他的敏捷方法，超过 58% 的敏捷项目都使用 Scrum 方法[10]。

Scrum 和其他敏捷技术与 SDLC 之间的第一个不同在于它们期待甚至欢迎改变。考虑到社会性系统的特征，期待并不意外，但为什么会欢迎呢？欢迎需求的变化不就像欢迎流感病例一样吗？并不是这样的，因为系统是用来帮助企业和人实现其战略的，并且需求的改变越多，他们就越能够实现其战略。对于用户和开发团队而言，这样的结果是更好的且更让人满意的。

- 期待甚至欢迎需求的改变
- 经常提供产品的工作版本
- 在整个过程中都与客户紧密联系
- 一边开发一边设计
- 一边开发一边测试
- 团队最清楚自己在做什么或如何改变
- 可用于业务流程、信息系统和应用程序开发

图 12-20 敏捷开发（Scrum）的原则

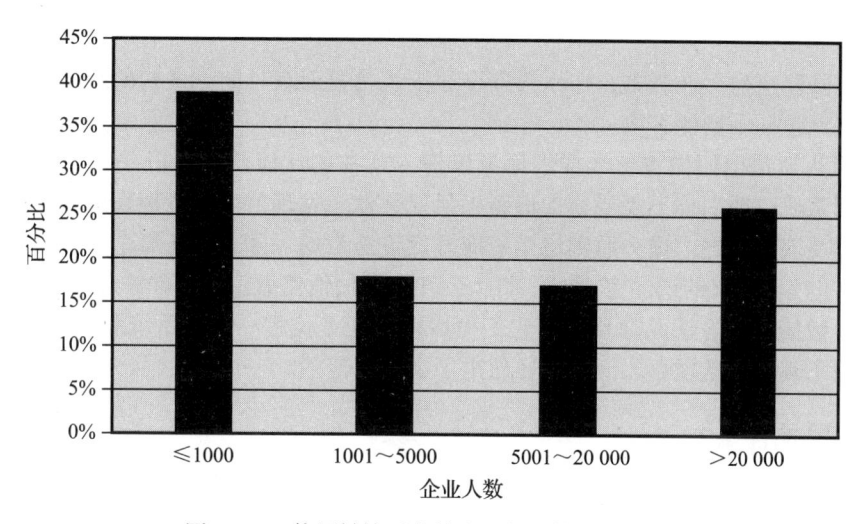

图 12-21 使用敏捷开发的企业的人数（2017 年）

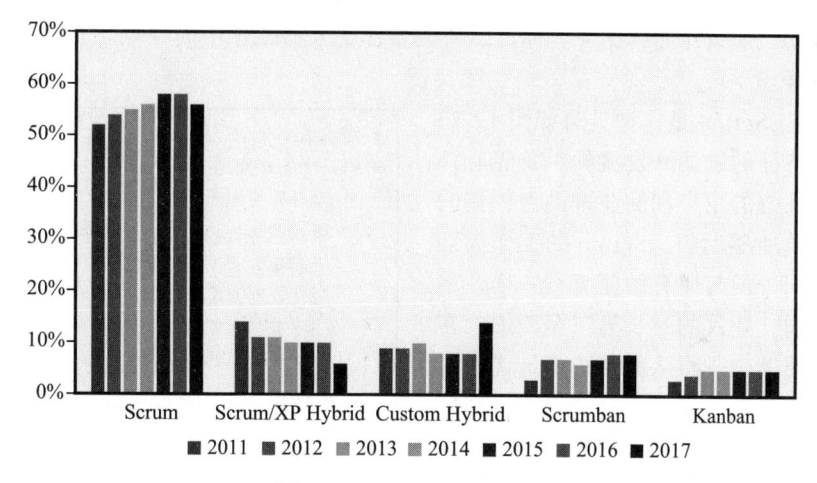

图 12-22 所用的敏捷方法

  Scrum 和其他敏捷开发流程的设计是为了经常交付产品某个部分的工作版本。经常表示 1 周到 8 周，而不是更长。这样的频率意味着管理的风险仅在于在那期间所耗费的成本和时间。并且，在那段时期结束时，他们能得到至少对业务有价值的可使用的部分产品。

  因此，与 SDLC 不同，敏捷技术能够更早且更频繁地带来收益。最初的收益可能很小，但收益会在整个过程中不断积极增长。在 SDLC 中，要到最后才会产生价值。考虑到金钱的时间价值，仅这一特点就会让敏捷技术更受欢迎。

  图 12-20 中的第三个原则是开发团队必须在整个项目中都与客户保持紧密联系。开发团队要有了解业务需求的人，并且要愿意清楚地传达和阐述需求。同样，客户需要能够测试不断发展的工作产品并对新功能的运用情况提供指导。

  第四个原则对于许多开发人员来说都难以接受，即不在最初设计一个完整的系统，而只需要设计能够完成当前工作的系统部分。有时候这被叫作即时设计，它意味着，设计会不断改变，并且随着现有产品的实质性的修改，现有的设计可能需要修改。表面上看它效率低下。但经验表明，有太多团队构建了精美、幻想和完整的设计，随着需求的变化，这些设计化为泡影。

如果团队要交付工作版本,那么第五个原则就是显而易见的。最初的测试在团队成员之间进行,但也包括了商业客户。

开发团队知道他们做得怎么样。你可以深入现在的任何开发环境并问开发团队做得如何。一旦团队成员明白你不是要给他们新项目,你就会发现他们清楚地知道自己的长处、弱项、瓶颈以及流程问题。这一原则也是敏捷开发方法发的一部分。在每个可交付成果或者其他(短的)里程碑意义的产品完成时,团队会开会评估他们做得如何并思考该如何提高。

最后,敏捷开发方法是通用的。它们可以用于业务流程、信息系统和应用程序的创建。它们也适用于其他团队项目,但这已经超出了本书的范围。

Scrum 流程是什么?

Scrum 是由 Ken Schwaber 和 Jeff Sutherland 提出的一种敏捷开发方法[11],并在过去 15 年被其他人拓展。Scrum 是一个橄榄球术语,并在 Hirotaka Takeuchi 和 Ikujiro Nonaka 写的《哈佛商业评论》一文中首次用于团队工作[12]。在橄榄球比赛中,Scrum 是指犯规或其他中断后队员聚成一个圈并继续比赛。你可以将其看作美式橄榄球中的围攻。

Scrum 要点

如前所述,Scrum 是一种具有如图 12-23 所示的具体特征的敏捷开发流程。首先,该流程是由新系统的用户和商业赞助者创建的优先需求清单所驱动的。Scrum 的工作周期可以短至一周,但与所有敏捷流程一样,最长不超过八周。建议的时长为二至四周。在每一个工作周期中,团队都要选择最优先的项目并承诺在周期内交付。每个工作日开始时都会开一个短会,在这个 15 分钟的会议中[13],每一个团队成员都要说明:

- 他在过去的一天做了什么
- 他在新的一天要做什么
- 阻碍他进度的因素

短会的目的在于实现对团队成员进度的问责,并为阻碍因素提供一个公共论坛。通常情况下,团队成员会用专业知识来帮助受阻成员解决受阻问题。

测试会经常进行,可能每天都进行很多次。项目负责人有时也会参与日常测试。在

- 需求清单驱动流程
- 每一个工作周期
  - 选择要考虑的需求
  - 确定要执行的任务——选择要交付的需求
  - 团队每天的 15 分钟短会
    - 我昨天干了什么
    - 我今天要做什么
    - 是什么在阻碍我
  - 经常测试
  - 结对工作
  - 最少的文件
  - 交付能用的产品
  - 在周期结束时评估团队工作流程(并表示感谢)
- 不断清零并重复直到
  - 客户表示工作完成
  - 到了截止时间
  - 缺少资金
- 三个主要角色
  - 产品所有者(代表客户的商务专业人士)
  - Scrum 专家
  - 团队成员(5~9 人)

图 12-23 Scrum 要点

某些情况下,团队成员会结对工作。例如在结对编程中,两个团队成员会共用一台计算机并一起编写一个计算机程序。有时,一个程序员会提供一个测试,另一个程序员会通过测试或修改代码使其通过测试。然后这两个成员交换角色。此外,也可能存在其他类型的结对工作。

准备最少的文件。团队工作的结果不是设计或其他文件,而是在 Scrum 周期开始时所

选定的需求的工作版本。

在 Scrum 周期结束时,产品的工作版本会交付给客户。如果需要的话,即使产品还未完全完成,客户也可以在那时候将其投入使用。产品交付后,团队会开会评估团队的工作过程,并根据需要做出改变。在这些会议上,团队成员有机会因其出色的工作得到感谢和认可。(回顾第 7 章中团队成功的标准,你会知道 Scrum 是如何坚持遵循团队成功的原则。)图 12-24 总结了 Scrum 流程。

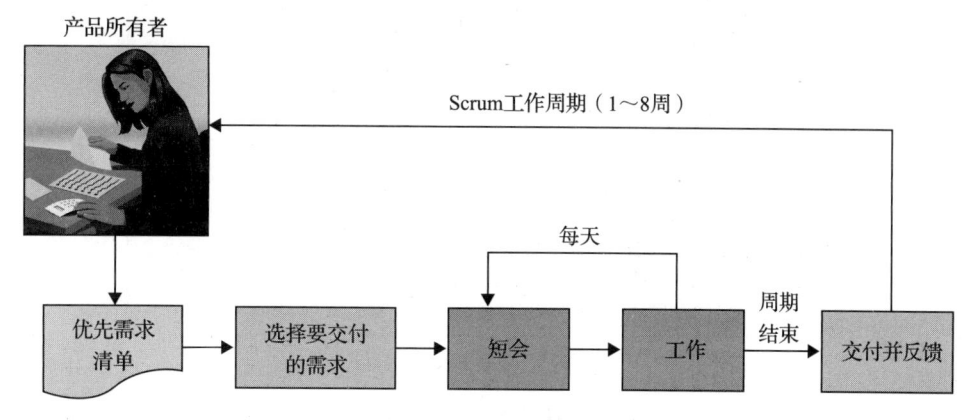

图 12-24 Scrum 流程

工作什么时候完成?

Scrum 工作周期会不断重复,直到满足以下三个条件之一:
- 即使有些需求还没实现,但客户对已创建的产品感到满意,并决定接受此工作产品。
- 项目耗光了时间。
- 项目耗光了资金。

与 SDLC 不同,如果 Scrum 项目因为时间或预算的限制而终止,客户也会有一些有用的产品来填补时间和金钱的花销。它可能不是所期望的功能完整的版本,但假设需求被正确定义和优先考虑,它就可以为项目发起人产生价值。

需求如何驱动 Scrum 流程?

Scrum 区别于其他敏捷开发方法,部分原因是它是利用需求驱动计划和进度。首先,需求是以一种特殊的方式指定的。一种常见的格式是用谁为什么做什么来传达需求。

例如,在 ARES 的医生版本中,一个需求被表述为:

"作为一名医生,我想要查看病人的运动记录,以确保他没有运动过量。"

或者表述为:

"作为一名医生,我想要查看病人的运动记录,以确保她遵循了医嘱。"

这些需求都明确了谁(医生)要做什么(查看病人的运动记录)及其原因(确保她遵循了医嘱)。需求包括了人物和时间并不意外,但对原因的需求可能会让你感到惊讶。需求中阐述原因的目的在于为需求所提供的价值设定一个背景。阐述原因能够增加产品提供商业价值的可能性,而不仅仅是盲目地满足需求。

如前文所述,产品所有者创造了需求并确定其优先级。例如,前面两个需求中的一个会被判定为比另一个更重要。所有其他情况都相同的情况下,团队将首先满足优先级高的需求。这也意味着如果项目的时间或资金耗尽,最高优先级的需求将首先被完成。

创建需求任务

对于一个需求，团队开会以确定为满足需求所必须完成的任务。在图 12-24 中，这项工作在选择要交付的需求这一活动中完成。

图 12-25 展示了完成示例需求所需要完成的 8 个任务。在选择要交付的需求这一活动中，可能在该 Scrum 周期内需要被完成的额外需求的任务也会在会议上创建。

> 需求：
> "作为一名医生，我想要查看病人的运动记录，以确保她遵循了医嘱。"
> 任务：
> 1. 对医生进行认证
> 2. 从医生那里获得病人的识别数据
> 3. 确定这个医生有权查看病人的记录
> 4. 读取数据库以获取运动记录
> 5. 读取数据库以获取最近的处方记录
> 6. 将数据格式化为通用格式
> 7. 确定医生正在使用的移动设备的类型
> 8. 将通用报告格式转化为该类设备的格式

图 12-25　需求和任务示例

任务在团队会议上被创建是因为团队作为一个整体，能够进行迭代，并允许成员给出反馈。一个团队成员会思考其他成员没能想到的需要完成的任务。或者团队成员会意识到特定的任务没有完成，或者可以以某种其他的方式进行，或者实际上并不需要完成。

安排任务

如前文所述，可能会用到的敏捷流程之一的 Scrum 是一个好主意。但 Scrum 特别创新的一点在于其安排任务的方式。

Scrum 方法认识到，开发人员很难确定任务需要多长时间，但开发人员善于确定某件事情与其他事情相比要花多长时间。因此，虽然开发人员不善于评估一个任务所需的时间，但对于图 12-25 中的任务 2，他可能能够准确说出任务 2 所需的时间是任务 1 的两倍。

因此，根据 Scrum 流程，一旦知道了给定需求的任务组，下一步就是给每个任务分配一个难度分数，称为点数。最简单的任务的点数为 1。一个需要花费五倍时间的任务的点数为 5，以此类推。点数以被称为斐波那契数列的整数序列中的数值表示：{1, 2, 3, 5, 8, 13, 21, 34, 55, 89, 144 和？}，对其原因的探讨超出了本书的范围。问号标志意味着任何大于 144 的数字都是没有意义的。很可能 89 和 144 也没有意义。有如此高分数值的任务需要被细分为多个需求。当所有的任务都有了点数之后，将所有点数相加就会得到需求的总值。

Scrum 包括了几种不同分配点数的方法。团队估算和计划扑克就是其中两个。你可以在《Scrum 要素》一书中了解更多有关知识[14]。这些技术的主要内容是通过在一个迭代并产生反馈的过程中运用团队的专业知识来获得团队的分数。

承诺完成任务

在团队合作的过程中，他们会了解到他们在每个 Scrum 周期中所完成的工作的总点数，这一术语被称为团队速度。团队用其速度来决定其能够承诺在下一个 Scrum 周期中完成多少需求。当然，在第一个周期中，团队不知道其速度。在这种情况下，团队高层需要做出猜测。这样的猜测可能会有偏差，但它会随着团队经验的增加而变得更加准确。与 SDLC 不同的是，随着时间推移，猜测会得到改善这一点至少有充分的希望。

假设一个团队的优先需求清单上五项需求的总点数为125。如果团队知道其速度为每周期100点，那么它就知道这五项需求不能全部被实现。但如果前四项需求的总点数为80，团队就能承诺完成这四项需求，再加上其他的任务。在这样的情况下，团队会询问产品所有者是否有这富余的20点能够完成的优先级较低的需求。图12-26总结了这种估算技术。

```
1. 团队给最简单的任务赋点数值为1。
2. 交付工作任务的时间相互比较，并分配点数（点数为斐波那
   契数）。所用方法：
      a. 团队估算
      b. 计划扑克
      c. 其他
3. 利用过去的经验，团队计算其速度，即在每个Scrum周期
   中所完成的工作的总点数。
4. 与产品所有者合作，团队在其速度的限制下，选择下一个
   Scrum周期要做的任务。
```

图12-26 Scrum估算技术总结

花里胡哨？

如果你没有参与过软件或系统开发，这个过程可能听起来很花里胡哨，但它有两个非常重要的特点使它并非如此。首先，Scrum是一种结合了团队迭代和反馈的计划和任务分配的方法。如你所知，这是一种让团队的创造力超过每个成员的创造力总和的方式。第二，Scrum提供了一个流程学习的框架。随着团队一起工作的Scrum周期越来越多，它就会越来越好地学习如何分配点数，并且越来越了解自己的真实速度。

Scrum并不是灵丹妙药。它不能保证项目将按时并在预算范围内产出高质量的产品。但作为传统SDLC的替代品，它可以限制潜在的经济损失，并在短短的几周内产生实质性的成果。

问题12-7 2029年将会怎样？

到2029年，信息系统的开发方式将发生改变。事实上，它已经在发生改变了。人工智能（AI）、机器学习以及深度神经网络都在重塑企业系统开发的方式。站在用户的角度来看，信息系统正在被"训练"而不是"创建"。但是为什么会发生这样的转变呢？

这是因为对于某些任务，机器比人类做得更快、更准确。为一个执行基本加减法的计算器编写代码很容易。因为数学规则是明确的，所以写几行代码就可以完成，但开发人员在编写这种类型的软件时也是逐行编写的。

然而，如果任务不是那么明确而是更加抽象的呢？例如，编写识别特定面孔、将一种语言的文本翻译为另一种语言，或确定哪些新闻与个人用户有关的软件就困难得多。这些类型的应用程序越来越具有相关性和营利性。开发人员正在通过机器学习来解决这些类型的问题，其方法是训练系统使其能够做出产出正确结果的决定，而不再需要为其编写代码。

Fetch!

以微软新的Fetch!应用程序为例，该应用能够拍摄任何图像并正确识别出狗的品种。这听起来很简单。但你会怎样编写这个程序呢？微软开发人员使用机器学习训练Fetch!来正确识别狗的品种。

开发人员不断给 Fetch! 提供不同种类的狗的图像，并在其正确识别出狗的品种时告诉它。这样 Fetch! 就学会了如何识别。它创建了复杂的算法用以分析图像。如果开发人员打开应用程序的原代码，那么他们将看到一套不断变化的难以辨别的数学方程式。因为这不是传统意义上的代码，所以他们无法理解它。

识别狗的品种很有趣，但那又怎样呢？请思考一下当人工智能和机器学习被应用到机器人、无人机、自动驾驶汽车以及 3D 打印中时将会发生什么。在会计、金融、销售和信息系统领域工作的员工都会训练系统来辅助或完成其工作。在人类伙伴的帮助下，系统将成为它们自己的开发者。

那所有编程的工作都会消失吗？当然不是。但软件开发者会更像建筑师而不是建筑工人。

用户驱动的系统

作为一个企业用户，这对你来说意味着什么？它意味着你将会在接下来的十年里参与到系统开发项目中。这几乎是肯定的。软件推动世界的发展。你现在的雇主依靠软件持续盈利，你未来的雇主将变得更加依赖这些新型应用。即使是现在，Facebook 也使用机器学习来确定你的新闻提要中的内容，谷歌用其进行人脸识别，以及微软的 Skype 用其进行不同语言的翻译[15]。

所有的管理学毕业生都将在新系统开发和项目管理中发挥重要作用。你从小就使用具有良好用户体验（UX）的系统。这种经验让你能够帮助建立流程和信息系统以及商业战略和目标之间更加紧密的联系。之后的你就不会在 C 级岗位上了，而是将系统开发的工作完全交给了别人。

行业会促进改变

最后，从现在到 2029 年，行业的性质将发生改变。首先，正如你在第 5 章中所学，NoSQL 数据库管理系统产品并不是由现有的数据库管理系统供应商开发的。它们是由有着独特需求并为满足需求开发软件的企业所开发的。数据库管理系统供应商在此后变得更受欢迎。在接下来的 10 年里，我们将一次又一次看到类似的事情发生。

软件供应商将找到利用 SOA 和网络服务使其解决方案变得更加敏捷的方式，因此系统和流程也会更加敏捷并且更好地适应不断变化的需求。新系统将快速上线，而限制因素将会是人类的应对能力。商务专业人士在解决这些问题中起着关键作用。

最终，用户的参与将成为系统开发成功的关键。系统将依靠用户进行训练。用户将知道如何创建成功的用户界面，而且他们也将会成为解决未知问题的人。作为一个商业用户，你将成为做出改变的人。

安全指南——物联网和 Mirai

你家或者公寓里有多少设备连接到了互联网？这个答案可能会让你感到惊讶。很难相信十多年前大多数美国家庭都只有一台可以联网的台式计算机（如果他们有计算机或者网络连接的话）。那之后，摩尔定律和梅特卡夫定律的实现以及带宽的增加成为各地联网设备发展的催化剂。

如今，走进一个普通家庭，发现几十台联网设备的情况并不罕见，包括了台式计算机、笔记本计算机、平板计算机、手机、游戏机、流媒体设备、智能电视、智能音箱、家庭安全设备（如警报系统、安全摄像机、烟雾探测器和视频门铃）、婴儿监视器、人工智能助手、家电等。除了这些设备的核心功能外，很多设备都有能够与其他联网设备交互操作的设计，以实现系统和"系统的系统"的创建。这种可以在没有人工干预的情况下进行交流和交互的联网设备的系统常常被称为物联网（IoT）。

物联网可能并不安全

开发物联网产品的企业必须以设备能与其他设备有效通信且并不需要复杂的配置的方式来创造设备。早期的采用者并不只是购买物联网设备的人。这些产品已经成为主流，这就意味着大多数物联网消费者缺乏排除故障所需要的技术技能。因此，物联网设备在设计时常常把安全作为事后考虑的因素，而不是优先考虑。物联网设备的每一个额外的安全层都会减缓其开发以及最终进入市场的时间。

因此，物联网设备是另一个在安全性和便利性之间权衡的例子。（例如，要求你的网上银行账户的密码有 50 个字符是出于安全性考虑，但消费者不会容忍每次想查看账户余额时都需要输入 50 个字符的密码所带来的不便。）许多物联网设备唯一公开的安全特征是访问或管理设备设置时所需的用户名和密码。然而，用户往往不会在设置设备时创建新的凭证，这可能会造成严重的漏洞。

事实上，由于用户常常忽视为其设备创建新的密码，黑客已经将物联网设备确定为创建大规模僵尸网络（已经被黑客破坏的联网设备）的主要目标。这些僵尸网络之后可以被用作大型协调的拒绝服务（DoS）攻击的一部分。许多 DoS 攻击规模相对较小，大多数较大的企业都有抵御这些攻击的应对措施。然而，一个由三名黑客组成的团队近期将僵尸网络和 DoS 攻击提升到了一个全新的水平。

遇见 Mirai

罗格斯大学的一名大学生和其他两个人一起开发了一款专门攻击物联网设备并创建僵尸网络的恶意软件。僵尸网络最初的目的时让黑客在玩热门游戏《Minecraft》时取得优势。从本质上将，僵尸网络使得黑客可以在游戏过程中破坏对手的连接，使其进入离线状态，从而在游戏中打败对手。但黑客在创建恶意软件 Mirai 时十分精明，使得僵尸网络的规模扩大到了一个前所未有的水平。Mirai 在最初的几个小时内感染了数以万计的设备，然后每小时规模增加一倍，直到约 60 万台设备被感染[16]。

在认识到他们所创造的数字怪物的力量后，黑客们努力提高了僵尸网络的复杂性，并发起了一些针对各种目标的攻击。当执法机构开始加大调查力度时，黑客们在网上公布了他们的代码，这种策略常常被用于削弱对恶意软件创建者身份的指控。然而，在网络上公布代码带来的影响远远超过了简单地制造一个烟雾。相互竞争的黑客组织开始使用这些代码来创建自己的僵尸网络。在之后的 5 个月里,有超过 15 000 次的与 Mirai 相关的 DoS 攻击[17]。

尽管最初的三名黑客最终被捕并认罪,但这些代码依然存在,而且谁也不知道这些代码会被恶意使用多久。人们的最佳选择就是更改物联网设备的密码,以保证这些设备不会成为下一个大型僵尸网络攻击的目标之一。

讨论问题

1. 花几分钟的时间思考一下你的家庭网络和联网设备。你有多少物联网设备?你是否为其中的每一个都创建了新的凭证以确保它们没有漏洞?攻击者是否可能访问这些设备?
2. 思考一下你日常生活中所用到的技术。举出其他三个说明了安全性与便利性之间的权衡的例子(除了文章中所述的使用长密码之外。)
3. 为什么物联网设备会成为黑客的目标?
4. 黑客们能够避免因其行为而入狱。你认为他们是否应该为其对许多网站和企业的数字业务的直接破坏而受到更严重的惩罚?虽然黑客被捕并对其行为感到抱歉,但这些恶意软件会一直存在,法律制度应该如何处罚这些恶意软件的创始人?

职业指南——创建你自己的品牌

在前面的章节中,你读到了在管理信息系统领域取得成功的真实人物的第一手资料。这些未经修饰的叙述解释了这些人是如何得到他们的工作的、这个领域吸引他们的是什么、典型的工作日常是什么样的,以及他们最喜欢他们工作的哪些方面。你也知道了做好这些工作所需要的各种技能和教育经历。

现在你已经读完了本书,相信你也对管理信息系统的内容有了一定的了解。你知道了该领域的主要内容、理解了相关术语,并听取了在这个领域工作的真实人物的意见。希望这能让你对管理信息系统的职业有一个真实的认识。如果你对这样的职业感兴趣,或者即使你要进入其他领域,学习如何创建你的个人品牌是很重要的。

专业人士使用如领英这样的社交媒体来建立其自己的品牌。你可能很年轻、没有经验、不够独特,无法拥有自己的个人品牌。但话说回来,也许事实并非如此。即使现在还不是创建个人品牌的正确时机,但如果你想要成为一名商业领袖,那么在未来的某个时候,你也将会需要拥有、建立并维护自己的个人品牌。

所以,什么是"建立个人品牌"?它不是令人尴尬的自我推销,不是自我宣传,也不是你近期经历的履历。相反,它是你用你的才华和能力与市场建立真实的关系的方式。那个市场可能是你的专业同事、你的雇主、你的员工、你的竞争对手或者任何关心你在意什么的人。

作为商务专业人士，你如何建立真实的、少一些交易性的个人关系？你首先要认识到消费你服务的人不仅仅是你的老板和同事，而是有着人都有的丰富的复杂性的成熟的人。有了这样的想法，你能否利用社交媒体将你的关系从交易性质转变得更加个人化？

这样的转变可能会发生，但却很困难。你不想在领英或者你的专业博客上分享你个人生活的所有细节。很少有读者会关心你在巴哈马的度假，但他们可能想知道你躺在沙滩上时在读什么书、为什么要读它，以及你从中学到了什么，或者可能是你对没有学到的东西有多失望。而且，你的内容必须是真实的。

如果你读克尔凯郭尔（Kierkegaard）或亚里士多德（Aristotle）的书是为了在你的个人博客上展示博学，那你就会错了意。但是如果克尔凯郭尔对最近影响你职业兴趣的商业丑闻所涉及的道德问题有一些有趣的看法，那么许多与你有共同兴趣的人可能就会想了解。然后他们会通过这个共同兴趣接近你。这个共同兴趣可能会创造一个令人兴奋的新的工作机会，或者也许会带来一段充实的新关系，又或者不会发生任何事。你永远不知道会发生什么。

在努力创建个人品牌时，要始终以你的个人战略为指导。再想想图2-12中的个人竞争战略。你的个人竞争优势是什么？为什么会有人选择你、你的专业，或者你的工作产品，而不是其他人？然后，牢记这些问题的答案，开始创建你的个人品牌。同样，要确保你是在努力创建真实的关系而不是无耻的广告。

同时，也要认识到，一个强大的个人品牌对某些职业来说至关重要。例如，如果想成为独立顾问，如一名云数据存储的隐私和控制方面的专家，你就需要投入大量的实践来建立并维护你的专业品牌。但无论它是否重要，拥有强大的个人品牌在任何领域、任何工作中都是一笔财富。而且可以肯定的是，如果你没有好的个人品牌，你的某个竞争对手一定有。

讨论问题

1. 用你自己的话定义并描述个人品牌。
2. 描述你可以如何利用社交媒体（如领英）在维护你的隐私的同时，将现有的专业上的联系自然地变得更加个人化。
3. 在你的专业领域中选择一个当前感兴趣的话题。例如，如果你学的是操作专业，那就选像3D打印这样的话题（但请在你选择之前阅读问题4）。
   a. 在网络上搜索关于其现状、当前的用途、大事件和问题等方面的观点，或者其他与你话题相关的有趣的维度。
   b. 找两三位该领域的专家，去访问他们的专业品牌网站。这个品牌可能是一个博客、一个网站、一个文章的合集、一个Facebook或领英上的系统管理网站，或者其他一些公开的专业性言论。
   c. 哪个网站是最好的？解释你这样认为的原因。
4. 假设你现在成为你在问题3的回答中所提到的主题的专家。想一想你在过去一年中与该主题有关的经历。它可以是课堂上的经历，也可以是课外与同学或室友的交谈。它也可以发生在你在麦当劳的工作中。任何相关的事都可以。
   a. 列举10个这样的经历。
   b. 描述一下你如何使用包括博客在内的社交媒体来呈现这10次经历中最好的5次，以帮助你建立你的专业品牌。

5. 回顾你对问题 1 至问题 4 的回答。
   a. 对你来说，拥有自己的个人品牌重要吗？为什么？（这个问题的答案可能是否定的，而且有正当原因。）
   b. 在回答问题 4 时，对你来说最困难的任务是什么？
   c. 总结你从该练习中学到的关于如何从你的大学经历中获得更多的价值的内容。

本章回顾

通过本章回顾来验证你是否理解了回答本章学习问题所需要用到的思想和概念。

问题 12-1　业务流程、信息系统和应用程序是如何开发的？

用你自己的话解释业务流程、信息系统和应用程序之间的区别。说明其中每一个的组成部分。利用第 5 章中的术语，描述业务流程和信息系统之间的关系。命名三种开发流程，并说明哪个流程适用于业务流程、信息系统和应用程序的开发。解释业务和流程分析员的主要职责。

问题 12-2　企业如何使用业务流程管理？

说明本章中所用到的业务流程的定义，定义角色、资源和数据流。解释业务流程需要管理的三个原因。描述对业务流程管理的需求，并解释其为什么是一个循环。说出业务流程管理的四个阶段，并总结每个阶段的活动。定义现有模型。解释信息及其相关技术的控制目标（COBIT）的作用。

问题 12-3　业务流程建模符号如何用于流程建模？

说明对流程文件标准化的需求。描述泳道布局。解释图 12-7 和图 12-8 中的每一个符号，并描述这两个图之间的关系。描述图 12-7 所示的流程的问题，并提出一个解决方案建议。说出业务流程建模符号图的三个用途。

问题 12-4　系统开发生命周期有哪些阶段？

描述系统开发生命周期（SDLC）的起源以及它是如何成名的。说出五项基本系统开发活动。描述定义、需求和设计阶段所要完成的任务。说明在设计和应用阶段中的五个组件各自的特定活动。解释为什么维护这一术语在信息系统中会使用不当。说明系统维护的任务。

问题 12-5　SDLC 项目成功的关键是什么？

说出成功的开发项目的五个关键因素。解释工作分解结构的目标。总结开发估算的难处，描述解决该问题的三种方式。解释图 12-17 中甘特图的要素。定义关键路径，并解释关键路径分析。总结需求、成本和进度的权衡。列出并解释开发项目管理的四个关键因素。

问题 12-6　Scrum 开发如何克服 SDLC 的问题？

解释 SDLC 逐渐失宠的两个原因。用你自己的话解释图 12-20 中每项原则的意义和重要性。解释图 12-23 中每一个 Scrum 流程要点如何在图 12-24 中所示的 Scrum 流程中应用。说出 Scrum 需求中的三要素。描述 Scrum 确定完成任务所需时间的方式并说明特别之处。定义速度并解释其如何用于进度安排。解释 Scrum 如何提供流程学习的框架。

问题 12-7　2029 年将会怎样？

描述机器学习将如何改变系统开发项目。以微软 Fetch! 为例，解释为什么"训练"会成为系统开发中必要的一部分。解释在你的职业生涯中你为什么会参与到系统开发项目中。你们这一代商人的知识是如何影响系统开发的？解释为什么系统会更容易应用。

将你的知识应用到 ARES

亨利、艾希莉，甚至泽夫都需要了解开发流程的基本知识、知道什么时候该用什么，以及使用 SDLC 和 Scrum 的优势。在投资之前，他们需要了解开发流程、信息系统和应用程序，特别是企业间系统，如 ARES 的困难和风险。

在你职业生涯的某个时刻，你也会需要这些知识。

关键术语和概念

敏捷开发（Agile development）
应用（Application）
现有模型（As-is model）
工作分解结构基线（Baseline WBS）
布鲁克斯定律（Brooks' Law）
业务分析师（Business analyst）
业务流程（Business process）
业务流程管理（Business Process Management，BPM）
业务流程建模符号（Business Process Modeling Notation，BPMN）
信息及其相关技术的控制目标（Control Objectives for Information and related Technology，COBIT）
配置控制（Configuration control）
控制流（Control flow）
成本可行性（Cost feasibility）
关键路径（Critical path）
关键路径分析（Critical path analysis）
数据流（Data flow）
可交付成果（Deliverables）
规模不经济（Diseconomies of scale）
甘特图（Gantt chart）
实施（Implementation）
即时设计（Just-in-time design）

维护（Maintenance）
对象管理组织（Object Management Group，OMG）
组织可行性（Organizational feasibility）
修复程序（Paired programming）
平行式安装（Parallel installation）
分段式安装（Phased installation）
试点式安装（Pilot installation）
骤降式安装（Plunge installation）
需求分析（Requirement analysis）
资源（Resource）
角色（Role）
进度可行性（Schedule feasibility）
短会（Stand-up）
泳道布局（Swim-lane layout）
系统转换（System conversion）
系统分析师（Systems analyst）
系统开发生命周期（Systems Development Life Cycle，SDLC）
技术可行性（Technical feasibility）
测试计划（Test plan）
权衡（Trade-off）
速度（Velocity）
瀑布法（Waterfall method）
工作分解结构（Work Breakdown Structure，WBS）

知识运用

12-1. 用谷歌或必应搜索业务分析师是什么。调查几个你找到的链接，回答以下问题：
　　a. 业务分析师的主要工作职责是什么？
　　b. 业务分析师需要哪些知识？
　　c. 业务分析师需要什么技能或个人特质？

12-2. 用谷歌或必应搜索系统分析师是什么。调查几个你找到的链接，回答以下问题：
　　a. 系统分析师的主要工作职责是什么？
　　b. 系统分析师需要哪些知识？
　　c. 系统分析师需要什么技能或个人特质？
　　d. 对你来说成为系统分析师是有趣的吗？为什么？

　　e. 利用你对 12-1 和 12-2 的回答，比较业务分析师和系统分析师两个职业。

12-3. 利用你之前的经验和知识，为"拒绝订单"活动创建一个流程图，以解决问题 12-3 中现有订单流程中的分配问题。如果可以的话，使用 Visio 2016 和标准业务流程建模符号。解释你的流程如何解决分配问题。

12-4. 在你感兴趣的商业领域中选择一个重要的项目类型。可以是会计学中的审计、市场营销中的社交媒体使用计划，以及运行中的开放新仓库项目。选择一个重要且你觉得有趣的主要活动。对比在项目中使用

SDLC 和 Scrum 两种流程。你会建议使用哪种流程？为什么？

12-5. 再次阅读第 11 章中开头的小故事。解释亨利和拉杰如何使用 Scrum 流程来管理桑迪普的开发工作。描述这样做将如何降低失败的风险。

协作练习 12

使用你在第 1 章的协作练习中建立的协作信息系统，团队协作回答下面的问题。

2018 年 6 月，威尔玛·贝克（Wilma Baker）、杰里·巴克（Jerry Barker）和克莉丝·比克尔（Chris Bickel）在一个度假村业主和旅游经营者的会议上相遇了。在等待演讲时，他们偶然间坐在一起。在自我介绍并因为三个名字的相似发音一阵大笑后，他们惊讶地发现，他们也管理着相似的业务。生活在新墨西哥州圣菲的威尔玛·贝克专门向圣菲的游客出租房屋和公寓。生活在不列颠哥伦比亚惠斯勒村的杰里·巴克专门向惠斯勒/布莱克科姆度假村的滑雪者或其他游客出租公寓。住在马萨诸塞州查塔姆的克莉丝·比克尔专门向科德角的度假者出租房屋和公寓。

三人决定在演讲结束后共进午餐。午餐期间，他们分享了因难以吸引新顾客而产生的挫折感，特别是现在可以通过互联网获得大量的旅游机会。此外，美元对欧元汇率的上涨也为北美旅游业带来了巨大的竞争。

随着谈话的进行，他们开始想知道是否有什么方法可以联合起来（即他们正在寻求从联盟中获得竞争优势）。因此，他们决定缺席第二天的演讲，而是开会讨论如何形成联盟。他们想要更进一步讨论的想法是共享客户数据、开发联合预订服务，并交换房屋信息。

随着他们的交谈，他们对合并业务显然没有兴趣，他们都想保持独立。他们还发现，每个人都很担心，甚至偏执地想要保护现有的客户群不被挖走。尽管如此，冲突并没有最初看起来的那样严重。巴克的业务主要是滑雪服务，冬天是他最繁忙的季节；比克尔的业务主要是科德角度假，她在夏季最忙；贝克的旺季则是在夏季和秋季。所以，他们的旺季之间有着较大的差异，他们不一定会因为向自己的客户销售其他企业的产品而损失自己的业务。

之后问题变成了如何进行合作。鉴于他们都想保留自己的客户，因此他们不希望开发一个共享的客户数据库。最好的主意似乎是分享有关房屋的信息。这样，他们既可以留住自己的客户，又有机会提供他人的房屋信息。

他们讨论了几种备选方案。一种方案是每个人都可以开发自己的房屋数据库，并且他们可以通过互联网共享数据库。另一种方案是他们开发一个他们都可以使用的集中的房屋数据库。还有一种方案是他们可以找一些其他的方式来分享房屋清单。

由于我们不知道贝克、巴克和比克尔的具体需求，因此无法为具体的系统指定计划。但一般来说，他们首先需要决定他们想要构建的信息系统的详细程度。考虑以下两种选择：

a. 他们可以建立一个以电子邮件为中心的简单系统，每个企业通过电子邮件向其他企业发送房屋描述。每个独立的企业之后也使用电子邮件将这些描述发送给自己的客户。当客户对某一房屋进行预订时，该请求就会通过电子邮件转发到房屋管理者那里。

b. 他们可以构建一个更复杂的系统，即使用基于网络的共享数据库，其中包含了他们所有的房屋和预订数据。由于预订跟踪是一项常见的业务任务，他们可能会许可一个具有该功能的现有应用程序。

在你对 12-6 和 12-7 的回答中，请使用 Microsoft Visio 和 BPMN 模板来构建图表。如果你没有这些模板，那么请使用通用的基本流程图模板。如果你没有访问 Visio 的权限，就用 PowerPoint 替代。

12-6. 以图 12-8 为参考，创建备选方案 a 的流程图。每个企业都需要一个角色，以确定其可用的房屋并向其他企业发送描述这些房屋的电子邮件。他们也需要一个角色来接收电子邮件，需要另一个角色向客户出租房屋。假设这些企业有三到五名代理人可以履行这些角色。如果你认为电子邮件系统合适的话，为其创建角色。指定角色、活动、存储库和数据流。

12-7. 以图 12-8 为参考，创建备选方案 b 的流程图。每个企业都需要一个角色，以确定其可用的房屋并向将其添加到预订数据库中。它们也需要一个角色来获取共享数据库中的出租房屋。假设这些企业有三到五名代理人可以履行这些角色。为房屋数据库应用创建角色。指定角色、活动、存储库和数据流。

12-8. 比较你对 12-6 和 12-7 的回答。哪一个在促进租金收入方面可能更有效？哪一个开发成本更高？哪一个运营成本可能更高？

12-9. 如果你是贝克、巴克和比克尔的顾问，你会推荐哪个方案？并说明原因。

【案例研究 12——我们什么时候能够学到教训？】

本书的作者之一大卫·克罗恩科在科罗拉多州任教时，他参与了一项研究，调查信息系统开发失败的主要原因/研究结果是什么？失败的首要原因是用户在创建和管理系统需求方面缺乏参与。

自这项研究以来，技术已经取得了巨大的进步。1974 年，计算机体积很大，微型计算机和个人计算机都还没有发明出来。遗憾的是，信息系统的发展并没有跟上。事实上，可以说是没有任何变化。

想想案例研究 8。俄勒冈州浪费了超过 2.48 亿美元来开发支持其医疗保健交易的信息系统。在项目早期，受雇提供质量保证的独立咨询公司 Maximus 就警告说，需求是模糊的、变化的，并且是不一致的。这些警告没有起到任何作用。为什么呢？

为什么没有需求管理？

1974 年，可能是管理人员不懂计算机，因此无法知道如何管理需求。但参与 Cover Oregon 的人都有手机，可能还有 iPad 或 Kindle，所以他们几乎都不是计算机文盲。因此，至少在今天，计算机知识不是问题。

需求管理的问题在于管理吗？还是在于需求？在案例研究 8 中，康涅狄格州的医疗项目 Access CT 取得了成功。这是否是因为该项目是由副州长密切管理呢？是因为她是一个有政治抱负的女士吗？俄勒冈州没有副州长来进行管理，但肯定有一个人负责管理该项目。迹象表明，俄勒冈州的管理问题是，该信息系统由一个医疗机构（Cover Oregon）使用，但由另一个医疗机构（俄勒冈州卫生管理局）开发。这两个机构在需求方面产生了争议。由于缺乏高层管理人员，需求不仅没有得到管理，反而被两个相互竞争的政府机构争夺。

这可能是 Cover Oregon 失败的主要原因。但还有别的原因吗？即使是在管理良好的组织中，是否也有一些关于需求的东西使其变得难以管理。弗雷德·布鲁克斯提出了一个观点，即软件是逻辑诗歌。它纯粹是思想的产物。如果两个政府机构要建造一座大楼，并且他们就这座大楼要修建多少层产生了争议，那么他们的分歧就会为人所见。人们会发现，一组建筑工人在修建一层楼的同时有另一组工人在将其拆除。

因此有一部分问题就是需求是纯粹的思想产物。但还有什么呢？

你如何知道需求是完整的？如果建筑的蓝图没有包括对电力系统的任何规定，那这种遗漏是显而易见的。但在软件和系统中就不那么明显。例如，如果没有人考虑当客户忘记用户名或密码并且没有保单号码记录时要做什么呢？软件或程序开发时需要考虑这样的情况，但如果没有人想到要制定这一需求，那么就不会就此进行开发。但这样的客户需求出现时，系统就会失败。

那你怎么知道需求陈述的质量呢？一个像"为这样的客户选择一个合格的保险政策"这样的需求被写得如此高水平但却没什么用。所以，构造原型的原因之一是找出缺失和不完整的需求。

评估可行性并做出权衡

但我们可以从这个例子中学到更多的东西。所有的州和联邦医疗保健交易所都要在 2013 年 10 月 1 日之前开始运营。因此，时间表是固定的，没有机会进行调整。对于成本，虽然资金不是固定的，但其也并不容易改变。各州和美国政府最初提供了一些资金，一旦这些资金分配完成，就很难获得更多的资金。不是不可能，而是很难。再看一下图 12-19。如果进度是固定的，资金也是基本固定的，那么能够用来权衡以降低项目难度和风险的一个因素是什么呢？需求。将

454　第四部分　信息系统安全、管理和开发

需求减少到最低限度，再让系统运行。在取得了一些成果之后，再增加项目的需求。这似乎就是 Access CT 所采用的策略。

但这个原则暴露了俄勒冈州的另一个问题，即它什么都想要。它一开始就实施了一项名为"没有错误的门"[18] 的政策，也就是不放过任何人和问题。Cover Oregon 应该为所有人提供解决方案。这样的言论会产生很棒的政治效果，但如果时间是固定的，资金也是基本固定的，那这些目标该如何实现呢？在你两个学期之间有一个星期的时间，并且几乎没有钱的情况下，告诉你的室友你计划了一场为期两个月的非洲丛林远足。这可能吗？

软件和系统都是纯粹的思想产物。想象一个具有惊人能力的光辉未来很容易，但软件和系统开发却要以人类高昂的劳动成本为基础，你不能要求九位女士在一个月内生出一个婴儿。当你被要求来帮助确定新信息系统的需求时，请记住这句话。

这个案例在 40 年后还会有意义吗？这就取决于你和你的同学们了。

问题

12-10. 说明为什么这样的案例在今后 40 年内仍有意义的三个原因。描述三个可能使这些案例过时的发展。哪些会与此相关？这些案例 40 年后还有意义吗？为什么？

12-11. 阅读第一数据公司的执行摘要（http:// portlandtribune.com/documents/artdocs/00 003481205618.pdf）。运用你在 SDLC 方面的知识，描述你认为 Cover Oregon 失败的三个主要原因。

12-12. 在案例研究 8 中，你了解到曾经有三家供应商被考虑作为外部供应商，但其中两家退出了竞争。描述三个它们这样做的原因。

12-13. 这个项目因其陷入困境而被熟知，但它也有它自己的生命。俄勒冈州行政部门的技术分析师 Ying Kwong 说，在 2013 年 5 月，Cover Oregon 项目让他想起了科幻电影《变形怪体》，"你根本不知道如何射击这个怪兽，因为它没有已知的解剖结构，也没有使其运转的正常的重要器官[19]。"如果你是 Cover Oregon 的一名高级经理，在问题出现时，你会怎么做？

12-14. 在 2014 年 6 月的一项调查中，大多数俄勒冈人认为基扎贝尔州长有责任[20]。但是在 2015 年，基扎贝尔历史性地担任第四任州长。不幸的是，一个月之后，他因一个与他无关的影响较大的丑闻辞职[21]。前民政厅厅长和 Cover Oregon 代理主席布鲁斯·戈德堡（Bruce Goldberg）于 2014 年 3 月 18 日被解雇，但直到 7 月 18 日都还领着全额工资[22]。考虑到这些结果，是否有人会为这些问题承担后果？想想这个人可能是谁。

完成下面的写作练习

12-15. 假设你的企业刚刚许可了一个基于云的 SaaS CRM 系统。你的老板问你要运行它需要做些什么。利用 SDLC，在一张纸上总结将该 SaaS 系统转化为运行的信息系统所需要做的工作。

12-16. 假设你在一家中等规模的石油和天然气企业担任开发人员。首席执行官有兴趣开发一个应用程序，该应用程序为他提供有关北美地区天然气输送泵站的数量信息。他希望这个软件能在他的台式计算机、iPad 和智能手机上使用。每次你和他谈话时，他想要的软件功能似乎都有所变化，而你还处在规划阶段。现在他想要一个日程进度。为什么为这个项目创建一个日程计划这么困难？你该如何向首席执行官解释？描述一个你可以用来解释的比喻，以说明准确预测应用程序何时完成是多么困难。

尾注

[1] Shara Tibken, "Apple's iPhone Slowdown: Your Questions Answered," *CNET*, April 2, 2018, https:// www.cnet.com/news/apple-is-slowing-down-older-iphones-batteries-faq/.

[2] Michelle Toh, "Global Backlash Spreads over Apple Slowing Down iPhones," *CNNTech*, April 2, 2018, *http://money.cnn.com/2018/01/12/technology/apple-iphone-slow-battery-lawsuit/index.html*.

[3] A *failure* is a difference between what the system does and what it is supposed to do. Sometimes, you will hear the term *bug* used instead of failure. As a future user, call failures *failures* because that's what they are. Don't have a *bugs list*; have a *failures list*. Don't have an *unresolved bug*; have an *unresolved failure*. A few months of managing an organization that is coping with a serious failure will show you the importance of this difference in terms.

[4] Fred Brooks was a successful executive at IBM in the 1960s. After retiring from IBM, he authored a classic book on IT project management called *The Mythical Man-Month*. Published by Addison-Wesley in 1975, the book is still pertinent today and should be read by every IS manager. It's informative and quite enjoyable to read as well.

[5] Asim Khan, "5 Ways Big Data Won the America's Cup for Ainslie and Oracle Team USA," *RealBusiness.co.uk*, September 27, 2013, accessed June 20, 2018, *http://realbusiness.co.uk/article/24276-5-ways-bigdatawon-the-americas-cup-for-ainslie-and-oracle-team-usa*.

[6] Ibid.

[7] Penny Crosman, "Why the Internet of Things Should Be a Bank Thing," *American Banker*, November 19, 2015, accessed June 20, 2018, *www.americanbanker.com/news/bank-technology/why-theinternetof-things-should-be-a-bank-thing-1077911-1.html*.

[8] Christoffer O.Hernaes, "Banks Should Prepare for the Internet of Things," *TechCrunch*, November 10, 2015, accessed June 20, 2018, *https://techcrunch.com/2015/11/10/banks-should-prepare-for-the-internet-of-things*.

[9] VersionOne, "12th Annual State of Agile™ Report," *VersionOne.com*, April 9, 2018, accessed June 20, 2018, *http://stateofagile.versionone.com*.

[10] Ibid.

[11] Scrum Inc., the Creators of Scrum, Ken Schwaber and Jeff Sutherland, *Scrum.org*, November 7, 2017, accessed June 20, 2018, *www.scrum.org/resources/creators-scrum-ken-schwaber-and-jeff-sutherland-update-scrum-guide-0*.

[12] Hirotaka Takeuchi and Ikujiro Nonaka, "New New Product Development Game," *Harvard Business Review*, January 1, 1986. Available for purchase at *http://hbr.org*.

[13] Some scrum teams have the rule that only *pigs* can speak at stand-ups. The term comes from the joke about the difference between eggs and ham: The chicken was involved, but the pig was committed.

[14] Sims and Johnson, *The Elements of Scrum*, pp. 125–133.

[15] Jason Tanz, "The Rise of Artificial Intelligence and the End of Code," *Wired*, May 17, 2016, accessed June 20, 2018, *www.wired.com/2016/05/the-end-of-code*.

[16] Garrett M. Graff, "How a Dorm Room Minecraft Scam Brought Down the Internet," *Wired*, December 13, 2017, *www.wired.com/story/mirai-botnet-minecraft-scam-brought-down-the-internet/*.

[17] Ibid.

[18] Maria L. La Ganga, "Oregon Dumps Its Broken Healthcare Exchange for Federal Website," *Los Angeles Times*, April 15, 2014, accessed June 20, 2018, *www.latimes.com/nation/politics/politicsnow/la-pnoregondrops-broken-healthcare-exchange-20140425-story.html*.

[19] Nick Budnick, "Cover Oregon: Health Exchange Failure Predicted, but Tech Watchdogs' Warnings Fell on Deaf Ears," *The Oregonian*, January 18, 2014, accessed June 20, 2018, *www.oregonlive.com/health/index.ssf/2014/01/cover_oregon_health_exchange_f.html*.

[20] Hillary Lake, "Exclusive Poll: Majority Holds Kitzhaber Accountable for Cover Oregon Failure," *KATU News*, June 12, 2014, accessed June 20, 2018, *http://katu.com/news/local/exclusive-poll-majority-holds-kitzhaber-accountable-for-cover-oregon-failure*.

[21] Rob Davis, "Oregon Governor John Kitzhaber Resigns amid Criminal Investigation, Growing Scandal," *OregonLive.com*, February 13, 2015, accessed June 20, 2018, *www.oregonlive.com/politics/index.ssf/2015/02/gov_john_kitzhaber_resigns_ami.html*.

[22] Nick Budnick, "Long After Announced 'Resignation,' Ex-Cover Oregon Director Bruce Goldberg Draws $14,425 Monthly Salary," *The Oregonian*, May 21, 2014, accessed June 20, 2018, *www.oregonlive.com/politics/index.ssf/2014/05/long_after_publicized_resignat.html*.

国际管理信息系统

研究问题

问题 ID-1　全球经济如何影响企业和流程？
问题 ID-2　国际信息系统组成部分的特点是什么？
问题 ID-3　企业间信息系统如何促进全球供应链管理？
问题 ID-4　国际信息系统的安全挑战是什么？
问题 ID-5　国际信息系统管理的挑战是什么？

问题 ID-1　全球经济如何影响企业和流程？

今天的企业在全球市场上竞争。自 20 世纪中叶以来，国际贸易急剧增长。第二次世界大战后，当日本和其他亚洲国家开始向西方制造和销售商品时，经济出现爆炸式增长。日本汽车工业和半导体工业在东南亚的崛起极大地扩大了国际贸易。与此同时，北美和欧洲的经济更加紧密地融合在一起。

从那以后，许多其他因素促使了国际商业的迅速发展。苏联的解体使俄罗斯和东欧的经济向世界市场开放。更重要的是，在互联网鼎盛时期的电信热潮使世界被可用于数据和语音通信的光纤多次包围。

在互联网泡沫破灭后，光纤在很大程度上没有得到充分利用，可以以极低的价格购买。丰富而廉价的通信使全世界的人们都能参与到全球经济中来。

图 ID-1 显示了在过去几年中一些国家中上网的个人用户百分比[1]。大多数发达国家的平均互联网接入率在 80%～90%，增长相对平稳。但新兴国家正在迅速迎头赶上。

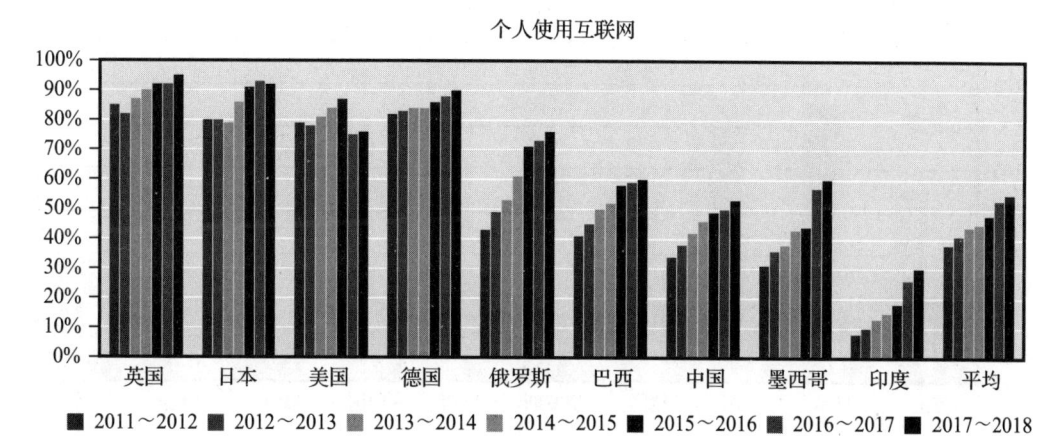

图 ID-1　互联网接入的增长

诸如此类的发展导致专栏作家兼畅销书作家托马斯·弗里德曼（Thomas Friedman）断言，"世界是平的"，这一论断现在已广为人知，暗示着世界各经济体之间的无缝融合。这种说法和同名畅销书符合商业媒体的偏见和先入之见，而且似乎有直观的意义[2]。世界经济一体化的普遍观念开始渗透到大多数商业思维中。

然而，哈佛大学教授潘卡基·格玛沃特（Pankaj Ghemawat）决定深入研究，他发现的数据促使他在《外交政策》上发表了一篇题为《为什么世界不是"平"的》的文章[3]。文章发表于2007年，花了这么扎实的研究和8年多的时间才获得广泛关注，这一事实证明了偏见和先入之见的力量。

格玛沃特的一些数据总结在图ID-2中。请注意，即使包括跨境电信，互联网和语音平均也不到22%。即使是大多数人认为在所有经济体中占有重要地位的国际贸易，在修正重复计算后也不到23%[4]。

贸易类型	跨境百分比
电信	语音：5%；互联网和语音：22%
移民	3% 移民
投资	10% 直接投资
出口	23% 商业

图 ID-2　跨境贸易占比

这是否意味着国际业务对你来说不重要？不是的。正如格玛沃特所指出的那样，这意味着国际贸易的大部分机会都在我们面前。世界还不是平的。虽然信息系统已经在国际贸易中发挥了关键作用，但它们在未来的影响可能会更大。随着 Web 服务的普及，将信息系统连接在一起也变得更加容易。随着移动设备在发展中国家继续爆炸式增长，越来越多的用户将通过互联网进入世界经济。

请考虑如图 ID-3 所示的固定和移动互联网订阅之间的差异。移动用户远远超过固定用户，尤其是在发展中国家[5]。随着越来越多的人通过更多类型的设备接入互联网，在国际舞台上提供基于 Web 的服务和产品将变得更加容易。机会比比皆是。

2017~2018年固定和移动互联网用户（每100人）

	英国	日本	美国	德国	俄罗斯	巴西	中国	墨西哥	印度	平均
固定宽带互联网用户	39	31	32	38	19	13	23	13	1	14
移动宽带用户	91	132	120	80	75	90	67	59	17	62

图 ID-3　固定及移动互联网用户

全球经济如何改变竞争环境？

要理解全球化的影响，请考虑图 ID-4 中的每个元素。

以互联网为支撑的不断扩大的世界经济改变了五种竞争力量中的每一种。供应商必须接触到更广泛的客户，而客户也必须考虑更广泛的供应商。供应商和客户不仅受益于更大的经济规模，还受益于企业可以通过谷歌和必应以及在中国的百度等工具轻松地相互了解。

由于互联网上可获得的数据，客户也可以更容易地了解替代品。互联网大大方便了新市场进入者，尽管并非所有情况都是如此。例如，亚马逊、苹果和谷歌已经获得了如此大的市场份额，任何新进入者都很难挑战它们。不过，在其他行业，全球经济为新进入者提供了便利。最后，全球经济通过增加产品和供应商的选择，以及加速关于价格、产品、可用性和服务的信息流动，加剧了竞争。

新兴的全球经济如何改变竞争战略？

新兴的全球经济主要以两种方式改变对竞争战略的思考：产品本地化和产品差异化。首先，全球经济的庞大规模和复杂性意味着，那些选择一种战略使其能够在整个行业内竞争的企业，将会面临一种非常大的冲击！在许多不同的国家进行竞争，并根据这些国家的语言和文化进行本地化的产品是一项庞大而昂贵的任务。

例如，为了在全球推广 Windows，微软必须推出几十种不同语言的 Windows 版本。即使在英语中，微软也有英国版本、美国版本、澳大利亚版本等。微软面临的问题甚至更大，因为不同的国家使用不同的字符集。在某些语言中，文字是从左向右书写的。在其他语言中，它却是从右向左的。当微软开始在全球销售 Windows 时，它启动了一个庞大的项目。

当今世界经济改变竞争战略的第二个主要方式是，它的规模与互联网相结合，使前所未有的产品差异化成为可能。如果你选择生产世界上最优质、最独特的燕麦，并且你的生产成本要求你以每磅 350 美元的价格出售这种燕麦，那么你的目标市场可能只有全球范围内的 200 人。互联网让你找到他们，也让他们找到你。涉及全球竞争战略的决策需要考虑这两个变化的因素。

全球经济如何改变价值链和业务流程？

由于有了信息系统，因此图 ID-2 中的任何或所有价值链活动都可以在世界任何地方进行。跨国公司可以针对其销售的每个市场在当地开展销售和营销工作。例如，3M 部门在美国用美国销售人员进行销售、在法国用法国销售人员进行销售、在阿根廷用阿根廷销售人员进行销售。根据当地法律和习俗，这些销售办事处可能归 3M 所有，也可能是 3M 与之签订销售和营销服务合同的本地所有实体。3M 可以使用相同的 CRM 系统协调这些实体的所有销售工作。当 3M 经理需要为销售预测汇总销售总额时，他们可以使用一个集成的全球系统。

最终产品的制造通常分布在世界各地。波音 787 的部件在意大利、中国、英国和许多其他国家生产，然后运到华盛顿和南卡罗来纳州进行最后组装。每个制造工厂都有自己的进站物流、制造和出站物流活动，这些活动通过信息系统联系在一起。

例如，劳斯莱斯公司制造一种发动机，并通过其出站物流活动将该发动机交付给波音公司。波音公司通过其入站物流活动接收该发动机。所有这些活动都是通过共享的企业间信息系统进行协调的。劳斯莱斯公司的客户关系管理通过客户关系管理和企业资源规划等技术与波音公司的供应链流程相关联。我们将在问题 ID-3 中进一步讨论全球供应链。

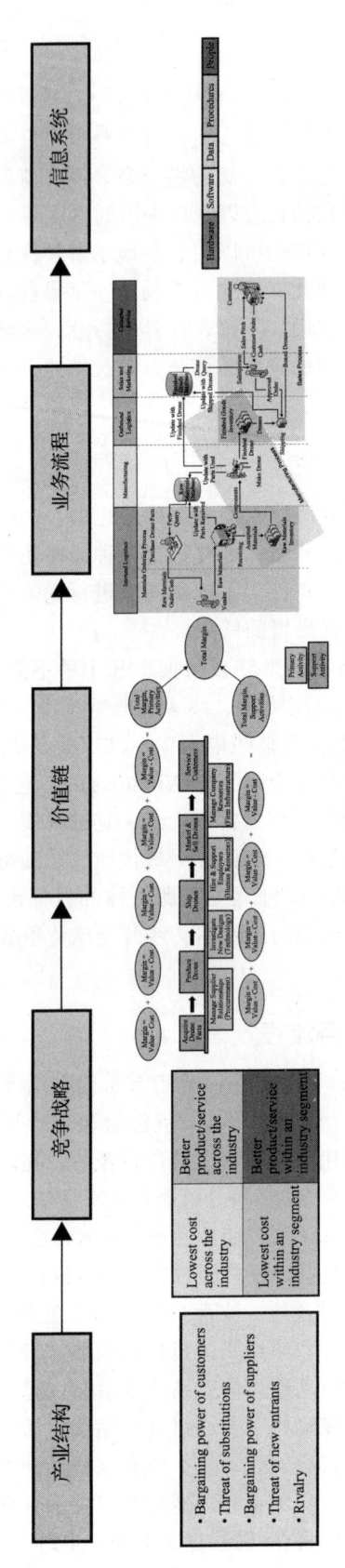

图 ID-4 企业战略决定信息系统

世界时差使全球虚拟公司能够全天候运营。洛杉矶的波音工程师可以开发出发动机支撑支柱的设计，并在一天结束时将该设计发送给英国的劳斯莱斯公司。劳斯莱斯的工程师们将在一天开始的时候收到该设计，他们审查设计并做出必要的调整，然后将其送回洛杉矶的波音公司，在洛杉矶工作日开始时，经过审查和调整的设计将到达那里。通过将工作转移到其他时区来全天候工作的能力提高了生产力。

由于印度有大量低成本、受过良好教育、会说英语的专业人士，因此许多企业选择将它们的服务和支持职能外包给印度。一些会计职能也被外包给了印度。

职业指南

姓名：克里斯汀·邓禄普（Christin Dunlop）
公司：Venafi
职称：高级学习发展专家
教育经历：犹他大学

1. 你是怎么得到这份工作的？

我在"公司的阶梯"上一路往上爬。我以 MSIS 学位毕业，最初在 EMC 担任顾问，为财富 100 强公司执行各种技术项目。我几乎每周都要出差，坐在会议室里，与一些世界上最大的公司、银行和政府机构的首席技术官或首席信息官通电话。与此同时，我花了额外的时间研究内部工具、方法和模板。我意识到我真的很享受内部发展，所以我转行去管理一个顾问团队。我一直在寻找更多的责任和经验，并逐渐进入全球方法和实践管理，监督我的本地团队以及埃及和印度的全球团队。最近，我从一家大公司跳槽到一家小公司，我在 Venafi 开始工作，得益于我丰富的经验，在那里我能够定义自己的角色。

2. 这个领域吸引你的是什么？

我不是那种从小就组装计算机的人，也不是那种注定要在技术领域工作的人。当我在大学开始学习计算机课程时，我很快发现我的大脑就是这样工作的。我会在晚上努力入睡的同时解决家庭作业问题。了解事情是如何运作的以及幕后的"魔法"真的让我很兴奋。一个意想不到的好处是，成为 IT 社区的一员和"极客"之一是多么有趣。

3. 你的日常工作是怎么样的？

我每天一开始就查看当天的会议安排、阅读电子邮件、安排每天的优先事项。在那之后，每一天都有点不同。有些日子要处理大量的客户沟通，而有些日子则要处理大量的内部开发任务，比如电子表格、PowerPoint 演示文稿、内部会议和各种开发职责。我真的很喜欢戴上耳机，花几个小时在电子表格和 PowerPoint 演示文稿上。

4. 你最喜欢工作的哪一点？

我的工作最好的一点就是我有很多不可思议的机会。我可以选择自己的职业道路，想在家工作就在家工作，想旅行就去旅行，包括参加会议。能做自己真正喜欢做的事是一件不可思议的事。

5. 想要做好你这份工作需要哪些技能？

自我激励和人际交往能力对我的职位至关重要。因为你在很多业务领域都有责任，所以你必须要有干劲和组织能力。与客户和同事建立关系是至关重要的。你更喜欢你的工作，它给了你更多的智慧。

6. 在你的领域里教育经历或者证书重要吗？为什么？

我非常支持教育，所以我总是说教育很重要。技术总是在变化，保持与时俱进的唯一方法就是不断学习。认证是一种很好的学习方式，它可以让别人知道你对某件事有所了解，但它们不能取代实际经验。你确实需要正规教育、证书和实践经验的结合。没有什么能像学校里描述的那样干净利落地实施或运作。

7. 你会给那些考虑在你所在领域工作的人什么建议？

在科技领域取得成功的最大关键是要有冒险精神、对自己有信心、愿意尝试新事物以及走出自己的舒适区。我的建议是，要有信心，你可以学到一些东西，并为之努力！你有时会失败，但你总是会学到东西，当你给自己机会的时候，你会惊奇地发现你所能做到的事。

8. 你认为在未来 10 年什么技术工作会成为热门工作？

随着技术和自动化的进步，我预计对弥合技术和业务之间差距的能力将提出很高的要求。几乎所有的行业都在某种程度上依赖着技术，而相当一部分员工对技术没有丝毫的了解，经常患有严重的技术恐惧症。精通技术和商业领域的"翻译人员"将是全面成功的关键。

问题 ID-2　国际信息系统组成部分的特点是什么？

要理解国际化对信息系统的影响，请考虑以下五个组成部分。计算机硬件在世界范围内销售，大多数供应商至少提供主要语言的文档，因此始终可以获得本地硬件并建立本地网络。而国际云的出现使得世界上任何地方的任何企业都更容易获得最新的服务器技术。然而，它确实需要知道如何做到这一点，这为你作为一名国际信息系统专业的学生指出了一个可能的未来角色。

关于软件，考虑一个国际信息系统的用户界面。它是否包含本地语言版本的 Windows？软件应用程序本身怎么样？假设每个用户都说英语，波音公司可以在全球使用同一个库存系统吗？如果可以，用户的熟练程度是怎样？如果不可以，用户界面必须支持哪些语言？

接下来，考虑数据组件。假设库存数据库有一个零件数据表，并且该表包含一个名为"备注"（remark）的列。进一步假设波音公司需要整合来自三个不同供应商的零件数据：一个来自中国，一个来自印度，一个来自英国。用什么语言记录？需要有人把所有的"备注"翻译成同一种语言吗？还是翻译成三种语言？

人员组件包括流程和人员，它们明显受到语言和文化的影响。与业务流程一样，信息系统流程需要反映当地的文化价值观和规范。对于系统用户，工作描述和报告关系必须适合于使用系统的环境。我们将在问题 ID-5 中对此进行详细说明。

软件本地化需要什么？

使计算机程序以第二种语言进行工作的过程称为软件本地化。事实证明，要做到这一点非常困难。要本地化文档或 Web 页面的内容，你只需要聘请翻译人员将文档或页面从一种语言转换为另一种语言。然而，对于计算机程序来说，情况却要困难得多。

考虑一个你经常使用的程序，如 Microsoft Word，并思考需要做些什么才能把它翻译成另一种语言。整个用户界面需要翻译、菜单栏和上面的命令需要翻译、有些图标可能需要修改，因为一些在一种文化中无害的图形符号在另一种文化中可能是令人困惑或不快的。

那么像 CRM 这样包含表单、报表和查询的应用程序呢？每个标签都需要翻译。当然，并非所有的标签都能翻译成相同长度的单词，因此表单和报表可能需要重新设计。此外，查询的问题和提示也必须翻译，如"输入缺货订单的零件号"。

所有的文档都需要翻译。除了文档中的所有插图都需要用第二种语言重新绘制外这应该只是雇佣一个翻译的问题。

还要考虑一下错误消息。当有人试图订购多于库存的商品时，应用程序会产生一条错误消息，所有这些信息都需要翻译。还有其他问题，如排序就是一个问题。西班牙语在某些字母上使用重音，事实证明，当你使用计算机的默认排序顺序时，重音 ó 将排在 z 之后。图 ID-5 总结了本地化计算机程序时需要考虑的因素。

- 翻译用户界面，包括菜单栏和命令
- 翻译并可能重新设计表单、报表和查询提示中的标签
- 翻译所有文档和帮助文本
- 重新绘制和翻译帮助文本中的图表和示例
- 翻译所有错误信息
- 翻译所有消息框中的文本
- 调整不同字符集的排序顺序
- 修复了亚洲字符集和语言中从右向左读写的特殊问题

图 ID-5　本地化计算机程序时需要考虑的因素

编程技术可以用来简化和减少本地化的成本。然而，这些技术必须在编写任何代码之前就在设计中使用。例如，假设发生某种情况时，程序将显示消息"库存数量不足"。如果程序员将所有这样的消息编码到计算机程序中，那么为了本地化该程序，程序员将不得不在代码中找到所有这样的消息，然后请翻译人员更改该代码。首选的技术是为每个错误消息提供唯一标识符，并创建一个单独的错误文档，其中包含标识符列表及其相关文本。然后，当发生错误时，程序代码使用该标识符从错误文档中获取要显示的消息文本。在本地化过程中，翻译人员只需要将错误消息文档翻译成第二种语言。

作为一名未来的经理，你最起码要明白两点：（1）本地化计算机程序比翻译文档更困难、更昂贵和更耗时。（2）如果一个计算机程序很可能需要被本地化，那么从一开始的设计期间就要为本地化做好计划。此外，在考虑收购外国公司时，一定要为信息系统的本地化预算时间和费用。

IBM 的沃森学会了韩语

最近 IBM 与韩国大型 IT 服务提供商 SK Holdings C&C 之间的合作关系就是本地化固有问题的一个很好的例子 [6]。因为沃森可以用人类的自然语言回答问题，所以 SK C&C 希望利用 IBM 的人工智能平台沃森来改善移动礼宾服务和呼叫中心的互动。为了做到这一点，沃

森开始学习韩语。

这不是一件容易的事。汉语使用与英语不同的字符，相对于英语来说，在语境上很难破译。沃森使用迭代过程来学习韩语。它处理一些韩语文本，从说韩语的人那里得到反馈，然后处理更多的文本。它持续这个过程，直到学会如何说韩语。

虽然IBM沃森的本地化并不容易，但潜在的价值却是巨大的。沃森不忘事、不睡觉、也不休假。它不断地学习和处理更多的信息，并且有可能同时为全球许多不同行业的数十亿客户提供客户服务。而且它可以使用客户的母语，而不是第二语言（见图ID-6）。韩语是沃森学会的第八种语言，它学习的其他语言还有英语、日语、法语、巴西葡萄牙语、西班牙语、意大利语和阿拉伯语[7]。

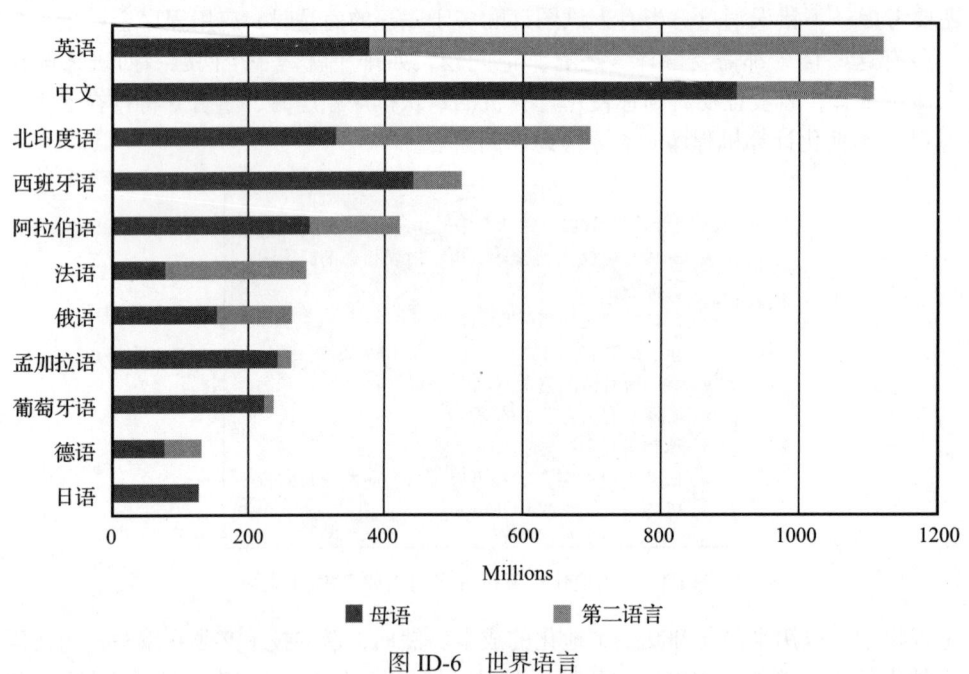

图 ID-6　世界语言

全球数据库的问题和挑战是什么？

当我们在第8章讨论CRM和ERP时，你了解了将所有数据存储在单个数据库中的优势。简而言之，单个数据库减少了数据完整性问题，并使拥有客户或企业操作的集成视图成为可能。

但是，拥有单一数据库的国际公司必须为公司声明一种语言。每个备注、注释或其他文本字段都需要使用单一语言。否则，单个数据库的优势就会消失。对于致力于使用单一企业语言的企业来说，这不是问题。

然而，对于使用多种语言的企业来说，单一数据库是不可能的。这些企业往往决定放弃单一数据库的优势，让不同国家的部门使用不同的数据库，并以当地语言提供数据。例如，一家国际制造商可能允许位于韩国的部件制造部门拥有一个韩语数据库，而位于巴西的总装部门拥有一个葡萄牙语数据库。在这个场景中，企业需要应用程序以在不同的数据库之间导出和导入数据。

除了语言之外，性能是全局数据库面临的第二个问题。当使用单个数据库时，数据传输速度通常太慢，无法处理来自单个地理位置的数据。在这种情况下，企业有时会将他们的数据库分布到世界各地。

分布式数据库处理是指对驻留在多个位置的单个数据库进行处理。如果分布式数据库包含相同数据项的副本，则称为复制型数据库。如果分布式数据库不包含相同数据的副本，而是将数据库划分为不重叠的段，则称为分区数据库。在大多数情况下，查询任何一种类型的分布式数据库都可以提高性能，而不需要太多的开发工作。但是，更新复制型数据库以便正确地对数据的所有副本进行更改充满了挑战，需要高技能的人员来解决。不过，像亚马逊这样在美国、印度和爱尔兰运营呼叫中心的企业，已经投资了能够成功更新全球分布式数据库的应用程序。有了这个基础设施，亚马逊随后通过其网络服务提供了这种分布式数据库技术，正如你在第 5 章和第 6 章中所了解的那样。云计算使数据的国际分布变得更加容易。

国际企业应用的挑战？

正如你在第 8 章中所了解到的，工作组业务流程和功能应用程序支持单个部门或业务活动中的特定活动。因为系统是独立运行的，所以企业会遭受自动化孤岛的困扰。例如，销售和营销数据没有与运营或制造数据整合。

你了解到许多企业通过创建企业系统来消除信息孤岛的问题。然而，对于国际信息系统来说，这样的系统可能不值得。

功能系统的优点

缺乏一体化在很多情况下都是不利的，但对国际企业和国际体系来说却是有利的。例如，如果位于美国的订单处理功能系统独立于位于中国台湾的制造系统，那么就没有必要在单个系统中容纳语言、业务和文化差异。美国的订单处理系统可以用英语操作，反映了美国的做法和文化。中国台湾的制造业信息系统可以用中文操作，反映其商业惯例和文化。只要两个系统之间有足够的数据接口，它们就可以独立运行，必要时共享数据。

如 ERP 这样的企业系统通过将数据整合到提供全面和企业范围视图的数据库中来解决数据孤岛问题。然而，这种优势要求企业对单一语言进行标准化，并且很可能将该数据库放在单一位置。否则，就需要分布式的功能数据库。

固有流程的问题

ERP 和其他应用程序中的固有流程甚至更成问题。每个软件产品都假定软件将由担任特定角色并以特定方式执行其操作的人员使用。ERP 供应商通过向用户宣称他们的程序是基于行业范围内的最佳实践，并且企业将从遵循这些标准过程中受益，来证明这个标准化是合理的。这种说法可能是正确的，但一些固有流程可能与文化规范相冲突。如果他们这样做了，管理层将很难说服员工遵循这些流程，或者至少在某些文化中很难做到这一点。

语言、文化、规范和期望的差异使国际流程管理的困难复杂化。仅仅是创建一个精确的原型都将是困难和昂贵的，制定替代性的国际流程并对其进行评估是极具挑战性的。由于文化差异，很难确定应该使用什么标准来评估备选方案，更不用说进行这些评估了。

由于这些挑战，未来的国际业务流程很可能会被开发得更像企业间业务流程。将定义一个高级程序以记录每个国际单位的服务责任，并将使用网络服务将这些服务连接到一个集成的企业国际系统中。由于封装，国际单元的唯一义务将是交付其定义的服务。一种服务可以使用基于专制管理策略的过程来交付，而另一种服务可以使用基于协作管理策略的过程来交付。在基于网络服务的企业系统中，这些差异并不重要。

问题 ID-3　企业间信息系统如何促进全球供应链管理？

供应链是将原材料转化为交付给客户的产品的企业和设施的网络。图 ID-7 显示了一个通用供应链。客户从零售商处订购、零售商再从分销商处订购、分销商再从制造商处订购、制造商再从供应商处订购。除了这里显示的企业之外，供应链还包括运输公司、仓库和库存，以及在相关企业之间传递消息和信息的一些方式。

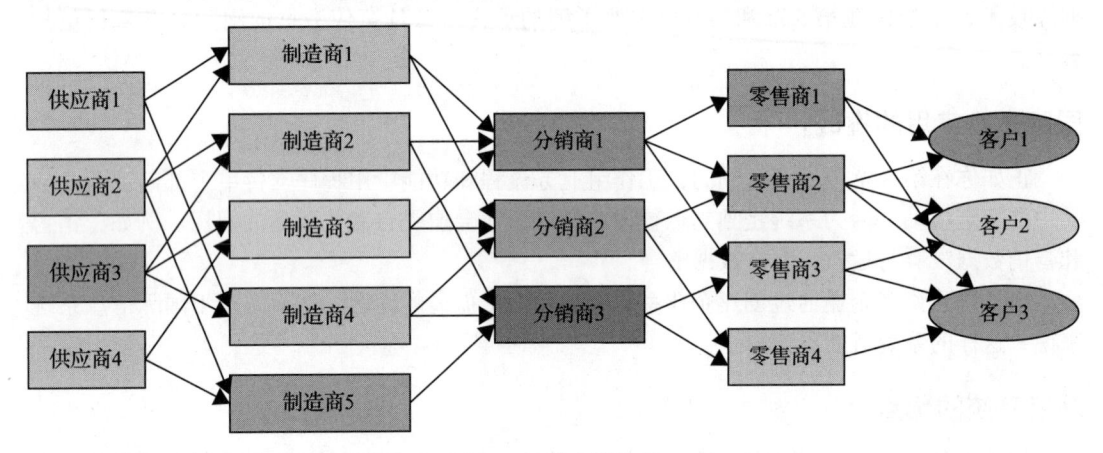

图 ID-7　供应链关系

由于非中介化，并不是每个供应链都有所有这些企业。有些公司直接向客户销售，分销商和零售商企业都被排除在他们的供应链之外。在其他供应链中，制造商会直接向零售商销售产品，从而省略了分销环节。

"链"这个词是有误导性的。"链"意味着每个企业只与链上（面向供应商）和链下（面向客户）的一家企业相连，但事实并非如此。在每个层次上，企业都可以与供应链上下的许多企业合作。因此，供应链是一个网络。

要了解供应链的国际维度，请考虑图 ID-8。假设你决定参加越野滑雪。你可以访问 REI（通过访问其商店之一或其网站）并购买滑雪板、绑带、滑雪鞋和滑雪杖。为了完成你的订单，REI 将这些项目从其货物库存中移除，这些货物依次从分销商/进口商处购买。

根据图 ID-8，REI 从一个分销商/进口商处购买滑雪板、绑带和滑雪杖，并从另一个分销商/进口商处购买滑雪靴。分销商/进口商依次从制造商那里购买所需的物品，而制造商又从供应商那里购买原材料。

在图 ID-8 中，请注意供应商和制造商的国家标识。例如，滑雪杖制造商位于巴西，它从中国进口塑料、从加拿大进口铝、从意大利进口配件，然后由进口商/分销商将滑雪杖进口到美国的 REI。

供应链中唯一的收入来源是客户。在 REI 的例子中，你把钱花在滑雪装备上。从这一点一直回溯到供应链的原材料供应商，系统中都没有资金的再次注入。你花在滑雪设备上的钱会作为购买商品或原材料的付款传回供应链。因此，客户是唯一的收入来源。

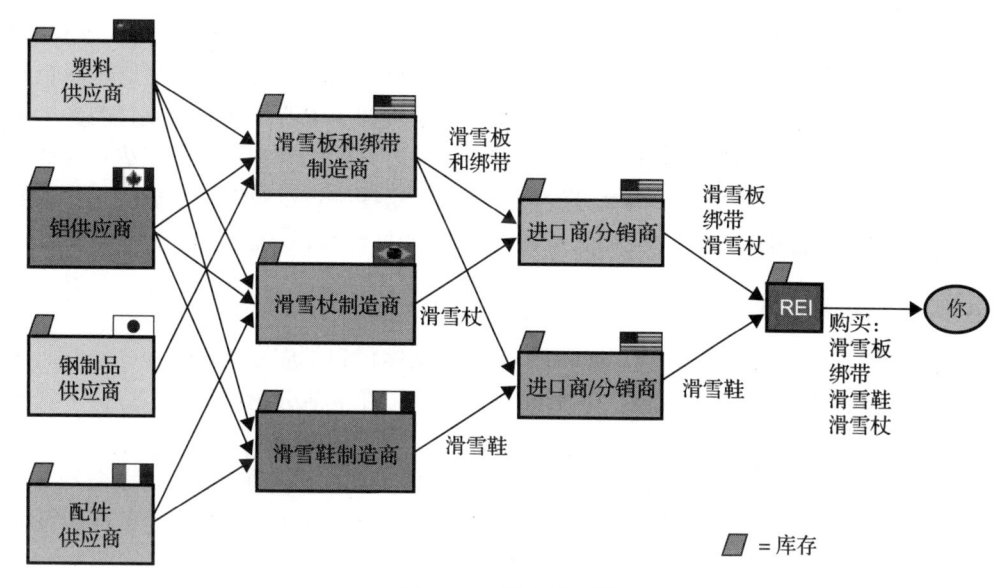

图 ID-8　供应链实例

信息在供应链中的重要性

　　为了保持竞争力，全球许多企业的重点是降低成本。尤其是那些拥有全球供应链的企业，供应链成本的削减是主要目标。图 ID-9 说明了沃尔玛如何彻底改革其供应链，以消除分销商和其他中间商，使其能够直接从制造商那里购买。沃尔玛的目标是增加自有品牌商品的销售和收入。与此同时，它还将采购和仓储整合到四个全球销售中心，比如墨西哥城附近的一个为新兴市场加工商品的中心[8]。

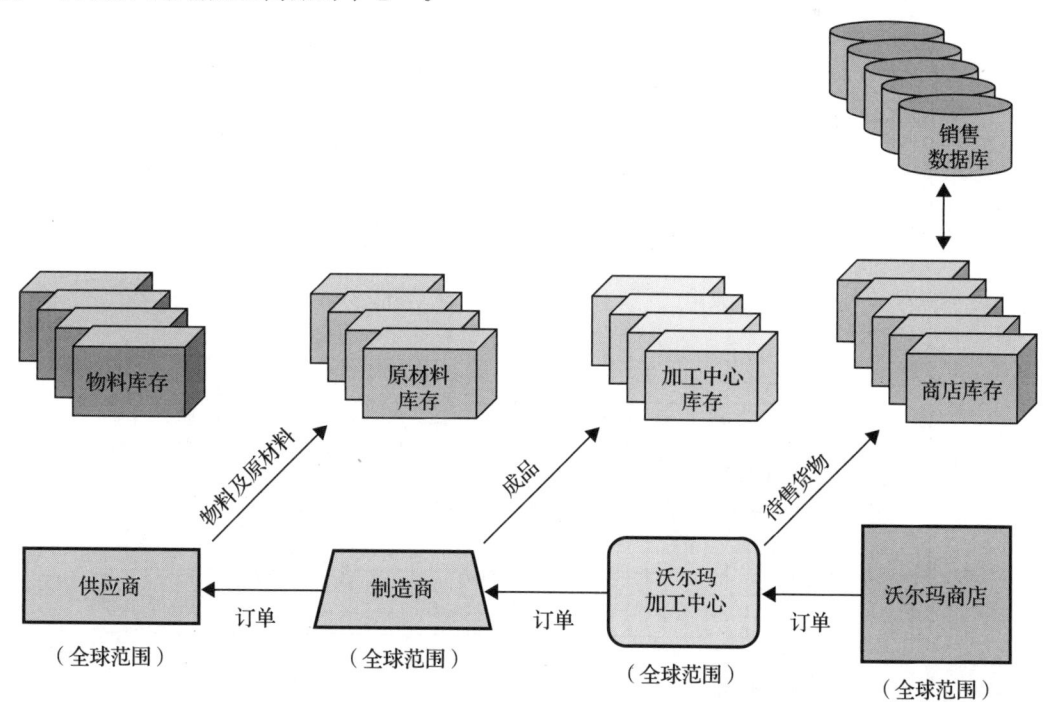

图 ID-9　沃尔玛供应链

正如你将在生产和供应链课程中学到的，许多不同的因素决定了供应链的成本和绩效。然而，信息是最重要的因素之一。例如，考虑图 ID-9 中每个企业的库存管理。这些企业如何决定何时购买以及购买多少？位于墨西哥城的新沃尔玛加工中心如何决定要订购多少条牛仔裤、多少个冰柜或多少瓶维生素 C？订单应该有多大？订购的频率应该是多少？这些订单是如何被追踪的？如果货物消失了怎么办？信息是做出这些决定以及其他许多决定的主要因素。为了深入了解信息的重要性，我们只考虑一个例子，即牛鞭效应。

信息如何缓解牛鞭效应？

牛鞭效应是一种现象，即在供应链的每个阶段，从客户到供应商订单的规模和时间的可变性都在增加，如图 ID-10 所示。在一项著名的研究中，在宝洁公司的尿布供应链中观察到了牛鞭效应[9]。

除了随机变化外，尿布需求是恒定的。尿布的使用不是季节性的，对它的需求不会随着时尚或其他任何东西而改变。婴儿的数量决定了尿布的需求，这个数字是恒定的或者可能是缓慢变化的。

零售商并不是每销售一包尿布就从分销商处订购，而是要一直等到尿布库存低于一定水平，称为再订货量。然后，零售商会订购一批尿布，可能会比预期多订购一些，以防止出现供应中断的情况。

分销商收到零售商的订单并遵循相同的流程。它会等到其供应量低于重新订购的数量时，从制造商处重新订购，也许它也会增加数量以防止供应中断。相应地，制造商与原材料供应商也采用类似的流程。

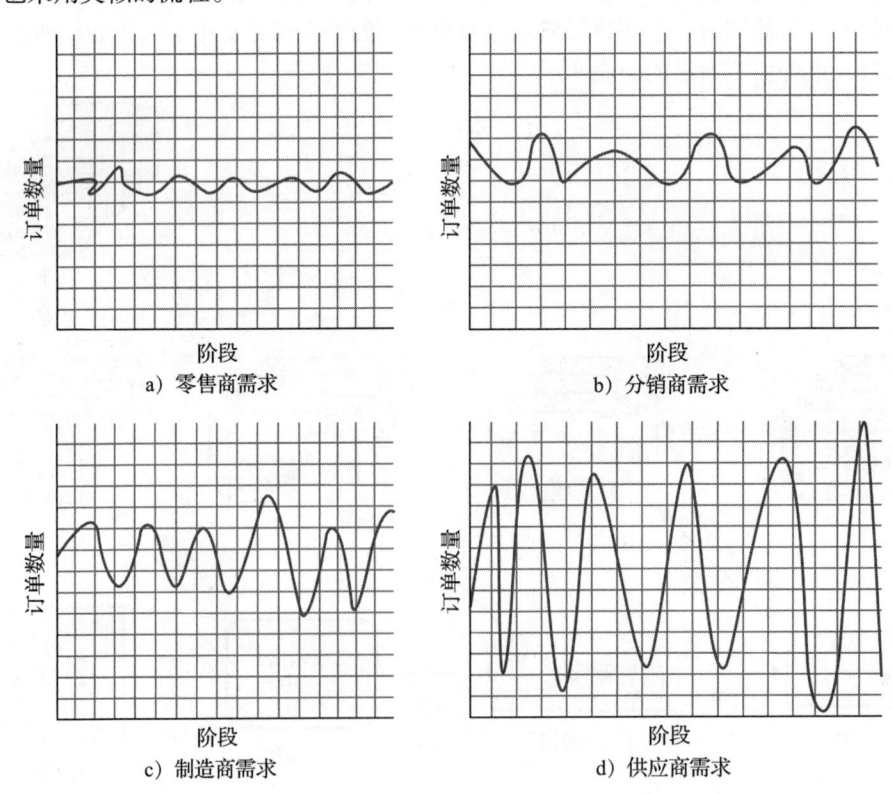

a) 零售商需求

b) 分销商需求

c) 制造商需求

d) 供应商需求

图 ID-10　牛鞭效应

由于这一过程的性质，零售商需求的微小变化在供应链的每个阶段都会被放大。如图 ID-10 所示，这些微小的变化在供应商端变成了相当大的变化。

牛鞭效应是由于供应链的多阶段特性而产生的一种自然动态。正如对尿布的研究表明的那样，这与不稳定的消费者需求无关。在高速公路上开车时，你可能也看到过类似的效应。一辆车减速，紧跟其后的那辆车会突然减速，这导致第三辆车减速更突然，以此类推，直到第 30 辆或之后的车猛踩刹车。

牛鞭效应的大幅波动迫使分销商、制造商和供应商承担比满足实际消费者需求所需的更大的库存。因此，牛鞭效应降低了供应链的整体盈利能力。对于物流成本高、运输时间长的国际供应链来说，消除或至少减少牛鞭效应尤为重要。

消除牛鞭效应的一种方法是让供应链中的所有参与者都能从零售商那里获得消费者需求信息。因此，每个企业都可以根据真正的需求（将资金引入系统的唯一一方的需求）来计划其库存或制造，而不是根据观察到的供应链上下一个企业的需求。当然，企业间信息系统也需要共享这样的数据。

考虑图 ID-11 中的沃尔玛示例。在底部，每个实体从供应链上的实体下单（图 ID-11 中左边的实体）。例如，沃尔玛加工中心从制造商处订购成品。如果不了解真实需求，这条供应链很容易受到牛鞭效应的影响。但如果每个实体都能通过信息系统获得真实需求的数据，即零售客户的需求（零售客户是这条链的资金来源），那么每个实体都可以预测订单量。有关真实需求的数据将使每个实体能够满足订单需求，同时保持较小的库存。

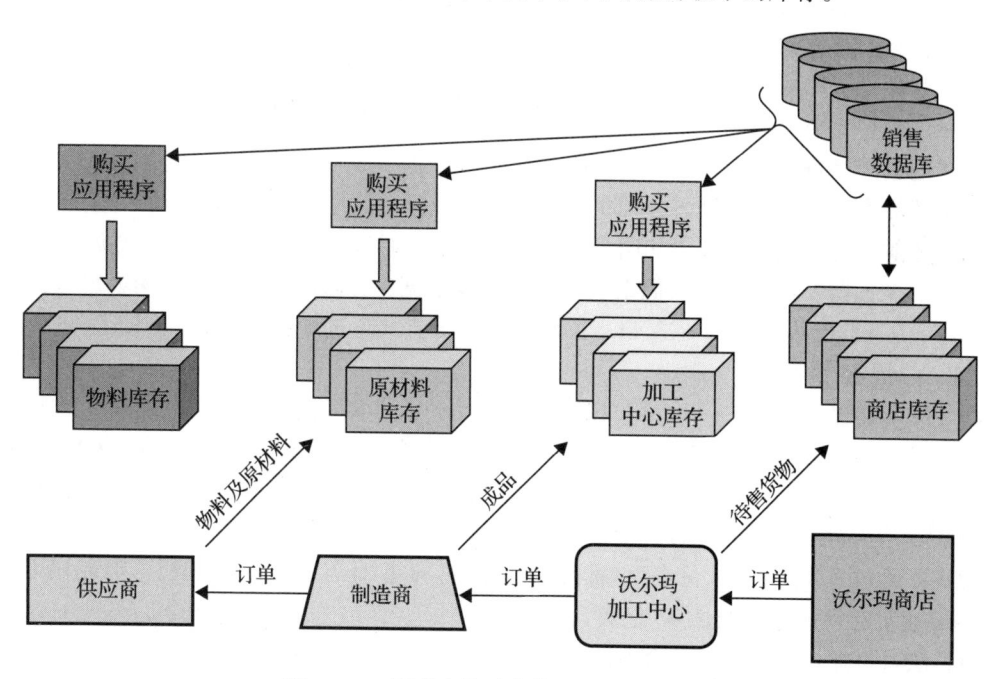

图 ID-11　用真实的需求信息消除牛鞭效应

问题 ID-4　国际信息系统的安全挑战是什么？

管理国际系统带来了独特的安全挑战，这些挑战源于法律制度、物理环境和文化规范的差异。这些安全挑战对一个企业在另一个国家开展业务的能力构成了非常现实的威胁。

法律环境

首先,各国法律环境的差异直接影响到信息系统的日常运行。与加密的使用、内容的分发和个人隐私保护有关的法律差异可以实质性地影响国际信息系统。

加密

大多数人都不知道加密在许多国家是非法的或受到严格限制的。是的,你没看错,它是非法的。在俄罗斯和中国,进口或出口加密产品需要许可证[10]。使用任何加密产品都需要许可证。英国、印度和澳大利亚等其他国家也有强制解密的法律。

事实上,2015 年,英国首相戴维·卡梅伦(David Cameron)建议在所有软件中设置后门,以有效规避所有加密。2016 年,英国下议院通过了《窥探者宪章》法案,该法案要求企业在执法部门要求时删除加密。

在美国,苹果公司被联邦调查局起诉,要求解锁在圣贝纳迪诺恐怖袭击中使用的加密手机。联邦调查局最终放弃了诉讼,并声称它购买了可以破解苹果加密的有限软件[11]。

使用加密技术的公司需要意识到,各国的加密法律不同,这可能会影响它们有效运营的能力。

内容分发

关于存储在企业系统中内容的合法性的法律在各国之间也有所不同。

事实上,许多国家经常阻止访问某些互联网公司。巴西在实施端到端加密时,将 Facebook 的即时通信应用 WhatsApp 屏蔽了 72 小时[12]。2014 年,土耳其政府曾封锁 Twitter 和 YouTube,以压制一段令人尴尬的视频,该视频显示官员正在谈论发动战争。2016 年,土耳其政府再次封锁了一场未遂军事政变期间的通信[13]。

个人隐私

隐私法的变化也会影响一个企业的国际系统的运作。例如,在欧洲部分地区,雇主不能阅读员工的电子邮件、未经个人许可不得收集个人数据、企业必须为个人提供纠正其收集数据不准确的能力、未经明确许可公司不得共享个人数据。这些都不适用于美国的企业。

隐私法的差异可能会变得更加明显。2018 年,欧盟通过了一项名为《通用数据保护条例》(GDPR)的全面隐私法,允许人们索取他们的在线数据,并限制企业如何使用客户数据。截至 2018 年,谷歌已收到超过 693 441 个删除请求,涉及超过 2 593 414 个 URL。它已经删除了 44% 的请求[14]。

GDPR 可能也适用于 Facebook、Bing 和 Twitter 等其他科技公司。不幸的是,这些隐私保护都不适用于美国公民。事实上,谷歌组建了自己的顾问小组,该小组建议 GDPR 法律不适用于谷歌在欧盟(EU)以外的任何财产。这意味着如果欧盟用户访问 www.google.com 而不是 www.google.co.uk,他们仍然可以看到被删除的 URL。

GDPR 通过几天后,一位备受瞩目的隐私倡导者对谷歌提起了 43 亿美元的诉讼。Facebook 也被起诉,要求赔偿 45 亿美元[15]。

隐私法有可能迫使国际科技企业改变运营方式,更重要的是,它将重塑国际法。

企业需要意识到,与加密、内容和隐私相关的法律将影响他们收集、处理和存储数据的方式。考虑一下这些法律可能会如何影响使用基于云的服务来存储数据的企业。企业可以在一个内容法律宽松的国家开展业务,然后将所有数据和应用程序存储在另一个隐私法律更严格的国家,以保护其用户。换句话说,国际法和技术的交集迫使企业仔细评估它们如何管理其信息系统,特别是其数据的位置。

物理安全

其次，由于不同的物理环境，在国际上运营信息系统可能会有问题。这包括自然灾害、地缘政治风险、内乱和恐怖袭击等对基础设施的威胁。

把你的数据中心放在堪萨斯州，它可能会受到龙卷风的影响。如果将数据中心放在国际上，它可能会受到台风/飓风、地震、洪水、火山爆发或泥石流的影响。例如，日本的数据中心经受住了2011年地震、海啸和核反应堆熔毁的可怕影响。因为它们被安置在具有减震结构的特殊设施中并有备用发电机。所以，它们在地震、洪水和大面积停电中幸存下来。

企业的物理基础设施也很容易被彻底查封。2018年，被称为俄罗斯垃圾邮件之王的彼特·列瓦绍夫（Peter Levashov）在西班牙巴塞罗那被捕，罪名是涉嫌运营十大垃圾邮件网络之一的Kelihos[16]。联邦特工查获了列瓦绍夫在卢森堡的两台服务器，这些服务器被用作代理，以隐藏其涉嫌的犯罪活动。

运营关键基础设施的员工也可能成为攻击目标。2014年，俄罗斯与西方国家关系紧张，俄罗斯吊销了近1 000名外国工人的签证。德勤在当地的首席运营官昆廷·奥图尔（Quentin O'Toole）因妻子的超速罚单而被驱逐出境。

文化规范

最后，文化规范会影响企业管理其国际信息系统的方式。

2018年，法国大型银行法国兴业银行同意接受罚款13亿美元，原因是它为了获得政府支持的投资而贿赂利比亚官员（5.85亿美元），并操纵全球关键利率中的伦敦银行同业拆借利率（7.5亿美元）[17]。需要注意的是，这只是一个行业中的一家公司。这个例子指出了文化规范的差异如何影响一个企业的日常运作。

各企业需要仔细审查国际信息系统的部署如何可能受到文化规范的影响。由于文化规范的差异，需要根据不同的文化选择和评估保障措施。可能需要额外的保障措施，但第10章所述的技术和数据保障措施仍然适用于国际系统。

问题 ID-5　国际信息系统管理的挑战是什么？

除了安全性之外，规模和复杂性也使国际信息系统管理具有挑战性。国际信息系统的组成部分更大、更复杂。开发它们的项目更大，管理起来也更复杂。国际信息系统部门规模更大，并由来自不同文化、母语不同的人组成。国际企业拥有更多的信息系统和信息技术资产，这些资产面临更大的风险和更大的不确定性。由于国际法的复杂性，安全事件的调查也更加复杂。

为什么国际信息系统的开发更具挑战性？

影响国际信息系统开发的因素比影响国际软件开发的因素更具挑战性。如果系统是真正国际化的，并由许多来自不同国家的人所使用，那么开发项目将非常复杂。

要了解原因，请考虑以下五个组成部分。在不同的国家运行硬件不是问题，特别是使用云。假设程序是为本地化而设计的，那么本地化软件也是可管理的。数据库却面临很多问题。首先，是否要使用单个数据库，如果使用的话，它是否是分布式？如果是，将如何处理更新？此外，将使用什么语言、货币和度量单位来存储数据？如果要使用多个数据库，那么数据如何在它们之间传输？其中一些问题很困难，但它们是可以解决的，而基于云的数据库会使这些问题更加容易解决。

对于流程和人员就不是这样了。生活和工作在彼此截然不同的文化中的人们使用国际系统。日本对待顾客的方式与西班牙对待顾客的方式大不相同，西班牙对待顾客的方式又与美国对待顾客的方式大不相同。因此，使用 CRM 的流程将相应地有所不同。

考虑在第 12 章中讨论的业务流程和信息系统的关系。信息系统应该促进企业的竞争战略并支持业务流程。但是，如果底层业务流程不同呢？日本的客户支持和西班牙的客户支持可能涉及完全不同的流程和活动。

即使目的和范围可以用某种统一的方式定义，那又该如何确定需求呢？同样，如果底层业务流程不同，那么信息系统的特定需求也会不同。在一种文化中管理系统的需求都是困难的，那管理国际系统的需求可能要困难很多倍。

对这些挑战有两种应对方法：（1）定义一组标准业务流程。（2）开发支持不同国家、不同流程的、可供选择的系统版本。这两种方法都存在一定的问题。第一种方法需要将企业转变为不同的工作流程，正如你在第 8 章中所了解的那样，这种转变可能非常困难。人们抵制改变，如果改变违反了文化规范，他们就会更激烈地抵制。

第二种方法更容易实现，但它会给系统设计带来挑战。这也意味着，事实上，不是只有一个系统，而是有很多系统。

尽管存在问题，但这两种方法都被使用了。例如，SAP、Oracle 和其他 ERP 供应商通过其软件产品中的固有流程定义标准业务流程。许多企业试图执行这些标准程序。当这样做在企业上变得不可行的时候，企业就会确定这些固有流程的异常，并开发处理异常的程序。这种选择意味着高昂的维护费用。

国际项目管理面临哪些挑战？

由于项目的规模和复杂性，管理一个全球信息系统开发项目是困难的。需求是复杂的，需要许多资源，并且涉及许多人。团队成员说不同的语言，生活在不同的文化中，工作在不同的时区，并且很少见面。

了解这些因素如何影响全球项目管理的一种方法是考虑国际项目管理协会文件 PMBOK®Guide（www.pmi.org/PMBOK-Guide-and-Standards.aspx）中列出的每个项目管理知识领域。图 ID-12 总结了每个知识领域的挑战。因为国际开发项目需要对来自分布式工作组的结果进行复杂的整合，所以项目整合更加困难。此外，任务依赖关系可以跨越在不同国家工作的团队，从而增加了任务管理的难度。

如前所述，国际信息系统的范围和需求定义更为困难。因为不同文化和国家的团队以不同的速度工作，所以时间管理也更加困难。有些文化每周工作 35 小时，有些文化每周工作 60 小时。有些文化要求 6 周的假期，有些则要求 2 周。有些文化因劳动效率而繁荣，有些文化因体贴的工作关系而繁荣。国际项目没有标准的开发速度。

就成本而言，不同的国家和文化支付的劳动力价格差异很大。使用关键路径分析，管理者可以选择将任务从一个团队转移到另一个团队。然而，这样做可能会大大增加成本。因此，管理层可能会选择接受延迟，而不是将工作转移到一个可用的（但更昂贵的）团队。对于国际项目来说，时间和成本之间的复杂权衡变得更加复杂。

知识领域	挑战
项目整合	对来自分布式工作组的结果进行复杂的整合。 管理来自物理上和文化上不同的工作组任务的依赖关系。
需求（范围）	需要支持基础业务流程的多个版本。 可能在要求和程序上存在实质性差异。
时间	开发速度因文化和国家而异。
成本	各国的发展成本差别很大。在不同国家从事同样工作的两名成员的报酬可能大不相同。在团队之间转移工作可能会极大地改变成本。
质量	质量标准因文化而异。不同的质量期望可能导致不一致的系统。
人力资源	员工的期望各不相同。薪酬、奖励和工作条件差别很大。
交流	团队成员之间的地理、语言和文化距离阻碍了有效的沟通。
风险	开发风险更高。容易失控。
采购	国际贸易的复杂性。

图 ID-12　国际信息系统项目管理的挑战

国际项目的质量和人力资源也更为复杂。质量标准因国家而异。一些国家（如印度）的 IT 行业在提高程序质量的开发技术上投入了大量资金。其他国家，如美国，却不太愿意投资于质量。在任何情况下，不同质量的项目的整合会导致系统的不一致。

员工的期望因文化和国家而异。补偿、奖励和工作条件各不相同，这些差异可能导致误解、士气低落和项目延迟。

由于这些因素的存在，有效的团队沟通对于国际项目来说是非常重要的，但是由于语言和文化的差异以及地理上的分离，这种沟通是困难的。有效的沟通也更昂贵。例如，请考虑使用三种或四种语言维护团队门户的额外费用。

如果你考虑图 ID-12 中的所有因素，就很容易理解为什么国际信息系统开发项目的项目风险很高。很多事情都可能会出错。项目整合是复杂的，需求很难确定，成本、时间和质量难以管理，工人的工作条件差别很大，而且沟通也很困难。最后，项目采购因国际贸易的正常挑战而变得复杂。

国际信息系统管理面临哪些挑战？

第 11 章定义了信息系统部门的四项主要职责：规划、运营、开发以及保护信息系统和支持基础设施。这些责任对国际信息系统企业来说都变得更具挑战性。

关于规划，其主要任务是将 IT 和信息系统资源与企业的竞争战略结合起来。这项任务并没有改变跨国公司的特点，只是变得更加复杂和困难。跨国公司和业务是复杂的，因此支持其竞争战略的业务流程也趋于复杂。此外，全球经济因素的变化可能意味着流程的巨大变化，以及需要改变信息系统和 IT 支持。技术的采用也可以引起显著的变化。例如，发展中国家手机使用率的增加改变了对当地信息系统的要求。石油和能源价格可以改变国际业务流程。由于这些原因，国际信息系统的规划任务更大、更复杂。

国际信息系统行动面临三大挑战。首先，在不同的国家、文化和语言中开展业务增加了复杂性。访问任何一家跨国公司的网站，比如 www.3m.com 或 www.dell.com，你将会被要求点击你所在的国家。当你点击时，你可能会被定向到在其他国家运行的网络服务器。这些网络服务器需要得到一致的管理，即使它们是由生活在不同文化背景、使用不同语言的人员操作的。

国际信息系统的第二个挑战是整合相似但不同的系统。以库存为例,跨国公司可能在世界各地使用几十种不同的库存系统。为了实现货物的流动,其中许多系统需要进行协调和整合。

或者考虑一下来自三个不同国家的三个不同支持中心的客户支持。每个中心可能有自己的信息系统,但这些系统之间的数据将需要导出或以其他方式共享。如果不是这样,那么联系一个中心的客户将不为其他中心所知。

运营的第三个复杂因素是外包。许多企业选择外包客户支持、培训、物流和其他幕后活动。国际外包对于客户支持和其他必须全天候运行的功能尤其有利。许多公司将物流外包给UPS,因为这样做可以提供全面的全球运输和物流支持。企业的信息系统通常需要与外包供应商的信息系统整合,这可能需要针对世界各地的不同系统进行。

信息系统部门的第四个职责是保护信息系统和IT基础设施。我们接下来考虑这个因素。

建立驻外机构信息系统

信息系统部门的第四个职责是保护信息系统和IT基础设施。为了说明国际信息系统管理的挑战,假设eHermes决定在欧洲开设办事处。如何为该办公室开发信息系统呢?

在回答这个问题之前,考虑一下总部位于德国的中型跨国公司Mahr Group是如何管理其海外办事处的。Mahr集团从当地供应商购买硬件和互联网接入,但让其企业员工在全球范围内安装和配置相同的软件。它还让公司员工在世界各地的每个外国办事处的企业员工执行标准化的IT审查[18]。

由于Mahr是一家制造商,因此它运营着一个ERP系统,并在德国维护一个中央数据库,该数据库可通过其在全球范围内租用的通信线路来访问。它还要求世界范围内使用相同的计算机辅助设计(CAD)软件。这样一来,Mahr的员工就可以与世界各地的办公室交换设计,而不必担心兼容性问题。

本章回顾

通过本章回顾来验证你是否理解了回答本章学习问题所需要用到的思想和概念。

问题 ID-1 全球经济如何影响企业和流程?

请描述自20世纪中叶以来全球经济发生了怎样的变化。请解释互联网泡沫破灭是如何影响全球经济和改变全球工人数量的。总结一下为什么世界是平的这个观点越来越流行,为什么这个观点是不正确的。说明缺乏"平"的世界是如何带来商业机会的。总结当今全球经济影响五大竞争力的方式。解释全球经济如何改变企业评估行业结构的方式。全球经济如何改变竞争战略?全球信息系统如何使价值链受益?使用图2-6作为指导,解释每个主要价值链活动如何在世界任何地方实施。

问题 ID-2 国际信息系统组件的特点是什么?

解释国际化如何影响信息系统的五个组成部分。软件本地化意味着什么?概述将计算机程序本地化所需的工作。用你自己的话,解释为什么最好设计一个本地化的程序,而不是试图将现有的单语言程序改编成第二语言。解释国际信息系统使用单一数据库的问题。定义分布式数据库、复制型数据库和分区数据库。说明处理复制型数据库的问题来源。

总结职能系统对跨国公司的优势。总结跨国公司ERP固有流程的问题。解释如何使用SOA服务来解决国际企业应用程序的问题。

问题 ID-3 企业间信息系统如何促进全球供应链管理?

定义供应链,并解释为什么"供应链"一词具有误导性。在什么情况下,并不是图ID-8

中的所有企业都是供应链的一部分？说出供应链中唯一的收入来源。请解释沃尔玛是如何试图降低供应成本的。描述牛鞭效应并解释为什么它会增加供应链的成本。解释如图 ID-11 所示的系统如何消除牛鞭效应。

问题 ID-4　国际信息系统的安全挑战是什么？

解释各国在使用加密、内容分发和个人隐私保护方面的法律差异。描述自然灾害、地缘政治风险、内乱和恐怖袭击如何威胁到国际信息系统的实际安全。举例说明文化规范的差异如何影响国际信息系统。

问题 ID-5　国际信息系统管理的挑战是什么？

说明国际信息系统管理具有挑战性的两个特征。

解释国际系统开发和国际软件开发之间的区别。使用五要素框架，解释为什么国际体系的开发更加困难。给出图 ID-12 中每个知识领域的一个复杂情况的示例。说明信息系统部门的四项职责。解释这些职责对国际信息系统企业来说是如何更具挑战性的。请描述给国际信息系统行动带来挑战的三个因素。总结 Mahr 在国外办事处创建信息系统基础设施时使用的策略。

关键术语和概念

牛鞭效应（Bullwhip effect）
分布式数据库处理（Distributed database processing）
《通用数据保护条例》（General Data Protection Regulation，GDPR）
本地化（Localizing）
分区数据库（Partitioned database）
复制型数据库（Replicated database）
供应链（Supply chain）

知识运用

ID-1. 假设你即将参加一家跨国公司的面试，比如 3M、星巴克或可口可乐。进一步假设你希望展示对互联网和现代信息技术给国际商务带来的变化的认识。使用问题 ID-1 中的信息，创建一个包含三个问题的列表，你可以向面试官询问有关公司在其国际业务中使用 IT 的问题。

ID-2. 假设你在一家年销售额为 1 亿美元的公司工作，该公司正考虑收购一家墨西哥公司。假设你是一个团队的初级成员，正在分析这次收购的可取性。你的老板不懂技术，她让你准备一份关于两家公司信息系统合并中她应该注意的问题的摘要。她希望你的总结中包括一个问题清单，即她应该向你的信息系统部门和信息系统部门人员询问未来收购的问题。准备好总结。

ID-3. 利用本模块和第 8 章的数据，总结功能系统、CRM 和 ERP 的优缺点。在国际环境中，每一种方式的优势和劣势是如何变化的？对于你的答案，创建一个包含优点和缺点列表的表，四种系统类型各有一行。

ID-4. 假设你是一家财富 500 强公司的首席信息安全官，该公司在 15 个不同的国家设有办事处。你的公司有大量的知识产权需要保护，CEO 建议公司将部分研发转移到海外以降低成本。利用问题 ID-4 的信息，描述将研发转移可能产生的潜在威胁。

完成下面的写作练习

ID-5. 假设你在一家总部设在美国的知名社交媒体公司工作。你被任命负责公司的国际扩张。首席信息安全官（CISO）上任的第一天就会告诉你，公司位于亚洲的服务器一再遭到入侵。黑客的目标是知名政治异见人士的账户。他们定期这样做，并且很少努力掩盖自己的踪迹。问题是他们的总部就在你重点扩张的国家。解释不同的法律和文化规范会如何阻碍你的扩张计划。为什么外国政府官员不愿帮助你抓捕黑客？在获得该国运营的许可之前，外国政府可能会要求你对你的社交媒体平台做出哪些让步或改变？

> **ID-6.** 假设你是 eHermes 的塞思（IT 服务总监）。运用问题 ID-5 的知识，给维克多（首席运营官）写一份一页的备忘录，解释在新的欧洲办事处建立信息系统需要做些什么。陈述并证明你所做的任何假设。

尾注

[1] Klaus Schwab, "The Global Competitiveness Report 2017–2018," *World Economic Forum*, September 26, 2017, accessed June 21, 2018,*www.weforum.org/reports/the-global-competitiveness-report-2017-2018*.

[2] Thomas L. Friedman, *The World Is Flat 3.0: A Brief History of the Twenty-First Century* (New York: Farrar, Strauss and Giroux, 2007).

[3] Pankaj Ghemawat, "Why the World Isn't Flat," *Foreign Policy*,March 2007, *www.foreignpolicy.com/articles/2007/02/14/why_the_world_isnt_flat*.

[4] Pankaj Ghemawat and Steven Altman, "DHL Global Connectedness Index 2016," DHL International GmbH, October 2016, accessed June 21,2018, www.dhl.com/content/dam/downloads/g0/about_us/logistics_insights/gci_2016/DHL_GCI_2016_full_study.pdf.

[5] Klaus Schwab, "The Global Competitiveness Report 2017–2018," *World Economic Forum*, September 26, 2018, accessed June 21, 2018,*www.weforum.org/reports/the-global-competitiveness-report-2017-2018*.

[6] Fiona Doherty, "The Science of Tutoring Watson to Understand Korean," *IBM Research*, May 18, 2016. accessed June 21, 2018, www.ibm.com/blogs/research/2016/05/science-tutoring-watsonunderstand-korean.

[7] Statista Inc., "The Most Spoken Languages Worldwide," *Statista.com*, February 21, 2017, www.statista.com/statistics/266808/the-most-spoken-languages-worldwide.

[8] Wal-Mart Stores, Inc., "Walmart Leverages Global Scale to Lower Costs of Goods, Accelerate Speed to Market, Improve Quality of Products," Wal-Mart press release, last updated January 28, 2010,http://corporate.walmart.com/_news_/news-archive/2010/01/28/walmartleverages-global-scale-to-lower-costs-of-goods-accelerate-speed-tomarketimprove-quality-of-products.

[9] Hau L. Lee, V. Padmanabhan, and S. Whang, "The Bullwhip Effect in Supply Chains," *Sloan Management Review*, Spring 1997, pp. 93–102.

[10] Bert-Jaap Koops, "Crypto Law Survey," *Cryptolaw.org*, February 2013,*www.cryptolaw.org*, accessed June 21, 2018.

[11] Caroline Craig, "Apple vs. FBI Is Over, but the Encryption Battle Rages On," March 25, 2016, accessed June 21, 2018, *www.infoworld.com/article/3048237/security/apple-vs-fbi-is-over-but-the-encryptionbattlerages-on.html*.

[12] Kate Conger, "Brazil Orders Cell Phone Carriers to Block WhatsApp for 72 Hours," *TechCrunch*, May 2, 2016, accessed June 21, 2018, *https://techcrunch.com/2016/05/02/brazil-orders-cell-phone-carriers-to-block-whatsapp-for-72-hours*.

[13] Jonathan Vanian, "Turkey Blocks Facebook, Twitter, and You Tube Amid Military Coup," *Fortune, July* 15, 2016,accessed June 21, 2018, *http://fortune.com/2016/07/15/turkey-facebook-twitter-youtube-military-coup/*.

[14] Google Inc., "Search Removals Under European Privacy Law," *Google.com*, June 21, 2018, accessed June 21, 2018, *https://transparencyreport.google.com/eu-privacy/overview*.

[15] Josiah Motley, "It's Only Day One of the GDPR and Google and Facebook Have Been Hit with $8.8 Billion in Lawsuits," *KnowTechie*,May 25, 2018, accessed November 13, 2018, *https://knowtechie.com/google-and-facebook-8-billion-dollar-lawsuit/*.

[16] Russell Brandom, "Feds Tracked Down Russian Spam Kingpin with Help from His

iCloud Account," *The Verge*, February 5, 2018,accessed June 21, 2018, *www.theverge.com/2018/2/5/16975896/icloud-warrant-kelihos-botnet-levashov-affidavit.*

[17] CBS/AP, " France's Societe Generale Hit with $1.3B in U.S. Fines," *CBSNews.com*, June 4, 2018, accessed June 21, 2018, *www.cbsnews.com/news/frances-societe-generale-hit-with-1-3b-in-u-s-fines/.*

[18] Private correspondence with the author, August 2011.

应 用 练 习

所有练习文件都可以在以下网站上找到：www.pearsonhighered.com/kroenke。

第 1 章

应用练习 1-1

Microsoft Excel 文件 Ch01Ex01_U11e.xlsx 中的电子表格包含了员工在特殊项目上的活动记录。打开这个工作簿，并检查其三个电子表格中的数据。评估这些数据对下列人员和问题的准确性、相关性和充分性。

　　a. 你管理丹佛的工厂，你想知道你的员工在特殊项目上花费了多少时间。
　　b. 你管理里诺的工厂，你想知道你的员工在特殊项目上花费了多少时间。
　　c. 你管理芝加哥的定额计算项目，你想知道你的员工在这个项目上花了多少时间。
　　d. 你管理所有三个工厂的定额计算项目，你想知道员工在该项目上花费的总时间。
　　e. 你管理所有三个工厂的定额计算项目，你想知道所有员工在该项目上的总劳动成本。
　　f. 你管理所有三个工厂的定额计算项目，你想知道项目的总工时数与其他特殊项目的总工时数相比如何。
　　g. 你能从这个练习中得出什么结论？

应用练习 1-2

Microsoft Access 文件 Ch01Ex02_U11e.accdb 中的数据库包含应用练习 1-1 中员工在特殊项目上的活动记录。请打开该数据库并查看员工工时表中的记录。

　　a. 已经创建了以不同的方式处理这些数据的八个查询。根据准确性、相关性和充分性的标准，选择最适合应用练习 1-1 中 a～f 部分信息需求的单一查询。如果没有查询满足要求，请解释原因。
　　b. 你能从这个练习中得出什么结论？
　　c. 对比你在这两个项目中的经历，电子表格和数据库的优缺点分别是什么？

应用练习 1-3

在这个项目中，你将研究与信息系统工作相关的统计数据。近年来，对 IT 工作者的需求一直在增加。IT 工作者的平均年薪也在增加。预计该行业未来工作需求和工资增长也远远高于平均水平。

本练习的网站中能够按职位代码（如 15-1071）或按职位名称进行搜索。数据是按州汇总的，但你可以通过劳工部（DOL）的网站（www.dol.gov/dol/location.htm）查询你所在城市的统计数据。劳工部的网站可以链接到当地州政府的网站。

这个项目让你对 IT 的预期工资有一个真实的了解。你也可以利用这个项目的网站来查看其他职业（即你所学专业的工作）的工资数据。

（1）访问 O*NET 网站 http://online.onetcenter.org/。
（2）在屏幕右上方的职业快速搜索中输入"网络管理员"。
（3）回车。
（4）单击第一个链接。
（5）单击"工资和就业"。
（6）截图。
（7）从"州工资"下拉框中选择你所在的州。
（8）单击进入。
（9）单击"年度工资表"。
（10）截图。
（11）进入美国劳工统计局的网站 www.bls.gov/OES/。
（12）单击"主题"，然后点击"薪酬和福利"。
（13）单击"按地区和职业划分的工资"。
（14）单击"各州工资数据"部分下标有"各州"的链接。
（15）单击一个州（选择你毕业后想工作的州）。
（16）单击标有"15-0000 计算机和数学职业"的链接。
（17）截图。
（18）单击标有"网络和计算机系统管理员"的链接（注意平均年薪）。
（19）单击标有"该职业的地理概况"的链接。（它将显示在这个工作类别中工作者最集中的州，以及该职业类别年薪最高的州）。
（20）截图。

a. 你能找到美国各城市的就业统计数据吗？提示：访问美国劳工部（U.S.Department of Labor）的网站 www.dol.gov/dol/location.htm。
b. 社会对 IT 行业岗位（网络管理员）需求的增长速度预计是否会超过全国其他行业的平均水平？为什么？
c. IT 从业人员（网络管理员）的平均薪资增长预计是否会超过其他行业的平均水平？为什么？
d. 你认为对 IT 工作岗位需求的增长和 IT 岗位薪资增长预测如此之高的原因是什么？

第 2 章

应用练习 2-1

图 AE-1 中展示了度假区自行车租赁公司用来评估和分析其自行车库存的 Excel 电子表格。通过该图了解数据的含义。用 Excel 创建一个类似的电子表格，注意以下几点：

- 一级标题字号为 20，字体为 Calibri，居中。合并 A1 至 H1 单元格。
- 二级标题"自行车库存估价"字号为 18，字体为 Calibri，斜体。合并 A2 至 H2 单元格，居中。
- 栏目标题字号为 11，字体为 Calibri，加粗，居中，文本绕排。

	A	B	C	D	E	F	G	H
1				度假区自行车租赁				
2				自行车库存估价				
3				2018年5月27日星期六				
4	自行车的品牌	自行车成本	库存数量	当前库存成本	出租数量	总租金收入	每辆自行车的收入	收入占库存成本的百分比
5	Wonder Bike	$325	12	$3 900	85	$6 375	$531	163.5%
6	Wonder Bike II	$385	4	$1 540	34	$4 570	$1 143	296.8%
7	Wonder Bike Supreme	$475	8	$3 800	44	$5 200	$650	136.8%
8	LiteLift Pro	$655	8	$5 240	25	$2 480	$310	47.3%
9	LiteLift Ladies	$655	4	$2 620	40	$6 710	$1 678	256.1%
10	LiteLift Racer	$795	3	$2 385	37	$5 900	$1 967	247.4%

图 AE-1 Excel 电子表格

a. 使你的表格的前两行与图 AE-1 中的相似，但你可以自行选择背景和字体的颜色。

b. 合并 C3、D3 和 E3 单元格并居中显示当前日期。

c. 如图 AE-1 所示，勾画单元格的轮廓。

d. 图 AE-1 使用了以下公式：

当前库存成本 = 自行车成本 × 库存数量

每辆自行车的收入 = 租金收入 / 库存数量

收入占库存成本的百分比 = 总租金收入 / 当前库存成本

如图 AE-1 所示，在你的电子表格中使用这些公式。

e. 如图 AE-1 所示设计列中的单元格格式。

f. 举出三个例子，说明自行车租赁公司的管理层可能根据这些数据做出的决定。

g. 你还可以从这些数据中进行哪些计算，以帮助自行车租赁公司的管理层？在你的工作表文件中创建使用该计算方法的另一个版本的电子表格。

应用练习 2-2

在本练习中，你将学习如何根据用户输入的数据创建查询，以及如何使用该查询来创建一个数据输入表单。

a. 下载 Microsoft Access 文件 Ch02Ex02_U11e.accdb。打开该文件，并熟悉客户表中的数据。

b. 单击 Access 功能区中的"创建"。单击标有"查询设计"的图标。双击"客户"，选择"客户"表作为查询的基础。关闭"显示表"对话框。将客户姓名、客户邮箱、上次租赁日期、上次租用车辆、总租用次数和总租赁费用拖入查询结果窗格（查询设计窗口底部的表格）的各列。

c. 在客户姓名列中，在标有条件的行中，输入以下文字：[输入客户姓名：]。完全按示例输入，包括方括号。这个符号告诉 Access 在进行查询时询问客户姓名。

d. 在功能区中，单击标有"运行"的红色感叹号。Access 将显示一个对话框，内容是"输入客户姓名"（在查询条件行中输入的文本）。输入 Maple、Rex 的值，然后单击确定。

e. 保存为名为"参数查询"的查询。

f. 单击功能区的"主页"标签，并单击"设计视图"（主页功能区的左上方按钮）。将客户姓名列的条件行中的文字替换为以下文字并准确输入：Like "*" & [输入部分客户姓名：]&"*"。

　　g. 单击功能区上的"运行"，运行查询。当提示"输入部分客户姓名"来搜索时，输入 Maple。请注意，有两个名字为 Maple 的客户被显示出来。如果你有任何问题，请确保你在查询的客户姓名列的条件行中准确输入了前面的短语。

　　h. 再次保存你的查询。关闭查询窗口。

　　i. 单击访问功能区中的"创建"。在表单组下，选择"表单向导"。在打开的对话框中，在"表/查询"框中单击向下的箭头。选择查询："参数查询"。单击"<<"符号，查询中的所有列将移到"选定字段"区域。

　　j. 单击"下一步"，在弹出的窗口中再次单击"下一步"。在 What title do you want for your form? 的方框中输入客户查询表单，然后单击 Finish。

　　k. 在出现的对话框中输入 Maple。Access 将打开一个带有 Maple、Rex 值的表格。在表格的底部，单击朝右的箭头，第二个叫 Maple 的客户的数据将出现。会出现"该客户的名字是什么？"

　　l. 关闭该表单。在 Access "导航窗格"中选择"对象类型"和"表单"。双击客户查询表单并输入数值 Amanda。Access 将显示所有三个名字中带有 Amanda 值的客户的数据。

第 3 章

应用练习 3-1

　　OLAP cubes 与 Microsoft Excel 的透视表非常相似。在本练习中，假设企业的采购人员对供应商的评分从 1 到 5，其中 5 是最好的。

　　a. 打开 Excel 文件 Ch03Ex01_U11e.xlsx。该电子表格有以下几列：供应商名称、员工姓名、日期、年份和评分。

　　b. 在 Excel 的 INSERT 功能区下，单击 Pivot Table。

　　c. 当需要提供数据范围时，将鼠标拖到列名和数据值上，以选择所有的数据。Excel 将在打开的对话框中填入范围值。将你的数据透视表放在一个新的工作表中。单击"确定"。

　　d. Excel 将在你的电子表格的右侧创建一个字段列表。在它的下面，会出现"在以下区域之间拖动字段："。把名为供应商名称的字段拖到名为 ROWS 的区域。观察左边的数据透视表（A 列）中发生了什么。现在，将员工姓名拖到 COLUMNS 中，将日期拖到 VALUES 中。同样，观察这些操作在左边的数据透视表中的效果。这样你就得到了一个透视表。

　　e. 为了理解透视表是如何工作的，把更多的字段拖到屏幕右下方的网格上。例如，把年份放在员工姓名的下面。然后将年份移至员工上方。现在把年份移到供应商下面。所有这些操作就像一个 OLAP cubes，事实上，OLAP cubes 很容易显示在 Excel 透视表中。主要区别在于，OLAP cubes 通常有数千行或更多的数据。

应用练习 3-2

　　假设你在第 3 章问题 3-2 中提到的自行车零件分销商处工作。该团队正在调查销售自行车零件的 3D 打印计划而不是零件本身的可能性。该团队需要确定合格的部件，并计算这些零件有多少潜在的收益。下载 Access 文件 Ch03Ex02_U11e.accdb，其中包含了该团队使用的数据。

a. 假设 Desert Gear Supply 决定不以任何价格出售其 3D 设计文件。把由它提供的零件从考虑中删除，并重复第 3 章的数据分析。

b. 团队决定，由于没有 Desert Gear Supply 的零件设计，因此用以下不同的标准再次进行分析：

- 大客户是指那些订购了超过 900 个零件的客户。
- 频繁的采购每年至少发生 25 次。
- 小批量采购的平均订单量小于等于 3 个。
- 廉价的零件价格低于 75 美元。
- 运输重量小于 4 磅。

重复第 3 章的数据分析。

c. 第二组标准对结果带来了怎样的改变？

d. 根据你的分析，你会提出什么建议？

应用练习 3-3

微软 Fetch！是一个自动识别狗的品种的人工智能应用程序。识别狗的品种很困难，因为有许多狗的品种具有相似的特征。Fetch！分析了许多面部特征，试图识别正确的狗的品种。事实证明，它的准确性极高。有趣的是，你可以上传一张自己的照片，看看你与哪种狗的品种最接近。另一个人工智能驱动的微软应用程序（www.how-old.net）根据你的照片猜测你的年龄。我们将在本练习中研究这两个应用。

a. 访问 www.what-dog.net（Microsoft Fetch! 运行这个网站上的应用程序）。

b. 单击"使用你自己的照片"。

c. 从你的计算机中选择一张你自己的照片。

d. 对结果进行截图。（本书的作者之一博伊尔被认定为爱尔兰赛特犬，另一位作者被确认为布尔波尔犬。）

e. 访问 www.how-old.net。

f. 单击使用你自己的照片。

g. 从你的计算机中选择一张你自己的照片。

h. 对结果进行截图。

i. 解释除了识别狗的品种和年龄之外，这样的人工智能应用还能做什么？

j. 这种人工智能驱动的视觉系统如何能被商业化？

第 4 章

应用练习 4-1

有时你会拥有一个 Office 应用程序中的数据，并希望将其转移到另一个 Office 应用程序中，而不重新进行输入。这种情况通常发生在为一个目的而创建的数据被用于第二个目的的时候。例如，图 AE-2 提供了部分 Excel 电子表格，它展示了将计算机分配给员工的情况。

假设你想用这些数据来帮助你评估如何升级计算机。例如，你想把所有计算机的操作系统升级到 Windows 10。并且你想优先升级最需要升级的计算机，但假设你的预算有限。为了解决这种情况，你可以查询图 AE-2 中的数据，找到所有没有 Windows 10 的计算机，然后选择那些 CPU 较慢或内存较小的计算机作为升级对象。要做到这一点，你需要将数据从 Excel 移到 Access 中。

	A	B	C	D	E	F	G	H
1	员工姓氏	员工名字	设备	计算机品牌	CPU(GHz)	内存（GB）	磁盘	系统
2	Ashley	Linda	Denver	Dell	3	32	4	Windows 10
3	Davidson	Victor	Denver	Dell	3	24	4	Windows 10
4	Ching	Diem Thi	Denver	HP	3	16	6	Windows 8
5	Collins	James	Denver	Dell	2.5	12	3	Windows 7
6	Corning	Haley	Denver	HP	3	16	4	Windows 8
7	Scott	Richard	Denver	HP	2.5	16	6	Windows 8
8	Corovic	Anna	Denver	Dell	4	24	8	Windows 10
9	Lane	Kathy	Denver	Lenovo	2.5	12	2	Windows 7
10	Wei	James	Denver	IBM	3	32	4	Windows 10
11	Dixon	Mary	Denver	IBM	2	12	2	Windows 7
12	Lee	Matthew	Denver	Dell	2.5	12	2	Windows 7
13	Duong	Steven	Denver	Dell	2	4	2	Vista
14	Bosa	William	Denver	HP	3	16	6	Windows 8
15	Drew	Tony	Denver	HP	3	16	4	Windows 8
16	Adams	Mark	Denver	HP	2.5	8	2	Windows 7
17	Lunden	Nicole	Denver	Lenovo	4	24	8	Windows 10
18	Utran	Bryan	Denver	Dell	3	16	4	Windows 8
19								
20		Primary Contact:	Kaye Davidson					
21								

图 AE-2　引用 Excel 数据示例

一旦你分析了数据并确定了要升级的计算机，你就要制作一份报告。在这种情况下，你可能想把数据从 Access 移回 Excel 或 Word 中。在本练习中，你将学习如何完成这些任务。

　　a. 首先，下载 Excel 文件 Ch04Ex01_U11e.xlsx 到你的一个目录中。我们将把这个文件中的数据导入到 Access 中，但是在这之前，先在 Excel 中打开这个文件，熟悉一下数据的情况。请注意，这个工作簿中有三个工作表。关闭该 Excel 文件。

　　b. 创建一个空白的 Access 数据库。将该数据库命名为 Ch04Ex01_Answer。把它放在某个目录下，它可能是你放置 Excel 文件的同一个目录，但也不一定是。关闭 Access 创建的默认表并将其删除。

　　c. 把 Excel 文件 Ch04Ex01_U11e.xlsx 中三个工作表的数据导入 Access 数据库中的一个表中。在功能区中，选择"外部数据"，在"导入和链接"部分，单击"Excel"，开始导入。对于第一个工作表（丹佛），你应该选择将源数据导入到当前数据库中的一个新表中。忽略关于第一行的警告，单击确定。当 Access 显示你的数据时，一定要单击"第一行包含列标题"。你可以使用默认的字段类型，并让 Access 添加主键。命名你的表为员工，然后单击完成。对于迈阿密和波士顿的工作表，再次单击外部数据，导入 Excel，但这次要选择将记录的副本附加到员工表中。选择迈阿密工作表，并单击完成。重复导入波士顿办公室的员工信息。

　　d. 打开员工表，并检查数据。请注意，Access 错误地在每个数据集末尾的行中导入了一个空行和主要联系人数据。这个数据不是员工记录的一部分，你应该删除它（每个工作表各一次）。员工表应该总共有 40 条记录。

　　e. 在这个数据上创建一个参数化查询。将除 ID 以外的所有列放入查询。在操作系统列中，设置标准以选择值不是 Windows 10 的行。在 CPU（GHz）列中，输入标准：<=[输入 CPU 的截止值]，在内存（GB）列中，输入标准：<=[输入内存的截止值]。测试你的查询。如运行你的查询，输入 CPU 的值为 4，内存的值为 16。验证是否生成正确的行。

f. 使用你的查询，找到 CPU 和内存的值，让你尽可能能够升级 10 台计算机。

g. 当你找到 CPU 和内存的值且让你有 10 台或接近 10 台的计算机需要升级时，请让你的查询保持开放。现在，单击外部数据、Word，并创建一个包含查询结果的 Word 文档。调整创建的表格的列宽，使其适合在页面上显示。围绕这个表格写一个备忘录，解释这些是你认为应该升级的计算机。

应用练习 4-2

假设你需要创建一个电子表格，以帮助对你的企业的服务器做出购买和租赁的决定。你正在考虑 5 年内的服务器，但你不知道你到底需要多少台服务器。最初，你知道你需要 5 台服务器，但你可能需要多达 50 台，这取决于你的企业的电子商务活动的成功程度。（另外，许多企业仍然在进行这些计算。然而，那些已经转移到云端的企业不再需要这样做了。）

a. 对于购买替代计算，设置你的电子表格，以便你可以输入服务器硬件的基本价格、所有软件的价格以及占硬件价格一定百分比的维护费用。假设你输入的百分比包括硬件和软件的维护，并且每台服务器有 3 年的寿命，之后它就没有价值了。假设使用不到 3 年的计算机采用直线折旧法，在 5 年结束时，你可以将使用不到 3 年的计算机按折旧后的价值出售。还假设你的企业对资本支出支付 2% 的利息，服务器每台成本为 2500 美元，所需软件成本为 1250 美元。假设维护费在 2%～7%。

b. 对于租赁替代计算，假设租赁商将租赁你拟购买的相同的计算机硬件。租赁包括所有你需要的软件以及所有的维护。设置你的电子表格，以便你可以输入各种租赁费用，这些费用根据租赁的年限（1、2 或 3）而变化。假设 3 年的租赁费用是每台机器每月 285 美元，2 年的租赁费用是每台机器每月 335 美元，而 1 年的租赁费用是每台机器每月 415 美元。另外，如果你租赁 20～30 台计算机，出租人提供 5% 的折扣，如果你租赁 31～50 台计算机，提供 10% 的折扣。

c. 使用电子表格，比较以下情况下购买和租赁的成本。（假设你要么购买，要么租赁，你不可能租赁一些、购买一些。）必要时进行假设并说明这些假设。

（1）你的企业需要 20 台服务器，为期 5 年。

（2）你的企业在前两年需要 20 台服务器，在接下来的三年需要 40 台服务器。

（3）你的企业在前两年需要 20 台服务器，接下来的两年需要 40 台服务器，最后一年需要 50 台服务器。

（4）你的企业第一年需要 10 台服务器，第二年需要 20 台服务器，第三年需要 30 台服务器，第四年需要 40 台服务器，最后一年需要 50 台服务器。

（5）对于前面的案例，如果服务器的成本是 4000 美元，是否会改变成本更低的选择？如果是 8000 美元呢？

应用练习 4-3

正如你在第 4 章中读到的，开源软件很受欢迎，因为它稳定、可定制，而且免费。但你以前可能没有使用过开源软件。在本练习中，你将下载一个名为 LibreOffice 的微软办公套件的替代品。它有制作文档（Writer）、电子表格（Calc）、演示文稿（Impress）、数据库（Base）和图形（Draw）的应用程序，与微软 Office 中的应用程序类似。

如果你已经习惯了微软的 Office，那么熟悉 LibreOffice 的界面需要一些时间。LibreOffice 可以做几乎所有 Microsoft Office 可以做的事情，但它的方式略有不同。使用 LibreOffice 的主要好处是，它是完全免费的。你可以在许多计算机上不限次数地安装它。

a. 访问 www.libreoffice.org。

b. 单击下载菜单，选择 LibreOffice Fresh。

c. 下载并安装最新版本的 LibreOffice（有 Windows、macOS 和 Linux 的版本）。

d. 打开 LibreOffice Calc（桌面上会有快捷方式）。

e. 在新的电子表格的 A1、A2 和 A3 单元中分别输入你的姓名、日期和时间。

f. 单击工具和选项。

g. 展开"加载/保存"菜单，单击"常规"。

h. 将"总是保存为"下拉菜单从 ODF 电子表格改为 Microsoft Excel 2007-2013 XML，然后点击确定（你可以对文档和演示文稿进行同样的操作）。

i. 单击"文件"中的"保存"。

j. 将显示你名字的屏幕截图，并将其粘贴到你的文档中。

k. 解释为什么越来越多的人不使用免费的 LibreOffice。

l. 解释为什么一个管理着数百台服务器（Linux 和 Windows 操作系统）的系统管理员会喜欢使用 LibreOffice。

m. 解释为什么 LibreOffice 对于发展中国家的用户或企业来说可能是一个重要的应用程序。

第 5 章

应用练习 5-1

在某些情况下，用户希望同时使用 Access 和 Excel。他们用 Access 处理关系数据，并将部分数据导入 Excel，并使用 Excel 的工具创建专业的图表和图形。在本练习中，你将做到这一点。

下载 Access 文件 Ch05Ex01_U11e.accdb。打开数据库，选择数据库工具/关系数据库。你可以看到三个表：产品、供应商产品库存，以及供应商。单独打开每个表并熟悉数据。

对于这个问题，我们将把库存成本定义为行业标准成本和库存数量的乘积。查询库存成本时将为每个供应商的库存中的每个项目计算这些值。打开该查询并查看数据，以确定你能理解这种计算方法。你也可以打开其他的查询，这样你就能理解它们产生的数据。

a. 将这些数据按供应商进行汇总，并以饼状图的形式显示出来，如图 AE-3 所示（你的总数将与图中所示不同）。请按以下步骤操作：

（1）打开 Excel 并创建一个新的电子表格。

（2）单击功能区上的数据，并在获取外部数据功能区类别中选择从 Access 访问。

（3）导航到你存储 Access 文件 Ch05Ex01_U11e.accdb 的位置。

（4）选择包含该饼状图所需数据的查询。

（5）将数据导入一个工作表。

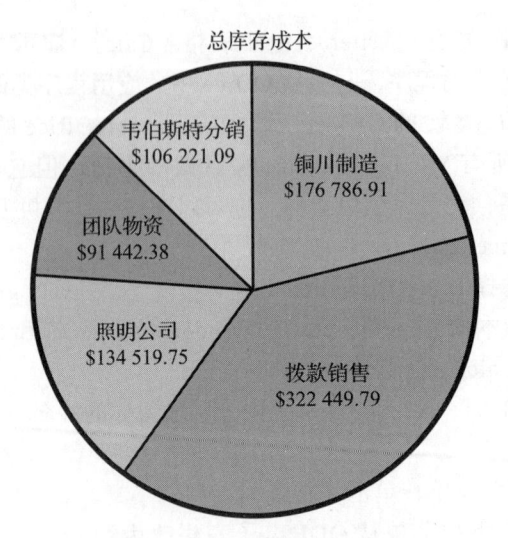

图 AE-3 用饼状图展示数据

（6）将部分数据的格式变更为货币。

（7）选择包含数据的范围，单击功能键，然后开始创建饼状图。给数据和饼状图的工作表命名。

b. 按照类似的程序来创建如图 AE-4 所示的柱状图。同样，你的数据将是不同的。将数据和图表放在不同的工作表中并命名。

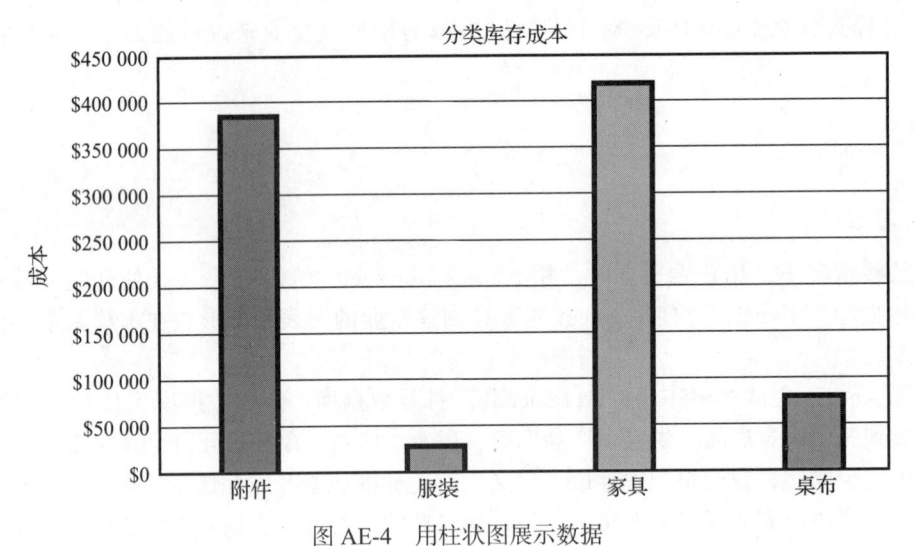

图 AE-4 用柱状图展示数据

应用练习 5-2

阅读第 5 章的案例研究 5。迪恩的数据库的副本存储在 Access 文件 Ch05Ex02_U11e.accdb 中。下载该文件的副本，并创建查询以提供以下数据：

a. 将钢琴从高质量到低质量排序。

b. 将钢琴从高质量到低质量排序，在每个等级的质量中，按建筑物排序，然后按该建筑物中的位置排序。

c. 列出棚子里的钢琴，并按制造商分类。

d. 列出所有类型为 Spinet 的钢琴。

e. 计算每个质量值（1～5）的钢琴数量。

f. 写一个查询，以生成图 5-35 的报告。

应用练习 5-3

在本练习中，你将创建一个双表数据库，定义关系，创建表单和报告，并使用它们输入数据和查看结果。

a. 下载 Excel 文件 Ch05Ex03_U11e.xlsx。打开电子表格，查看员工和计算机工作表中的数据。

b. 创建一个新的 Access 数据库，名称为 Ch05Ex03_Solution。关闭 Access 自动创建的表，并将其删除。

c. 将 Excel 电子表格中的数据导入数据库。将员工工作表导入一个名为员工的表。请确保勾选"第一行包含列标题"。单击"选择我自己的主键"，并使用 ID 字段作为主键。

d. 将计算机工作表导入到一个名为计算机的表中。勾选"第一行包含列标题"，但让 Access 创建主键。

e. 打开关系窗口，将员工和计算机都添加到设计空间中。从员工表中拖出 ID，并将其放在计算机表中的员工 ID 上。勾选"强制执行引用完整性"和下面的两个复选标记。确保你知道这些操作的含义。

f. 打开表单向导对话框（在创建，更多表单下），将每个表的所有列都添加到你的表单中。选择按员工查看数据。将表格命名为"员工"，将子表格命名为"计算机"。

g. 打开计算机子表格，删除员工 ID 和计算机 ID。这些值是由 Access 存储的，保留它们只是占用存储。你的表单应该如图 AE-5 所示的那样（你的数据会有所不同）。

h. 使用你的表单为 Michael Murphy 添加两台新的计算机。这两台计算机都是戴尔公司的，且都使用 Windows 10 系统，其中一台的价格为 750 美元，另一台的价格为 1400 美元。

i. 删除 Stan Larsen 的联想计算机。

j. 使用报告向导（在创建下）创建一个报告，包含员工和计算机表中的所有数据。调整报告的设计，直到你找到一个你喜欢的设计。如果你需要的话，可以更改标签对齐的方式。

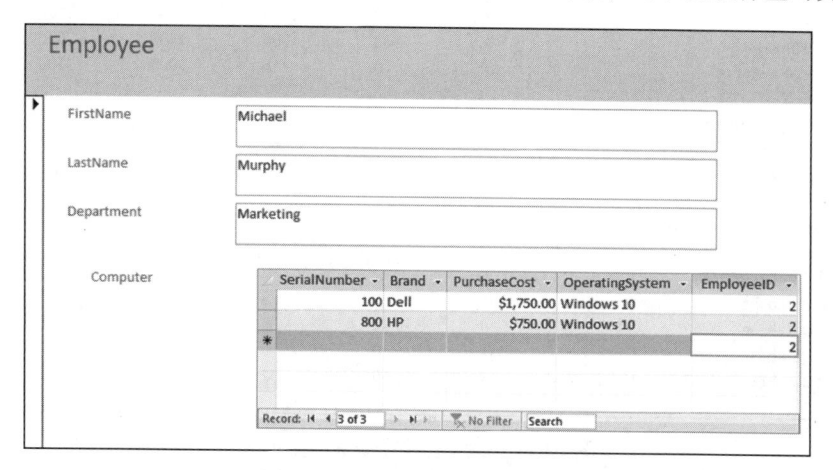

图 AE-5 员工计算机分配表单

第 6 章

应用练习 6-1

有许多网站可以测试你的互联网数据通信速度。你可以在 www.measurementlab.net/tests/ndt/ 找到一个很好的例子。(如果该网站无法使用,在谷歌上输入"我的网速是多少?"可以找到另一个速度测试网站。使用它。)

　　a. 当连接到你大学的网络时,进入 www.measurementlab.net/tests/ndt/,单击开始测试。记录你的平均上传速度、下载速度、网络延时和波动。

　　b. 回家或到一个公共无线站点,再次运行 www.measurementlab.net/tests/ndt/test。计算你的平均上传和下载速度。如果你在家里进行这项测试,你是否得到了你所支付的网费所对应的性能?

　　c. 联系另一个州的朋友或亲戚。请他运行 www.measurelab.net/tests/ndt/ 进行测试。报告上传和下载的速度。

　　d. 比较 a ~ c 部分的结果,你能从这些测试中得出什么结论?

应用练习 6-2

假设你需要创建一个 Office 应用程序来估计云计算成本。你决定创建一个电子表格,让你的客户提供他们的云计算需求,然后你可以将其导入 Access 数据库并使用查询来计算云计算成本。

图 AE-6 展示了电子表格的结构,你的客户将在其中输入他们的需求。你可以在 Excel 文件 Ch06Ex02_U11e.xlsx 中下载这个电子表格。图 AE-7 展示了一个 Access 表,其中有与图 AE-6 中的需求相对应的成本。你可以在 Access 文件 Ch06Ex02_U11e.accdb 中下载这个数据库。

	A	B	C	D	E	F	G
1		Jan-20	Feb-20	Mar-20	Apr-20	May-20	Jun-20
2	Compute requirements (hours):						
3							
4	Extra Small Instance	1200	1200	1200	1200	1200	1200
5	Small Instance	2000	2000	2400	2400	0	3000
6	Medium Instance	900	1800	2700	3600	3600	3600
7	Large Instance	0	500	1000	1500	2000	2000
8	Extra Large Instance	0	0	0	1000	1500	2000
9							
10	Storage requirements:						
11	Storage Required (GB)	30	35	40	45	50	55
12	Storage Transactions (1000s)	30	30	35	35	40	50
13							
14	Database requirements (number of instances)						
15	10GB Database	2	2	2	2	1	1
16	20GB Database	0	3	3	3	3	3
17	30GB Database		4	5	6	6	7
18	40GB Database	0	0	0	3	3	4
19	50GB Database	0	0	2	2	3	0
20							

图 AE-6　输入云计算需求的工作表

CloudCosts			
ID	资源名称	单位	成本
1	Extra Small Instance	Hours	$0.03
2	Small Instance	Hours	$0.09
3	Medium Instance	Hours	$0.12
4	Large Instance	Hours	$0.37
5	Extra Large Instance	Hours	$0.55
6	StorageRequired	GB / month	$0.15
7	StorageTransactions	10,000	$0.01
8	10GB Database	Each	$9.99
9	20GB Database	Each	$149.98
10	30GB Database	Each	$199.97
11	40GB Database	Each	$299.96
12	50GB Database	Each	$399.95

图 AE-7　云计算成本

a. 将电子表格数据导入到 Access 数据库中。

b. 编写查询以计算每种资源的成本。

c. 创建一个报告，显示每个月每种资源的成本，同时显示每种资源在 6 个月内的总成本，包括所有成本的总和。

d. 创建一个饼状图，按资源划分出总成本。提示：你可以将查询的数据导入 Excel 中。

e. 创建一个饼状图，按月列出总成本。提示：你可以把查询的数据导入到 Excel 中。

f. 假设处理成本全面增加 10%，对更改后的成本重复 c、d、e 部分的内容。

应用练习 6-3

云储存有几个问题。首先，它似乎永远都不够用，尤其是当它免费的时候。其次，你总会怀疑它是否真的安全。存储供应商说数据是安全的。但它真的安全吗？有什么方法可以确定吗？

在本项目中，你将学习如何使用 7-Zip 来解决这两个问题。你将学习如何压缩和加密重要的文件和目录。如果你在云中存储机密数据，确保它被你加密是很重要的。使用像 7-Zip 这样的第三方加密工具意味着只有你能访问你自己的数据，就不需要相信云供应商。7-Zip 也是一个非常高效的文件存档工具，可以为你节省大量的空间。

a. 访问 www.7-zip.org。

b. 单击下载并安装适合你的操作系统的最新版本的 7-Zip。(有 Windows、macOS、Linux、BSD 和 UNIX 版本的 7-Zip)。

c. 浏览你的下载文件夹 (你可以进入任何包含大文件的文件夹)。

d. 右键单击一个大文件。

e. 单击 7-Zip 和添加到存档。

f. 重命名文件 YourName.7z (用你的姓名代替"YourName"。如果你的名字是 John Doe，该文件将被命名为 JohnDoe.7z)。

g. 在加密部分，重复输入一个密码 (选择一个你能记住的简单密码)。

h. 截图，并将其粘贴到你的文档中。

i. 单击"确定"(注意，你的原始文件保持不变)。

j. 在新的 YourName.7z 文件被压缩后，右键单击它并选择 7-Zip 和提取到"YourName\"。
k. 输入你设置的密码，然后单击确定（你的文件会开始解压）。
l. 解释为什么第三方加密对高度机密的文件很重要。
m. 解释为什么在使用基于云的存储时，压缩大文件很重要。

应用练习 6-4

在本练习中，你将学习使用两个最常用的网络命令：ping 和 ipconfig。这两个命令都是用来排除网络问题的。

ping 是一个命令，它可以告诉你一台计算机（主机）是否可用。它的工作原理就像潜艇上的 ping 一样。它发出一个数据包，要求目标计算机给它发回一个信息，说它确实在那里。它还会告诉你消息从目标计算机传回来需要多长时间，以及是否有数据包丢失。当你需要查看一个服务器/计算机是否在运行时，这非常有用。你也可以用它来诊断延迟和数据包丢失问题。

这个例子对 www.weber.edu 执行 ping 操作。请选择 ping 你自己的大学网站或其他网站。请使用 www.[YourUniversity].edu，而不是使用 www.weber.edu。每个例子的末尾会有时间戳。

ipconfig 会给你列出你正在使用的计算机的基本网络信息。你将得到你的互联网协议（IP）地址和默认网关（将你连接到互联网的计算机）。网络管理员使用 ipconfig 来诊断各种问题，如网络中断、硬件故障和计算机错误配置。

a. 单击"开始"。
b. 在搜索框中，输入 cmd。
c. 按回车键。
d. 输入 ping www.weber.edu。
e. 按回车键（将用四个数据包检查 www.weber.edu）。
f. 输入时间。
g. 按回车键。
h. 截图。
i. 输入 ipconfig。
j. 按回车键（将显示计算机上适配器的基本网络配置信息）。
k. 输入 ipconfig /all。
l. 按回车键（将显示计算机上所有适配器的扩展网络配置信息）。
m. 截图。
n. 什么是默认网关？
o. DNS 是做什么的？
p. 为什么会出现数据包丢失？

第 7 章

应用练习 7-1

假设你需要协助管理层决定明年加薪多少。你得到了一份企业的部门清单，以及你所在行业的主要企业每个部门员工的平均工资。此外，你还得到了企业三个部门中每个部门的 10 个人的名字和工资。

假设你需要创建一个电子表格，该表格显示每个部门的 10 名员工的名字、他们目前的工资、他们目前的工资和所在部门的行业平均工资之间的差异，以及他们的工资要达到行业平均水平需要增加的百分比。电子表格还应该计算出每个部门达到行业平均水平所需要的平均增幅，以及整个公司达到行业平均水平所需要的平均增幅。

a. 使用 Ch07Ex01_U11e.docx 文件中的数据并创建电子表格。

b. 你如何利用这个分析来为员工的工资决策做出贡献？基于这些数据，你可以得出什么结论？

c. 假设其他团队成员想使用你的电子表格。请说出你可以与他们分享的三种方式，并描述每种方式的优缺点。

应用练习 7-2

假设你需要协助管理层决定明年加薪多少。具体来说，你的任务是确定企业各部门之间是否存在明显的工资差异。

你得到了一个 Access 数据库，其中有一个结构如下的员工数据表：

员工（姓名，部门，专长，工资）

其中姓名是在某个部门工作的员工的名字，部门是部门名称，专长是员工的主要技能名称，工资是员工目前的工资。假设没有两个员工有相同的名字。你需要回复以下查询：

（1）列出所有收入超过 100 000 美元的员工的姓名、部门和工资。

（2）列出市场部所有员工的姓名和专长。

（3）计算企业员工的平均、最高和最低工资。

（4）计算企业部员工的平均、最低和最高工资。

（5）计算信息系统部门员工的平均、最低和最高工资。

（6）计算每个部门的员工的平均工资。使用 Group By。

a. 使用文件 Ch07Ex02_U11e.accdb 中的数据，设计并运行 Access 查询以获得这些问题的答案。

b. 解释答案中的数据是如何协助加薪决策的。

c. 假设其他团队成员想使用你的 Access 应用程序。请说出你可以与他们分享的三种方式，并描述每种方式的优缺点。

第 8 章

应用练习 8-1

假设你的经理要求你创建一个电子表格来做一个生产计划。你的计划应该规定七种产品的生产数量，该数量是基于公司三个销售区域的三个区域经理的销售预测。

a. 为每个销售区域创建一个单独的工作表。使用 Word 文件 Ch08Ex01_U11e.docx 中的数据，它包含了每个经理对过去一年的月度销售预测、每月的实际销售情况，以及对下个季度每个月的销售预测。

b. 为每个经理的数据创建一个单独的工作表。将数据从 Word 中导入 Excel。

c. 在每个工作表中，使用前四个季度的数据来计算实际销售和销售预测之间的差异。这个差异可以用几种方法计算：你可以计算一个总的平均数，或者你可以计算每个季度或每个月的平均数。你也可以把最近的差异比早期的差异加权。选择一种你认为最合适的方法。解释你为什么选择这种方法。

d. 修改工作表，使用差异因素来计算下一季度的调整后预测。因此，每张电子表格将显示下一季度每个月的原始预测和调整后的预测。

e. 创建第四个工作表，对所有地区的销售预测进行汇总。显示每个地区和企业整体的未经调整的预测和调整后的预测。显示月度和季度的总数。

f. 创建一个显示每月总产量的柱状图。用不同颜色的条形图显示未经调整的预测和调整后的预测。

应用练习 8-2

图 AE-8 是一个材料清单（BOM）的样本，其展示了用于建造产品的部件和零件的表格。在这个例子中，产品是一辆儿童马车。这样的物料清单是制造功能应用程序以及 ERP 应用程序的一个重要组成部分。

图 AE-8　材料清单

这个特殊的例子是使用微软 Access 制作的表格。因此创建这样的表格有点困难，所以本练习将指导你完成所需要的步骤。然后，你可以运用你所学的知识来制作一个类似的表格。你也可以用 Access 来做这个表单的扩展应用。

a. 创建一个名为部件的表，列有部件号（PartNumber）、等级（Level）、描述（Descrption）、需求数量（QuantityRequir）和部件（PartOf）。描述和等级应该是文本，部件号应该是自动编号，需求数量和部件应该是长整数。将图 AE-8 中所示的部件数据添加到你的表中。

b. 创建一个拥有部件表所有列的查询，将其限制在等级值为 1 的行上。将你的查询命名为 Level1。

c. 再创建两个查询，将其限制在等级值为 2 或 3 的记录上。分别命名为 Level2 和 Level3 的查询。

d. 创建一个包含 Level1 的部件号、等级和描述的表格。如果你愿意的话，你可以使用一个向导程序来完成这个工作。把这个表格命名为物料清单。

e. 在设计功能区的控制部分选择子表单/子报告工具，在 d 部分的表单中创建一个子表单。创建完子表单后，确保链接子字段属性被设置为部件，链接主字段属性被设置为部件号。关闭物料清单表格。

f. 打开 e 部分创建的子表单，使用子表单/子报告控件在其上创建一个子表单。把这个子表格上的数据设置为 Level3 的所有列。创建完子表格后，确保链接子字段属性被设置为部件，链接主字段属性被设置为部件号。关闭物料清单表格。

g. 打开物料清单表格。它应该如图 AE-8 所示。打开并关闭该表格，添加新的数据。使用这个表格，为你自己选择的产品添加 BOM 数据样本。

h. 按照刚才描述的过程，创建一个材料清单报告，列出你所有产品的数据。

i. 可选的、具有挑战性的扩展：图 AE-8 中的 BOM 中的每个部件最多可以用于一个装配（只有空间显示一个部件值）。你可以改变你的设计，允许一个部件在一个以上的装配中使用，方法如下：首先，从部件表中删除部件。接下来，创建第二个表，它有两列：装配部件号和组件部件号。第一列包含一个装配体的部件号，第二列包含一个组件的部件号。一个组件的每个部件在这个表中都有一行。扩展前面描述的视图，以使用这第二个表，并生成与图 AE-8 类似的视图。

第 9 章

应用练习 9-1

假设你是一个企业的社交媒体政策经理，该企业有 1000 名员工，并在北美有七个不同的办事处。首席执行官要求你提供一份报告，该报告需要展示所有员工的博客列表、员工的职位和部门，以及每个博客的目的和 URL。她并不是想控制员工，她只是想知道他们在哪里。

a. 解释在什么情况下使用电子表格来跟踪这些数据是合适的。

b. 假设员工可以有一个以上的博客，但一个博客只能由一个员工使用。再假设如果该博客不再活跃的话，你决定你需要跟踪一个博客首次创建的日期，以及它们最后一次发布的日期。为这些需求设计一个数据库。

c. 用 Word 文档 Ch09Ex01_U11e .docx 中的样本数据填充你的数据库。员工 ID 是一个唯一的标识符，最后日期的空值意味着该博客仍在活动。不要重新输入这些数据，而是将其导入。你可以多次导入、每次导入到不同的表中，或者你可以一次导入并使用查询来填充表。

d. 创建一个你认为适合提交给首席执行官的报告。证明报告内容和结构的合理性。

应用练习 9-2

假设你收到了一项任务，即汇编你的企业的采购员对其供应商的评价。每个采购员每个月都会对他在上个月订购的所有供应商的价格、质量和响应度这三个因素进行评估。假设评分从 1 到 5，其中 5 是最好的。因为你的企业有几百个供应商和几十个采购员，你决定用 Access 来汇编结果。

　　a. 创建一个有三个表的数据库：供应商（供应商编号，名称，联系方式）、采购员（员工编号，姓名，邮箱）、等级（员工编号，供应商编号，月份，年份，价格等级，质量等级，响应度等级）。假设供应商编号和员工编号分别是供应商和采购员的键。决定你认为适合等级的键。

　　b. 建立适当的关系。

　　c. 导入 Excel 文件 Ch09Ex02_U11e.xlsx 中的数据。注意供应商、采购员和等级的数据被存储在三个独立的工作表中。

　　d. 创建一个查询，显示所有供应商的名字和他们的平均分数。

　　e. 创建一个查询，显示所有采购员的名字和他们的平均分数。

　　提示：在这部分和 f 部分中，你需要在你的查询中使用 Group By 功能。

　　f. 创建一个参数化的查询，你可以用它来获得一个特定供应商的每个标准的最低、最高和平均评分。假设你将输入供应商名称作为参数。

　　g. 使用你的查询所创建的数据，你能得出有关供应商或采购员的什么结论？

第 10 章

应用练习 10-1

　　Adblock Plus 是一个网络浏览器插件，可以阻止广告，还可以阻止跟踪器和已知的恶意软件来源的域名。此外，它允许你创建自定义过滤器，以阻止特定的网络内容。Adblock Plus 可以通过消除恼人的广告，使上网更安全、更愉快。

　　在本项目中，你将在两个浏览器中比较同一个网站。你将在火狐浏览器中安装 Adblock Plus。然后，你将把过滤后的网站与谷歌浏览器中未过滤的版本进行比较。

　　（1）打开谷歌浏览器并访问 www.amazon.com。

　　（2）按 Window 键和右键，将 Google Chrome 浏览器移到屏幕的右侧。

　　（3）打开火狐浏览器，访问 www.amazon.com。

　　（4）按 Window 键和向左箭头，用火狐浏览器移到屏幕的左侧。两个浏览器并排显示。

　　（5）在火狐浏览器中，在亚马逊搜索框中输入你的名字，但不要按回车键。

　　（6）进行截图。

　　（7）单击火狐菜单，然后点击附加组件。

　　（8）单击获取附加组件。

　　（9）在搜索框中，输入 Adblock Plus。

　　（10）按回车键。

　　（11）单击安装，获取最新版本的 Adblock Plus。

　　（12）单击立即重启。

　　（13）刷新火狐浏览器中的 Amazon 网页（你可以按 <F5> 或单击"刷新"按钮）。

　　（14）在火狐浏览器的亚马逊搜索栏中输入你的名字，但不要按回车键（请注意，与谷歌浏览器中完全相同的页面相比，右侧的跟踪器和广告的数量有所减少）。

　　（15）对你的整个桌面进行截图。

（16）选择另一个你知道有广告的网站，并在两个浏览器中访问它（主要的新闻网站通常有大量的广告和跟踪器）。

（17）再对整个桌面进行截图，展示两个浏览器中的不同。

a. 在线零售商会不喜欢 Adblock Plus 吗？为什么？

b. 一些网站通过广告收入来支付其运营费用。Adblock Plus 是否会使他们失去业务？

c. 你能对特定的网站进行特殊处理（即不阻止内容）吗？

应用练习 10-2

大多数用户希望有简单的方法来识别哪些网站是值得信赖的，哪些网站是他们应该避免的。Web of Trust（WOT）为你访问的每个网站提供了一个"记分卡"。这个记分卡提供了四个评级的摘要：可信度、供应商可靠性、隐私和儿童安全。记分卡上显示的数值是基于 WOT 社区成员的评分，他们已经对该网站进行了评估。

安装 WOT 后，你会注意到主要搜索引擎（如 Google、Bing 和 Yahoo！）的搜索结果略有增加。你会在每个搜索结果的末尾看到一个 WOT 评估，该评估为搜索结果中显示的每个网站提供了一个记分卡。WOT 评估可以作为快速的视觉指标，以显示出要避开的网站。

a. 打开火狐浏览器，点击火狐菜单，并点击附加组件。

b. 搜索 WOT。

c. 单击安装（WOT）并立即重启。

d. 访问 www.google.com，并搜索你的全名。

e. 对结果进行截图，并将其粘贴到你的文档中（注意每个搜索结果旁边的 WOT 图标）。

f. 点击其中一个搜索结果的 WOT 图标（将显示该特定网站的 WOT 记分卡）。

g. 使用 Google.com，搜索 warez keygen（你将得到一些带红圈的网站，这意味着它们的声誉很差）。

h. 单击其中一个网站的 WOT 记分卡的 WOT 图标。

i. 截图，并将其粘贴到你的文档中。

j. 描述 WOT 如何获得其网站记分卡的数值。

k. 描述你如何使用 WOT 评估网站。

l. 解释 WOT 如何在上网时保护用户。

m. 从你的网络浏览器中卸载 WOT。

应用练习 10-3

Recuva 是 Piriform 的一个程序，其可以恢复以前删除的文件。Recuva 扫描整个空的内存空间，寻找可能的文件来恢复。大多数用户错误地认为，当他们从回收站中清空数据时，数据就永远消失了，这是不正确的。它只是将空间标记为可用空间，如果需要存储另一个文件，就可以将其写在上面。您的操作系统会在这些可用空间上写入数据，并随后"破坏"先前删除的文件。如果恢复软件知道文件的结构，它可以很容易地恢复文件的未损坏部分。

在本练习中，你将恢复一个你从 USB 驱动器中删除的文件。如果你不小心丢失了一个重要的文件，你也可以在你的主硬盘上运行 Recuva。

a. 从 www.recuva.com/download 下载并安装 Recuva。

b. 如果程序没有自动打开，你可以单击新创建的桌面图标，或者单击开始并搜索 Recuva。

c. 将一个USB驱动器插入你的计算机。

d. 选择你的USB驱动器作为你要恢复文件的驱动器（可以一直扫描C:驱动器。USB将比C:驱动器更快地完成扫描）。

e. 单击扫描。

f. 扫描完成后，单击任何列出的带有图形扩展名（如：.jpg或.bmp）的恢复文件，直到你在屏幕右侧看到一个图片（如果你没有看到图片文件，你可以把文件放在你的USB上，删除它，然后再次运行扫描）。记住你删除的文件的名称，这样你在恢复后可以很容易地找到它。

g. 单击"信息"标签，查看文件的详细信息，并进行截图。

h. 检查其中一个可恢复的图形文件（甚至一些"无法恢复"的文件实际上也是可以恢复的）。

i. 单击"恢复"并将其保存到你的桌面。

j. 打开你恢复的图片，并进行截图。

k. 如果你的手机与计算机相连，Recuva会在你的手机上工作吗？

l. 文件的状况对其恢复能力有什么影响？

第11章

应用练习11-1

假设你刚刚被任命为一个信息系统部门的服务台的经理。你工作了仅仅一周，惊讶地发现只有有限的数据可以帮助你管理你的员工。事实上，唯一保存的数据是关于特定问题的处理，称为Ticket。以下数据被保存：Ticket#, Date_Submitted, Date_Opened, Date_Closed, Type (new or repeat), Reporting_Employee_Name, Reporting_Employee_Division, Technician_Name, Problem_System, and Problem_Description. 你可以在Excel文件Ch11Ex01_U11e.xlsx中找到票据样本。

作为一名经理，你需要有助于你管理的信息。具体来说，你需要了解谁是表现最好和最差的技术人员、不同的系统在报告的问题数量和解决这些问题所需的时间方面有何不同、不同的部门在报告的问题和解决这些问题所需的时间方面有何不同、最擅长和最不擅长解决特定系统问题的是哪些技术人员，以及最擅长和最不擅长解决特定部门问题的是哪些技术人员。

a. 使用Access、Excel或两者的组合，利用Excel文件Ch11Ex01_U11e.xlsx中的数据生成需要的信息。在你的答案中，可以使用查询、公式、报告、表格、图形、透视表、透视图，或任何其他类型的Access或Excel显示。为所要制作的信息类型选择最佳的显示方式。

b. 解释你将如何使用这些不同类型的信息来管理你的部门。

c. 具体说明你希望从这些数据中产生的任何其他信息，以帮助你管理你的部门。

d. 使用Access、Excel或两者的组合来产生c部分的信息。

第12章

应用练习12-1

在本练习中，你将使用Visio来创建BPMN的流程图。

a. 从支持网站下载 Visio 文件 Ch12Ex01_U11e.vsd。打开该文件并熟悉这个图，它是图 12-7 的一个副本。

b. 注意 Visio 包括 BPMN 形状。转到"形状编辑器"，看看 Visio 支持的其他类型的流程图形状。

c. 创建一个新的 Visio 图。添加你想要使用的 BPMN 形状。

d. 建立客户流程"回复报价"的模型。确保你的流程接受 Ch12Ex01_U11e.vsd 中的输入并产生该图中的输出。创建你的流程，以便让企业检查价格和交货日期，并在适当的时候要求改变。如果有必要，还可以包括其他的逻辑。

e. 将你的文件保存为 PDF 文件，以展示你的工作成果。

应用练习 12-2

假设你得到的任务是将系统开发项目会议的人工成本与预算进行比较。下载 Word 文件 Ch12Ex02_U11e.docx 和同名的 Excel 文件。Word 文件中包含了会议日期、时间和与会人员的记录。该文件是根据会议上的信息记录创建的。Excel 文件有项目预算以及不同类别员工的劳动成本。

假设你的公司使用图 12-12 所示的传统系统优先流程。进一步假设每个 SDLC 步骤需要两种类型的会议：一类是工作会议，它包括用户、业务分析师、系统分析师、程序员和 PQA 测试工程师；另一类是审查会议，它包括所有这些人以及用户部门和信息系统部门的一级和二级经理。

a. 使用 Access 或 Excel（你认为哪个更适合这项任务），将 Word 数据导入到一个工作文件中，并计算出每次会议中每一类员工的总工作量。

b. 使用你在 a 中创建的文件，计算项目每个阶段每一类员工的总劳动量。

c. 将 b 部分的答案与 Excel 文件 Ch12Ex02_U11e.xlsx 中的数据结合起来，计算出项目各阶段的会议总成本。

d. 用一个你认为最合适的图表来展示会议成本和预算之间的差异。

e. 对你选择 Excel 或 Access 作为你的工作文件进行评价。如果你重新做这个练习，你会再次使用同一个工具吗？为什么？

词 汇 表

10/100/1000 以太网 一种符合 IEEE 802.3 协议的以太网，允许以 10、100 或 1000 Mbps（兆比特每秒）的速率传输。

抽象推理 制作和操作模型的能力。非常规认知思维的四个关键技能之一。

Access 一种流行的个人和小型工作组数据库管理系统产品，由微软授权。包含在某些版本的 Microsoft Office 中。

ACID 缩写，代表原子的、一致的、隔离的和持久的。用于描述事务的处理，即所有的事务都被处理或者没有被处理（原子的），事务以相同的方式被处理（一致的），不管是单独处理还是在数以百万计的其他事务中处理（隔离的），一旦事务被存储，它就不会消失，即使它失败了（持久的）。

活动 一个接受输入和产生输出的业务功能。一项活动可以由人、计算机系统或两者共同完成。

广告拦截软件 过滤广告内容的软件。

高级持续性威胁（APT） 由政府等大型、资金充足的组织实施的复杂的、可能长期运行的计算机黑客攻击。APT 是参与网络战争的一种手段。

广告软件 在用户不知情或未经允许的情况下安装在用户计算机上的程序。这些程序驻留在后台，在用户不知情的情况下，观察用户的行动和击键、修改计算机活动，并向赞助组织报告用户的活动。大多数广告软件是良性的，因为它不执行恶意行为或窃取数据。然而，它确实在观察用户的活动并生成弹出式广告。

敏捷开发 一种基于图 12-20 中所列原则的适应性项目管理过程，可用于管理许多类型的项目，包括流程、信息系统和应用程序。

算法 用于解决一个数学问题的一组程序。

安卓 一个移动操作系统，是 Linux 的一个版本。安卓在谷歌 Nexus 7 和亚马逊 Kindle Fire 以及许多其他移动设备上运行。

应用 （1）应用软件的同义词。（2）为一个信息系统开发的硬件、软件和数据的组合。

应用软件 执行某种业务功能的程序。一些应用软件是通用的，如 Excel 或 Word。其他应用程序是特定于一个业务功能的，如应付账款。

人工智能（AI） 机器模拟人类能力的能力，如视觉交流、识别、学习和决策，以实现一个目标。

现有模型 代表当前情况和流程的模型。

非对称加密 一种加密方法，使用不同的密钥对信息进行编码和解码：一个密钥对信息进行编码，另一个密钥对信息进行解码。非对称加密比对称加密更慢、更复杂。

异步通信 当一个工作团队的所有成员不在同一时间见面时发生的信息交流，如那些不同班次的人。

属性 实体的特征。订单的属性例子有：订单号、订单日期、小计、税金、总额等。销售人员的示例属性是销售人员姓名、电子邮件、电话等。

增强现实（AR） 通过在现实世界的物体上叠加数字信息来改变现实。

认证 信息系统对用户进行核实（验证）的过程。

自动化 使系统在没有人员的干预下运行的过程。

基线 WBS 最初的工作分解结构，显示计划的任务、依赖关系、期限和资源分配。

贝尔定律 大约每十年形成一个新的计算机类，建立一个新的行业。

最佳实践 在以前的实践中被证明能产生成功结果的方法。

BI 分析 创建商业智能的过程。BI 分析的四个基本类别是报表、数据挖掘、大数据和知识管理。

BI 应用 BI 系统的软件组件。

大数据 用来描述数据集合的一个术语，其特点是数量巨大、速度快、种类多。

二进制数 见比特。

生物识别认证 使用个人身体特征，如指纹、面部特征和视网膜扫描，对用户进行认证。

商业智能服务器 专门为发布商业智能而设计的网络服务器应用程序。

比特币 目前最知名的加密货币。

比特 计算机表示数据的手段，也称为二进制数字。一个比特位是 0 或 1。

黑莓系统 最成功的早期移动操作系统之一，主要由商业用户在黑莓设备上使用。

区块链 用于记录加密货币交易的去中心化公共账本系统。

蓝牙 一种常见的无线协议，被设计用于短距离传输数据，取代了电缆。

跳出率 访问一个网站后立即离开的人的百分比。

自带设备（BYOD）政策 一项正式的企业政策，规定员工在进行企业业务时使用个人移动设备的权限和责任。

布鲁克斯定律 这句谚语指出：在一个推迟的项目中加派更多人手，会使项目更推迟。布鲁克斯定律是正确的，不仅因为更多的员工需要加强协调，还因为新人需要培训。唯一能培训新员工的人是现有的团队成员，因此他们无法投入生产。培训新员工的成本可能会超过他们的贡献所带来的好处。以《人月神话》的作者弗雷德·布鲁克斯命名。

暴力攻击 一种密码破解程序，尝试所有可能的字符组合。

牛鞭效应 从客户到供应商，在供应链的每个阶段，订单的大小和时间的变化都会增加的现象。

业务分析师 （1）了解业务战略、目标和目的的人，以帮助企业开发和管理业务流程和信息系统。（2）精通波特模型、组织战略和系统协调理论（如 COBIT）的人，同时也充分了解技术，以便与系统分析师和开发人员沟通。类比"系统分析师"。

商业智能（BI） 对运营数据、社交数据、购买的数据和员工的知识进行处理，以揭示出对组织具有重要性的解决方案、模式、关系和趋势。

商业智能（BI）系统 产生商业智能的信息系统。

业务流程 （1）一个通过将输入转化为输出而产生价值的活动网络。（2）一个由活动、资源库、角色、资源和流组成的网络，它们相互作用以实现某些业务功能，有时也称为业务系统。

业务流程管理（BPM） 一个系统地创建、评估和改变业务流程的循环过程。

业务流程建模符号（BPMN） 用于记录业务流程的一套标准术语和图形符号。

业务流程重组 改变现有的和设计新的业务流程的活动，以利用新的信息系统技术的能力。

企业对企业（B2B） 企业通过这种关系产生新的零售线。

企业对消费者（B2C） 企业通过这种关系向终端用户推销其产品。

字节 （1）8 位的数据块。（2）数据的字符。

电缆 提供高速数据传输的有线电视线。

资本 预期未来收益而投入的资源。

运营商 提供语音和数据传输服务的电信公司。

中央处理单元（CPU） 计算机中选择指令、处理指令、执行算术和逻辑比较并将操作结果存储在存储器中的部分。

首席信息官（CIO） 信息系统部门的主要管理者的头衔。其他常见的头衔是信息服务副总裁、信息服务总监，以及不太常见的计算机服务总监。

首席信息安全官（CISO） 管理组织的信息系统和信息的安全的人的头衔。

首席安全官（CSO） 管理组织所有资产（实体工厂和设备、雇员、知识产权和数字资产）安全的人的头衔。

首席技术官（CTO） 技术组负责人的头衔。首席技术官筛选新的想法和产品,以确定那些与组织最相关的产品。首席技术官的工作需要对信息技术有深刻的了解,并且能够预见新的信息技术会在一段时间内对组织产生怎样的影响。

客户端 通过云计算访问服务器的 PC、平板计算机和智能手机。

客户端－服务器架构 允许客户(用户)在互联网上向服务器发送请求,而服务器则回应并发送数据的计算架构。

闭源 受到高度保护的源码,只有受信任的员工和经过仔细审查的承包商才能使用。

云 一个术语,指通过互联网弹性租赁共用的计算机资源。

云计算架构 允许员工和客户访问位于云中的企业数据和应用程序的计算架构。

聚类分析 无监督的数据挖掘,使用统计技术来识别具有相似特征的实体组。聚类分析的一个常见用途是在有关客户订单和客户人口统计的数据中寻找类似的客户群。

COBIT(信息和相关技术的控制目标) 由信息系统审计和控制协会创建的一套标准做法,用于 BPM 周期的评估阶段,以确定信息系统与组织战略的符合程度。

协作 两个或更多的人一起工作,通过反馈和迭代的过程实现一个共同的目标的活动。非常规认知思维的四个关键技能之一。

协作信息系统 支持协作的信息系统。也叫协作系统。

协作系统 见协作信息系统。

列 也叫字段,或字节组。一个数据库表有多个列,用来表示一个实体的属性。例如部件号、员工姓名、销售日期。

商业服务器 在服务器层计算机上运行的一个应用程序。一个典型的商业服务器从数据库获取产品数据、管理用户购物车中的物品,并协调结账过程。

通信渠道 传递信息的手段。

社区 见实践社区。

实践社区 也叫社区,由有共同兴趣的人群组成。

竞争分析 确定竞争对手使用社交媒体的优势和劣势的过程。

竞争战略 一个企业选择的战略,是它在其行业中取得成功的方式。根据波特的观点,有四种基本的竞争战略:在整个行业或某一特定行业领域内的成本领先,在整个行业或某一特定行业领域内的产品或服务差异化。

基于计算机的信息系统 一个包括计算机的信息系统。

计算机硬件 根据计算机程序或软件编码的指令输入、处理、输出、存储和通信数据的电子部件和相关小工具。信息系统的五个基本组成部分之一。

计算机终端 由屏幕、键盘和网络连接组成的计算设备,也叫瘦客户端。

配置控制 一套管理政策、实践和工具,系统开发者使用它来保持对项目资源的控制。

连接数据 在社交媒体系统中,关于关系的数据。

建设性批评 为改善某一结果而给出的积极和消极建议。

内容数据 在社交媒体系统中,由用户和 SM 赞助商贡献的数据和对数据的响应。

内容分发网络(CDN) 通过互联网向网页提供内容的信息系统。为了减少等待时间,数据通常从许多地理位置存储和提供。

内容管理系统(CMS) 支持管理和分发文件的信息系统,包括报表、网页和其他员工知识的表达。

控制流 记录业务流程中的活动流的 BPMN。

转换率 衡量点击广告的人进行购买、"喜欢"网站或采取广告商所期望的其他行动的频率。

cookie 浏览器存储在用户计算机上的一个小文件。cookie 可用于身份认证、存储购物车内容和用户偏好,以及其他合法目的。cookie 也可用于实施间谍软件。

合作 一组具有相同技能的人并行工作,以缩短完成一项工作所需的时间(例如,四个油漆工各自粉刷房间的一面墙)的过程。

知识库 一组大型的相关数据和文本。

成本 一个业务流程的成本等于投入的成本加上活动的成本。

成本可行性 对一个信息系统开发项目的成本进行评估，将估计成本与可用预算进行比较，也可以指开发和运营成本与交付价值的比较。

关键路径 确定项目能够完成的最早日期的活动顺序。

关键路径分析 项目经理通过将资源（通常是人员）从非关键路径任务转移到关键路径任务来压缩进度表的过程。

众包 雇用用户参与产品设计或重新设计的动态社交媒体过程。

鱼尾纹 实体关系图上的线条，表示两个实体之间的 1:n 关系。

鱼尾纹图 实体关系图的一种类型，使用鱼尾纹符号来表示 1:n 的关系。

加密电子货币 使用加密保护来管理和记录安全交易的纯数字货币。

定制开发软件 为某一特定组织的要求定制的软件。

客户生命周期 作为一个整体，营销、客户获取、关系管理和损失/流失的过程，必须由 CRM 系统管理。

客户关系管理（CRM）系统 一套应用程序、一个数据库和一套固有的流程，用于管理与客户的所有互动，从潜在客户生成到客户服务。

数据 记录的事实或数字。信息系统的五个基本组成部分之一。

数据获取 在商业智能系统中，获取、清理、组织、关联和记录源数据的过程。

数据管理 一个组织范围内的功能，制定和执行数据政策和标准。

数据流 一个 BPMN，记录业务流程中的活动和存储库之间的数据移动。

数据完整性 在数据库或数据库集合中，当数据值一致且相互一致时存在的条件。

数据完整性问题 在一个数据库中，当数据项的值彼此不一致时存在的情况。例如，同一个客户有两个不同的名字。

数据集市 一个数据集合，比数据仓库小，解决了企业的一个特定部门或功能区的需求。

数据挖掘 应用统计技术来寻找数据之间的模式和关系，以进行分类和预测。

数据模型 一个数据库中数据的逻辑表示，描述了将存储在数据库中的数据和关系，类似于一个蓝图。

数据保障措施 用于保护数据库和其他数据资产免受威胁的措施，包括数据权利和责任、加密，备份和恢复，以及物理安全。

数据仓库 用于管理一个企业的商业智能数据的设施。

数据库 一个综合记录的自描述集合。

数据库管理 制定程序和实践的人员或部门，以确保对数据库进行有效和有序的多用户处理、控制对数据库结构的改变，并保护数据库。

数据库应用 一个表单、报表、查询和应用程序的集合，促进用户对数据库的处理。一个数据库可以由许多不同的数据库应用程序来处理。

数据库管理系统（DBMS） 一个用于创建、处理和管理数据库的程序。DBMS 是一个大型的、复杂的程序，它像一个操作系统一样被授权。Microsoft Access 和 Oracle 数据库是 DBMS 产品的例子。

数据库层 在三层架构中，运行 DBMS 的层，并接收和处理检索和存储数据的请求。

DB2 一种流行的企业级 DBMS 产品，由 IBM 授权。

决策支持系统 一些作者将商业智能（BI）系统定义为只支持决策，在这种情况下，他们使用这个较早的术语作为决策型 BI 系统的同义词。

深度学习 刺激多层神经网络的方法，而不仅仅是单层的。

可交付成果 在一个开发项目中，完成任务的工作产品。

拒绝服务（DoS） 用户无法访问信息系统的安全问题，可由人为错误、自然灾害或恶意活动引起。

桌面虚拟化 也叫客户端虚拟化和 PC 虚拟化。将用户的桌面存储在远程服务器上的过程。它使用户能够从许多不同的客户端计算机运行他们的桌面。

数字革命 从机械和模拟设备到数字设备的转换。

数字用户线路（DSL） 在与语音电话相同的线路上运行的一种通信线路，但其信号不会干扰语音电话服务。

维度 OLAP措施的一个特征。例如，购买日期、客户类型、客户位置和销售区域。

论坛 一个小组成员发布条目，其他小组成员做出回应的异步通信形式。这是一种比电子邮件更好的团体交流形式，因为它更难让一个人垄断讨论或让讨论偏题。

规模不经济 一个原则，即随着开发团队越来越大，每个员工的平均贡献会减少。

分布式数据库处理 驻扎在多个地点的单一数据库的处理。

分布式系统 应用处理分布在多个计算设备上的系统。

域名 在域名系统（DNS）中注册的全球唯一的名称，并与一个公共 IP 地址相关联。

域名系统（DNS） 一个目录命名系统，将域名分配给 IP 地址。

下钻 用 OLAP 报表，进一步将数据划分为更多细节。

双处理器 有两个 CPU 的计算机。

动态过程 灵活的、非正式的、适应性强的过程，通常涉及战略和不太具体的管理决策和活动。

动态报表 在被要求时更新的商业智能文件。

弹性 在云计算中，当租赁的资源量可以在很短的时间内以程序化的方式动态增加或减少时，就会出现这种情况，企业只需为其使用的资源付费。这个术语最早是由亚马逊公司以这种方式使用的。

电子邮件 一种异步通信的形式，参与者以电子方式发送评论和附件。作为一种团体交流的形式，它可能是无组织的、无联系的，并且容易隐藏。

电子邮件欺骗 网络钓鱼的一个同义词。一种通过电子邮件使用为借口获取未经授权数据的技术。钓鱼者假装是一个合法的公司，并发送电子邮件要求提供机密数据，如账号、社会安全号码、账户密码等。钓鱼者在合法企业的幌子下将流量引向其网站。

封装 系统设计的一个特点，即一个进程的细节对该进程的用户是隐藏的。为进程定义了一个正式的接口，指定如何访问该进程、它需要什么数据，以及它将产生什么数据。该进程产生这些结果的方法从未暴露，也不需要暴露。

加密 将明确的文本转化为编码的、难以理解的文本，以便安全存储或通信的过程。

加密算法 用于将明文转化为编码的、难以理解的文本以进行安全存储或通信的算法。

企业 2.0 在企业内部、企业与合作伙伴或客户之间使用新兴的社交软件平台。

企业应用集成（EAI） 一套软件应用程序，通过提供将应用程序连接在一起的软件层来集成现有系统。

企业信息系统 支持多个部门的跨职能流程和活动的信息系统。

企业流程 横跨一个组织并支持多个部门的活动的流程。

企业资源规划（ERP） 一套称为模块的应用程序、一个数据库和一套固有流程，用于将业务操作整合到一个单一的、一致的计算平台上。

企业社交网络（ESN） 一个软件平台，使用社交媒体来促进组织内人们的协作工作。

实体 在 E-R 数据模型中，是用户想要跟踪的一些事物的表示。一些实体代表一个物理对象，其他实体代表一个逻辑结构或交易。

实体关系（E-R）数据模型 一种构建数据模型的工具，定义了存储在数据库中的实体和这些实体之间的关系。

实体关系（E-R）图 数据库设计者用来记录实体和它们之间的关系的一种图示。

ERP 系统 一种基于 ERP 技术的信息系统。

以太网 IEEE 802.3 协议的另一个名称，以太网是一种通信标准，它规定了信息如何被打包、处理，并在局域网上进行有线传输。

艾字节（EB） 1024 PB。

异常报表 当发生超出预定范围的事情时产生的报表。

实操 对一个机会进行仔细和合理的分析，设想潜在的产品或解决方案或技术的应用，然后在符合你所拥有的资源的情况下，发展那些看起来最有希望的想法。非常规认知思维的四个关键技能之一。

法定货币 政府批准的合法的货币。

字段 也叫列，数据库表中的字节组。一个数据库表有多个代表实体属性的列，如零件编号、雇员姓名和销售日期。

文件 一组类似的行或记录。在数据库中，有时称为表。

文件服务器 一台存储文件的网络计算机。

文件传输协议（FTP） 一种应用层协议，用于在互联网上传输文件。

防火墙 位于公共和私人网络之间的计算设备，防止未经授权的人员进入或访问内部网络。防火墙可以是特殊用途的计算机，也可以是通用计算机或路由器上的程序。

固件 安装在设备（如打印机、打印服务器和各种类型的通信设备）中的计算机软件。该软件的编码与其他软件一样，但它被安装在打印机或其他设备的特殊、可编程的存储器中。

先发优势 在某一细分市场率先开发新技术而获得市场份额的好处。

五要素框架 信息系统的五个基本组成部分：计算机硬件、软件、数据、流程和人员。其存在于每个信息系统中，无论是最简单的还是最复杂的。

"五力"模型 迈克尔·波特提出的模型，通过五种竞争力量，即供应商的议价能力、替代物的威胁、客户的议价能力、企业间的竞争和新进入者的威胁，来评估行业特征和盈利能力。

分众分类法 从许多用户的活动和处理中产生的一种内容结构。

外键 用来表示关系的一列或一组列。外键的值与不同（外）表中的主键的值相匹配。

免费增值 一种收入模式，免费提供基本服务，对升级或高级功能收取费用。

职能应用 提供支持特定业务活动或部门（功能）所需的特征和功能的软件。

职能信息系统 支持某一特定业务功能的工作组信息系统。

甘特图 显示任务、日期、依赖关系和可能的资源的时间线图。

《通用数据保护条例》（GDPR） 欧盟的一项综合隐私法，允许人们请求获得他们的在线数据，并限制企业如何使用客户数据。

地理围栏 一种位置服务，允许应用程序知道用户何时越过虚拟围栏（特定位置），然后触发自动操作。

吉字节（GB） 1024 MB。

零工经济 企业在短期内雇用许多人员作为独立承包商的经济体系。

GNU 用于创建和管理开放源码软件的一套工具。最初是为了开发一个类似于 Unix 的开源操作系统。

GNU 通用公共许可协议（GPL） 开源软件的标准许可证协议之一。

Google Drive 基于云的硬件，用于共享文档、电子表格、演示文稿、图纸和其他类型的数据。包括版本跟踪。与 Google Docs 一起使用。

《格雷姆-里奇-比利雷法案》 1999 年由国会通过，该法案保护金融机构存储的消费者金融数据，这些机构被定义为银行、证券公司、保险公司以及提供财务咨询、准备纳税申报和提供类似金融服务的组织。

粒度 数据的详细程度。客户名称和账户余额是大粒度的数据。客户名称、余额以及与该客户的所有联系、订单和付款的细节是较小的粒度。

图形化查询 当用户点击一个图形时创建标准的查询。

绿色计算 有环保意识的计算，包括三个主要部分：电源管理、虚拟化和电子废物管理。

群体思维 对团体凝聚力的渴望导致决策失误的一种现象。

黑客攻击 一种计算机犯罪的形式，即一个人在未经授权的情况下进入一个计算机系统。虽然有些人是为了纯粹的快乐而进行黑客攻击,但其他黑客是为了偷窃或修改数据的恶意目的而入侵系统。

Hadoop 一个由 Apache 基金会支持的开源程序,管理着成千上万的计算机,并实现了 MapReduce。

硬化 用来描述服务器操作系统的术语,这些系统经过修改,使其特别难以被恶意软件渗透。

《健康保险携带和责任法案》(HIPAA) 这个 1996 年的法案的隐私条款给予个人访问由医生和其他医疗服务提供者创建的健康数据的权利。HIPAA 还对谁可以阅读和接收一个人的健康信息制定了规则和限制。

HoloLens 微软的头戴式混合现实计算设备,能够生成出现在真实世界的全息物体。

蜜罐 为计算机犯罪分子提供虚假的攻击目标。对入侵者来说,蜜罐看起来是一个特别有价值的资源,如一个不受保护的网站。但实际上,唯一的网站内容是一个确定攻击者 IP 地址的程序。

跳 在互联网中,从一个网络到另一个网络的移动。

横向市场应用 提供所有组织和行业共同功能的软件,例如,文字处理器、图形程序、电子表格和演示程序。

主机操作系统 在虚拟化中,承载虚拟操作系统的操作系统。

HTTPS 提示网络浏览器使用 SSL/TLS 协议提供安全通信。

人力资本 对人的知识和技能的投资,期望在未来获得收益。

人为保障措施 通过建立适当的程序让用户在使用系统时遵循,以防范安全威胁的步骤。

混合模式 一个企业系统,其中一些数据存储在云中,由云供应商管理,其他数据存储在使用机构的场所,并由其管理。

超文本传输协议(HTTP) 浏览器和网络服务器之间使用的应用层协议。

互联网名称与数字地址分配机构 负责管理互联网上使用的公共 IP 地址和域名分配的组织。每个公共 IP 地址在互联网上的所有计算机中是唯一的。

身份识别 信息系统通过要求用户用用户名和密码登录来识别用户的过程。

标识符 一个属性(或一组属性),其值与有且只有一个的实体实例相关。

IEEE 802.3 协议 用于打包和处理有线局域网流量的标准。

IEEE 802.11 协议 用于打包和处理无线局域网流量的标准。

实施 在系统开发生命周期的背景下,设计阶段之后的阶段,包括建立、测试和转换用户到新系统的任务。

行业特定解决方案 一个 ERP 模板,旨在为特定行业的公司或组织的需求服务。这种解决方案可以节省时间并降低风险。特定行业解决方案的发展刺激了 ERP 的增长。

影响者 社交网络中的个体,其意见可以迫使他人的行为和信仰发生改变。

信息 (1)从数据中获得的知识,其中数据被定义为记录的事实或数字。(2)在有意义的背景下呈现的数据。(3)通过求和、排序、平均、分组、比较或其他类似操作处理的数据。(4)产生差异的差异。信息只存在于人类的头脑中。

信息时代 历史上的一个时期,信息的生产、分配和控制是经济发展的主要动力。

信息孤岛 当数据被隔离在独立的信息系统中时存在的一种情况。

信息系统(IS) 一组硬件、软件、数据、流程和人员的组成部分,它们相互作用以产生信息。

信息技术(IT) 用于生产信息的产品、方法、发明和标准。

基础设施即服务(IaaS) 由供应商托管裸服务器计算机、数据存储、网络和虚拟化。

固有流程 有效使用授权软件必须遵循的程序。例如,ERP 系统的固有流程假定某些用户将按照特定的顺序采取指定的行动。在大多数情况下,组织必须符合软件固有流程。

内存数据库管理系统 处理存储在(非常大的)内存中的数据库的 DBMS 产品。通常这种

DBMS 利用或扩展关系模型。ACID 支持很常见。

企业间信息系统 支持一个或多个企业间流程的信息系统。

企业间流程 支持多个独立公司或其他组织活动的流程。

内部防火墙 位于组织网络内部的防火墙。

互联网 当用小写字母拼写时，如 internet，指网络的私人网络。当用大写字母拼写时，如 Internet，被称为互联网的公共互联网。

互联网交换中心（IXP） 大型运营商交换流量的物理位置。

物联网（IoT） 物体与互联网连接的想法，以便它们能与其他设备、应用程序或服务交互。

互联网服务提供商（ISP） 互联网服务提供商为用户提供互联网接入。互联网服务供应商为用户提供合法的互联网地址，它是用户进入互联网的网关，并在用户和互联网之间来回传递通信。互联网服务供应商也为互联网付费。他们向客户收钱，代表用户支付接入费和其他费用。

内联网 在一个公司或其他组织内使用的私人互联网。

入侵检测系统（IDS） 一种计算机程序，当另一台计算机试图扫描磁盘或以其他方式访问一台计算机时，它能感应到。

iOS 用于 iPhone、iPod Touch 和 iPad 的操作系统。

IP 地址 一系列带点的小数，格式如 192.168.2.28，用于识别网络或互联网上的唯一设备。

IP 欺骗 一种欺骗行为，入侵者使用另一个网站的 IP 地址，就像它是那个网站一样。

IPv4 最常用的互联网层协议。有一个四位数的点阵符号，如 165.193.123.253。

IPv6 一种互联网层协议，使用 128 位地址，正在逐步取代 IPv4。

即时数据 在需要的时候交付给用户的数据。

即时设计 不是一开始就设计完整的、整体的系统，而是只做完成当前工作所需的那部分设计。常见于敏捷开发技术，如 Scrum。

键 （1）一个列或一组列，用于识别一个表中的唯一行。也被称为主键。（2）一串用于加密数据的比特。加密算法将密钥应用于原始信息以产生编码信息。解码（解密）信息是类似的，即将密钥应用于编码信息以恢复原始文本。

密钥托管 一种控制程序，通过它向受信任方提供一份用于加密数据库数据的密钥副本。

键盘记录器 在用户不知情的情况下捕获键盘的恶意间谍软件。恶意软件通常用于窃取用户名、密码、账户号码和其他敏感数据。

关键绩效指标（KPI） 见成功指标。

千字节（KB） 1024 字节。

知识管理（KM） 从知识资本中创造价值的过程，并与员工、经理、供应商、客户和其他需要知识的人分享这些知识。

克莱德定律 磁盘的存储密度正以指数速度增长。

库 在 SharePoint 和其他版本控制协作系统中，允许通过权限访问各种文件的共享目录。

许可证 规定如何使用一个程序的合同。大多数规定了可以安装该程序的计算机数量，有些规定了可以远程连接和使用该程序的用户数量。这种协议还规定了软件供应商对软件错误后果的责任限制。

链接 在波特的商业活动模型中，跨价值链活动的相互作用。

Linux 由开放源码社区开发的 Unix 的一个版本。开放源码社区拥有 Linux，使用它不需要付费。Linux 是一种流行的网络服务器的操作系统。

局域网（LAN） 连接位于运营局域网的企业的单一地理位置上的计算机的网络。连接的计算机数量可以从两台到几百台不等。

本地化 使计算机程序以第二语言工作的过程。

丢失更新问题 存在于数据库应用中的一个问题，即两个用户更新同一个数据项，但其中只有一个变化被记录在数据中。可以用锁来解决。

机器码 从源代码编译的代码，可由计算机处理。不能被人类理解。

机器学习 基于从训练数据创建的算法，从数据中提取知识。

macOS 苹果电脑公司为 Macintosh 开发的一种操作系统。最初，Macintosh 计算机主要由图形艺术家和艺术界的工作人员使用，但今天 Mac 的使用更加广泛。

主存储器 与 CPU 协同工作的存储器。存储由 CPU 读取的数据和指令，并存储 CPU 的计算结果。

大型机体系架构 支持中央大型机和众多瘦客户端之间连接的计算架构。

大型机 用于满足内部数据处理需求的大型高速集中式计算机。

维护 在信息系统方面：(1) 修复系统，使其完成最初应该做的事情。(2) 使系统适应需求的变化。

恶意软件 病毒、蠕虫、特洛伊木马、间谍软件和广告软件。

恶意软件定义 存在于恶意软件代码中的模式。反恶意软件供应商持续更新这些定义，并将其纳入他们的产品，以便更好地打击恶意软件。

管理信息系统（MIS） 对帮助组织实现其战略的信息系统的管理和使用。

管理决策 涉及资源分配和使用的决策。

多对多（n:m）关系 涉及两个实体类型的关系，其中一个类型的实例可以与第二个类型的许多实例有关，第二个类型的实例可以与第一个类型的许多实例有关。例如，学生和班级之间的关系是 n:m。一个学生可能在许多班级上课，一个班级可能有许多学生。与一对多的关系形成对比。

分布式计算 一种两阶段的技术，用于利用成千上万台计算机并行工作的力量。在第一阶段，即 Map 阶段，计算机并行工作。在第二阶段，即 Reduce 阶段，将不同计算机的工作合并，最终得到一个单一的结果。

边际 一个活动产生的价值与该活动的成本之间的差异。

最大基数 在一个关系中可以涉及的实体的最大数量。最大基数的常见例子是 1:n、n:m 和 1:1。

移动电子商务 使用移动设备进行交易的电子商务。

变量 在 OLAP 报告中感兴趣的数据项目。它是要在 OLAP 立方体中进行求和、求平均或其他处理的项目。总销售额、平均销售额和平均成本是衡量标准的例子。

兆字节（MB） 1024 KB。

元数据 描述数据的数据。

梅特卡夫定律 一个网络的价值等于连接到它的用户数量的平方。

指标 用来跟踪性能的测量。

微软 Windows 系统 最流行的非移动客户端操作系统。也指 Windows Server，一种流行的服务器操作系统，与 Linux 竞争。

最小基数 在关系的一方必须涉及的最小实体数量，通常是 0 或 1。

混合现实（MR） 真实的物理世界与交互式虚拟图像或物体的结合。

移动设备 一种小型的、轻量的、省电的、能够无线访问的计算设备。

移动设备管理（MDM） 安装和更新移动设备软件的产品、备份和恢复移动设备，以及在设备丢失或员工离开公司的情况下擦除设备上的软件和数据。这些产品也报告使用情况并提供其他移动设备管理数据。

移动系统 支持移动用户的信息系统。

现代化应用程序 面向触摸屏的 Windows 应用程序，提供上下文相关的弹出式菜单。

模块 一个 ERP 系统中的一套应用。

MongoDB 一个开源的、面向文档的、非关系型的数据库管理系统。

摩尔定律 由戈登·摩尔创立的一条定律，指出集成芯片上每平方英寸的晶体管数量每 18 个月翻一番。摩尔的预测在其提出后的 40 年里被证明是基本准确的。有时这一定律被说成是计算机的性能每 48 个月翻一番。虽然不是严格意义上的正确，但这个版本给出了这个想法的要点。

多用户处理 指多个用户同时处理数据库的情况。

MySQL 一个流行的开源 DBMS 产品，对大多数应用来说是免许可的。

朴素贝叶斯分类器 一种算法，根据相关事件的先前发生情况预测某种结果的概率。

本地应用程序 一种胖客户端应用程序，旨在与特定的操作系统一起工作，有时仅限于与运行该操作系统的特定移动设备一起工作。

自然语言处理（NLP） 计算机系统理解人类口语的能力。

网络中立 所有数据在网络之间传递时应被平等对待，无论其类型、来源或数量。

网络 通过传输线相互通信的计算机的集合。

神经网络 以人脑为模型的计算系统，用于预测数值和进行分类。

NewSQL DBMS 支持ACID的关系型DBMS，提供与NoSQL DBMS产品相当的处理速度。

尼尔森法则 高端用户的网络连接速度将每年提高50%。

非易失性存储器 即使在没有电源的情况下也能保存数据内容（例如，磁和光磁盘）。有了这样的设备，你可以关闭计算机，然后再打开，内容将保持不变。

范式 确定表的各种问题的表特性的定义。

规范化 将结构不良的表转换成两个或多个结构更好的表的过程。

NoSQL DBMS 非关系型DBMS，支持非常高的事务速率，处理相对简单的数据结构，在云中的许多服务器上进行复制。不支持ACID。

对象管理组织（OMG） 一个软件行业标准组织，为记录业务流程创建了一套标准的术语和图形符号。

面向对象 在提到语言时，可用于创建困难、复杂的应用程序，如果使用得当，将产生高性能的代码，在需求改变时容易改变。

现有软件 不做任何改动就使用的软件。

修改现有软件 购买现成的软件，但经过修改以适应组织的特定需求。

OLAP数据立方体 具有相关维度的OLAP度量值的展示。这个术语的原因是，一些产品使用三条轴来显示这些显示，就像几何学中的立方体。与OLAP报表相同。

特有的应用程序 为特定的、独特的需求而开发的软件，通常是为一个企业的要求而开发。

一对多（1∶n）关系 涉及两个实体类型的关系，其中一个类型的实例可以与第二个类型的许多实例相关联，但第二个类型的实例最多可以与第一个类型的一个实例相关联。例如，在大多数企业中，部门和雇员之间的关系是1∶n。即一个部门可能与许多雇员有关，但一个雇员最多只与一个部门有关。

在线分析处理（OLAP） 一种动态的报表系统，提供对数据组进行求和、计数、平均和其他简单算术运算的能力。这种报表是动态的，因为用户可以在查看报表的同时改变它的格式。

开源 （1）可供社区访问的源代码。（2）软件开发者创造产品（如Linux）的协作努力，开发者通常自愿付出他们的时间。在大多数情况下，联合开发的产品无须支付许可费即可使用。

操作系统（OS） 一种控制计算机资源的计算机程序。它管理主内存的内容、处理击键和鼠标动作、向显示监视器发送信号、读写磁盘文件，并控制其他程序的处理。

运营决策 涉及一个组织的日常活动的决策。

Oracle数据库 甲骨文公司的一种流行的企业级DBMS产品。

组织可行性 信息系统是否适合于一个组织的客户、文化和法律要求。

外包 雇用另一个组织来执行一项服务的过程。进行外包是为了节约成本、获得专业知识，并释放管理时间。

基于互联网 当应用于云计算时，通过互联网配置全球服务器。

包 一种通过网络的格式化信息。

包过滤防火墙 检查每个包并决定是否让包通过的防火墙。为了做出这一决定，它检查源地址、目标地址和其他数据。

包窃听器 捕获网络流量的程序。

结对编程 两个计算机程序员共用一台计算机，共同开发一个计算机程序的情况。

平行式安装 一种系统转换，新系统与旧系统平行运行，并对两者的结果进行协调以保持一致。平行安装很昂贵，因为组织承担了运行两个系统的费用，但它是最安全的安装形式。

分区数据库 分布式数据库，它不包含相同数据的副本，而是将数据库划分为不重叠的部分。

支付卡行业数据安全标准（PCI DSS） 管理信用卡数据的安全存储和处理的标准。

点击付费 广告商向潜在客户免费展示广告，只在客户点击时付费的收入模式。

有效载荷 病毒的程序代码，会导致不需要的或有害的行动，如删除程序或数据，或者更糟糕的是，以用户未察觉的方式修改数据。

PC 虚拟化 桌面虚拟化的同义词。

对等 在电信供应商之间交换信息而不收取接入费。

人员 作为五要素框架的一部分，信息系统的五个基本组成部分之一，包括操作和服务计算机的人员、维护数据的人员、支持网络的人员，以及使用系统的人员。信息只存在于人们的头脑中。

外部防火墙 位于组织网络之外的防火墙，它是互联网流量遇到的第一个设备。

个人区域网络（PAN） 连接位于一个人周围的设备的网络。

个人计算机 个人使用的经典计算设备。个人计算机的例子包括笔记本计算机或台式计算机。

个人识别号码（PIN） 一种认证形式，用户提供只有其自己知道的号码。

拍字节（PB） 1024 TB。

平板手机 一种移动设备，结合了智能手机的功能和平板计算机的大屏幕。

分段式安装 一种系统转换类型，新系统在整个企业内分块安装。一旦某个部分成功，企业就会安装和测试系统的另一部分，直到整个系统安装完毕。

钓鱼者 欺骗合法公司的个人或组织，试图非法获取个人数据，如信用卡号码、电子邮件账户和驾驶执照号码。

网络钓鱼 一种通过电子邮件借口获取未经授权数据的技术。钓鱼者假装是一家合法公司，并发送电子邮件要求提供机密数据，如账号、社会安全号码、账户密码等。

Pig 与 Hadoop 一起使用的查询语言。

试点式安装 一种系统转换，企业在有限的一部分业务上实施整个系统。试点实施的好处是，如果系统出现故障，故障会被控制在一个有限的范围内。这降低了企业的风险，也保护了新系统在整个组织中形成负面的声誉。

平台即服务（PaaS） 由供应商托管操作系统、运行环境和中间件。

骤降式安装 一种系统转换，即企业关闭旧系统并启动新系统。如果新系统出现故障，企业就会有麻烦。在新系统被修复或旧系统被重新安装之前，什么都不能做。由于存在风险，企业应尽可能避免这种转换方式。有时称为直接安装。

池 许多不同的组织使用相同的物理硬件的情况。

效用曲线 显示效用（一个人从软件产品中获得的效用）与使用该产品时间的函数关系的图表。

伪装 通过假装成另一个人或组织在互联网上欺骗别人。

基本活动 对产品的生产、销售或服务有直接贡献的活动。在波特的模型中，它们是入站物流、运营和制造、出站物流、销售和营销，以及客户服务。

主键 一个关系中的一个或多个列，其值可以识别该关系的唯一一行，也被称为键。

PRISM 一个秘密的全球监视计划的代号，国家安全局（NSA）通过该计划要求并从主要的互联网供应商那里接收有关互联网活动的数据。

隐私 不被他人观察的自由。

私有云 内部托管，通过网络服务标准提供，可以动态配置。

私有 IP 地址 在私有网络和互联网内使用的一种 IP 地址。私有 IP 地址由运营私有网络或互联网的公司分配和管理。

问题 在"是什么"和"应该是什么"之间的感知差异。

流程 对人员的指示。信息系统的五个基本组成部分之一。

流程蓝图 在 ERP 应用中，所有组织活动的固有流程的综合集合，每一个流程都用一套标准化的符号的图来记录。

流程有效性 衡量一个流程实现企业战略的程度。

流程效率 衡量流程产出与投入的比率。

项目数据 属于协作的工作产品的数据。

项目元数据 用来管理一个项目的数据。例如，时间表、任务、预算和其他管理数据。

协议 一套用于组织通信的规则和数据结构。

公共 IP 地址 用来识别互联网上特定设备的 IP 地址。这种 IP 地址由互联网名称与数字地址分配机构（ICANN）分块分配给各大机构。每个 IP 地址在互联网上的所有计算机中是唯一的。

公钥加密 在互联网上流行的非对称加密的一个特殊版本。用这种方法，每个网站都有一个用于编码信息的公钥和一个用于解码信息的私钥。

发布结果 将商业智能提供给需要它的知识工作者的过程。

拉式发布 在商业智能（BI）系统中，用户必须请求 BI 结果的模式。

推式发布 在商业智能（BI）系统中，商业智能系统在用户没有提出任何要求的情况下，根据一个时间表或作为一个事件或特定数据条件的结果，向用户提供商业智能的模式。

四处理器 有四个 CPU 的计算机。

RAM 随机存取存储器。计算机主存储器的另一个名称。

勒索软件 阻止对系统或数据访问的恶意软件，直到向攻击者支付金钱。

现实世界 事物实际存在的状态。

记录 也叫行，数据库表中的列组。

回归分析 一种有监督的数据挖掘，用于估计线性方程中的参数值、确定变量对一个结果的相对影响，以及预测该结果的未来值。

关系 一个数据库表的正式名称。

关系数据库 以关系（有一定限制的表）形式存储数据的数据库，使用外键表示记录关系。

关系 E-R 模型中实体或实体实例之间的关联，或关系数据库中表的行之间的关联。

远程操作系统 提供远距离操作的信息系统，如远程手术或远程执法。

复制型数据库 包含相同数据项的副本的分布式数据库。

报表分析 对结构化数据进行分类、分组、求和、过滤和格式化的过程。

报表应用 一个商业智能应用，从一个或多个来源输入数据，并将报表操作应用于该数据以产生商业智能。

存储库 在一个业务流程模型中，某物的集合。例如，一个数据库是一个数据的存储库。

需求分析 SDLC 的第二个阶段，开发人员进行用户访谈、评估现有的系统、确定新的表格/报告/查询、确定新的特征和功能，包括安全性，并创建数据模型。

资源 被分配到业务流程中的角色的人员或信息系统应用。

RFM 分析 一种容易实现的技术，通过基本的报表操作，根据客户的购买模式进行分析和排名。

角色 在一个业务流程中，活动的集合。

路由器 将不同网络连接在一起的设备。

行 也叫记录，数据库表中的列组。

保障措施 任何减少系统对威胁的脆弱性的行动、设备、程序、技术或其他措施。

Satoshi 一个比特币的 1/100 000 000。

可扩展性 能够轻松应对需求的递增。

进度可行性 一个信息系统是否能在可用时间内开发。

屏幕共享应用 为用户提供通过网络查看同一白板、应用程序或其他显示的能力的应用。

后发优势 通过跟随先锋公司进入一个细分市场并模仿他们的产品或服务来获得市场份额，从而减少昂贵的研究和开发支出的好处。

安全套接字层（SSL） 一种同时使用非对称和对

称加密的协议。当使用 SSL 时，浏览器地址将以 https:// 开头。

安全性　没有危险的状态。

自动驾驶汽车　一种无人驾驶汽车，使用各种传感器。它像传统汽车一样进行导航，但没有人为干预。

自我效能感　一个人相信他能成功地完成他的工作所要求的任务。

存在感　虚拟体验是真实的错觉。

服务器　提供某种类型服务的计算机，如托管数据库、运行博客、发布网站或销售商品。服务器计算机比客户端计算机更快、更大、更强大。

服务器群　组织起来的服务器计算机的大集合，以分担工作和补偿彼此的故障。

服务器层　在三层结构中，由运行 Web 服务器的计算机组成的层级，用于生成网页和响应浏览器的请求。网络服务器也处理应用程序。

服务器虚拟化　在同一服务器上运行两个或多个操作系统实例的过程。主机操作系统作为应用程序运行虚拟操作系统实例。

面向服务架构（SOA）　一种设计理念，规定计算设备之间的所有互动都以正式、标准化的方式定义为服务。

共享经济　消费者通过出租或出借与其他消费者暂时分享其资产或服务的经济体系。

简单邮件传输协议（SMTP）　用于电子邮件传输的协议。

站点许可证　一个组织购买的许可证，用于为一个站点的所有计算机配备某些软件。

SLATES 模型　由 Andrew McAfee 开发的缩写，概括了企业 2.0 的关键特征：搜索、链接、创作、标记、扩展、提示。

居家办公（SOHO）　通常少于 10 名员工的商务办公室，通常位于商务人士的家中。

智能卡　类似于信用卡的塑料卡，有微芯片。微芯片比磁条能容纳更多的数据，装载着识别数据。通常需要一个密码。

智能设备　具有处理能力、内存、网络连接，以及与其他设备和应用程序互相连接的能力的设备。

智能手机　具有处理能力的手机。

窃听　一种截获计算机通信的技术。对于有线网络，窃听需要与网络有物理连接。在无线网络中，则不需要这种连接。

社会资本　对社交关系的投资，期望未来在市场上得到回报。

社交客户关系管理　包含社交网络元素的客户关系管理，在客户/供应商关系中给予客户更大的权力和控制。

社交媒体（SM）　利用信息技术支持用户网络间的内容共享。

社交媒体信息系统（SMIS）　支持用户网络之间共享内容的信息系统。

社交媒体政策　划分员工在产生社交媒体内容时的权利和责任的声明。

社交媒体提供商　提供能够创建社交网络的平台的公司。Facebook、Twitter、LinkedIn 和 Google 都是社交媒体提供商。

社交网络　有共同兴趣的人之间的社会关系。

软件　计算机的指令。信息系统的五个基本组成部分之一。

软件即服务（SaaS）　由供应商托管硬件基础设施和操作系统，以及应用程序和数据库。

固态硬盘（SSD）　使用非易失性电子电路存储信息。

源代码　由人类编写并可由人类理解的计算机代码。源代码必须被翻译成机器代码才能被处理。

欺骗　某人假装成其他人意图获得未经授权的数据。

间谍软件　在用户不知情或未经允许的情况下，安装在用户计算机上的程序。它们驻留在后台，并在用户不知情的情况下，观察用户的行动和击键、修改计算机活动，并向赞助机构报告用户的活动。恶意的间谍软件捕捉击键，以获取用户名、密码、账号和其他敏感信息。其他间谍软件被用于营销分析，观察用户的行为、访问的网站、检查和购买的产品等。

SQL 注入攻击　用户在一个本应输入姓名或其他数据的表格中输入 SQL 语句，从而获得未经授权的数据访问的情况。如果程序设计不当，它将接受这个语句，并使其成为向DBMS发出的SQL命令的一部分。

SQL Server　由微软授权的常用企业级DBMS产品。

短会　即在Scrum中，一个15分钟的会议。每个团队成员陈述他在过去一天做了什么、他在未来一天将做什么，以及任何阻碍他进展的因素。

静态报表　在创建时固定的、不改变的商业文件。

指导委员会　由企业主要业务职能部门的高级经理组成的小组，并与首席信息官合作，确定IS的优先次序，决定主要的IS项目和备选方案。

存储硬件　保存数据和程序的硬件。磁盘是迄今为止最常见的存储设备。

存储程序　存储在数据库中的计算机程序，用于执行业务规则。

战略决策　涉及广泛的、组织性问题的决策。

关系强度　在社交媒体中，一个人或其他组织在某种关系中做有利于组织的事情的可能性。

强人工智能　可以完成所有人类可以完成的任务的人工通用智能。

强密码　具有以下特征的密码：至少12个字符；不包含用户的用户名、真实姓名或企业名称；不包含任何语言的完整单词；与用户以前的密码不同；同时包含大写和小写字母、数字和特殊字符。

结构化数据　以行和列的形式存在的数据。

结构化决策　有正式的和公认的决策方法的一种决策类型。

结构化流程　正式定义的、标准化的流程，其涉及日常操作。例如，接受退货、下订单和采购原材料。

标准查询语言（SQL）　一种处理数据库数据的国际标准语言，也可用于创建和修改数据库结构。

订阅　用户在规定的时间表上或针对特定事件对特定商业智能结果的请求。

成功指标　也叫关键绩效指标（KPI），表明你何时实现目标的措施。

超级智能　一个人工智能系统，能够比人类智能更先进的智能。

有监督数据挖掘　一种数据挖掘形式，数据挖掘者在分析之前建立一个模型，并应用统计技术来确定该模型的有效性，并估计模型的参数值。

供应链　将原材料转化为产品交付给客户的组织和设施的网络。

支持活动　在波特的价值链模型中，间接促进价值创造的活动。例如，采购、技术、人力资源和公司的基础设施。

Swift　苹果公司的OSX和iOS应用程序的编程语言。

泳道布局　流程图的布局类似于游泳池中的泳道，流程中的每个角色都显示在自己的水平矩形或泳道中。

转换成本　通过使客户很难或很昂贵地转向另一个产品或供应商来锁定客户的商业策略。

Symbian　一种移动客户端操作系统。在欧洲和远东地区的手机上很流行，但在北美则不太流行。

对称加密　一种加密方法，使用相同的密钥对信息进行编码和解码。

同步通信　当一个工作团队的所有成员在同一时间见面时发生的信息交流，如面对面的会议或电话会议。

系统　一组相互作用以达到某种目的的部件。

系统转换　将业务活动从旧系统转换到新系统的过程。

系统分析师　既了解业务又了解技术的IS专业人员。他们在整个系统开发过程中都很活跃，并在项目从概念到转换以及最终的维护过程中发挥了关键作用。系统分析师整合了程序员、测试员和用户的工作。类比"业务分析师"。

系统开发生命周期（SDLC）　用于开发信息系统的经典过程。系统开发的基本任务被组合成以下阶段：系统定义、需求分析、组件设计、实施和系统维护（修复或增强）。

系统思考 对一个系统的组成部分建立一个或多个模型，并将这些组成部分之间的输入和输出连接成一个合理的整体，该整体能够解释所观察到的现象的心理活动。非常规认知思维的四个关键技能之一。

表单 也叫文件，数据库中类似行或记录的组。

平板计算机 允许通过平面触摸屏进行互动的计算设备。

目标 安全威胁所需要的资产。

TCP/IP 协议架构 有五层的协议架构，每层定义一个或多个协议。编写程序以实现特定协议的规则。

团队调查 异步通信的形式，其中一个团队成员创建一个问题清单，其他团队成员做出回应。微软 SharePoint 有内置的调查功能。

技术可行性 现有信息技术是否能够满足新信息系统的要求。

技术保障措施 旨在保护信息系统的硬件和软件组件的程序。例如，识别和授权、加密、防火墙、恶意软件保护和应用设计。

技术技能差距 雇主要求的高水平的技术技能和员工持有的低水平的技术技能之间的不匹配。

远程执法 提供执法能力的远程访问系统。

远程医疗 医护人员用来诊断和治疗农村或偏远地区的病人的一种远程行动系统。

远程手术 一种远程访问系统，将外科医生与机器人设备和病人在远处连接起来。

太字节（TB） 1024 GB。

测试计划 用于验证新软件能力的一组行动和使用顺序。

因特网 用于传输数据的全球公共网络集合。

奇点 根据雷·库兹韦尔的说法，计算机系统变得足够复杂，以至于它们可以创建和调整自己的软件，从而在没有人类的帮助下调整自己的行为。

胖客户端应用程序 一个软件应用且需要用户计算机上的浏览器以外的程序，即需要在客户端和服务器计算机上编写代码。另见本地应用程序。

瘦客户端 由屏幕、键盘和网络连接组成的计算设备，也叫计算机终端。

瘦客户机应用程序 只需要一个浏览器的软件应用程序，也称为网络应用。

第三方 cookie 由被访问网站以外的网站创建的 cookie。

威胁 未经所有者的许可，试图非法获取或改变数据或其他 IS 资产的个人或组织，通常在所有者不知情的情况下。

三层架构 大多数电子商务服务器应用所使用的架构。各层指的是三个不同类别的计算机。用户层由用户的计算机组成，这些计算机拥有请求和处理网页的浏览器。服务器层由运行网络服务器的计算机组成，并在此过程中生成网页和其他数据以响应浏览器的请求。网络服务器也处理应用程序。第三层是数据库层，它运行处理数据库的 DBMS。

权衡 在项目管理中，对三个关键因素的平衡：需求、成本和时间。

培训培训师 供应商对组织的员工（称为超级用户）进行培训，使其成为内部培训师，以提高培训质量，并减少培训费用。

传输控制协议（TCP） 互联网核心协议，以保证包的可靠传递。

传输层安全（TLS） 更高版本的安全套接字层（SSL）的新名称。

触发器 储存在数据库中的计算机程序。当某些条件出现时，运行以保持数据库的一致性。

特洛伊木马 伪装成有用程序或文件的病毒。一个典型的特洛伊木马看起来是一个计算机游戏、一个 MP3 音乐文件，或其他一些有用且无害的程序。

隧道 从 VPN 客户端到 VPN 服务器，在公共或共享网络上的一个虚拟、私人通道。

图灵测试 艾伦·图灵提出的观点，即如果人类能与机器进行对话，并且不能分辨出它是机器还是人类，那么就可以认为机器具有智能。

统一建模语言（UML） 一系列的图表技术，促进了 OOP 开发。UML 有几十种不同的图，用于系统开发的各个阶段。UML 不要求或提倡任何特定的开发过程。一般来说没有 E-R

模型那么流行。

Unix 是贝尔实验室在20世纪70年代开发的操作系统。从那时起,它一直是科学和工程界的主力军。

非结构化决策 一种决策类型,即没有商定的决策方法。

无监督数据挖掘 一种数据挖掘形式。分析师在运行分析之前不创建模型或假设,相反,他们将数据挖掘技术应用于数据并观察其结果。通过这种方法,分析师在分析后创建假设,以解释发现的模式。

URL(统一资源定位器) 互联网上的一个地址。由一个协议和一个域名或公共IP地址组成。

使用增加价值 这个概念是指越多的人使用一个网站,它的价值就越大,就会有越多的人访问。此外,一个网站的价值越大,现有的用户就会回来越多。

用户生成内容(UGC) 一个组织的社交媒体上由非员工用户贡献的内容。

用户层 在三层架构中,由拥有浏览器并请求或处理网页和其他服务的计算机、电话和其他移动设备组成的层级。

用户 使用社交媒体网站建立社交关系的个人和组织。

篡改 在未经授权的程序入侵计算机系统并取代合法程序时发生。这种未经授权的程序通常会关闭合法的系统,并用它们自己的处理方式来进行间谍活动、窃取和操纵数据或达到其他目的。

价值 根据波特的定义,客户愿意为某种资源、产品或服务支付的金额。

价值链 创造价值的活动的网络。

社会资本价值 由社交网络中的关系数量、这些关系的强度以及这些关系所控制的资源所决定的价值。

虚荣指标 不能改善决策的措施。

速度 在Scrum中,一个团队在每个Scrum时期可以完成的工作的总点数。

版本控制 当协作工具限制甚至有时指导用户活动时发生的过程。

版本管理 通过适应并行工作的特点和功能来跟踪文件的变化。

纵向市场应用 为特定行业的需求服务的软件。这类程序的例子有牙科诊所用来安排预约和向病人收费的程序、汽车修理工用来跟踪客户数据和客户的汽车维修情况的程序,以及零件仓库用来跟踪库存、采购和销售的程序。

视频会议 能够使用视频进行在线会议的通信技术。

病毒式吸引 一种诱因,使人通过互联网与朋友和同事分享广告、链接、文件、图片、电影或其他资源。

虚拟化 多个操作系统作为客户运行在一个单一的主机操作系统上的过程。给人一种许多计算机在一台计算机上运行的感觉。

虚拟 一个由计算机生成的具有互动数字对象的世界。

虚拟机 在第二个主机操作系统中呈现独立操作系统外观的计算机程序。主机可以支持多个虚拟机,可能运行不同的操作系统程序(Windows、Linux),每个虚拟机都被分配了资产,如磁盘空间、设备和它可以控制的网络连接。

虚拟会议 与会者不在同一地点,也可能不在同一时间开会的会议。

虚拟私有云(VPC) 公共云的一个子集,具有高度限制的安全访问。

虚拟私人网络(VPN) 一种广域网连接替代方案,使用互联网或私人互联网来创建如同私人点对点连接的效果。

虚拟现实(VR) 一个完全由计算机生成的虚拟世界,具有交互的数字对象。

病毒 一种能够自我复制的计算机程序。

易失的 当计算机或设备没有电源时将会丢失的数据。

漏洞 威胁进入个人或组织资产的机会。一些漏洞的存在是因为没有保障措施,或者因为现有的安全防护措施无效。

无线广域网 提供与广域网无线连接的通信系统。

Wardriver 使用具有无线连接的计算机来搜索不

受保护的无线网络的人。

瀑布法 假设 SDLC 的一个阶段可以全部完成，项目可以进展到 SDLC 的下一个阶段并且没有任何回溯。项目很少有那么简单，通常需要回溯。

弱人工智能 专注于完成单一特定任务的人工智能。

Web 2.0 一个使用用户生成的内容的动态系统。

网络应用 一个软件应用，其只需要一个浏览器，也称为瘦客户端应用程序。

网络研讨会 一种虚拟会议，与会者可以在其中一个与会者的计算机屏幕上观看共同的演示，以进行正式和有组织的介绍。

网页 用 HTML 编码的文件，利用万维网创建、传输和消费。

网络服务器 运行在服务器层计算机上的程序，通过向客户发送和接收网页以及处理客户请求来管理 HTTP 通信。

广域网（WAN） 连接不同地理位置的计算机的网络。

Windows 10 (mobile) 一种为移动设备设计的 Windows 操作系统。

Windows Server 一种专门为服务器使用而设计和配置的 Windows 版本。它比其他版本的 Windows 有更严格和限制性的安全程序，在对微软有强烈承诺的组织的服务器上很受欢迎。

工作分解结构（WBS） 完成一个项目所需的任务的层次结构。对于一个大型项目，它可能涉及数百或数千个任务。

工作流控制 协作工具功能，其中软件管理协作团队中文件的批准、拒绝和其他特征流程。

工作组信息系统 支持一个特定部门或工作组的信息系统。

工作组流程 为使工作组完成特定小组或部门的章程、目的和目标而存在的一种流程。

蠕虫病毒 利用互联网或其他一些计算机网络进行自我传播的一种病毒。蠕虫病毒代码是专门为尽快感染另一台计算机而编写的。

泽字节（ZB） 1024EB。

推荐阅读

深入理解计算机系统（原书第3版）

作者：[美] 兰德尔 E. 布莱恩特 等　译者：龚奕利 等　书号：978-7-111-54493-7　定价：139.00元

理解计算机系统首选书目，10余万程序员的共同选择
卡内基-梅隆大学、北京大学、清华大学、上海交通大学等国内外众多知名高校选用指定教材
从程序员视角全面剖析的实现细节，使读者深刻理解程序的行为，将所有计算机系统的相关知识融会贯通
新版本全面基于X86-64位处理器

　　基于该教材的北大"计算机系统导论"课程实施已有五年，得到了学生的广泛赞誉，学生们通过这门课程的学习建立了完整的计算机系统的知识体系和整体知识框架，养成了良好的编程习惯并获得了编写高性能、可移植和健壮的程序的能力，奠定了后续学习操作系统、编译、计算机体系结构等专业课程的基础。北大的教学实践表明，这是一本值得推荐采用的好教材。本书第3版采用最新x86-64架构来贯穿各部分知识。我相信，该书的出版将有助于国内计算机系统教学的进一步改进，为培养从事系统级创新的计算机人才奠定很好的基础。

——梅 宏　中国科学院院士/发展中国家科学院院士

　　以低年级开设"深入理解计算机系统"课程为基础，我先后在复旦大学和上海交通大学软件学院主导了激进的教学改革……现在我课题组的青年教师全部是首批经历此教学改革的学生。本科的扎实基础为他们从事系统软件的研究打下了良好的基础……师资力量的补充又为推进更加激进的教学改革创造了条件。

——臧斌宇　上海交通大学软件学院院长

推荐阅读

软件工程（原书第10版）

作者：[英]伊恩·萨默维尔 译者：彭鑫 赵文耘 等 ISBN：978-7-111-58910-5

本书是软件工程领域的经典教材，自1982年第1版出版至今，伴随着软件工程学科的发展不断更新，影响了一代又一代的软件工程人才，对学科建设也产生了积极影响。全书共四个部分，完整讨论了软件工程各个阶段的内容，适合软件工程相关专业本科生和研究生学习，也适合软件工程师参考。

新版重要更新：

全面更新了关于敏捷软件工程的章节，增加了关于Scrum的新内容。此外还根据需要对其他章节进行了更新，以反映敏捷方法在软件工程中日益增长的应用。

增加了关于韧性工程、系统工程、系统之系统的新章节。

对于涉及可靠性、安全、信息安全的三章进行了彻底的重新组织。

在第18章"面向服务的软件工程"中增加了关于RESTful服务的新内容。

更新和修改了关于配置管理的章节，增加了关于分布式版本控制系统的新内容。

将关于面向方面的软件工程以及过程改进的章节移到了本书的配套网站（software-engineering-book.com）上。

在网站上新增了补充材料，包括一系列教学视频。